日蓮主義とはなんだったのか

近代日本の思想水脈

Ōtani Eiichi
大谷栄一

日蓮主義とはなんだったのか　目次

東三省の四巨頭と関東軍関係者の集合写真（昭和７年２月16日、奉天）
前列右より臧式毅、煕洽、本庄繁、張景恵、馬占山。
後列右から関東軍関係者の片倉衷、和知鷹二、竹下義晴、松井太久郎、三宅光治、石原莞爾、住友信太郎、駒井徳三、板垣征四郎、中島比多吉（左端の人物は不明）。

出典：朝日新聞歴史写真アーカイブ　アジア・戦前戦中編

日蓮主義とはなんだったのか

序章　近代日本と日蓮主義

ある写真と寺内大吉の問い

きっかけは、セピア色の一枚の集合写真だった。

昭和七年（一九三二）二月十六日午後四時、中国東北部の奉天《ほうてん》市（現・瀋陽）。この約二週間後の三月一日、満洲国の建国が内外に公表されるが、その建国準備の会議のために東三省（奉天省・吉林《きつりん》省・黒竜江省）の実力者、臧式毅《ぞうしきき》、熙洽《きこう》、張景恵《ちょうけいけい》、馬占山《ばせんざん》の四巨頭が浪速通り沿いの東洋拓殖会社ビル内にあった臨時関東軍司令部を訪問し、本庄繁《ほんじょうしげる》関東軍司令官が彼らを迎えた。

そのときに撮影された記念写真が残っている（八頁の写真）。

出席者たちの背後には、なぜか、「南無妙法蓮華経《なむみょうほうれんげきょう》」と大書された垂れ幕が写っている。写真にはこの垂れ幕以外、装飾が見あたらず、一見して、なんの催しなのか、わからない光景である。じつは、この日は『法華経』を信奉し、「南無妙法蓮華経」の題目を世界中に広めることで、衆生《しゅじょう》救済を果たそうとした日蓮《にちれん》（一二二二～八二）の生誕日だった。

この写真が長年にわたり心に沁みついて離れず、満洲国建国と南無妙法蓮華経がどうかかわるのか、満洲事変とはいったい何だったのかに疑問を抱きつづけたのが、直木賞作家の寺内大吉《てらうちだいきち》

（本名・成田有恒《なりたゆうこう》、一九二一〜二〇〇八）である。

　寺内は浄土宗の僧籍をもち、浄土宗の宗務総長も務めた人物だが、戦時中の大正大学在学中にこの写真を目にする。やがて寺内は、満洲事変から五・一五事件、二・二六事件にいたる日本ファシズムの形成過程で随所に顔を覗かせる日蓮主義者たちの存在を知るにおよび、強い関心をもつことになる。そして、『化城《けじょう》の昭和史――二・二六事件への道と日蓮主義者』と題する小説を、経済誌『エコノミスト』昭和六十一年（一九八六）十月二十一日号から翌年十一月三日号に連載する。連載終了後、同じ題名で昭和六十三年（一九八八）に毎日新聞社から全二冊の単行本として刊行した（一九九六年に中公文庫から再刊、二〇一一年に大正大学出版会から再々刊）。寺内は、『念佛ひじり三国志――法然をめぐる人びと』全五巻（毎日新聞社、一九八二〜八三年）をはじめ、数多くの仏教小説を書き上げているが、そのなかでもこの『化城の昭和史』は、とりわけ社会的評価の高い作品である。

　小説は、ゾルゲ事件の尾崎秀実《おざきはつみ》をモデルとした「改作」と呼ばれるジャーナリストを狂言まわしとして設定している。この改作が日蓮主義者の関与した事件やできごとに直面しながら、日蓮主義とは何なのかを探りつつ、日蓮主義者たちがめざしたものを明らかにする、という構成になっている。いわば、「日蓮主義」という観点から、昭和前期の日本ファシズムの生成と展開がドラマティックに描かれているフィクションであり、いま読んでも、十分に魅力的な作品である。

　寺内が登場人物として取り上げている日蓮主義者とは、右翼思想家の北一輝《きたいっき》と満洲事変を主導した石原莞爾《いしわらかんじ》、血盟団事件の指導者・井上日召《いのうえにっしょう》、五・一五事件に関与した海軍軍人、二・二六事件に参加した陸軍の磯部浅一《いそべあさいち》、村中孝次《むらなかたかじ》、香田清貞《こうだきよさだ》、安藤輝三《あんどうてるぞう》らである。さらに日蓮会殉教衆青年党（いわゆる「死なう団」）の江川桜堂《えがわおうどう》、新興仏教青年同盟の妹尾義郎《せのおぎろう》、文学者の宮沢賢治《みやざわけんじ》、そして日蓮主義を創唱した国柱会《こくちゅうかい》創始者の田中智学《たなかちがく》と顕本法華宗《けんぽんほっけしゅう》管長の本多日生《ほんだにっしょう》も登場する。まさに昭和史を彩る錚々《そうそう》たる人物たちが程度の差はあれ、日蓮主義と関わっていたことがわかる。

ちなみに先の写真の「南無妙法蓮華経」は、石原によって掲げられたのではないかと、寺内は推測している（私もそう考える）。石原は、智学の主宰する国柱会の信行員（会員）であり、熱心な日蓮主義者だった。

『化城の昭和史』を書きあげた寺内が、「あとがきにかえて」のなかで述懐している次の言葉はきわめて興味深い。

> 極右テロリズムから左翼の守備範囲へまで浸潤できる日蓮思想とは何だったのか。書き終えて、なおぼくは考え続けていなければならなかった。（下巻、三〇三頁）

本書は、寺内のこの問いを引き受けたいと思う。『化城の昭和史』に登場する人物たちに影響を与えたのは、伝統的な日蓮仏教思想ではなかった。それは、近代的な仏教思想（近代仏教思想）の日蓮主義だった。政治家と財界人にたいするテロリズムを領導した井上日召のような右翼から、仏教社会主義的な主張を唱えた妹尾義郎のような左翼にいたるまで、日蓮主義は感化を及ぼした。そもそも「日蓮主義」とはどのような思想なのか、なぜ、幅広い影響力をもちえたのか、ひいては日蓮主義が近代史のなかで果たした役割とはいったい何だったのか、さらには戦後日本社会にどのように継承されているのか（あるいは継承されていないのか）、これらのことを本書で解き明かしてみたい。

『化城の昭和史』が、日蓮主義からみた日本ファシズム史に関するフィクションであったのにたいして、本書は、日蓮主義からみた日本近代史研究である。日本近代史を日蓮主義という観点から読み解くとともに、日本近代史（さらには東アジア近代史）において、日蓮主義が果たした政治的・社会的役割を（寺内とは異なる）実証的な社会学的アプローチによって明らかにすることにしよう。

「日蓮主義」という造語

そもそも「日蓮主義（Nichirenism）」とは、近代になってから作られた造語である。なぜなら、主義、学説、教派、理論、世界観等を示すための語尾として用いられるヨーロッパ語のイズムに「主義」の訳語があてられたのは明治時代だからである。接尾辞としての「主義」という言葉は、明治十年代なかばから翻訳語としてのみならず、和製新語としても学界や新聞界で幅広く用いられるようになったという。[1]

では、「日蓮主義」という言葉は、誰によって、いつ造られたのだろうか。

それは、在家仏教教団・国柱会の田中智学によって、明治三十四年（一九〇一）に造語された。同年五月六日に発行された立正安国会（国柱会の前身）の機関誌『妙宗』四編五号に付録として掲載された智学の「宗門の維新［総論］」が初出である。このなかで「非日蓮主義の安心を味守せし也」、「日蓮主義の錬槌によりて鍛へ上げたる、真正の日本的気節也」、「是れ日蓮主義の訓へたる慈善事業なり」、「日蓮主義の洋溢を見ん」というように用いられている。

なお、智学は「日蓮主義」という造語を公表した後、かねてから交流のあった小説家・劇作家の坪内逍遥《つぼうちしょうよう》に「イズム」の語源に関する問いあわせをしていた。逍遥が回答した書簡（明治三十四年十月十八日付）が残っている。[2] 智学がどのように問いあわせたのかは不明だが、逍遥は「日蓮イズム（日蓮宗）」「日本イズム（日本国風）」が「皆通ずべく候」と記し、「日蓮イストといへば、「妙宗家」「妙宗信徒」となり、場合によりては「党員」「派」「論者」など」になる、と付けくわえている。いわば、智学は逍遥から、「日蓮主義」のお墨付きを頂戴したわけである。

智学が執筆した「宗門の維新」とは、日蓮宗門の改革を訴えたマニフェスト（宣言文）であり、「祖道ノ復古」（祖道復古）と「制度ノ改革」（宗門革命）を主張した論考である（第一章3節参照）。のちに単行本化され、同年六月に開催された日蓮宗宗会に出席した宗会議員に配布されたのち、九月十日に『宗門之維新』として増訂再刊された。当時の有識者七百名に施本された。そのなかのひとりが、高名な文芸評論家の高山樗牛《たかやまちょぎゅう》（一八七一〜一九〇二）だった。樗牛は、博文館から発行され当時の一流誌であった『太陽』七巻十三号（同年十一月五日発行）に『宗門之維新』の書評を執筆し、「吾人は以て近時宗教界の一文字なりと賞賛するの決して溢美に非るを信ずる也」との称賛を寄せた。

この樗牛による評価が、「日蓮主義」という言葉が広まるきっかけとなった。智学をはじめ、日蓮顕本法華宗の本多日生や日蓮宗の異端児・清水梁山《しみずりょうざん》らの日蓮主義者の著作や活動によって、日蓮主義は明治末から大正期にかけての日本社会で流行思想となる。その影響は宗教者や軍人、右翼活動家にとどまらず、宮沢賢治らの文学者、竹内久一《たけうちきゅういち》や山本鼎《やまもとかなえ》、藤牧義夫《ふじまきよしお》らの美術家、姉崎正治《あねさきまさはる》や上原専祿《うえはらせんろく》らの知識人、伊勢丹創業者の小菅丹治《こすげたんじ》のような実業家ほか、学生・婦人・新旧中間層の幅広い社会層におよんだ。とくに昭和初期以降、寺内が描いたように、日蓮主義に影響を受けた人びとが左右の社会運動、政治活動に取り組み、社会的・政治的にも注目されるようになる。また、その活動は国内だけにとどまらなかった。朝鮮の緑旗連盟、中国・満洲・朝鮮の東亜連盟、内蒙古の日蓮宗僧侶・高鍋日統《たかなべにっとう》らの活動が実践され、東アジア諸地域で日蓮主義の影響が顕在化する。

「一切に亘る指導原理」

では、智学自身、この言葉をどのように定義していたのだろうか。

昭和初期、智学はこう述べている。

宗教並にいへば日蓮宗といひ、所依の経に就ては「法華宗」とも称し来ッたのだが、純信仰の立場よりも広い意味に、思想的又は生活意識の上にまで用ひようとして、之を一般化して日蓮主義と呼做したのである。

（「日蓮主義概論」『日蓮主義新講座』一巻、師子王文庫、一九三四年、一三頁）

また、「政治であれ、経済であれ、社会でも人事でも、凡そ人間世界のすべての事に正しい動力となッて、実際の益を興す」「一切に亘る指導原理」であり、「お寺の中や仏壇の中へ封じこめて置くべき」ものではなく、「世間を率いて行く所の活指南」とも規定している。寺院で死者の葬祭を司る、いわゆる葬式仏教的なイメージではなく、現世における生者のための活きた仏教を強調した点に、多くの人びとを魅了した理由がある。
こうした日蓮主義にもとづく諸活動の束からなる宗教運動を、私は「日蓮主義運動」と規定し、以下のように定義する。

第二次世界大戦前の日本において、『法華経』にもとづく仏教的な政教一致（法国冥合・王仏冥合や立正安国）による日本統合（一国同帰）と世界統一（一天四海皆帰妙法）の実現による理想世界（仏国土）の達成をめざして、社会的・政治的な志向性をもって展開された仏教系宗教運動である。
（『近代日本の日蓮主義運動』法藏館、二〇〇一年、一五頁）

智学の日蓮主義は非常に政治性・社会性の強いナショナリスティック（国家主義的）な近代仏教思想であり、仏教的な政教一致（法国冥合）にもとづく日本統合、天皇による世界統一、「仏教と日本国体」の結びつき（日本国体学）による政教相関論などの特徴をもつ。智学は日蓮の「立正安国」「法国冥合」「王仏冥合」という教説（ただし、「法国冥合」は智学の造語）を近代日本の政教関係に即して再解釈することで、日蓮主義の教説や実践を組み立て、その理想の実現をめざして、宗教活動・社会活動・政治活動・教化活動・文芸活動等、さまざまな活動を通じて、みずからの運動の展開を図った。

日蓮主義研究の一定の蓄積

では、日蓮主義はこれまでどのように研究されてきたのだろうか。

一九七〇年代の田村芳朗《たむらよしろう》、戸頃重基《ところしげもと》らの研究、一九八〇年代以降の西山茂の研究、二〇〇〇年代の筆者、松岡幹夫《まつおかみきお》、ユリア・ブレニナの研究など、日蓮主義の研究には一定の蓄積がある。[3]

しかし、解き明かされていない重要な課題がある。それは智学や日生の日蓮主義がなぜ、幅広い社会層に影響を及ぼし、日本社会や東アジア世界で一定の政治的・社会的役割を果たしたのかという問いである。そこで、本書では日蓮主義の影響関係をたどりながら、日蓮主義が近代史のなかで果たした役割を明らかにすることをめざす。その意味で、本書は日蓮主義からみた日本近代史研究であると同時に、日蓮主義の通史でもある。[4]

三つの類型

具体的な分析に入る前に、日蓮主義を含む近代法華・日蓮仏教の類型化と、日蓮主義の影響関係に関する私の仮説を示すとともに、本書の分析視点（国体神話への注目、日蓮主義の普遍性と特殊性）を提示しておこう。

田村芳朗は、「近代日本の歩みと日蓮主義」（『講座日蓮4　日本近代と日蓮主義』春秋社、一九七二年）のなかで、以下のような「日蓮主義の三つの型」を提示している。

①当時の国家主義ないし日本主義の高まりにともなって、日蓮にその支柱を求めた国家主義的な日蓮信奉（田中智学、本多日生、井上日召、北一輝、石原莞爾）

②国家を超越した普遍的な個に立っての信仰、あるいは日蓮・法華をとおしての宇宙実相の信仰（高山樗牛、宮沢賢治、尾崎秀実）。国家超越の日蓮主義に関連して、それを革新的な社

会主義の運動へと展開させたのが、妹尾義郎

③新宗教運動のなかに包括される民衆中心の信仰グループ（本門佛立講、霊友会、創価学会）

田村は近代日本の法華・日蓮思想と運動を広く網羅するカテゴリーとして、「日蓮主義」という用語を用いている。また、戸頃重基も『近代社会と日蓮主義』（評論社、一九七二年）で近現代の日蓮門下、日蓮主義者、法華・日蓮系新宗教を「日蓮主義」と幅広く捉えている。ただし、これだと「日蓮主義」に含まれる対象に際限がなくなるため、私の場合、「日蓮主義」を狭義に捉え、戦前期における智学と日生の思想と運動、その影響を受けた人物たちの思想と活動に限定する。本書では近代日本の法華・日蓮思想と運動を網羅するカテゴリーとしては「近代法華・日蓮仏教」概念を用い、その下位カテゴリーとして、「日蓮主義」を用いることにする。

ここで、田村の類型図をより精緻なものとするために、以下のように近代法華・日蓮仏教を類型化しなおしてみたい。

「国家」にたいする対応や距離を基準として、

(1)国家的（national）な近代法華・日蓮仏教グループ（国家主義）
(2)国際的（international）な近代法華・日蓮仏教グループ（仏教社会主義、仏教アジア主義）
(3)国家超越的（supra-national）な近代法華・日蓮仏教グループ（個人主義、超国家主義）
(4)民衆的な近代法華・日蓮仏教グループ（民衆主義）

表０-１　国家にたいする対応による分類

(1)国家主義的な 近代法華・日蓮仏教グループ	Ａ：日蓮主義（田中智学、本多日生、清水梁山） Ｂ：日蓮門下教団（日蓮宗、顕本法華宗ほか）
(2)国際的な 近代法華・日蓮仏教グループ	Ａ：仏教社会主義（妹尾義郎） Ｂ：仏教アジア主義（高鍋日統、藤井日達［戦前のみ］）
(3)国家超越的な 近代法華・日蓮仏教グループ	Ａ：個人主義（高山樗牛） Ｂ：超国家主義（北一輝、井上日召、石原莞爾）
(4)民衆的な 近代法華・日蓮仏教グループ	法華・日蓮系新宗教（本門佛立講系教団、霊友会系教団、法音寺系教団、創価教育学会［現・創価学会］）

と類型化する。

　これらを代表する人物や教団は、表０―１のとおりである。

　このうち、（１）Ａの日蓮主義（田中智学、本多日生、清水梁山）の思想や運動が（１）Ｂ、（２）、（３）、（４）の各グループに直接的・間接的に影響を与えながら、近代日本の法華・日蓮仏教の世界が形成された、というのが私の仮説である。

世代の問題

　では、智学や日生の日蓮主義の影響はどのように広まっていったのだろうか。その影響関係は、世代間関係に反映されると私は考える。ここで便宜的に、二十年ごとに世代を区切り、日蓮主義の第一世代から第三世代までを、二一頁の表０―２のようにまとめておく。

　この世代間関係に着目して、近代日本における日蓮主義の影響関係をトレースしておくと、こうなる。

　まず、明治中期に、田中智学、本多日生、清水梁山の第一世代によって、日蓮主義が創唱、高唱される（牧口常三郎《まきぐちつねさぶろう》は智学から間接的に影響を受けた）。

　ついで、明治三十年代から四十年代にかけて、高山樗牛や姉崎正治らの知識人と、「日蓮主義ネットワーク」（知識人中心の日蓮主義研究グループ）の生成と日蓮主義サークルの群生を通じて、日蓮主義が普及していくことになる。大正期に入り、日蓮仏教の出版物の隆盛を通じて、一般社会にも日蓮主義が普及し、大衆化することで、第二世代の人びとが日蓮主義を受容する。第一世代と第二世代を媒介したのが、樗牛と姉崎だった。両者の著作が第二世代の若者たちに与えた影響は大きかった。

その後、第二世代の人びとが日蓮主義を独自に解釈し、みずからの思想形成の拠りどころとし、活動の原理とすることで、昭和初期以降、日蓮主義が先鋭化する。その先鋭化した日蓮主義を指導したのが第二世代であり、その活動の担い手が第三世代である、とひとまずはまとめることができる。

なお、取り上げた人物をみると、石原莞爾、井上日召、宮沢賢治、妹尾義郎は、智学や日生の日蓮主義の直接的な影響がみられるので、「日蓮主義者」としてカテゴライズすることは問題ないが、北一輝や藤井日達、牧口常三郎らについてはその影響は間接的であり、「日蓮主義者」としてカテゴライズするには留保が必要であろう。ただし、ここでは間接的な影響も含めて日蓮主義の影響関係を明示するため、間接的な影響を受けた人物たち（名前のうしろに☆印を付した）もリストアップしていることをお断りしておく。

日蓮主義にみる「国家と宗教」

以上のように、日蓮主義の影響関係は三世代におよび、明治中期から昭和前期（さらに戦後）にまで及ぶことがおわかりいただけただろうか。ただし、第二世代や第三世代の日蓮主義受容のありかたは一様ではなく、さまざまな受容パターンがある。とはいえ、近代の日蓮主義に共通す

表0-2　主な日蓮主義者たち

日蓮主義第一世代（1860〜70年代生まれ）		
田中智学	1861〜1939	国柱会創設者
佐藤鉄太郎	1866〜1942	海軍軍人、日露戦争における第二艦隊先任参謀
清水梁山	1864〜1928	日蓮宗僧侶、唯一仏教団、日蓮教学者
本多日生	1867〜1931	顕本法華宗管長
高山樗牛	1871〜1902	文芸評論家、思想家
牧口常三郎☆	1871〜1944	創価教育学会創設者
姉崎正治	1873〜1949	宗教学者、東京帝国大学教授
綱脇龍妙☆	1876〜1970	日蓮宗僧侶、ハンセン病療養所「身延深敬病院」創設者
山川智応	1879〜1956	国柱会、日蓮教学者
高鍋日統	1879〜1953	日蓮宗僧侶
日蓮主義第二世代（1880〜90年代生まれ）		
北　一輝☆	1883〜1937	右翼思想家、国家社会主義者
藤井日達☆	1885〜1985	日蓮宗僧侶、日本山妙法寺、平和運動家
井上日召	1886〜1967	血盟団指導者
田中澤二	1887〜1955	立憲養正会、田中智学の次男
石原莞爾	1889〜1949	陸軍軍人、満洲事変首謀者、東亜連盟
妹尾義郎	1889〜1961	仏教運動家、新興仏教青年同盟、本多日生に師事
松平俊子☆	1890〜1985	華族、日本女子高等学院（昭和女子大学の前身）第二代校長
山本　又	1895〜1952	陸軍予備少尉、国柱会、二・二六事件
津田　栄	1895〜1961	京城帝大予科教授、国柱会、緑旗連盟
宮沢賢治	1896〜1933	文学者、国柱会
里見岸雄	1897〜1974	国体思想家、田中智学の三男
高佐貫長☆	1896〜1966	日蓮宗僧侶、皇道仏教行道会
塚野道雄	1898〜？	海軍軍人、国柱会、五・一五事件
日蓮主義第三世代（1900〜10年代生まれ）		
西田　税☆	1901〜1937	元陸軍軍人、二・二六事件
古内栄司	1901〜？	血盟団
香田清貞☆	1903〜1936	陸軍軍人、二・二六事件
村中孝次☆	1903〜1937	陸軍軍人、二・二六事件
小泉菊枝	1904〜1992	東亜連盟
安藤輝三☆	1905〜1936	陸軍軍人、二・二六事件
磯部浅一☆	1905〜1937	陸軍軍人、二・二六事件
江川桜堂	1905〜1938	日蓮会殉教衆青年党（死なう団）指導者
小沼　正	1911〜1978	血盟団、井上準之助暗殺犯

る通奏低音もある。それは、「国家と宗教」の問題である。戦前を生きた日蓮主義者たちの多くが、「国家と宗教」（あるいはそのヴァリエーションとしての「国家と個人と宗教」「国土と宗教」「国体と宗教」「国家主義（ナショナリズム）と宗教」「東アジアと宗教」等）の問題をめぐって、みずからの思想的営為をくりひろげ、国家革新運動やアジアへの宣教等に従事した。

そもそも、近代の日蓮主義で「国家と宗教」が問題になる規定要因は、日蓮そのものの思想にある。とりわけ、日蓮の代表的な著作（三大部あるいは五大部）のひとつ、『立正安国論』（一二六〇年）での主張に由来する。ここで、日蓮主義の前提にある日蓮自身の政治性・社会性について一瞥しておこう。

中世世界に生きた日蓮は、地震や飢饉、疫病によって死者や罹災者が続出した十三世紀なかばの東日本の歴史的状況のなかで『立正安国論』を構想し、当時の鎌倉幕府の最高実力者で前執権の北条時頼《ほうじょうときより》に私的な勘文《かんもん》（上申書）として本書を奏進した。日蓮によれば、災害の原因は人びとが正法に背き、悪法に帰依しているため、国土を護る善神や聖人が国土を捨てて立ち去ってしまい、悪鬼や外道が災いをもたらしているからであるという。こうした「中世的・仏教的災害観」（高木豊）[5]に立脚し、当時、広く普及していた法然浄土教を悪法として禁止し、正法を広めることを力説した。その結論で、「汝早く信仰の寸心を改めて速かに実乗の一善に帰せよ。然れば則ち三界は皆仏国なり」と強調している。正法＝実乗の一善である『法華経』に帰依することで、国が安らかに治められ、仏国土が顕現すると説いたのである。

日蓮は幕府の実力者にたいする献策を三度おこない、そうした実践を「諫暁《かんぎょう》」（正法に導くために他人を積極的にいさめさとすこと）と位置づけた。諫暁にみられる政治的・社会的志向性は日蓮の思想と実践の特徴であり、日蓮没後、そうした姿勢は門弟たちにも継承された。しかし、戦国時代の天文法華《てんぶんほっけ》の乱（一五三六年）、近世政権下での日蓮門下への抑圧（安土宗論、大坂対論、身池《しんち》対論）によって、日蓮門下はしだいに世俗権力への順応の道を選ぶことになる。ついに、近世日蓮教学の大成者・優陀那《うだな》院日輝《いんにちき》（一八〇〇～五九）は、「立正安国論ハ当時既ニ其ノ用ヲナサズ。況ヤ今世ニ至テ全ク其ノ立論ノ無実ヲ見ル」（『庚戌雑答』、一八五〇年）と述べ、『立正安国論』不用論を唱えた。というのも、日輝は幕末の激動のなかで日蓮の教えを時代に適応させることを第一義と考え、『立正安国論』にみる諫暁や折伏の姿勢を時機不相応と考えたからである。[6] 同書が日蓮門下でふたたび浮上するのは、近代の到来を待たなければならなかった。

『立正安国論』の再評価

明治中期以降、日蓮門下で『立正安国論』が日蓮の代表作として見なおされることになる。そのきっかけを作ったのが、じつは田中智学と本多日生だった。日蓮主義の成立とともに、『立正安国論』が日蓮門下で再浮上する。[7] たとえば、智学は、明治二十七年（一八九四）に『訓訳読本立正安国論』を刊行し、「本論ハ宗門創業ノ大本、憲府諫暁ノ霊策」であると位置づけている。また、日生も「立正安国ノ説ヲ持シテ国家ノ福祉ヲ増進シ人衆ノ善徳ヲ発達セシメント勉ムルモノ実ニ本宗ノ一大長所トス」（小林日至との共著『本宗綱要』、一八九六年）と述べている。『立正安国論』にみる「国家と宗教」の在るべき関係（政教関係）を近代という新しい時代のなかでどのように実現するのかを問い、いわば、『立正安国論』の近代的解釈が問題となったのである。

智学や日生の『立正安国論』解釈については第一章以降で論じるが、両者が『立正安国論』を国家主義（ナショナリズム）のバイブルであるかのように見なし、日蓮思想を国家主義的に捏造したと批判したのが、戸頃重基だった。[8] 戸頃は、両者の日蓮主義がナショナリスティックであり、国家に迎合した御用宗教であると痛烈に批判し、両者の思想の特徴を「国主法従」説（国家が宗教に優先する立場）であると断じた。[9] 戸頃によれば、日蓮の基本的立場は「正法為本」「法主国従」説（宗教が国家に優先する立場）であり、日蓮思想を擁護した。[10]

この戸頃の評価が、戦後の日蓮主義研究の通説を形成してきた。しかし、私はこの通説は再検討されるべきであると考える。

日蓮主義はたしかにナショナリスティックであるが、国家権力に迎合した御用宗教であるとすれば、なぜ、石原莞爾や井上日召のような超国家主義的な志向性をもった人物たちがその思想的磁場から登場したのかを説明できないのではなかろうか。また、ナショナリズムを悪であると断罪する戦後民主主義的価値観をもって、智学や日生の思想や運動を断罪するのは学問的には問題があるのではないか。

そこで、私は智学と日生の思想を実証的に検証しなおし、両者の思想が必ずしも国主法従説でないことを、拙著『近代日本の日蓮主義運動』で論述した。あらためて、本書でもこの通説を問いなおしてみたい。[11]

その際、日蓮主義にみる「国家と宗教」の問題を、ナショナリズムや国体、国土、超国家主義の問題と関連させて捉えかえすことで、従来の日蓮主義研究の限界を批判的に乗り越え、日本近代史研究のアクチュアルな問題にまで敷衍してみたいと思う。

要がある。[12]

国体神話とナショナリズム

日蓮主義者たちの『立正安国論』の近代的解釈の問題を考えるとき、そもそも「国」がなにを意味するのかを問いなおす必要がある。日蓮が生きた中世の「国」と近代の「国」は区別する必要がある。[12]

近代日本の「国」とは国民国家（nation state）であり、明治維新以降に成立した。この国民国家・日本の編成原理として機能したのが、近代天皇制であると指摘するのは、安丸良夫《やすまるよしお》である。[13] 近代社会は資本主義的生産様式が支配する世界システムであり、国民国家の一般化という形態を採る。近代国民国家の形成過程は、古代的宗教的伝統の再活性化をともなうことが多く、近代日本もそれが当てはまる、と安丸はいう。その「創られた伝統」[14]が近代天皇制であり、そのイデオロギーが国体論である。近代日本の「国」概念を考えるとき、「国民」や「国家」のみならず、「国体」を把握することが重要となる。

「国体」とは「過去・現在・未来をつうじて天皇を統治権の総攬者とする独特の国柄」[15]を意味する言葉である。幕末期の水戸学で強調されたのち、明治維新後の大日本帝国憲法の制定（明治二十二年）と教育勅語の発布（明治二十三年）によって定式化された概念である。国体論は、戦前の日本で日本の「国（nation）」の淵源的な由来を説明し、近代日本のナショナル・アイデンティティ（国民的一体性）とナショナリズムを根拠づける神話として機能したといえよう。

国体論（本書では国体神話という）を一義的に定義することはむずかしいが、ここでは、昆野伸幸《こんののぶゆき》の「皇室典範・帝国憲法制定に関する告文や教育勅語に端的に示されるように、日本の独自性を万世一系の皇統に求め、いわゆる天壌無窮の神勅に代表される神代の伝統と、歴史を一貫して変らぬ国民の天皇に対する忠とがその国体を支えてきたと強調する議論」との定義を用いることにしたい[16]。

こうした国体神話（国体論）は天皇の権威の正統性を基礎づけ、近代日本の国家体制を正当化する機能を果たした。また、国体神話は近代日本のナショナリズムの普及に寄与した。帝国憲法や教育勅語が成立した明治中期以降、国体神話が国家儀礼、学校、軍隊、マスメディアなどのさまざまな回路を通じて普及することで、人びとのあいだで信憑性（plausibility）を獲得し、ナショナリズムの「信憑構造（plausibility structure）」を形成した。信憑構造とは、特定の知識や観念を人びとが信憑性をもって維持するための社会基盤のことである[17]。すなわち、国体神話をリアルなものとして信じる人びとが多ければ多いほど、ナショナリズムが人びとのあいだで、あたりまえのものや堅固なものと感じられ、ナショナリズムの信憑構造がより強固になるというしくみである。

では、ナショナリズムをどう捉えればよいのだろうか。

「ナショナリズム」とは――アーネスト・ゲルナーの有名な定義を借りれば――「政治的な単位と民族的［大谷註：国民的］な単位とが一致しなければならないと主張する一つの政治的原理[18]」である。「国家」という政治的機構と「国民」という共同体を一致させるための接着剤となったのが、国体神話だった。たとえば、人びとが「万世一系の皇統」（という国体神話）を信憑性をもって受容することで、「日本国民」としての一体性（ナショナル・アイデンティティ）が形成、維持、強化され、ナショナリズムの構築に寄与したと考えることができる。国体神話は近代日本の国家体制とともに、ナショナリズムを正当化する機能を果たしたのである。本書ではこうした近代日本のナショナリズムを——安丸良夫に倣い——「国体論的ナショナリズム」[19]と呼ぼう。

国体神話とナショナリズムのこうした関係性にもとづき、近代日本のナショナリズムは国民のあいだで信憑性を保っていた。ただし、ナショナリズムの信憑性が低下することもあり、その場合、政府は国体神話の信憑性を高め、ナショナリズムの正当化を図る施策の実行に努める必要があった。つまり、国体神話の教化や普及によって、ナショナル・アイデンティティという集団的な意識や感情、ナショナルな関係性を（再）構築することがつねに求められていたのである。[20]

「国体神話と宗教」をめぐる研究

日蓮主義にみる「国家と宗教」の関係を媒介したのが、じつはこの国体神話だった。智学は熱烈な法華信者であると同時に、熱烈なナショナリストでもあった。日露戦争前夜の明治三十六年（一九〇三）十一月、智学は「皇宗《こうそう》の建国と本化《ほんげ》の大教」という講演をおこなう。そこで日蓮仏教と国体の「一法一体」の関係を説いた。その後、仏教者の立場から、日本国体について精力的に発言していく。みずからは「日本国体学」と呼ぶ日蓮主義的国体論を、『日本国体の研究』（一九二二年）等の著作にまとめ、国民に国体観念（＝国体神話）の自覚を説いた。また、大東亜共栄圏のスローガンとして名高い「八紘一宇《はっこういちう》」という言葉を成語したのは、智学だった。

このように官製イデオロギーである国体神話（や記紀神話）をみずからの教説や思想に組み入れた近代の宗教者や宗教運動については、これまでの日本近代宗教史研究でも注目されてきた。たとえば、西山茂の次の発言に注目してほしい。

国民的天皇崇拝儀礼が義務教育を通して国民のなかに広く深く浸透した明治末・大正期以降になると、天皇崇拝的な要素を自らの信行体系の中核に取り込んだ新しい宗教運動が台頭してくる。田中智學の国体論的日蓮主義や出口王仁三郎の皇道大本の運動がそれにあたる。
（「近代仏教研究の宗教社会学的諸課題」『近代仏教』五号、一九九八年、八頁）[21]

西山以外にも對馬路人《つしまみちひと》が大本《おおもと》や天理本道（もと天理研究会、現・ほんみち）、璽宇《じう》、神政龍神会《しんせいりゅうじんかい》（大本教の分派教団）の疑似天皇制的・疑似記紀神話的な性格を論じ、[22]福島栄寿《ふくしまえいじゅ》が真宗大谷派僧侶の暁烏敏《あけがらすはや》の記紀神話研究について考察している。[23]さらに近年では、島薗進《しまぞのすすむ》が「国家神道」研究のなかで、大本と国柱会が積極的に皇道論や国体論を取りこんで宗教運動を展開したことを指摘している。[24]

本書では――こうした先行研究を参照しつつ――智学がみずからの日蓮主義の教説や思想のなかにどのように国体神話を取りこみ、そうして組み立てられた日蓮主義的国体論が後続する第二世代、第三世代の日蓮主義者たちにどのように受容されたのかを検討していく。たとえば、石原莞爾はこう述べる。「私は大正八年以来日蓮聖人の信者である。それは日蓮聖人の国体観が私を心から満足せしめた結果である」、と。[25]石原が「満足」した「日蓮聖人の国体観」とは、智学の日蓮主義的国体論であり、その影響関係は明白である。

石原を含めた超国家主義の形成に信仰の問題が介在したことを指摘したのは、橋川文三《はしかわぶんそう》である。[26]橋川は、井上日召と「日蓮宗」、北一輝、石原と「法華経」の関連に注目している。しかし、日召と石原の思想形成は、（日蓮宗や『法華経』というよりも）智学の日蓮主義的国体論に触発された部分が大きく、本書ではこの点も再検討していく。

以上のように、日蓮主義にみる「国家と宗教」の問題は、「国体神話と宗教」「ナショナリズムと宗教」「超国家主義と宗教」の関連性の分析まで展開しうるのであり、日蓮主義の研究が日本近代宗教史、日本近代史のまさにアクチュアルな問題に接続するのである。[27]

日蓮主義にみる普遍性と特殊性

国体神話への注目という研究視点に加えて、日蓮主義の普遍性と特殊性への注目という研究視点も提示しておきたい。

『ナショナリズムの由来』（講談社、二〇〇七年）を著した大澤真幸《おおさわまさち》は、ナショナリズムにおける特殊主義と普遍主義の交錯のパラドクスを指摘する。これは、ベネディクト・アンダーソンによるナショナリズムをめぐる三つのパラドクスの議論を踏まえてのものである。アンダーソンのいう三つのパラドクスとは、

①歴史家の客観的な目には国民（ネーション）が近代的現象とみえるのに、ナショナリストの主観的な目にはそれが古い存在とみえること
②社会文化的概念としてのナショナリティ（国民的帰属）は形式的普遍性をもつのにたいし、現実的には手の施しようのない固有さ（特殊性）をもってあらわれ、それ独自の存在となってしまうこと
③ナショナリズムの政治的影響力の大きさにくらべ、その理論は哲学的には貧困で支離滅裂

であること

である。[28]このうち、大澤は、①と②にみられるナショナリズムの両義性について、こう述べる。

ナショナリズムが懐胎させている特殊主義は、普遍主義的な指向性にこそ支えられている。普遍主義が特殊主義へと大きく屈折し、ついには反転していく点にこそ、ナショナリズムの謎の核心があるのだ。

（『ナショナリズムの由来』三九三頁）

大澤のいう「普遍主義と特殊主義の交錯」は、近代日本の歩みにも当てはまる。「四民平等」の普遍性（という擬制）によって国民国家としての統合を成し遂げた日本は、明治中期以降、国体神話の特殊性によってナショナル・アイデンティティの形成を図る。国民国家の帝国主義的な拡張によって、日本は一八九五年に台湾を、一九一〇年に朝鮮を植民地化することで、帝国化する。帝国日本の支配的イデオロギーとして機能したのも、国体論（国体神話）だった。ただし、小熊英二《おぐまえいじ》が詳細に跡づけているように、朝鮮・台湾の異民族を日本に編入した際、その国体論は単一民族的なものから混合民族的なものに編成しなおされていく。[29]いわばそれは、特殊主義が普遍主義へと反転していくプロセスだった（ただし、その普遍性は疑似的なものだったが）。

この「普遍主義と特殊主義の交錯」は、日蓮主義や日蓮主義的国体論にも当てはまる。智学の日蓮主義的国体論は、まさに混合民族的な国体論であり、[30]智学は、日蓮主義的国体論によって『法華経』と日本国体の古さを訴え、日本の特殊性と普遍性を語った（ただし、その理論は『妙宗《みょうしゅう》式目講義録《しきもくこうぎろく》』全五巻という教学体系や日本国体学によって体系化されており、「支離滅裂」ではない）。

日蓮主義のもつ特殊性と普遍性を分析し、その交錯のありかたを近代日本の具体的な歴史的・社会的文脈に即して考察すること。それは、日蓮主義のもつ近代性（modernity）を析出する作業になるであろう。くりかえすが、日蓮主義は近代仏教思想であり、近代の刻印が刻まれた近代的思惟なのである。

第一章
田中智学と日蓮主義の誕生

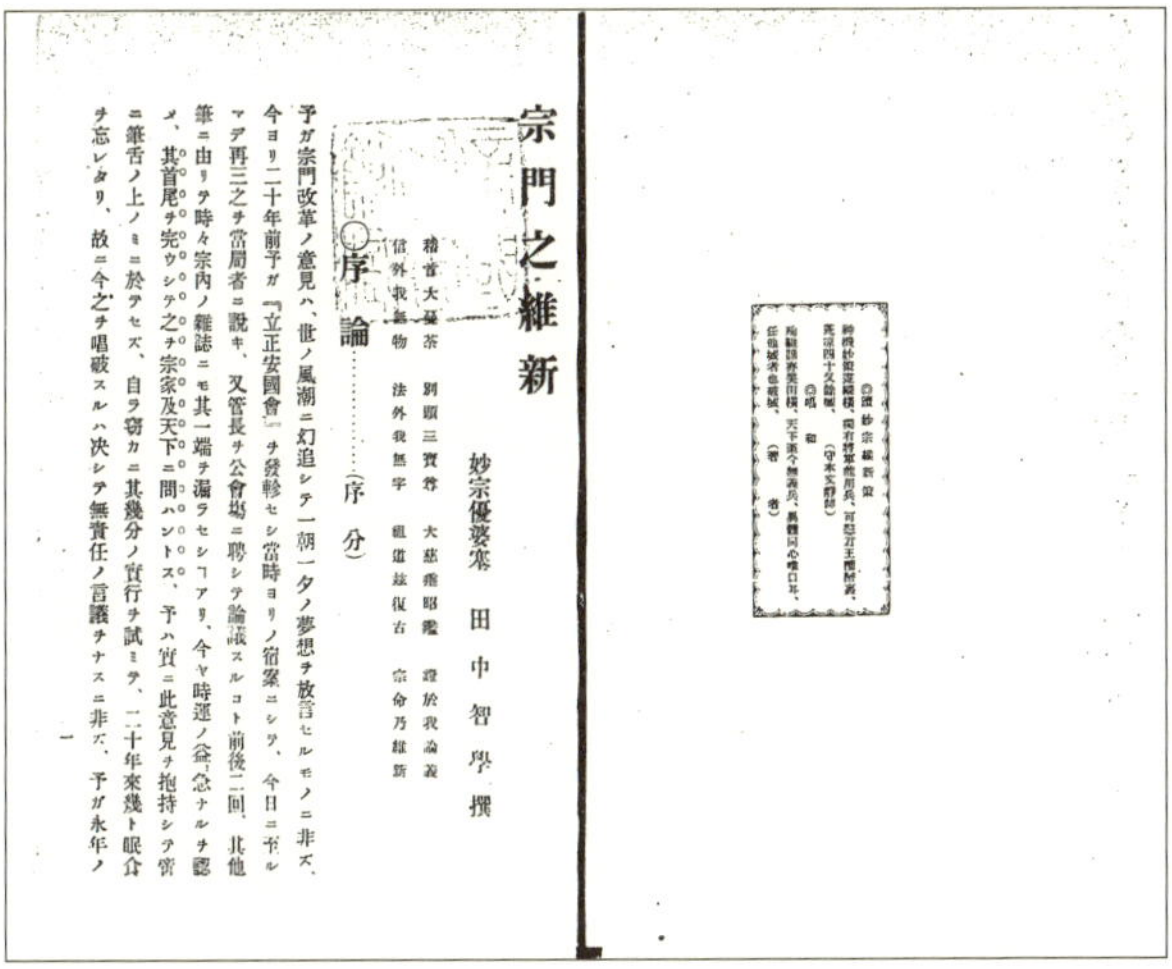

宗門之維新

妙宗優婆塞　田中智學撰

稽首大曼荼　別頭三寶尊　大慈垂昭鑒　證於我論義
信外我無物　法外我無字　祖道玆復古　宗命乃維新

○序論……（序分）

予ガ宗門改革ノ意見ハ、世ノ風潮ニ幻追シテ一朝一夕ノ夢想ヲ放言セルモノニ非ズ、今ヨリ二十年前予ガ『立正安國會』ヲ發軫セシ當時ヨリノ宿案ニシテ、今日ニ至ルマデ再三之ヲ當局者ニ說キ、又管長ヲ公會場ニ聘シテ論議スルコト前後二回、其他筆ニ由リテ時々宗内ノ雜誌ニモ其一端ヲ漏ラセシヿアリ、今ヤ時運ノ益〻急ナルヲ認メ、其首尾ヲ完ウシテ之ヲ宗家及天下ニ問ハントス、予ハ實ニ此意見ヲ抱持シテ啻ニ筆舌ノ上ノミニ於テセズ、自ラ窃カニ其幾分ノ實行ヲ試ミテ、二十年來幾ト眠食ヲ忘レタリ、故ニ今之ヲ唱破スルハ決シテ無責任ノ言議ヲナスニ非ズ、予ガ永年ノ

一

田中智学『宗門之維新』
この本から「日蓮主義」という言葉が広がった。

1　明治政府の宗教政策と日蓮教団の動向

明治維新当時のことを、田中智学は昭和初期にこう回想している。

各宗共に皆廃仏毀釈《はいぶつきしやく》の煽りを食つて狼狽もし困難もし、一時はどうなることかとさへ思はれた位であつた。[1]

廃仏毀釈の衝撃

近代日本における仏教の歴史は、廃仏毀釈という受難から始まった。日蓮主義の発生現場を確認するためには、まず、明治初期〜中期の仏教界（とくに日蓮教団）の動向とそれにたいする智学の活動を理解する必要がある。以下、それを確認していこう。

慶応四＝明治元年（一八六八）一月（旧暦慶応三年十二月）、明治新政府は「神武創業《じんむそうぎょう》ノ始」（神武天皇による国家創業）に回帰することを宣言した王政復古の大号令とともに発足する。三月十三日には、古代律令制の祭政一致体制を復元し、神祇官《じんぎかん》を再興することを布告した。神祇官とは、祭典の執行、天皇陵などの陵墓の管理、宣教を担った行政機関だった。

こうして新政府は、復古神道を基軸とした神道国教化政策にもとづく新しい国家体制づくりに着手する。その際に排除されたのは、仏教とキリスト教だった。

神祇官再興の布告から二日後の三月十五日、「切支丹邪宗門ノ儀ハ堅ク御制禁タリ」との太政官布告が発せられ、明治六年（一八七三）に禁制が解かれるまで、江戸幕府以来のキリシタン禁止政策が継承される。

さらにその二日後の三月十七日、神祇事務局から神社に「僧形《そうぎょう》」で勤めている別当《べっとう》や社僧《しゃそう》に還《げん》俗《ぞく》命令が出された。同月二十八日には、「権現《ごんげん》」や「牛頭天王《ごずてんのう》」などの神仏混淆的な神号を用いている神社は申し出ること、仏像をご神体としている神社はそれを改めること、社前の仏像や鰐《わに》口《ぐち》、梵鐘、仏具等を取り除くことを命じる太政官布告が発せられる。

これらの神仏分離令によって、古代以来の神仏習合の伝統を否定する政策が採られ、以後も矢継ぎ早に神仏分離をうながす法令が続いた。その結果、全国各地の神社で仏像、仏具、経巻の破壊や除去、地域の仏教寺院の廃寺や統合が起こり、いわゆる廃仏毀釈が発生した。このとき、石《いわ》見《み》津和野《つわの》藩、信濃《しなの》松本藩、越中《えっちゅう》富山藩で神仏分離が強行され[2]、京都では牛頭天王を祭神としていた感神院《かんじんいん》祇園社《ぎおんしゃ》の名称が八坂《やさか》神社に改められた。

ただし、政府はけっして当時の民衆にこうした破壊行動を命じたわけではなかった。むしろ政府はそうした動向の高まりにたいして、四月十日には神仏分離の実施には慎重を期し、「粗暴ノ振舞」を禁じたほどだった。しかし、各地の動きは収まることなく、明治三〜四年（一八七〇〜七一）をピークとして、民衆による廃仏毀釈の動きは高まり、仏教界は大きなダメージを受けることになる。

江戸時代にさかのぼると、寺院は寺檀制度によって徳川幕府の公共施設として特権的な地位を保証されてきた。ところが、新しい国家体制づくりに際して、寺院と僧侶は新政府から不要とされたのであり、そうした江戸時代までの仏教のありかたに疑問や不満をもつ民衆や神職たちが廃仏毀釈を引き起こしたのである。

その後、明治四年（一八七一）の上知《あげち》令（寺領の没収）と戸籍法（寺檀制度の消滅）によって、寺院の経済的・社会的・政治的特権が次々と剝奪され、寺院と僧侶の権威は失墜することになる。さらに翌年の肉食妻帯蓄髪勝手《にくじきさいたいちくはつかって》令《れい》によって、（それまで戒律によって禁止されていた）僧侶の肉食や結婚が認められた（ただし、真宗では親鸞の時代から妻帯が認められていた）。僧侶の立場は「身分」から「職分」、さらに「国民」に編成され、以後、僧侶アイデンティティが揺らぐことになる。[3]仏教界の「狼狽」は、さらに続いた。

日蓮教団への神仏分離政策

日蓮教団（当時は法華宗と呼ばれていた）も例外ではなく、神仏分離・廃仏毀釈のダメージをこうむった。[4]

明治元年（一八六八）十月十八日、「太政官より法華宗諸本寺へ達」[5]が発せられ、従来の日蓮門下の信仰体系にたいする根本的な批判がもたらされた。王政復古に際して「神仏混淆之儀」が廃止された中、法華宗では三十番神[6]と称して皇祖太神をはじめとする神祇を配祠しており、曼荼羅本尊に天照太神と八幡太神等の神号を書き加え、遺体に着用させる経帷子《きょうかたびら》にも神号を認《したた》めているが、今後、これらを禁じ、いっさいの神号混用を廃止するとされた。また、これまで祀ってきた神像をすみやかに焼却するとともに由緒あるものは調査し、神祇官に伺い出るよう指示された。これらは、「日蓮宗の信仰・儀式・葬祭にわたって仏教的神号を一掃し神仏分離を図ろうとした神仏混淆廃止政策の徹底化を意味していた」[7]。

この通達は、身延山久遠寺《みのぶさんくおんじ》、池上本門寺《いけがみほんもんじ》、中山法華経寺《なかやまほけきょうじ》など、全国各地の本山四十二ヵ寺に発せられたが、同じ通達が同日、妙顕寺《みょうけんじ》をはじめとする京都十六本山にも送付され、「法華宗三十番神其他神祇ノ称号混用ヲ禁ズ」[8]と命じられた。もともと、日蓮教団に三十番神信仰を取り入れたのは、日蓮門下で京都を開教した日像《にちぞう》（一二六九～一三四二）だったことから、京都の日蓮教団寺院にとって、この混用禁止の布達のもつ意味は大きい。

では、こうした政府からの命令にたいして、日蓮門下はどのように対応したのか。

静岡の八ヵ寺や京都十六本山は政府にたいして請書《うけしょ》を提出し、その善後策を検討した。また、身延山の久遠寺は、明治二年（一八六九）正月、東京触頭《ふれがしら》三ヵ寺の名で七条からなる触書《ふれがき》を末寺に布達した[9]。それによれば、「天照大御神・八幡大御神、総テ宗廟神祇ノ分ハ仕舞置クベキ事」「過去帳三十番神勧請之有リ分ハ仕舞置クベキ事」など、問題になっている神号混用を隠しておくように指示したのである。それは、「神仏混淆廃止政策への順応姿勢」[10]であり、明治維新期の日蓮教団は、政府の宗教政策にたいして苦慮しながら、なんとか生き残りを図ろうとしたのである。

教化政策への仏教界の参加と大教院体制

明治初年、新政府による仏教界の特権剥奪が続くなか、仏教界は失地回復のきっかけを得る。

それは、政府の教化政策への参加である。

明治政府は、明治三年（一八七〇）一月、「大教宣布《たいきょうせんぷ》の詔《みことのり》」を発し、大教宣布運動を開始した。これは、「惟神《かんながら》之大道」（国体思想や天皇への崇敬の念）を民衆に広く知らせるために明治政府が採用した神道国教化のための教化政策である。その活動を実際に担ったのが、前年七月に神祇官内に設置された宣教使《せんきょうし》であり、神職や国学者がその任についた。しかし、神祇官は「昼寝官」などと称され十分な働きを示せず、宣教使も実績を上げることはできなかった。

そこで、政府は教化政策を転換する。明治四年（一八七一）八月、神祇官を神祇省に改組し、翌年三月には宣教使と神祇省を廃止した。代わって教部省《きょうぶしょう》が新設された。この教部省は、「近代日本で初めての本格的な宗教行政官庁」[11]だった。これによって、祭祀は式部省《しきぶしょう》、教法（宗教）は教部省の管轄となり、祭教分離が確立することで[12]、神道国教化政策は挫折することになる。

明治五年四月二十五日、政府は教導職《きょうどうしょく》という無給の国家官吏を定め、神職のみならず、僧侶からも選出した。こうして神職と僧侶が合同で民衆への教化活動を担当することになった（のちに落語家や講談師などの民間人も加わる）。また、二十八日にはその教化内容が「三条の教則」（敬《けい》神愛国《しんあいこく》、天理《てんり》人道《じんどう》、皇上奉戴《こうじょうほうたい》　朝旨遵守《ちょうしじゅんしゅ》）として規定された。

翌明治五年（一八七二）、大教院《たいきょういん》が設置される。これは、民衆教化センターの行政機関というべきものである。教導職と大教院への参加によって、仏教界は失地回復のきっかけをつかむが、僧侶は仏教の教えを説くことを禁じられ、その活動には大きな制約があった。このことについて、当時の仏教界を代表する僧侶のひとり、浄土宗の福田行誡《ふくだぎょうかい》（一八〇九〜八八）は、その晩年にこう述懐している。「念仏行者は昔しより念仏より外の事は知らぬとなれば……敬神愛国のことばかり説て一切衆生に極楽はどうでもよひはと云様なる説教は出来ぬぞ」[13]、と。

島地黙雷による明治政府批判と「信教自由の口達」

こうした政府の政策にたいして、痛烈な批判を投げかけたのが、真宗本願寺派（現・浄土真宗本願寺派、いわゆる西本願寺）の島地《しまじ》黙雷《もくらい》（一八三八〜一九一一）である。じつは、明治前半期の政府の宗教政策にたいして多大な影響力をもったのが真宗であり、とりわけ、本願寺派の黙雷、大洲《おおず》鉄然《てつねん》、赤松連城《あかまつれんじょう》らだった。真宗が「明治前半期の宗教政策形成の重要な主体であった」と評する研究者もいるほどである。[14] その背景には、真宗が神仏分離・廃仏毀釈で大きなダメージをこうむらなかったことや、本願寺派と政府要人（木戸《きど》孝允《たかよし》、伊藤《いとう》博文《ひろぶみ》、山縣有朋《やまがたありとも》らの長州閥）との密接なネットワークの存在がある。

黙雷ら本願寺派関係者は、海外の宗教状況の視察のため、教部省設置前の明治五年（一八七二）一月から翌年七月までヨーロッパとアジア諸国を歴訪した。ヨーロッパ滞在中、三条教則にもとづく政府の神道優位の教化体制、宗教政策にたいして、黙雷は「三条教則批判建白書」を執筆する。

黙雷は、「政教ノ異ナル、固ヨリ混淆スベカラズ」[15]と述べ、三条教則における敬神愛国の「敬神」とは「教」であり、「愛国」とは「政」を意味するとして、政治と宗教の「混淆」を批判し否定する。つまり近代ヨーロッパ的な政教分離と信教の自由の実現を主張したのである。

しかし、その一方で——一見矛盾するようではあるが——「政治と宗教」が「相依」しあう「政教相依」を黙雷は説く。黙雷にとって、政治と「相依」する重要な役割を担うのは、仏教（とくにキリスト教に対比される一神教的な真宗）だった。

「教也者《きようなるもの》何ゾ、人ヲ導キ政ヲ裨《たす》クルニアリ」[16]の発言にみられるように、宗教が政治を裨益《ひえき》することをめざすのが島地の政教論の特徴だった。[17]黙雷は、仏教に根ざした「政教相依」による富国強兵と文明開化を説いたのである。

明治六年（一八七三）七月、帰国した黙雷が目にしたのは、思いもよらぬ光景だった。東京芝《しば》の増上寺《ぞうじようじ》に設置された大教院の本殿には、神道の四神すなわち天御中主神《あめのみなかぬしのかみ》・高皇産霊神《たかみむすひのかみ》・神《かみ》皇産霊神《むすひのかみ》のいわゆる造化三神《ぞうかさんしん》と天照大神《あまてらすおおみかみ》が祀られていたのである。注連縄《しめなわ》が飾られて祝詞《のりと》が奏されており、増上寺の本殿が「一大神祠」と化している状態に驚く。大教院の設置自体は仏教界の意向も取り入れたものだったが、その教化実態は「神仏混淆」から「神主仏従」へと傾斜したものだった。[18]

当然のことながら、こうした大教院のありかたも島地は批判する。この年の後半以降、島地ら本願寺派僧侶たちが政府にはたらきかけて、大教院からの真宗の分離運動を組織することになる。島地らは、木戸らの長州閥の政府要人と密接に連絡を取りあい、建白書や新聞・雑誌への投稿を通じて、教部省と大教院体制批判をくりひろげた。

こうした活動が実を結び、明治八年（一八七五）五月に大教院は解散し、同年十一月、教部省から「信教自由の口達《こうたつ》」が出された。ただし、その「自由」は「行政上ノ裨益」なるものであらねばならなかった。「教法家［大谷註：宗教家のこと］ハ信教ノ自由ヲ得テ行政上ノ保護ヲ受クル以上ハ能ク　朝旨ノ所在ヲ認メ啻《ただ》ニ政治ノ妨害トナラザルニ注意スルノミナラズ務テ人民ヲ善誘シ治化ヲ翼賛スルニ至ルベキ」と定められた。[19]この口達は、まさに島地の政教相依論に適合するものであった。
その後、教部省は明治十年（一八七七）一月に廃止される。しかし、教導職自体は存続し、仏教各宗派は独自に教化活動を継続することになるが、各宗派の活動を束ねる原則は、あくまでも三条教則であった。仏教界が自由な布教活動を保障されるのは、明治十七年（一八八四）の太政官布達第十九号による神仏教導職の全廃と、各宗派の管長制度の確立を待たねばならなかった。

「日本型政教分離」

ここで、明治初期に定められた近代日本の政教関係の特徴を整理しておこう。
明治初期の日本の政教関係は、祭政一致体制にもとづく神道国教化政策の推進と挫折、「神社は国家の宗祀（祭祀）」の太政官布告や教部省の設置による祭教分離（明治十五年の神職の教導職兼務廃止と葬儀への関与禁止の内務省達で制度化）、教部省の「信教自由の口達」による政教分離の保証（その制度化は明治二十二年の大日本帝国憲法の公布で実現）というように推移した。つまり、祭政一致、祭教分離、政教分離が近代日本の政教関係の基本構造である。
信教の自由は保証されていたが、その「自由」はあくまでも国家や政治を助けるものという制約があった。大教院解散後、三条教則の遵奉が仏教各宗派の布教活動を保障する前提であり、そうした「国家のイデオロギー的要請にたいして、各宗派がみずから有効性を証明してみせる自由競争が、ここから始まったのであった」[20]。そう指摘するのは、安丸良夫《やすまるよしお》である。これを安丸は、「日本型政教分離」と名づけている。[21]
ただし、黙雷の政教相依論にみられるように、仏教者が国家や政治への強い関与を求めつづけたのも、近代日本における「政治と仏教」「国家と仏教」の大きな特徴である。安丸は、黙雷の立場を「真宗の近代性への確信と、ナショナリストとしての情熱と、近代文明への希求とを、結びつけたものだった」と評価する。[22] 近代的、ナショナリズム的、文明的という立場性は、じつは智学や日生にも当てはまる。黙雷の政教相依論にたいして、智学をはじめとする日蓮主義者たちは、それよりもさらに積極的な「法国冥合」（あるいは「王仏冥合」）という日蓮仏教的な政教一致を訴えた。日蓮主義者たちは、黙雷とは違うやりかたで宗教が政治を裨益することをめざしたのであり、いわば、近代的、ナショナリズム的、文明的な立場から、日蓮主義的な政教相依論を主張したのである。

国家にたいする対応と距離が、近代法華・日蓮仏教の基準になると序章で述べたが、「日本型政教分離」という政教関係のなかで、日蓮主義者たちがどのような主張をおこない、どのような活動をおこなったのかを、以降、検討していく。

近代日蓮教団の成立

次に、政府の宗教政策にたいする日蓮教団の対応を確認しておこう。

明治初期の日蓮門下は、明治政府の宗教政策に翻弄されながら、紆余曲折を経て、近代日蓮教団として再編される。前近代の日蓮門下は、宗祖・日蓮の没後、各門流の対立と分裂をくりかえしながら発展してきた。その門流分立の根拠のひとつとなったのが、本迹論《ほんじゃくろん》と呼ばれる教義上の解釈である。

『法華経』は二十八品《ほん》（品とは章のこと）から成るが、その前半十四品（これを迹門《しゃくもん》と称する）と後半十四品（これを本門という）の関係について、『法華経』全体を重視するのが一致派で、本門を優位とみる立場が勝劣派《しょうれつは》である。近代の到来に際しても、この一致派と勝劣派とのあいだでさまざまな交渉と対立がくりひろげられた。

明治五年（一八七二）四月の教導職設置によって、同年六月、神道・仏教各教団に教導職管長制が制定されるとの布達がなされた。十月には日蓮教団を含む仏教七宗派にたいする一宗一教導職管長制の実施が伝えられた。この布達にたいし、日蓮教団は一致派と勝劣派が合同して「日蓮

表1-1　仏教各宗の寺院・住職数（明治14年）

宗　派	寺院数	住職数
天台宗	4,772	3,146
真言宗	12,893	8,167
浄土宗	8,333	6,771
臨済宗	6,178	4,671
曹洞宗	14,281	12,421
黄檗宗	553	401
真宗（浄土真宗）	19,236	16,882
日蓮宗	4,986	4,000
時　宗	522	370
融通念仏宗	363	237
法相宗	—	—
華厳宗	—	—
合　計	72,117	57,066

出典：『大日本帝国内務省第壱回統計報告』1887年

表1-2　日蓮門下の寺院・住職数（明治33年）

宗　派	寺院数	住職数
日蓮宗（もと一致派）	3,684	3,007
顕本法華宗（もと妙満寺派）	556	403
本門宗（もと興門派）	286	146
本門法華宗（もと八品派）	316	236
法華宗（もと本成寺派）	175	145
本妙法華宗（もと本隆寺派）	87	76
日蓮正宗（もと富士派）	87	41
不受不施派	2	2
不受不施講門派	1	1
合　計	5,194	4,057

出典：『大日本帝国内務省第十六回統計報告』1901年

宗」と総称し、両派が交代で管長を務めることにした。その初代管長は、勝劣派に属する本成寺《ほんじょうじ》派《は》（のちの法華宗、現・法華宗陣門流）の顕日琳《けんにちりん》であった。ここに日蓮教団は、短い期間ではあったが、ひとつにまとまったのである。[23]

さらに同年十一月、身延山久遠寺（一致派）、池上本門寺（一致派）、中山法華経寺（一致派）、京都妙顕寺（一致派）、京都本圀寺《ほんこくじ》（一致派）、京都妙満寺《みょうまんじ》（勝劣派）、越後《えちご》本成寺（勝劣派）の七本山が盟約を結び、七本山による一宗一管長制の計画が立ち上がった。しかし、けっきょく、ほかの本山の抵抗によって計画は頓挫する。翌年八月には教部省からも従来の各本山の独立制に戻す旨の布達がなされ、七本山による日蓮教団の統轄はなくなった。

翌明治七年（一八七四）三月、教部省によって各派ごとに管長を置くことが認可されたことで、日蓮教団は日蓮宗一致派と日蓮宗勝劣派への分離が公的に認められた。一致派は新居日薩《あらいにっさつ》（一八三〇～八八）が初代管長に任命され、勝劣派（妙満寺派、本成寺派、本隆寺《ほんりゅうじ》派、八品《はっぽん》派、興門《こうもん》派）は交代制となり、八品派の釈日実《しゃくにちじつ》が管長に就任した。翌年三月、身延山を総本山とし、池上本門寺、京都本圀寺、京都妙顕寺、中山法華寺を四大本山とする日蓮宗一致派は、単称「日蓮宗」への派名変更を教部省に請願し、明治九年（一八七六）二月三日に承認された。

こうして一致派は日蓮宗として統合され、日蓮教団最大勢力を誇る宗派となった。一方、勝劣派は宗派ごとに独立していくことになる。ちなみに日蓮宗に次ぐ勢力を確保したのが、本多日生の属する妙満寺派（のちの顕本法華宗《けんぽんほっけしゅう》）だった。日蓮教団の再編成はこのようになされ、近代日蓮教団が成立したのである。

以上のような激動の時代のなか、若き田中智学と日生は日蓮門下で修行を積んだ。智学は明治三年（一八七〇）に一致派で得度し、明治十二年（一八七九）二月に還俗《げんぞく》する。同年八月、日生は妙満寺派で得度し、僧侶としてのキャリアをスタートさせるのである。

なお、参考までに明治十四年（一八八一）時点の仏教各宗の寺院・住職数と、明治三十三年（一九〇〇）時点の日蓮門下の寺院・住職数を挙げておこう（四三頁の表1―1、1―2）。明治十年代なかばの日蓮宗の寺院数は、真宗、曹洞宗、真言宗、浄土宗、臨済宗に次ぐ約五千ヵ寺を数えた。

2　在家にして祖師に還る

日本橋の生まれ

田中智学は、明治維新の七年前、文久《ぶんきゅう》元年（一八六一）十一月十三日、江戸日本橋本石町《にほんばしほんごくちょう》に多《た》田玄龍《だげんりゅう》と凜子《りんこ》の三男として生まれた（幼名は秀丸、のちに巴之助《ともえのすけ》）。内村鑑三《うちむらかんぞう》と同じ年の生まれである。「ふたつのJ（JesusとJapan）」を愛した内村にならえば、智学は「ふたつのN（NichirenとNippon）」のために生きた。[24]

父親の玄龍は医師で、当時の江戸で有名だった在家講の寿講（日蓮宗堀之内妙法寺系の題目講）の駿河《するが》屋《や》七兵衛《しちべえ》の高弟のひとりだった。

江戸時代末期、日蓮門下で在家講が発展する。寿講（一致派）以外にも、舜龍院日蒼《しゅんりゅういんにっそう》の江戸八品講（八品派）、讃岐高松藩主の一門の松平頼該《まつだいらよりかね》の高松八品講（八品派）、長松清風《ながまつせいふう》（日扇）の花《か》洛本門佛立講《らくほんもんぶつりつこう》（のちの本門佛立講。八品派）、高崎唯六の本因妙講《ほんいんみょうこう》（富士派）等が著名だった。[25]

檀林《だんりん》（前近代の僧侶の教育・研究機関）に学び、天台学偏重（いわゆる天台ずり）だった伝統教団にたいして、在家講は熱烈な祖師信仰、祖書（日蓮遺文）信仰に特徴があった。在家信者たちは、「日天子法門」（日蓮が太陽―日天子の垂迹《すいじゃく》とする説）のような特異な在家教学（いわゆる俗法門）を生み出した。天台学に立脚する僧侶たちと対立し、幕府からの弾圧を受けた者もいた。駿河屋七兵衛も他宗を批判する四箇《しか》格言《かくげん》の折伏（後述）を説き、幕府を批判したことから、江戸追放の憂き目にあっている。[26]

巴之助の父親・玄龍もまさに俗法門の在家信者で『住本顕本義』という著作もある「非常な法華の強信者」[27]だった。在家信仰、祖師信仰、祖書信仰、折伏重視の姿勢を、巴之助は父親から継承するのである。また、「家系意識からくる尊王感情」も父親譲りのものだった。[28]巴之助の家系は、いわゆる清和源氏の流れを汲むものだった。

八歳で出家、得度

ところが、幼い巴之助を不幸が襲う。

明治二年（一八六九）九月に母親を、翌年二月に父親を相次いで失う。その年の七月、八歳（満年齢）の巴之助は、東京の葛飾郡東一之江《かつしかぐんひがしいちのえ》（現・東京都江戸川区一之江）にある日蓮宗一致派の寺院・妙覚寺で出家・得度した。

師匠の智境院日進《ちきょういんにっしん》（河瀬日進）からは、「智学」の法名を授かった。日蓮宗の僧侶として、人生を歩みはじめたのである。

得度の後、宗門の教育機関である下総《しもうさ》（現・千葉県匝瑳《そうさ》市）の飯高檀林《いいだかだんりん》、芝二本榎《しばにほんえのき》（現・東京都港区高輪《たかなわ》）の日蓮宗大教院（現・立正大学）でそれぞれ学んだ。この檀林在学中に田中姓を戸籍登録した。

とくに大教院では、近世日蓮教学の大成者・優陀那院日輝（一八〇〇〜五九）の学風を受け継いだ一致派管長・新居日薩のもとで修学している。しかし、明治九年（一八七六）十二月、重い肺炎のため、一之江に戻り、以後、二年間にわたる日蓮教学の独学研鑽に入る。

祖師への回帰と還俗

じつは智学は、大教院在籍当時、教学上の疑問を抱えていた。それは大教院に影響力を誇っていた日輝の教学（充洽園《じゅうごうえん》教学）への疑義であった。日輝は「明治日蓮教学の鼻祖《びそ》」[29]であり、日輝が加賀金沢に開いた学舎・充洽園は「明治日蓮行者の発祥」[30]の地だった。日蓮宗の管長を務めた日薩、吉川日鑑《きっかわにちかん》、三村日修《みむらにっしゅう》（いわゆる薩・鑑・修）も充洽園で日輝の薫陶を受けている。

智学は、専心独学して、日蓮遺文や古来の先師の書物を読み、日輝の摂折論《しょうしゃくろん》を検討した。摂折論とは、「摂受《しょうじゅ》」と「折伏《しゃくぶく》」という日蓮仏教の布教・教化方法に関する教説のことである。摂受とは「摂引容受《しょういんようじゅ》」（または「摂取容受」）を意味し、相手の立場を認めて寛容に教え導く立場のことであり、一方、「折伏」とは「破折調伏《はしゃくちょうぶく》」を意味し、相手の立場とは無関係に一方的に正法を説き聞かせながら教え導く立場である（ただし、それが相手にたいするもっとも慈悲深い行為であるとの確信にもとづく）。

その結果、智学は決意する。日輝の教学は時勢の推移のなかでは妥当だと思われることもあったが、万代不易の道理ではない。しかし、日蓮の主張は万古を貫いて動かざるものである。いまこそ、「祖師に還る」「純正に、正しく古に還らなければならぬ」、と。[31] 日輝は摂受を重視する「折退摂進《しゃくたいしょうじん》」論を採ったのにたいして、智学は「超悉檀《ちょうしつだん》［大谷註：悉檀とはサンスクリットのsiddhāntaの音訳で、教説の立てかたの意］の折伏」にもとづく「行門の折伏」（実行的折伏）を強調した。[32] 折伏が祖師・日蓮の根本的立場であると捉え、それへの復古的な回帰を唱えたのである。この折伏重視の立場性こそが、智学生涯の思想と運動を貫く通奏低音であり、政府にたいする「諫暁《かんぎょう》」（いわゆる国家諫暁）もこの折伏の精神にもとづく。

明治十二年（一八七九）一月、病気再発の兆しがみえたため、智学は、横浜にいた医師の次兄・椙守普門《すぎもりふもん》の家で療養した。病気は小康を得たが、同年二月、還俗の意思を兄に伝え、病気療養を理由として、十七歳で還俗することになる。また、三月には日蓮宗大教院の教導職試補の辞任届も提出している。以後、生涯を通じて、智学は在家仏教者として活動することになる。

蓮華会から立正安国会へ

明治十三年（一八八〇）、智学は数名の仲間と横浜で日蓮仏教の研究会・蓮華会を結成し、在家仏教運動を開始する。日蓮六百遠忌《おんき》にあたる翌年四月、蓮華会は会の設立を対外的に発表し、活動をおこなった。そのようすが日蓮宗の布教誌『妙法新誌』三二一号（明治十四年九月二十四日発行）で次のように紹介されている。

横浜港の柴田富治、相守巴之助［大谷註：智学のこと］、中村友二郎の三氏が本年五月以来、蓮華会と云ふを発起し、毎月八日十八日廿八日を会日と定め、其の会の趣意ハ本日同盟悉皆麕集《くんしゅう》し祖書拝読、宗義講習にて務めて信心を策進の目的なるよしされバ、会友も漸々に増加する。（三頁）

この記事から、当時の活動が日蓮遺文の講読や教学の研鑽を中心としていたことや、蓮華会が（『妙法新誌』で報じられるように）日蓮宗内でも知られていたことがわかる。

蓮華会は、しだいに活動の範囲を広げていく。同年九月十二日、横浜の常清寺で初の公開演説会を開催し、智学は「龍口彼処にあり」を演説した。また、十一月には桐ケ谷みね（周子）と結婚している（のち離婚。明治二十九年に、医師で在家居士の小川泰堂《おがわたいどう》の孫・泰子と再婚）。しかし、横浜での活動がはかばかしくないため、智学は東京行きを決心する。

明治十七年（一八八四）一月、二十二歳の智学は東京の浅草山谷《さんや》へ進出し、立正安国会を創立した。その会名は、いうまでもなく日蓮の『立正安国論』にもとづく。三月には「創業檄文」を執筆し、翌年一月には会の設立を対外的に公表し、仮事務所を神田千代町に設けた。以後、公開演説会や講演会を通じて、活発な宣伝・布教活動を展開した。

「祖師滅後六百年来の断絃をつぐ」

明治十八年（一八八五）以降、智学は精力的に演説会を開催し、みずからの主張を訴えた。

三月五日、神田今川橋の「山の恵」という貸席を会場として公開演説会を開催し、「舶来の念仏」と「一華開きて天下の春を知る」を講じた。このときにはまだ協力者が少なく、貸席を借りるお金にも困っていたほどだった。智学みずからが宣伝のためのポスター貼りや会場での下足番を務めている。しかし、この演説を聞いて、簞笥店を経営していた鷲塚清次郎《わしづかせいじろう》（智英）が入会するなど、これ以降、共鳴者も少しずつ増えていった。

同年七月以降、『読売新聞』など、一般紙にも告知を出し、演説会の開催を広く当時の民衆に呼びかけた。とくに七月二十九日に東京東両国の井生村楼《いぶむらろう》で開催された演説会は、世間の耳目を集めた。「外《げ》道折伏四《どうしやくぶくし》箇《か》格言仏教実義大演説《かくげんぶつきようじつぎだいえんぜつ》」と題し、「如来滅後仏教の沿革」と「仏教統一せざれば外敵を論駁すべからず」の演題で、智学は四時間半におよぶ長広舌の演説をおこなった。二千人の聴衆（そのうち僧侶は三百人）が集まった。智学みずからは、この演説を「祖師滅後六百年来の断絃をついだ四大格言の公開祖述」だったと晩年に回顧している。[33]

「四大格言」とは四箇格言のことである。「念仏無間《ねんぶつむげん》、禅天魔《ぜんてんま》、真言亡国《しんごんぼうこく》、律国賊《りつこくぞく》」からなる日蓮の他宗批判の教説であり、日蓮は法華最勝の立場から、『法華経』以外の諸経ならびに他宗の諸行を否定した。智学は「外道折伏」のため、日蓮滅後、六百年間にわたり途絶えていた四箇格言をみずからが公言したと述懐し、「当時の立正安国会、今の国柱会のこれが先づ旗挙げ運動である」と位置づけている。[34] 日蓮への回帰と日蓮教学の近代的解釈は、智学の教説の大きな特徴である。

翌明治十九年（一八八六）七月三、四日、馬喰町《ばくろちょう》の郡台楼で『改進新聞』記者の伊東専三《いとうせんぞう》（橋《きょう》塘《とう》）主催の仏教演説臨時特別大会が開催された。智学は客員弁士として登壇した。「日蓮宗宗制寺法を読む」の演題で日蓮宗の宗制寺法を批判する演説をおこない、日蓮教団の改革構想を発表する。

この演説の背景には、当時の日蓮宗の宗派行政上の問題があった。明治十七年（一八八四）八月の太政官布達第十九号によって、教導職が廃止された。この布達は、天皇・国家が住職の任免・教師の等級の進退を各宗派の管長に委任し、教規・宗制・寺法などの教団法によって成立する各教団を国家が公認しようとするものであった[35]。この管長権と教団法によって、これまで本山制や本末関係・法類関係にもとづいて管理・運営されていた仏教各宗派は、近代的な教団制度の改革をおこなっていくことになる。

日蓮宗では、同年十月十三日に七代管長に就任した吉川日鑑のもと、宗制寺法の制定が進められた。翌明治十八年（一八八五）五月十一日の内務省による認可を経て、宗制が施行される。この宗制は、近代日蓮宗の教団制度の改革・再編政策の一環だった。智学が批判の対象とした日蓮宗宗制寺法とは、こうした性格のものだった。

智学は、制定されたばかりの宗制を批判し、宗門改革の提言をおこなったのである。以後、日蓮教団（とくに日蓮宗）の改革運動が日露戦争前の智学の活動の中心を占めることになるが、そのことを検討する前に、立正安国会の教団形成について確認しておこう。

在家仏教教団としての立正安国会

立正安国会の会員は全員が在家者であり（智学のように還俗者はいた）、智学は、その生涯を通じて在家信者を主体とする在家仏教運動を実践した。近代仏教史研究では、そうした智学の思想と運動は、明治二十年代以降に日本で生起したさまざまな「仏教革新運動」（吉田久一《よしだきゅういち》[36]）や「革新的な仏教運動」（池田英俊《いけだえいしゅん》[37]）の一運動であると評価されている。また、居士仏教や在家仏教の進展は明治仏教の大きな特徴のひとつであり、智学の活動は、まさにそうした動向を体現していたのである。

では、どのように在家仏教の教団と思想が形成されたのだろうか。

明治十九年（一八八六）以降、立正安国会では本部施設の開設、独自の法要・儀礼の整備、綱領や会則の制定、在家仏教論の整理がなされていく。

まず、明治十九年（一八八六）二月、立正安国会は日本橋蠣殻町《かきがらちょう》にあった三階建ての勧工場《かんこうば》（商品陳列所）を買い取り、布教事務所を設置して「立正閣」と命名した。三階の三十畳敷の部屋には本尊が奉安され、一階には百二十畳の大広間、二階には八十畳の広間とふたつの部屋が設けられた。講話はおもに三百〜四百人を収容する二階でおこなわれ、一階では演説会などの大規模な行事が催された。六月には、機関誌『立正安国会報告』が創刊されるとともに、智学最初の著作『十四謗法罪略解《じゅうしぼうほうざいりゃくげ》』が会員の追善供養のため執筆された。

七月十二日には「頂経式《ちょうぎょうしき》」（新生児の帰敬式《ききょうしき》）、翌年には「本化正婚式《ほんげしょうこんしき》」（仏前における仏教式結婚式。日本初）がそれぞれおこなわれた。これらは、「死人ヲ相手ニスルヲ止メテ活タ人ヲ相手ニスベシ。葬式教ヲ廃シテ婚礼教トスベシ」[38]と主張する智学の意図を現実化したものだった。仏前結婚式は、智学によって始められたのである。また、時期は下るが、明治二十五年（一八九二）には『妙行正軌《みょうぎょうしょうき》』が選定され、法要・儀礼の行軌が整えられた。

なお、明治十九年（一八八六）七月十六日、弟子にたいする法号（智＋〇）が初めて授号され、以後、教団幹部には法号が授与されることになる。

また、地方支局が設立されるのもこの時期である。同年七月十八日、神奈川県吉沢村《よしざわむら》（現・平塚市）に立正安国会第一分局が設置された。智学は同月二十六〜二十八日の三日間、開局式のため、初の地方布教に出発している。その後もみずから地方を巡教し、宮崎、土浦《つちうら》、京都など、地方支局の開設が続いた。

創業大綱領にみる教団の特徴

教団の綱領は、翌明治二十年（一八八七）六月に「立正安国会創業大綱領」として定められた。これは会員の増加に対処するためにおこなわれた教団の組織改正の結果、（前年九月に発表されたものが）再制定されたものだった。

大綱領は「総要」「主義」「事業」の全三章からなるが、第二章「主義」第一条の全五則に立正安国会の基本的な性格が明示されている。

（第一則）宗教ヲ以テ経国ノ根本事業トスベシ
（第二則）宗教ノ邪正権実ヲ検討シ、専ラ正実ナル宗教法理ヲ奉ズベシ
（第三則）宗教ノ組織ヲ改良スベシ
（第四則）宗教信仰上ノ誤解妄想ヲ矯正スベシ
（第五則）宗教上従来ノ儀式制度ニシテ弊害アル者ヲ破却シ、更ニ宗教ノ実義ト社会ノ実益トヲ比照シテ、完全ナル儀式制度ヲ興立スベシ[39]

智学は「創業大綱領解釈」（機関誌『立正安国会報』に掲載）でこう述べる。この第一則が「教祖釈迦牟尼仏の本意にして。宗祖の自論なり。されバ本会まづ此主義を立てゝ宗教を取扱ひ。以て国家を治むる一大事となす。正を立て国を安んずるといふは此事なり」、と。つまり、智学は立正安国会の結成当初から、「国」を「国家」と解釈し、理想の「国家と宗教」の関係（立正安国）を強調していたのである。

また、第三則の宗教組織の「改良」の具体的な内容として、「教会組織」の完成を期すこと、「寺檀制度ノ旧習」の否定、「葬祭ノ諸式及墓地ノ管理」を専門事業としないこと、「宗教学会」を設立して教典や宗義の「異解」を判断することが定められた。いわゆる葬式仏教を拒否して、寺檀制度に依拠しない在家仏教教団の完成をめざすことを主張した。そのため、第五則で、みずからの教団独自の「儀式制度」の制定の必要性を訴えているのである。

さらに注目すべきは、第四則である。この第四則は、本尊の雑乱勧請《ぞうらんかんじょう》（本尊以外のものも信仰対象として祀ること）を戒める規定である。三十番神信仰にみられるように、日蓮教団では多神教的な信仰を許容していた。しかし、智学はそれが「宗教信仰上ノ誤解妄想」であると断じ、そうした信仰を排除するのである。また、同則（五）項で「濫リニ疾病災禍ヲハラフヲ目的トシテ宗教ノ信仰ヲナスベカラズ」と規定し、治病行為を目的とした御利益《ごりやく》信仰を禁じている。治病行為（いわゆる病気なおし）による現世利益は、新宗教教団における信者獲得の重要な手段のひとつだが、立正安国会（国柱会）では基本的にそれを禁止している。この点は、本門佛立講（現・本門佛立宗）や霊友会系教団、法音寺系教団などの法華・日蓮系新宗教との違いを示す重要な特徴である。

このように、いわば、キリスト教のプロテスタント的な信仰の純粋性を掲げ、伝統的な日蓮教団に顕著なカトリック的なおおらかな信仰を拒否するのが立正安国会の特徴であり、それは日蓮主義のもつ近代的な宗教性を指し示す特徴である。

在家仏教論の構築

教団組織や法要・儀礼の整備と並行して、智学は自分たちの拠って立つ在家仏教論の構築にも積極的に取り組んだ。
智学は、明治十九年（一八八六）十二月に立正閣で講演された「仏教夫婦論」（以下、「夫婦論」）と、明治二十二年（一八八九）に書き上げた「仏教僧侶肉妻論」（以下「肉妻論」）によって、みずからの在家仏教論を基礎づけた。[40]
前者では、世俗生活での夫婦関係を基本とする在家仏教が提唱された。智学にとって仏教とは、前述のとおり「死人ヲ相手ニスルヲ止メテ活タ人ヲ相手ニスベシ。葬式教ヲ廃シテ婚礼教トスベ」きものであった。また、智学は、仏教が教化すべき世界の基本単位を「夫婦」に設定する。彼にとって、「夫婦ノ倫道」は「社会ノ根本」であった。この「夫婦ノ倫道」を左右する力を備えていない宗教は「社会必用的ノ宗教」ではない、という。智学は仏教が夫婦関係にみられる世俗生活に交渉してこなかったことを批判し、その積極的な交渉を強調するのである。智学は、死者ばかりを相手にする当時の仏教を批判し、「仏教ノ改革案」として、この講演をおこなったのである。

一方、「肉妻論」も、仏教の「一大改革」の提案であった。智学は「夫婦論」の主張をさらに徹底して、仏教における肉食妻帯を肯定し、現在の僧侶は在家の菩薩であることを広く仏教全般の観点から力説している。こうした主張の時代背景には、先にみた明治五年（一八七二）の政府による肉食妻帯蓄髪勝手令以降、僧侶の肉食妻帯が公然とおこなわれるようになった状況があった。

そもそも肉食妻帯は出家した僧侶の戒律の問題だが、智学は次のようにいう。部派仏教の戒律では僧侶の肉食妻帯は禁止されていたが、末法の時代においては戒律が効力を失う。末法無戒の現在においては「信」こそが「末法ノ戒行」であり、大乗の戒行は小乗戒を網羅するといった点が論述されている。仏教における肉食妻帯の禁止は「方便《ほうべん》」であり、けっして「仏法ノ本意」ではないとも述べ、次のように断言する。

又復タ応ニ知ルベシ、末法今時吾国ノ僧侶ハ、早ク已ニ其法籍ト資格ヲ在家ノ菩薩ニ編シ去ラレタルコトヲ。又復タ更ラニ応ニ知ルベシ、在家ノ菩薩家居シテ妻子ヲ畜フ、一己ノ私欲ニ在ラズシテ、護法護国ノ為ナルコトヲ。

（「仏教僧侶肉妻論」、四九頁）

ここにおいて、「在家ノ菩薩」（在家信者）こそが、現在の僧侶であると明示された。世俗生活が大胆に肯定され、在家信者は在家仏教運動を担う運動主体として捉えなおされることで、在家者アイデンティティが定立された。智学は、当時の「末法無戒ノ時勢」に対応した仏教のありかたを問いなおし、その「一大改革」を主張したのである。

この「夫婦論」と「肉妻論」を通じて、時代状況に応じた立正安国会の在家仏教運動の理論的根拠が示された。なお、戒律問題への対処や護法思想の展開、仏教の世俗的対応は、明治仏教の重要な特徴である。智学の主張が大内青巒《おおうちせいらん》、鳥尾得庵（小弥太）、大道長安、島地黙雷らの「在家主義の仏教」（池田英俊[41]）の提唱に連なることを確認しておこう。

3 『宗門之維新』

「抹殺博士」との対決――龍口法難はあったか

明治二十三年（一八九〇）六月十五日、木挽町《こびきちょう》（現・東京都中央区銀座）の厚生館で、二十八歳の智学は「日蓮上人龍口法難《たつのくちほうなん》ニ関スル重野博士ノ考証ニ付テ」と題する演説を前後六時間かけておこなった。三千人が集まった満員の会場では、暑さをしのぐ人びとの扇子が白い蝶のように揺れていた。聴衆のなかには、二十三歳の本多日生の姿もあった。翌日と翌々日の『読売新聞』には、この演説会のようすが報じられている――。

そのきっかけは、重野《しげの》安繹《やすつぐ》（一八二七～一九一〇）による歴史考証にあった。重野は、臨時編年史編纂掛（もと太政官修史館、内閣臨時修史局、現・東京大学史料編纂所）の編纂委員長で、帝国大学文科大学（現在の東京大学）の教授も兼任していた。官製の正史の企てであった『大日本編年史』の編纂をつとめた明治初期の代表的な歴史家である。

その歴史論の特徴は、徹底した史料批判にもとづく考証主義にあった。史実の確定を正確な古文書に求めて、少しでも疑わしい点があれば、その史実を否定した。実際に武蔵坊弁慶《むさしぼうべんけい》や山本勘助《やまもとかんすけ》、『太平記』における楠公《なんこう》父子の「桜井の別れ」や児島高徳《こじまたかのり》などの存在が否定され、当時、重野は「抹殺博士」の異名をとった。[42] この重野が前年(明治二十二年)の十二月、日蓮の龍口法難が事実無根であるとの考証を発表したのである。

龍口法難とは、文永《ぶんえい》八年(一二七一)九月十二日に起きた日蓮にたいする鎌倉幕府の弾圧事件のことである。佐渡流罪の名目のもと、日蓮は龍口(現・神奈川県藤沢市)で斬首されそうになったが、奇跡的に助かり、佐渡へと流された。日蓮門下では、この龍口法難を松葉谷《まつばがやつ》法難、伊豆法難、小松原法難とならぶ四大法難として位置づけるほど、重要なできごとである(智学の初演説が「龍口彼処にあり」だったことを想起されたい)。

重野は、『史徴墨宝考証《しちょうぼくほうこうしょう》』二編で、室町時代の日蓮の伝記『日蓮聖人註画讃』には龍口法難のことが述べられているが、みずからが収集した日蓮自筆の消息文「土木殿御返事《ときどのごへんじ》」では法難について触れられていないため、龍口法難は弟子たちの「作為」であると断じた。さらに翌明治二十三年(一八九〇)には、大日本史学会や東京学士会院(現・日本学士院)の講演でも自説をくりかえしている。重野は、断片的な消息文と『註画讃』の比較にもとづいて、龍口法難という史実の「抹殺」を図ろうとしたわけである。

智学は重野の考証にたいする質問状を送り、同年六月六日、重野と面会した。厚生館での演説会への来場を求めた。重野は承諾したが、所用により、欠席したため、重野不在のなか、智学は重野の考証を事細かに反駁し、龍口法難が史実であることを考証する演説をおこなったのである。なお、この演説の筆記録は『龍口法難論』として、この年九月十二日に金鱗堂から刊行されている（大正四年に新潮社より再刊）。

ちなみに、戦後、著名な仏教史家の辻善之助《つじぜんのすけ》がこのできごとについて、こう評している。「今日より之を見るに、博士の考証は粗漏であつた。斬罪と断刀を一つにした事、遺文録をよく見なかつた事、本満寺文書の誤読等が大きな弱点である」[43]。たしかに重野の書いたものを検討すると、その史料批判は十分ではないことがわかる。

元寇予言否定説をめぐって

さらに翌年（明治二十四年）六月十三日、同様のできごとが起こる。神田一橋外《かんだひとつばしそと》の帝国大学講義室で歴史学の学術団体・史学会の第十九回例会が開かれ、史学会会員の小倉秀貫《おぐらしゅうかん》は「日蓮は元寇《げんこう》の予言者と謂ふを得べき乎《か》」という公開講演をおこなった。講演の開催は新聞でも告知され、会場には二百三十余名の聴衆が集まっていた。智学も聴講した。

小倉の講演内容は、日蓮の『立正安国論』における元寇の「予言」は予言というべきものではなく、自分の「顕達《けんたつ》」を求める「平凡迂腐《うふ》の利己論」である、という痛烈な日蓮批判だった[44]。

智学はその内容以上に日蓮宗関係者が来場せず、小倉の発言に宗門として対応しなかったことに疑問を覚え、小倉の発言と日蓮宗関係者の態度を問題視する。そして講演から二日後の六月十五日、立正安国会は号外を発行し、このできごとを「緊急問題」として取り上げるべきことを訴えた。

また、機関誌『師子王』五号（明治二十四年六月十八日発行）で、「緊急要告」のアピールを会員へ布告し、「枝葉ノ事業、運動ヲ中止シ根本到頭ノ本誓主願ニ基キ、専ラ宗法改革ノ一大実功ヲ揚ゲントスルノ時期ニ接シ得タリ」と宣言した。

このふたつのできごとを通じて、（宗制を批判するだけではなく）日蓮宗の改革という具体的な運動目標が掲げられ、全会員をあげての宗門改革運動が展開されていくことになる。

スローガンはふたつ

小倉の講演から一ヵ月後の七月十八日に発行された機関誌『師子王』六号は、このできごとにたいする特集号というべき内容である。その冒頭、「宗門革命、時正に至れり。／真実なる仏法これより隆んならん焉」との宣言が大きな文字で掲げられた。

続く「主論」には、智学による「小倉秀貫氏の妄論を駁するに先だつて日蓮宗の僧俗及び江湖に告ぐ＝日蓮宗の興廃存亡実に今日にあり」が掲載された。これは、七月四～六日の三日間、立正閣で開催された臨時演説会での日蓮宗批判の演説録である。なお、この演説会には、東京の各講社の在家信徒たちが聴衆として招かれている。

演説の冒頭、智学は次のように宣言する。

今や宗門革命の時運到熟し、予が十有余年秘し来りたる、祖道復古の計策を実施せんとするの場合に接したり。（二一頁）

「宗門革命」と「祖道復古」。智学の宗門改革の主張は、このふたつのスローガンに集約される。「予が今日当場に開きたる演説は、現日蓮宗に向つて、改革の実行を促す端緒を示したるものと知るべし」と述べ、宗門改革の必要性を聴衆である在家信徒たちに力説した。智学は、宗門関係者たちが小倉の講演を聞きに行かなかったことが宗祖や宗法にたいして「大罪過」であると断言する。智学によれば、日蓮の立教の本懐は折伏による「仏教統一」と「一天四海皆帰妙法」にあり、とくに今日においては妙法を謗《そし》る「謗法《ほうぼう》」の人びとを折伏することが必要となる。

智学は、重野や小倉といった「謗法」の「外道論者」にたいして、宗門が折伏の精神をもって反論しなかったことを批判するのである。そして、『涅槃経《ねはんぎょう》』や日蓮の『松野殿御返事《まつのどのごへんじ》』にもとづき、「日蓮宗の坊主は、悉《ことごと》く是れ仏法の中の怨敵《おんてき》なり、悉く是れ畜生なり、悉く是れ盗賊なり」と厳しく指弾した。

こうして宗門改革に着手する自分たちの立場を正当化し、在家信徒たちに「日蓮宗門の一大改革を実行すべし」とアジテートした。演説の最後には、「為法的運動の団体」を組織することを示唆している。

宗門革命祖道復古義会

実際にその数日後、宗門革命祖道復古義会が設立された。

その仮規約には、「現日蓮宗の乱雑を憂へ、爰《ここ》に護法篤信の四衆相計りて、内は仏祖の御正意に基き、外は開進の時機を鑑み、宗門の改革を実行せん為め」、この祖道復古義会を設立すると宣示され、全国の「護法正信の人々」や「真正扶宗の諸教会各講社」へ加盟を呼びかけている。[45]

こうした智学の言動は、日蓮門下の講社や結社、教会といった在家信徒たちのあいだで大きな反響を呼んだ。『師子王』には智学の主張にたいする共感と賛同が寄せられ、賛同者や同盟組織、義納金の納付者が誌上に紹介された。立正安国会のほか、日蓮宗唱導会、万代結社、正法結社、月参結社、教進結社、一心結社、千住結社など、東京や横浜の講社・結社が続々と祖道復古義会に加盟している。その結果、短期間のうちに、七千三百余名の同盟者を獲得した[46]。智学たちの宗門改革運動は在家信徒たちに支持され、くりひろげられていったのである。

以降、八月一日から五日までの連日、祖道復古義会は神田や上野公園、浅草公園、芝公園といった東京各所で路上演説をおこない、智学をはじめ、溝口太連、伊東武彦（智霊）、保坂麗山（智宙）ら立正安国会の幹部たちが「宗門革命・祖道復古」を訴えた。七日以降も、東京市内や横浜で祖道復古義会の加盟団体主催による演説会が開催され、十三日には日蓮宗宗務院に宗門の改革を迫る第一回勧告書を提出している。

また、九月十二日（龍口法難会の日）以降、智学たちは運動の全国展開を考え、藤沢を皮切りに名古屋や大阪へ智学みずからが巡教し、各地で宣伝・布教活動を展開し、復古義会の支部を結成した。

こうして関東や東海、関西地方を中心とする各地で、復古義会による宗門改革の活動が展開され、それが立正安国会の地方支部の拡大へと連動していった。

二十世紀に入って

ふたつの事件からほぼ十年後、智学は『宗門之維新』（明治三十四年九月）と『本化摂折論』（明治三十五年二月）を刊行する。

時代は日清・日露戦間期。二十世紀を迎えた国民のあいだで国家主義的な意識が高揚するとともに、日本が侵略的な海外進出を図り、帝国主義化する時期だった。そうした日本国家の動向を背景として、これらの著作が発表された。

前者は、日蓮教団改革の体系的かつ具体的なプログラムとして執筆された「宗門革命」のための著作である。本書ではじめて「日蓮主義」という言葉が登場し、智学の主張は「日本による世界統一」という国家主義的なヴィジョンにまで敷衍《ふえん》される。

一方、後者は、日蓮仏教における折伏の積極的な意義を復古的に捉えかえした「祖道復古」のための教学的な講演録である（明治三十四年七月の日蓮門下各教団連合夏期講習会での講演）。本書刊行後、立正安国会（国柱会）の教学は、翌明治三十五年（一九〇二）八月から九月にかけ智学によって大成された組織教学「本化妙宗式目」として結実することになる。

「祖師に還ること」を念じた十代の智学の決意は、明治二十年代の「宗門革命」と「祖道復古」のスローガンを経て、明治三十年代に二冊の著作に結晶化した。智学は、不惑を迎えていた。

最初は機関誌の附録

ここでは、『宗門之維新』のポイントを検討していこう。

明治三十四年（一九〇一）三月、智学は病気療養のため、伊豆の修善寺《しゅぜんじ》で静養をした。このとき、「桂谷教話」と「聖伝千言詩」とともに書き上げられたのが、『宗門之維新』である。この著作によって、智学の名前は日蓮教団を越えた一般社会にも広まることになる。

宗門の維新は祖道の復古にして、制度の革新也。

智学は機関誌『妙宗』四編五号（明治三十四年五月六日）の「宗門の維新に就て」という短い文章のなかでこう宣示した。

この号の附録として、「宗門の維新［総論］」が発表された。序章で紹介したように、このなかで「非日蓮主義の安心を味守せし也」（三頁）、「日蓮主義の錬槌によりて鍛へ上げたる、真正の日本的気節也」（七頁）、「是れ日蓮主義の訓へたる慈善事業なり」（一五頁）、「日蓮主義の洋溢を見ん」（一七頁）というように、「日蓮主義」という言葉が造語された。

続く四編六号（同年六月六日）の附録として、「宗門の維新［別論］」が発表され、これらが同年六月七日から十八日にかけて東京で開催された日蓮宗宗会に参加した五十名の日蓮宗宗会議員に施本された。すなわち、当初、本書は機関誌の附録として公にされたのである。

同年九月十日、会員の食満智津《けまちづ》（のちの劇作家・食満南北《なんぼく》）の浄財によって、『宗門之維新』として重訂再版された。「総論」「別論」に「序論」と「附録」の「妙宗未来年表」が加えられ、当時の有識者七百余名に施本される。施本された知識人のひとりが、評論家の高山樗牛《たかやまちょぎゅう》だった（樗牛については第三章で詳述）。

日本国家さらには世界人類の問題

『宗門之維新』は、智学による日蓮宗門改革のマニフェスト（宣言）であり、教団改革のための体系的かつ具体的なプログラムだった。その具体的なプログラムは、宗法（本尊・行軌）、教育（宗風教育・専門教育・普通教育）、布教（言説布教・文書布教・法験布教・看護布教）、制度（集団・財政）にわたってじつに細かく規定されている。

まず、同書冒頭の次の発言に注目されたい。

夫《そ》レ本化ノ妙宗［大谷註：日蓮教団と日蓮仏教のこと］ハ、宗門ノ為メノ宗門ニ非ズシテ、天下国家ノ為メノ宗門也、即チ日本国家ノ応サニ護持スベキ宗旨ニシテ、亦未来ニ於ケル宇内人類ノ必然同帰スベキ、一大事因縁ノ至法也。（二頁）

智学の問題意識は明白である。智学にとって、「宗門之維新」とは日蓮教団に限定された問題ではなく、日本国家さらには世界人類の問題である。世界人類は『法華経』によって統一されなければならず、日本国民がその「天兵」であり、世界人類を霊的に統一すべき「天職」を有するのが日本だった。

「侵略的態度」

智学はみずからの立場について、宗法では「復古的態度」を、制度のうえでは「進歩的態度」を採り、全体として「退嬰《たいえい》主義」を打破して、「侵略的態度」を採るべきだと強調する。それは「祖道の復古」という原理主義的な主張と、「制度の革新」という合理的な主張からなる、きわめて近代的なものだった。

「侵略的態度」とは「折伏主義」という折伏重視の姿勢のことであり、『法華経』によって人類の思想と目的を統一することだった。智学は、

「法華折伏」ノ四字ハ、無期限ノ『宣戦詔勅』也、既ニコレヲ以テ宗ヲ立ツ、『侵略的宗是』ナラザルヲ得ズ。（二二頁）

と、戦争のメタファーで激烈に折伏の実践を説いた。

当時の時代状況に即してみれば、十九世紀以降の欧米列強によるアジア侵略と十九世紀なかば以降の日本の東アジア侵略のなかで、智学は仏教教団の一宗派の問題を、日本による世界統一という国家主義的な問題意識で把握した。こうした智学の主張は日清戦争（明治二十七〜二十八年）を終え、日露戦争（明治三十七〜三十八年）を控えた時期になされたのである。その視点は、あきらかに日本国家の帝国主義的な動向とリンクしていた。

「妙宗未来年表」

さらに注目したいのは、本書「附録」の「妙宗未来年表」である。ここで、世界統一のヴィジョンが示されている。

本文で宗門改革の具体的な方針と手段を論じた智学は、この年表で「理想的宗門」成立後の「宗勢ノ概測」を提示する。智学によると、宗門改革達成後の五十年間のうちに日蓮仏教の「国教」化（仏教的政教一致）が実現するという。そのプロセスを具体的な数字（信徒・基金・歳入・

歳出・学徒・布教師・宗設義勇艦隊・戒壇基金）をあげて、細かく予測している。具体的には「日蓮主義」の普及によって国内の諸宗教が解散し、帝国議会が日蓮仏教を奉じる。そして、天皇の大詔渙発《たいしょうかんぱつ》と議会の協賛によって、「国教」が「憲定」され、日本国内の統合が達成されることになる。

問題はここからである。

国教の制定後、静岡県の三保《みほ》、清水《しみず》周辺が「宗都」と定められ、ここに「本門戒壇《ほんもんかいだん》」が建立され、「世界ノ霊的統一」が実現する、と智学はいう。戒壇とは仏教の戒律を授ける（授戒）ための場所であり、出家者が正式な僧尼として認められるには受戒が必要とされる。日本では奈良時代に東大寺（戒壇院）、筑紫の大宰府の観世音寺、下野国の薬師寺に戒壇が設けられ、「天下の三戒壇」と称せられた。また比叡山延暦寺にも戒壇が築かれ「大乗戒壇」といわれる。

本門戒壇はそれとは別に、日本をはじめとする全世界の人びとが『法華経』に帰依するときに建立されるべき（とされる）戒壇のことである。智学はこれを「国立戒壇《こくりつかいだん》」と名づけた。詳しくは第四章で述べるが、日蓮仏教のエッセンスは五綱三秘に集約できる。「教」「機」「時」「国」「序（教法流布の順序）」からなる「宗教五綱」（または「五綱」「五義」）と、「本門の本尊」「本門の題目」「本門の戒壇」からなる「宗旨三秘」（または「三大秘法」「三秘」）である。後者の三大秘法の解釈（とくに本門戒壇論）に、智学の教学の独自性があり、本門戒壇がいつどのようにどこに建立されるべきなのかは、きわめて重要な課題だった。

智学は「妙宗未来年表」の構想に際して、『三大秘法抄』『報恩抄』『観心本尊抄』『如説修行抄』『顕仏未来記』『諫暁八幡抄』といった日蓮遺文を典拠としており、その近代的解釈を提示したのである。
さて、宗門改革の達成から五十年が経てば、数えきれないほどの勢力によって伝道がおこなわれ、「閻提《えんだい》広布《こうふ》世界《せかい》統一《とういつ》」(世界中への日蓮仏教の布教と世界統一)が悠久の未来ではないときに実現される、と智学は考えた。その「海外伝道各本部」として、京城(韓国)、北京(中国)、フエ(ベトナム)、バンコク(タイ)、カルカッタ(インド)、テヘラン(イラン)などのアジア諸地域をはじめ(国名は現在名)、ヨーロッパ、アフリカ、アメリカ、オーストラリアの諸地域が指定されている。また、「海外宗港」として、ロシア、韓国、中国をはじめとする世界各地の港が挙げられている。

日本による世界統一

もちろん、その後の歴史を見れば、これらのヴィジョンは実現しなかった。こうした主張にたいして、「日蓮宗を以て世界を統一せんとするの空想を夢み、自ら遠大の規模と誇負して得々たるはまた聊《いささ》か笑ふべきなり」(『新仏教』三巻一号、明治三十五年一月)と、新仏教徒同志会の青年仏教徒から揶揄されている。

しかし、ここでは、「日本による世界統一」というヴィジョンが日清戦争後の社会状況のなかで智学によって構想されたことに注意を払っておこう。それが日露戦争というできごとを経て、「国立戒壇」の建立による日本統合→「世界の大戦争」による世界統一という終末論的なヴィジョンにまで精錬されることになる。

「国立戒壇」の用語は、戦後一時期の創価学会に継承された。『宗門之維新』刊行から半世紀後の昭和三十一年（一九五六）、創価学会二代会長の戸田城聖《とだじようせい》は、「我等が政治に関心を持つ所以は、三大秘法の南無妙法蓮華経の広宣流布《こうせんるふ》にある。即ち国立戒壇の建立だけが目的なのである」（「王仏冥合論㈠」『大白蓮華』六三号）と強調している。[47]

すなわち、智学が構想したヴィジョンは戦後になっても数多くの若者たちを魅了し、影響を与えたことになる。この問題については「終章」で言及する。

第二章
本多日生の積極的統一主義

本多日生

1　若き改革派

姫路、津山、堺

明治維新前年の慶応《けいおう》三年（一八六七）三月十三日、本多日生《ほんだにっしょう》は、播磨国姫路《はりまのくにひめじ》（現・兵庫県姫路市）に姫路藩士・国友堅二《くにともけんじ》郎《ろう》と勝子《かつこ》の次男として生まれた（幼名長二《ちょうじ》[1]）。夏目漱石《なつめそうせき》や南方熊楠《みなかたくまぐす》と同じ年の生まれである。幼くして姫路の日蓮宗妙満寺派の寺院・妙善寺（母方の檀那寺）の本多日《にっ》境《きょう》に仕え、姓を継いだ。

小学校卒業後、日境は老体のため、妙善寺に隣接する妙立寺の池田日昌《いけだにっしょう》のもとで得度し、聖応《しょうおう》と号した。しかし、日昌が急逝したため、日生は岡山県津山《つやま》にある本蓮寺《ほんれんじ》の児玉日容《こだまにちよう》に師事した。児玉のもとで妙満寺派の教学（日什《にちじゅう》教学）を学び、原泉学舎で元岡山藩の儒学者・西毅一《にしきいち》（薇山）から漢籍を学んだ。とりわけ、日生は児玉から強い影響を受けた。児玉は明治初期、宗派改革の提言をしており、それが受け入れられないと知るや、僧籍を返上し、岡山に岡山弘通《ぐづう》所《しょ》、津山に津山弘通所と名づけた顕本講を創立して布教に励んだ。こうした姿勢が日生に継承されている。

明治十七年（一八八四年）に大阪府堺市の妙満寺住職に着任し、明治十九年（一八八六年）に上京する。翌年、二十歳のときに私立哲学館（現・東洋大学。この年の九月に開校）の第一期生として修学しつつ、僧職をつとめた。

「説教演説」生涯数千回

東京へ上京した際には「新しい学問」をするため、説教はしないことにしていた（上京前には法話をしていた）。しかし、明治二十一年（一八八八）九月、当時の妙満寺派管長・板垣日暎《いたがきにちえい》に随行して、北海道・東北地方へ巡教した際、「百数回の説教演説」を試みたという。ここから、生涯数千回におよぶといわれる日生の「説教演説」の活動がスタートする。[2]

日生は若くして僧階を昇進し、宗派内の重職に就いた。明治二十一年（一八八八）十月に妙満寺派小学統に任命以降、中学統（明治二十二年四月）、大学統（同年八月）、権僧都《ごんのそうず》（明治二十三年十二月）と着実に昇進している。また、明治二十二年（一八八九）一月に宗会原案起草委員に任命され、その後も公会議員（同年四月）、宗門要書取調委員長（明治二十三年八月）、教務部長（同年十一月）と宗派内の要職を歴任した。早くからその実力を評価されていたことがわかる。

明治二十二年（一八八九）三月に姫路の妙善寺住職へ転任したものの（哲学館は中退）、同年七月には東京浅草の盛泰寺《じょうたいじ》、九月には浅草の円常寺《えんじょうじ》に転じ、さらに明治二十四年（一八九一）四月には浅草の慶印寺《けいいんじ》住職を兼任し、以後、東京（とくに浅草）を本拠地として活動した。

比類なきネットワーカー

日生はその生涯を通じて、数多くの団体を結成し、ネットワーカーとしての才能を発揮した。

その手はじめが、明治二十三年（一八九〇）二月に設立した宗義講究会である。河野日台《こうのにちたい》、小林日至（日生の叔父）、山内太久美（桜渓、日生の叔父）、小川会庸（日豊）、金坂教隆、清瀬貞雄（日憲）、山根顕道（日東）、井村寛冉《いむらかんぜん》（日咸《にちかん》）ら宗派内の改革派が結集し、宗教の「宗義」の研究をおこなった（日生は幹事を担当し、河野が会長）。機関誌『宗義講究会誌』を創刊し、河野が発行兼編輯人、日生が編輯人をつとめている。

その後、明治二十九年（一八九六）十二月、日蓮教団の統合のための活動母体として、僧侶や在家者を結集した統一団を組織し、みずからの活動の基盤とした。

明治末年以降、以下のように日蓮主義ネットワークと呼ぶべき日蓮主義の支持者たちの組織づくりを精力的におこなっている。

明治四十二年（一九〇九）

一月………天晴会《てんせいかい》（日蓮仏教の研究会）

秋…………講妙会（仏教経典の研究会）

明治四十三年（一九一〇）

二月………妙経婦人会《みょうぎょうふじんかい》（婦人教化団体）

三月………第一義《だいいちぎ》会《かい》（日蓮仏教の研究会）

明治四十四年（一九一一）

五月………地明会《ちめいかい》（天晴会の女性団体）

さらに大正、昭和期には、

大正七年（一九一八）
三月……自《じ》慶会《けいかい》（労働者の「慰安と善導」を目的とした教化団体）
大正十一年（一九二二）
十一月……立正結社（「立正大師《りっしょうだいし》」諡《し》号宣下《ごうせんげ》を記念して結成された教化団体）
大正十三年（一九二四）
一月……国本会《こくほんかい》（国民精神作興詔書に応答して結成された教化団体）
昭和三年（一九二八）
七月……知法思国会（国民の「思想善導」を掲げた教化団体）

を結成して、熱心に国民教化運動に取り組んだ。

明治三十八年（一九〇五）に顕本法華宗管長に就任し、昭和六年（一九三一）三月に亡くなるまで宗派のトップとして宗派内行政の中心を担うことになるが、これらの諸団体を通じて、自宗派や日蓮教団にとどまらず、広く一般社会で活躍したのが、本多日生である。

日蓮宗革命党

田中智学の日蓮教団改革運動の起点が、明治十七年（一八八四）八月の太政官布達第十九号（教導職制の廃止）による仏教各宗派の近代的な教団制度の編成にあったことは第一章で述べた。

改革派・日生の宗派内改革も、やはり、この時期が起点となる。

ここで、妙満寺派の宗派改革の動向を検討する前に、近代日蓮教団の最大勢力である日蓮宗の教団改革・再編の動向を一瞥しておこう。

智学が批判した日蓮宗の宗制寺法は明治十八年（一八八五）五月に施行されたが、明治二十一年（一八八八）以降、日蓮宗内では教団の中央集権化をめぐって大紛争が惹起した。事態は日蓮宗を二分するにいたり、その争いは法廷にまでもちこまれた。[3]

当時、日蓮宗（一致派）内でも勝劣派と同じように、身延、池上、中山、六条、四条、浜などの各門流にわかれ、四十四本山が分立していた。こうした宗派内の状況にたいして、明治二十一年（一八八八）八月二十三日、三村日修管長は「宗規改良」のための諮問総会開催の諭告書を宗内に公布し、その原案を示した。その意図するところは、明治二十三年（一八九〇）の国会開設を控えた「社会全体ノ進歩」にともない、宗内の教育や布教、理財（財産の運用）の制度を改良することであり、そのために本山分立の状態を解消し、身延山久遠寺を日蓮宗の総本山とする「総本山中心体制」を確立することだった。[4]

こうした三村の提案を支持する改革派僧侶の本間《ほんま》海解《かいげ》と佐野《さの》前励《ぜんれい》は日蓮宗革命党を結成し、全国の日蓮宗寺院に「日蓮宗革命趣意書」を配布した。[5]

ふたりは、日蓮の墓所のある「祖山」（身延山久遠寺）を「一大本寺」とすることを主張。すなわち、江戸時代に制度化された本末制度（仏教宗派内の本寺と末寺の関係）を解消し、宗内の三千七百寺ほどの寺院を久遠寺の末寺とする廃本合末論（合末論）によって、総本山・身延山久遠寺を中心とする中央集権体制の樹立を訴えたのである。その主張は各地で大反響を呼んだ。

中央集権化の挫折

宗務当局の原案（とくに第一条、管長を総本山・身延山住職の受持とすること、第六条、宗務院を身延山に置くこと、いわゆる一六両条）と改革派の合末論にたいして、当然のことながら、保守派の猛反発が起こる。[6]

京都の本圀寺、東京の池上本門寺、千葉の中山法華経寺などの諸本山は同年十月に開催された諮問総会で宗務当局の原案に強く反対し、とくに一六両条について激しい論戦が交わされた。

結果は、大多数の賛同によって原案が可決された。三村はその実施手続きを取ろうとしたが、本山側の反対運動によって、内務省への認可申請ができなかった。そこで、本間や佐野ら改革派は総会決議の実現のため、翌明治二十二年（一八八九）一月に為宗会《いしゅうかい》を結成した。それにたいして、各本山からなる保守派も本山同盟会を組織して対抗する。三村はようやく申請にこぎつけたものの、これは認可されなかった。

こうした日蓮宗内の改革派と保守派の熾烈な抗争は、その後も続いた。明治二十四年（一八九一）暮れに保守派の管長が選出され、翌年に改革派の僧侶たちが住職寺からの追放や公職罷免、僧階降格などの処分を受け、ようやく事態は収束した。宗務当局と改革派による日蓮宗の中央集権化の試みは挫折したのである。

妙満寺派における改革の気運

一方、近代日蓮教団第二の勢力を誇る妙満寺派においても、近代教団制度の形成に向けた改革派と保守派の抗争が発生した。ここに、日生をはじめとする改革派が登場する。

明治二十一年（一八八八）九月十三日、京都の妙満寺派学林長をつとめていた三十九歳の河野日台を筆頭に、白井《しらい》日熙《にちき》、横溝《よこみぞ》日渠《にちきょ》、本多日生、山本《やまもと》日康《にちこう》、成島隆康、井村寛冉（日咸）、小川玉秀（日園）、野口量印（日主）、松本日新、笹川日方の連名で、九項目二万七千字におよぶ宗派改革の請願書が管長の板垣日暎に提出された。[7] これらの僧侶は、妙満寺派の改革を求めて結成された扶宗党《ふしゅうとう》のメンバーだった。河野は日生と協力し、浅草の慶印寺（河野の住職寺）を拠点として扶宗党を組織し、宗派改革を求める請願書を提出したのである。

請願書は、以下の九項目からなる。なお資格とは本山・末寺・教会・貫主・僧侶・信徒などに関しての事柄である。

・学事制度に関する意見
・布教方法に関する意見
・宗務組織に関する意見
・財務整理に関する意見
・公会開設の意見
・資格確定に関する意見
・賞罰法度に関する意見
・教式制定の意見
・住職進退に関する意見

その冒頭、「今ヤ本派ノ状態ヲ観察スルニ、実ニ悲憤ニ堪ヘサルモノアリ」と、妙満寺派の現状にたいする批判が掲げられている。河野や日生らは、宗派内の抜本的な改革を求め、とくに公会の開設を求めた。

その結果、板垣管長は同年十二月十八日付で公会開催を宗派内へ布達し、翌明治二十二年（一八八九）一月、河野や日生、白井、野口、井村ら扶宗党のメンバーが宗会原案起草委員会に任命され、原案（改革案）の作成に入った。また、四月には公会議員が選出され、扶宗党のメンバーは公会議員として公会に参加することになった（河野は宗会議長に選出）。

同年五月二十八日から七月八日まで、宗会原案起草委員会によって起草された原案（改革案）にもとづき、浅草慶印寺で妙満寺派の公会が開催される[8]。

公会では日生の発言回数がもっとも多く、ほとんどの議論に日生が応答しながら進行した。おもに宗制の改革が議論され、管長の公選制や寺格の廃止が決定された。この寺格をめぐって、日蓮宗では合末論をめぐる紛争が起こったことはすでに確認した。妙満寺派は三千六百余寺を数える日蓮宗にくらべて勢力が小さく、四百数十寺だったこともあり、総本山・妙満寺を頂点とする一宗派一本山制を達成することができたのである。

公会は無事に終わり、同年八月二十七日の内務省の認可によって、新しい宗制が九月一日付で宗派内に布達された。妙満寺派では、河野や日生ら改革派の主張がとおり、中央集権体制が樹立されたのである。

また、千葉宮谷の大学林を東京浅草の盛泰寺へ移転すること、千葉下総の宗務本庁を京都の妙満寺へ、支庁を浅草の妙経寺へ移すことも決定された。人事も一新され、管長には坂本日桓、宗務総監に板垣日暎、法務部長に河野日台が任命された。

2　近代的教義の追求と雑乱勧請停止

宗義講究会の結成

公会の翌明治二十三年（一八九〇）二月五日、河野と日生、小林、山内、小川、金坂、清瀬、山根、井村ら改革派僧侶は、「宗義安心ノ精要及各宗教義ノ蘊奥ヲ専攻シ宗教ノ実義ヲ顕揚スル」ことを目的とする宗義講究会を結成する。[9] 二十二歳の日生を筆頭に若手を中心とした団体だった。

この日の発会式の演説で、幹事の日生は会の創立の目的を次のようにまとめている。「世人をして真正に仏法の必要を知らしむる事」「菩提心を以て宗義を明にする事」「僧侶の職務に於て本末を糾す事」「真正に宗義の信仰を興す事」「信仰上の事業を改むる事」、と。[10] 日生の宗派改革の方向性が示唆されている。

会は浅草の慶印寺を拠点とし、毎週日曜日に宗義講究のための会合を開いた。入会者は会員と会友にわかれ、会員は東京市内の妙満寺派の僧侶と信徒に限定され、会友は全国自他宗の緇素《しそ》

（僧俗）を対象としていた。機関誌は「本派ノ宗令会説講録演説々教法話討論及各宗教義ノ講説」の掲載を掲げており、坂本管長や小林の講話録のほか、他宗（真言宗、天台宗、曹洞宗、臨済宗）の教義、日蓮門下（本隆寺派）の教義なども掲載された。

こうした「宗義」の研究について、日生は「宗義講究」と題した論説のなかで、次のように述べている。

凡ソ一事一物ノ真理ヲ発見セント欲セハ必ス詳密周到ナル講究ヲ要スルハ論ナシト雖モ、之ヲ講究スルニ当テ先ツ講究ノ方則ヲ確定スルヲ以テ必要トス。彼ノ泰西諸学ノ進歩シテ殆ト発達ノ極度ニ達シタル所以ハ種々ノ事情ニ由テ此ニ至リタルモノナリト雖モ、多クハ講究方則ノ整定セルニ是レ由ルモノト謂フヲ得ヘシ[11]。

日生は、近代知による「講究方則」（方法論）の重要性を主張し、ついで「宗教」の講究方則に言及する。

宗教は近代知としての「学問」とはまったく反対の性質をもっているが、宗教には独自の方法論がある。しかし、現在の「仏教」（宗教）は方法論が散漫で、その拠りどころがないと批判したうえで、「実ニ講究ノ方則ヲ評定スルハ宗義講究ノ一大問題ト謂フヘシ」と力説する。すなわち、日生のいう「宗義講究」とは近代知を媒介とした仏教教義の研究であり、仏教（宗教）の方法論の検討を意味していた。

近代知の受容

こうした日生のまなざしの背景には、日生が哲学館の学生として「泰西諸学」という近代ヨーロッパの学知（近代知）を受容していたことを指摘できよう。

日生がどのような講義を受講したのかは定かではないが、ちなみに当時開講されていたのは、心理学・哲学論（井上円了《いのうええんりょう》）、哲学史（三宅雄二郎《みやけゆうじろう》［雪嶺《せつれい》］）、心理学・哲学史（清沢満之《きよざわまんし》）、倫理学（棚橋一郎《たなはしいちろう》）、社会学（辰巳小次郎《たつみこじろう》）などの講義である。さらに村上専精《むらかみせんしょう》が仏教論、織田得能《おだとくのう》が仏教史を講じていた。いわば、当時の最先端の学問を吸収できる環境に身を置いていたのである。

これ以降、日生は近代知のなかでもとくに宗教学の成果を参照して、日蓮仏教の近代的解釈を図り、みずからの教学を整備していくことになる。日生が参照した宗教学のテキストが、ドイツの哲学者エドゥアルト・フォン・ハルトマンの主著『人類の段階的発展における宗教意識』（一八八一～八二年）の一部を姉崎正治が翻訳した『宗教哲学』（博文館、一八九八年）や、オランダの宗教史家のコルネーリス・ティーレの『宗教学原論』（鈴木宗忠・早船慧雲訳、内田老鶴圃、一九一六年、原著は一八九七～九九年）だった。[12]

こうした日生の近代的な姿勢は学問の受容だけにとどまらず、先にみた宗派の制度改革、さらには宗派内の信仰の改革にもおよぶ。ところが、こうした急進的な姿勢、改革が保守派の猛反発を招き、日生らが宗派内からパージ（追放）されるという事態にまで発展する。

剥牒処分！――黙っていなかった保守派

日生ら若手僧侶を中心とする改革派は宗派改革を実現し、宗派内の重要機関（大学林や宗務支庁）を千葉から東京へ集中させた。

さらに明治二十三年（一八九〇）十一月の人事異動で河野が大学林長、白井が本山部長、日生は教務部長に就任し、改革派僧侶が宗務庁のポストを独占し、宗派内の権力を掌握した。しかし、「妙満寺派の寺院勢力は何としても千葉の七里法華である」[13]といわれるほど強大な勢力をもつ千葉の保守派の長老たちの巻き返しが始まる。

この年末、日生たちは雑乱勧請《ぞうらんかんじょう》の廃止と本尊の統一（大曼荼羅一体か三宝式）を宗派内に指示する。雑乱勧請とは本尊以外に鬼子母神《きしぼじん》や帝釈天《たいしゃくてん》、清正公《せいしょうこう》など雑多な諸神を信仰の対象として祀ることをいう。とくに千葉の諸寺院では、本尊とは別に薬師如来や鬼子母神を勧請し、これらの民俗信仰による御利益信仰が寺院経営を支えていた。日生たちはその「改革」を要求、もっといえば彼らの米櫃《こめびつ》を否定したのである。

この施策は宗派内（とりわけ千葉の保守派僧侶たち）の猛反発を呼び、宗派内が紛糾する事態となった。翌明治二十四年（一八九一）、責任をとって坂本管長が辞任し、五月には保守派の錦織《にしこり》日航《にっこう》が管長に就任する。

ここから保守派の反攻による改革派のパージが始まる。同月、日生は教務部長を解任され、宗務総監の板垣、法務部長の井村も罷免された。さらに日生は七月に浅草慶印寺住職の兼任を解任された。

「妙満寺派の紛擾《ふんじょう》」と題された投書が『日宗新報』三九七号（同年七月二十八日）に掲載されている。それによれば、「近来派内に紛擾を生じ、異論百出或ハ宗務庁職員の更迭を来し、其外種々云ふに忍びざる事あり。布教ハ既に廃止し、興学の源泉たる大学林も将《まさ》に有名無実に帰せんとす」る状況だった。
日生にたいする処分は続く。同年十二月には福島県二本松の蓮華寺への左遷命令が下った。病気を理由に転任を断ると、翌明治二十五年（一八九二）一月には剝牒《はくちょう》処分が下され、僧籍が剝奪されてしまう。小林もいっしょに僧籍を奪われ、河野も千葉県小関村の妙覚寺に左遷された。こうして完全に改革派と保守派の形勢は逆転した。

反撃の布教

宗派から追放された小林と日生は、小川、金坂、井村らとともに独自の布教活動を開始する。剝牒処分直後の一月に神田猿楽町に顕本法華宗義弘通所《ぐづうしょ》を設置した。この弘通所はのちに浅草の蔵前南元町、浅草の新福井町へ移転し、顕本法華宗第一宗義布教所となる。

なお、日生たちは弘通所開設の際、全十五章三十四項の「顕本法華宗義要領」を同年一月付で発表している。[14] その内容は、

宗号所由（一章）
伝道相承（二章）
所依経釈（三章）
宗旨肝要（四章）
本門本尊（五章）

本門戒壇（六章）
本門題目（七章）
修法目的（八章）
所期国土（九章）
教相判釈（十章）

本迹関係（十一章）
正助合行（十二章）
弘法綱格（十三章）
処世志願（十四章）
謗法厳戒（十五章）

からなる。

この「要領」には、日生たちの立場が明確に表現されている。

まず、一章では「顕本法華」の宗号の由来が語られた。それは、釈尊がこの世に生まれ出て、日蓮が自らの教えを広めようとした本意が「顕本法華の妙旨」を宣揚することにあったためであるという。「顕本」とは「開迹顕本《かいしやくけんぽん》」「発迹顕本《ほつしやくけんぽん》」といい、『法華経』如来寿量品第十六で釈尊の本地（本質）が娑婆世界に現れた仮の姿（垂迹）の仏ではなく、永遠の過去に仏となり、未来永劫にわたり衆生救済を続ける久遠実成《くおんじつじよう》の仏であることが顕らかになること（釈尊の本地開顕）を意味する。

また、本尊として曼荼羅を指定し、「信仰の統一」のため、「本尊の外は凡て勧請」を認めていない（五章）。

さらに「一国の君民皆本宗に帰依する時に至らば最勝の地を選んで大戒壇場を建立す」と、本門戒壇（事壇）を規定し（六章）、教化方法として「折伏の行法」に依ることを明言し（十二章）、「謗法厳戒」（十五章）を強調している。

そして、「本宗は立正安国の主旨を守り、国家の福祉を増進し、衆生の善報を発達せしむるを以て処世の志願とす」ることを宣言しており（十四章）、智学と同じく、日生も——『立正安国論』に依拠し——「国家と宗教」の関係を重要視していたことがわかる。

翌年二月、岡山市内の内山町に同第二宗義布教所、十一月には同第三宗義布教所を岡山市内の津山町に、さらに翌明治二十七年（一八九四）十月、神戸市橘通二丁目に同第四宗義布教所をそれぞれ開設している。師の児玉と同じく、日生はこれらの布教所を拠点として、「顕本法華」の布教活動を積極的におこなった。

なお、雑乱勧請廃止の指令と「要領」から顕著なように、日生は保守派の伝統的かつ民俗的でカトリック的な信仰を厳しく峻別し、ビリーフ（教義・信条）にもとづくプロテスタント的な信仰を強調した。この点にも智学と共通する日生の近代的な宗教性を認めることができる。

3　四箇格言問題から統一団へ

日生の復権と『仏教各宗綱要』

明治二十五年（一八九二）一月に剝牒処分を受けた小林と日生は、明治二十八年（一八九五）四月に僧籍を回復される。その理由は、『仏教各宗綱要』（以下、『各宗綱要』）における妙満寺派の原稿執筆者として、宗派内で日生を待望する声が起こったことによる。

この『各宗綱要』の内容をめぐって一大騒動が勃発し、日生とその支持者たちは伝統教団の立場から、日蓮教団の改革運動に取り組むことになる。

そもそも『各宗綱要』とはどのような書物なのか、簡単に説明しておこう。

明治二十三年（一八九〇）六月十二日から七月五日にかけて、東京の築地本願寺別院で仏教各宗管長会議が開催され、真宗本願寺派（現・浄土真宗本願寺派）の大谷光尊《おおたにこうそん》を会長とする仏教各宗協会（以下、各宗協会）が設立された。当時、仏教界では宗派を超えた協力・連携の動きがあり、各宗協会は各宗派の管長が集まった通宗派の団体である。

各宗協会の一事業として企画されたのが、『各宗綱要』である。「日本現流ノ十三派ノ歴史並ニ宗意ヲ世間普通ノ文字ヲ以テ可成平易明鬯《めいちょう》ニ叙述シ、然ル後ニ欧語ニ翻訳セシムル事」を目的として、同年十月から編集作業がはじまった。[15]

編集メンバーとして、島地黙雷が編集長を務め、編集委員には釈宗演《しゃくそうえん》（臨済宗）、進藤瑞堂《しんどうずいどう》（同）、芦津実全《あしづじつぜん》（天台宗）、土宜法龍《どぎほうりゅう》（真言宗）、欧文編集委員には南条文雄《なんじょうぶんゆう》（真宗大谷派）と藤島《ふじしま》了穏《りょうおん》（真宗本願寺派）など当時の仏教界を代表する僧侶たちが着任した（その後、釈と土宜は辞任）。日蓮教団からは、日蓮宗、本成寺派、本隆寺派、妙満寺派が参加し、八品派、興門派、不受不施派、不受不施講門派は参加しなかった。

小林と日生が剥牒処分中のため、妙満寺派の原稿は、当初、保守派の宗務総監・山岬日暲《やまさきにっしょう》を中心に作成され、明治二十六年（一八九三）七月二十七日に協会に届けられた。しかし、その内容は日蓮宗と大差なかったため、妙満寺派独自の原稿作成を求め、日生の復帰を望む声が宗派内に起き、前述のとおり、明治二十八年（一八九五）四月に復権した。ふたりは同年十二月十日に原稿を各宗協会に再提出する。[16] しかし、分量が規定枚数を越えていたため、内容を変えずに翌年二月二十一日に再々提出した。このなかのある部分の内容が問題化し、「四《し》箇《か》格言《かくげん》問題」と呼ばれるできごとが発生する。[17] なお、五〇頁でもふれたが、「四箇格言」とは、「念仏無間、禅天魔、真言亡国、律国賊」という、日蓮が他宗を邪宗として非難したときに用いた四つの成句を指す。

無断削除

問題の経緯はこうである。原稿の再々提出から約五ヵ月後、明治二十九年（一八九六）八月一日付で妙満寺派に『各宗綱要』見本版が送られてきた。その見本版では小林と日生が執筆したはずの「所期国土」「四箇格言」「謗法厳誡」の三章が無断で削除されていた。『各宗綱要』（貝葉書院）は見本版どおりに、同年八月十二日に出版されてしまう。

三章の削除に気がついた妙満寺派側は、「四箇格言」と「謗法厳誡」の二章（正確には「所期国土」も）を削減した理由を問う質問書を各宗協会へ提出し、二章の編入を求めた。しかし編集委員の島地と芦津は、八月二十七日付で「貴宗綱要中四個格言の一題除去の義は……編者綱要編纂の責任に当て該問題の如きは各宗協会の成立を妨害する者と認むるを以て之を除去致したる者に有之候」と記した通達を、妙満寺派管長代理の日生へ送り、編入を断った。この「四箇格言」は、各宗協会の規約三条の「本会は各宗の宗義宗制を妨げざる限りに於て協同提携し相共に興隆の進路を取て運動するを目的とす」に抵触するとされ、削除されたのである。

ここに、「四箇格言」の削除をめぐるできごとが問題化し、四箇格言問題が発生した。

最初から無理あり

十月十二日、妙満寺派側は削除部分の編入を求めて、板垣日暎管長（この年四月に管長に再任）を原告とし、各宗協会会長の大谷光尊と編集メンバーの黙雷、芦津、進藤を相手どり、訴訟を起こした。

訴状のなかで、妙満寺派は「抑《そもそも》四箇格言なるものは日蓮宗破立の教義にして謗法厳戒とは正法に異背せさることを訓戒したるものなれば、原告の宗派に於ては最も緊急なる宗意にして之れを省略するに於ては宗意の大本を失するに至るへし」と述べている。

つまり、日生ら妙満寺派側は、日蓮の四箇格言にみられる他宗批判をみずからの宗派的アイデンティティの拠りどころとする以上、他宗との「宗義宗制を妨げざるかぎりに於て」の「協同提携」には最初から無理があったのである。立正安国会と同じく、日生復帰後の妙満寺派は「四箇格言」という折伏的立場を宗派の基本姿勢としたのである。

告訴の一ヵ月後、十一月十七日、京都で各宗協会の臨時大会が開かれ、この問題への対応が討議された。四箇格言の削除を認める議案と、『各宗綱要』は当分のあいだ、妙満寺派の綱要自体を除いたものを発売する議案が提出され、圧倒的多数で両議案が可決された。実際に妙満寺派の頁は、同年十二月二十五日の訂正三版をもって、『各宗綱要』から削除された。

この問題は、妙満寺派以外の日蓮教団、さらには仏教界にも大きな波紋を呼んだ。

たとえば、日蓮宗の報道機関誌『日宗新報』六一〇号（九月二十八日号）の社説では、「妙満寺派と各宗綱要（四箇格言は破立の公道なり志士夫れ奮起せよ）」と題して、妙満寺派の支持が表明されている。一方、通宗派の仏教新聞『明教新誌』三八四〇号（十月十六日）の社説「妙満寺派対各宗協会（四箇格言削除事件）」では各宗協会と妙満寺派両方の態度を批判し、その「和解策」を提言している。

統一団の結成

この事件にたいする妙満寺派の中間報告書というべき『日蓮大聖人献身的之大問題　仏教界目

下之大訴訟』が、この年（明治二十九年）の十月二十三日に刊行された。このなかで日生は「本問題の運動方略及び希望」として、日蓮宗と本成寺派、本隆寺派をはじめとする日蓮門下の僧侶たちと連携し、東京府下各地に演説会を開くこと、また十一月十日に東京地方裁判所で開催される口頭弁論に檀信徒を動員し、この問題を社会的にアピールすることを提起している。

そのうえで、次のように宣言する。

> 妙宗統一団なるものを発表し、同宗各派角上の争を去て日宗統一の大業を企図し、諸宗の人法を折伏摧破して一天四海皆帰妙法の祖判を全ふし、立正安国の実を明治の聖代に観んとす。本問題の希望実に茲にあり。（三二頁）

ここにおいて、統一団（現在の一般財団法人　本多日生記念財団）の結成が宣言された（正式結成は十二月十三日）。「日宗統一」という日蓮教団の統一と「折伏摧破」という折伏の強調が、統一団の基本方針である。

さらに同書には、「妙宗統一団設立の主意を陳《の》べて各派の志士に檄す」という檄文が掲載され、巻末には「妙宗統一団規則」が掲げられている。これによれば、統一団は「内妙宗各派の教義を比較的に講究し、其旨帰を統一するを務め、外権実起尽の旨義を発揮し、各派の団結力を以て権門の淫祠教徒をして再び社会に立つ能はざらしむる」ことを目的とした。団員は妙満寺派僧侶が中心で、妙満寺派の檀信徒も参加していた。また、運動の方法として、比較講究会の開催、雑誌の発行、演説会の開催、各派共有の一大教堂の設立などが掲げられている。

宗派改革を実行した日生を中心とする妙満寺派の改革派僧侶たちは、宗義講究会を経て、いままた統一団に集結したのである。統一団は、四箇格言問題を契機として、明確な折伏重視の立場にもとづく日蓮教団と仏教の統一を目的として結成された組織だった。この統一団の結成を起点として、日生たちの日蓮教団統合運動が始まる。

未解決のまま、幕を閉じる

統一団結成後、日生が「本問題の運動方略及び希望」で提起したように、各宗協会への抗議運動が組織された。日生と妙満寺派の僧侶たちは日蓮宗、本成寺派、本隆寺派、さらに興門派と八品派らの僧侶と連携しながら、十月十二日の池上本門寺の御会式で実施した「日蓮宗四箇格言問題訴訟事件」の演説会を皮切りに、東京府下各地で巡回演説会を開催。さらに連携した各宗派が全国各地で抗議活動をおこなった。日生は十月十五日に鎌倉にいた智学を訪れ[18]、協力を仰いでいる。

裁判の経過だが、十一月十日の口頭弁論を経て、十二月二十四日に判決が下った。妙満寺派の訴えは却下された。妙満寺派側は、翌明治三十年（一八九七）一月十九日に控訴するが、その訴えも同年三月二十九日に棄却され、妙満寺派は敗訴する。

しかし、その後も妙満寺派は抗議を続け、八月九日、管長名で各宗協会に「宗義綱要ニ関スル照会状」を提出し、各宗協会の見解を求めた。各宗協会は事件への対応のため、翌年七月一日〜四日に京都の東本願寺で仏教各宗協会定期大会を開いた。妙満寺派からは管長代理の日生、清瀬と小高日唱らが参加し、日生が中心となって意見を述べている。三日は休会となり、四日には突然、各宗協会は解散してしまう。
けっきょく、四箇格言問題は未解決のまま、幕を閉じたのである。

教団のトップに

宗派内で復権を果たした日生は、四箇格言問題を通じて、日蓮教団統合運動という新たな運動を提起することになった。では、その教学的な立場はどのようなものだったのか。それを検討する前に、僧籍回復後の日生の足跡を簡単に確認しておこう。

復帰後は僧都（明治二十九年二月）、僧正（明治三十二年十月）、大僧正（明治三十五年五月）と着実に僧階を昇進し、明治三十三年（一九〇〇）三月、妙満寺二百五十九世貫主ならびに管長事務取扱となり、実質上、教団のトップに就いた。

また、要職にも復帰した。大学林長（明治二十八年十二月）をはじめ、監督布教師（明治二十九年四月）、財務部長（同年十月）、法務部長（同年十二月）に着任し、明治三十一年（一八九八）七月には宗務総監に任命され、法務部長を兼任している。同年十一月には、宗派名が「日蓮宗妙満寺派」から「顕本法華宗」に改められるが、それも日生が主導した。

明治三十八年（一九〇五）八月には、三十八歳の若さで顕本法華宗の管長（ならびに妙満寺二百六十一世貫主）に就任し、宗派内行政の中枢を担った。

なお、明治三十五年（一九〇二）九月には、千葉県の布田薬王寺の薬師如来信仰をはじめとして、宗派内に雑乱勧請廃止の宗令を発令し、あらためて本尊に関する宗派改革を断行している。

このように、宗派内での権威と権力を不動のものにしていった日生だが、その著作活動は、剝牒処分中に刊行した『祖師のおしえ』第一篇（顕本法華宗義弘通所、一八九二年）に始まる。これは日蓮遺文を抜粋し、その略解を付した著作だが、折伏を強調する『開目抄』や『佐渡御書』といった遺文を抜粋して解説しており、日生の立場は明確である。

また、『本宗綱要』（小林日至との共著、一八九六年）でも「本宗ハ折伏ヲ以テ主トス」（一四一頁）と規定する。また、「立正安国ノ説ヲ持シテ国家ノ福祉ヲ増進シ人衆ノ善徳ヲ発達セシメント勉ムルモノ実ニ本宗ノ一大長所トス」（一六〇頁）と力説している。

「積極的統一主義」という立場

日生の教学的立場が明示されるのは、明治三十九年（一九〇六）の『法華経講義』全二巻（統一団。和装本は全八巻）と『法華経大観』（須原屋書店）の刊行、『聖語録』（統一団）の編集によってである。とくに『法華経講義』は、日生の代表作のひとつである。

『法華経講義』は上巻九三九頁、下巻九七五頁からなる大冊だが、冒頭で「妙法蓮華経の積極的統一主義」による仏教の教義、信仰の統一が強調されている。その前提には、「仏教の最大欠点は教義信仰の不統一なること是なり。仏教の振起を計らんとせば、先づこの欠点を去つて統一の教義信仰を発揮するより急且要なるはあらじ」（一之巻、凡例一頁）という認識があった。さらに「近来宗教学の進歩に伴ふて新考察を要すもの尠《すくな》からず。而して温故知新は宗教上尤も緊急の事に属す。然るに未だ妙経の大教義に就てこの新考察を発表したるもののなきを遺憾とす」（凡例二頁）とあり、明治二十三年（一八九〇）の論説「宗義講究」で述べたことがあらためて論じられていることがわかる。

日生は宗教学的かつ日蓮教学（それも宗派の什門教学）の立場から『法華経』を解釈し、そのエッセンスを「積極的統一主義」（あるいは「開顕統一主義」）として析出する。そして、この積極的統一主義によって、日蓮教団と仏教の統一を主張していくのである。

ちなみに日生はこの三年前に「積極的統一主義」を「真正なる日蓮主義」と語っており[19]、明治末年以降は、「積極的統一主義」を「日蓮主義」と語るようになる。また、日生は日蓮の折伏の立場を「積極的統一主義の大折伏」と解釈しており、折伏重視の教学的立場は、積極的統一主義によって基礎づけられた。

さらに日生は、『法華経講義』のなかで、倫理と宗教の問題に言及する。『法華経』による「俗諦開顕」（世俗問題への対応）を強調する。日露戦後の時代状況のなかで、「国家主義と社会主義との按排に就ては、立正安国の妙旨と、慈悲為宗の妙行とに於て、この難問題を解決」すべきだと断じ、時代状況への応答を宣示した。『法華経』の「開顕統一の妙法は人生の上に、国家の上に、学説の上に、宗教の上に、其他百般の事に対して生命を賦与する所の霊力を有するなり」（二之巻、一八頁）と高唱する。いわば、この『法華経』の「俗諦開会の法義」こそが、これ以降の社会参加の教義的根拠となる。

プロテスタント仏教

ここまで二章を割いて、田中智学と本多日生の略歴と明治中期までの活動を検討した。

ふたりの思想と運動は、ビリーフ中心的でプロテスタント的な近代的宗教性、折伏重視の復古的立場、教団制度の合理的改革、事件をきっかけとした日蓮教団の改革や統合運動、積極的な社会参加の姿勢など、共通点が多いことが明らかとなった。

とりわけ、両者の信仰は呪術や民俗信仰を排し、慣習的なプラクティス（儀礼）にたいして、テクスト（聖典）にもとづくビリーフ（教義・信条）を重視するという傾向がある。いわば、西洋のプロテスタンティズムとの近似性が認められる。これは近代仏教に広くみられる傾向であり、「プロテスタント仏教」と呼ばれている。[20]

①プロテスタントとの近似性
②西洋とキリスト教へのプロテスト（抵抗）
③伝統仏教（伝統教団）へのプロテスト

という特徴からして、智学と日生の信仰はまさにプロテスタント仏教といえよう。日蓮主義は、こうして誕生したのである。

第三章
高山樗牛の日蓮論

高山樗牛

1　個人と宗教

突然の訪問

明治三十四年（一九〇一）十月二十五日、鎌倉扇ケ谷《おうぎがやつ》（現・鎌倉市扇ガ谷）の要山《かなめやま》[1]にいた智学のもとに、風采閑雅な紳士が突然、訪ねてきた。

その紳士は「先生にお目にかかりたい」と名刺を差し出し、案内を求めた。山川智応（智学の高弟）が取次の者から受け取った名刺には、「高山林次郎《たかやまりんじろう》」と記されていた。田中智学三十九歳、高山樗牛《ちょぎゅう》三十歳の邂逅であった。[2] 樗牛は号、林次郎が本名である。

樗牛は、要山の書院・三保の間に通された。「かねてご高名は承っているが、本日のご来意は？」と智学が尋ねたところ、「じつは先日、ご高著を頂戴しました。きょうはそのお礼に参りましたが、ご寄贈くだされた『宗門之維新』を拝見したところ、徹頭徹尾自分の肺肝を貫く大感銘を得ました」とのこと。さらに樗牛は智学のいる鎌倉で日蓮を研究したいと考え、住まいを大磯から鎌倉の長谷《はせ》に引っ越したことも伝えた。智学に侍坐していた山川は、おおいに驚いた。

けっきょく、この日、智学と面識を得た樗牛は『高祖遺文録』（日蓮の遺文集）、『日蓮大士真実伝』（日蓮の伝記）、『妙法蓮華経宗義鈔』（優陀那院日輝の著作？）を借りて、要山を後にした。

序章で述べたように、日蓮主義への社会的関心を喚起したのが、文芸評論家・高山樗牛の言説とその影響力だった。[3]樗牛は、「我国の近代の批評家の中では空前絶後の人気を持った人」（中村光夫）[4]だった。樗牛は、智学からの『宗門之維新』の寄贈をきっかけに、三十一歳という短い生涯の晩年を日蓮研究と信仰に費やすことになる。その日蓮論は、樗牛没後、樗牛の実弟・斎藤信策（野の人、一八七八〜一九〇九）と親友の東京帝国大学教授・姉崎正治《あねさきまさはる》（嘲風《ちょうふう》、一八七三〜一九四九）[5]らによって編集された『樗牛全集』（博文館、一九〇四〜〇六年）[6]に収録された。また、姉崎が編集した『樗牛文篇　文は人なり』（博文館、一九一二年）、姉崎と山川編集の『高山樗牛と日蓮上人』（博文館、一九一三年）等によって、当時の青年の心をつかむことになる。

では、樗牛は日蓮主義のなにに惹かれたのだろうか？

酷評された『宗門之維新』

樗牛が智学を訪れる一ヵ月前の明治三十四年（一九〇一）九月末、智学の『宗門之維新』が有識者七百余名に寄贈された（第一章3節参照）。その際、智学は、論壇の寵児だった樗牛にも寄贈することにした。たいへんな日蓮嫌いで日蓮の悪口を書いていたほどなので、樗牛に送ったら、きっと悪口を言うに違いなく、無難ではすまないだろうと智学たちは考えていた。

ところが、寄贈後、（先にみたように）突然の訪問を受け、礼を尽くした樗牛のふるまいを目にしたのである。「鼻の高山」というような「噂とは人物がまったく違うようだね、世の風評は今さらながらあてにならぬものだ」、と智学は山川に語り、門弟らも智学の言葉にうなずいた。

じつは、『宗門之維新』の評判はさんざんだった。有識者たちに贈ったものの、近衛《このえ》篤麿《あつまろ》（当時は貴族院議員、学習院院長）やかねてから親交のあった坪内逍遥からは懇篤な礼状が届いたものの、ほかは形式的な礼状が多かった。第一章で青年仏教徒の揶揄を紹介したが、「奇書を通り越して、天下の狂書である」（大町桂月《おおまちけいげつ》[7]）とも酷評された。しかし、樗牛による日蓮論がそうした智学への評価を好転させることになる。

一代の才子

ここで、樗牛の生涯を概観しておこう。[8]

高山樗牛は日清・日露戦間期に活躍した若き知識人である。評論家、美学者、ジャーナリスト、文学者等々、さまざまな顔をもつ。当時、国内最大の発行部数を誇った総合雑誌『太陽』（明治二十八年創刊、博文館発行）の編集主幹を務めた。[9]

樗牛が編集主幹に着任した明治三十年（一八九七）当時の一号平均（発行回数は年二十五回）の発行部数は、九万七千九百四十六冊、つまり、約十万部を数えた。[10] その影響力の大きさがわかるだろう。

樗牛は、明治四年（一八七一）一月、山形県の鶴岡《つるおか》で庄内《しょうない》藩士・斎藤親信《さいとうちかのぶ》と芳子《よしこ》の次男として生まれた。二歳のときに伯父の高山久平に養子として引き取られ、幼少期を山形と福島で過ごした。明治二十一年（一八八八）、仙台の第二高等中学校（二高、現・東北大学）に入学する。同級生には、のちに血盟団事件で命を落とすことになる井上準之助《いのうえじゅんのすけ》（日本銀行総裁、大蔵大臣を歴任）がいた。

二高在学中、樗牛は評論活動を開始する。明治二十四年（一八九一）二月に学内の有志と結成した文学会の機関誌『文学会雑誌』創刊号（同年六月）への執筆をはじめ、『早稲田文学』一六号（明治二十五年五月三十日発行）にも「文学者の信仰」を投稿した。この雑誌は、前年十月に坪内逍遥によって創刊された文芸雑誌であり、樗牛は二十一歳で中央文壇にデビューを果たす。「樗牛」というペンネームを使いはじめるのは、この二高時代からである。[11]

明治二十六年（一八九三）七月、二高を首席で卒業した樗牛は、同年九月、帝国大学文科大学哲学科（現・東京大学）に入学する。姉崎正治（嘲風）、笹川種郎《ささがわたねお》（臨風《りんぷう》）、土井林吉《つちいりんきち》（晩翠《ばんすい》）、桑木厳翼《くわきげんよく》らが同級生だった。とりわけ、帝大付属の寄宿舎で一時期同室だった姉崎は生涯の親友となる。大学では、井上哲次郎《いのうえてつじろう》やラファエル・フォン・ケーベルのもとで文明史、倫理、美学の研究に励んだ。

翌年四月、平家物語を題材にした歴史小説「滝口入道《たきぐちにゅうどう》」が『読売新聞』の懸賞小説に入選し、紙上に連載される（明治二十八年に春陽堂から出版）。しかし、匿名で応募したため、樗牛の作品であると知られるのは、没後のことだった。

樗牛の名が一躍、世に広まるのは明治二十八年（一八九五）以降のことである。この年から、論壇での樗牛の活躍が始まる。

日清戦争の最中、明治二十八年（一八九五）一月に創刊された帝国文学会の機関誌『帝国文学』創刊号に、樗牛は「序詞」を執筆し、編集委員も務めた。同じ月に雑誌『太陽』も博文館から創刊され、樗牛は同年七月、同誌の文学欄の記者となる。また、井上円了や井上哲次郎らによって創立された哲学会の機関誌『哲学雑誌』にも寄稿している。

以降、これらの雑誌を舞台に「大学生批評家」[12]として、樗牛は旺盛な評論活動をくりひろげた。さらには、この年の後半から明治三十年（一八九七）にかけて坪内逍遥との歴史劇論争、明治二十九年（一八九六）に森鷗外との美学論争を体験することで[13]、二十代の樗牛は盛名を馳せた。

病魔に冒されて

明治二十九年（一八九六）七月六日、樗牛は帝国大学を卒業する。卒業論文は「古代印度思想概論」だった。同月十日に大学院に入学し、指導教官の井上哲次郎に相談した結果、日本美術史を専攻することにした。しかし、すぐに母校の二高教授に内定し、『太陽』の文学欄記者を退任し、大学院も退学することになった。

同年九月に仙台に着任したが、その生活にもの足りなさを感じる。そもそも母校への奉職は樗牛にとって望ましいものではなかった。けっきょく、学生のストライキ騒動をきっかけに、翌明治三十年（一八九七）三月、二高を辞職してしまう。

博文館の名編集者・大橋乙羽《おおはしおとわ》（創業者・大橋佐平の女婿）に請われ、同社に迎え入れられた。同年五月に上京し、『太陽』の編集主幹に就任。「満三年に及ぶ樗牛時代の開幕[14]」だった。また、同月、井上哲次郎、木村鷹太郎《きむらたかたろう》、湯本武比古《ゆもとたけひこ》らによって政治団体・大日本協会が設立され、樗牛も入会し、『太陽』誌上で日本主義を唱導した。

華々しく活躍していた樗牛は、明治三十三年（一九〇〇）六月、文部省から美学研究のため、ドイツ、フランス、イタリアへの三年間の海外留学を命じられる。帰国後は京都帝国大学教授のポストも用意されていた。すでに親友の姉崎は樗牛に先立ち、宗教学研究のため、ドイツに留学していた。

しかし、事態は暗転する。洋行直前の八月八日、樗牛は喀血し、即入院、療養生活に入った。当時の不治の病、結核だった。九月下旬から十二月中旬まで、静岡の興津《おきつ》（現・静岡市清水区）で風光明媚で知られた清見潟《きよみがた》を眺めながら療養に務めた。

運命が「一頓挫」し、「暗雲悲風前路を壅塞《ようそく》する」[15]ような感覚に襲われた樗牛だったが、姉崎と交わす手紙が慰めとなった。翌春にはドイツへ向かうことを姉崎に書き記し、みずからを奮い立たせた。しかし、明治三十四年（一九〇一）三月二十四日付の姉崎への手紙のなかで、「洋行は断然見合はせることに決心し」、「未来の見透しもない」ことを伝えた。[16]

こうして悲嘆に暮れるなか、この年（明治三十四年）の九月、たまたま樗牛は智学の『宗門之維新』を手にしたのである。以後、精力的に日蓮研究に取り組み、十二月二十日には、笹川臨風あての手紙に「日蓮研究は愉快なる一事業に有之候《これありそうろう》」[17]と書き記すほどだった。また、『法華経』を読誦するとともに、[18]「退転なく修行の上、本化妙宗《ほんげみようしゆう》［大谷註：日蓮仏教のこと］の醍醐味に接するの日を楽」しむ心境にあった。[19]

しかし、その約一年後の明治三十五年（一九〇二）十二月二十四日、樗牛は三十一歳十一ヵ月の短い生涯を閉じる。いわば、生命の最後の燈火を燃焼させるように、晩年の樗牛は日蓮研究と法華信仰に励んだのである。

短期間、一気呵成に

「樗牛の一生は変化の一生、彼れの思想は休みなき活動なりき」

姉崎がこう評するほど、[20]その短い生涯のなかで、樗牛の思想の移り変わりは激しかった。

樗牛の思想の展開は、通常、三期に区分される。[21]

第一期……二高在学中に評論活動を始めた明治二十四年（一八九一）六月から二高に赴任する明治二十九年（一八九六）十月まで

第二期……『太陽』の編集主幹就任の明治三十年（一八九七）六月から海外留学を命じられる明治三十三年（一九〇〇）七月まで

第三期……吐血による入院と療養を経て発表した論考「文明批評家としての文学者」でニーチェの個人主義を讃えた明治三十四年（一九〇一）一月から亡くなる一ヵ月前の明治三十五年（一九〇二）十一月まで

第一期が浪漫主義、第二期が日本主義、第三期が個人主義の時代と評される。この第三期に、ニーチェの個人主義の讃嘆と並行して、日蓮の人格崇拝というべき態度を表明し、日蓮主義に傾倒するのである。

そもそも樗牛が日蓮ならびに日蓮主義と本格的に出会ったのは、日本主義の時代にさかのぼる。明治三十二年（一八九九）六月末のことだった。樗牛が姉崎とともにどこかへ遊びに行った際、汽車の停車場で立正安国会の機関誌『妙宗』（二編六号）を手にし、掲載されていた日蓮遺文『教行証御書』（弘安《こうあん》元年［一二七八］）を手帳に書き写したという。[22]

そして、明治三十四年（一九〇一）九月、智学から『宗門之維新』を贈られ、十月二十五日には智学を訪問している。その十日後、樗牛による書評「田中智学氏の『宗門の維新』」が『太

表3-1　高山樗牛の日蓮関係の叙述

論　文　名	発　表　誌	掲載日時
「況後録」（明治34年12月執筆）	『帝国文学』8巻1号	明治35年1月10日
「日蓮上人」（明治35年3月ごろ執筆？）	―――	―――
「日蓮上人とは如何なる人ぞ(日蓮上人と上行菩薩)」	『太陽』8巻4号	明治35年4月5日
無題（『全集』収録時に「日蓮と基督（一）」と改題	『太陽』8巻5号	明治35年5月5日
「無題録（三）」（『増補縮刷全集』収録時に「日蓮研究の動機」と改題）	『太陽』8巻5号	明治35年5月5日
「日蓮と基督（断片）」（『全集』収録時に「日蓮と基督（其二）」と改題）	『太陽』8巻7号	明治35年6月5日
「日蓮上人と日本国（日蓮上人の真面目を見よ）」	『太陽』8巻9号	明治35年7月5日
「日蓮研究会を起すの議」	『中学世界』5巻9号	明治35年8月10日

陽』七巻一三号（十一月五日）に掲載された。

樗牛は同書の内容と智学の主張を的確に紹介したうえで、「其の意気の猛烈なる、其抱負の高大なる、其の理想の深遠なる、而して其の文章の雄偉なる、吾人は以て近時宗教界の一文字なりと賞賛するの決して溢美に非るを信ずる也」（四八頁）、と絶賛した。

智学を訪ねてから、樗牛の日蓮研究の端緒は開かれた。日蓮遺文の精読と教理の研鑽に努め、時には智学に会い、教えを乞うた。「況後録」（明治三十四年十二月執筆）を『帝国文学』八巻一号（明治三十五年一月十日）に発表後、体調が思わしくないなかで矢継ぎ早に研究の成果を公表していく。[23] 表3―1を見れば、樗牛の日蓮論が短い期間に一気呵成に書き上げられたことがわかるであろう。

日本主義のころの樗牛

では、樗牛の日蓮研究にはどのような特徴があるのだろうか。ここでは、樗牛による「国家と宗教」の捉えかたに注目したい。

先に「樗牛の一生は変化の一生」という姉崎の言葉を紹介

したが、樗牛による「国家と宗教」の捉えかたも時期によって異なる。そのため、個人主義に先立つ日本主義の時代の捉えかたからさかのぼって考察しよう。

明治三十年（一八九七）五月、『太陽』の編集主幹の樗牛は、すぐにみずからの日本主義のマニフェスト（宣言）というべき論考「日本主義を賛す」（『太陽』三巻一三号、明治三十年六月二十日）を公表する。

「日本主義とは何ぞや」と問うたうえで、「国民的特性に本《もとづ》ける自主独立の精神に拠りて、建国当初の抱負を発揮せむことを目的とする所の道徳的原理、即是れなり」（三九頁）、と樗牛は定義し、日本主義の立場から「国家と宗教」の関係を次のように主張する。

吾等は我日本主義によりて現今我邦に於ける一切の宗教を排撃するものなり。即ち宗教を以て我国民の性情に反対し、我建国の精神に背戻し、我国家の発達を阻害するものとなすものなり。（三九頁）

ただし、世界中すべての民族に宗教を放棄せよと勧めるものではないという。しかしながら、「我国民は由来宗教的民族に非ざるなり」と述べ、国内の仏教もキリスト教も批判した。仏教にたいしては、「殆ど空虚なる形式主義に非ざるか」と手厳しかった。

樗牛はその後も、

「日本主義と哲学」（『太陽』三巻一四号、明治三十年七月五日）

「日本主義に対する世評を慨す」(『太陽』三巻一五号、七月二十日)

「世界主義と国家主義(日本主義に対する世評を読む其二)」(『太陽』三巻一六号、八月五日)

と、息つく暇もなく、日本主義を高唱した。さらに、「宗教と国家」(『太陽』三巻一七号、八月二十日)では、個人主義と人類同胞主義を中心思想とするキリスト教を批判し、「国家の前途に関して忠誠なる国民の有すべき信仰は国家主義あるのみ。日本主義あるのみ。あゝ国家主義なる哉。日本主義なるかな」(四三頁)と断じている。

個人と国家

樗牛が日本主義を強調するようになった背景には、当時の歴史的・社会的状況があった。樗牛の旺盛な言論活動は日清戦争後に始まる。日本は、この戦争を経て、国民国家となった。それは――佐谷眞木人《さやまきと》の言葉を借りれば――「日本人の誰もが「日本国民」という意識をもち、国家のために奉仕することを誇りと思い、国家と運命をともにする政治体制だった」[24]。

勝利した日本は清から遼東半島と台湾を割譲され、多額の賠償金を得て帝国化する。しかし、明治二十八年(一八九五)四月二十三日、フランス、ドイツ帝国、ロシア帝国の三国は、遼東半島の清への還付を日本に求める勧告をおこなった(三国干渉)。以後、日本は「臥薪嘗胆《がしんしょうたん》」を合言葉として軍備拡張をおこない、アジアへの帝国主義的な侵略を進め、欧米列強に対抗していくことになる。

日本が「大日本帝国」として国際舞台にせり出した時期に、樗牛は日本主義を説いたのである。ただし、注意すべきは、樗牛の「国家至上主義」は国家を絶対視するものではなかったことである。

樗牛は「人生の目的は幸福にあり。国家至上主義は是幸福を実現する方便なり」[25]と強調している。長尾《ながお》宗典《むねのり》によれば、樗牛には国家は個人の幸福を保障するものであるという基本認識があり、個人と国家を媒介して幸福の実現に寄与するものが、文学芸術であったという。[26]

では、個人と国家に宗教はどのようにかかわるのか。

2　国家を超越する真理

「発見」される日蓮

明治三十三年（一九〇〇）八月八日の喀血、結核の発病によって、樗牛は留学を断念せざるをえなくなった。その後の日蓮にたいする熱中ぶりにたいして、当時、樗牛は病気を得たために、「宗教に入り日蓮に狂したり」と世間で噂されていた。

しかし、樗牛が智学の『宗門之維新』に共鳴し、日蓮にのめりこむ伏線はすでに日本主義時代に敷かれていたことを指摘するのは、末木《すえき》文美士《ふみひこ》である。[27] 末木は樗牛が明治三十二年（一八九九）七月二十日発行の『太陽』五巻一六号に発表した宗教批判の言説（「時事評論」「文藝界」中の

「何ぞ大勇猛心を奮起せざる」）に注目する。

このとき、樗牛は宗教の全面否定から激烈な宗教改革を求める方向に転じ、ルター、サボナローラ（イタリアの宗教改革者）、親鸞、日蓮、マホメットに言及する（さらには真宗大谷派の清沢満之らによる白川党の宗門改革運動にも）。当時の宗教家の腐敗を弾劾する一方、「宗教家の立場より観れば、今の世はまさしく革命の来るべき時代也」（五九頁）と述べ、マホメットや日蓮の「大勇猛心」を讃える。その際、樗牛は日蓮の『教行証御書』の一節、「日蓮が弟子等は、臆病にては協《かな》ふべからず……況《ま》して権宗の者どもをや」を引用し、日蓮の壮烈さを紹介している。

じつは、この引用部分は先に紹介した立正安国会の機関誌『妙宗』（二編六号、六月二十一日発行）の巻頭に掲げられたものだった。樗牛の日蓮への傾倒は病気を得てからではなく、第二期からすでにその萌芽がみられるのである。[28]

本能と天才の賛美

明治三十四年（一九〇一）一月、樗牛は「文明批評家としての文学者（本邦文壇の側面評価）」（『太陽』七巻一号）を発表し、「吾人は文明批評家としてのニーツェが偉大なる人格を賛美するを禁ずる能はず」（一八頁）、「彼が当代の文明に反抗して、其の神怪奇矯なる個人主義を唱ふるに至りしもの、亦真に已むを得ざりしならむ乎」（一九頁）と表明し、以後、個人主義を積極的に高唱していくことになる。第三期の個人主義時代の始まりである。

また、同年八月、樗牛は問題作「美的生活を論ず」（『太陽』七巻九号）を発表する。「幸福とは何ぞや、吾人の信ずる所を以て見れば、本能の満足即ち是のみ。本能とは何ぞや、人性本然の要求是也。人性本然の要求を満足せしむるもの、茲に是を美的生活と云ふ」（三四頁）と、高らかに宣言する。性欲や恋愛を積極的に肯定し、国木田独歩《くにきだどっぽ》、島崎藤村《しまざきとうそん》、田山花袋《たやまかたい》、正宗白鳥《まさむねはくちょう》らの自然主義を先取りした主張をおこなう。

こうした本能の賛美と並んで強調されるのが、天才への賛美である。樗牛による『宗門之維新』の書評は『太陽』七巻一三号（明治三十四年十一月五日）の「無題録十二則」の一篇として掲載されている。その書評の次は、

「天才の出現」
「天才の犠牲」
「天才無き世界」
「平等主義と天才」

と続き、さらには、

「ニイチェの批難者」
「ニイチェの歎美者」

という文篇も並んでいる。

「天才の出現」では「我は天才の出現を望む。嗚呼《ああ》日蓮の如き、奈破翁《ナポレオン》一世の如き、詩人バイロ

ンの如き、大聖仏陀の如き、哲学者ショーペンハウエルの如き英雄豪傑は最早や此世に出づる能はざる乎」と述べ、「ニイチェの歎美者」では「吾輩はゲーテや、バイロンや、ハイネや、日蓮や、一世奈破翁を歎美するのと同じ様にニイチェを歎美する者である」(五一頁)という。すなわち、日蓮はニーチェと並ぶ天才のひとりとして捉えられている。宗教改革者、天才としての日蓮を、「教祖日蓮の偉大なる精神を継紹せる」(と樗牛が考えた)智学を通じて、樗牛は「発見」したのである。

このように本能や天才を強調する樗牛の個人主義の重要な特徴は——末木のいうように——「自省的内面主義[29]」にある。「王国は常に爾《なんじ》の胸に在り[30]」や「自分は、社会や国家の中に存在して居らぬ、社会や国家が却て自分の中に存在して居る[31]」のように、主観主義的な姿勢を言明している。

樗牛にとって、天才を賛美することは、みずからの精神生活を豊富にし、みずからを慰め、励まし、この世に処する安立の地盤を求めることを意味していた[32]。病気による「敗亡の身[33]」である樗牛にとって、日蓮の賛美は安心立命の地盤を与えるものであり、樗牛は「日蓮上人の追憶に励まされて[34]」、日蓮研究に励んだのである。

真理は国家を超越する

では、こうした自省的内面主義にもとづく個人主義の立場から、樗牛はどのように「国家と宗教」を論じたのだろうか。

明治三十五年(一九〇二)一月二日、樗牛はライプチヒにいた姉崎に手紙を送っている。「此頃は日蓮上人の研究に身を委ねて居る、此英雄の生活によりて、吾等の弱き命の強くなる様に感じらるゝ」[35]と認《したた》めた。

明治三十四年（一九〇一）十月二十五日に智学に面会して以来、集中的に研究に励んだ樗牛は『帝国文学』八巻一号（明治三十五年一月十日）に「況後録」を発表する。これは『種々御振舞御《しゅじゅおふるまいご》書《しょ》』（建治元年あるいは二年）や『開目抄《かいもくしょう》』（文永九年）等の日蓮遺文にもとづき、龍口法難の場面を中心に日蓮の生涯を自叙伝風に再構成したものである。

以後、次々と日蓮論を公表するが、その本格的な論考の皮切りは『太陽』に掲載された「日蓮上人とは如何なる人ぞ（日蓮上人と上行菩薩）」である。この論考は「日蓮上人とは如何なる人ぞ」との問いにたいして、日蓮が『法華経』に預言された「本化地涌の上首上行菩薩」（上行菩薩）の「一大使命を自覚したる者」（四二頁）であることを論じたものである。

注目すべきは、日蓮が佐渡流罪後に上行菩薩の確信を得たのち、「殆ど人界の規矩を超越しぬ」（四五頁）と、樗牛が捉えていることである。樗牛は日蓮が天下万国の一切衆生にたいして無上の権威を有しているように語り、当代の君主執権を「僅《わず》かの小嶋の主」と軽んじ、天照大神や正八幡神等の国神を「小神」と卑しめていたと述べる。つまり、宗教的権威を世俗的権力や日本神話の神々に超越したものと把握するのである。

こうした宗教や真理の超越性を、日蓮と基督との比較によって論じたのが、無題の論説と「日蓮と基督（断片）」である。前者で樗牛は、「カイゼルの物はカイゼルに帰へし、神の物は神に帰へせ！」との『新約聖書』マルコ伝十二章十七節の有名な一節を引用する。そのうえで、この一語こそが、ローマ帝国の至上権にたいする「大折伏」のみならず、「凡ての地上の権力を永遠に否定し、人間霊性の独立、自由、栄光、威厳に対して万古動かすべからざる是認を与へたるものに非ずや」（三八頁）と断じ、宗教の理想をここに見出す。そして「昔者日蓮鎌倉の殿中に宣言して曰く、日蓮王土に生れたれば、身は従ひ奉るとも心は従ひ奉るべからずと。是れ亦神の物は神に帰せの意也」（三九頁）と、『撰時抄《せんじしょう》』の一節を引用しながら指摘する。

ここにおいて、樗牛は、みずからの考える宗教の理想を、日蓮に見出すのである。そして、こう言う。

国家的宗教と云ふが如き名目の下に其の存在と昌栄とを誇らむとする宗教は見苦しき哉。人よ何ぞ言ひ得ざる、我が教は地上の一切の権力を超越すと。（三九頁）

樗牛は、国家と結びつく宗教のありかたを明確に批判するのである。

また、「日蓮と基督（断片）」でも日蓮と基督（さらには仏教と基督教）の比較をおこなっている。基督教が感情の教えであり、仏教が道理の教えである（これ自体は井上円了らがすでに述べている）との違いがありつつも、基督と日蓮の出世の因縁、四福音書と高祖遺文録（日蓮遺文）等に類似性があるという。

ここで、樗牛が基督と日蓮の受難の態度を比較している箇所に注目したい。『新約聖書』マタイ伝二十三章三十九節の「我れ汝等に告ぐ、主の名により来るものは祝されむ」の一節と対照して、蒙古来襲に関する日蓮の予言、「あゝ謗法の国家日本は滅びなむ、唯幸いなるものは日蓮が徒なる哉」（四六頁）を紹介し（これは日蓮遺文そのままの引用ではなく、その意訳）、両者の真理重視の姿勢をあらためて強調している。

天外生の疑惑に答える

「あゝ謗法の国家日本は滅びなむ、唯幸いなるものは日蓮が徒なる哉」

樗牛のこの主張が世間に波紋を招く。「天外生」と名乗る読者から、樗牛の日蓮理解にたいする「疑惑」が寄せられた。その投書の概要を樗牛が紹介している[36]。

天外生は樗牛の指導によって日蓮研究を始めたが、樗牛の「近時の文章」に疑念を抱いた、という。それが「あゝ謗法の国家日本は滅びなむ」の文章だった。

日蓮が日本の滅亡を意としたばかりでなく、日本を謗法（法＝真理を謗ること）の国土として滅亡を願ったとするならば、日蓮は「日本国の大不忠漢」ではないか。しかし、自分はそうは思わない。日蓮は「忠君愛国の精神に於て本邦諸高僧の間に一異彩を放てる」ことは日蓮宗歴代の諸高僧が等しく認めることであり、日蓮宗信徒のある者が自宗を「国家的宗教」と標榜することは「必ずしも不当の見に非るを想ふ」、と天外生は記したという。

樗牛は、この天外生の疑惑は多数の読者のものであると捉え、その疑惑に正面から答えることにした。そして書き上げたのが、「日蓮上人と日本国（日蓮上人の真面目を見よ）」である。日蓮における「真理（宗教）と国家」の問題を真正面から論じた力のこもった論考である。

樗牛は、この文章の骨子を以下のように列挙している（一七五頁）。

一、日蓮は今日の所謂《いわゆる》忠君愛国主義に反対せり

一、日蓮の説を以て国家主義と呼ぶことは可也、然れどもそは全く理想上の意味に解すべし。今日の所謂国家主義とは相容れず

一、佐渡以後の日蓮の進退——身延退隠の原因

一、蒙古襲来に対する日蓮の態度

一、日蓮には蒙古調伏の形迹無し。元寇記念像の建立は無意義也

樗牛は、挑発的にいう。天外生の疑惑にたいする自分の答弁はきわめて簡単である。「日蓮は生の疑へる如く日本国の滅亡を意とせざりし生の所謂大不忠漢なりき」（同前）、と。

樗牛によれば、この世でもっとも大事なのは国家ではなく、法であり、信仰であるという。法に仕える人も時としては国家より重要であり、このような人にとっては、法によって浄められた国土でなければ、真正の国家ではない。日蓮はこのような人であったと説く。

それは「贔屓の引き倒し」だ

ここから樗牛は、日蓮の教えを近代の国家主義と結びつける日蓮門下の動向を真っ向から批判する。世のなかで「日蓮の国家主義」を説くものをしばしば聞くが、それは「贔屓《ひいき》の引き倒し」である。「国家的宗教」という名目の下にみずからの宗門の昌栄を誇らんとする僧侶は禍いであると断言する（これは先の無題の論説の主張の反復である）。

また、「日蓮の国家主義を説くもの、必ず先づ立正安国論を引く」（一七六頁）、と樗牛はいう。樗牛は、具体的に「国を失ひ家を滅ぼさば、何れの処にか世を遁れむ。汝須《すべか》らく一身の安堵を思

はば、先づ四表の静謐を禱《いの》るべし」、「夫れ国は法に依りて昌《さか》へ、法は人に依りて貴し。国亡び人滅せば、仏誰れか崇むべき、法誰れか信ずべけむや。先づ国家を祈りて須らく仏法を立つべし」の文章を挙げる。とくに後者は第七問答と呼ばれる有名な一節である。日蓮における「国家と宗教」の関係（王法仏法関係論）を指し示すものとして、近代における『立正安国論』解釈のなかで必ず参照される一節だった。[37]

『立正安国論』を近代に復権させるきっかけを作ったのが、智学と日生であることはすでに序章で述べた。『立正安国論』は日清・日露戦間期に国民のナショナリズム意識が高揚するなかで、智学や日生を含めた日蓮門下で積極的に掲げられるようになるが、樗牛の批判はこうした時代背景と日蓮門下の動向のなかでなされたのである。

「日蓮の国家主義」をめぐって

では、ほんとうに日蓮門下で樗牛の批判する「日蓮の国家主義」が説かれたのだろうか。樗牛の見解をさらに検討する前に、それを確認しておこう。

当時、たしかに、日蓮門下で「日蓮の国家主義」が説かれた。すでに日清戦争前の明治二十六年（一八九三）一月、日蓮宗僧侶の松森霊運《まつもりれいうん》が「国家的宗教と厭世的宗教」と題した論説を日蓮宗の『日宗新報』四七八号に投稿し、「日蓮宗は実に国家的宗教の唯一なり」、「日蓮の根本的大計画は立正安国に在り、立正安国は立教の心髄なり」（一三頁）と説いている。

また、明治二十七年（一八九四）八月一日の日清戦争開戦後、日蓮宗僧侶の脇田堯惇《わきたぎょうじゅん》が『日宗新報』五三八号（八月十八日）に「日蓮宗緇素《しそ》に告ぐるの檄《げき》」を寄せている。脇田は「共に立正安国の妙宗を信仰する」日蓮宗の僧俗にたいして、挙国一致して報国の義務を果たすべきと訴え、やはり「国家的宗教」（五頁）という言葉を用いている（脇田は戦時中、従軍僧として活動した）。

日蓮と国家主義を結びつける言説が登場するのは、日清戦争後である。『日宗新報』六六〇号（明治三十一年二月十八日）に「「日本主義」の仏教批評は皮想のみ」と題した社説が掲載されている。樗牛が健筆を揮った『日本主義』では仏教にたいする批評が皮相的なので、「吾人は日蓮聖祖の正義を研磨して公明正大なる国家主義を執らしめんこと」を忠告した（一頁）と述べている。さらに、同年四月二十八日刊行の『日宗新報』六六七号の社説「雑居準備的布教師に告く」では、「日蓮聖祖の国家主義は真正なる教理の上に建設されたるものなり」（一頁）と、「日蓮の国家主義」が明言されている。[38]

また、日露戦争前の明治三十三年（一九〇〇）六月、統一団（本多日生が結成した顕本法華宗の外郭団体）の機関誌『統一団報』六二号巻頭に「聖祖日蓮の国家的宗教」と題された論説が掲載された（執筆者は「仏城」）。このなかで「聖祖日蓮の豪声疾呼したる、立正安国と称する所の崇高偉大なる国家主義」（九頁）が言及されている。

「出世間的国家主義」

一方、智学も国家主義について言及している。『宗門之維新』のなかで、「世間叨《みだり》ニ　聖祖ノ国家主義ナル名目ニ就テ、児戯的評論ヲナスモノ見ユ」と述べ、日蓮仏教の「大法門ハ、糟糠小智ノ窺ヒ測ルベキ所ニアラズト知ルベシ」（一八頁）と一笑に付している。
　国家主義にたいする智学の見解は、時代をさかのぼるが、「所謂国家主義」（『妙宗』一編三号、明治三十年十月二十八日）という短い論考に示されている。この時期、大日本協会の設立とその機関誌『日本主義』の刊行（同年五月）、『太陽』誌上での樗牛の「日本主義」論の高唱など、日本主義や国家主義をめぐる議論が活発化していた時期だった。

「国家主義もとより悪くない、誠に結構である、然しながら此に就て二つの異目がある」（四頁）として、智学は「世間的国家主義」と「出世間的国家主義」を区別する。

智学によれば、世の学者、新聞、書生、坊さん、猫も杓子も国家主義をいうが、出世間的国家主義は「新規の名称」だという。また、現今の宗教者や学者たちが「宗教に就て国家主義の社会主義のといふ事」をいうが、それは「政治的を意味する一向の世間談」である。それにたいして、宗教は「一局部の国土に限らずして、天理人道万今を通ずべき道理を立てるもの」であり、「国家主義と宗教とは必ず一致せぬものと心得ねばならぬこと也」と断じる。さらには――樗牛と同じく――日蓮宗の書生僧侶などが「国家主義の安売りをするは、中々に片腹痛き限りなり」と批判する。
　では、出世間的国家主義とはなにか。

それは宗教的ナショナリズムだった

　それは、「此国を凡夫の境界より脱却するなり、……其実本を顕示して、煩悩国たるの籠樊《ろうはん》を出で、清浄無垢なる国土となす」（六頁）ことだった。いわば、宗教的見地から、国土の実相（本国土妙）を明らかにすることであった（本国土妙については第四章1節で説明する）。また、智学は世界を統一すべき主体を示唆する。智学によれば、世界や国土は「主脳」に帰せざるをえない、「有道の国」こそが「万国の主脳」であり、それは万邦を統御すべき先天的な約束を有する「聖国」である。それが日本国だった。

智学は次のように結論づける。

日本を愛護するは、世界人類の首脳を護持する也、是を以て、聖祖［大谷註：日蓮のこと］特に独り此日本国を選びて本尊戒壇の霊土と定めたる、之を出世間的国家主義といふ。（七頁）

また、日本が「有道の国」であることの根拠は「天祖の神謨」（国体神話）にあり、これは天竺の釈尊が説明したことであり、さらには日本の日蓮が教えた「本門事観一念三千立正安国三大秘法の妙教」であるという。

智学は宗教的な見地から、国家超越的な国土観（本国土妙）を示し、日蓮仏教の立場から、日本国の特権性を意味づけたのである。いわば、智学のいう出世間的国家主義とは、宗教的に意味づけされ正当化された普遍主義的なナショナリズム、つまり、宗教的ナショナリズムを意味していた（世間的国家主義は特殊主義を重視する世俗的ナショナリズムを意味する）。この出世間的国家主義の根拠として、国体神話も挙げており、この数年後に表明する日蓮主義的国体論の萌芽もこの論からうかがえるのである。

彼れにとりては真理は常に国家よりも大也

ふたたび、樗牛の「日蓮上人と日本国」に戻ろう。

樗牛は、「日蓮の国家主義」を説く日蓮門下を舌鋒鋭く批判した。その矛先には、智学も含まれていたものと思われる。

「日蓮上人と日本国」が執筆される数ヵ月前、明治三十五年（一九〇二）三月二十七日付で、樗牛は智学に手紙を送っている。そのなかに「日蓮上人の国家観に就いての御高説の段々、重々拝読、且拝聴仕候。尚ほ氷解せざる一難団有之、是等いづれ其中拝芝《はいし》之上親しく教を請度《うけたく》候《そうろう》[39]」との一節がある。この「氷解せざる一難団」こそが、智学と樗牛の違いであったと思われる[40]。

「日蓮上人と日本国」のなかで、樗牛は『立正安国論』以外に、『一昨日御書』（文永八年）の「日蓮は生を此土に得たり、豈《あに》我国を思はざらむや」の一節も取り上げ、これらの遺文から日蓮の国家主義を論じようとするのは「大早計」と指摘し、次のように断言する。

> 日蓮は真理の為に国家を認む、国家の為に真理を認めたるに非ず。彼れにとりては真理は常に国家よりも大也。是を以て彼れは真理の為には国家の滅亡を是認せり。否是の如くにして滅亡せる国家が滅亡によりて再生すべしとは彼れの動かすべからざる信念なりし也。蒙古襲来に対する彼れの態度の如き、亦実に是の超国家的大理想に本づく（一七六頁）。

樗牛は、「真理（法）」と「国家」との関係において、国家超越の真理を重視したのが、日蓮であると解釈した。ただし、『法華経』の真理を世界中に広めることをめざした日蓮は、真理と国土との「必然的関係」があったからこそ、日本を特別視し、日本を愛したのだと述べる。その「必然的関係」とは、仏滅後に『法華経』の真理を広める特権的役割を担った上行菩薩が出現するのは日本であると日蓮は考え、日蓮みずからがその上行菩薩であるという自覚を有していたことによる、と強調する。

つまり、上行菩薩の自覚を媒介とし、真理と強い結びつきのある国土として、日本を認めていた日蓮は、「真正の愛国者」であり、「大不忠漢ではないか」との天外生の批判を退けるのである。

樗牛の「超国家主義」

明治三十五年（一九〇二）五月に作成された「日蓮上人と日本国」の原稿案では、こうした日蓮の立場が「超国家主義」と記されている。[41] これは丸山眞男のいうようなultranationalismとしての「超国家主義」（極端な国家主義）ではない。[42] 橋川文三のいう「現実の国家を超越した価値」[43]を意味する。つまり、樗牛のいう「超国家的大理想」とは国家を超越した真理のことである。

日蓮門下……世間的国家主義（世俗的ナショナリズム）
樗牛………超国家主義
智学………出世間的国家主義（宗教的ナショナリズム）

三者の立場はこのように描くことができる。

智学と樗牛の違いは、極端な超越志向性であろう。「晩年の高山の内面においては、日ごとに超越的なものへの志向が強くなっていった」と、長尾宗典は指摘する。[44] 前述したとおり、智学の思想にも強い超越志向性があり、「超国家主義」的な側面がある。ただし、その一方、智学には宗教的に意味づけされ、普遍主義化されたナショナリズム（宗教的ナショナリズム）の側面もある（さらには世俗的ナショナリズムの側面もあった）。その意味で智学の日蓮主義は重層性を帯びていたのである。ただし、樗牛と智学がいずれも「今日の所謂国家主義」を批判していたことを確認しておこう。

釈尊御領観

さらに突き詰めると、樗牛の立場は現代の日蓮研究でいう釈尊御領観である、と私は考える。釈尊御領観とは、中世史家の藤井学によって、一九五九年以降に示された日蓮の国家観に関する学説である。[45]

釈尊御領とは『法華経』譬喩品第三の一節、

今此の三界は、皆是れ我が有なり。その中の衆生は悉く是れ吾が子なり。而るに今、此の処には諸の患難《げんなん》多し。唯我れ一人のみ能く救護《くご》をなす。

を出発点とした理念である。

現実の国土は一木一草、虚空・大地にいたるまで、その本源的所有権は釈尊に帰するものであり、現実国土に存在する神・天皇・万民・生物すべてがこの釈尊御領に包括されるべきとの思惟のことである。[46] 藤井は、この釈尊御領観に根ざした日蓮の国家観を仏法為本（仏教優位）の理念と捉える。

樗牛は「日蓮上人と日本国」のなかで、「畢竟三界は悉く皆仏土たり、日本亦其国土と神明と万民とを併せて教主釈尊の一領域たるに過ぎず」（一七八頁）と述べる。また、同論執筆のために樗牛が参照した『高祖遺文録』三十巻[47]をみると、『弥三郎殿御返事』（建治三年［一二七七］）の一節、「今此の日本国は釈迦仏の御領也。天照太神、八幡大菩薩、神武天皇等、一切の神、国主並に万民までも、釈迦仏の御所領の内なる上、此の仏は我等衆生に三つの故御坐す大恩の仏也」の箇所に付箋が貼られていることがわかる。この遺文は、藤井が日蓮の釈尊御領観を論じる際に典拠とした遺文のひとつである。

ここから、樗牛が国家超越の真理＝「超国家主義」の根拠とした教理的理念が釈尊御領観であったと捉えることができるのではないか。

以上から、晩年の樗牛の立場が個人主義に根ざした「超国家主義」にあり、日蓮門下の世間的国家主義や智学の出世間的国家主義に対立するものであったことが明らかになった。それはまた、当時の日本社会の国家主義をも批判するものだった。

「日蓮上人と日本国」発表から一ヵ月半後の八月十九日、姉崎に送った手紙に注目されたい。そこには、「当代文明の革新は、社会の上下にゆき亘れる現世的国家主義の桎梏を打破するにあり」[48]、との文言がみられる。その「打破」を、樗牛は日蓮に仮託して論じたのである。

3　煩悶青年の受け皿

樗牛、逝く

姉崎にこの手紙を送ってから、約四ヵ月後の明治三十五年（一九〇二）十二月二十四日午後零時十分、樗牛は神奈川県平塚の杏雲堂《きょううんどう》分院で息を引き取った。享年三十一。同日、鎌倉の長谷寺《はせでら》で浄土宗式の仮葬儀が営まれた。

翌年一月二十日、樗牛生前の遺言にしたがい、樗牛の遺骨は生前の樗牛が愛した静岡興津の日蓮宗寺院・龍華寺《りゅうげじ》に埋葬される。[49] 龍華寺が平寺であることから、近くにある本山の海長寺で葬儀がおこなわれ、同寺住職の守本文静《もりもとぶんじょう》が導師を勤め、立正安国会式の本化正式で挙行された。智学は弔辞を読み、その死を悼んだ。なお、樗牛の戒名「文亮院霊岱謙光日瞻居士」は、智学によって授与されたものである。

樗牛の墓は、龍華寺境内の山上の一角に設置された。三保の松原を右に、甲駿の連山を左にみて、清見潟に臨んだ見晴らしのよい場所で、「富士山への眺望、本邦無比と存候[50]」という場所だった。墓石には、「吾人は須らく現代を超越せざるべからず」の銘句が刻まれた。

じつは、清見潟や興津は智学たち日蓮主義者にとっては、「約束の場所」である。第一章3節で述べたように、『宗門之維新』では日蓮仏教が「国教」と制定された後、静岡の三保、清水周辺が「宗都」と定められ、「本門戒壇」が建立されると智学は考えていた。戒壇建立の聖地は「本邦ノ名山富嶽ナルベキヲ疑ハ」ぬものであり、樗牛もまた、そうした「約束の場所」に眠ることを望んだのである。

日清・日露戦争と国体神話

樗牛が華々しく活躍し、そして亡くなった日清・日露戦間期は「日本近代史における一転換期[51]」だった。国民国家・日本の国家体制は、明治二十二年（一八八九）の大日本帝国憲法の発布と明治二十三年（一八九〇）の帝国議会の開設によって基礎が築かれる。また、一八九〇〜一九〇〇年代の日清・日露戦争の勝利によって日本は帝国化し、帝国主義列強の一角を占めるようになる。

帝国主義という「廿世紀之怪物」（幸徳秋水[52]）が地球上に姿をあらわすとともに、国内の産業資本主義の発展にともない、社会問題や労働問題が発生し、社会主義運動が生起するのも、日清・日露戦間期である。

日清戦争以降、国民国家の編成と並行して、国体神話も形成されていった。日清戦争の勝利は日本の国威発揚だけではなく、天皇の権威をおおいに高めることになり、天皇はナショナル・シンボルとしての地位と権威を不動のものにした、と鈴木正幸は指摘する。[53]こうした天皇のイメージは、家族国家観にもとづく国体論によって形成されていく。日清戦後に穂積八束《ほづみやつか》、（日本主義時代の）高山樗牛、加藤弘之《かとうひろゆき》、井上哲次郎らの主張を通じて、皇室と国民の関係を総本家（宗家）と分家・末家の関係として捉える日本独自の国体論が隆盛になった。[54] 鈴木によれば、日清戦争後の国体論の力点は天皇統治の正統性を論証するよりも、万世一系の天皇が統治する日本の国柄、日本民族の優秀性を説くことにあり、国体論は近代日本のナショナリズムとの結合を遂げる。[55] 国体論的ナショナリズムの生成である。

こうして、近代日本のナショナル・アイデンティティは国体論（国体神話）によって基礎づけられ、国体神話は「国家」と「国民」を結びつける編成原理の役割を担いながら、国民国家・日本を形成していったのである。

国体神話を受容する学校

近代日本のナショナリズムと結合した国体神話は、国家儀礼や教育、軍隊、メディアなどのさまざまな回路を通じて普及され、その信憑性を形成していった。その重要な回路のひとつが学校の教育現場であり、学校教育はナショナリズムの信憑構造の場となった。

近代日本の義務教育（小学校教育）の就学率は、一八九〇年代はじめは約五〇パーセントだったが、日清戦争期に約六〇パーセント、日露戦後には九五パーセントを超えた。[56] また、教科書の国定化（明治三十七年）や義務教育の四ヵ年から六ヵ年への延長（明治四十年）など、教育環境も整備されていった。こうした学校制度の確立のなかで、国体神話の普及に大きな影響力をもったのが、教育勅語と御真影（天皇／皇后の肖像写真）である。

帝国憲法発布の翌年（明治二十三年）十月三十日に公布された教育勅語は、いわば国体神話の聖典だった。全国の公立小中学校に下付された勅語謄本は学校の儀式で奉読され、修身の授業で暗唱・暗写された。また、御真影は、明治十九年（一八八六）以降、全国の官立学校や公立学校をはじめとする教育機関へと下賜されていく。この両者は各学校で奉安され、国家祝祭日の学校儀式で奉読され、礼拝されていった。[57]

教育勅語と御真影を奉じる学校儀式は、日清・日露戦争を経て「国民的行事」として定着していった。[58]学校儀式を通じて天皇崇拝や国体観念が身体化され、国民の形成とならんで国体神話の信憑性が普及していった。また、これらの儀式は、青年団や在郷軍人会などの半官半民団体による通俗教育（社会教育）でも一般化していくことになる。学校教育や社会教育は国体神話の普及を支え、国体論的ナショナリズムの信憑構造の場として機能したのである。

曰く「不可解」

日清・日露戦間期の時代状況をもう少し描いておきたい。作家の生方敏郎《うぶかたとしろう》（一八八二〜一九六九）の言葉を借りよう。明治三十二年（一八九九）に上京し、ミッション系の明治学院（現・明治学院大学）に入学した生方は、こう述懐する。

> 日露戦争の後には人々の考えが個人主義的に目覚め、進んで欧州大戦頃からは社会的に目覚めて経済問題を惹き起して来たのに対して、日清戦争後には世間一帯の考えが精神的に趨《はし》り、宗教道徳問題が世に喧しかった。[59]

日清戦後、キリスト教系の学校に通う学生たちのあいだで信仰復興運動《リバイバル》が起こり、東京市内の教会で大挙伝道が始まった。街頭で賛美歌が歌われたり、説教がおこなわれたりした。また、『萬朝報《よろずちょうほう》』のような新聞では宗教・倫理問題が盛んに説かれ、方々で開催される演説会や講演会でも宗教問題が多く取り上げられたという[60]。

こうした状況のなか、「煩悶ということが青年学生の間で非常に流行した[61]」。たとえば、旧制第一高等学校（現・東京大学教養学部）の学内誌『校友会雑誌』一一四号（明治三十五年二月二十日）に掲載された一高生の手記「余の煩悶（信仰ある人の解明を求む）」に注目してほしい（筆者は「懐疑子」）。

余輩同窓の青年間、若しくに若き婦女子間にさへ熱心なる宗教の声を聞くに及んでは、不安の念は煩悶の苦痛と化して、夙夜所謂福音を聴かむと欲して教会堂にひゞく鐘の声に耳を澄まし、所謂真如の光を見むと欲して、み空にかゝる月の色に眼を凝らし、悠久の安堵を求むるの念や切なりき。（一二三頁）

このように煩悶する青年、いわゆる「煩悶青年」は明治三十年代から大正時代にメディアを賑わせた流行語だった[62]。

「煩悶」が日本社会で流行語になったきっかけは、一高生・藤村操《ふじむらみさお》の投身自殺だった。藤村は、

万有の真相は唯だ一言にして悉《つく》す、曰く「不可解」。我この恨を懐いて煩悶、終《つい》に死を決するに至る。

との言葉（遺書「巌頭之感」）を残し、栃木県日光の華厳の滝に身を投じた。明治三十六年（一九〇三）五月二十二日のことである。将来を嘱望されていたエリート学生の自殺は社会に大きな反響を与え、後追い自殺をする青年が後を絶たず、社会問題化する。

日清・日露戦間期における青年の思想・心情に「一種不思議な二重志向」を見出したのは、橋川文三である。それは、帝国主義・資本主義社会のイメージに同化しようとする「成功青年」と、自己内心の衝動に沈潜しようとする「煩悶青年」の傾向であるという。[63] 橋川は、そこに「日本人の心に生じた大亀裂《シズム》」[64] をみる。

青年たちは、日清戦後の急激な社会変動（産業資本主義の発展、農民層の分解と寄生地主制の確立、社会問題や労働問題の発生、戦後の植民地経営等）によって、「生活の定型を見失った存在[65]」と化し、煩悶青年たちはナイーブに「自己の内面を覗き込む苦悩[66]」に思い悩んだのである。

じつは、「煩悶」という言葉を意識的に使いはじめたのが、国木田独歩と高山樗牛だった。[67] 平石典子《ひらいしのりこ》によれば、独歩は明治二十六年（一八九三）三月十六日に日記『欺かざるの記』のなかで用い、樗牛は明治二十八年（一八九五）二月に『帝国文学』二号に発表した論文「巣林子《そうりんし》の人生観」で用いているという（巣林子とは近松門左衛門のこと）。

のちに煩悶青年たちに多大な影響を与える樗牛は、「煩悶青年の先駆者」（中島岳志[68]）だった。樗牛は姉崎にあて「予は矛盾の人也、煩悶の人也[69]」、「君よ這般の煩悶を如何とか見給ふぞ[70]」と語っている。藤村操は樗牛から大きな影響を受けていたことが明らかになっている。[71]

内村、海老名、清沢、近角……

こうした日清戦後の「宗教道徳問題」に積極的に対応し、煩悶青年たちの受け皿となったのが、当時の新しい宗教界の潮流だった。

たとえば、当時の東京のキリスト教界には学生・インテリを引きつけているふたりのキリスト者がいた。新宿角筈《つのはず》の内村鑑三《うちむらかんぞう》であり、本郷教会の海老名弾正《えびなだんじょう》である。[72] 内村の家庭集会には一高や東京帝国大学の学生が集まり、本郷教会にも海老名の「カリスマ的人格と感動的説教[73]」にひかれる青年たちが押し寄せた。

また、当時の一高生たちのあいだでは、それ以前の「皇室中心の国家主義的、愛国主義的精神」に対応した「籠城主義」にたいして、「明治三五年以来、高山樗牛の影響、更に遡れば内村鑑三、北村透谷等、更に下つては清沢満之、近角常観《ちかすみじょうかん》、綱島梁川《つなしまりょうせん》等の影響」が台頭していた。[74]

つまり、当時の東京の青年たちのあいだでは新宿角筈の内村、本郷教会の海老名、浩々洞（東京本郷に開設された私塾）の清沢、求道学舎（浩々洞と入れ替わりに設けられた学生寮）の近角、「見神の実験」で日露戦後に有名になる綱島らが人気を博しており、煩悶青年たちの受け皿になっていたのである。

こうした動向のなかで、樗牛の個人主義と日蓮主義も煩悶青年たちに受容されていく。そのなかに日蓮主義第二世代、第三世代の青年たちもいたのである（第五章1節を参照のこと）。

近代仏教思想の成立

日清・日露戦間期は、近代仏教の歴史にとっても「一転換期」だった。ここに日蓮主義も位置

表3-2　近代仏教思想の成立（付・キリスト教の動向）

	仏　教　界	キリスト教	その他
明治27年（1894）7月			日清戦争（～明治28年4月）
明治28年（1895）7月	清沢満之ら白川党による本願寺教団改革運動の開始		
明治29年（1896）11月	鈴木大拙『新宗教論』		
明治30年（1897）2月	大拙の渡米（明治42年に帰国）		
明治32年（1899）1月	近角常観が『政教時報』創刊		
明治32年（1899）2月	仏教清徒同志会（のちに新仏教徒同志会）の結成		
明治33年（1900）7月	仏教清徒同志会の機関誌『新仏教』創刊	海老名弾正が『新人』創刊	
明治33年（1900）9月	清沢らが浩々洞を開設		
明治33年（1900）10月		内村鑑三が『聖書之研究』創刊	
明治34年（1901）1月	清沢、暁烏敏らが『精神界』創刊、「精神主義」を提唱		
明治34年（1901）7月	村上専精『仏教統一論』刊行開始		
明治34年（1901）9月	田中智学『宗門之維新』刊行		
明治35年（1902）4月	高山樗牛「日蓮上人とは如何なる人ぞ」		
明治35年（1902）5月	近角が求道学舎を開設		
明治35年（1902）7月	高山樗牛「日蓮上人と日本国」		
明治35年（1902）12月	高山樗牛、死去		
明治36年（1903）6月	清沢満之、死去		
明治37年（1904）2月			日露戦争（～明治38年9月）
明治38年（1905）7～11月		綱島梁川の見神の実験	

づけることができる。

末木文美士によれば、日蓮系の智学、樗牛、浄土系の清沢、禅系の鈴木大拙の活動がこの時期にいっせいに始まり、村上専精を中心とする大乗非仏説の論争を加えれば、「近代仏教思想はほぼこの時期に形を整えた」[75]。末木にならって、日清・日露戦間期の主要事項を年表にまとめると、一三一頁の表3―2のようになる。参考までに内村と海老名の活動も加えておく。

この年表をみると、十九世紀から二十世紀への転換期である一九〇〇年前後に仏教界の新たな動向が集中的に生じていることに気づくであろう。智学と樗牛の日蓮主義は、日本の近代仏教思想の成立期にその一翼を担いながら、「宗教道徳問題」に対応し、煩悶青年をはじめとする当時の人びとに影響を及ぼしていくのである。

なお、この時期の青年の思想・心情の変遷が――樗牛の思想の変化を引き合いに出して――国家主義から個人主義へと語られることがあるが、少なくとも近代仏教思想の変遷に即していうと、それは当てはまらない。

「精神主義は自家の精神内に充足を求むるものなり、故に外物を追ひ他人に従ひて、為に煩悶憂苦することなし」[76]、と語った清沢満之の立場は、たしかに徹底して個人の「内面」に信仰の立脚地を定めたものであり、「王国は常に爾の胸に在り」と主張した樗牛の個人主義とも通底するものだった。こうした清沢や樗牛の思想が当時の煩悶青年たちに慰めを与えたであろうことは容易に想像できる。

しかし、この時期の近代仏教には帝国主義・国家主義に呼応する流れと、資本主義の発展によって発生した社会問題に対応し、社会活動を実践した流れもあった。前者が智学の日蓮主義であり、後者が——智学の『宗門之維新』を酷評し、さらに樗牛と清沢、綱島を「病人宗[77]」と批判した——境野黄洋、高嶋米峰ら新仏教徒同志会の新仏教運動である。

すなわち、個人主義型の清沢の精神主義や樗牛の日蓮主義、帝国主義・国家主義型の智学の日蓮主義、社会活動型の新仏教運動と類型化することができる。[78] いわば、橋川が「煩悶青年」にたいして、帝国主義・資本主義社会のイメージに同化しようとする「成功青年」を挙げたように、帝国主義の勃興と国家主義の高揚に共振したり、資本主義の弊害に向き合う流れもあったことを確認しておこう（ただし、智学や新仏教徒らが「成功」を標榜していたわけではない）。

「本化妙宗式目」の成立

智学には樗牛から託された遺言があった。智学と山川が樗牛を見舞った明治三十五年（一九〇二）十一月四日、死期を悟った樗牛は智学に大要次のように語ったという。[79]

自分は日蓮の教義を組織的に研究できずに終わってしまうのが残念である、自分の宿願として東京帝国大学に日蓮主義の講座を置きたいと思っている、学長の井上哲次郎［大谷註：当時の東京帝大文科大学学長］に自分が話をして実現したい、これが実現したならば、先生［大谷註：智学のこと］にその講座を受け持ってもらいたい。

智学は樗牛にうながされ、組織宗学「本化妙宗式目」の執筆に傾注した。樗牛の見舞いに先立ち、智学は同年八月以降、その大成に取り組み、十一月に脱稿していた。二十三年間の研鑽を傾けた「本化妙宗の系統的成立宗学」[80]の完成だった。しかし、それを発表、公刊する前に樗牛は亡くなってしまい、講座開設は実現することがなかった。

同年十月末から三週間にわたって、智学は大阪四ツ橋にある立正安国会の本部・立正閣で立正安国会創業成満式《じょうまんしき》を挙行した。「本化妙宗式目」の完成が教団の創業を成満したことになると考えてのことだった。

また、十二月にはみずからの反省を回顧した「予が半生」（『妙宗』五編一二号）を発表し、それまでの活動に区切りをつけた（実際にこの時期を境目に、智学の人生は宗門改革運動を中心とした前半生と、国体運動を中心とした後半生にわかれる）。そして、翌年四月から一年間にわたって、完成したばかりの「本化妙宗式目」を発表し、本化宗学（日蓮主義教学）を講義する本化宗学研究大会を大阪の立正閣で開催することを宣言するのである。

第四章
仏教的政教一致のプログラム

東城鉦太郎「三笠艦橋の図」
連合艦隊旗艦「三笠」の艦橋で指揮を執る東郷平八郎司令長官(中央)。東郷も日蓮主義のネットワークに連なる人物だった。

1　法国冥合

「人類ノ思想道徳」の統一をめざす

「本化妙宗式目」（以下、「妙宗式目」）は一年間をかけて講義されたのち、山川智応によって整記され、『妙宗式目講義録』全五巻（以下、『講義録』）として、明治三十七年（一九〇四）十一月から明治四十三年（一九一〇）春にかけて出版された（大正六年に『本化妙宗式目講義録』、大正十四年に『日蓮主義教学大観』に改題）。宮沢賢治がその短い生涯を通じて五度も読んだとされる重厚で難易度の高い教学書である。

紙幅の都合でそのすべてを紹介することはできないが、以下、『講義録』の概要を確認しておこう。

この「妙宗式目」は、「総要」「式目」「信条」の全三章からなる。「総要」は「宗綱」を、「式目」は「学道」を、「信条」は「行道」をそれぞれ意味する。さらに「式目」は「名義」「大綱」「宗要」「信行」「安心」の五大門にわかれ、それぞれがさらに段、科、節、目に細かく区分され、全部で一千条の細目からなる組織的・体系的な教学だった。

「総要」と「信条」は両方ともコンパクトにまとまっている。前者は「本化妙宗宗綱」として、

「本化妙宗」の内容を簡潔に提示している。

> 本化妙宗ハ如来出世ノ本懐トシテ本仏釈尊金口ノ宣示スル所末法救護ノ憲教トシテ本化聖祖色読ノ唱導スル所已ニ出デ今出デ当ニ出デントスル宗見学見種々ノ妄想邪謂ヲ打破シテ法界唯一乗ノ妙義ヲ光揚シ人類ノ思想道徳ヲ統一シテ常寂光明ノ真世界ヲ現出センガ為ニ建立伝弘セラレタル閻浮統一ノ名教ナリ。[1]

ここでは「本化妙宗」が「種々ノ妄想邪謂」を打破して「人類ノ思想道徳」を統一し、「常寂光明ノ真世界」（理想世界）を実現するものであると宣示されている。

また、「信条」は全五則十条からなり、立正安国会の新たな規約というべきものである。第五則第四条では「本化妙宗信行ノ目的ハ即身成仏娑婆即寂光ノ大安心ヲ決定シテ人類ト共ニ妙道ニ入リ国家ト共ニ成仏センコトヲ期スルニ在リ」[2]として、個人の成仏（即身成仏）と国土成仏（娑《しゃ》婆即寂光《ばそくじやっこう》）が国家の成仏とともに措定されている点に、智学の立場が明示されている（この点は後述）。

末法を三期に分けて

次に本論というべき「式目」であるが、ここでは「国家と宗教」の関係にかかわる問題として、「法国冥合」（仏教的政教一致）実現のプログラムに注目しよう。

戦前期日本の政教関係は「日本型政教分離」（安丸良夫）という特徴があるが、智学の日蓮主義は、日蓮仏教にもとづく政教一致（法国冥合）をめざすものだった。その実現は本門戒壇の建立過程として定式化されている。智学は「本門戒壇」を――『宗門之維新』での主張に倣い――「国立戒壇」や「勅命国立事壇」と命名している。

では、そのプログラムの内容を確認しておこう。

『講義録』四巻「宗要門第三」「第一段　宗教五綱」「第十科　末法三期」では、その歴史的プロセスが以下のように定められた。

末法三期
- 建立時代……〔聖祖の出現立教を中心とす〕……即ち（宗主）立教時代
- 広布時代……〔主義的宣伝を中心とす〕…………即ち主義（宣伝）時代
- 統一時代……〔国土成仏の妙益を中心とす〕……即ち妙益（顕揚）時代

日蓮には『法華経』が仏滅後の末法を生きる人びとの救済を目的として説かれたものであり、「正法一千年・像法一千年は傍也、末法を以て正と為す」[3]と捉える認識（末法為正）があった。智学はこの末法を三期に分け、現在が「広布時代」であると把握する。そして、最後の「統一時代」の国土成仏によって世界統一が実現すると考えた。なお、この国土成仏は天国や極楽浄土などの来世での実現を想定するものではなく、現世で実現（娑婆即寂光）されるべきものだった。智学は、浄土教が否定した「此土＝娑婆世界の復権」（高木豊）[4]を掲げた日蓮の立場をあらためて近代世界で力強く表明したのである。

五綱三秘

第一章3節で述べたように、日蓮仏教のエッセンスは五綱三秘に集約できる。「宗教五綱」（または「五綱」「五義」）と「宗旨三秘」（または「三大秘法」「三秘」）である。なお、宗旨三秘のうち、「本門の題目」は末法の衆生救済のために久遠本仏たる釈尊が『法華経』で説示した題目＝南無妙法蓮華経を意味し、これを「一大秘法」（略して「一秘」）という。この一秘を開くと、三大秘法（本門の題目・本尊・戒壇）になる。

ここでは、立正安国会（国柱会）における三秘について確認しておこう。

立正安国会では、本門の題目はほかの日蓮門下と同じく「南無妙法蓮華経」の妙法七字であるが、本門の本尊は文永十年（一二七三）七月八日に佐渡の一《いち》の谷《さわ》で日蓮が開示した「佐渡始顕の曼荼羅」である。

また、本門の戒壇についてみると、「戒壇」とはもともと出家者の授戒の場のことである。日蓮門下では「南無妙法蓮華経」の受持を授戒とするため、本尊を安置し題目を唱える場はどこでも本門の戒壇となる（「理の戒壇」、理壇）。

理壇にたいして、日本をはじめとする全世界の人びとがこの妙法七字に帰依する一天四海皆帰妙法のときに建立されるべき本門の戒壇が「事の戒壇」（事壇）である。この事壇を、智学は「国立戒壇」と名づけた。

しかし、日蓮自身が本門の戒壇に言及した遺文はきわめて少ない。それゆえ日蓮門下で多くの議論を招いているのだが、『三大秘法稟承事《ぼんじょうのこと》』（以下、『三大秘法抄』）は、その実現方法に関して具体的に述べている数少ない遺文である（ただし、日蓮が執筆したものかどうかは不明で現代でもその真偽が議論されている）[5]。

日蓮仏教の国教化

『三大秘法抄』のなかでも、とくに次の一節に注目されたい。

戒壇とは王法仏法に冥し仏法王法に合して王臣一同に本門の三大秘密の法を持ちて、有徳王覚徳比丘の其乃往を末法濁悪の未来に移さん時、勅宣竝ひに御教書を申し下して、霊山浄土に似たらん最勝の地を尋て戒壇を建立すべき者歟《か》。時を待つべき耳《のみ》。[6]

智学は、この一節に即して、広義の法国冥合の過程を以下のように説く。

①「二法冥合」（狭義の法国冥合の過程および実現）
「王法冥仏」「仏法契王」↓国体の自覚
←
②「事壇成就」（本門戒壇の建立過程及び実現）
「大詔渙発」「一国同帰」↓本門戒壇の建立による日本統合の実現
←
③「閻浮《えんぶ》統一」（世界統一の過程及び達成）
「前代未聞の大闘諍」

①の「二法冥合」は、「王法冥仏」と「仏法契王」に分節される。

全世界の統一の前には、日本一国の統合を必要とするが、それが「王法と仏法の冥合」を通じて達成される。「王法冥仏」は国をして国体の自覚を深刻に発揮させることであり、「仏法契王」は仏法をして社会的に国家に普及させることである。ここで、「王法冥仏」が「国体の自覚」を発揮することであると解釈されていることに留意されたい。この「国体の自覚」という主張が後年の国体運動の教義的根拠となる。

②の「事壇成就」は、「大詔渙発」と「一国同帰」に分節される。「二法冥合」を経て、天皇が戒壇建立の大詔を渙発し、帝国議会で「憲法第二十七条〔大谷註：第二十八条の誤り〕信教自由の制度」が「本化妙宗国教制度」に改正され、戒壇建立が議決されるとした（「大詔渙発」の過程）。

つまり、『三大秘法抄』の「勅宣竝ひに御教書を申し下して」の部分について、智学は「勅宣」を天皇による「大詔」、鎌倉時代の幕府の下文である「御教書」を「国会の議決」と、それぞれ解釈したのである。

なお、国会の議決を得るためには日本の大勢が日蓮仏教に帰依している必要があるため、「一国同帰」が前提となる。こうして「事壇成就」（による日蓮仏教の国教化）が実現し、『法華経』という大真理一乗の妙理が国家という大勢力となって現出する「政教一致」が達成される。智学にとって、日本と日蓮仏教とは先天的な「契合」の約束があり、将来に必ず結合して世界を救済する天命を有している関係にあった。

③の「閻浮統一」。「閻浮」とは一閻浮提の略で、世界を意味する。この統一は、『法華経』に

よって思想・宗教・道義・社会・政治の統一を通じて達成される、とされた。

天皇は「転輪聖王」

ここで注目すべきは、天皇にたいする意味づけである。天皇は、「世界統一戒壇の願主であらせらるる、地上における、末法救主の御代官である」(二六四四頁)と位置づけられた。ちなみに、立正安国会における天皇の位置づけは、もともと「立正安国会本則」「第四章　会員」「第二〇條」で「天皇陛下　三后　皇太子の入会あらせられしハ会員と同視せるを得ず古例に拠りて大檀那とすべし」[7]と規定されていた。すなわち、教団の重要なパトロンとみなされていた。

それが変化したのは、日清戦争時である。

明治二十七年(一八九四)八月に日清戦争が勃発した際、智学は戦勝祈願の「国禱会《こくとうえ》」を修め、戦勝を祈願した。その際の儀礼文「国禱発願疏」と「国禱満願疏」で、天皇にたいする宗教的な意味づけがなされた[8]。前者では、天皇家が「未来ニ於ケル閻浮統一本門戒壇ノ願主也」とされ、後者では、天皇が「閻浮第一戒壇妙土」である「大日本帝国転輪聖王」と措定された。つまり、天皇が「本門戒壇ノ願主」であり、「転輪聖王」(古代インドの伝説による世界統一の王)であると規定されたのである。

このように、日清戦争の際に天皇の存在が本門戒壇論に組みこまれ、それが「妙宗式目」でも踏襲され、「世界統一戒壇の願主」と規定されたのである。日蓮主義にとって、天皇の存在は不可欠なものとなったことがわかるであろう。

「世界の大戦争」が起こる

智学はここからさらに、日蓮遺文を敷衍《ふえん》しながら「日本による世界統一」の壮大なヴィジョンを描きだす。これは『宗門之維新』でのヴィジョンをより鮮明にしたものである。

まず、本門の戒壇がすべての人類国家の帰依すべきものであると世界に宣言されると、「国慾主義の妄念」にとらわれた国が日本と日蓮主義に敵対するようになる、と智学はいう。そこで日蓮の『如来滅後五五百歳始観心本尊抄《にょらいめつごごごひゃくさいしかんじんほんぞんしょう》』（以下、『観心本尊抄』）における「当《まさ》に知るべし此の四菩薩折伏を現ずる時は賢王と成て愚王を誡責《かいしゃく》し摂受を行ずる時は僧と成て正法を弘持す[9]」の摂折《しょうしゃく》現行《げんぎょう》段の一節に依拠して、将来、「本化の教を公布せんとする賢王」と「本化を信ぜざらんとする多くの愚王」との諍い、すなわち「世界の大戦争」が起こると説く。

この「大戦争」は日蓮の『撰時抄』の「前代未聞の大闘諍一閻浮提《だいとうじょういちえんぶだい》に起るべし[10]」の「大闘諍」とも規定され、世界統一は「前代未聞の大闘諍」を経て達成される、と断じる。この「大闘諍」で重要な役割をはたすのが、『観心本尊抄』で示唆されている「賢王」である。

はたして、この「賢王」とは誰なのか。「本門戒壇の願主」として措定されている天皇と一致するのか。国柱会関係者のあいだでも多くの議論をよんできた争点である。『本化妙宗式目講義録』では、天皇＝戒壇願主＝上行菩薩＝賢王として提示されている（先にみたように転輪聖王とも位置づけられている）。しかし、この『観心本尊抄』摂折現行段の解釈は智学の見解ではなく、整記者の山川の見解である、と田中芳谷《ほうこく》（智学の長男、国柱会二代総裁）ならびに田中香浦《こうほ》（智学の孫、国柱会三代会長。なお、国柱会のトップの呼称は総裁、会長、賽主など時期により異なる）はいう。戦後、この論点をめぐって山川と芳谷とのあいだで文書問答が交わされた[11]。

ともあれ智学は、戒壇建立の始まりと世界統一の終わりを『三大秘法抄』に、戒壇建立後の世界戦争を『観心本尊抄』に拠り、世界戦争後に日本に敵対した国が「帰伏」して、「本門の三帰戒」を受けるまでの過程を『撰時抄』に依拠して説明している。

以上のような日蓮遺文の解釈を通じて、「法国冥合」（仏教的政教一致）のプログラムが提示された。ここに、「日本による世界統一」の終末論的なヴィジョンが明示されたのである。

地涌の菩薩

なお、末法史観に根ざした終末論的ヴィジョンの発想自体は、日蓮にさかのぼる。中尾堯によれば、日蓮の終末論は『守護国家論』（一二五九年）で最初に表明され、『立正安国論』（一二六〇年）を経て、『撰時抄』（一二七五年）で完成される。[12] それは、次のような図式で構想された。

他国侵逼・自界叛逆二難の興起→国土の滅亡→地涌《じゆ》の菩薩の出現→妙法蓮華経の流布→永遠なる至福の世（ユートピア）の出現

「歴史化された至福の時代を日本の国土で展開される歴史の延長線上に仏国土として望見する」[13]のが、日蓮の終末論の特徴だった。

ちなみに、地涌の菩薩とは『法華経』従地涌出品第十五に登場する諸菩薩である。釈迦如来が説法をしていた際に大地が震裂して、無数の菩薩が地面から涌き出てくるシーンがある。これらの菩薩のことを「地涌の菩薩」と総称し、その代表が上行菩薩・無辺行菩薩・浄行菩薩・安立行菩薩の四菩薩である。『法華経』に説かれる久遠の釈迦は、はるか過去世から衆生を救済してきた永遠の生命をもつ存在で、この久遠の釈迦の弟子たちが地涌の菩薩である。

日蓮はみずからを末法の世に現出した上行菩薩になぞらえていた。日蓮の弟子たちは末法の衆生救済を担う上行菩薩の眷族《けんぞく》（地涌の菩薩）として、『法華経』の弘通《ぐづう》に励むことになる。そうした特権的役割を担ったアクターが、地涌の菩薩なのである。その役割の大きさがわかるであろう。

以上のような日蓮の終末論的ヴィジョンを、智学は日露戦争前夜の帝国主義列強が地球上で争い合う近代世界に適用したのである。智学のこのような構想力は、のちに石原莞爾の世界最終戦論に継承されていくが、それについては第八章で述べることにしよう。

本国土妙の法門

智学における「国家と宗教」の問題を考えるとき、その「国」概念をどう捉えるかが重要な論点となる。序章で近代日本の「国」概念の多義性について言及したが、これは智学にこそ当てはまる。

ここで智学の「国」概念を一瞥しておきたい。智学の法国冥合の主張の前提には独自の「国」概念が措定されている。

『本化妙宗式目講義録』の次の一節に注目されたい。

所謂［大谷註：『法華経』の］本門は国土成仏を以てその特色として居る、故に本化大士［大谷註：日蓮のこと］の誓願もまた閻浮統一である、全世界の成仏である、娑婆即寂光土である。

（『本化妙宗式目講義録』四巻、二三二一四頁）

「国土成仏」、これがキーワードとなる。

「国土」（国土世間）は、あらゆる物質的なものを包括する現実の娑婆世界（現実世界）を意味するが、智学は――日蓮の教説に依拠し――娑婆世界を「常寂光土」という理想世界へと転化すること（娑婆即寂光土）を強調する。

この「娑婆即寂光土」の教学的根拠が、「本国土妙」の法門だった。本国土妙とは、『法華経』本門における本門十妙（因・果・国土・感応・神通・説法・眷属・涅槃・寿命・利益）のひとつで、本因妙・本果妙とあわせて根本三妙とよばれる。現実世界の実相は、もともと『法華経』本門の寿量品《じゅりょうほん》と神力品《じんりきほん》で顕された本仏常住の霊的・理想的世界である「本国土」であることを意味する。

つまり、現実世界の実相を超越的な霊的・理想的世界である本国土として開顕することで、現実世界を理想世界へと転化するための実践（娑婆即寂光土）が提起された。

この本国土妙の法門こそが「本門戒壇の法門的基礎」（二六七九頁）である。本国土を現実化するために、本門戒壇の建立（による法国冥合）が要求されたのである。智学の政教論は、この日蓮教学における本国土妙によって基礎づけられている。

この日本こそが

くわえて智学は、「国」概念を具体的な政治体制の意味に即して解釈し、国民国家との交渉を主張する。ここで、信条五則四条を思い出されたい。

本化妙宗信行ノ目的ハ即身成仏娑婆即寂光ノ大安心ヲ決定シテ人類ト共ニ妙道ニ入リ国家ト共ニ成仏センコトヲ期スルニ在リ

智学にとって、個人成仏と国土成仏は、国家成仏を通じてこそ達成される。その「国土成仏の標本」は日本だった。日本国を最初に成仏させることで国土成仏の見本とし、この国の力をもって、世界統一をなしとげること。それを智学は強調する。こうして日本が宗教的に普遍主義化されたのである。

さらには、「本国土妙とは日本国である」(二六八二頁)と断言され、「日本国」が本国土妙の法門によって意味づけられた。つまり、超越的な霊的・理想的世界が現実の日本国に内在していると解釈されたのである。ここにおいて、「日本」という国民国家にたいする決定的な宗教的意味づけがなされた。

以上、智学の「国」概念は「国土」と「国家」に分節され、両者を基礎づけたのが本国土妙の法門だった。この本国土妙の法門によって、現実の国民国家・日本の普遍主義化が定位されたのである。

仏教と国体、国体と日本の間

その後、智学の「国」概念にはさらに「国体」が加わる。次節で検討するように、日露戦争前夜、智学は日蓮主義の立場から国体論を創唱し、以後、「本化宗学より見たる日本国体と現代思想」の講演（大正八年）と『日本国体の研究』（大正十一年）等を通じて、智学の「日本国体学」（日蓮主義的国体論）は整備される。その結果、法国冥合のプログラムが更新され、日本による道義的な世界統一が当時の世界情勢のなかでリアルに主張され、「日蓮仏教と日本国体」の結びつきが体系的に示されていくことになる。

こうした智学の日蓮主義（日蓮主義的国体論）の特徴を、西山茂は、次のように鋭利に分析している。

能顕の日蓮仏教と所顕の日本国体との間に、さらには、所顕の日本国体（在るべき日本）と現実の日本の姿との間に、深い溝、鋭い緊張を設け、その溝を埋めるための実践を常に促すような仕組みになっていた。[14]

西山によれば、この溝を埋めるために、智学の日蓮主義はつねに日蓮仏教の布教と社会的実践を必要としたのであり、結果的にこうしたしくみが智学の宗教運動を活性化させ、樗牛や宮沢賢治、石原莞爾、井上日召のような多方面の人びとに影響を及ぼしたという。[15] この「深い溝、鋭い緊張」の度合いが高ければ高いほど、現実変革の行動を動機づける一方、その度合いが低ければ低いほど、現実追従の行動をもたらすことになる。こうした日蓮主義の潜在的な可能性を、どのように発芽させるかは、智学の日蓮主義をどのように受容し、解釈するのかという、受け取る側の姿勢による。

日蓮仏教と日本国体の関係、「在るべき日本」と「現実の日本」の関係を、日蓮主義第二世代、第三世代の人びとがどのように捉え、それをみずからの行動の原理にしたのかについては、次章以降、検討していく。ここでは、智学の「妙宗式目」がこうした「深い溝、鋭い緊張」を設けたことを確認しておこう。

2　八紘一宇

本化宗学研究大会の開催

明治三十六年（一九〇三）の年頭、智学は「宗学大研究を開始するの宣言」を発した。[16]

智学は、現在の宗門（日蓮教団）の「雑乱腐朽」を嘆く。とりわけ、「宗門百弊の根原」は「宗学の萎微頽廃」にあり、宗学がいまだ成立していないという。そこで二十三年の精力を尽くして脱稿したのが「本化妙宗式目」であり、これを清浄護法の同志者とともに講究するため、研究大会の開催を広く天下の同志に呼びかけた。

ここで、本化宗学研究大会（以下、研究大会）がどのように実施されたのかをみていこう。

同年四月八日から翌年四月二十一日までの一年間、大阪四ツ橋の立正閣で研究大会が開催された[17]。全国から百九十五名（男性百七十三名、女性二十二名）の参加申しこみがあり、百七十四名が泊まりこみで参加した。

参加者の八割を僧侶が占め、顕本法華宗と日蓮正宗をのぞく日蓮門下各宗派の僧侶たちが集まった。そのなかには、後年、身延深敬病院（のちに身延深敬園）を創設し、ハンセン病者の療養事業に尽くした日蓮宗僧侶の綱脇龍妙《つなわきりゅうみょう》（一八七六〜一九七〇）や、仏教アジア主義的な言説を主張し、内蒙古で布教活動を実践する日蓮宗僧侶の高鍋日統（一八七九〜一九五三）の若き姿もあった。

ほかにも立正安国会の会員をはじめ、教員、新聞記者、会社員、銀行員、説教師、修験者、商人なども参加した。スタッフは智学を講主とし、立正安国会の伊東智霊が学務総監、保坂智宙、長滝智大、山川智応、桑原智郁が学監として学務を担当している。

研究大会は四月八日の開講式をもって始まった。

智学は開講早々、角膜潰瘍の眼疾を患ったが、入院と手術によって治療し、講義に臨んだ。期間中は「妙宗式目」をはじめ、講師による日蓮遺文や仏教史、西洋哲学概論、近世文学、看護学（女子のみ）などの講義のほか、作文や布教の実践、討論会、講演会、運動会、遠足、修学旅行などのさまざまな行事がおこなわれた。

七月二日、姉崎正治が智学を訪ねてきた。

樗牛の訃報を、一ヵ月遅れでインドのベナレス（ヴァーラーナシー）で知らされた姉崎は、この年の六月上旬に日本に帰国した。二十四日に鎌倉の遺族を見舞った翌日、興津の龍華寺に眠る樗牛の墓を参り、「友よ汝の友が三年を隔てゝ千里の外より帰り来り」[18]と語りかけた。

この後、姉崎は大阪の立正閣を訪ね、樗牛と智学の深い交誼に感謝の念をあらわした。また、研究大会の学生たちに談話をおこない、樗牛追悼事業の計画を披露している。[19]同年十二月、樗牛の一周忌の法要が立正閣で営まれた（姉崎は欠席）。

一年のあいだには四月二十八日の立正会や二月十五日の釈尊涅槃会、二月十六日の聖祖降誕会といった釈尊や日蓮仏教関係の法要・儀式のほか、一月一日の新年拝賀式や二月十一日の紀元節、四月三日の神武天皇祭など、国家行事の法要・儀式も挙行された。翌年二月十日の日露戦争の勃発に際しては国禱会が営まれ、戦勝の提灯行列や戦没者の追悼法要もおこなわれている。

「結縁運動」と修学旅行

また、期間中、「結縁運動」と称する布教活動が毎日の日課として履行された。これは二十五人前後を単位とする五グループが大阪市街を三十分ほどかけて一列縦隊で行進し、警句や日蓮遺文の一節が記された警告箋を道行く人びとに手渡しながら、道路布教をおこなうというものだった。

学生たちは、日蓮遺文の一節を智学が揮毫《きごう》した警世旗と呼ばれる幟《のぼり》を一本ずつもち、行列の前後中央には「南無妙法蓮華経」と染め抜かれた玄題旗や大会旗が掲げられた。

修学旅行は、会期を通じて二度おこなわれている。まず、七月二十日から二十九日まで、智学をはじめとするスタッフと学生たちは、京都の日蓮門下教団の十六本山を五日間でまわった。二十七日には比叡山に登攀し、日蓮の学問所跡である定光院や伝教大師最澄の廟を訪れている。二十八日の滋賀県大津での布教と二十九日の自由見学を経て、大阪に戻っている。

二回目は八月中の夏期休暇をはさんで、十一月六日から十二日にかけて二百余人が奈良を訪れた。学生たちは道路布教をしながら、法隆寺や薬師寺、唐招提寺、法華寺、興福寺、東大寺などの南都仏教寺院、垂仁天皇の菅原伏見東陵や帝国博物館、丹波市《たんばいち》（現・天理市）の天理教本部などを見てまわった。九日と十日、智学は油阪蓮長寺で「南都仏教の古跡に対する吾人の観察」と題する講演をおこなっている。

なお、二回目の修学旅行の主な目的は奈良県高市郡白橿村（現・奈良県橿原市）の神武天皇陵の参拝だった。参拝によって、学生に厳切な報国思想を涵養することが目的だった。

「皇宗の建国と本化の大教」の講演

十一月十一日、一行は畝傍《うねび》の神武天皇陵を訪れる。午前中に陵を参拝、午後には陵前のホテルに移り、智学は「皇宗の建国と本化の大教」と題した講演を四時間半にわたっておこなう。「神武天皇の大霊に対し奉り、御報恩の法味として献奉すべく」おこなわれたこの講演には、学生のほかに一般聴衆も参加し、智学の熱弁に聞き入った。

では、智学はなにを語ったのだろうか。

登壇した智学は、まず神武天皇陵に粛拝して、

すめみたま雲のあなたにきこしめせ
　あまつ日つぎのもとのみのりを

と高らかに三度朗詠した後、講演を始めた。この講演は翌年二月の日露開戦を経て、『世界統一の天業』としてまとめられ、四月に日露戦争の出征兵士に数千部が寄贈されている。『世界統一の天業』は講演の一部であり、講演の冒頭部分の「序説」は機関誌『妙宗』七編二号（明治三十七年二月六日）と三号（同年三月六日）に掲載されている（この「序説」は『世界統一の天業』には未掲載）。

最初に「序説」を検討しよう。

この講演のポイントは、「本化の大教を以て（能釈）、日本の建国主義（所釈）を証明する」ことと、すなわち、日蓮主義による日本国体の解釈にあった。智学は「日本建国主義の内容は、本化の依経たる法華経の大理想と一致せり（主張に於て、将又実行に於て）」との見解を示したうえで、次のようにいう。

日蓮主義は即ち日本主義なり、日蓮上人は日本の霊的国体を教理的に解決して、末法万年宇内人類の最終帰依処を与へんが為に出現せり、本化の大教は即ち日本国教にして、日本国教は即ち世界教なり。（『妙宗』七編二号、五頁）

智学にとって、日蓮仏教（本化の大教）と国体（皇宗の建国）の関係は「二法一体」であるが、あくまでも日本国体は日蓮主義によって解釈される客体（所釈）であり、日蓮仏教の主体性（能釈）が確保されていた。日蓮仏教は日本の国教になるべきものであり、さらに世界宗教であるとも断言されている。日本国体は日蓮仏教によって基礎づけられることで世界性をもつと考えられていることを確認しておこう。

また、「正しき徳教と共に建てられた国は……天の国である、即ち真理の国である、国体が即ち超人慾の実体であるから、国体即ち道である、教である」。ゆえに、「今の世界は基督を研究するよりも、仏典を学ぶよりも、哲学を修むるよりも、万事を抛ッて日本国体を研究し、その霊的内容を玩味して、正義的世界統一の旗下に稽首するのが、人生救済の第一要件である」(『妙宗』七編三号、七頁)と述べる。ここにおいて、日蓮仏教と国体の一体性にもとづき、世界統一を語るという言説が明確に現出するのである。[20]

神武天皇陵

時代は日露戦争直前。日本国内では日露開戦の世論が沸騰していた時期だった。

三国干渉後、朝鮮に勢力を伸ばしていたロシアは、明治三十三年(一九〇〇)夏の北清事変の発生によって同年十月に満洲を軍事占領し、さらに南下する動向を示していた。韓国の領有をめざしていた日本は満洲問題、韓国問題でロシアと対立していた。満洲から撤退しないロシアにたいして、日本ではしだいに対露強硬論が強まる。

明治三十六年(一九〇三)十月八日は、清国とロシアが協定を結んだ第三次撤兵期限だったが、この日を過ぎても撤兵しないロシアにたいして、国内のほとんどの新聞が対露開戦論に立った。とりわけ、それまでキリスト者の内村鑑三、社会主義者の幸徳秋水《こうとくしゅうすい》や堺利彦《さかいとしひこ》が非戦論、反戦論の論陣を張っていた『萬朝報』が開戦論に転じたことが象徴的だった。このように、対露開戦論がマスメディアで喧伝される状況のなか、智学は国体について本格的に語り出したのである。

注目したいのは、講演がおこなわれた場所のもつ意味である。

現在、奈良県橿原市大久保町洞を訪れると、畝傍山の麓に広がる橿原神宮に隣接した陵墓がある。初代天皇に列せられる神武天皇の陵墓であり、その築造は古代七世紀の律令制形成期にさかのぼる。ところが、現在の場所に神武天皇陵が造られたのは、近世末期の文久三年（一八六三）のことである。

明治時代になり、「神武創業ノ始」に回帰することを宣言して成立した明治政府のもと、明治二十三年（一八九〇）に神武天皇と皇后（媛蹈鞴五十鈴媛命《ひめたたらいすずひめのみこと》）を祭神とする橿原神宮が創建された。

高木博志《たかぎひろし》は、「畝傍山・神武天皇陵・橿原神宮の三位一体の畝傍山山麓は、近代を通じて、神武「聖蹟」の清浄な空間として整備され」、「畝傍山とその山麓の神武聖蹟が、奈良県では最も重要な神話的古代の場であった」と指摘している。[21] 神武天皇陵は、明治維新の理念を体現する「神話的古代を視覚化するもの」[22] だったのである（智学たちが訪れたとき、神武天皇陵は新たに築造されてから四十年後であり、敷地も現在ほど広大ではなかった。昭和十五年［一九四〇］の紀元二千六百年の際に現在の東西約五〇〇メートル、南北約四〇〇メートルに拡大される）。

智学は「畝傍山・神武天皇陵・橿原神宮の三位一体」が形成されてまもないころ、近代に創られた神話的古代の場で、みずからの仏教的な国体論（日蓮主義的国体論）を創唱した。それはいったいなぜだろうか。

『世界統一の天業』と日本国体の道義性

智学の国体論に「神武天皇」は不可欠の存在だった。まずは『世界統一の天業』のポイントを検討しよう。

本書は三九頁の小冊子であり、表紙を開くと、口絵に智学が撮影した「神武天皇畝傍大陵」の写真が目に入る。

一頁には、「神武天皇勅宣」『法華経』「日蓮大聖妙判」の一節が並べられ、中央部に『法華経』安楽行品第十四の一節、「強力転輪聖王欲／以威勢降伏諸国」（強力《ごうりき》の転輪聖王の威勢をもって諸国を降伏せんと欲する）が大きな文字で頁中央に配されている。いうまでもなく、これはロシアの降伏を願ったものである。

本文の冒頭、智学はこう述べる。

予は日本人である……暫し日本人たるの資格を離れ、世界人類の一員として、世界人類の最終希望を代表して、人類究極の幸福の為に、一の大福音を宣伝しようとおもふ。（三頁）

この「一の大福音」とは、世界に永久平和を成立させるために世界を統一することだった。ただし、その世界統一は利害を離れた「道義的統一」でなければならなかった。

智学は、帝国主義列強の植民地支配という時代状況を踏まえて、「道義的統一」と「侵略劫伐の盗賊的統一」、「侵略的統一」を区別する。とくにロシアの領土拡張を「国欲主義的統一論」と批判し、「道義的統一」を対置する。『宗門之維新』や『本化妙宗式目講義録』にみられる「日本による世界統一」というヴィジョンが日露戦争前夜という時代状況のなかで、現実的な問題として主張されたことがわかる。

重暉と養正

ここで注目すべきことは、道義的統一の根拠とその実行者・指導者である。智学は、この実行者がもともとは日本国に王統を垂れた神武天皇であった、と捉える。ここから、「日本による世界統一」の道義性を説明すべく、『日本書紀』巻之三（神武天皇紀）に拠って日本国体の由来を説明する。

智学は、「神武天皇の建国主義」を『日本書紀』の「重暉《じゅうき》」と「養正《ようせい》」という語句に集約する[23]。この「過去に遡て久しく積み来りたる徳を仰ぎ見ての理想」たる重暉と「未来に亘りて永遠に徳を実行するの意匠」たる養正によって、日本国体の道義性が保証されるとして、日本による道義的統一を説くのである。

なお、智学は神武天皇の道義的な事跡のひとつとして、『日本書紀』神武紀の一節にもとづき、「天に答へ正を養ひ、然る後ち六合《りくごう》を兼て都を開き、八紘を掩ふて宇《いえ》と為さん」として、これを「実行率先主義」と名づけている。この「八紘を掩うて宇と為さむ」（「世界全体をおおってひとつの家にする」の意味）を、のちに「八紘一宇」と成語し[24]、『日本国体の研究』（一九二二年）で大々的に用いることになる。昭和に入り、大東亜共栄圏のスローガンとして広く普及する「八紘一宇」という言葉を作ったのは、智学だった[25]（ただし、私が新たに調査したところ、初めて用いたのは、清水梁山《しみずりょうざん》であったことがわかった。第五章3節参照）。

アナガーリカ・ダルマパーラとの対話

では、実際に世界統一を実行する実行者・指導者は誰なのだろうか。智学によれば、それは日本国の王統、日本帝統、つまり天皇である。

すでに確認したように、日清戦後、智学によって、天皇＝戒壇願主＝上行菩薩＝賢王＝転輪聖王という位置づけがなされた。『世界統一の天業』では、転輪聖王（古代インドの伝説の世界統一の王）の垂統が「日本国に在り」として、転輪聖王と天皇の関係が詳述されている。智学によれば、人類には太古から「世界統一の王家」があり、「王中の王」がいると想像されている。文物開明最古の国のインドではその家柄が釈迦種族で、その種族から転輪聖王や如来が出るという。

注目すべきは、次の発言である。

日本国の祖先は太古印度地方より日本の地に王統を垂れたものだといふことは、種々の方面から立証得ることゝなッて居るのみならず、現に印度にも釈迦の滅後に最高種族の一団が東方へ移住したといふことが伝説されて居るといふことだ。（一四頁）

太古からの世界統一の王家の系統がインドの転輪聖王や釈尊であり、釈尊滅後に最高貴族の一団が東方に移住したという伝説から、日本国の祖先はこの転輪聖王の垂統であると解釈する。このことをもって、日本の天皇が現代の道義的な世界統一の実行者・指導者であると断言している。「日本による世界統一」の道義性の根拠を『日本書紀』という日本だけの特殊性にとどめず、古代インドの「伝説」によって普遍化することで、智学は天皇の「道義的統一者」としての資格を意味づけたのである。

智学は、こうした「伝説」をどのように知ったのだろうか。みずからが後年、自伝のなかで語っており、セイロン（現・スリランカ）のアナガーリカ・ダルマパーラ（一八六四～一九三三）から、直接、聞いたと回想されている。[26]

ダルマパーラは一八九〇年に大菩提会（Mahābodhi Society）を創立し、セイロンの仏教復興に貢献した仏教改革運動家であり、仏教ナショナリストだった。その思想と活動には智学との共通点が多かった。[27] 明治二十二年（一八八九）以来、何度か来日している。明治三十五年（一九〇二）四月に三度目の来日を果たし、六月二十三日、鎌倉で智学と会談した。その通訳を務めたのが、生前の樗牛だった。[28]

この対談の際、日本は二千五百有余年前に神武天皇によって建国されたが、その祖先は高天原に住んでいたと智学が話したところ、ダルマパーラはこう述べたという。セイロンの歴史の言い伝えとして、約二千五百年前、インド王族で学問、技能、武力がいちばん優秀な高級貴族の約五百名が海を越えてどこかに行った。そのゆくえはわからず、それが神武天皇ではないか、と。

この「伝説」を翌年、智学はみずからの国体論に取りこんだのである。[29]

日本人は道義的な世界統一の使命を担う

では、国体と「二法一体」の日蓮主義はどのような役割を果たすのだろうか。

智学は世界統一における宗教の役割を重視し、「耶蘇教や普通仏教などの不徹底な教では、世界統一は決して出来ない」と述べ、世界統一の根本的な意義を備え、統一の実行者と一体になって「人類最終の光明」を与える日蓮主義の特権的役割を力説している。

智学にとっては、あくまでも「日蓮主義の世界統一的指導」こそが前提だった。

ここまでくれば、『世界統一の天業』の冒頭に『法華経』の「強力転輪聖王欲／以威勢降伏諸国」が引用されたことの意味が明らかであろう。この転輪聖王とは、天皇を指している。皇室は太古からの「世界統一の王家」であるインドの転輪聖王の垂統であり、日本人は道義的な世界統一の使命を担う天業民族であると位置づけられた。

『世界統一の天業』は、明治三十七年（一九〇四）四月二十四日に師子王文庫より刊行された。研究大会の直後であり、日露戦争の開戦から約二ヵ月半後のことだった。

智学は、日露戦争を「正義公道」のための戦いとして正当化し、「正義を護持する為めには大に干伐を要するのである、これ即ち神武である」（一七頁）と、武力を肯定している。また、ロシアやドイツの「キリスト教文明」「白人主義」「帝国主義」、当時の欧米における黄禍論（Yellow Peril）を批判している。そこには、人種主義的な立場からの欧米批判も散見された。

以上をまとめると、日本国内での対露強硬論の高まりと海外の黄禍論の高揚を背景として、智学は国体神話を積極的に受容し、インドの「伝説」や『法華経』によってみずからの言説の普遍主義的な意味づけを図りながら、日蓮主義的国体論を創唱した。これらの言説は、近代日本のナショナリズムと帝国主義、そして戦争行為を正当化するものであり、欧米列強の帝国主義に対抗する宗教的ナショナリズムの主張でもあった。

智学は、「強力転輪聖王欲／以威勢降伏諸国」の理念によって、日本による道義的な世界統一の実現を、「天業民族」として出征する兵士たちに託したのである。

清水梁山の「日本国の祖先と法華経」

ここで、智学とは別の日蓮主義的国体論も取り上げておきたい。さきに少し言及した清水梁山の王仏一乗論（王法と仏法の一体性を説いた教説）である。近代日本の日蓮主義的国体論は、智学と梁山の教説によって代表される。

梁山は智学、日生と並ぶ日蓮主義の「三大家」[30]と称されながらも、ふたりにくらべ、先行研究がきわめて少ない謎の人物である。[31]『日本の国体と日蓮聖人――一名、王仏一乗論』（慈龍窟、一九一一年）を著し、日蓮仏教と国体を結びつけ、天皇本尊論を主張した。

興味ぶかいのは、智学との共通点である。九歳のときに日蓮宗一致派で得度し、日蓮宗大教院に入学した梁山は、智学と同級生だった（年齢は智学のほうが三歳上）。智学と同じく、梁山も充洽園教学を批判し、破門され、十九歳で還俗する（智学はその五年前に還俗。また、梁山はのちに復宗）。

明治十三年（一八八〇）に横浜で蓮華会を、明治十七年（一八八四）に東京で立正安国会を結成した智学にたいして、梁山は明治二十年（一八八七）に名古屋で日蓮本宗協会を設立したと思われる。明治四十年（一九〇七）ごろには唯一仏教団を名古屋で立ち上げ、『日本国の祖先』（一九〇三年）、『日韓合邦と日蓮聖人』（一九一〇年）、主著『日本の国体と日蓮聖人』等を刊行した。

梁山が国体論の主張を始めるのが、奇しくも智学が「皇宗の建国と本化の大教」を講演したのと同じ明治三十六年（一九〇三）、「日本国の祖先と法華経」（『雙榎学報』一号、一九〇三年三月）

によってである（同年、『日本国の祖先』として単行本化）。

梁山はこう述べる。

日本皇室の祖先は印度霊山に於て釈迦牟尼に教化せられたる法華経の行者が釈迦牟尼の告勅を奉じ遥に来たりて特に此の国土の経営を為し給へるものなり。（一三頁）

さらに、日本国古代の「神族」のあいだで用いられた言語と、古代インドの言語（梵語）との共通性を列挙したうえで、

日本皇室の祖神が直ちに唯一久遠の釈迦牟尼なることを識らざるの徒は未だ日本国を解すること能はざるものなり。日本国を解すること能はざるものは未だ法華経を解すること能はざるものなり。（四五頁）

と結論づけており、日本国の祖先をインドに見出す点も智学と共通している。

その後、梁山の国体論は『日本の国体と日蓮聖人』で体系化されるが、同書刊行の明治四十四年（一九一一）は、智学がみずからの国体論を「日本国体学」と名づけた年でもあった。

つまり、日清・日露戦間期が日蓮主義的国体論の創唱期であり、日露戦後がその形成期だったのである。なお、ふたりには共通点が多いが、違いもあった。とりわけ、梁山の国体論は日露戦後に大きく変貌していく。それについては後述することにしよう。

3　日露戦争と宗教

日露開戦と戦争ナショナリズム

『萬朝報』は、明治三十七年二月十日の紙面で韓国の仁川沖での日本の連合艦隊とロシア軍艦との砲撃戦を報じた。**【戦端開かる／我軍の第一勝】**

二月八日の日本海軍による旅順港の奇襲攻撃と陸軍の仁川への上陸によって、日露戦争が始まる。ロシアは九日に、日本は十日にそれぞれ宣戦布告した。

九日は仁川沖で砲撃戦となり、連合艦隊が仁川港を制圧し、日本軍が勝利。翌日以降も**【旅順の大海戦／露艦撃沈さる】**のように、『萬朝報』をはじめ、各紙で戦勝が報道された。民衆はこうした報道に熱狂した。東京市内では十日夜に国旗を携えた提灯行列がみられ、多い場合は二千～三千人、少ない場合も百人前後が一体となって練り歩き、「帝国万歳」を歓呼した。民衆は「近代日本で最大の儀礼空間」（原武史《はらたけし》[32]）たる宮城前広場で「天皇陛下万歳、帝国万歳、海軍万歳」を連呼し、日比谷公園に集まった。

開戦前後から各地で開催されたのが軍人送別会、戦勝祈禱会、戦勝祝捷会である。[33] とくに東京では規模の大きい祝捷会が催された。五月八日に日比谷公園でおこなわれた東京市内新聞社・通信社主催の東京市民祝捷会には三万人とも十万人ともいわれる民衆が集まり、翌年五月三十日から六月十一日にかけて日本海海戦の勝利を祝う東京での提灯行列、旗行列、祝捷会には十三万三千八百七十人が参加したという。[34]

重要なのは、こうした祝捷会などの行事が新聞を通じて事前に告知され、事後にも報道されたことである。いわば、マスメディアとしての新聞報道が戦争ナショナリズムを煽り、多くの国民の気分・感情までも動員したのである。[35] 新聞のみならず、雑誌、写真、絵葉書、映画などのさまざまなメディアによって、日本軍の戦いぶりが伝えられ、[36]「想像の共同体」としての国民意識を強化したことは想像に難くない。日露戦争は「挙国一致」を掲げた戦争であり、「国家」と「国民」を強固に結びつけるできごとだったのであり、「日露戦争を挟む前後の時期は「国民」創出の時代となった[37]」。すでに日清戦争時に国民意識の醸成がみられたが、日露戦争はなおいっそう、それを強めたのである。

当時の戦争ナショナリズムの基軸も、やはり天皇と国体神話だった。戦勝を祝捷する提灯行列の向かう先は宮城前広場であり、「天皇陛下万歳」が唱えられた。また、明治天皇の「日露宣戦ノ詔勅」は明治三十七年(一九〇四)二月十日付で公布されるが、翌十一日の紀元節の際に民衆に知らされ、紀元節と戦争の祝賀を結びつけるメッセージが発せられた。

宗教界の戦争協力

宗教界もこぞって戦争協力に邁進した。内務省は宗教教団の協力を要請し、戦意昂揚ならびに国債の応募、恤兵《じゅっぺい》、遺族救護などを求め、宗教界はそれに応えた。

開戦の三ヵ月後、明治三十七年（一九〇四）五月十六日、東京芝公園の忠魂祠堂会館で大日本宗教家大会が開催された。

東京帝国大学の井上哲次郎や姉崎正治、仏教（学）者の大内青巒、島地黙雷、南条文雄、村上専精、前田慧雲ら、キリスト者の海老名弾正、小崎弘道、本多庸一《ほんだよういつ》、神社界の柴田礼一、千家尊弘、平田盛胤《ひらたもりたね》ら、錚々たる学者や宗教者たちが発起人に名前を連ねている。神道、仏教、キリスト教の三教代表者、外国人、婦人、新聞記者など、千五百余名が出席した。[38] 長年にわたり、反目していた宗教界が一堂に会し、協力しあうことになった。

その開催趣意書には、こう記されている。

外は友邦比民をして、人種教派の偏見を脱して、我国の正義と平和との為に此戦を起したるの本旨を諒せしめ、内は偏狭なる敵愾心と教派反目の情とを排除し、真正なる挙国一致の上に光栄ある平和を克復するの道を講ぜざる可らず。[39]

「人種教派の偏見」とあるが、当時、ロシアは黄禍論を利用して、「白人対黄色人」「キリスト教徒対異宗徒」という構図を喧伝し、欧米に新十字軍の結成を呼びかけるという戦略を取っていた。[40] 明治政府は日露戦争が宗教戦争でないことを強調し、宗教界もそうした政府の方針に同調・協力したのである。[41]

日露戦争が「義戦」であることを国際的に訴えたのが、日本メソジスト教会の本多庸一と日本基督教会の井深梶之助である。本多と井深は政府から義戦宣伝民間使節の資格を与えられ、欧米でキリスト教関係者に日本の戦争参加の正当性を弁明してまわった。[42]

国内でキリスト教界は本多らの指導のもと、戦争勝利の特別祈禱会を教会ごとにおこなった。たとえば、東京下谷区の四教会（明星・日本基督・福音・下谷）では、明治三十七年（一九〇四）二月二十八日から三月第三日曜まで、毎週日曜日に「征露役特別祈禱会」を開き、武運長久と目的達成を祈り、恤兵金を集めて献金するなどした。[43]

また、仏教界も同様に積極的な戦争協力をおこなった。仏教界の戦争協力の起点は――キリスト教界と同じく――日清戦争時にさかのぼる。伝統仏教教団は日清戦争を「護国即護法の論理」でとらえ、開戦と同時に戦争協力体制を敷いた。[44] 従軍僧の派遣、捕虜撫恤、戦病者や出征家族の慰問や撫恤などがおこなわれた。日露戦争でも政府からの要請に応え、同様の支援による軍事援護に取り組んだのである。

真宗の軍事援護

「仏教界でもっとも軍事援護に尽力したのは真宗であろう」、と吉田久一は指摘する。[45] 西本願寺（真宗本願寺派）の例をみよう。

大谷光瑞《おおたにこうずい》（第二十二代宗主・鏡如）と妻の籌子《かずこ》（九条節子《さだこ》［大正天皇の妃、貞明皇后］の姉）は開戦直後から地方巡回や軍隊慰問に精力的におもむいた。西本願寺は約八十六万冊の書籍の寄贈、約八十三万円の国債の購入、出征軍人の遺族救恤のための一万二千円あまりの支出、戦死者一万四千四百四名への法名授与等をおこなっている。[46]

開戦後、各宗派の寺院で戦時法話や演説がおこなわれるが、その法話録や演説録が戦時法話集として刊行されていく。

通宗派系の仏教新聞『中外日報』には、仏教系出版社の興教書院（真宗のものを多く出版）による『戦時教材』『戦時法話』『日露戦争と仏教』『戦争と婦人』『軍人心の友』『日露戦争仏教活談』『日露交戦信徒の心得』の広告が掲載されている。このうち、『日露戦争と仏教』（明治三十七年三月三十一日発行）をみると、赤松連城、南条文雄、前田慧雲ら著名な真宗関係者の法話が収録されている。

かき消される非戦論

こうした宗教界の戦争協力を糾弾したのが社会主義者である。

明治三十六年（一九〇三）十月八日に開戦論に転じた『萬朝報』を退社し、平民社を立ち上げた幸徳秋水と堺利彦は、翌月十五日に機関誌『平民新聞』を創刊する。平民社の同人たちは非戦や反戦を訴えるとともに、宗教家への激しい批判を投じた。

たとえば、当時、キリスト教社会主義者だった木下尚江《きのしたなおえ》は激しく弾劾する。[47]

人類平等同胞博愛の大義を旨とする宗教家が、国家的主権者の利害的主戦論を権威として宣伝慫慂《しょうよう》するが如き、豈に其本分を忘却したるものに非ずとせんや。

今や我が宗教家を挙げて其の卑下陋劣なること実に此の如し。

しかし、『平民新聞』は政府の弾圧によって、戦時中の明治三十八年（一九〇五）一月二十九日の「廃刊号」をもって廃刊となる。

また、秋水らといっしょに『萬朝報』を退社した内村鑑三は――すでに退社前の明治三十六年六月三十日に同紙に「戦争廃止論」を執筆しているが――明治三十八年十一月に「私は非戦主義者であります」[48]と宣示している。

一方、仏教界ではっきりと非戦論を唱えた数少ない僧侶のひとりが、真宗大谷派の高木顕明《たかぎけんみょう》（一八六四〜一九一四）である。

和歌山県新宮町の真宗大谷派寺院・浄泉寺住職だった高木は差別問題や貧困に向きあい、キリスト者の沖野岩三郎や医師の大石誠之助、臨済宗の峰尾節堂らと交流し、社会主義の立場を取った。そして、明治三十七年（一九〇四）十月に執筆した「余が社会主義」と題する短い論説のなかで「予は非戦論者である」[49]と明言している。

このなかで高木は、戦闘行為を称揚する南条文雄の演説を批判し、「諸君よ願くは我等と共に此の南無阿弥陀仏を唱へ給ひ。今且らく戦勝を弄び万歳を叫ぶ事を止めよ。何となれば此の南無阿弥陀仏は平等に救済し給ふ声なればなり」[50]、と主張している。

しかし、高木は秋水との交流から、いわゆる新宮グループの一員として大逆事件に連座し、明治四十三年（一九一〇）六月に逮捕される。死刑宣告を受けるも特赦で無期懲役になったが、大正三年（一九一四）六月に収監中の秋田刑務所でみずから命を絶った。なお、「余が社会主義」は、高木の生前に人目に触れることはなかった。

日蓮教団はどうしたか

では、日蓮教団はどのような軍事援護をおこなったのだろうか、日蓮宗と顕本法華宗、立正安国会の活動を確認しよう。

日蓮宗宗務院は、宣戦の詔勅が渙発された明治三十七年（一九〇四）二月十日付で報国義会を宗務院内に設置する内訓を発した。日清戦争に続き、戦争協力を表明したのである。

久保田日亀管長を会長とする報国義会は、その翌日から戦勝祈禱、義勇鼓舞の演説、恤兵部へ献納する金品の取り扱いを開始している。

また十四日から一週間、深川浄心寺で外寇調伏の旗曼荼羅を宝前に掲げ、皇運長久・国威顕揚の中央大国禱会を盛大におこなった。各寺院では「身換守」（お守り）を出征軍人やその家族に施与したり、国禱会や演説会を開催し、道路布教などもおこなっている。報国義会の支部は全国の日蓮宗寺院に設置されていった。

『日宗新報』では開戦当初から毎号にわたって、全国各地の活動が「奉公彙報」として報告されている。日蓮宗では日清戦争を大きく上回る戦争協力体制が敷かれた。二十数名の従軍布教師を派遣し、守本文静、脇田堯惇や松森霊運らが戦地におもむいた。

ここで、日蓮宗僧侶の日露戦争観を確認しておきたい。

開戦直前の『日宗新報』八七六号（明治三十七年二月一日発行）には、「戦争は聖業也（今ノ所謂戦争ニ非ズ）」と題された短い記事（執筆者は「たま」）が載っている。

この執筆者は、奪わんがための「今の所謂戦争」にたいし、「本化の戦争」「正義の戦争」を対置し、日露戦争が「正戦」であると強調する。その根拠が「国は法に依りて昌《さか》えるとの日蓮の『立正安国論』第七問答の一節や、（同じく第七問答で引用されている）「正法を護持せん者は五戒を受けず威儀を修せずして、応に刀剣・弓箭《きゅうせん》・鉾槊《むさく》を持すべし」との『涅槃経』金剛身品の一節だった。いわば、「立正安国」という「護国即護法の論理」にもとづき、戦争を肯定したのである。それは、世俗的ナショナリズム（世間的国家主義）の宗教的正当化だった。

立正安国ノ宗格ヲ辱ムルコト勿レ

本多日生率いる顕本法華宗も、伝統仏教教団の戦争協力体制の一翼を担った。

明治三十七年（一九〇四年）二月十三日、管長事務取扱の日生は日露開戦の詔勅をふまえて、顕本法華宗内に「訓諭」を発令する。[51]

「一切ノ大事ノ中ニ国ノ亡フルハ第一ノ大事也」（『蒙古使御書』）や「先ヅ四表ノ静謐ヲ祈リテ」（『立正安国論』第九問答）など、国に言及した日蓮遺文を引用しながら、日露開戦を「聖祖在世ノ時元寇来襲セシヨリ巳来曾テアラザル国家存亡ノ一大事」と位置づけたうえで日生は、戦争への協力を宗内に指示すべく、

我宗徒タル者進ンテ軍資ノ応募恤兵ノ義挙ニ出ベキハ勿論各自無畏ノ信地ニ住シ勧業ヲ励ミ沈着事ヲ処シ……須ラク大局ノ勝利ヲ期スベシ

と述べ、次のように結ぶのである。

閻浮統一ノ大本尊ニ頼リ至誠ヲ捧ゲテ皇軍ノ勝利平和ノ克復ヲ祈願シ待絶両善接合ノ実ヲ挙ゲ以テ立正安国ノ宗格ヲ辱ムルコト勿レ

同日、宗務庁は「従軍布教条規」を布達し、後日、野口義禅（日主）、今成乾随、久我黙宗を近衛師団に従軍させた。

以降、各地の顕本法華宗寺院で戦勝祈願の国禱会や演説会が開催されていくことになる。たとえば三月五〜九日にかけて、東京の品川界隈の顕本法華宗寺院が連合して、「皇軍勝利平和克復」のための大祈禱会が妙国寺や本光寺を会場として催された。日生や（従軍前の）今成、山根顕道などが出席している。

また、十五〜十七日には浅草の慶印寺をはじめとする東京市内の寺院二十ヵ寺が共同で戦勝大祈禱会を開催した。顕本法華宗の寺院が多い千葉や総本山・妙満寺のある京都でも祈禱会や国禱会が次々に催され、その活動報告が『統一』に掲載された。

戦時下にあっては折伏も……

五月十三日には、東京の神田錦輝館で日蓮門下有志大会が開催され、時局にたいする日蓮教団の方針が協議された。[52] 日蓮宗と顕本法華宗の僧侶が数十名、一般聴衆四百名余が参加している。

日本宗教家大会（この三日後に開催）にたいする日蓮門下の対応や、日蓮宗の守本文静が外務大臣に提出した通告書（ロシア正教を国教とするロシアで将来、信教の自由が保障されることを要望するもの）の承認、全国宗徒出征軍籍取調などが議論された。
いずれも可決されたが、日本宗教家大会にたいする門下の対応については日生が登壇し、意見を述べた。四箇格言問題にみられるように、他宗派・他宗教にたいする非妥協的な折伏の姿勢が日生の基本的立場だったが、戦争という時事問題にたいしては賛同してよいと発言した。実際に三日後、日本宗教家大会の会場には、日生の姿があった。
六月十五日、浅草の顕本法華宗弘通所の企画によって、「戦時特別仏教大演説会」が催された。信徒六人のほか、田辺善知、日生、小林日至がそれぞれ演説をしている。また七月二十四日には、千葉の顕本法華宗寺院が「征露軍戦死者追悼大会」を経胤寺《きょういんじ》で営んでいる。
この法会で日生は「諷誦《ふじゅ》一章」を戦死者に捧じ、弔っている。

国家に対する名誉の戦死を遂げ死して余光あるの士は無上菩提の大勝果を獲ん……忠死の霊魂均《ひとし》く法雨に潤ふて三界の苦縛を脱し、晨《あした》に涅槃長楽の嶺に登りて本有常住《ほんぬじょうじゅう》の覚月を詠ぜん、経曰無有生死若退若出と南無妙法蓮華経。

（『統一』一一三号、明治三十七年八月一日、一八頁）

その後も各地の顕本法華宗寺院で戦時演説会や戦死者追悼会が催された。

戦死者追弔とナショナリズム

このように仏教界にとって、戦死者の追悼も戦争の遂行に重要な役割を果たしていた。というのも、日露戦争は日本軍八万四千人、ロシア軍五万人という莫大な戦死・戦病死者を出したからである。[53]

近代日本の仏教界の「戦死者追弔行事」を分析した白川哲夫は、日清・日露戦争時の仏教界（とくに浄土宗と浄土真宗）の戦死者追弔行事を詳細に調べた結果、靖国神社に代表される「戦没者慰霊」とは別に、日清・日露戦争期に仏教界の「戦死者追弔」行事が全国に広がっていったことを指摘している。[54] また、戦死者追弔をおこなう寺院やその行事が日清・日露戦争の意義を説く場となり、地域の寺院は宗派内のみならず、宗派を超えても行事を営んだことも明らかにした。

いわば、仏教界は戦死者追弔を通じて、生者と死者を包括する国民意識を醸成する社会的機能を果たしたのである。戦死した国民の追悼行為がナショナリズムの強化に寄与していたといえよう。顕本法華宗の戦死者追悼会もその一環だった。

本多日生の「日本国と法華経」

戦時中の明治三十八年（一九〇五）五月十七日、日生は顕本法華宗管長に就任する。名実ともに宗派のトップに立った日生は先頭に立って戦時布教と軍隊慰問をおこない、演説会や国禱会、戦死者追悼会で京都、広島、岡山、姫路、大阪、鳥取等をまわっている。

ここで日露戦争にたいする日生の言説を確認しておこう。

時期はさかのぼるが、同年二月一日、浅草慶印寺で顕本法華宗東京府寺院共催による戦死者追悼会が営まれ、日生は「日本国と法華経」を講演した。この講演では「日本国と法華経」の政教関係が語られ、日露戦争の道義性が説示されている。

日生は、日本国体について次のように語る。

元来日本といふ国は世界中に於きまして一番特性を持つた国であります、其特性とは何であるか、即ち国体の精華であります、皇統の連綿として続き万世一系の皇室を戴いて居る事であります。

（『統一』一一九号、明治三十八年二月十五日、一二三頁）

日生においても、「国体の精華」や「万世一系の皇室」といった国体神話が受容されていることがわかる。

しかし、日生は日蓮主義者としての独自性も表白する。「此の尊無過上の国体を解釈し歎美するに、亦尊無過上の宗教を以て解釈し歎美しなければなりません」として、「法華経の経理を以て解釈しなければ、到底日本の大特点が円満に解釈出来ませんのであります」（一二三頁）と語っている。日生の国体理解も智学と同様に、『法華経』の主体性を確保しているのである。ただし、その言説は宗教的ナショナリズム（出世間的国家主義）と世俗的ナショナリズム（世間的国家主義）を状況や文脈、聴き手によって話しわけるものだった。

また、こうも述べる。

日本の日本たる所以は日本の精神的解釈国体的解釈に大宗教の見地を以てし、そして日本の精華を永遠無窮に渙発するにあるのである、即ち王法と仏法とは冥合すべきものである。

（二一五頁）

日生にとって「日本の日本たる所以」、つまりナショナル・アイデンティティは『法華経』による国体の解釈によってこそ保証されるべきものであり、ここから王法と仏法の冥合（仏教的政教一致）という政教論が論じられていくことになる。

我皇室は法華的である

さらに皇室については、本仏釈尊との類似性を指摘する。

日本皇統の万世一系といふことは、寿量品の教主の過去現在未来を通して利益を垂れるといふ理想と酷似して居りますのであります。（二一六頁）

日本皇帝の万世無窮の御寿命は亦吾教主釈尊の久遠の寿命と同じことである、我皇室は法華的である。（同）

皇室と国体は、日蓮主義的な観点から了解されていくことになる。すなわち、日生も国体神話を日蓮主義的に解釈し、みずからの政教論を組み立てたのである。

こうした観点に立ち、日生は日露戦争の道義性を次のように説いた。

今や戦争は何の為に起きて居るか、日本の存在の為に戦争は起つて居る、東洋の平和の為に

戦争が起つて居る、人道の光栄を保維する為に戦争が起つて居る、かゝる理想は是とりも直さず法華経の理想である。(二一六頁)

ここでいう「法華経の理想」とは絶対平和であり、「如来の御境界の平和」だった。日生は日露戦争の道義性を「法華経の理想」に即して語る。日露戦争にたいして、「日本国と法華経」の関係を明示し、日生も智学と同じく、「法華経の理想」にもとづく宗教的ナショナリズムを強調したのである。

以後、日生の日蓮主義もナショナリスティックに転回していくことになる。

下からの宗教的ナショナリズム

以上、日本国内でナショナリズムが高揚した日露戦争期に、奇しくも智学と日生が日蓮仏教と日本国体との一体性を語る国体論を語りはじめたことを確認した(また、梁山も国体について言及しはじめた)。

「能顕の日蓮仏教と所顕の日本国体」(西山茂)という政教論が整備され、日露戦争の道義性が『法華経』の理念によって付与された。智学は日本による道義的な世界統一を主張し、日生は『立正安国論』にもとづく「皇軍の勝利と平和の克復」を訴えた。

両者がこうした国体論を語りだした背景には、国体神話の普及と戦争ナショナリズムの高潮がある。両者は国体神話を積極的に受容し、日蓮主義的な政教論を組み立てた。それは、明治政府による上からの「公定ナショナリズム」(ベネディクト・アンダーソン)=国体論的ナショナリズムに応答した、下からの宗教的ナショナリズム（と世俗的ナショナリズム）というべきものである。

ナショナリスティックに転回した両者の日蓮主義は、これ以降、国民を対象とした運動方針を採るようになる。明治後期から大正期にかけて、日蓮主義は大衆的に普及し、「日蓮主義の黄金時代」（戸頃重基[55]）と呼ばれる時期を迎えることになる。

第五章 「修養」としての日蓮主義

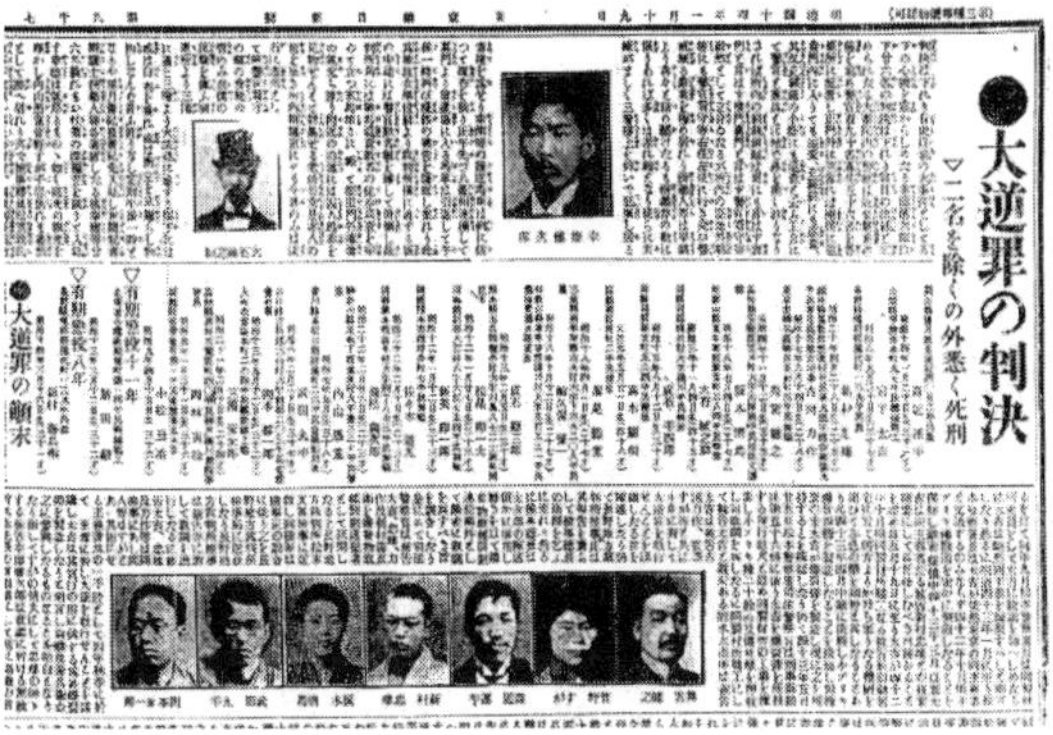
大逆罪の判決
▽二名を除くの外悉く死刑

大逆罪の顛末

大逆事件の判決を報じる『東京朝日新聞』（明治44年１月19日付）
事件は日蓮主義者たちに大きな衝撃を与えた。

1　日露戦後の社会危機

「勝利の悲哀」と国家体制の構造的危機

「日露戦争の終局に当りて、一種の悲哀、煩悶、不満、失望を感ぜざりし者幾人かある」

徳冨蘆花は、終戦翌年の明治三十九年（一九〇六）十二月十日、第一高等学校の弁論部集会でそう語った。[1]「臥薪嘗胆」を合言葉に戦争に備え、挙国一致で戦った日露戦争の終戦は、民衆に「勝利の悲哀」をもたらす。

明治三十八年（一九〇五）九月五日、日本とロシアはポーツマス講和会議で講和条約に調印し、日露戦争は終わった。日本は「勝利」し、欧米列強の仲間入りをする。

しかし、ロシアから賠償金を得ることはできず、戦争による巨額の負債は民衆が負担することになった。日清戦後から日露戦争に備えた増税、献金、国債消化がおこなわれたが、日露戦後も軍備拡張をはじめとする戦後経営の必要から、さらなる増税と物価の上昇が続き、人びとの生活はいっそう苦しさを増した。

また、日露戦争の勝利によって不平等条約が撤廃され、他の帝国主義諸国と対等な立場を獲得した日本は、明治維新以来の国家的独立の達成とそのための富国強兵という国家目標を喪失する。その結果、それまで国家目標に支えられた人びとの価値・規範意識が低下し、日本社会に急速な社会的アノミー（規範解体）が到来した。人びとのあいだで社会不安が瀰漫《びまん》し、青年層には一種の神経症的緊張が広がった。[2] 個人主義や自然主義が大都市に住む知識人や青年を捉え、社会主義運動が台頭する。

こうした背景のもと、都市と農村で危機的な状況が生起し、社会秩序が不安定化する。日露講和条約が調印された九月五日から九日にかけて、日比谷焼き打ち事件と称される都市民衆騒擾が発生した。こうした東京の騒擾は神戸や横浜にも飛び火し、各市町村での講和反対の決議が二百三十余を数えるなど、全国各地で講和反対運動がくりひろげられた。その後も翌年の東京市電賃上げの反対運動をはじめ、各地の大都市で都市民衆騒擾が断続的に続く。

都市の社会秩序を動揺させたのは、都市民衆騒擾ばかりではない。官営や民営の大企業で労働争議も頻発した。

一方、農村の疲弊も顕著となる。戦争の遂行による租税の収奪や徴兵、商品経済の進展による自作農の没落、地主・小作関係の進展、農村から都市への人口流出（離村向都）などによって、国家の社会基盤である農村は弱体化した。

なお、日本は明治四十三年（一九一〇）八月に韓国併合条約を韓国とのあいだで結び、これ以降、「大きな植民地を持った「大日本帝国」[3]」と化す。こうした帝国日本の磁場のなかでデモクラシー、社会主義、ナショナリズム、帝国主義や植民地主義をめぐる思想や行動が人びとを捉えるのである。

地方改良運動と感化救済事業の実施

このような社会的アノミーや社会秩序の動揺による国家体制の構造的な危機が、日露戦後の社会状況を特徴づけた。政府は国内の危機的な状況を解消し、帝国主義的な国際体制に対応していくため、国家体制（農村社会）の再編を試みる。

そのための具体的な政策が、地方改良運動だった。第一次西園寺公望内閣（明治三十九年一月〜四十一年七月）のもとではじまり、第二次桂太郎内閣（明治四十一年七月〜四十四年八月）のときに体系的におこなわれた。具体的には町村自治の強化、農事改良や納税奨励、町村財政の改善、神社整理・合祀政策、義務教育の徹底、青年会・在郷軍人会・報徳会・産業組合などの諸団体の結成と育成、風俗改良や勤倹貯蓄等の生活改善といった諸政策が実施された。

その際、国家と町村を媒介したのが町村長、小学校長、教員、神職、僧侶などの中間支配層であり、桂内閣ではこれらの人びとを集めて、地方改良事業講習会を開き、諸政策の系統的な講習をおこなっている。[4]

この地方改良運動と車の両輪のように実施されたのが、感化救済事業講習会である。「感化救済」とは日露戦争以降から大正前半期にかけて実施された一連の社会事業のことを意味する。[5] 政府は仏教教団に感化救済事業への参加を求め、仏教教団もそれに応えた。

戊申詔書

また、桂内閣は思想対策も強化し、「社会主義に係る出版集会」を厳重に取り締まることで社会主義運動の昂揚を阻止しつつ、イデオロギー的な国民統合もおこなった。

その具体的な政策のひとつが、明治四十一年(一九〇八)十月十三日の戊申詔書《ぼしんしょうしょ》の渙発だった。これは天皇の権威によって国民統合を図ろうとした教化政策の一環だった。その内容は、日露戦後の社会的・経済的・思想的「混乱」を是正し、「一等国民」としての心構えを説こうとしたものである。[6] 教育勅語と同様に、この戊申詔書も学校や公共機関で奉読式が挙行され、全国町村への普及が指示されたが、なかなか浸透せず、政府当局者のあいだではそれについての懸念がたびたび問題視されたという。[7]

くわえて、教育現場では教科書を通じて国体神話を普及することで、危機的状況への対応を図ろうとした。

明治四十年代に戊申詔書、大逆事件(明治四十三年)、南北朝正閏《せいじゅん》問題[8](明治四十四年)等のできごとがあり、第二期国定教科書(明治四十三年度~大正六年度)では「家」や「祖先」などの家族主義的な要素と、「天皇」などの国家主義的な要素が著しく強調された。[9] とくに修身教科書では国民道徳が強化され、家族的国家倫理が重視された。[10] 日清戦後に隆盛をみる家族国家観にもとづく国体論が教育現場にもちこまれたのである。

家族国家観と国体神話

家族国家観が教科書に公的に登場するのは、明治四十三年(一九一〇)からである。この年から用いられるようになった高等小学校第三学年用修身書で、「わが国は家族制度を基礎とし国を挙げて一大家族を成すものにして、皇室は我等の宗家なり。我等国民は子の父母に対する敬愛の情を以て万世一系の皇位を崇敬す」と記載されている。[11] さらに「祖先」が教材として教科書に採用され、家族国家観を打ち出した修身教科書のキーコンセプトのひとつとして位置づけられた。[12]このように、祖先を媒介として家と国、国民と皇室を結びつける家族国家観が教育現場で強調されていくことになる。

なお、国体神話の普及は地方改良運動を通じても徹底された。たとえば、有泉貞夫《ありいずみさだお》は富山県中《なか》新川郡早月加積村《にいかわぐんはやつきかづみむら》(現・滑川市《なめりかわ》)の例を通じて、ムラの祭典が町村の公的な行事に変化していくようすを紹介している。有泉によれば、伝統的なハレの日(町村の祭日)が国家祝祭日(紀元節、天長節、神嘗祭、新嘗祭)に代わったほか、町村社祭典に村役場や小学校が関与することが一般化し、教員の引率による神社の参拝、戊申詔書の奉読、神前での村治概況報告、国政村治功労者の表彰などがおこなわれたという。[13]

こうして地域社会が再編成され、教育現場で家族国家観が説かれることで、天皇崇拝や国体観念を基軸とした国体神話(と一体化したナショナリズム)の信憑構造が形成されていった。すなわち、日露戦後の政府のイデオロギー政策の中心には国体神話の信憑性の推進があったのである。

「修養主義」の成立

明治三十九年(一九〇六)六月、文部大臣の牧野伸顕《まきののぶあき》は文部省訓令第一号を発した。学生や生徒の本分は「健全ナル思想」を有し、確実な目的をもって刻苦精励し、大成を期すことは言を俟たないことである。しかし、「近来青年子女ノ間ニ往々意気銷沈シ風紀頽廃セル傾向アルヲ見ルハ本大臣ノ憂慮ニ堪ヘザル所ナリ」[14]と、危惧が表明されている。「風紀頽廃」以外にも、日露戦後の青年や子女たちに「奢侈」「煩悶」「放縦淫靡」の傾向がみられるとして、「憂慮」していることがわかる。

このうち、煩悶についてみると、明治三十六年（一九〇三）五月の藤村操の投身自殺をきっかけとして、「煩悶」が日本社会で流行語となり、後追い自殺する青年たちが後を絶たずに社会問題化したことはすでに紹介した。日露戦後、煩悶青年の問題がふたたびジャーナリズムで取り上げられるようになり、先の訓令のように政府も問題化した。[15]

橋川文三が日清・日露戦間期の青年の思想・心情に「成功青年」と「煩悶青年」という「一種不思議な二重志向」を見出し、帝国主義と自我に引き裂かれた精神的な「大亀裂《シズム》」を読み取ったことも前述した。橋川の議論を踏まえ、明治三十～四十年代の明治後期にあらわれた、三つの新しい青年類型を提示したのが、筒井《つつい》清忠《きよただ》である。筒井は、この時期を「修養主義」の成立期と捉える。[16]

筒井は、

「成功」青年
「堕落」青年
「煩悶」青年

という三類型が明治後期のアノミー状況のなかで生み出されたという。[17]

そうしたなか、アノミー状況を打開するための新しい思想・宗教・社会運動が起こり、書物が刊行されたと筒井は指摘し、清沢満之の『精神界』（明治三十四年）、綱島梁川《つなしまりょうせん》の「見神の実験」

（明治三十八年）、西田天香《にしだてんこう》の一燈園《いっとうえん》（明治三十八年）、蓮沼門三《はすぬまもんぞう》の修養団（明治三十九年）、田澤義《たざわよし》鋪《はる》の青年団運動（明治四十三年）、野間清治《のませいじ》の講談社設立（明治四十四年）を挙げる。そして「修養」を直接・間接に目的とするこれらの思想・運動が青年層の支持を得たという。なお、これらのリストに高山樗牛、内村鑑三、海老名弾正、近角常観らの名前や活動も加えることもできるだろう。

「梁川熱」

これらの人物のなかで、とりわけ日露戦後の青年たちに絶大なる人気を博したのが、綱島梁川（一八七三～一九〇七）である。その人気ぶりは、「梁川熱」と評されるほどだった。樗牛亡き後に煩悶する青年たちの共感と自己投影の対象となったのが、内省的な宗教性を前面に出して神秘を語った梁川だった。[18] こうした梁川熱は、日露戦後に勃興した国木田独歩、島崎藤村、田山花袋、正宗白鳥らの自然主義文学と共鳴していた。[19]

梁川は十代のときに洗礼を受け、東京専門学校（現・早稲田大学）で哲学・倫理学を学んだ後、評論家として活動した人物である。その名前を一躍高めたのは、明治三十八年（一九〇五）七月に雑誌『新人』（主筆は海老名）に「予が見神の実験」を発表してからである。

梁川は結核を患い、療養中に三回にわたって神を見る体験をし、それを「予が見神の実験」としてまとめた（「実験」は「体験」のこと）。とくに三度目の体験は「最も神秘的にして亦最も明瞭に、インテンス［大谷註：強烈な］のもの」だった。[20] それは次のような、神秘体験というべきものだった。

現実の我れとして筆執りつゝありし我れがはつと思ふ刹那に忽ち天地の奥なる実在と化《な》りたるの意識、我は没して神みづからが現に筆を執りつゝありと感じたる意識。[21]

「予が見神の実験」を含め、全三十二編の「宗教上の感想録」をまとめた著作が、『病間録』（金尾文淵堂）である。明治三十八年（一九〇五）十月に刊行された。その反響は大きく、翌年十月には『病間録』への四十三編の批評を収録した『病間録批評集』（金尾文淵堂）も出版されるほどだった。

梁川は『病間録』に収められた「人に与えて煩悶の意義を説く」のなかで、煩悶を積極的に肯定している。

凡そ有りと有るもの、生きとし生けるもの、何れか自家分上の煩悶なからむ。（二八九頁）

人を救ふの力は煩悶也、煩悶の導き到る解脱也、大覚也、祝福也。（二九〇頁）

などの言説が、煩悶青年の熱烈な支持を得たことは想像に難くない。こうした梁川の神秘主義は個人主義に棹さすものだった。

日露戦後に人びとの考えが個人主義に目覚めたと生方敏郎は回顧するが、[22] 第三章2節で樗牛の個人主義を紹介したとおり、すでに個人主義自体は日清・日露戦間期に青年たちに影響を及ぼしていた。そうした個人主義の延長線上にあるのが、梁川の思想だった。

百花繚乱の思想のなかで

個人主義のみならず日清・日露戦間期には、ナショナリズムや帝国主義も青年層に受容されていた。さらに同時期には新しい思想として社会主義も芽吹いていた。

百花繚乱の思想が（ナショナリズムは後退するものの）日露戦後に一段と普及し、青年層に受け入れられていく。こうして渾然一体となった思想潮流のなかに、日蓮主義もあった。

筒井は近代日本のエリート文化の中核となる教養主義と大衆文化の中核となる修養主義が明治後期に「修養主義」という同一物として成立したと指摘する。[23] これ以降、煩悶する青年たちは一方は教養主義に、一方は修養主義におもむくわけだが、日蓮主義はこうした教養主義や修養主義の広まりのなかで支持者を獲得していくことになる。

国家体制の構造的危機や社会的アノミー、そして精神的な「大亀裂《シズム》」という状況にたいして、智学と日生はどのように対応を図ったのだろうか。

三保最勝閣の建立

明治四十二年（一九〇九）一月六日から三日間、大阪立正閣で臨時講演会が開かれた。その席上、立正閣を静岡三保の貝島へ移転することが智学から発表された。

この年の三月、智学は「本化大学創立発起の疏」（『妙宗』一二編三号、明治四十二年三月六日）を著し、「本化大学」の創立を発表する。東京の立正閣時代にも「師子王学院」という学校建設を構想していたが、こんどは日蓮門下教団の僧侶に限定せず、日本国民を対象とした国民教育を目的とした大学を三保に設立することを発表した（しかし、けっきょく実現しなかった）。

七月八日（顕正会）、三保で地鎮式が挙げられ、工事が始まった。立正閣の建物は三保へ移築され、最勝閣として生まれ変わった。この際、伊勢丹創始者で会員の小菅丹治が多額の浄財を献じている。翌年七月には鎌倉の師子王文庫も三保へ移された。大正五年（一九一六）に東京の上野桜木町（鶯谷《うぐいすだに》）に国柱会館が建設されるまで、この最勝閣が立正安国会（国柱会）の活動拠点となる。

最勝閣は、外観三階建て（内部は五階で、高さ約一八メートル）からなる建物である。大壁に縦長窓を開けた洋風二階建ての主体部に千鳥破風《ちどりはふ》と鴟尾《しび》の付いた望楼を載せた城郭を思わせるシルエットをもつ建築物である。[24] 正面玄関には「国体擁護の処」の大扁額が飾られ、五階には「待勅殿」という四方ガラス張りの展望室が設けられた。

いわば「約束の場所」

富士山を眺望できる風光明媚な場所だったが、けっして交通が便利な場所ではない。智学があえてこの場所を選んだのには宗教的な理由があった。次の日蓮遺文に注目されたい。

戒壇とは王法仏法に冥し仏法王法に合して王臣一同に本門の三大秘密の法を持ちて、有徳王覚徳比丘の其乃往を末法濁悪の未来に移さん時、勅宣竝ひに御教書を申し下して、霊山浄土に似たらん最勝の地を尋て戒壇を建立すべき者歟《か》。時を待つべき耳《のみ》。

これは日蓮の『三大秘法抄』の一節であり、一四〇頁でみたとおり、本門戒壇の建立による法国冥合（仏教的政教一致）のプログラムの典拠のひとつである。この戒壇建立にちなんで、三保最勝閣は建立された。

『本化妙宗式目講義録』では、法国冥合のプログラムがこう定式化されていた。

①「二法冥合」→②「事壇成就」→③「閻浮統一」

②の段階で戒壇が建立される（と想定された）わけだが、戒壇は「霊山浄土に似たらん最勝の地」に建てられなければならなかった。まさに富士は霊山であり、それと正対する場所こそが静岡の三保なのだった。すでに『宗門之維新』で静岡の三保、清水周辺は将来の「宗都」と定められており、近くには樗牛の眠る興津もあり、いわば、三保は日蓮主義にとっての「約束の場所」だった。

また、最上階の待勅殿は、天皇の「勅宣」を待つ部屋として準備された。すなわち、三保が選ばれ、最勝閣が建てられたのは、法国冥合のプログラムにもとづいていたのである。

この最勝閣には、詩人の田辺松坡や北原白秋（妻が会員だった）、政治家の近衛文麿、陸軍の林太一郎や大迫尚道《おおさこなおみち》、心理学者の高島平三郎、駐日イギリス大使のチャールズ・エリオット、フランスの詩人で神秘思想家のポール・リシャールなど、数多くの著名人が来訪した。本多日生も林といっしょに最勝閣を訪れている。また、血盟団事件の井上日召も大正十四年（一九二五）年頭に開催された講習会に参加するために来閣している（しかし、失望して三保を後にした）。

姉崎正治

姉崎正治も、たびたび最勝閣を訪問した。明治四十三年（一九一〇）七〜八月に開催された本化仏教夏期講習会に講師として招かれ、「印度仏教史」を講じた。以後も四回にわたり、講習会に出講している。

姉崎が帰国直後の明治三十六年（一九〇三）七月二日、大阪立正閣に智学を訪ねてきたことは前述した。同年十月に姉崎は樗牛の紀念事業をおこなうための樗牛会を設立する（智学は評議員に名前を連ねた）[25]。また、樗牛の遺稿の整理を進め、明治三十七年（一九〇四）から翌々年にかけて斎藤信策（樗牛の実弟）との共編で『樗牛全集』全五巻（博文館）を刊行する。この作業がきっかけとなって、姉崎は樗牛の日蓮関係の著作や日蓮遺文を読みはじめたことで、日蓮に本格的な関心をもつようになる[26]。

その後、日露戦争を経て、姉崎は日蓮信仰へといっそう傾倒してゆく[27]。智学や山川、日生との交流も深まった。明治三十九年（一九〇六）四月に東京神田の錦輝館で催された『妙宗』満一〇〇号大祝賀会で樗牛の日蓮研究に関する講演をおこない、明治四十二年（一九〇九）一月には日生によって設立される天晴会（後述）に幹事として参加する。そして、翌年七月に三保最勝閣での講習会に登壇するのである。

ただし、姉崎の信仰は「折伏主義とは一線を画しており、智学らのような意味では日蓮主義と呼びうるものではない。むしろ、日蓮という宗教的人格に深く帰依しているという点で、「日蓮信仰」と名づけるのが適当と言えよう」[28]との指摘を確認しておこう。

機関誌『日蓮主義』の創刊

明治四十二年(一九〇九)五月十二日(伊豆法難の聖日)、智学は新しい機関誌『日蓮主義』を創刊した。

創刊宣言「『日蓮主義』を発刊するに就て」に注目してみよう。

吾人は日蓮的標準を地上に打建つることの国家に取りて、何事よりも最必要なるを認めたるを以て、国民的自覚の警鐘と為すべく、社会的目じるしの根本標木たるべく、先づこれを以て吾日本国民の第一に守るべき主義とせんと欲し、夙《つと》に日蓮主義の複称を建立す、本紙はこの目的の為に全用せらる、故に称して『日蓮主義』といふ。(一頁)

この宣言にもとづき、実際に国民にたいして日蓮主義や国体の「国民的自覚」をうながすための記事を掲載していくことになる。その内容は日蓮仏教や日本国体に関する智学や会員たちの記事が中心だったが、当時の社会状況にたいする智学や山川智応の発言も目立った。とくに日露戦後の思想の悪化にたいして、「国体観念の自覚」や日蓮主義研究の必要性を強調した。

智学は「国民的伝道を盛にすべし」(一二号、明治四十三年四月一日)、「この国」(一三号、同年五月一日)、「履霜」(一四号、同年六月一日)、「吾徒の大覚悟を忘るな」(二一号、明治四十四年一月一日)などを通して国体擁護の重要性を力説し、「日本国体の解決者としての日蓮聖人」[29]の研究を訴えている。

また、山川による「時言」では、より直接的に思想問題が言及されている。社会主義や自由主義、「お座なり主義の忠君愛国や浅薄なる国体主義」への批判[30]、個人主義と家族主義への批判[31]、西洋から流入した「思想の流毒」への批判[32]をおこない、当時の時代風潮を裁断する。日蓮主義こそが個人、国家、世界を統合するものであり、国体擁護は日蓮主義によらなければならないことを力説している。

社会主義への嫌悪

山川の言説に明らかなように、立正安国会では日露戦後の社会危機の根本的な原因は個人主義や自由主義、社会主義などの「思想の流毒」に求められた。とりわけ社会主義や無政府主義は、智学や山川たちにとって一大脅威だった。

智学は、社会主義への嫌悪をはっきりと表明する。「社会主義者無政府党者某々」を「悉く是れ魔民なり」と規定し、社会主義思想を「国体破壊の毒想」と断じている[33]。また、「人類は平等なるものといふことを謬想して生じた魔見」である無政府主義に、「日本仏教の価値と日本国の君民関係」を対置したうえで、「世界最後の文明は日本によりて解決せらるべし、而して日本国それ自身は、その国聖日蓮によりて解決せられたり」と結論づけている[34]。

智学たちの立ち位置は明確である。あくまでも日蓮主義と日蓮主義的国体論にもとづく宗教的ナショナリズムを堅持し、その立場から、当時の社会状況と諸思想にたいする批判の矢を投じたのである。

2　大逆事件の衝撃、国体の擁護

天晴会の設立

明治四十二年（一九〇九）一月十五日午後四時。

神田一ツ橋の学士会館二号室に社会的な名士三十四名と『国民新聞』記者が集まり、天晴会[35]の発会式がおこなわれた。[36]

式は発起人総代の本多日生による会設立の趣旨と経過の説明、列席者の紹介から始まった。会規が議決されたのち、姉崎による「法華経及日蓮上人に対する予の態度」の講演がおこなわれた。次いで衆議院議員の板倉中《いたくらなかば》の信仰談をきっかけとして、三々五々の懇話会となった。

参加者たちは食堂へ移動し、会食しながらのにぎやかな談話が続いた。日蓮宗の異端児・清水梁山による伊勢神宮についての神秘談、妙典研究会の松本郡太郎弁護士による天晴会結成の苦心談などが語られ、散会となった。

この日決議された会規から、天晴会の特徴を確認しよう。

会名を「天晴会」とし、それが日蓮の『観心本尊抄』の「天晴ぬれば地明なり。法華を識る者は世法を得べきか」の一節に由来すること、「本会ノ目的」として「各自修養ノ為メ敬虔ナル態度ヲ以テ日蓮上人ノ人格及主義ヲ鑽仰シ進デ上人敬慕者ノ善友タランコトヲ期ス」こと（日蓮の「人格及主義」の修養！）が明記されている。

また、入会には会員の紹介と幹事会の承諾を要することや、毎月第二土曜日に例会が開かれ、幹事会の決定によって臨時会も開催することなども定められ、事務所は東京浅草区新谷町の顕本法華宗寺院の慶印寺内に置かれることになった。

社会的ネットワークの編成

こうして天晴会は日生によって立ち上げられた。当初の会員は四十九名であり、幹事は日生のほか以下の人物が務めた。

高島平三郎（女子大学講師）
山根日東（顕本法華宗宗務総監）
山田一英（日蓮宗僧侶、茗谷学園主幹）
松本郡太郎（弁護士、妙典研究会代表）
姉崎正治（東京帝国大学教授）
清水龍山（日蓮宗大学教授）
柴田一能（日蓮宗大学教授）
関田養叔（顕本法華宗大学林教授）

また主要メンバーについては表5―1のとおりだが、さらに会社員や妙典研究会の会員たちが名前を連ねた。すなわち、天晴会は日蓮仏教関係者と知識人を主体とする日蓮仏教研究会として設立されたのである。

この年（明治四十二年）の十一月には会員数が百名を超え、翌年二月には百二十名、翌々年二月には百八十余名を数えた。立正安国会の山川智応、のちに小林一郎と法華会（天晴会から派生した知識人中心の日蓮仏教研究会）を結成する矢野茂（大審院検事）らも入会している。会員には僧侶、学者、政治家、軍人（海軍・陸軍）、弁護士、会社員のほか、国家官僚、官吏、検事、教育者、医師、ジャーナリスト、実業家、美術家、さらに小説家の村上浪六や幸田露伴もいた。

日生は、これらの社会上層の人びとからなるネットワークを組織して、日蓮主義の社会的な普及を図っていった。これ以降、社会的な影響力をもった天晴会の会員によって、日蓮主義が積極的に唱導され、「日蓮主義」という言葉とその主張が社会に流布していく。

そもそも天晴会結成のきっかけは、日生による一般人（修養会、良風会、尚風会）や学生（茗谷学園宗義研究会、早稲田大学日蓮主義研究会）、知識人（妙典研究会）を対象とした講演活動にある。日生は社会的な名士を関係づけ、日蓮主義の社会的ネットワークを編成した。この日蓮主義ネットワーク（と呼ぶべき社会関係）を通じて、日生は上からの布教・教化を推進していくことになるのである。

このネットワークは、大正時代の日蓮教団統合運動や昭和初期の国民教化運動の有力な人的資源となった。

表5-1　天晴会の初期主要メンバー

（出典：日蓮鑽仰天晴会編『天晴会講演録』壱輯、天晴会事務所、1910年）

顕本法華宗	井村日咸、今成乾随、国友日斌、笹川真応、鈴木日雄、野口日主、藤崎通明
日蓮宗	稲田海素、風間随学、風間淵静、加藤文雅、小泉日慈、富田海音、中村孝敬、守屋貫教、脇田堯惇
立正安国会	田中智学
唯一仏教団	清水梁山
政界・官僚	板倉中（衆議院議員）、鈴木天眼（衆議院議員）、山川端夫（海軍省参事官）
法曹界（弁護士）	鈴木充美、牧野賤男、吉田珍雄
学界・言論界	三宅雄二郎（雪嶺）、境野黄洋（東洋大学講師）、小林一郎（東京帝大講師）、竹内久一（美術学校教授）
海　軍	小笠原長生（大佐）、佐藤鉄太郎（大佐）、吉田孟子（中佐）
陸　軍	林太一郎（少将）、細野辰雄（少佐）、井上一次（少佐）

全国各地に支部を

天晴会は、毎月の例会を中心に夏期講習会や臨時会なども開催し、会員の紹介を介して社会の名士が数多く参加するようになる。活動は東京にとどまらず、京都や大阪をはじめ、全国各地で支部も結成され、講演会や講習会が催された。

たとえば、明治四十二年（一九〇九）五月三十日、京都の円山公園近くのホテルで発会式が挙行され、京都天晴会が発足する。顕本法華宗からは野口日主や田上寛静、銀井乾升、鈴木孝硯、川崎英照が参加し、ほかに幸田露伴や立正安国会会員で医師の原志免太郎《はらしめたろう》（智錬）も加わった。

翌年四月三日から五日間、京都天晴会春季大講習会を寺町二条の妙満寺講堂で開いている。講師として京都帝国大学教授の上田敏《うえだびん》、河上肇《かわかみはじめ》、内藤湖南《ないとうこなん》、そして智学、清水梁山、日生が登壇し、毎夜三百五十余名の聴衆を集めた。このとき、智学、梁山、日生の三人の日蓮主義者は、日蓮門下統合を協議している（いわゆる三大家合同）。

同年四月二十八日には数名の有志によって大阪天晴会

が組織され、大阪市東区北浜の池田商店内に事務所が設置された。五月一日に中之島公園の銀水楼で発会式を挙げ、二十一名の参加者が集まったが、実業家が多かった。そのうち実業家の池田為三郎、渡辺益夫、顕本法華宗僧侶の梶木日種と松尾英四郎、関西英学校校長のデビスンの五人が幹事に選ばれた。

翌年四月十六日には、中之島公園内の大阪ホテルの大広間で大阪天晴会創立満一周年紀念大会講演会を開いている。大会に先立ち、『大阪朝日新聞』や『大阪毎日新聞』に広告を出し、市内の著名人や新聞記者に案内状も発送した結果、五百余名の参加者を集めた。また、六月十五日の大阪ホテルでの第十二回例会では日生と智学を招き、智学は「法の尊重すべき所以」を、日生は「思想界刻下の話題」を講演した。この三日後の六月十八日、京都市会議事堂で立正安国会主催の国体擁護の演説会が開催されるが、日生がゲスト出演して、「時弊の匡救を論ず」を論じることになる(後述)。

「日蓮主義」＝国家主義というイメージ

ここで、『天晴会講演録』全三輯におさめられた天晴会会員(非会員を含む)の特徴的な講演の演題を一瞥しておこう。

表5―2のように多くの会員が「日蓮主義」を講演のタイトルとしており、多くの軍人によって日蓮主義が語られていることがわかる。

陸軍少佐の細野辰雄(一八七二〜一九三五)は「国民的性格と日蓮主義」の講演のなかで、「私が国民生活の上から日蓮主義を観察しますと、根底深くして而も熱烈なる国家主義――忠君愛国主義――之を日蓮主義と称します」と述べ、「日蓮上人の主義は国家本位の上に血が迸しつて居ります」と強調している。[37]また、「先づ国家を祈つて須らく仏法を立つべし」との『立正安国論』第七問答の一部を引用し、「忠君愛国の思想が満ち溢れて居る、日蓮主義の生命あり、活力ある所以は此処にあると……感じた」と語っている。

ほかにも小笠原長生《おがさわらながなり》、林太一郎、石橋甫《いしばしはじめ》、佐藤鉄太郎らの軍人の講演録をみると、彼らの日蓮

表5-2　『天晴会講演録』中の主な演題

壱　輯	「阿含法華に対する日蓮上人の意見」「日蓮上人に対する誤解に就て」「日蓮上人の特長」（本多日生）
	「国力護持」「宗史小話」（田中智学）
	「我帝国と妙法五字」（小笠原長生）
	「日蓮上人の文学」（高島平三郎）
	「日蓮上人の女性観」（松森霊運）
	「国民的性格と日蓮主義」（細野辰雄）
	「日蓮主義より見たる自殺」（柴田一能）
弐　輯	「天地晴明」「日蓮主義と実生活」「日蓮上人の信仰」「身延記を拝して」（本多日生）
	「佐渡前佐渡後」（田中智学）
	「日蓮主義と細民救済」（五島盛光）
	「高山樗牛と日蓮上人」（姉崎正治）
	「世界統一は誇大妄想なる乎」（高島平三郎）
	「織田信長と日蓮主義」（辻善之助、非会員）
	「日蓮主義と日本君臣の大義」（関田養叔）
	「将来の宗教としての日蓮主義の各方面」（山川智応）
	「軍隊教育と日蓮主義」（林太一郎）
参　輯	「日蓮主義の使命」「予願副力」（本多日生）
	「日蓮主義と感化事業」（松森霊運）
	「近代思潮と日蓮主義」（小林一郎）
	「奮闘主義」（石橋甫）
	「法国冥合」（佐藤鉄太郎）
	「宗教上の所感」（浮田和民、非会員）

主義は国体神話と接合されたうえで受容されていたことがわかる。それらの言説は、世俗的ナショナリズム（世間的国家主義）を日蓮仏教の教説を用いて表現したものであり、世間に流布していく「日蓮主義＝国家主義（ナショナリズム）」というイメージは、こうした言説を通じて広まっていったと考えられる。

拡大する日蓮主義ネットワーク

この時期、表5―3のように日生と顕本法華宗僧侶は天晴会以外にも数多くの団体を組織し、日蓮主義ネットワークをさらに広げていった。

東京以外にも天晴会の支部（京都、大阪、姫路、豊橋、新潟、萩）や地明会（天晴会の女性団体）の支部（盛岡、青森、姫路）が続々と結成され、神戸の顕本協会と日蓮鑽仰会、見付の日蓮主義研究会と顕本法華宗婦人会、九州の日蓮主義研究会など、各地で日蓮主義団体の設立があいつぐ。また、学生のあいだでも日蓮主義研究が広がりをみせる。

東京では東洋大学の橘香会《きっこうかい》や早稲田大学の日蓮主義研究会、東京帝大と一高の学生による樹洽《じゅこう》会《かい》などが活動していた。京都には京都府立医学専門学校（現・京都府立医科大学）と京都府商業学校（現・京都市立西京高等学校）内にそれぞれ日蓮上人研究会があり、岡山の第六高等学校（現・岡山大学）でも日蓮上人研究会が設けられた。

明治四十三年（一九一〇）五月十五日には、東京市内の学生団体を指導する日蓮主義青年会が顕本法華宗の野口日主、山根日東、関田養叔らによって結成されている。

このように日生を先頭とした顕本法華宗僧侶は、知識人、婦人、学生らを組織して、日蓮主義

表5-3　本多日生と顕本法華宗のネットワーク

（出典：『統一』171号［明治42年5月号］～205号［明治45年3月号］より作成）

会の名称	結成日時／場所／設立者	構成母体／活動内容
東京顕本協会	明治42（1909）4.28 浅草妙経寺	東京の顕本法華宗寺院。書籍出版、巡回演説、文書伝道による「教義宣揚」。品川の信徒団体・正法護持会と連携しながら活発に活動。
徳教青年会	明治42（1909）5.15 関田養叔	毎月15日の夜、浅草南松山町の法成寺（関田の自坊）で、「実業青年精神修養講演」をおこなう。
講妙会	明治42（1909）秋 小笠原長生、吉田珍雄	本多日生の『法華経』講義。小笠原や林太一郎などの軍人、吉田珍雄や松本郡太郎、矢野茂といった法曹界関係者、外務省翻訳官・鄭永邦などの官吏、関田養叔や井村日咸などの顕本法華宗関係者が参加。「真摯敬虔な士」に限って入会を認める（のちに制限撤廃）。
妙教婦人会	明治43（1910）2.16 浅草北清島町常林寺	浅草北清島町の常林寺内に本部を設置。70名ほどの女性が集まり、本多日生が講演。
第一義会	明治43（1910）3.6 浅草北清島町常林寺	約130名。「日蓮上人の教義を通俗平易に宣布し、純善の信仰を得さしめ、併せて人道の大旨をも教うる」ことを目的とする。吉田珍雄や松本郡太郎、関田養叔らの天晴会会員によって運営され、毎月第1日曜日に例会。
国明会	明治44（1911）3.25 浅草吉野町常福寺 金坂義昌、三上義徹	「日蓮主義の大徳教に依りて国体の精華を闡明開発する」ために活動。
地明会	明治44（1911）5.14 衆議院構内議員集会所 本多日生、 小笠原丁（長生の弟）	天晴会の女性団体。
親善会	明治44（1911）5.25 鈴木日雄	精神修養と宗教と信仰の啓発。
養徳児童会	明治44（1911）7.8 品川妙蓮寺 笹川真応	
地見会	明治44（1911）11.10 浅草慶印寺 山根日東	
四恩教林	明治45（1912）1.11 浅草妙経寺	国家・君主・国民・父母にたいする「四恩」を掲げる。
経王会	明治45（1912）2.27 品川本光寺	

ネットワークを拡大していった。この時期の『統一』の活動報告欄には、全国の顕本法華宗寺院の報告のほか、これらの団体の活動報告が毎月にわたって報じられている。

樗牛が「予は全国の教育家並びに学生諸君に向つて茲に日蓮研究会を起すの議を提出する」と宣示し、「予は……全国処に随つて諸君が日蓮研究会を起さむことを希望す」と呼びかけたのは、明治三十五年（一九〇二）のことである。[38] それ以来、数年を経て、「日蓮主義の研究、日蓮上人人格の鑽仰は、今や一世の風靡を為し来らん」[39] 状況となったのである。これらの日蓮主義ネットワークが、「日蓮主義の黄金時代」を支える社会基盤となっていく。

しかし、この同じ時期に、智学が「天の一大警告」と称した大事件が発生した。

社会主義運動と大逆事件の発生

智学は嘆く。

あゝ大逆事件！、吾人は吾国開闢以来未だ曾て聞かざる所の此驚くべき大変事を目前に見るに至ッたのは、国民としていかにも悲痛恐懼の極みである。[40]

大逆事件の発生は、智学と日生の活動に大きな波紋を投げかけた。ふたりはこのできごとを日蓮主義の立場から解釈し、対応していくことになる。

前述のとおり、この時期、政府は国家体制の構造的危機に直面し、天皇の権威を軸とした国体神話の普及によって国家統合を図ろうとした。その天皇の権威に徹底的に反抗しようとしたのが、当時の社会主義・無政府主義運動のリーダーのひとり、幸徳秋水の周辺にいた管野《かんの》スガ、新村忠雄《にいむらただお》、宮下太吉《みやしたたきち》らの少数の「主義者」だった。

日本の社会主義運動は、産業資本の確立期である日清・日露戦間期に生起した。日清戦後の労働運動の進展によって、欧米から伝わった社会主義思想が広まり、明治三十一年(一八九八)十月、社会主義思想を研究する社会主義研究会が東京で結成された。この団体が母体となって、明治三十四年(一九〇一)五月、日本初の社会主義政党・社会民主党が創立される。創立メンバーは、安部磯雄《あべいそお》、片山潜《かたやません》、幸徳秋水、河上清、木下尚江、西川光二郎《にしかわこうじろう》の六人である。秋水を除く五人は、いずれもキリスト者だった(社会主義研究会の創設者もユニテリアンが多かった)。

秋水や堺利彦らによって明治三十六年(一九〇三)十月に東京で平民社が設立され、機関紙『平民新聞』で非戦や反戦を訴えたことは一六七頁で紹介した。日露戦争終戦直後の明治三十八年(一九〇五)十月に平民社は解散し、秋水は翌月に渡米する。

平民社解散から四ヵ月後の明治三十九年(一九〇六)二月、社会主義者が結集して日本社会党が結成され、大規模な市電値上げ反対運動を組織した。この年六月に帰国した幸徳秋水によって、普通選挙や議会施策によらない労働者の直接行動(ゼネスト)による社会革命が主張されはじめると、翌年二月の日本社会党第二回大会をきっかけに、社会主義運動は直接行動派と議会政策派にわかれた。その結果、社会主義者の指導力は後退し、第二次桂内閣のもと、秋水らの直接行動派は急進化していくことになる。

直接行動派のなかには曹洞宗の僧侶・内山愚童《うちやまぐどう》(一八七四〜一九一一)もいた。愚童は明治四十二年(一九〇九)九月に小冊子『入獄紀念・無政府共産』千部を秘密出版した[41]。このなかで

「今の政フや親玉たる天子といふのは諸君が、小学校の教師などより、ダマサレテ、おるやうな、神の子でも何でもないのである」[42]と、過激な天皇批判をおこなう。

　秋水ら直接行動派が社会主義陣営で孤立していくなか、管野ら少数の主義者たちは爆裂弾による天皇暗殺を計画した（秋水はその計画にかかわっていない）。しかし、明治四十三年（一九一〇）五月下旬から六月にかけて、秋水をはじめとする主義者たちは逮捕され、計画は未遂に終わった。検挙は全国の社会主義者・無政府主義者におよび、和歌山新宮の真宗僧侶・高木顕明にまでおよんだ。ここに大逆事件が発生する。そのうち、二十六名が大逆罪として起訴され（秋水をはじめ、その多くが冤罪であった）、翌年一月、秋水ら十二名の死刑が執行された。

「国民の頭上に下されたる、天の一大警告」

　智学は、このできごとにたいへんなショックを受ける。

「大逆事件に於ける国民的反省」（以下、「国民的反省」）を書き上げ、『日蓮主義』一二三号（明治四十四年三月一日）まるごと一冊をこの文篇にあてた。臨時に印刷された大部数が各地の人びとに施本された（六月八日には小冊子化され、これも施本された。以下、引用は小冊子からおこなう）。

　智学は、このできごとを「国民の頭上に下されたる、天の一大警告」とみなし、その意味を次の三点に要約する。

(1)此大事変は「人心悪」及び「時代悪」が産みたる反真理的反道徳的邪見の結晶なる事。

(2)此大事変は　今上陛下聖明の大威徳に因て人弊及び時弊の潜罪悪を叩発せるものなる事。

(3)此大事変は国霊の妙作として、一般国民に国体観念の自覚を促せる天の警告なる事。（四頁）

智学は、秋水たちの思想を「君主を無用なりとする一種の邪見」であり、「無君主主義」の「反国体思想」と断定する。それが「人心悪」や「時代悪」の結晶であり、天皇の「大威徳」によって顕在化したと解釈し、このできごとを「国体観念の自覚を促せる天の警告」と捉えかえすことで、国体擁護を強調するのである。さらに「今回の事件を堺《ママ》として、今日以降の日本は、生れかはりたる様に国民一般に反省を新たにして、国体観念の自覚を獲たいのである」として、「国体観念の自覚」をくりかえし訴えたうえで、最後に日蓮の『蒙古使御書』の一節、「一切の大事の中に国の亡ぶるは第一の大事に候」を引用し、「日蓮大聖の訓言に警起して、猛然として茲に一大反省を起さねばならぬ」と結んでいる。

なお、巻末には総理大臣、文部大臣、司法大臣、宮内大臣、両院議員、官私大小の学校にたいして、「国体観念の自覚」のための具体的な施策が建言されており、御真影の奉安や教科書での国体観念の付与といった政府の政策と共通する提言がおこなわれている。ただし、ここで自覚されるべき日本国体とは、「日本国の精神たる法華経と、法華経の身体たる日本国」（四〇頁）の記述に明らかなように、あくまでも日蓮主義によって意味づけられたものだった。

国体擁護のキャンペーン

智学と立正安国会の会員たちは、国体擁護の教化活動（いわばキャンペーン）を大々的にくりひろげることになる。

まず、活動は『日蓮主義』一二三号を施本する「国体擁護大挙施本発送式大布教」から始まった。明治四十四年（一九一一）三月十八日に上野公園で発送式と野外演説会が催された。智学は「国民的反省」の大意を約五十分間かけて演説している。この日、会場では六千部が施本され、小学校教員に三千五百部が発送された。

翌日以降、四万部の『日蓮主義』が全国各地に施本される。六月から七月にかけては、智学を先頭とする教団幹部たちが各地を巡教し、「国体擁護大演説」をおこなっている。[43] 六月十日には、大阪の中之島公会堂で演説会が開かれた。当日は雨にもかかわらず、三千人が会場に詰めかけた。

教団幹部の別枝《べつし》智救《ちきゅう》の開会の辞につづいて、宗歌が讃詠されたのち、教団幹部の桑原智郁が「神武建国の聖業」の演題で前講をつとめた。立正歌の合唱と舞楽「迦陵頻《かりょうびん》」の演奏の後、智学が登場し、「国体擁護の法」を演説した。

国体の根本と反国体思想の悪弊を論じたところで休憩となり、舞楽「胡蝶」をはさんで、ふたたび智学が登壇。国体観念の充実によって時代悪・人心悪を退治し、世界を覆いつくす日本国体の精華を発揮すべき方法をくわしく説いている。前後四時間におよんだ演説が終わると、「君が代」が斉唱され、「天皇陛下万歳」の三唱をもって演説会は終わった。

八日後の六月十八日、京都の市会議事堂では昼夜二回にわたる演説会が開催された。『京都日出新聞』（明治四十四年六月十九日）二面には、政友会演説会や京都府教育会研究部主催の研究部懇談会の記事と並んで「国体擁護演説会」の記事が掲載されている。皇族出身の日蓮宗尼僧・村雲日栄《むらくもにちえい》（村雲尼公）臨席のもと、昼夜それぞれ五百余名の聴衆を集めたことが報じられている。この日、大阪天晴会の例会出席のために来阪した日生がゲストとして招かれ、「時弊の匡救を論ず」を演説した。

これ以降も智学一行は、立正安国会の支部がある地方都市を二十数日かけてまわった。いずれの会場でも地方の名士や官吏、教育者や実業家をはじめとする数百人から数千人単位の聴衆を動員し、総計三万人の聴衆を集めている。

なぜ日本人はこうものが解らなくなッたのであらう

しかし、これだけ大量の聴衆の動員には成功しながらも、立正安国会への入会者をほとんど獲得することはできなかった。

この時期、大逆事件や南北正閏問題によって、天皇や国体が社会問題化した。また、政府によって国体神話の普及も図られたわけだが、その一方で、国体神話は当時の人びとにとってそれほどリアリティをもつものでなかったことが、次の智学の嘆きからも明らかである。

> 此頃は「国体」とさへ言へば、いわゆる現代的なる人たちはフフンと鼻であしらう様子だが、なぜ日本人はこうものが解らなくなッたのであらう。[44]

日露戦後の明治政府のイデオロギー政策や学校教育を通じて国体神話の信憑性が強調されたが、それが確たる結果に結びついていないことがうかがえる。とはいえ、（立正安国会による動員があったとしても）演説会に総計三万人もの聴衆が集まるほどには、大逆事件への恐怖感や社会への危機感、国体神話の信憑性の共有があったとみるべきであろう。

また、国体擁護のキャンペーン終了後の同年八月、智学は三保最勝閣で開催された第二回本化仏教夏期講習会で、「御製講義（日本国体学）」と題した講義（明治天皇の御製百三十首を解読するもの）をおこなう。

ここで初めて智学は「日本国体学」という言葉を用いた。みずからの日蓮主義的な国体論をこう名づけたのである。『日蓮主義』二九号（明治四十四年九月一日）掲載の「日本国体学の創建」では、『日本国体学』は、日本人よりも世界の人に要用なる大学問なり、世界将来の文明に於て解決すべき問題は唯一つなり、即ち世界の見地よりして日本を研究すべきの一事是也」（一頁）と力説している。

これ以降の立正安国会は、「国体観念の自覚」を求める精神教化活動を基本的な運動方針とし、智学は日本国体学を体系化していくことになる。

3　明治の終焉と日蓮主義

日生の「日蓮主義と国士」

本多日生もまた、大逆事件の発生に衝撃を受けたひとりだった。

日生は幸徳秋水たちの公判を欠かさず傍聴し、二十六名の事件関係者に「安心立命」を与えるための教誨を申し出ている。[45] 死刑執行後には、引受人のない刑死者を自坊である品川の妙国寺に埋葬したいと伝えたところ、堺利彦らに殺気立って追い返されたという。[46] 堺によれば、「それから後、我々の間では、大僧正の生きたのを見たという冷罵の言葉が流行した」という。[47]

「日蓮主義と国士」(『統一』一九三号、明治四十四年三月十五日)という講演録で、日生は大逆事件について言及している。この講演は、秋水や管野スガ、内山愚童ら十二名の死刑が執行された明治四十四年(一九一一)一月二十四日(菅野のみ翌日に執行)の二日前、東京天晴会の新年会でおこなわれた(参加者は百余名)。

当日は姉崎による「威話」、三宅雪嶺の「人格本位と教義本位」、佐藤鉄太郎の「御国体に就て」、そして日生の「日蓮主義と国士」が講演された。日生と佐藤の講演は完結しなかったため、翌月の例会で、姉崎の「生死」とともに続講が講じられている。

日生は無政府主義者や社会主義者たちにたいして、「国士」という(日生の考える)あるべき人間像を対置し、日蓮主義との関係を論じている。その前提には、日蓮が「宗教界の偉人聖者」であると同時に、「我国国士の好典型」という日蓮理解があった。

まず、日蓮主義と国士は密接な関係にあり、「現代及び将来の国士としては、天晴地明の大見地に立たねばならぬ」(七頁)と述べる。ついで国士の資格が「尊皇の大義」「愛民の施設」「名教の確立」「政治の皇張」にあり、これらが相互に関係することで、健全に国家を擁護しうると強調する。

講演の後半では、現代の国士と日蓮主義との「甚深なる関係」を語るなかで、当時の「病弊」

（社会危機）に触れた。その病弊の最大のものを「懐疑思想の蔓延」に集約し、人生問題、社会問題、政治問題、経済問題、道徳問題、宗教問題などの発生がその原因であるという。その解決を国士の一要件である「名教の確立」、つまり、日蓮主義の宣揚に求めるのである。

「四悉檀の方式」

では、社会危機の解決は具体的にどのようにもたらされるのか。日生は、救済の方法として、「四悉檀《ししつだん》の方式」を提起している。

まず、「第一義悉檀」（宗教的真理の直接的な布教・教化活動）として、「包容的統一的の名教の確立」を掲げ、次に「世界悉檀」（状況適合的な布教・教化活動）として、「政治機関の信用の回復」「社会施策の実行」「学者の名教の自覚」「芸術家の覚醒」「新聞記者の責任」「教育家の識量」「宗教家の本領の自覚」「一般人民の戒慎」などを挙げる。

さらに「為人《いにん》悉檀」（個人の能力に応じた布教・教化活動）として、「精神的啓発」と「生活上の慰安」、「対治《たいじ》悉檀《しつだん》」（煩悩や偏見を除去しながらの布教・教化活動）として「政治上よりの取締」「毒思想の真相を国民に領解せしむべき事」「社会的制裁」を列挙した。

世界・為人・対治の各悉檀は、第一義悉檀にいたるための方便（手段）である。日露戦後の顕本法華宗と統一団は感化救済事業や地方改良運動に積極的にコミットしており、さらには日蓮主義ネットワークの編成など、世界・為人・対治の各悉檀による活動を実践していた。しかし、それらはあくまでも「包容的統一的の名教の確立」という第一義悉檀にいたらせるための手段だった。日生は社会状況や人びとの立場・能力に応じた布教・教化を通じて、最終的には日蓮主義という「名教の確立」によって、大逆事件当時の社会危機を解決しようとしたのである。

三教会同

日生の場合、民衆レベルの下からの活動にも取り組んだが、明治後期以降、知識人との協働や政府の政策（感化救済事業、地方改良運動、後年の社会教化活動）へのコミットなど、上からの活動も精力的に推し進めた。大逆事件後、日生はさらに政府と密接に交渉していく。明治四十五年（一九一二）二月の神道・仏教・キリスト教の「三教会同」へのコミットにそれが顕著である。

大逆事件後の桂内閣は、社会主義や無政府主義などの危険思想にたいする思想対策（思想善導）を強化していく。

明治四十四年（一九一一）、地方長官会議で教育勅語の趣旨を宣伝し、敬神崇祖の観念を徹底することを指示し、通俗教育調査委員会の設置によって、社会教化の振興も計画された。桂内閣は一方では社会主義運動を弾圧し、もう一方では宗教や報徳思想などを通じての教化運動、恩賜財団済生会などの設立という救済事業を通じて国民統合を図ろうとした[48]。この社会教化の一環として、三教会同が実施された。

その発案者は、内務次官の床次竹二郎《とこなみたけじろう》（のちに内務大臣等を歴任）だった[49]。

床次によれば、諸般の文物制度は非常に発展したが、近年、思想の混乱が心配されるようになった。そこで、神仏に社会に躍り出てもらうために、宗教家の大会同を催すことにした。また、宗教と教育の関係を考えても教育家は宗教を軽く見ており、国民道徳の涵養には教育と宗教が相俟って進むことが必要である。さらに宗教家同士は角突き合いの状態にあるので、国民のためにひとつになって働くのが神さまの御心であろうと考えたという。

こうした床次の考えに賛成したのが、姉崎、佐藤鉄太郎、矢野茂、小笠原長生、本多日生たちだった。すなわち、天晴会グループである。もっぱら「日生上人が主になつて居られた」[50]。明治四十四年（一九一一）十一月ごろから手分けして有力者に了解を求める段取りとなり、床次は山縣有朋、松方正義、大隈重信らの元勲の賛同も得た。

非難囂々

しかし、この計画が世間に漏れるところとなり、大問題となる。とりわけ、「三教会同」を「三教合同」と捉えたり、この会同を政府の宗教利用と考え、反対意見が巻き起こった。そこで床次は、翌年一月に「三教会同に関する私見」を発表し、世間の「誤解」を解こうと努めた。

それによれば、今回の計画の目的は、

（一）宗教と国家との結合を図り、宗教をして更に権威あらしめ、国民一般に宗教を重んずるの気風を興さしめんことを要すること

（二）各宗教家の接近を益々密ならしめ、以て時代の進運を扶翊《ふよく》すべき一勢力たらしむるを要すこと

などにあると強調した[51]。こうした床次の見解についても、ジャーナリズムや仏教界からさまざまな批判が寄せられた（ただし、宗教界では賛同もあった）。

批判の論陣を張ったのは『萬朝報』であり、新仏教徒同志会の『新仏教』だった。[52] たとえば『萬朝報』では、

内務省が計画せる宗教の利用と、所謂政教一致なるものとハ、如何なる点まで同一意味なりや

宗教及び宗教家自身既に生気なくして社会道徳の根底たらんと云ふハ、云ふまでもなく不可なり

のような批判が投じられた（「宗教何をか為す」、明治四十五年一月十九日）。

また、『新仏教』では、高嶋米峰「内務省の対宗教策を笑ふ」（一三巻二号、明治四十五年二月一日）をはじめとする批判的論説を掲載し、一三巻三号（同年三月一日）には、「宗教解放論」（境野黄洋）、「蛮勇次官（宗教利用問題の背景）」（川村五峰）、「三教会同計画を罵る」（高嶋米峰）、「床次内務次官の弁明」（同）、「教界時評」（柘植秋畝）、「所謂宗教利用問題」（三宅雪嶺）、「御用宗教論」（広井辰太郎）が掲載され、三教会同批判の特集号の様相を呈している。

高嶋米峰は、「床次次官が、少数の御用坊主と御用牧師と御用学者とに謀りたるのみにして、この大事を決行せむとしたるは、軽挙なり、盲動なり」（「三教会同計画を罵る」、二八九頁）と手厳しくたしなめた。

なお、床次の見解が巻き起こした波紋は国会にまでおよび、衆議院でも質疑が交わされた。そ

の結果、内務省は宗教を利用しないこと、国民に宗教を振興することに関しては運動してもよいこと、政教を混同せず、床次の意見は内務省の見解ではないことが原敬《はらたかし》内務大臣によって答弁された。

あっけなく……

けっきょく、明治四十五年（一九一二）二月二十五日、原敬内務大臣の主催によって、三教会同が東京の華族会館で開かれた。当日は政府側から原内務大臣、床次内務次官、松田正久司法大臣、斎藤実《さいとうまこと》海軍大臣、林董《はやしただす》逓信大臣ら各省の次官・局長二十名あまり、宗教界からは七十一名が参加した。うち五十一名が仏教者、十三名が神道家、七名がキリスト教徒だった。[53]

当日のセレモニーはなんら具体的な決議や意見の交換のないまま、あっけなく終わった。翌日、こんどは宗教側が政府関係者を華族会館に招待し、決議をおこなう。それは次のようなものだった。[54]

・吾等は各々其教義を発揮し、皇運を扶翼し、益々国民道徳の振興を図らんことを期す。

・吾等は当局者が宗教を尊重し、政治宗教及教育の間を融和し、国運の伸張に資せんことを望む。

宗教団体と当局者のあいだで宗教者による皇運扶翼と国民道徳の振興、政治と宗教と教育の融和が確認され、宗教の公的役割が宣示されたのである。

日生もこの決議に署名している。三教会同の実現に尽力した日生にとって、「国民道徳の精神を発揮し、……宗教に対して熱誠なる信仰を以て大国民として人生を送るゝことが最も大事であ」り[55]、政府との関係は不可欠のものだった。

落涙嗚咽

三教会同から五ヵ月後の明治四十五年（一九一二）七月三十日、智学にとって「生れて始めての悲しみ」[56]が到来する。

明治天皇の崩御である。

明治人にとって、天皇は近代の発展を象徴する人物だった[57]。典型的な明治人である智学にとって、明治天皇の崩御は大きな悲しみであり、「天皇」が教学的に重要な存在として位置づけられている立正安国会にとって、その逝去は大きな痛手だった。

明治天皇という権威の死は、国内に「天皇観・国家観の流動化[58]」をもたらし、日露戦後の社会的アノミーを増幅した。明治天皇を継承した大正天皇の即位は権威の回復をもたらさず、国体神話の信憑性が低下し、権威不在の機関説的な状況を生じさせることになる。また、大正政変や第一次護憲運動などを通じて、権力中枢の不安定化も進行する。

では、智学と日生は、明治天皇の死をどのように受けとめたのだろうか。まず、智学からみていこう。

七月二十日、三保最勝閣へ今上天皇重患の知らせが届いた。智学をはじめとする全会員は斎戒沐浴して身体を清め、大宝殿に集合し、平癒祈願の修法を修めた。祈願は連日連夜続けられたが、三十日午前零時四十三分、ついに天皇は崩御する。

里見岸雄（智学の三男）の述懐によれば、天皇崩御の「一大悲報に全員は皆すすり泣いた」[59]。このとき、当時十四歳の里見は侵すべからざる威厳の持主と思っていた智学が落涙嗚咽したのでびっくりしたと、後年、自伝に記している[60]。

「国体の権化」

大行《たいこう》天皇の奉弔大法会が九月十六日から二十四日まで修められた。十六日の大行天皇追弔大法会に始まり（姉崎も参列）、翌日の今上《きんじょう》天皇御祈願法会、そして十八日から二十四日までの「本化教判法華八講」という特別の儀式を通じて執行された。儀式後の二十五日には京都と大阪の会員がくわわって、智学を先頭とする百五十余名が桃山御陵を参拝している。

これ以降、智学の国体論のなかで明治天皇が重要な位置を占めるようになる。智学は、みずからの明治天皇論を『国体の権化明治天皇』（師子王文庫、一九一三年）、『明治大帝論』（天業民報社、一九二七年）、『明治天皇の哲学』（天業民報社、一九二九年）にまとめている。

奉弔大法会の直前に発行された『国柱新聞』一五号（大正元年九月一日発行）に、智学の「大行天皇の御大喪に就て」が掲載されている。智学は、明治天皇の存在を「本化教徒の立脚地から」、次のように規定する。

［大谷註：明治天皇は］世界の盟主として、全世界の思想道徳を統一するところの本門の大戒壇世界第一の本尊の立つべき大霊国たる、本仏本化の預言の通り、其の準備の為に出現せら

れた大菩薩であると信ずる、「此菩薩折伏を現ずる時は、賢王となッて愚王を誡責す」とある所の本化大菩薩の御出現である。（三頁）

ここには、天皇＝戒壇願主＝上行菩薩＝賢王という『本化妙宗式目講義録』の見解が表明されている。とりわけ、『観心本尊抄』摂折現行段の一節が引用されて、天皇が賢王であると断定されているのを確認しておこう。

また、『国体の権化明治天皇』では、明治天皇が「釈迦基督等の大聖人と匹敵して世界に指を折るべき所の偉大なる聖人」と位置づけられ、その事蹟を教育勅語の宣示、大日本帝国憲法の発布、「国体の御自覚体現」にまとめている。

智学にとって、明治天皇は「国体の自覚」を体現した「国体の権化」を意味していた。国体の自覚を失っている日本国民にたいして、明治天皇を通じて日本国体を自覚することを要求するのである。

智学の明治天皇論は、『明治大帝論』と『明治天皇の哲学』によってさらに精緻化されていくが、ここでは智学にとって明治天皇と国体が一体であること、智学の日蓮主義とその国体論には明治天皇の存在が不可欠であることを確認しておこう。立正安国会にとっては、明治天皇ならびに明治という時代がその後の活動の基準となっていく。

智学に比して日生は……

一方、日生はどのように対応したのだろうか。

そのとき、日生は浅草にいた。折から七月二十三日から二十九日までの一週間、天晴会主催の第三回夏期講習会が浅草の統一閣（後述）で開催されていた。

講習会最終日の夜、日生や姉崎は明治天皇危篤の号外を手にする。天皇崩御を経て、八月三日、統一閣主催の大喪大法要が営まれ、日生を導師として東京府下の顕本法華宗全寺院の僧侶が参加した。[61]日生は全国の僧侶にたいして、大喪中の心得を訓示している。

五日には大行天皇奉薦会を挙行し、天晴会会員が参列した。矢野茂大審院検事が天晴会を代表して奉薦文を奉読し、八代六郎《やしろろくろう》海軍中将と姉崎、日生がそれぞれ講話をのべた。九月十四日には明治天皇遥拝追悼式が営まれた。[62]この時期、各地の顕本法華宗寺院でも追悼の法要がおこなわれている。

『統一』二一〇号（大正元年八月号、八月十五日発行）は、今上天皇による皇位継承の勅語を掲げ、追悼の辞と姉崎による「御製拝読の感」を掲載している。しかし、明治天皇崩御にたいする日生の見解は、『統一』にはみることができない。崩御についての記事もほとんどなく、『国柱新聞』とは対照的である。以後も、日生は智学にくらべて「天皇」にはあまり言及していない。

奇怪の説 —— 清水梁山の天皇本尊論

日蓮主義の「三大家」（智学、日生、梁山）のなかで、「天皇」の日蓮教学的な位置づけがもっとも極端だったのが、清水梁山である。

梁山は『日本の国体と日蓮聖人 —— 一名、王仏一乗論』（慈龍窟、一九一一年八月十五日）を著し、天皇を本尊と位置づける、いわゆる天皇本尊論を提起した。梁山の日蓮主義的国体論は同書で体系化された。

同書は内務省神社局編纂の『国体論史』（一九二一年）で取り上げられ、こう評されている（執筆者は歴史学者の清原貞雄）。

日蓮の国体論なるものを拈出し牽強付会以て我国体と日蓮宗とを結びつけんとせり。其論ずる所奇怪殆ど説くに足らざるものなれど、斯くしてまで我国体と関聯を保たんとする所に当時の思潮を見るべきなり。（三〇五頁）

大逆事件と南北正閏問題の発生によって、国体研究がそれ以前にくらべ盛んになり、国体論関係の書籍の刊行も増加していた時期に本書が刊行され、その「奇怪」な説を清原はいぶかしんだのである（ちなみに、智学の名前は出てこない）[63]。いわば、異端の国体論として評価されていたことがわかる。

では、梁山はどのように「我国体と日蓮宗とを結びつけん」としたのだろうか。『日本の国体と日蓮聖人』のポイントだけ確認しておこう。

梁山は、日本国と『法華経』との関係を「王仏一乗の関係」（三一四頁）と指摘する。すなわち、「王法」と「仏法」の一体性を説くわけだが、智学の場合、日蓮仏教と国体の関係はあくまでも日蓮仏教の優位性が担保されていた。しかし、梁山の場合、むしろ国体と天皇の優位性を強調しており、

仏の本地は転輪聖王にて、すなはち日本国の大君にて坐《おわ》すなり。（三一四〜三一五頁）

王仏一乗の本尊なれば南無妙法蓮華経の七字は即て我国の大君の宝号なり。（三一五頁）

と述べている。「日本国の祖先と法華経」（一九〇三年）では、「日本皇室の祖神が直ちに唯一久遠の釈迦牟尼なる」と説いていたが、その関係がまったく逆転していることがわかる。さらに、本尊について、次のように説示する。

［大谷註：日蓮］聖人の宗としては法華経本門寿量品に説きたる唯一の本仏なり。この本仏の宝号をば南無妙法蓮華経の七字に写し顕はしたり。この七字は即本尊の正体なり。この本尊の正体は即日本国の天皇《スメラミコト》にて坐すなり。（三六四頁）

智学が人法一如論、人面法裏論の本尊論、日生が本仏実在の人本尊論を採り、あくまでも日蓮仏教上の本尊を措定するのにたいして[64]、梁山はそれを逸脱して天皇本尊論を提示するのである[65]。

こうした梁山の立場は、「法華を神道的（ないし「国体論的」）に開顕することによって成立する「神本仏迹」的な国体論」だった[66]。いわば、法華神道的な国体論という特徴をもつ。また、国学者の大石凝真素美《おおいしごりますみ》との交流にみられるように、法華古神道的な秘教という一面もあった。

以上のような梁山の天皇本尊論は、大正期の献納本尊問題（第六章1節参照）を通じて日蓮門下に普及し、昭和初期以降の仏教アジア主義者・高鍋日統の蒙古開教[67]や、昭和十年代以降の日蓮門下における皇道仏教の形成と展開（第十三章3節参照）に影響を与えていくことになる。

『日韓合邦と日蓮聖人』

さらに、梁山の教説で注目しておきたいことがある。『日韓合邦と日蓮聖人』というテキストについてである。これは、明治四十三年（一九一〇）八月二十二日の韓国併合にたいする梁山の見解である。『日本の国体と日蓮聖人』刊行約一年前の同年九月三日、唯一仏教団の土曜講演で、梁山は「日韓合邦と日蓮聖人」と題する講演をおこなった。この講演録が同年十月二十五日に同じ題名で冊子化された。

じつはこの本において「八紘一宇」という言葉が智学に先んじて用いられているのである。内容を一瞥しておきたい。

梁山は「日韓両国の合邦」を歓迎し、日本神代史を根拠として、日本と朝鮮が「同朋の国」であると断ずる。『日本書紀』で素戔嗚尊《すさのおのみこと》が根国に退去を命じられる逸話を挙げ、根国が朝鮮であると解釈し「日本皇室の御祖先天照太神の弟素戔嗚尊……《ママ》実はこの御方が朝鮮に行かれて彼の国祖となられたのである」（五頁）と述べる。

梁山は「日本国の祖先と法華経」で日本の古代語とインドの梵語との比較から、「日印同種論」を主張したが、ここでもそれを適用し、日鮮同祖論を主張した。つまり、日本・朝鮮・印度同祖論となるが、では、その祖先はどうなるのか。

「日本国の祖先と法華経」では日本国の祖先がインドから渡来したと説いていたが、『日韓合邦と日蓮聖人』ではそれが方便であると弁明した。そもそも『法華経』如来寿量品第十六が説かれた舞台はインドの霊鷲山《りょうじゅせん》を離れた虚空（虚空会）であり、それは「大日本国」であるという。「虚空に上つてからは釈尊も亦大日本国の神である」（八八頁）として、『法華経』如来寿量品は大日本国を説いたものであり、「大日本国の人が来つて大日本国の祖先となられた」（八九頁）と断言する（ここに『日本の国体と日蓮聖人』で示される天皇本尊論の原型を垣間みることができる）。

さらに次の発言にも注目されたい。

> 其の絶対の大日本国とは何であるかと云ふに言はゆる八紘一宇のことで、朝鮮も支那も凡そ坤輿《こんよ》の上に森列されたる邦国は本来すべて大日本国であつて大日本国の外には何等の邦国もなければ亦何等の君王もない。世界一君万邦一国と云ふことが絶対の大日本国なるものである。（七七〜七八頁、傍点大谷）

この「絶対の大日本国」は「万世不易の真理」であり、ここに皇統が建てられ、日本が建国された。「絶対の大日本国」を根本理想、偉大な使命として、「公道正義の天意」を世界中に宣命すべきだと説く。梁山によれば、この理想を有していたのが、日蓮だった。

「八紘一宇」の初出

日蓮は『法華経』によって日本の神世を理解でき、『法華経』によって自分が「日本国を救ふべき祖宗の特派使」（八二頁）だと覚ったのだという。なぜならば、『法華経』は「八紘一宇の大日本国を表はされた神典神史」（八七頁）だったからである。こうした観点にもとづき、梁山は

「今日の合邦を永遠に成効せしめむと［大谷註：する］ならば須らく日蓮聖人の理想を以て理想とせよ」（六九頁）と説く。

梁山は先に紹介した「八紘一宇」の用いかた以外にも、「八紘一宇の祖宗の誥謨《こうぼ》」（五七頁）、「雄大なる八紘一宇の神誥神謨」（六九、七〇頁）との言いかたもしている。ただし、典拠である『日本書紀』神武紀の一節、「兼六合以開都掩八紘而為宇」（六合を兼て都を開き、八紘を掩うて宇と為さん）は示していない。さらには翌年の『日本の国体と日蓮聖人』でも、「八紘一宇の皇猷と申すはこの［大谷註：『法華経』の］宝塔品なり」（三二〇頁）、「我が皇室の御紋章は八紘一宇の皇猷を表はし」（三二一頁）のように用いている。

もともと、「八紘一宇」は、智学が『妙宗』七編二号（明治三十七年二月六日）巻頭の「吾人の祈」で「掩八紘以《ママ》為宇」を「天下一宇」と成語化したことに始まる。[68]『世界統一の天業』（明治三十七年四月二十四日）でも巻頭に神武紀の一節と「天地一宇」を示し、二九頁で「六合を兼て都を開き、八紘を掩うて宇と為さん」と紹介している。その後、「神武天皇の建国」（『国柱新聞』三一号、大正二年三月十一日、二頁）で「八紘一宇」と成語化し、後述する『日本国体の研究』（一九二二年）で大々的に取り上げ、社会に普及していった。

これは里見岸雄が『田中智学の国体開顕』（一九四〇年）で示した見解である。私は里見の研究を参照し、また、宗教法人国柱会所蔵の資料を閲覧したうえで、拙著『近代日本の日蓮主義運動』（二〇〇一年）において「神武天皇の建国」が初出であると指摘した。しかし、それに先んじて、明治四十三年（一九一〇）十月の時点で、梁山が用いていたことが判明した。よって、「八紘一宇」の初出は梁山の『日韓合邦と日蓮聖人』（一九一〇年）になる。

この成語化をめぐって、梁山が智学から影響を受けたのか、逆に智学が梁山から影響を受けたのかについては現時点では定かではないが、梁山は『日本の国体と日蓮聖人』において「己れの幼き頃よりの親しめる友田中智学は、明治三七年の頃、勅語玄義なる一冊を記せり」（二〇七頁）と述べており、智学の『勅語玄義』の内容を紹介している。また、日常の交友関係もあったことから、梁山が智学から影響を受けたことは十分に考えられることである。

ともあれ、『日本書紀』神武紀の一節である「掩八紘而為宇」を「天下一宇」とし、さらに「八紘一宇」と成語化したのは、智学であることはまちがいない。

第六章
「日蓮主義の黄金時代」と日本国体学

高山樗牛の墓

1　多様な展開

日蓮主義の流行はいつか？

大正前期に「日蓮主義の黄金時代」が到来した。そう指摘するのは、戸頃重基である。戸頃は、大正時代（一九一二〜二六年）を第一次世界大戦（一九一四〜一八年）の終戦を境に前後に分け、その前期に「日蓮主義の黄金時代」が田中智学と本多日生によってもたらされたという。[1]

私は、その黄金時代が智学と日生によって招来されたことに同意しつつも、その時期はもう少し拡張する必要があると考える。日蓮主義の社会的流行の兆しは（ここまでで確認したように）明治後期にみられ、その下限は大正十二年（一九二三）の関東大震災発生までと捉える。すなわち、私は「日蓮主義の黄金時代」を一九一〇年前後〜二〇年代初頭と考える。その歴史的プロセスと特徴を概観してみよう。

「日蓮主義」という言葉が産み出されたのは（これまで何度か言及してきたとおり）明治三十四年（一九〇一）五月六日である。田中智学の「宗門の維新［総論］」で創唱された。

また、本多日生は、明治三十六年（一九〇三）八月九日にこの言葉を用いている。この日、東京品川の妙国寺で『統一』一〇〇号（明治三十六年八月十五日）を紀念する中央統一団友会が開催

表6-1　天晴会会員の日蓮主義論考・書籍

書名・論文名	著者・編者	版　元	刊行年
「余の日蓮主義を奉ずる所以」 ＊『新公論』明治42年10月号所収	小笠原長生	新公論社	明治42年（1909）
「海上の歴史と日蓮主義」 ＊『明治雄弁集』後編所収	小笠原長生 ＊大日本雄弁会編	昭文堂	明治44年（1911）
『男性美』二篇	笹川臨風	敬文館	大正2年（1913）
『心理学上より観たる日蓮上人』	高島平三郎	洛陽堂	大正3年（1914）
『日蓮主義』	高島平三郎	日蓮宗大学同窓会	大正4年（1915）
『樗牛兄弟』	姉崎正治、笹川臨風、田中智学、佐藤鉄太郎、山田三良、柴田一能、山川智応 ＊太田資順編	有朋館	同年
『日蓮主義講話』	小林一郎	大同館書店	大正5年（1916）
『我が日蓮主義』	佐藤鉄太郎	東亜堂書房	大正6年（1917）
『波上の日本』	佐藤鉄太郎	実業之日本社	同年
『大正之青年と日蓮主義』	柴田一能	日蓮主義修養叢書刊行会	同年

された。日生は『統一』第一百号の祝筵に臨みて本団の旨趣及前途の施設を述ぶ」と題する演説をおこない「積極的統一主義」を「真正なる日蓮主義」と語っている。

ただし、「日蓮主義」が社会に普及するには数年を要した。その契機となったのが、明治四十二年（一九〇九）の日生による天晴会の結成（一月）と立正安国会の機関誌『日蓮主義』の創刊（五月）である。また、翌年以降、顕本法華宗の僧侶たちも『統一』で「日蓮主義」を積極的に主張するようになる。とりわけ、天晴会に参加した知識人や軍人たちによって「日蓮主義」が語られ、それが『天晴会講義録』以外のメディアに掲載されたり、単行本としても出版された（表6―1）。

また、明治四十一年（一九〇八）に大橋敏郎『日蓮主義』（仏教図書出版協会）が出版される。これは「日蓮主義」を初めて書名とした書籍であり、以降、（天晴会会員の著作以外にも）斎藤舜楞『日蓮主義之道徳』（浜川堂、一九一一年）や田村玄詳『日蓮主義家庭倫理』（村上平楽寺書店、一九一三年）など、「日蓮主義」を書名に含む出版物が次々に刊行されていくことになる。

ちなみに、『太陽』一八巻五号（明治四十五年四月一日）の「時評」欄には、「日蓮主義国家主義」という見出しの記事が掲載されている。「社会の一部に漸く認められんとする日蓮主義なるものあり、日蓮の人格と教義を中心として、宗教的感化を世に施さんといふにあり」と指摘されたのち、「然るに彼等の大なる誤解は、日蓮主義を以て国家主義とし、日蓮を以て、国家的宗教の建設者なりと呼号せる点にあり」（三六頁）と批判されている。当時の「日蓮主義」の勃興をうかがうことができ、（天晴会会員の軍人の語りにみられる）「日蓮主義」＝国家主義（つまり、世間的国家主義）というイメージが批判されていることを確認しておこう。第三章2節で樗牛による「日蓮の国家主義」批判を検討したが、この時期には「日蓮主義の国家主義」に批判の矢が投じられているのである。

なお、智学の日蓮主義思想をコンパクトにまとめた『日蓮聖人乃教義』（師子王文庫）が明治四十三年（一九一〇）三月に刊行され、博文館から発売された。本書は『妙宗式目講義録』のエッセンスを一冊にまとめた国柱会教学の入門書である。発売以来、毎回数千部の重版を重ね、同年七月時点で第四版が品切れ状態であると、『読売新聞』（明治四十三年七月十八日）が報じている。同書では「日蓮主義」という用語自体はほとんど用いられていないが、智学の日蓮主義思想の社会的普及の役割を果たした。大正期以降、石原莞爾、宮沢賢治、井上日召らの日蓮主義第二世代はいずれも同書を手に取っており、本書の影響力の大きさを示している。

樗牛死後の名声

日蓮主義にとどまらず、日蓮その人や日蓮の思想・行動に多くの人びとの目を向けさせ、日蓮主義の社会的流行のスプリングボードになったのが、高山樗牛の言説である。

樗牛の死後、『樗牛全集』は三回刊行されている（第三章の註6参照）。その人気は死後も絶大なるものがあった。徳田（近松）秋江の「文壇無駄話（之れも個人の告白?·）」（『読売新聞』明治四十二年九月二十六日）には、次のようなエピソードが紹介されている。

此な間も、二三の友人と連れだつて散歩の節、早稲田大学前のある書肆で、番頭の言ふのを聞くと、樗牛全集くらゐよく売れる本はないさうである。九月学校が開ける時期になつて学生が段々戻つてくるにつれて、樗牛全集の一冊が売れない日は一日もないさうである。

（七面）

大正三年（一九一四）に『増補縮刷　樗牛全集』が刊行される際、先の全集が十年間版を重ね、多い巻は二十版、少ない巻も十七、八版の重版を下らないと「緒言」で述べられている。まさに樗牛の著作は、当時の青年の愛読書だった。

樗牛死後の名声の普及に多大なる役割を果たしたのが、言うまでもなく、親友の姉崎正治である（第五章1節も参照）。明治三十六年（一九〇三）の樗牛会の設立に始まり、樗牛に関する講演や執筆を数多くおこない、三回にわたる全集の編者も務めている。また、樗牛の文篇を一冊にまとめた『文は人なり』（博文館、一九一二年）を編集し、樗牛の日蓮論を山川智応との共編で『高山樗牛と日蓮上人』（博文館、一九一三年）にまとめている（前著の扉と表紙の文字、後著の表題は智学の揮毫）。私の手元にある前著は大正五年（一九一六）六月三十日付で四十一版、後著は大正十二年（一九二三）五月十五日付で二十四版を数え、その人気ぶりがわかるであろう。日蓮主義第二世代、第三世代の青年たちもこうした樗牛の著作を手にし、日蓮主義へと導かれたのである。

一方、樗牛の影響で日蓮信仰に入った姉崎は、大正二年（一九一三）九月から二年間、ハーバード大学に滞在し、講義をした。その滞在中に書き上げた英語の著書の一冊が『日蓮 仏教の予言者』（*Nichiren, The Buddhist Prophet*, Cambridge: Harvard University Press, 1916）である。帰国後に本書を翻案して刊行したのが、『法華経の行者日蓮』（博文館、一九一六年）であり、同書もまたベストセラーとなり、日蓮主義の流行に寄与した。

日蓮主義ネットワークのさらなる広がり

大正期に入り、日蓮主義ネットワークはさらに拡大した。明治末期（一九一〇年前後）から大正期（一九一〇年代）にかけて、知識人の組織化や大学・専門学校における日蓮研究会の発足など、日蓮主義の社会的な受容が進んだ。

大正三年（一九一四）四月には「法華経の教義と日蓮上人の主義主張を宣伝すべき急務を認め……文筆と言論の二途によりて斯の大事に当らんとす」るため、法華会が東京で創設された。[2]天晴会からわかれた知識人中心の日蓮仏教の研究会で、小林一郎（日蓮宗大学講師）、矢野茂（元大審院検事）、山田《やまだ》三良《さぶろう》（東京帝大法科大学教授）が幹事を務めた（姉崎は発起人に名前を連ね、智学と日生は賛助者として会を支援した）。

また、東京都下の学生団体として、東京帝大と第一高等学校の樹洽会、東京高等商業学校（現・一橋大学）の一橋日蓮鑽仰会、東京医科歯科学校（現・東京医科歯科大学）鑽仰会、早稲田大学の日蓮主義研究会、慶応大学の日蓮主義研究会、東洋大学の橘香会、日蓮宗大学（現・立正大学）同窓会などがあった。大正期にはこれらの学生団体が結集し、大正五年（一九一六）五月には日蓮上人鑽仰都下学生大会が開催され、大正九年（一九二〇）一月には日蓮主義宣伝学生連合会が結成されている。

これらの学生団体の講師を智学や山川、日生をはじめ、小林一郎や山田三良、佐藤鉄太郎などの天晴会や法華会の会員が務めた。

日生は、明治四十三年（一九一〇）四月に設立された樹洽会に創立当初から講師として招かれ、大正初期に『無量義経』や『法華経』の講義を担当するほか、大正四年（一九一五）五月には橘香会の名誉会長に就任している。同年には山川智応が中央大学で月例講演会を開始している。ほかにも国柱会（大正三年に立正安国会から改称、後述）や顕本法華宗・統一団、天晴会、法華会は一般人を対象とする公開講演会を積極的に開催し、日蓮主義の普及に努めた。

なお、日蓮主義ネットワークは国内にとどまらず、植民地にも編成されていた。朝鮮の釜山に大正五年（一九一六）一月十一日、日蓮鑽仰天晴地明会が設立され、[3]翌年六月には木浦にも天晴地明会が創設された。[4]帝国日本の拡張にともない、ネットワークも帝国化していたのである。同時期、国柱会の支部も朝鮮の京城と中国の大連にあった。

出版物が続々と

大正期以降、日蓮主義関係の出版物の刊行が相次いだことは前述した。（日蓮主義に直接言及しているわけではないが）山川智応の『和訳法華経』（新潮社、一九一二年）や姉崎正治の『法華経の行者日蓮』（博文館、一九一六年）は一般社会にも多くの読者を得た書籍である。

また、智学の指導のもと新潮社から出版された「日蓮主義研究叢書」全十冊が大正四年（一九一五）五月から大正九年（一九二〇）五月にかけて、新潮文庫として刊行された（表6―2）。「日蓮主義の書籍が名ある書肆から発行されたのはこれが最初」だった、と山川智応は後年、述懐している。[5]

日生もまた『日蓮主義』（博文館、一九一六年）を皮切りに、『日蓮主義研究講話』（中央出版社、一九一七年）、『修養と日蓮主義』（博文館、同年）のように、毎年のように「日蓮主義」を付した著書（その多くが講演録）を公にしていった。日生の著作が博文館のような著名な出版社から刊行されるようになるのも、この時期からである。

以上のように、天晴会や法華会の会員たちの講演や著述、樗牛と姉崎の著作の刊行、日蓮主義関係の著作の出版を通じて日蓮主義のメッセージが広く社会に発信され、国内と植民地に張りめぐらされた日蓮主義ネットワークや一般社会にそのメッセージが受信されることで、日蓮主義の社会的な流行現象が発生し、その「黄金時代」を迎えるのである。

なお、大正教養主義の担い手のひとり、倉田百三《くらたひゃくぞう》の『出家とその弟子』（岩波書店、一九一七年）を筆頭に、大正後期（とくに大正十一年［一九二二］）に数多くの「親鸞もの」の小説が刊行

表6-2　日蓮主義研究叢書のラインナップ

書　名	著　者	版　元	刊行年
『和訳法華経』	山川智応	新潮社	明治45年（1912）
『日蓮聖人と耶蘇』	山川智応	新潮文庫「日蓮主義研究叢書」全10冊	大正4年（1915）5月～9年（1920）5月
『国聖としての日蓮聖人』	志村智鑑		
『種々御振舞御書略註』	山川智応		
『龍口法難論』	田中智学		
『聖訓の研究』	志村智鑑		
『日蓮聖人と親鸞』	山川智応		
『立正安国論新釈』	長滝智大		
『日蓮主義と世の中』	志村智鑑		
『日蓮主義と現代将来』	山川智応		
『日蓮聖人の教へられたる国家と人生』	志村智鑑		
『法華経の行者日蓮』	姉崎正治	博文館	大正5年（1916）

され、「空前の親鸞ブーム」[6]が発生する。大正期にはまず、日蓮（日蓮主義）の流行が起こり、親鸞の流行がそれに続いたのである。

日蓮主義のヴァリエーション

大正期を通じて、「日蓮主義」の用語は日蓮仏教界でも完全に自明化し、さまざまなヴァリエーションが登場した。『日宗新報』一二二三号（大正二年二月十六日）に掲載された日蓮宗の教学者・北尾日大（一八七七～一九四六）の「新日蓮主義」という小文に着目しよう。当時三十五歳の北尾は「旧日蓮主義」と区別した「新日蓮主義」を唱えた。それは「現代的批判宗学の成立を期す」こと、「現代的信念修養の方針を確立すること」を意味していた。「現代宗門の巨人」である智学と日生を「新旧両時代の中間に現れた」る、模範的活宗教家」として敬意を払いつつも、青年はさらに進んで「新日蓮主義」を標榜し、「宗門の維新と国家人類の改善」に全力を尽くすべきであると主張している。また、二十代なかばの加藤文雄は「講壇上の口舌」に終始する「講壇日蓮主義」[7]を批判している。

その一方、国柱会の山川智応は「日蓮主義研究叢書」の発刊の辞で、智学によって創唱された「日蓮主義」を「純正日蓮主義」と規定し、ほかの日蓮主義との差別化を図った。「純正日蓮主義」は「明治以前に於いて、一回も適当に研鑽せられたことがない、これ正にわが恩師の絶叫に初まり、明治聖世の後半期より大正聖代以後の日本及び世界が、天より下された最高最大の問題である」[8]という。しかし、これ以降、各方面で「純正日蓮主義」という用語も一般化していくことになる。

日蓮門下統合の機運

ここで、大正前期の日蓮門下の動向を一瞥しておきたい。

第一次大戦開戦から約四ヵ月後の大正三年(一九一四)十一月八日、東京の池上本門寺で本妙法華宗、日蓮宗、本門法華宗、本門宗、法華宗、顕本法華宗、日蓮正宗の日蓮門下七教団(宗派)の統合帰一が決議された。[9]

時代をさかのぼると、明治三十五年(一九〇二)の日蓮開宗六百五十年紀念大会の際、日蓮門下各派統合の実行を期すことが決議された。まず日蓮宗と顕本法華宗の合同が提案され、日蓮宗の脇田堯惇、日生、智学がその後見役として推戴された。しかし、この決議は実現することがなかった。

それから十二年を経て、統合が決議されたのである。日蓮没後すぐから諸門流が対立と分裂をくりかえしながら発展してきた日蓮教団にとって、画期的ともいえるできごとだった。また、日生や智学にとって、日蓮門下教団の統合(門下統合運動)は自分たちの運動の重要な目的のひとつだった。とりわけ、日生は「日宗統一」を掲げて明治二十九年（一八九六）に統一団を創設したのであり、ふたりの取り組みがここに結実した。

大正三年（一九一四）十一月八日の統合会議では、宣言書の採択と門下統合に向けての決議がなされた。

宣言書では「須く直に各教団の融合帰一を断行し異体同心の聖訓を体読し以て速かに王仏二法の冥合を成就し閻浮統一の大願を満足せしむへし」と宣示された。[10] これこそ、まさに智学と日生が主張してきたことだった。

さらに会議では、日蓮門下の統合帰一の実現を期すこと、対外的布教活動における相互協力、教育機関の設立、各教団からの交渉委員の選出が決議された。

会議終了後、各宗派で交渉委員が選ばれ、継続的に委員会や会議が開かれ、順調に統合のための準備が進んだ。また、法華会の小林一郎、矢野茂、山田三良らが中心になって、日蓮門下統合後援会も結成されるなど、在家者の後援活動も積極的になされた。

あえなく挫折

その結果、翌大正四年（一九一五）六月二十日、東京浜町の日本橋倶楽部で統合規約成立発表会が開催され、日蓮門下七教団の統合規約の合意が調印されるにいたる。

統合規約では、「聖祖門下七教団ハ教判ノ本旨ニ従ヒ統合帰一ヲ実現センコトヲ期ス」という第一条にはじまり、教義の統合（第二条）、教義統合委員会の設置（第三条）、制度調査委員会の設置（第四条）、対外的布教（第五条）、大講習会や講演会などの「連絡的布教」（第六条）、七教団の統合大学の設立（第七条）等、全十五条が公表された。

発表会終了後の午後一時からは、法華会・国柱会・天晴会主催の日蓮聖人門下有志大会が同じ会場で催され、午後六時からは会場を両国の福井楼に移して、大懇親会がおこなわれた。三百余名が参加し、智学の解説により、宗歌をはじめとする謡曲、琵琶、舞踊、常磐津の国性芸術（『法華経』によって開顕された日本国体の美を表現した国柱会独自の芸術）が披露されている。参加者には、智学のデザインによる「統合正宗」（清酒）や「統合サイダー」「統合団子」「七教団子」（「日蓮主義の一串」の意味をもつ）が配られた。

こうして発表会は無事に終わり、統合が進むと思われたが、その後、またもや統合は実現しなかった。翌年に日蓮宗が離脱したことにより、教団統合はふたたび挫折してしまう。日蓮門下が再々度連携するのは、大正十一年（一九二二）の立正大師諡号宣下（第八章1節参照）を待たなければならなかった。

謎の曼荼羅――奉献本尊問題の発生

統合規約成立発表会が開催された大正四年（一九一五）、日蓮門下に大きな反響をよんだできごとが起こる。いわゆる奉献本尊問題（または護国曼荼羅論争）である。[11]

ことの発端はこうである。大正元年（一九一二）十月、京都府相楽郡加茂村（現・木津川市加茂町）の日蓮宗寺院・燈明寺境内の三重宝塔から、ある曼荼羅が「発見」された。発見したのは、燈明寺の持主で日蓮宗在家信者の川合芳次郎である。[12]川合がこの曼荼羅を日蓮宗にもちこんだ。

この曼荼羅は類例のない不思議な曼荼羅だった。

通常、日蓮真筆の曼荼羅本尊は、「南無妙法蓮華経」の中尊七字の真下と日蓮の花押のあいだに天照大神と八幡大菩薩が勧請されるのが一般的で、この曼荼羅もその座配を踏襲している。しかし、特異なのは天照（右）と八幡（左）のあいだに「聖天子金輪大王」が勧請されていたことである。さらに、日蓮の花押の向かって左には脇書として、

諸天昼夜常為法故而衛護大日本国

弘安四年五月十五日

と認《したた》められていた。すなわち、日蓮が二度目の蒙古来襲（弘安の役）直前の弘安四年（一二八一）五月十五日、日本の衛護のために認めたと推測される曼荼羅なのである。こうした特徴から、「大日本衛護本尊」「蒙古調伏本尊」「護国本尊」「奉献本尊」などと呼ばれてきた。

その真偽については出所や図式、筆致などから問題点が多く確定されなかった。ところが、なんとこの曼荼羅が「蒙古調伏国体擁護本尊」（通称、大典記念献納本尊、略して奉献本尊）として、大正四年（一九一五）十一月十日の大正天皇の即位の礼を奉祝して、日蓮宗から宮内省に献納されてしまう。

献納の際には「奉献本尊玄釈」（以下「玄釈」）が添えられた。後日、この「玄釈」と「奉献本尊開光文」「奉献本尊説明書」が『日宗新報』御大典奉祝号（大正四年十一月十日）に発表されたが、その内容も問題化する。[13] これらは清水梁山（当時五十歳）によって執筆された。

清水龍山による批判

その内容にたいして詳細かつ徹底的な批判を投じたのが、日輝教学の継承者で日蓮宗大学（現・立正大学）の教授である清水龍山（当時四十五歳。のちに学長）だった。

梁山は明治四十四年（一九一一）に日蓮宗に復属し、大正三年（一九一四）九月から日蓮宗大学の講師を務めていた。[14] 龍山は梁山を「名は単に一講師に過ぎずと雖も、実には宗学上の中心指導学長」と評している。[15] ただし、「薩師［大谷註：新居日薩のこと］以来異流として排斥せられるもの」[16]という認識だった。

王法と仏法の一致を説き、王法の優位を強調する王仏一乗論に立つ梁山は、「玄釈」のなかで、この「本尊大曼荼羅ハ王仏一乗ノ玄秘也。中央ノ七字［大谷註：「聖天子金輪大王」のこと］ハ本尊ノ正体即チ我ガ聖天子金輪大王」と述べる。つまり、金輪大王（転輪聖王）＝聖天子（天皇）という見解を提示したうえで、「本門寿量仏本尊トハ正ニ我ガ聖天子ヲ指ス」と、自説の天皇本尊論を展開している。

さらに「説明書」（日蓮宗管長・小泉日慈名で発表）には、「転輪聖王は王中の王世界統一の大王なれば大日本国を中心として世界の統一を行ふべき意を示された」と記されている。いわば、梁山の天皇本尊論によって意味づけされた奉献本尊が日蓮宗当局から皇室に献上されたのである。

龍山は、こうした宗門当局の献納行為を問題視し、献納前から日蓮宗の宗務総監や管長に疑義を呈した。十一月十六日には「大典紀念奉献本尊玄釈を読んで清水梁山師に質す」を執筆し、梁山の「玄釈」にたいする宗学的な批判をおこない、『日宗新報』への掲載を求めたが、編集部から拒否されている。また、智学や山川智応、日生にこの問題について見解を求め、とくに山川とは十二回におよぶ書簡のやりとりをしている。

しかし、龍山の訴えは実らなかった。龍山はこの問題に関する批判、資料、書簡、反響等をまとめ、翌年四月二十八日（立正会）に『偽日蓮義真日蓮義』（東福寺）を刊行した。その批判点を確認しておきたい（以下、同書から引用）。

龍山からみれば、（梁山説は）「宗義の正格に非ずして台密の余唾」（一一頁）、「日本天台中下期暗黒時代に流行せる両部神道山王一実神道の相伝口訣」（二五頁）であり、梁山の王仏一乗論は「神仏一体習合の教義」（二六頁）を意味していた。中古天台にみられる台密＝法華神道と捉えるのである。さらに、その説を「国体迎合曲学阿世」（二七頁）と厳しく指弾した。その批判の矛先は智学にもおよび、「彼の一人は全然神官服なり。他の一人は亦相似たる服装なるまでか可笑。此説如何にも際物師《きわものし》的なり。時代向なり」（一八八頁）と批判した。

つまり、龍山は梁山と智学の日蓮主義的国体論を時代に迎合した「際物師的」な教説として強く弾劾したのである。

なお、日蓮宗においては、霊艮閣版『日蓮聖人御遺文』（一九〇四年、通称『縮刷遺文』）の御真蹟対照主任を務めた稲田海素（一八六九〜一九五六）がこの曼荼羅を「後世野心家之所偽造無相《こうせいやしんかのぎぞうするところにそう》違者也《いなきものなり》[17]」と断じていた。

智学と日生の見解の相違

では、智学や日生は奉献本尊の真偽や天皇の位置づけをどのように考えたのだろうか。

智学と山川の見解は――西山茂が詳述しているように――基本的には真筆説を採用している。[18]

転輪聖王＝天皇説を採る国柱会教学では、真筆説を強調する教学的な理由があった。梁山と同じく、「転輪聖王は王中の王世界統一の大王」でなければならなかったのである（ただし、智学と山川の場合、仏法の優位性が大前提だった）。

一方、日生は同年十二月十九日付の龍山への手紙のなかで「斯かる珍説の吾教学界に現出するは遺憾に存候」と認め、十二月二十二日付の手紙でも「彼［大谷註：梁山のこと］の玄釈の天皇本尊論に至りては、尤も誤釈の明白なるものと信じ候」と記している。[19] また、十二月十八日の天晴会例会で「日蓮聖人終生一貫の主張」を講演し、その講演録が『統一』二五一号（大正五年一月十五日）に掲載された。ここに、日生の見解が公的に表明されている。

「天皇陛下を以て宗教の本尊と同視し、天皇宗を立せんとする者あり、日蓮門下にして此見解に付和雷同せんとする者を生ぜり」（五頁）と、日生はこの問題を憂いている。

「皇位の絶対神聖は今更言ふも畏こし、然れどもこの絶対神聖の語義は、現実界に於ての事なり」と述べ、「特に日蓮門下にして之に雷同するが如きは、其迷見断じて許すべきにあらず」（六頁）と日生は断言している。

日生は真偽問題については言及しなかったが、梁山の天皇本尊論にははっきりと反対を表明した。智学や山川にくらべて、日生の場合は「天皇」にたいして特別な教学的な意味づけをしておらず、本仏実在の人本尊論を採っていることから、このような見解が提示されたのである。

なお、日生率いる顕本法華宗では、大正天皇の即位大典の奉祝として、紺紙金泥金縁の『法華経』一部八巻を日生の名前で献上した。[20]

2　統一団と国柱会

統一閣の建設

「日蓮主義の黄金時代」を迎えるなか、統一団と立正安国会は教団組織を再編成して、新たな体制のもとで活発な活動をくりひろげることになる。

まず、統一団からみていこう。

明治四十三年（一九一〇）前後から、宗派内外の活動が活発化したことにより、日生は新たな宗教施設を建立することになる。明治四十五年（一九一二）四月二十七日、東京の浅草北清島町に「帝都布教道場」統一閣を開堂した。

それまで統一団をはじめとする各団体の活動は、同地の常林寺内の会堂を使用していたが、常林寺と盛泰寺、安盛寺の三寺を合併し、村上貞蔵、中村祐七、安川繁種などの篤志家の浄財によって、一千余人を収容できる新会堂が建立された。その構造は洋式三階建てで、間口が十間（約一八・二メートル）、奥行きが七間半（約一三・七メートル）あり、階下は伝道会堂、階上は講演室、応接室、図書室、休憩室の四室にわかれていた。[21]

以後、統一閣は日生が亡くなるまで、統一団と顕本法華宗、諸団体の活動拠点となる。さまざまな演説会や講演会、天晴会や地明会などの会合、労働者の慰安会、毎週日曜日の日曜講演などがおこなわれ、その活動報告が『統一』に掲載されている。統一閣は当時の人びとに広く開かれており、上野と浅草の間という交通の便利さもあり、檀信徒以外の一般人も集め、数多くの行事が催された。

作家の稲垣真美は、次のような日生の逸話を紹介している。

私の父の話では、明治末年から大正初年にかけて本多の講演は他宗派の学生も多くききに行き、工場などの巡回講演もして、専門の宗教学生には田中智学よりも評判が高かったそうである。[22]

日生の講演録を読めばわかるように、その内容は非常にわかりやすく、当時、学生に限定されない人気を誇っていた。

事実、日生の講演目当てにたくさんの人びとが統一閣を訪れている。そのなかには、陸軍軍人の石原莞爾、新興仏教青年同盟の妹尾義郎、血盟団の井上日召、日蓮会殉教衆青年党（いわゆる「死なう団」）の江川桜堂などもいた（後述）。

統一団の再編成

なお、『統一』二一一号（大正元年九月十五日）で、日生は「統一団翼賛員勧募の辞」を発表し、「統一団規則」を再規定した。統一閣の建立によって統一団を再組織化し、組織の財政を支える援助者（翼賛員）を募集している。これまで統一団と顕本法華宗は未分離の関係だったが、この施策は統一団が財政的に独立することで顕本法華宗からの相対的な自立を図るための施策だったと思われる。

「規則」は「目的」「名称」「事務所」「翼賛員」「資産」「会計」「役員」「評議員会」「補足」の全九章からなる。「第一章　目的」で「本団は日蓮上人の主義を宣揚し其の運用活動を全ふする為め布教社会法要の三部を設け左の事業を行ふ」と規定され、「布教部」「社会部」「法要部」の各セクションが設けられた。

なかでも社会部の事業として、社会状態の研究、通俗教育の講演、労働者の慰安、人事顧問、夜学会や監督寄宿舎の開設が掲げられた。役員として総裁一名、総務一名、部長若干名、庶務員若干名が設けられ、日生が総裁に就任している。

日蓮主義の発揚とその運用活動のために統一団は再組織され、再スタートを切った。

立正安国会から国柱会へ

大正三年（一九一四）十一月二～四日の三日間、三保の最勝閣で「最勝閣正境宝殿落慶式」が盛大に挙行された。

智学は、「一閻浮提唯一の模範的なる本尊殿」として、本尊壇式（「御宝壇」または「御宝殿」という。いわゆる仏壇のこと）を制定した。それにもとづいて最勝閣の正境宝殿が整備され、正境本尊が遷座された。

宝殿は総檜造りで、内部中央には本尊（佐渡始顕の曼荼羅）が安置された。本尊の左には天壌無窮牌（皇室の霊を祀る位牌）、右には異体同心牌（日蓮の高弟たる六老僧をはじめとする同信の霊と先祖の霊を祀る位牌）が飾られ、法国冥合・人法一如が形示された。この本尊壇式の制定にともなって、立正安国会の地方支部が一元化された。この年の十一月三日をもって、立正安国会は国柱会へと改称され、組織は再編成されて本部—地方支部の中央集権体制が樹立された。

なお、「国柱会」の名称は、日蓮の『開目抄』のいわゆる三大誓願、「我日本の柱とならむ、我日本の眼目とならむ、我日本の大船とならむ」の一節から採られた。

ここで、「国柱会創始の宣言」を確認しておこう。

> 国柱会とは、専ら国聖日蓮大士の解決唱導に基きて、日本建国の元意たる道義的世界統一の洪猷を発揮して、一大正義の下に四海の帰一を早め、用て世界の最終光明、人類の究竟救済を実現するに努むるを以て主義と為し、之を研究し、之を体現し、之を遂行するを以て事業と為す。
>
> （『国柱新聞』九〇号、大正三年十一月二十一日、四頁）

智学は国柱会の運動目的と活動方針をこのように規定した。明治三十四年（一九〇一）の『宗門之維新』や明治三十六年（一九〇三）の講演「皇宗の建国と本化の大教」以来、一貫して主張してきた、日蓮主義にもとづく日本の「道義的世界統一」があらためて宣示されている。

役員と支局

翌大正四年（一九一五）四月二十八日付で、本部役員が次のように決定された。当時五十三歳の智学が総裁に就き、統務（いわゆる理事長）に長滝智大と山川智応、理事に田中芳谷（智学の長男）と高知尾智耀、講師に伊東智霊、志村智鑑、鈴木智靖、田中澤二（智学の次男）、中村智蔵、保坂霊山がそれぞれ就任した（山川、芳谷、長滝は講師を兼任）。

また、同年末までに設置された地方支部（国柱会支局）は、以下の六十三局である（地名は当時のもの）。

小樽（北海道）／毛馬内《けまない》（秋田）／函館（北海道）／青森（青森）／弘前（青森）／藤崎（青森）／花輪（秋田）／鵜川《うかわ》（秋田）／不老倉《ふろうくら》（秋田）／小坂《こさか》（秋田）／磐城《いわき》（福島）／半田（福島）／栃木（栃木）／川口（埼玉）／太田（群馬）／与野（埼玉）／千葉（千葉）／東京／横浜（神奈川）／茅ケ崎（神奈川）／宮前（神奈川）／清見（静岡）／静岡（静岡）／富士（静岡）／浜松（静岡）／四日市（三重）／浜松（静岡）／名古屋（愛知）／高浜（福井）／三国（福井）／富山（富山）／高田（新潟）／金沢（石川）／飯田（長野）／妻籠《つまご》（長野）／京都／与謝《よさ》（京都）／大阪／今井（奈良）／神港（兵庫）／室津（兵庫）／尼ヶ崎（兵庫）／美嚢《みのう》（兵庫）／倉吉（鳥取）／庭瀬（岡山）／呉（広島）／竹荘（岡山）／久世（岡山）／余子（鳥取）／米子（鳥取）／簸川（島根）／松江（島根）／愛媛（愛媛）／福岡（福岡）／長崎（長崎）／佐世保（長崎）／唐津（佐賀）／伊万里（佐賀）／大分（大分）／関門（福岡）／熊本（熊本）／京城（朝鮮）／大連（関東州）

（『国柱会百年史』国柱会、一九八四年、二二二頁）

海外は京城局と大連局のほか、大正五年（一九一六）五月には上海局、九月には旅順局、十一月には遼陽局、さらに翌年二月には奉天局、七月には瓦房店局が新設されている。

戦前の国柱会の会員数

戦前の国柱会（立正安国会）の会員数は、資料が戦災によって焼失したため、不明である。国柱会では、「智学在世中の会員数は三千をこしたことはなかったと思われる」といわれている。[23] しかし、大正十一年（一九二二）十二月二十二日の『読売新聞』五面には、「全国に五万の会員を有する例の国柱会」と報道されている。はたして、実態はどうなのか。

大正十三年（一九二四）十一月ごろに執筆されたと推測される『国柱会ノ事業経営及沿革概要（明治十三年開創当時ヨリ大正八年六月マデノ沿革概要）』という資料がある。[24] 内容は「調査表」と「国柱会ノ事業経営及沿革概要」からなり、いずれも手書きで記されている。

調査表は「名称」「所在地」「創設年月日」「代表者住所氏名」「会員数」「目的及事業種類」「創立ノ動機」「創立当時ノ実情」「資産（種目別）」「経費並ニ維持方法」「最近主力ヲ注キ活動シ居ル事業状況」「事業経営沿革ノ概要」「会員分布状況」「備考」からなる。このなかの「会員数」の項目に、「現在数七千余名」と記載されている。いったい、この資料はどのような性格のものなのだろうか。

じつは、この資料は、内務省社会局および東京府の教化事業調査にたいして提出された書類である。『天業民報』報道号第二一一報（同一三八〇号附録、大正十四年五月十九日）の三頁には、「内務省社会局及東京府の教化事業調査に対し本会より指定事項記入表、事業経営及沿革概要、参考書教書誌籍を提出す」という記事があり、この手書き資料がこの提出書類にあたる。

また、一部分が訂正されたうえで、昭和四年（一九二九）八月に刊行された『全国教化団体名鑑』に掲載された。これは財団法人中央教化団体連合会が編纂した全国各地の教化団体名鑑である。当時、国柱会は法的には宗教団体として認められておらず、公的には教化団体として認知されていた。

この名鑑のなかで前述の資料の内容が紹介されている。このうち、資産や維持方法に最新（つまり昭和三年十二月末現在）のデータが記入されているものの、他はほぼ同じ内容である。「会員数及分布状況」として、「会員ハ本部直属及地方局所属ノ別アリテ其ノ分布ハ海内外ニ及ヒ其数七千余名地方局ハ現在八十四局ニシテ東西両部教鎮之ヲ督ス」（二一九頁）とある。

以上から、大正八年（一九一九）ごろから昭和三年（一九二八）ごろには、国柱会は七千余名前後の会員数を数えていたことがわかる。戦前期における国柱会の活動の最盛期が一九一〇〜二〇年代であることを考えると、戦前の会員数はこの前後であろう（ちなみに、『宗教年鑑』平成三十年版によれば、現在の会員数は一万八千六百八十六人）。

商工業者が多かった

また、会員の社会層についてみると——これも資料がないのだが——たとえば『日蓮主義』九号（明治四十三年一月一日発行）の新年挨拶の広告には、智学をはじめ、保坂、桑原、田中芳谷、志村、長滝、山川などの幹部や各地の組織、会員個人の広告が掲載されている。

よくみると、東京、京都、大阪を中心とする商人や商店の広告が多いことに気づく。東京の簞笥店・鷲塚清次郎（智英）や東京の伊勢丹呉服店、大阪の増本呉服店や中原簞笥店をはじめ、菓子製造販売業、洋服商、美術看板商、理髪業、肥料商、古着商、鶏卵問屋、筆商、材木商、傘提灯商、印刷業、下駄商、道具商、建築業、表具商、畳商のほか、京都の原志免太郎（智錬）による師子王医館など、病院の広告もある。

とりわけ大阪には、商工業者が多かった。

大正十一年（一九二二年）当時の「大阪局所属会員名簿」[25]をみると、当時の大阪局会員百六十六名の職業が掲載されている。前述の簞笥商の中原元助や貝細工商の野村与三吉（智生）、衣服商の増本熊次郎（謙霊）、石炭商の中平清治郎（謙珖）、技師の武田甲子太郎（智密）をはじめ、圧倒的に商工業者が多い。ほかには少数だが、医師や教師、官吏や船員、会社員、鍼灸術師や産婆、郵便局長や消防手などもみられる。こうした傾向は、大阪という地域性を反映していたことが推測できる。

以上から、一部の地域で会員の社会層として商工業者が占める割合が多かったことを確認しておこう。

国柱会館の建立

第一次世界大戦中の大正五年（一九一六）四月二十八日、東京上野の下谷桜木町鶯谷で国柱会館の発表式と国柱会東京局の開局式がおこなわれた。

当時、国柱会の本部は三保の最勝閣だったが、「中央帝都に於いて運動をする必要が屢々《しばしば》あるので……中央運動の根城を造らうといふ」ことになり[26]、鶯谷の五百坪以上の邸宅を買い取り、新たに国柱会館が建立された（完全な落成は二年後の四月）。

本部は三保最勝閣のままで、夏期・冬期の講習会も三保で開かれた。ただし、国柱会館には師子王文庫が移転され、『国柱新聞』の編集・印刷もおこなわれた。

翌大正六年（一九一七）六月二十五日には「産業の霊化」を掲げた国柱産業株式会社（のちに天業民報社に改称）が創設され、智学が社長に就任している。機関誌の印刷・発行を中心として、国柱会の書籍（教書）の取り扱い、薬品（不思議膏）や消火器の販売などをおこなった。大正八年（一九一九）十一月一日には谷中の天王寺五重塔の傍らに師子王研究所を設置し、同月六日には国柱会館に「中産階級療病補助」を標榜した師子王医院を開設している。

こうして東京の活動拠点を確保し、産業活動や社会活動などの新たな活動に取り組んだ。国柱会館では連日午後七時から講師陣による講演がおこなわれ、週末には上野公園で布教・教化活動が実施された。また、この前後、智学は『類纂高祖遺文録』（日蓮の遺文集）や十五年の年月をかけた『本化聖典大辞林』全三巻の編集・出版、新潮社からの「日蓮主義研究叢書」の発刊など、日蓮仏教界に貢献する出版活動もおこなっている。

時代は激動の時期だった。第一次世界大戦（一九一四〜一八年）、ロシア革命（一九一七年）や米騒動（一九一八年）が発生し、「改造」が流行語となっていた。普通選挙制度獲得運動（普選運動）、社会主義運動、国家主義運動、労働運動、農民運動、水平運動（部落解放運動）、女性解放運動、学生運動、市民運動など、さまざまな社会運動が奔流をなすように高揚していた。

こうした時代状況にたいして、智学や日生はどのように対峙したのか。それを検討する前に当時の状況を一瞥しておこう。

第一次大戦への参戦と二十一ヵ条の要求

二十世紀初頭はイギリス・フランス・ドイツ・オーストリア＝ハンガリー・ロシア・アメリカ・日本の七つの帝国が世界の中軸を占めていた。第一次大戦によって、ヨーロッパ中心だった帝国秩序にたいして、日本・アメリカ・ロシアの比重が高まり、新たな帝国秩序の拡大・再編がなされた。同時に、帝国秩序を解体するような民族運動の高揚もみられるようになる。[27]

また、第一次大戦とロシア革命を経て、帝国主義列強における君主制国家はイギリスと日本だけになり、「君主制の世界的危機」[28]を迎える。デモクラシーの世界的な普及、社会主義政権の樹立による社会主義の影響、民族自決の原則による民族運動の波が国内にもおよび、帝国日本は君主制国家として新たな世界秩序に応じた国内体制の整備を進めることになる。

では、日本はどのように第一次世界大戦を迎えたのだろうか。

一九一四年七月二十八日、オーストリアがセルビアに宣戦布告し、第一次世界大戦が勃発。八月上旬には戦火はヨーロッパ全体に拡大した。ドイツ、オーストリア＝ハンガリーなどの同盟国と、イギリス、フランス、ロシアなどの協商国が対立したヨーロッパ諸国間の戦争に発展した。[29]その後、世界中の各国が参戦し、世界規模の戦争となる。

戦争は予想外の大規模な長期戦となり、戦闘期間はドイツが降伏した一九一八年十一月十一日まで続いた（翌年六月二十八日にベルサイユ条約が調印される）。総力戦と呼ばれる悲惨な戦闘を通じて、戦闘員は約三千万人の死傷者を数え、その被害は銃後の民間人にもおよんだ。

ヨーロッパ以外ではいち早く参戦したのは、日本である。大正三年（一九一四）八月二十三日、協商国側の一員として、ドイツに宣戦布告し、日本は山東半島を占領。海軍は十月中に赤道以北のドイツ領南洋群島も占領した。ヨーロッパでの戦争に乗じて参戦した日本は、ドイツ勢力を東アジアとオセアニアから一掃したのである。

当時、日本は不況による税収の落ちこみと日露戦争での外債の重圧によって深刻な経済的行き詰まりに陥っていたが、第一次大戦への参戦が日本経済に好況をもたらし、日清・日露戦争に続く三度目の「天佑」(天の助け)となった。

さらに、日本は中国での勢力拡大を図ろうとした。

中国では一九一一年十月に辛亥革命が起り、翌一二年一月一日にアジア最初の共和制国家として中華民国が発足する。第一次大戦開戦後の一九一五年一月十八日、大隈重信《おおくましげのぶ》内閣(加藤高明《かとうたかあき》外相)は中国の袁世凱《えんせいがい》政権に二十一ヵ条の要求を突きつけた。これは、山東省の旧ドイツ権益の承認(一号)、旅順・大連の租借と南満洲の鉄道権益期限の九十九年の延長、南満洲や内蒙古の鉱山の権益の保証(二号)、漢冶萍公司《かんやひょうコンス》の日中合併(三号)、中国が沿岸の港湾や島を他国に譲渡または貸与をしないこと(四号)、中国政府の財政・軍事顧問としての日本人の採用等(五号)からなる。とくに五号の要求は中国を日本の保護国とする内容を含んでおり、列強の利権を大きく侵害する可能性があったため、日本は五号を秘密とするよう中国に求めた。

こうした日本の高圧的な要求に中国はその不当性を主張したが、同年五月九日、日本は一号から四号の要求を中国に承認させる(五号は要求を撤回)。アメリカは五号の要求を知り、日本への警戒を強め、中国を擁護した。その後、この二十一ヵ条の要求が東アジアの覇権をめぐる日米間の対立を押し広げていくことになる。

米騒動と「改造」の諸潮流

第一次大戦という「天佑」を通じて、日本の資本主義は飛躍的に発展した。農業国から工業国への転化、重化学工業の発展、輸出額の大幅増額、三井・三菱・住友・安田の四大財閥の形成、債務国から債権国への転換、資本の集積と集中がもたらされた。未曾有の好況の結果、投機や事業の拡張によって、巨利を得る成金が続出した。ところが、輸出超過のつけは米などの生活必需品の物価高騰を生み、米騒動を引き起こす要因となる。

大正七年（一九一八）七月下旬、米騒動が勃発する。富山の漁村の主婦たちがおこなった県外への米の移出阻止の嘆願行動がきっかけだった。八月までのあいだに近畿・東海・中国・四国・関東・九州の各地で暴動やデモなどによる米騒動が発生し、その規模は一道三府三十八県の三十八市百五十三町百七十七村、合計三百六十八ヵ所におよんだ。参加者は政府の推計で約七十万人を数え、実数ではこれを上回ると推測されている[30]。

米騒動の結果、米価の上昇は止まるものの、政府への批判は止まらず、責任を取って大正七年（一九一八）九月二十一日に寺内正毅《てらうちまさたけ》内閣は総辞職した。

この米騒動を契機として、さまざまな社会運動が高揚した。日露戦後から米騒動までの時期には、都市中間層をおもな担い手とする憲政擁護運動や廃税運動などが活発で、吉野作造の民本主義に代表される自由主義・立憲主義の影響が強かった。しかし、米騒動以降は、上記のような多様な社会運動が繰り広げられた。米騒動後の大正八年（一九一九）四月に創刊された雑誌『改造』に象徴されるように、社会変革を主張する動きが顕著になり、「改造」が流行語となる。

鹿野政直《かのまさなお》は、一九一〇年代後半から二〇年代前半の「改造」（社会変革）の潮流を、

①『改造』の創刊に象徴される潮流（デモクラシー思想や運動の展開）
②北一輝《きたいっき》の『国家改造案原理大綱』（一九一九年）が示す潮流（国家主義団体の簇生）
③神道系新宗教の大本に集約的にみられる潮流（「土俗的な」宗教運動）[31]

に分類する。[32]

また、成田龍一は一九二〇年前後に四つの改造の潮流を指摘する。[33] それは、

(1)民本主義者の議論の継続と進展（黎明会や新人会等）
(2)大逆事件以来、活動を封じられてきた社会主義運動の復権と、差別されてきた人びと（労働者・農民・女性・被差別部落・アイヌ民族・沖縄・植民地）の活動
(3)日本や天皇を前面に掲げ、国体に立脚した改造をめざす国家主義団体（兄弟村・老壮会・猶存社）
(4)国家や市町村による新たな統治方策による社会の編成（民力涵養運動や生活改善運動）

である。

米騒動以降、これらの潮流が一体となり、社会変革の風潮が一挙に噴出することになる。智学や日生はデモクラシーや社会主義思想とさまざまな社会運動に対抗し、国家の政策と同調しなが

ら、自分たちの活動を展開していった。その過程でのちの超国家主義者たちに多大な影響を与えることになる。

総力戦体制と教育、民力涵養運動

総力戦という新たな戦争形態のもとに遂行された第一次世界大戦を経て、日本政府は強力な権力集中と物的・人的資源の動員による総力戦体制を準備することになる。総力戦とは、「軍事のみならず、経済や思想など国家の総力を挙げて物資と人員を動員し、戦闘を行う戦争の形態」のことである。[34]日本の官僚や軍部はヨーロッパに行き、総力戦体制についての調査を実施している。

また、第一次大戦後の学制改革について策定するため、政府は日本最初の内閣直属の教育諮問機関・臨時教育会議を大正六年（一九一七）九月に設置した。この学制改革は戦後経営がますます多難であるとみて、教育を振興して難局に対処することを意図した。その大きな目標は、護国の精神に富んだ忠良な臣民を育成するにあたり、国体の精華を発揚することだった。[35]

同年十月から大正八年（一九一九）三月まで、教育制度全般にわたって審議が重ねられた。小学校教育に関する答申（二）では、「国民道徳教育ノ徹底ヲ期シ児童ノ道徳的信念ヲ鞏固ニシ殊ニ帝国臣民タルノ根基ヲ養フニ一層ノ力ヲ用フルノ必要アリト認ム」と指摘されている。[36]いわば、戦後の思想上の混乱にたいして、国民道徳を徹底し、国体観念によって国民のイデオロギー統合を図ろうとする、政府の国家主義的な教育方針が示されている。ほかにも、小学校で道徳教育を徹底するための国史の重視、女子教育での国家観念の養成、兵式体操の振興と国体明徴思想の強調などが答申された。

実際の教育現場では「敬神崇祖、思想善導の諸施策[37]」として、大正天皇の御真影の下賜、祝日大祭日行事、皇室の歓送迎行事、神社参拝などが実施された。神社崇敬を推進することで国民統合を図ろうとする神社政策もおこなわれ、地域社会では学校児童、青年団、戸主会による神社参拝や神社奉仕などが推進されている。[38]

また、日本初の本格的な政党内閣である原敬内閣（大正七年九月〜大正十年十一月）のもと、国家や市町村による新たな統合方策として、大正八年（一九一九）三月に内務省の民力涵養運動が開始された。これは、床次竹二郎内相が主唱したもので、「日露戦争後の地方改良運動の改訂新版[39]」だった。床次が地方長官に通達した訓令では、国家観念の養成、自治観念の陶冶、公共心の涵養、生産資金の増殖による生活の安定などが示された。[40]また、床次は神道・仏教・キリスト教の各派代表者を官邸に招いて宗教界の協力を求めた。これは「三教会同の再版[41]」だった。翌年三月から八月にかけて全国で講演会が開催されるが、その嘱託講師のなかには本多日生も含まれていた。[42]しかし、この運動は長続きせず、挫折する。

国体的国家／現実の国家

こうして教育や教化を通じて、国民統合のための政策が実行された。

しかし、統合されるべき国民は諸階級・諸階層に分解し、大戦後の改造の思潮はナショナリズムの後退をもたらした。デモクラシーや社会主義が興隆をみせ、白樺派にみられるコスモポリタニズムなど、インターナショナリスティックな価値が台頭する。「天皇観・国家観の流動化」（鈴木正幸）がさらに顕著となり、国体神話の信憑性はますます低下していった。

インターナショナリスティックな価値に対抗する新たな国家原理が求められ、革新的な国家主義運動（国家革新運動）も胎動した。老壮会に参加した「妙法蓮華経の一使徒」[43]北一輝は、大正八年（一九一九）に上海で『国家改造案原理大綱』（のちに『日本改造法案大綱』と改題）を著し、「天皇ヲ奉ジテ速カニ国家改造ノ根基ヲ全ウセザルベカラズ」[44]と主張している。

この時期、たしかに国体神話の信憑性は低下していた。しかし、すでに国体神話は国民のあいだで自明化し、国体神話の信憑構造が形成されていたことも見逃すべきではない。たとえば鈴木正幸は、次のような労働者の声を紹介している。[45]

> 労働者も等しく日本人である。大和民族の血を受け、日本魂を持って居る以上、断じて国体を穢すが如きは有り得るべき事ではない。（友愛会鉄工部神戸連合会『新神戸』、一九一八年）

鈴木によれば、彼らは「根源的な日本国家と考えた国体的国家によって現にある（政体的）国家を相対化したのである」[46]。すなわち、ここには日本国体（国体的国家）によって現実の国家（政体的国家）を批判する人びとのまなざしをみることができる。じつはこの国体的国家／現実の国家という対立項が、智学の日本国体学を理解する重要なポイントにもなる。そのことは後述する。

明治天皇亡き後、大正天皇が即位したものの、国内で「天皇観・国家観の流動化」が進み、天皇の権威は回復されなかった。天皇の権威再編は、原内閣のもとで裕仁皇太子のスター化というマスコミ演出を通じておこなわれている。さらに民間の国体論が、この時期に再編されていることにも注意しておこう。

大戦後に新たに出現した民間の国体論は、「大正デモクラシーにおける社会の復権、あるいは国家に対する社会の優位の思潮に対応し、かつ民主主義と国体との調和を強調するものであった」[47]。この「民主主義と国体との調和」という観点は民間の国体論ばかりでなく、治安維持法審議における政府委員の説明の論理にも登場する。[48] すなわち、官民の国体論再編の過程で国体神話とデモクラシーが競合し、あるいは調和していくのである。

3　国体の宣揚、国民の教化

ロシア革命を批判する智学

大正六年（一九一七）三月二十日、智学は静岡三保の最勝閣にいた。

この年の三月十五日（ロシア暦の二月二十七日）、ロシア国内では革命の波及によって、ニコライ二世が退位し、帝政ロシアが滅亡した。いわゆる二月革命の発生である。智学は春季講習会中にこのニュースに接し、すぐに「露国の革命に就て」と題した特別講演をおこなった。その筆記録が『国柱新聞』一七三号（大正六年四月十一日）に掲載されているので、一瞥しておこう。

智学は今後の世界の政治体制を「民本位」の共和制（民主制）国家と「君本位」の君主制国家に大別し、とくに「日本国体の主義と之を否認する思想」の「二大潮流」のあいだの争いとみる。当時の国際状況のなかで、日本の君主制（日本国体の内容）を顕示されることになった契機としてロシア革命を捉え、こう結論づける。

最後結局は天下万民諸乗一仏乗となッて妙法独繁昌し、一閻浮提一同に他事をすてゝ南無妙法蓮華経と唱ふる時が来て、宇内人類悉く最終の光明に落居するに至るであらう。（五頁）

智学は日蓮の『如説修行抄』の一節を引用しながら、日蓮仏教への人類の帰入を説くわけだが、世界的に君主制が失墜し、消滅していくなかで、国体と日蓮仏教を掲げて必死に帝国日本の君主制（天皇制）の価値を強調するのである。

また、「あゝ正義なき自由」（『国柱新聞』二二五号、同年十月十一日）で、智学は「戦慄すべき大革命」を起こした「レニン一派」に言及。「吾々人民は大に根本的に覚醒深慮して、国体宣揚に努力せねばならぬ、一心不乱に！」（一一頁）と読者に呼びかけた。では、その「国体宣揚の努力」はどのようになされたのだろうか。

思想問題解決特別大講演会の開催

大正八年（一九一九）初頭、「大戦は熄《や》んだ！　人間の思案はこれからである!!」と、智学は高らかに告げ、「今度の戦争は、世界中の人が、総掛りで日本国体を世界的に発見すべき大行動を演じたのである」と訴えた。[49]

以降、二月十六日（日蓮降誕会）に日蓮宗大学で「日本国の有無」を講演し、三月九日には国柱会館で「日本国体の開顕」を六時間にわたって講演した。また、四月一日から六日まで、日蓮宗からの依頼によって日蓮宗の本郷伝道館の布教講習会に出講し、「本化宗学より見たる日本国体と現代思想」を講義（後述）。こうして日本国体に関する講演を集中的におこなった。さらに八日からの六日間、国柱会館で「純正日蓮主義講習会」（春季講習会）を催し、日蓮の『報恩抄』を講じている。

以後、四月から六月にかけて、国柱会は全国の諸都市で思想問題解決特別大講演会を開催した。智学は全国（横浜・神戸・大阪・名古屋・京都・浜松）を巡行し、獅子吼《ししく》した。動員した聴衆は、計二万五千五百人を数えた。[50]

智学はこれらの講演で大戦後の社会主義やデモクラシーの隆盛にたいして、宗教的ナショナリズムに根ざした日蓮主義的国体論をくりかえし強調した。

当時の社会危機を「思想問題」に還元し、その解決の鍵を日蓮主義にもとづく日本国体の宣揚に求め、国民に「国体観念の自覚」を訴えたのである。ただし、それは社会危機の解消を国家レベルの変革にもとめた対応であり、当時の国民の実生活のレベルとはかけ離れていた。神戸の講演会の「聴衆は中産階級最も多数にして知識階級の人々之に次ぎ、すべて粒選りの人士たることは歓喜の至りである」と報告されているが、生活の困難を抱えた社会下層の人びとにたいする訴求が弱かったことが、こうした報告からもわかるであろう。

本化宗学より見たる日本国体

第一次大戦後の「改造」の奔流と日蓮主義の流行のなかで、智学はみずからの日蓮主義的国体論＝日本国体学を体系化する。

智学の国体論は、日清・日露戦間期の明治三十六年（一九〇三）の講演「皇宗の建国と本化の大教」に始まり、その後、明治四十四年（一九一一）の「御製講義（日本国体学）」による「日本国体学」の提唱を経て、大正時代に至る。

こうして創唱された日本国体学は、前述の講義「本化宗学より見たる日本国体と現代思想」（一九一九年四月）と、『日本国体の研究』（一九二二年四月）によって体系化され、国柱会の教学体系の中核に国体神話が位置づけられていくことになる。それぞれのポイントを概観し、日本国体学の特徴を析出しよう。

既述したとおり、大正八年（一九一九）四月一～六日の六日間、智学は日蓮宗の本郷伝道館の布教講習会で毎日平均四時間、総計二十余時間にわたり、講義をおこなった。この講義の一部は翌年九月に創刊された日刊新聞『天業民報』（後述）に掲載されたのち、「本化宗学ヨリ見タル日本国体　一名　日蓮主義日本国体論」と改題され、その全文が昭和三年（一九二八）六月創刊の教学専門誌『立正教壇』一巻三号から三巻一〇号までに分載された。さらに、「本化宗学より見たる日本国体　一名　日蓮主義日本国体論」と表記が変更され、『師子王全集』一輯二巻「教義編」（師子王全集刊行会、一九三一年、以下『全集』と略）に収録（つまり、単行本化されていない）。

この講義は日蓮主義的国体論の教学的根拠を日蓮宗関係者に「純宗教的考察」によって明示したものであり、日蓮仏教の専門的な観点から、智学の日本国体学が解説されている（以下、引用は『全集』よりおこなう）。

智学はこの講義で日蓮主義の国家観、日蓮仏教と日本国体の関係（政教関係論）を明示することで、みずからにたいする批判や疑問に応えようとした。それは、日蓮主義の勃興によって、やや浅薄な国家観や忠君観念（いわば、世間的国家主義）が日蓮主義の本領であるかのように言う者がいること、智学が日蓮主義という宗教を無理に国体論に結びつけて国家の歓心を得ようとしていると考えている学者がいること、日蓮主義と国体論の関係を牽強付会と考えている日蓮宗関係者などがいることにたいしてだった。

智学にとって、日蓮主義を精研して顕れる国体論こそが真の国体論であり、『法華経』に没交渉である古来の国体学者流のものは真の国体論ではなかった。すなわち、智学は日本国体の日蓮主義的基礎づけを図ろうとしたのであり、それは日蓮主義による日本国体の意味づけや解釈の営為であり、智学は、日蓮主義のエッセンスを日本国体の問題に集約するのである。

「本門事観の国土観」

この講義録は、

第一篇　総論
第二篇　日本国体開顕の法門的原理
第三篇　法国冥合の因縁事証
第四篇　日本国体と現代思想
第五篇　時国感応の日蓮主義

からなる。そのポイントは、「法華開顕の日本国体」（八頁）を日蓮教学に立脚して講明することにあった。とくに、日蓮主義的国体論の教学的根拠となる「本門事観の国土観」が第二篇で語られた。

日蓮主義の信行は「本門の事観[51]」を標準とする。その中心が国土観だった。「国土というものゝ取扱ひが特色たることに依ッて、日蓮主義の法門は大成する」（二一四頁）。それはなぜか。世間でいう国体は国家論のひとつだが、智学が説く国体には国家を含むのであり、国家を国体の下位概念として設定するのである。さらに、国体すなわち国家の一切は国土に属すとされ、国土が国体と国家を包括する概念として規定されている。

この「本門事観の国土観」こそが、智学の日蓮主義的国体論の教学的根拠であり、国家・国体・国土の三者関係によって、日本国体学は構成されるのである。

では、三者の関係はどうなのか。「本門事観の国土観」については、すでに第四章1節で検討した。『本化妙宗式目講義録』で顕示された「本国土妙」の法門がそれである。「本化宗学より見たる日本国体」の講義録の智学の次の発言をみてもらいたい。

> 予が日本の国体を本国土妙で説くと本国土妙は霊界の問題だ。現実の国家を論ずることはどうだかうだとか言ふ学者がある。けれどもこれはどうする。予より以前に六百何十年前に日蓮といふ人が日本国を法華経の本国土妙の娑婆世界だと言はれた。えらい人だ。（二一五頁）

このとき、智学が典拠としているのは、六老僧（日蓮の六大弟子）のひとりである日向《にこう》が日蓮の『法華経』講義の要点を筆録した（とされる）『日向記』（『御講聞書』。真偽不明）の次の一節である。

本有《ほんぬ》ノ霊山《りょうぜん》トハ此娑婆世界也。中ニモ日本国也。法華経ノ本国土妙娑婆世界也。本門寿量品ノ未曾有ノ大曼荼羅建立ノ在所地。[52]

智学は、『法華経』の説く本国土妙が日本国という娑婆世界（現実世界）であるという一節を踏まえて、日本国体を本国土妙の視点から捉える。

本仏釈尊常住の超越的な霊的・理想的世界である「本国土」が現実の日本国家の実相であり、それが日本国体であると示唆された。日本＝本国土（妙）という指摘自体は――「本国土妙とは日本国である」というように――『本化妙宗式目講義録』でもなされており、[53]また『日向記』も『本化妙宗式目講義録』にしばしば引用されている。

ただし、この講義では、日本国体が本国土妙の問題として解釈されたことで、日蓮主義によって基礎づけられた日本国体が「現実の日本」にたいする「在るべき日本」として定立された。それによって、「現実の日本」が相対化されたのである（ここで、前述の国体的国家／現実の国家という対立項を思い出してほしい）。いわば、ここにおいて、「本国土（妙）としての日本」が智学によって発見されたのである。[54]これこそが日蓮仏教と日本国体を媒介する日蓮主義の国家観だった。このようにして国体神話は、国柱会の教義体系のなかに明確に位置づけられた。

「国体観念の自覚」をうながすべく……

続く第三篇で、智学は日蓮仏教（『法華経』）と日本国体との関係を「法国冥合」（仏教的政教一致）の解説を通じて説明する。

法国冥合が先天的・後天的に区別され、『法華経』と日本はそれぞれが「統一的宗教」「統一的国家」であることから先天的に対応しており、この両者を後天的に一致させるための運動が必要となる、という。智学にとっては、「本化の法華経の信仰的道義が此の日本国の魂となッたとき、初めて天照太神の目的も達せられ、神武天皇の目的も達せられる」のだった（四九頁）。

この後天的な法国冥合とは[55]――第四章1節で検討した――「本門戒壇の建立」における「二法冥合」の「王法仏法冥、仏法王法合」の過程である。前者は「国をして国体の自覚を深刻に発揮せしめ」る過程であり、後者は「仏法をして社会的に国家に普及せしめる」過程である。[56]

ここで注目したいのは、「仏法王法合」（国家への日蓮主義の普及）に「王法仏法冥」（「国体観念の自覚」の徹底）が先行することである。つまり、「国体観念の自覚」の徹底が後天的な法国冥合の前提となっている。一九一〇年代（明治末年）以降の国柱会の運動が、「国体観念の自覚」をうながす布教・教化活動を進めてきたのには、じつはこうした教学的な背景があったのである。

智学は「国体観念の自覚」をうながす「日蓮主義的社会運動」を実践することを訴えた。その具体的な運動の方針は第五篇に示されている。智学は「日本国体の世界的宣揚」を力説し、「法華開顕の願業の織り込まれたる国体運動」の実践を強調した。日蓮の『三大秘法抄』を引用しながら、後天的な法国冥合の実現を次のように訴えた。

帝国議会の協賛と、天皇の詔勅に依ッて、国立戒壇を成就するといふことが日蓮主義である。即ち日蓮聖人に依ッて、開顕せられたところの日本国体、その日本国体が宗教となッて現はれ、日本国体が信仰となッて現はれて行くところのものが三大秘法である。（三七〇頁）

ここで興味深いのは、智学が政治進出を示唆していることである。智学は、我が同志が三十人の議員をもって、三大秘法を掲げて帝国議会に臨めば、政党としてひとつの部屋をもらうことができる。そうすれば、「日蓮主義の一つの政党が出来る」（三七二頁）と述べている。この政党結成は、大正十二年（一九二三）二月に立憲養正会として実現することになる（第八章１節）。

「緑の新聞」『天業民報』

大正九年（一九二〇）九月十二日、智学は念願だった日刊新聞『天業民報』を創刊する（紙の色が緑色をしていたことから「緑の新聞」と呼ばれた）。

タブロイド形式の四頁構成（のちに八頁）で、智学の執筆記事や講演録、会員の執筆記事、国柱会や日蓮門下の動向、「天業時談」という社説、時事評論や連載小説などが掲載された。宗教関係の記事が少ないのが特徴で、「文芸号」「政治号」「青年号」「信仰号」「婦人号」「武育号」「報道号」などの特集号が断続的に発行されている。なお、その創刊は大本の『大正日日新聞』より十三日早かった。

この『天業民報』四四号（同年十一月三日）一面に、智学は「日本国体学の研究を発表するに就て」を公表する（のちに『日本国体の研究』に所収）。

明治神宮奉鎮の吉日。我近く吾が四十年来の冷暖を経たる「日本国体の研究」を世に公表すべきことを宣言す。あゝ時は来れり！　世界を挙げて日本国体を研究せよ。

いよいよ、智学の日本国体学の全貌が明らかにされることになった。注目すべきは、このなかで「天祖は之〔大谷註：日本国体は道＝真理の実行とその帰趨であり、道は食と倶に栄えること〕を授けて「天壌無窮」と訣し、国祖は之を伝へて「八紘一宇」と宣す」と、「八紘一宇」が掲げられていることである。日本国体学の体系化のなかで「八紘一宇」概念が浮上してきたのである。

『日本国体の研究』の刊行

翌年、還暦を迎えた智学は『天業民報』九一号（大正十年元旦号）から一年間にわたって「日本国体の研究」を連載し、翌年四月二十三日に連載をまとめた『日本国体の研究』を天業民報社から刊行した。約一千頁からなるこの大冊によって、日本国体学はここに体系化された。

本書の内容を、西山茂は次のように簡潔に要約している。

本書は、それ自体としては日蓮仏教と何の関係もない建国三綱の解説を入口とし、日本の実相が本仏釈尊常住の本土ないし本仏の観心内証の仏国土（本国土妙）に相当し、現実の日本はその顕現によって道義的に世界を統一救済すべき使命をもった妙国であるとの結論を出口としている、「本国土妙開顕の書」であるということができる。[57]

智学の国体論のポイントは日蓮主義の国家観、日蓮仏教と日本国体との関係（政教関係論）の明示にある。

『本化宗学より見たる日本国体と現代思想』では、日本国体の日蓮主義的な基礎づけによって、「本国土（妙）としての日本」という日蓮主義の国家観が開示されることで、日蓮仏教と日本国体の関係も明らかにされた。それにたいして、『日本国体の研究』は「建国の三大綱」にみられる日本国体の説明によって、日蓮仏教と日本国体との対応関係（先天的法国冥合）が示され、「道の国」日本が道義的な世界統一の使命を担った特別の国であることが明示される。つまり、『本化宗学より見たる日本国体と現代思想』が宗教的な観点から政教関係を開示したのにたいして、『日本国体の研究』は国体論の観点から政教関係を開示したのである。

なお、『日本国体の研究』でも、日蓮仏教と日本国体を媒介するのは「本国土（妙）としての日本」である。この「本国土（妙）としての日本」の発見によって、「能顕の日蓮仏教と所顕の日本国体との間に、さらには、所顕の日本国体（在るべき日本）と現実の日本の姿との間に、深い溝、鋭い緊張」が設定された。[58] この「深い溝」を埋めるため、智学の国体論はつねに「日蓮仏教の布教と社会的実践」を必要としたのである。[59] 法国冥合の実現には、この二重の「深い溝」の解消が必要であり、そのために、とくに状況適合的な国体運動が提起されたのである（ただし、それは、世俗的ナショナリズムという特徴を帯びるものだった）。

ちなみに、清水梁山の場合は王法と仏法が無条件に一体化されており、「両者の間には何らの溝も緊張もみられない」[60]。それゆえに「布教や社会的実践によって現実に積極的に働きかけ、両者の間の溝を埋めて行こうとする「運動」を生み出すことは難しかった[61]」。この点は、日蓮主義第二世代、第三世代に梁山の影響が明確にみられないことの大きな理由である（ただし、第二世代の高佐貫長に影響を与えた）。

建国の三大綱

では、『日本国体の研究』の概要をみていこう。

全体の構成は、

第一編　総論
第二編　道義建国
第三編　建国の八大主義
第四編　模範的国相
第五編　天業光発の国運

の全五編二十五章百七十一節からなる。第一編で日本国体の内容、第二編で日本国体（三綱）と日蓮仏教（三秘）との対応関係、そして国体の内容（第三編、第四編）や明治天皇論（第五編）が論じられている。ここでは、同書の中心である第一編と第二編を重点的に検討する。

智学は「日本国体」を次のように定義する。

国体とは「国の精神《こころ》」といふことである、「体」とは心である。（一八頁）

「国の心」とは「建国の主義」、「国の法」を意味し、「国体」と訓じている。この「建国の主義」をもった国は世界中にただ日本だけしかなく、日本以外は国はあっても国体はないから、国家としては未製品であるとして、世界の国々のなかで日本だけが特権化される。

では、「建国の主義」とはなにか。智学は日本国体の由来、内容、使命を次のように解説する。日本国体は、

「養正」（正義を養い護り実行すること）

「重暉」（智慧を以て理を照らすこと）

「積慶」（慈悲を以て生を憐み物を慈しむこと）

の「建国の三大綱」（三綱）をもって建国された。この三綱こそが、日本の「建国の主義」である。日本は「三綱」による世界統一の使命を担って道義建国された国であり、その使命を担うのが「天業民族」たる日本人である。

また、日本国体の内容は、「神・道・国・民・君」の「国体の五大要素」（五要）と「神人一如・祭政一致・中心統一・報本反始・克己内省・積聚膨張《しやくじゆぼうちよう》・開発進取・絶対平和」の「建国の八大主義」（八義）にまとめられている。日本国体学は、この「三綱五要八義」を基本的な骨格とする。

智学にとって、日本とは「建国の主義」をもった「道の国」だった。智学は「道」（真理の実行）を世界に普及していく「王道」（または「天業」）を強調する。「道」とは「君臣」（関係）でもあった。「君臣道」は、「人生と国家の結束点」にある道徳（社会規範）である。それが「民」においては教育勅語に示された「克忠克孝」であり、「君」においては人類を忠孝化していく「王道」だった。

この「君臣道」の社会規範こそが、世界人類の唯一の帰着点として提示され、自由・平等・博愛にたいしても忠孝にもとづく真の自由・平等・博愛が対置されている。

さらに「食」（欲望）本位の生活（「禽獣生活」「消極的生活」「動物生活」）にたいして、「道」本位の生活（「人間生活」「積極的生活」「精神生活」）を対置し、「食本位」の観念を去って、「道本位」の観念に改めることを力説する。このように社会関係や生活態度においても、徹底して日本的な「道」を強調するのである。

日本でなくてはならぬ法華経！　法華経でなくてはならぬ日本！

こうした日本国体の概要（第一編）をふまえて、日蓮仏教（三秘）と日本国体（三綱）との契応関係（第二編）が示される。

法華経を形にした国としての日本と、日本を精神化した法華経と、この法国の冥合といふことが、世界の壮観として、世界文明の最殿者として、日本国体を開顕すべく日蓮主義は世に出た、日本でなくてはならぬ法華経！　法華経でなくてはならぬ日本！　……かくて三秘は

即ち日本建国の三綱と契応して、世界指導の最大文明であるのである。（二九七～二九八頁）

「養正」「重暉」「積慶」は、それぞれ「本門の本尊」「本門の題目」「本門の戒壇」に対応する、とされた。

まず、「養正」と「本門の本尊」（妙法曼荼羅）との対応だが、智学は曼荼羅の中尊（本仏本法）と日蓮の花押（本化）との接合点に、天照大神・八幡大神（日本の先祖）が勧請されていることに注目する。日本は「養正」（「王道」）による世界統一を理想とすることから、「天照大神の宗廟」が世界統一の本尊に勧請された、と指摘する。さらに根本三妙（本因・本果・本国土）によって両者の関係を敷衍し、日本が本果（本仏本法）と本因（日蓮）を結びつける本国土（天照大神の宗廟）であると述べる。

また、「積慶」と「本門の戒壇」の対応関係は次のとおりである。「積慶」は「慈悲を主体としての王道施政」であることから「先天的戒法式」であり、「本門戒法の国立戒壇」である「本門の戒壇」との対応関係が指摘される。日本は先天的に「戒壇国」であるから、後天的に「戒壇国」として世界を風靡し人類を統化して「事の寂光世界」（理想世界）を現世に実現すべきことを力説する。この理想世界は本国土妙の教義に基礎づけられており、「本国土（妙）としての日本」を通じて、両者の対応関係が開示されていることがわかる。

最後の「重暉」と「本門の題目」の対応関係だが、上行所伝の要法たる「本門の題目」は「本仏の智慧」が中核となるが、この「本仏の智慧」が「克忠克孝」の根本的醇性という智慧の累積に淵源のある精神文明と対応するという。

第二編の末尾には「第一四章　八紘一宇」「第一五章　六合一都」が配されている。「八紘」とは「世界中」であり、「一宇」とは「一つ家」であることから、「八紘一宇」が「世界は一軒の家でなくてはならぬといふことだ」と明示している。

また、「人類一如の原理に約して、当然世界は統一さるべきものである」こと、八紘一宇とは「人類的統一」であるとの見解が示されている。すなわち、日本による道義的な世界統一というヴィジョンが敷衍されて主張されていることがわかる。

不抜な宣告

以上、日蓮仏教（三秘）と日本国体（三綱）の対応関係が明示され、日蓮仏教によって意味づけされた日本国体の本質が開示された。なお、智学にとっては、両者の関係はあくまでも「能顕の日蓮仏教と所顕の日本国体」であり、日蓮仏教の優位性・主体性が前提だった。すなわち、「神武天皇が仏造つたのを、日蓮上人が魂を入れたのである」（六七五頁）。この両者を媒介したのが、「本国土（妙）としての日本」という国家観であった。

なお、智学は同書でも世界を統一すべき王統として、転輪聖王の伝説に言及し、輪王家には金銀銅鉄の四輪王がいるとして、とくに金輪大王を重視する。

智学は『世界統一の天業』（一九〇四年）以来、天皇家がインドの輪王家の系統であると主張してきたが、その十数年後に「奈良県の宝塔寺の古塔」から発見された日蓮真筆の「蒙古退治の国禱曼荼羅」をみたところ、驚いたという。

なぜかというと、題目の下に「聖天子金輪大王」と認められていたからである。これは「日本帝室を以て、「世界統一の輪王家」なりとされた不抜な宣告」だった。智学は「之を拝見した時の歓びは天にも昇る様であつた」（一三九頁）と記している。

智学は「奈良県の宝塔寺」と記しているが、これは京都府相楽郡加茂町の燈明寺のまちがいであろう。後年、『大国聖日蓮聖人』（春秋社、一九二九年）では、「加茂の燈明寺」から発見された護国曼荼羅でみずからの「日本帝王金輪説」が実証され、「天下一同に始めて日蓮上人の国土観の真実義を知ることになツた」（五七一頁）と述べているからである。

いずれにせよ、『日本国体の研究』でも天皇＝転輪聖王（金輪大王）の系統という位置づけがなされていることを確認しておこう。なお、本書は小笠原長生を通じて、大正十一年（一九二二）七月十八日に大正天皇と貞明皇后、二十八日に摂政宮《せっしょうのみや》（皇太子、のちの昭和天皇）に献上された。

こうして日蓮仏教と日本国体の関係を体系化し、国体神話を取りこんだ政教論を整備した智学は、「在るべき日本」の実現を求めて、一九二〇年代を通じて、活発な運動を展開していくことになる。そして、この「現実の日本」を相対化した日本国体学が日蓮主義第二世代、第三世代の支持を得ることになるのである。

本多日生の三教一致論

ここで、第一次大戦後以降の顕本法華宗と統一団の活動に目を転じよう。最初に、本多日生の国家観を検討しておく。

日生は、大正五年（一九一六）十月、「日蓮主義の真面目が開顕統一主義である」ことを宣示した『日蓮主義』を博文館から刊行する。この年、『釈尊の八相成道』（平楽寺書店）や『破仏論を弁ず』（同）も出版された。その後、続々と著作を刊行するが、ほとんどが講義録や講演録である（表6―3）。

日生の著作群は――智学の著作群とくらべて体系性はないが――次のように整理できる。日蓮主義の観点から「大蔵経」を講義した『大蔵経要義』は、『法華経講義』全二巻（統一団、一九〇六年）や『日蓮聖人聖訓要義』全十巻とならぶ代表作である。

また、『国民道徳と日蓮主義』『法幢』『東洋文明の権威』は、いわば日生の国家論である。日蓮の評伝としては『日蓮聖人正伝』があり、日蓮論として『日蓮聖人の感激』と『立正大師――（一名）日蓮聖人の主義主張』（中央出版社、一九二二年）がある。さらにみずからの日蓮主義に関する体系的な著作として、晩年の『信仰修養思想より論じたる日蓮主義の本領』（中央出版社、一九二八年）、『日蓮主義の真髄』（中央出版社、一九二九年）、『日蓮主義精要』（中央出版社、一九二九年）がある。[62]

ここでは、日生の「日蓮主義に関する所見の大要」が最初にまとめられた『日蓮主義』をとりあげ、この時期の日生の宗教論と法国相関論を検討しておく。

日生の宗教論は、神道・儒教・仏教の三教の調整・統一を主張した点に特徴がある。これは近世後期以来の三教一致論（廃仏論にたいする仏教者の護法論）の伝統を踏まえた教説である。

日生の三教一致論は『日蓮主義』のなかの「神儒仏の三教と日蓮聖人」にまとめられている。日生によれば、この三教は「頗る能く調節して居る」ものであった。そして、「公平に其真価を認め、さうした大きな理想と高き程度に日本の文明を向上せしめ、之を標準とし根拠として欧米の思潮を咀嚼すべきである」と述べる。

それぞれの特色を日生は表6－4のように整理する。

この三教をもっとも調整して徹底的に発揮させたのが、日蓮だった。日蓮は一宗の祖師で

表6-3　大正初期の本多日生の著作

刊行年	書名	版元
大正5年（1916）	『日蓮主義』	博文館
	『釈尊の八相成道』	平楽寺書店
	『破仏論を弁ず』	平楽寺書店
大正6年（1917）	『大蔵経要義』全11巻	博文館
	『日蓮主義研究講話』	中央出版社
	『修養と日蓮主義』	博文館
	『法華経の心髄』	中央出版社
	『人と教』	実業之日本社
大正7年（1918）	『国民道徳と日蓮主義』	博文館
	『日蓮聖人正伝』	博文館
	『日蓮主義綱要』	博文館
	『日蓮主義の運用』	中央出版社
	『日蓮聖人の感激』	博文館
	『開目鈔詳解』上巻	大鐙閣
	『法幢』	博文館
	『東洋文明の権威』	大鐙閣
	『日蓮主義初歩』	大鐙閣
大正8年（1919）～大正10年（1921）	『日蓮聖人聖訓要義』全10巻	大鐙閣

表6-4　本多日生の整理した三教の特色

宗教	特色
純神道	建国の大理想　我皇室の尊厳　国民的精神の維持　天佑の保全
儒　教	倫理の根底　倫理の調節　道徳の格言　徳目の完備
仏　教	哲理の深遠　教訓の周備　菩薩行の奨励　四恩の調節 道徳をおこなう活力の源泉

＊四恩とは父母・衆生・国王・天地の恩をいう。

はなく、「日本思想界の大偉人」だった。そのため、現代の欠陥を匡救するには日蓮を研究すればよい、と断言する日生は、三教が国民思想を代表すると把握したうえで、日蓮主義による「国民思想の統一」を主張するのである。

主眼は「国民思想の統一」

こうした三教一致論にもとづき、次のような政教論が明言された。

日蓮上人は「立正安国論」を作つて「国亡び家滅びなば仏をば誰が崇むべき、法をば誰か信ずべき、先づ国家を祈つて須らく仏法を立つべし」と絶叫し、国家本位の上から宗教を見られて居る、現代の文明は国家本位であらねばならぬ、国家組織の下に於て宗教は行はるゝのである。（二〇六頁）

日生の国概念は、いうまでもなく、近代日本の国民国家を意味している。こうした日生の「国家本位」の主張は、世俗的ナショナリズム（世間的国家主義）のそれと同じように思える。ただし、「日蓮主義は国家と消長を共にするものである、然れども狭い意味の国家主義ではない、一切衆生を救ふ意味に於ての国家主義である」とも語られる。[63] 日生は「固陋なる国家主義」[64]や「実利主義の国家観」にもとづく「産業的帝国主義」や「侵略的軍国主義」[65]も批判する。日生にとっての国家とは、「日蓮主義」にもとづく「理想の国家」[66]でなければならず、現実の国家を追認しない宗教的ナショナリズム（出世間的国家主義）の側面があることも確認できる。

ただし、その言説はテキストによってばらつきがある。徹底して「国家本位」のみが強調されていることもあり、その主張は両義的だった。つまり、日生は（これは智学も）仏教の教化方法である四悉檀（第一義・世界・為人・対治悉檀。二一〇頁参照）によって、自らの日蓮主義の国家観を説いた。第一義悉檀が宗教的ナショナリズムだとすると、第一義悉檀に導くための方便（手段）である世界・為人・対治悉檀は世俗的ナショナリズムであるといえよう。

なお、日生においても国家と国体は区別されており、日本の国家観念の中核にある「建国の大理想」や「皇室の尊厳」が一貫して強調された。日本国体の存在を前提として、日生の三教一致論は構成されていたのである。

では、「立正安国」や「法国冥合」はどのように実現されるのだろうか。それは、日蓮主義の「大理想を我が国家の威力を以て護持し、国家を通して世界に理想の文明を建設せんと努力する」ことによってだった。[67] その具体的な方法は――智学と同様に――『三大秘法抄』にもとづく「法国冥合」の実現によってである。[68] 日生の場合は、日蓮主義による「国民思想の統一」が主要な手段であり、日蓮門下から国家・世界にいたる思想の統一を強調した。

ちなみに、国柱会教学で重要な位置を占めている「転輪聖王」や「天皇」を、日生はどのように考えていたのだろうか。

社会に相互幇助の理想を実現するには、転輪聖王の統率の下に、徳化を以て天下を治むるのであり、我が日本は皇室の威徳に依つて、国民全体の幸福が保全され、我等の祖先は何れも皇室に対して絶対の感謝を捧げて居るのである。[69]

智学ほど明言はしないが、日生も「我が転輪聖王に等しき皇室」[70]というように、転輪聖王＝天皇という見解を示している。しかし、日生の場合は天皇を顕揚する言説は少なく、その意味づけは積極的ではない。

以上、日生の政教論が国体神話を前提とした三教一致論をもとに、法国冥合の実現を主張していたことがわかるであろう。

自慶会の設立

大正七年（一九一八）初頭、労働者の「慰安と善導」を目的とした教化団体・自慶会の設立が発表された。『統一』二七五号（大正七年一月十五日）に「自慶会の創立　労働者に対する福音」という創立宣言（無記名）が掲載されている。

まず、冒頭には「趣意書」（無記名）が引用されている。

時代の進運に伴ふて労働者を慰安し且つ之を善導すべき必要は益々迫れるものあるを観る、故に適当なる機関を組織し、此の目的の達成に尽すは蓋し健全なる文明を擁護する所以の事業たるべきを信じ、同志胥謀《あいはか》りて茲に本会を創立せり。（一頁）

こうした発言の背景には、いうまでもなく労働者の増加や労働争議の頻発などの時代状況があった。創立宣言の末尾には、「本多師曰く」として、次のような日生のコメントが掲載された。

我等の自慶会の運動は国家的社会政策を援助せんとするものに外ならない。国家の恩恵に包まれて、労働者に歓悦を催さしめんとするのである。国家として限りなき社会政策を施されないから我々有志に於て之を援助するのである。(二頁)

ここには、日生の基本的な立場が表明されている。「国家的社会政策」を援助するという自慶会の性格は、その「会則」においても明らかである。[71]「会則」は全二十一条からなり、「第二章 目的」では「本会ハ労働者ノ安慰ト善導トヲ目的トス」ることが明記され、「第三章 事業」では次のような事業が掲げられた。

・東京市や全国各地での労働者の慰安修養会
・講師や演芸者を派遣しての慰安修養
・労働者の慰安善導の方法や主旨について考える有識者や経験者による会合
・上流者資産家に健全なる文明を擁護すべき責任を自覚させるための講演会の開催
・模範的な労働者の表彰や印刷物の発行

などである。労働者にたいする慰安や思想善導のほか、上流者資産家の教化といった点が特徴的である。

社会上層の人びとによる団体

自慶会の本部は統一閣内に設置され、機関誌『みたから』が発行された。創立者には日生のほか、岩野直英（造船大監）、小原正恒（陸軍少将）、高橋義章（陸軍中将）、矢野茂（元大審院検事）、山田三良（法学博士）、松本有信（海軍少将）、福田馬之助（造船総監）、小林一郎（文学士）、佐藤鉄太郎（海軍中将）が名前を寄せた。これらは日生の日蓮主義ネットワークに連なる人びとである。

名誉会員には大迫尚道（陸軍大将）、床次竹二郎（政友会院内総務）、早川千吉郎（三井銀行専務）、加藤高明（子爵）、平沼騏一郎（検事総長）、岡田啓介（海軍中将）、斎藤実（海軍大将）らの名前がみえる。ほかにも軍人、学者、実業家、役人、議員、法曹界関係者などが名誉会員を占めている。

理事、幹事、評議員には天晴会や法華会関係者が就任し、僧侶は日生以外には野口日主が評議員、松尾が庶務として参加しただけである。自慶会は社会上層の人びとによる教化団体だった。

大正七年（一九一八）三月二日、有楽座で七百名を集め、設立大会が盛大に開催された。その後、本部主催の「慰安修養会」（慰安善導会）や、講師を派遣しての講演会が活発になされ、会員を挙げての労働者の思想善導が図られた。地方支部も各都市に結成された。四月十五日には京都市公会堂で京都支部の設立大会が挙行され、名誉会員の木内重四郎京都府知事が支部長に就任している。[72] 大正九年（一九二〇）の年末までに名古屋、京都、大阪、神戸、明石の各都市で支部が結成された。

社会教化

こうした自慶会の活動は、近代日本の国民教化（社会教化）の流れのなかに位置づけることができる。教化団体は日露戦後に地方改良運動の課題に対応して数多く設立され、ついで第一次大戦後から一九二〇年代にかけて設立の動きが顕著だった。この時期はデモクラシー下で思想善導や国体擁護等を目標に掲げていた団体がみられた。[73]自慶会は第一次大戦終戦の年に創設され、労働者の「善導」の役割を担った教化団体のひとつだった。

なお、すでにみたように、大正八年（一九一九）三月に床次竹二郎が主唱した「地方改良運動の改訂新版」、民力涵養運動が開始された。日生も依頼を受け、実際に講演に出向いている。十月二十九日に遠州横須賀町でおこなわれた国民思想大講演会で「民力涵養の趣旨」を講演し、三十一日には静岡市師範校講堂で開かれた「民力涵養講演会」（静岡清明会主催）に参加し、「国民教化の根本的考察」を講演した。[74]

一九二〇年前後の四つの改造の潮流のひとつとして、成田龍一は国家や市町村による新たな統治方策による社会の編成（民力涵養運動や生活改善運動）を挙げた。[75]民力涵養運動は内務省主導の教化運動であると同時に、社会改造の企図でもあった。

つまり、日生は自慶会によって政府の教化政策にリンクした活動をおこなうことで、日生流の社会改造の活動に取り組んだのである。日生もまた、改造の潮流の一端を担ったのである。

この後、日生はさらに関東大震災後の大正十三年（一九二四）一月に内務省主導によって結成される教化団体連合会（のちに中央教化団体連合会）の理事に名前を連ねることになる。

第七章
石原莞爾と宮沢賢治、そして妹尾義郎

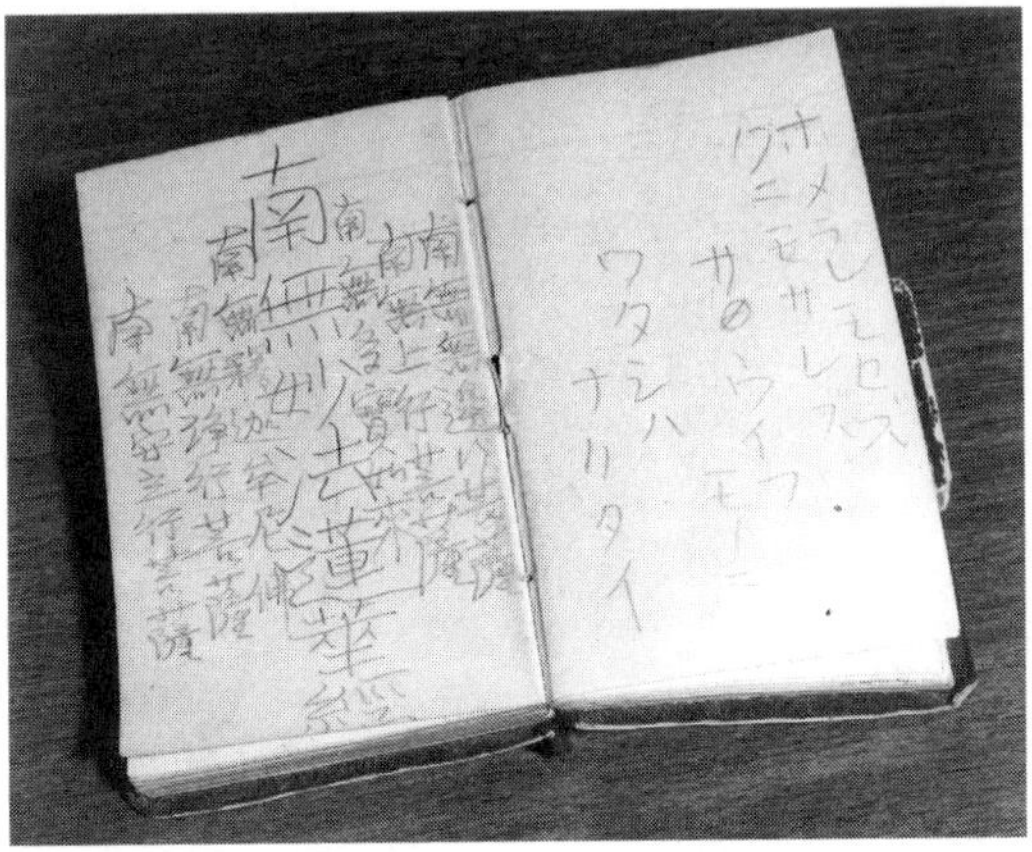

「雨ニモマケズ」が書かれた手帳の末尾

1　国体と予言と

いまだに人気衰えず

大正期の「日蓮主義の黄金時代」のなか、田中智学と本多日生のもとに青年たちが集まり、日蓮主義者として活動するようになる。私のいう日蓮主義第二世代の登場である。本章では石原莞《いしわらかん》爾《じ》（一八八九～一九四九）、宮沢賢治《みやざわけんじ》（一八九六～一九三三）、妹尾《せのお》義《ぎ》郎《ろう》（一八八九～一九六一）の日蓮主義の受容について検討することにしよう。

> 私は大正八年以来日蓮聖人の信者である。それは日蓮聖人の国体観が私を心から満足せしめた結果であるが、そのためには日蓮聖人が真に人類の思想信仰を統一すべき霊格者であることが絶対的に必要である。仏の予言の的中の妙不思議が私の日蓮聖人信仰の根柢である。[1]

これは序章で紹介したとおり、陸軍軍人の石原莞爾の言葉であり、みずからの信仰の述懐である。「日蓮聖人の国体観」と「仏の予言」が石原の日蓮主義信仰のエッセンスである。

石原は存命中から毀誉《きよ》褒貶《ほうへん》の激しかった人物だが、信奉者からは熱烈な支持を集めた。現在でもその人気は衰えず、石原を論じる著作の刊行は絶えることがない。

石原独自の戦争史観が表明された『世界最終戦論』（一九四〇年）の「第五章　仏教の予言」に着目した橋川文三《はしかわぶんそう》は、「ここでは彼は、天才的な科学的頭脳としてではなく、一個の純真な信徒として語っている」[2]と指摘する。石原は国柱会の会員（信行員）であり、「熱心な日蓮主義者」[3]だった。この信仰の側面を抜きにして、石原の思想や活動を評価することはできない。

石原はどのように日蓮主義を受容したのだろうか。まず、その略歴を確認しておこう。

樗牛と同郷

石原は、明治二十二年（一八八九）一月十八日、山形県西田《にした》川《がわ》郡鶴岡町（現・鶴岡市）に生まれた[4]。高山樗牛と同郷である。父親は鶴岡警察署の警部補だった。仙台陸軍地方幼年学校を経て、日露戦争終戦直前の明治三十八年（一九〇五）九月、東京陸軍中央幼年学校に入学する。在校中は乃木《のぎ》希典《まれすけ》、徳富《とくとみ》蘇《そ》峰《ほう》、大隈重信《おおくましげのぶ》といった名士を訪問し、二十三歳年上の日蓮主義者・佐藤鉄太郎海軍中佐もしばしば訪ねている（ただし、信仰上の影響の有無は不明）。佐藤も鶴岡の出身であり、同郷の先輩だった。

明治四十年（一九〇七）五月に中央幼年学校を卒業し、山形歩兵第三二聯隊に配属された[5]。同年十二月に陸軍士官学校に入学する（二一期）。明治四十二年（一九〇九）五月に卒業し、十二月に少尉に任じられ、福島の若松歩兵第六五聯隊付となる。「私の一生中で最も愉快な年月を、大正四年陸軍大学入校までこの隊で過ごした」[6]と述懐するほどだった。

大正四年（一九一五）十一月に東京の陸軍大学校に入学し、大正七年（一九一八）十一月に席次二番で卒業。恩賜の軍刀を授かった。翌年七月、東京麴町区代官町（現・千代田区の北の丸公園）の教育総監部に勤務しはじめ、八月に国府《こくふ》鉐《てい》と結婚（石原は再婚）。三十歳を迎えていた。この大正八年（一九一九）に石原は日蓮仏教に帰依し、その教義と中国問題の研究に没頭する。その結果、翌年四月、中支那派遣隊司令部付として中国の漢口（中国湖北省にあった都市。現在の武漢市の一部）に赴任する前、「国柱会の信行員となった」[7]。

なお、国柱会の会員は「協賛員」「研究員」「信行員」にわかれる。協賛員は教団の賛助者であり、会員として教団の活動に取り組むのは、研究員と信行員である。入会者は最初に研究員として入会し、日蓮主義を研究して信仰・修行が確立されたと教団から認められると、信行員に昇格した。石原が信行員として入会を許可されたことを考えると、入会時にすでに日蓮主義に関する一定の信仰と理解があったと推測できる。

ある悩み

では、なぜ、石原は日蓮仏教の研究に取り組んだのか。その動機は、国体にたいする信念をめぐる問題にあった[8]。会津若松時代に部下に猛訓練を施している際、石原は一心に身を国に捧げている「神の如き兵」にその精神の原動力たるべき「国体に関する信念感激」をどのように叩きこむかに心を悩ませていた。

みずからは幼年学校以来の教育で国体に関する信念は断じて動揺することがないと確信していたが、兵士たち、一般社会の国民、さらに外国人にまでそれを納得させる自信がなかったという。東京帝大法科大学教授の筧克彦《かけいかつひこ》の『古神道大義――皇国之根柢萬邦之精華』（清水書店、一九一二年）も熱心に読んだものの、けっきょく、石原は日蓮主義によって、その確信を得るのである。

ちなみに、一般の兵卒（最下級の兵士）にたいする陸軍の精神教育のありかたを仔細に分析した広田照幸《ひろたてるゆき》によれば、日露戦後、軍隊教育での精神訓話は軍人勅諭の具体的な徳目を教えこむことから、「兵卒の世界観（国体観念）全体の改造」を目標にするようになったという。[9] いわば、兵士にたいする国体観念の涵養は、当時の陸軍全体の課題だったのである。

清澄登山

大正九年（一九二〇）の石原の日記と漢口から妻に送った手紙をみると、石原が日蓮主義に帰依し、日蓮主義的国体論を受容するプロセスを認めることができる。以下、そのプロセスをたどってみよう（残念ながら、大正八年の日記がなく、日蓮仏教入信のようすはわからない）。

大正八年（一九一九）十二月三十一日、石原は友人と二人で千葉の小松原（現・鴨川市）を訪ね、清澄《きよすみ》（同）で宿を取った。いずれも日蓮ゆかりの場所である。日蓮は清澄にある清澄寺で出家得度し、建長五年（一二五三）四月二十八日早朝、清澄山の旭森山頂で昇る朝日に向かって「南無妙法蓮華経」の題目を唱え、立教開宗を宣言した。石原も同じように旭森から初日の出を拝した。

年が明けて一月二日に「不惜身命」（『法華経』譬喩品第三の偈文）と書き初めをし、神田で本多日生の『日蓮聖人の感激』を買い求めている。翌日には友人あての手紙で「日蓮宗ニ改宗セン志アル旨」を伝えた。[10]

一月四日、国柱会の雑誌『毒鼓《どっく》』の一節を読み、「田中智学氏ノ本モ一寸見タイト感ジタ」。十日には熊田葦城の小説『日蓮上人』（報知社、一九一一年）を再読し、十三日には智学の『日蓮聖人乃教義――一名妙宗大意』（師子王文庫、一九一〇年）を入手している。この本は前章で紹介したが、「一般局外者及ビ初心ノ教徒」を「対告衆」（読者）に想定した智学の日蓮主義思想の入門書である（ただし、七一六頁からなる大冊）。日蓮教学と国柱会教学の基礎とともに、「日蓮主義の「世界統一論」」（四〇五頁）が説かれている。宮沢賢治、妹尾義郎、井上日召もこの本を手にしており、石原は本書をくりかえし通読した。

髑牛のテキストとの邂逅

石原の日蓮主義研究は続いた。一月十七日の土曜日には浅草の統一閣を知人とともに訪れ、本多日生の「社会改造と日蓮主義」の講演に耳を傾けた。これは、地明会（天晴会の女性団体）の公開講演だった。[11]

第一次大戦の講和全権委員随員を務めた山川端夫《やまかわただお》（のちに外務省条約局長、法制局長官）の「平和会議所感」ののち、日生が登壇。「国家の統率権を重んずることは、これ亦日蓮主義の特色として現はれて居る、殊に国体を大切にし、さうして臣民は皆な国家を重んじて行くといふことは、日蓮聖人の常に力説したことであります」と強調した。[12]

翌日、石原は国柱会館を経て、統一閣の日曜講演にも訪れた。日生の講演「仏教信仰の正統」を「中々愉快ナリシ」と日記に書き留めており、もしかしたら、日生の前に登壇した妹尾義郎の講演も聞いていたかもしれない。妹尾は石原と同じ年齢で、一方は日生に、一方は智学に師事し、ふたりとも日蓮主義者となった（妹尾については後述）。

その後、石原は一月二十日に島地大等編『漢和対照妙法蓮華経』（一九一四年）、二十一日に智学の『宗門之維新』（一九〇一年）と『本化摂折論』（一九〇二年）を入手。二月二日には里見岸雄の『日蓮主義の新研究』（一九一九年）を読了している。翌日、神田で『清朝全史』とともに、姉崎正治・山川智応編『高山樗牛と日蓮上人』（一九一三年）、姉崎『解説要本　法華経の行者日蓮』（一九一七年）を買い求めた。

翌日（二月四日）の日記には、

［大谷註：樗牛の］「泥後録」ヲ写ス。樗牛ノ日蓮ノ国家観ヲ見テ感ズル所アリ。所詮、徒ニ「日本人」タル私心ニ捉ハレタル精神ヲ以テシテハ到底、世界統一ノ天業ヲ全フスル能ハザルナリ。兼テノ疑問解決ノ為、一拠点ヲ得タリ。

と記している。

「泥後録」は日蓮遺文にもとづいて、龍口法難を中心に日蓮の生涯を自叙伝風に再構成した作品だが、山川智応が注解を付している。このなかで「［大谷註：立正］安国論は日蓮一期の遠鑑、本化妙宗創業の大本」という樗牛の文章に、「正法を立てて日本国を根本的に安んじ、以て道法的世界統一の基礎を為す」の注が振られている。[13]「日本による世界統一」は『宗門之維新』以来の智学の基本的主張だが、智学と樗牛のテキストを通じて、石原はそのことを受容したのである。[14]

さらに二月八日の日記には、次のような一節がある。

樗牛ノ日蓮論ヲ読ム。其当否ハ別トシテ徹底的ナルコト流石ハ天才ノ人也。日蓮ハ蒙古ヲ調伏セズト称スル所、吾人モ亦然リシナラント思フ所アリ。真理アリテノ国家ニシテ、国家アリテノ真理ニアラズ。徒ラニ我国体ヲ以テ真理ノ根源ノ如ク称スルハ、決シテ我国ノ偉業ヲナス所以ニアラザルベシ。深思ヲ要ス。

これは、樗牛の「日蓮上人と日本国（日蓮上人の真面目を見よ）」（一九〇二年）を読んでの感想である。樗牛が「真理（法）と国家」の関係について、個人主義に根ざした「超国家主義」を強調した箇所についての見解である。所与のものとして国体を真理の根源と捉えることに疑義を呈しており、この時点では国体をめぐる石原の思考が確たる信念を獲得しえていないことがうかがえる。

国柱会に入会

その後も石原は、樗牛の日蓮論を国体問題に関する「疑問解決」のための「一拠点」として思考を重ねるも、上司に「日蓮主義ニ就キ稍述ブル所アリシモ、如何セン吾人ノ研究甚ダ浅薄ニシテ確信アル言葉出ズル能ハズ」（二月十五日）といった状態だった。しかし、精力的に研鑽を続け、江部《えべ》鴨村《おうそん》『口語全訳妙法蓮華経』（二月二十三日）、智学監修の『本化聖典大辞林』一・二分冊（三月二十日）、本多日生『聖訓要義』（三月二十一日）、柴田一能・山田一英編『日蓮宗聖典』（三月二十二日）等を買い求め、知人に日蓮主義の国家観等を未熟ながらも話したり（三月四日）、同僚たちに日蓮主義を鼓吹した（三月十八日）。

決定的な転機が訪れたのは、四月下旬である。四月二十二〜二十八日に鶯谷の国柱会で春期講習会が開催された。石原はこの開催をポスターで知り、参加した。

智学は「観心本尊抄大意」を五回、「安土法難史論」を四回にわたって講義した。前者の内容は不明だが、後者は『毒鼓』殉教号（大正九年六月一日）に「安土法難」として掲載されている。天正七年（一五七九）五月、織田信長の命によっておこなわれた日蓮宗と浄土宗との安土宗論の結果、日蓮宗側が受けた法難を実証的かつ詳細に検討した内容である。

石原は智学の講演を聴講して、智学に面会を求めた結果、「最後の疑問」を解決し、入会を決意する。[15]

遂に私は日蓮聖人に到達して真の安心を得、大正八年［大谷註：大正九年の間違い］漢口赴任前国柱会の信行員になつたのであつた。殊に日蓮聖人の『前代未聞の大闘諍一閻浮提に起るべし。』は私の軍事研究に不動の目標を与へたのである。[16]

日蓮主義の研究と研鑽を積み重ね、『法華経』を書写し、『法華経』や日蓮遺文を読誦するなかで智学の講義を聴講し、面会のうえ、入会を決した。なお、「前代未聞の大闘諍一閻浮提に起るべし」は日蓮の『撰時抄』の一節である（後述）。

入会後、石原は日本を出発し、五月十四日に漢口に到着する。

佐藤鉄太郎

漢口着任後の石原の信仰の深まり（とくに国体観と予言の問題）を検討する前に、石原の日蓮主義と比較する意味で、海軍軍人・佐藤鉄太郎（一八六六〜一九四二）について触れておきたい。[17]

日清戦争に砲艦「赤城」航海長として参戦した佐藤はイギリスとアメリカに駐在したのち、明治三十五年（一九〇二）一月に海軍大学校教官に就任。十一月に『帝国国防論』（非売品、一九〇二年）を上梓した。日露戦争には第二艦隊司令長官幕僚として参戦。明治四十年（一九〇七）には海軍大学校教官に復帰し、海軍大佐に昇進している。翌年九月には『帝国国防史論』全二巻を『水交記事』五巻第三号附録として刊行した（明治四十三年に『帝国国防史論　補修』として東京印刷株式会社から出版）。

石原は漢口滞在時に当時の日本で最高権威と目されていた佐藤の『帝国国防史論』を一読したが、「日本の国防と英国の国防を余りに同一視し両国の間に重大なる差異ある事を見遁して居る点は遺憾ながら承服出来なかった」、と述懐している。[18]

佐藤は『帝国国防史論　補修』上巻で英国が大陸征服を避け、富を海洋貿易に求めた「自強主義」によって今日の隆盛を誇っていることを指摘し、日本も英国に習い、「自強ノ二字ヲ以テ今日ニ於ケル軍備ノ唯一目的トナシ。ソレ以上軍備ハ如何ナル事情アルニモセヨ之ヲ勇割シテ顧ザルコト」を訴えた（九四頁）。日本の大陸進出を否定した佐藤にたいして、後年、石原は「欧州古戦史講義」（一九二七年）等[19]で「戦争ノ本質ヲ解セザルモノナリ」と厳しく批判している。

日蓮主義第二世代の石原にたいして、佐藤は世代的には日蓮主義第一世代に属する。佐藤は慶応三年（一八六七）生まれの本多日生と同世代であり、日生の影響を受け、多くの活動をともにした。

「御国体の説明書たる法華経」

もともと佐藤が法華信仰に入ったのは、日露戦争のときだった。

所属先の第二艦隊司令官参謀の松井健吉中佐から『法華経』を贈られ、なんの引っかかりも覚えず、読みすごしていた。ところが、あるとき、「今此三界は皆是我が有なり、其中の衆生は、悉く是吾子なり。而も今此処、諸の患難多し、唯我一人のみ、能く救護を為す」との譬喩品の一節に「思はず巻を覆ふて大息すると共に、歓喜の涙自ら迸り、始めて法華経の第一義に触れ」たと感得する回心を体験した。[20]『法華経』が仏教第一の根本義であるのみならず、日本帝国の国体を説明する唯一の聖典であると悟り、自身が従来抱いてきた国体観はまさに『法華経』の所説に合致すると実感したという。[21]

その後、明治四十二年（一九〇九）三月にアメリカへの遠洋航海から戻った際、天晴会（同年一月に設立）の会員となった。小笠原長生（妹の艶子は佐藤の妻）とともに、品川の妙国寺（日生の自坊）に日生を訪ね、いろいろな教化を受けた結果、天晴会会員の資格を長足の歩調で養い、日蓮の鑚仰者として他人に譲らない自信を得た。

「御国体の説明書たる法華経[22]」と捉える佐藤は、石原に先立ち、日蓮主義的国体論も受容している。『帝国国防史論　補修』上巻「第二篇　軍備ノ目的」「第二章」では、「日蓮上人ノ国家観ニ就テ友人某ニ答フ」と題された小笠原長生の手紙が掲載されている。これは佐藤にたいして、小笠原が日蓮遺文を参照しつつ、「御国体と唯一本仏」との関係を説示した内容である。また、「日蓮ノ獅子吼」の項目もある。[23]

佐藤は「国体的観念ヲ主トスル一ノ教義ハ仮令《たとえ》バ雲間ニ顕ハルル明月ノ如キ煌輝人目ヲ射、偉人日蓮ノ大獅子吼ハ立正安国ノ声ニ伴フテ起リ、一時人心ヲ掃清セントセシモ。如何セン時運未ダ来ラズ」（七五頁）と述べ、日蓮の『立正安国論』の主張が国体観念の顕現に連なるものであると位置づけている。

こうした「日蓮と国体」の関係は、『我が日蓮主義』（東亜堂書房、一九一七年）、『日本国体と日蓮主義』（博文館、一九一八年）、『立正安国主義』（東盛堂、一九二〇年）等の著作を通じて、くりかえし主張されていくことになる。

惜しいかな高山博士は……

とくに『我が日蓮主義』に収められた「日蓮上人と国家主義」に注目したい。佐藤はここで樗牛批判をおこなっている。その批判のポイントだけ確認しておこう。

日蓮宗門外の人でもっとも日蓮を理解し、もっともよく日蓮を世に紹介したのは樗牛であると聞く。佐藤はそう述べる。ただし、「［大谷註：高山］博士によつて日蓮上人の誤解された点も亦少くない」（六頁）。そのため、佐藤は樗牛の日蓮観を批判することにした。なお、樗牛とは同郷の関係から同郷会などで談話したり、日蓮についても一、二度話を聞いたことがある程度の関係だった（樗牛が日蓮論を精力的に発表したとき、佐藤は入信前だった）。

佐藤による樗牛批判は多岐にわたるが、その力点は「高山氏は法華経と日蓮上人に就ては研究したであらうが、惜しい哉まだ日本の御国体を知らない」（四二頁）との点にあった。樗牛は日蓮の『立正安国論』を重視しないが、佐藤からみれば、日蓮の一生は『立正安国論』に始まり、『立正安国論』に終わった。

「夫れ国は法に依りて昌へ、法は人に依りて貴し。国亡び人滅せば仏を誰れか崇むべき、法を誰れか信ずべきや。先づ国家を祈りて須らく仏法を立つべし」の第七問答にみられるように、日蓮は『立正安国論』で皇国にたいする観念をもっとも多く披瀝しており、日本の国体の真髄を感得していた。であるがゆえに、「日蓮は真理の為に国家を認む……彼れにとりては真理は常に国家よりも大也。是を以て彼れは真理の為には国家の滅亡を是認せり」という樗牛の発言にたいして、「日蓮上人の国家観は決して高山氏の如く爾《しか》く浅薄なるものではない」（二三頁）と、真っ向から批判した。

その後も佐藤は、「法華経と国体」「日蓮と国体」の一体性を説き、「日蓮主義―国家主義―真国家―日本」からなる「国家的日蓮主義」を強調した。[24] 佐藤にとって日蓮主義とは、「我帝国の神ナガラの道に合し、此主義にあらざれば我帝国の偉大なるを悟り又之を擁護し奉るべき道なしと信ずる」ものだった。[25] いわば、熱烈な日蓮信仰にもとづく世間的国家主義（世俗的ナショナリズム）が、佐藤の日蓮主義思想の特徴だった。

同じ鶴岡の出身である樗牛、佐藤、石原の日蓮論は以上のような関係にあった。「真理（法）と国家」を「超国家主義」的に説いた樗牛の言説を、三十一歳の石原は一定程度評価し、五十歳の佐藤は厳しく批判したのである。[26]

「我皇国の成仏」

さて、石原の日蓮主義受容のプロセスに戻ろう。

大正九年（一九二〇）五月十四日に漢口に到着した石原は、同月二十三日から翌年一月二十五日までの約八ヵ月間にわたって、妻の銻に二百二十二通もの手紙を送っている。[27] その内容は日々の活動の報告とみずからの日蓮主義的信仰の表白、そして妻の日蓮主義への帰依を願う「折伏」が中心だった。

この手紙を通じて、石原の日蓮主義信仰の深まりをみてみよう。

石原が日蓮主義に帰依したのは、「日蓮聖人の国体観が私を心から満足せしめた結果」による。この「日蓮聖人の国体観」とは、いうまでもなく、智学によって解釈された「日蓮聖人の国体観」であり、「法華開顕の我国体」（六月十二日[28]）だった。

西洋人は中国を西洋列強の干渉で国際管理しなければならないと考えているようだが、それは違うと石原は異を唱える。日本が主導者でなければならないが、現状では力が足りない。とくに「正義の力」が足りないという。日本は建国の大精神において世界を統一すべき大正義を有しているが、眼前の小利害に目がくらんで、正義の光を隠している。そこで、日本国民が「法華開顕の我国体」に感激し、こぞって人道や正義のために利害問題を超越して中国のためにことを計ることが重要だとして、以下のように断言する。

嗚呼、小は一身のことから大は国家の事迄すべての帰結は、南無妙法蓮華経の七字ではありませぬか。一身の成仏勿論大問題です。然し吾々の南無妙法蓮華経は何処迄も日蓮上人の御

示しになった通り、国家、神聖なる我皇国の成仏でなければならないと思ひます。（六月十二日）

国柱会信行員の石原は中国問題の解決を日本国民の国体認識に求め、問題の帰結を「南無妙法蓮華経」にもとづく「我皇国の成仏」に求めるのである。ちなみに、自己と国家の成仏を同時に説くのは、智学の日蓮主義思想からの明らかな影響である。智学は『日蓮聖人乃教義』で、「『国とともに成仏するにあらざれば、まことの自己の成仏でない』と説くのが、「本化妙宗」の即身成仏である」（三六六頁）と強調している。

石原のまなざしは、明確に日蓮主義者のそれであった。

ヴェルサイユ体制のなかで

こうした石原の信仰の深まりと思想の形成が、第一次世界大戦終戦後の国際秩序（ヴェルサイユ－ワシントン体制）と中国情勢の文脈にあったことを押さえておく必要があろう。

石原が漢口に着任する約一年前の一九一九年五月四日、北京の学生ら三千名によって、日本に抗議する大規模なデモが発生した。以後、二ヵ月間にわたり中国全土でデモのみならず、ストライキやボイコットがくりひろげられた。いわゆる五・四運動である。

なぜ、こうした民族運動が発生したのかというと、第一次世界大戦終結のためのパリ講和会議での決定に起因する。会議の結果、日本は山東省の領土権を中国に返還したが、山東省の権益（と赤道以北の旧ドイツ領南洋諸島）をドイツから引き継いだ。このことにたいする反発として、デモが起きたのである。

けっきょく、ヴェルサイユ条約は一九一九年六月二十八日に連合国側とドイツとのあいだで調印された。第一次大戦によって、ヨーロッパ中心だった帝国秩序にたいして、日本・アメリカ・ロシアの比重が高まり、新たな帝国秩序が再編された。終戦前にアメリカの大統領ウッドロウ・ウィルソンが提唱した十四ヵ条の理想主義的な平和原則（民族自決を含む）が終戦後に国際連盟の設立（一九二〇年）、オーストリア＝ハンガリー帝国やオスマン・トルコ帝国の解体による諸国の独立に結びつく（ただし、民族自決の原則はアジア・アフリカには適用されなかった）。

こうして、ヴェルサイユ体制と呼ばれる新たな国際秩序が形成された。以上のような帝国秩序の再編のなかで中国の五・四運動やそれに先立つ植民地朝鮮での三・一独立運動が発生し、日本は民族運動の高揚に苦慮するのである。

釈尊の大予言

「仏の予言の的中の妙不思議が私の日蓮聖人信仰の根柢である」

石原は「戦争史大観の序説」（『東亜聯盟』昭和十六年六月号）でこう述懐しているが、大正九年（一九二〇）当時、「我等ガ宗教トシテ信仰スベキモノハ、絶大ノ霊力ヲ供ヘテ居ナケレバナラナイノデスカラ、其予言ガ中ルトイフコトハ絶対ノ要件デス」（七月八日）と述べている。日蓮主義への入信当初から、「予言」への関心があったことがわかる。

石原にとって、神仏のような霊界の存在を認めないものは宗教ではなく、「宗教トハ此肉身ノ吾々ト神仏トヲ結合スル道」だった。石原の信仰には神秘主義的と呼べる傾向があり、後年、昭和二年(一九二七)の晩秋に伊勢神宮に参拝した際、「国威西方に燦然として輝く霊威」を受けたと回顧している。[29]

こうした石原の信仰(の基盤)を、松岡幹夫は「神道的シャーマニズムの信仰」「霊感的予言信仰」と呼び、[30]西山茂は「霊的日蓮主義」と規定した。[31]この点はあらためて検討することにして、いま少し、石原の「信仰の根柢」を探ってみよう。

石原は、大正九年七月八日付の妻への手紙のなかで「釈尊ノ大予言」について言及している。釈尊の大予言はことごとく的中しており、それが自分たちが帰依すべき証明であるという。「宗祖日蓮大聖人」はその釈尊の予言によって任務が定められ、日本に生まれた「釈尊本化大弟子、本化上行大菩薩」だった。であるがゆえに、自分たちは絶対に日蓮に帰依すると語っている。

上行菩薩とは、『法華経』従地涌出品第十五で教主釈尊の召命に応じて震裂した大地から涌出した四大菩薩(上行・無辺行・浄行・安立行)のリーダーである(第四章1節参照)。この本化の四菩薩は、仏滅後の末法濁世に出現して『法華経』を弘通すべき付属を受けた菩薩である。日蓮は、『法華経』の色読の結果、佐渡流罪中にみずからを末法の衆生救済を担う上行菩薩であるとの自覚に達する。日蓮が久遠の昔から本仏釈尊に教導された上行菩薩であること。それが「釈尊ノ大予言」だった。

なお、「上行菩薩てふ日蓮の自信は、畢竟釈尊の予言に対する絶対の信仰と、妙経色読の行者としての一身の証悟に本づく」と、高山樗牛は「日蓮上人とは如何なる人ぞ」(『高山樗牛と日蓮上人』収録)で述べており、「釈尊ノ大予言」についての石原の言説にも樗牛の影響が垣間みえる。

ドンナコトガアッテモ間違ヒナイ

石原にとって、みずからの軍事研究の不動の目標となった「予言」とは、より具体的には、日蓮の『撰時抄』の一節、「前代未聞の大闘諍一閻浮提に起るべし」だった。

『撰時抄』は『立正安国論』『開目抄』『観心本尊抄』『報恩抄』と並び、五大部と称される日蓮の代表的な著作のひとつである。建治元年（一二七五）六月、日蓮が五十四歳（数え年）のときに身延で撰述された遺文である。前年の十月には蒙古が来襲した文永の役が起きており、人びとが蒙古再来に怯える社会不安のなかで認《したた》められた。日蓮は『法華経』が末法の後五五百歳（二千五百年）のうちに一閻浮提（世界）に広宣流布する必然性があることを、仏の予言と史実に即して主張した。また、みずからが上行菩薩であるとの自覚を深め、「日本国の棟梁」であり、末法の大導師であるとの救世観を表明している。

石原は、『立正安国論』『開目抄』『観心本尊抄』と並んでこの『撰時抄』を読み、「中々有難イト思フコトガ多クアリ……誠ニ雄大ナ御教ヘニ何トモ涙、禁ズルコトガ出来マセヌ」と記している（七月十四日）。続けて、「本仏ノ大予言ニヨリ時ノ変化ト共ニ着々進ンデ行ク我仏教、遂ニ世界ヲ真ノ平和ニ導クコトハ、ドンナコトガアッテモ間違ヒナイト確信シマス」と述べている。この時点では、「前代未聞の大闘諍一閻浮提に起るべし」の一節には言及していない。それが石原の軍事研究の不動の目標となるのは、関東大震災に直面してからである（第八章2節で詳述）。ただし、すでに『撰時抄』に感銘を受けていたことを確認しておこう。

なお、「前代未聞の大闘諍一閻浮提に起るべし」は、智学が『本化妙宗式目講義録』で定式化

表7-1　石原莞爾の日蓮主義に関する読書

書　名	著　者	版元／刊行年
『本化摂折論』	田中智学	
『日蓮聖人乃教義』	田中智学	
『日蓮聖人の法華経色読史』	蛍沢藍川（田中澤二）	佐藤出版部／1919
『日蓮主義の新研究』	里見岸雄	国柱産業書籍部／1919
『日蓮主義と現代将来』	山川智応	新潮社（日蓮主義研究叢書）／1917
『日蓮聖人と耶蘇』	山川智応	新潮社（日蓮主義研究叢書）／1915
『日蓮聖人と親鸞』	山川智応	新潮社（日蓮主義研究叢書）／1916
『種々御振舞御書略註』	山川智応	新潮社（日蓮主義研究叢書）／1915
『日蓮主義と世の中』	志村智鑑	新潮社（日蓮主義研究叢書）／1916
『龍口法難論』	田中智学	新潮社（日蓮主義研究叢書）／1915
『立正安国論新釈』	長滝智大	新潮社（日蓮主義研究叢書）／1916

した「法国冥合」（仏教的政教一致）のプログラムの重要な典拠だったことを想起されたい（第四章1節）。本門の戒壇が建立され、すべての人類国家の帰依すべきものであると世界に宣言されると、日本と日本に敵対する国々とのあいだで世界戦争が勃発する。それを智学は「前代未聞の大闘諍」であると規定し、この世界戦争を経て、世界は統一されると宣示した。石原も「一天四海皆帰妙法ノ基礎ガ完成セラレ本門戒壇建設ノ日」（九月三日）、「一天四海皆帰妙法ノ基礎タル本門戒壇ガ我神国ニ建立セラルルノ秋《とき》」（十月三日）と、本門の戒壇に言及しているが、この時点では智学の「法国冥合」のプログラムには触れておらず、石原の理解は及んでいなかったものと推測できる。

ただし、石原は愚直に日蓮主義の研鑽に努めた（表7—1）。みずからの修行のみならず、妻や知人にも熱心に信仰を勧めた。会津若松に国柱会の支局を建設することを夢みるとともに、智学の『日本国の宗旨』や『国民的反省』を知人や友人に施本することを妻に依頼した。妻の銻は、石原の説得によって国柱会に入会している。

こうした研鑽や修行を経た石原は、「此頃ハ日ニ日ニ信仰ノ根ガ深クナルノヲ覚ヘマス」（九月十六日）と、妻に書き送るほどになっていた。

その五日後の九月二十一日、漢口の石原のもとに『天業民報』創刊号（九月十二日発行）が届いた。この時期は、智学が日本国体論を体系化する時期だった。石原の国体観はこの時期には堅固なものになっていたことが妻への手紙からわかる。

宗教に理解も趣味もないと石原に語った友人らにたいして、石原は自分たちの生活そのものが宗教でなければならないと書き記す（十月三日）。彼らは二口目には「忠君愛国」を言うが、「我国体ノ霊力ニ感激シタ根本心カラ生ズル忠君愛国デナケレバ、貧弱ナル道徳論ニ堕落シテ、忽チデモクラシーヤ社会主義ニ動揺セシメラルルノデス」と、その浅薄さを批判する。「此国体観ガ即チ宗教デス」。石原にとって、国体とは宗教であり、世界観を意味していたのである。

田中先生こそが

十一月二十五日、『天業民報』を見た石原は、智学が十一月三日よりかねてからの宿志である日本国体論を連載しはじめることを知った。この時点では石原は十月二十九日分までの『天業民報』しか入手しておらず、連載をまだ目にしていない。石原は一日も早く「拝見」したくてたまらないと妻に伝えた。「コレコソ大問題、大聖人ハ勿論、日本国体ノ真価ハ御心ニアッタノデス」と、石原は日蓮の真情を忖度する。

ここで石原は、樗牛の「日蓮上人と日本国」に言及する。ただし、『高山樗牛と日蓮上人』が手元になかったようで、おぼろげな記憶にもとづく内容を記している。日蓮は日本の亡国を憂えず、蒙古調伏を祈らなかった。そこに上行菩薩たる「絶対ノ大」がある、と。蒙古調伏を祈らなかった点までは樗牛の主張を正確に伝えているが、その理由は不正確だった。「法華経の行者」である日蓮を二十数年にわたって迫害し、謗法の邪宗に傾倒した日本人にたいして、蒙古はこの謗法の国土を膺懲《ようちょう》するために来襲した、それは仏意であり、摂理だった。「日蓮にとりて日本は大い也、然れども真理は更に大い也」と樗牛は述べ、真理が国家より優位であることを説いている。

石原は――樗牛の見解にはこれ以上触れず――「大聖人ノ日本国体観、実ニ大問題ト存ジマスレバ、田中先生ノ国体観ハ大聖人ノ真意ニアラズ、一歩譲ルモノノ」だった。なぜかといえば、日蓮は国体について精密に考えてはいなかったからである。しかし、佐渡で上行菩薩の自覚を得てから示した曼荼羅本尊には宇宙法界における国体の位置が暗示されている。そこで、「明治ノ御代コソ、日本国体ガイヨ〳〵明瞭ナラシムベキ時期」だった。「田中先生コソ、正シク大聖人ノ内証ヲ詳細ニ発表セラルベキ唯一ノ御方」だった。石原にとっては、「『日本国体論』真ニコレ千古ノ大論」を意味していた。

智学にたいする当時の石原の思いは熱烈で、「田中〔大谷註：智学〕先生ノ如キハ誠ニ私共ヲ救ヒ下サル大切ノ師匠」であり、「先生ハ大聖人以来ノ第一人者」だと確信していた（七月二十二日）。石原にとって智学は「大聖人ノ命ヲ奉ジ、国体観ヲ完成スベク顕レラレタ」存在だった（十一月二十八日）。

以上から、大正九年（一九二〇）が石原の日蓮主義の信仰を深め、予言と国体を核とする独自の日蓮主義信仰の基礎を築いた年であったことがわかるだろう。

2　更に国土を明るき世界とし……

今や私は

今度私は
国柱会信行部に入会致しました。即ち最早私の身命は
日蓮聖人の御物です。従って今や私は
田中智学先生の御命令の中に丈あるのです。　謹んで此事を御知らせ致し　恭しくあなたの御帰正を祈り奉ります。（書簡一七七[32]）

これは、大正九年（一九二〇）十二月二日に二十四歳の宮沢賢治が親友の保阪嘉内にあてた手紙の一節である。賢治は、この年の十月に国柱会に信行員として入会した。奇しくも石原と賢治は同じ年に国柱会の信行員となった。[33]

賢治は、この手紙のなかで「田中先生に　妙法が実にはっきり働いてゐるのを私は感じ私は信じ私は仰ぎ私は嘆じ　今や日蓮聖人に従ひ奉る様に田中先生に絶対に服従します。御命令さへあれば私はシベリアの凍原にも支那の内地にも参ります」と、智学への熱烈な思いを吐露し、保阪に入会を勧めている。このとき、賢治は熱心な日蓮主義者だった。

では、賢治はどのように日蓮主義者となったのか。まず、賢治が『法華経』と出会い、日蓮主義者になるまでの略歴を一瞥しておきたい。

賢治は、明治二十九年（一八九六）八月二十七日、岩手県稗貫《ひえぬき》郡花巻川口町（現・花巻市）に政次郎とイチの長男として生まれた。父親は質屋と古着商を家業としていた。宮沢家は真宗大谷派・安浄寺の門徒で、土地の名士だった。賢治は真宗、禅宗、キリスト教、民間信仰等の影響のなかで自己形成をおこなう。

大正四年（一九一五）四月、賢治は盛岡高等農林学校（現・岩手大学農学部）に首席で入学する。その前年の九月、（石原も手にした）島地大等編『漢和対照妙法蓮華経』（明治書院、一九一四年）に出会う。

弟の清六の証言によれば、賢治はとくに如来寿量品に感動して、驚喜して身体がふるえて止まらなかったという[34]。賢治十八歳のときである。賢治は亡くなるまで『法華経』をつねに手元に置いて大切にし、法華信者としてその生涯をまっとうした。

父との対立

賢治は、大正七年（一九一八）三月に盛岡高等農林学校を卒業後、同学の研究生となった。同年十二月、東京の日本女子大学に在籍していた妹のトシが肺炎と診断され、賢治は看病のために上京。翌大正八年（一九一九）一月、賢治は上野桜木町の国柱会館で、田中智学の演説を二十五分間だけ聞いた。三月には退院したトシに付き添い、花巻に戻った。

大正九年（一九二〇）五月、盛岡高等農林学校研究生を修了した賢治は、実家に戻る。悶々としながら、家業を手伝うことになる。

この時期、父親の政次郎と賢治は激しく対立し、法論を重ねた。当時、すでに智学の思想に影響を受け、日蓮主義的な法華信仰の立場に立つ賢治は、真宗信仰の立場に立つ父親に改宗を迫ったのである。それは、父親への折伏行だった。

なお、これまでの宮沢賢治研究では、父と子の宗教対立は伝統的な「真宗対日蓮宗」の対立と考えられてきた。

しかし、それは違うと私は考える。

明治三十二年（一八九九）以降、毎年、花巻で仏教講習会が開催されており、政次郎も主催者のひとりだった。政次郎たちは、真宗大谷派の暁烏敏や多田鼎を講師として招いている。暁烏と多田は、清沢満之の高弟で浩々洞のメンバーだった。清沢の唱えた精神主義は日清・日露戦間期に一世を風靡し、東京の青年たちを魅了したことは第三章3節で述べた。すなわち、政次郎の真宗信仰は、当時の最先端の近代真宗（精神主義）信仰だった。賢治の法華信仰は、やはり当時の最先端の近代法華・日蓮信仰である日蓮主義に立脚していた。両者の対立は、近代的な「精神主義対日蓮主義」という枠組みで理解されるべきであろう。[35]

上京、創作、妹の死

父親と激しく対立する中、大正九年（一九二〇）十月、賢治は正式に国柱会に入会する。そして同年十二月、先に見たように、親友の保阪にも日蓮主義への帰依を迫ったのである。その後も「一緒に国柱会に入りませんか」（書簡一七八）と保阪に語りかけ、智学の著作『世界統一の天業』『日蓮聖人乃教義』『妙宗式目講義録』（書簡一七八）、国柱会の機関紙『天業民報』（書簡一八八）の購読を勧めている。

翌年一月二十三日、賢治はみずからの進路に悩み、父親との関係が深刻化するなか、家出して上京する。翌朝、上野に到着した賢治は、そのまま国柱会を訪れた。教団幹部の高知尾智耀（一八八三〜一九七六）にたいして、国柱会でなにか仕事を与えてほしいと依頼した。しかし、高知尾に諭され、その願いはかなわなかった。しかし、このとき、高知尾から「法華文学ノ創作」を勧められたことは有名な逸話である。

賢治は、妹の急病で同年（大正十年）八月に帰郷するまで、東京本郷に下宿し印刷所で校正係の仕事をしながら、童話等の創作に励んだ。また、国柱会で『天業民報』の発送作業や上野公園での伝道活動の手伝いをしながら、奉仕活動をおこなっている。

帰郷後の同年十二月、賢治は稗貫農学校（現・岩手県立花巻農業高等学校）に教員として勤務することになった。翌大正十一年（一九二二）十一月二十七日、賢治は自分と「信仰を一つにする」[36]最愛の妹・トシを結核で失う。臨終の場面で、賢治はトシの耳元へ口を寄せ、「南無妙法蓮華経」と叫び、トシは二度、うなずくようにして息を引き取った。賢治は押し入れに首を突っこみ慟哭したという。

なお、上田哲がつまびらかにしているとおり、賢治の名前が『天業民報』にもっとも多くみられるのは、大正十二年（一九二三）である。[37]「国性文芸会新則／入会申込者氏名／一口　岩手　宮沢賢治殿」（七八三号、四月二十一日）、「角礫行進歌」（八六八号、七月二十九日）、「黎明行進歌」（八七四号、八月七日）、「青い槍の葉」（八八二号、八月十六日）、「国難救護正法宣揚同志結束義金報告／金拾円（救護）　岩手　宮沢賢治殿」（九三四号、十一月二十七日）といった記事が掲載されている。

また、国柱会の会員（信行員）として、「国体主義の新芸術興立・法華開顕の新文化運動」[38]を掲げた「国性芸術」の創作に励む国性文芸会会員としても活動していた。しかし、けっきょく、保阪や政次郎の入会は実現せず、賢治の日蓮主義的な法華信仰はしだいに影を潜めていくことになる。

「国土」の重視

では、賢治の日蓮主義的な法華信仰の特徴はどのようなものだったのだろうか。「日蓮聖人の国体観」と「予言」を中核とする石原の日蓮主義信仰にたいして、賢治の場合は「国土」を重視する。

賢治が『法華経』と出会ったのは、前述のとおり、大正三年（一九一四）九月、十八歳のときだった。島地大等編『漢和対照妙法蓮華経』の如来寿量品第十六（とくに自我偈の箇所）に感動する。

衆生見劫尽　大火所焼時　　衆生劫尽きて　大火に焼かるると見る時も
我此土安穏　天人常充満　　我が此の土は安穏にして　天人常に充満せり[39]

賢治にとって、「法華経の寿量の品」は「命をもって守ろうとするもの」（作品一〇二〇「野の師父」）[40]だった。とりわけ賢治は、この自我偈の一節を友人・知人たちへの手紙に書き記して送っている。

たとえば、亡くなる年の昭和八年（一九三三）に菊池信一にあてた年賀状（書簡四四〇）でも、「我此土安穏／天人常充満」の一節を書き記している。

この自我偈の一節は、現実の娑婆世界（国土）の本質を永遠の理想世界（本国土＝常寂光土）と捉える娑婆即寂光という天台教学上の教説の根拠となる箇所である。賢治の法華信仰の基底には、現実世界と理想世界の関係、衆生の生きる国土、天人の常在する本国土にたいする認識論・存在論があった。天台的法華信仰の特徴は、自分の心の一念によって、現実の国土に永遠・絶対の本国土を感得できるとする点にある。若い賢治の『法華経』理解は、著名な天台学者である島地大等の影響による天台学的なものだった。[41]

天台的法華経観から日蓮主義的法華経観へ

大平宏龍によれば、賢治の天台的法華経観が日蓮的法華経観へ傾斜したのは、大正七年（一九一八）ころであるという。[42]私も同意する。

盛岡高等農林学校卒業の一ヵ月前の、大正七年（一九一八）二月、賢治は父親の政次郎にあてた手紙のなかで、「願はくゞ誠に私の信ずる所正しきか否や皆々様にて御判断下され得る様致したく先づは自ら勉励して法華経の心をも悟り奉り」、「或は更に国土を明るき世界とし印度に御経を送り奉ることも出来得べくと存じ候」（書簡四四）と、みずからの法華信仰を宣言している。

同年三月十四日前後に執筆されたと推測される保阪あての手紙のなかでは、「今は摂受を行ずるときではなく折伏を行ずるときだそうです」（書簡四九）と述べている。この「折伏」の言及は、あきらかに智学からの影響である。さらに、「私の遠い先生は三十二かにおなりになって始めてみんなの為に説き出しました」（書簡五〇）と、三月二十日の保阪あての手紙に記している。この「先生」とは日蓮を意味する。この時点で、智学の日蓮主義にもとづく日蓮主義的法華信仰が表出されていることを確認できる。

すなわち、自分の心の一念によって、現実の国土に永遠・絶対の本国土を感得する天台的法華経観から、折伏という積極的な布教活動による現実変革を通じて、この現世に本国土の建設をめざすのが、国柱会流の法華信仰の特徴だった。賢治の信仰は、前者から後者へと移行した。

国家と共に成仏せんことを期す

ここで、智学の国土観をあらためて確認しておこう。

第四章1節で『本化妙宗式目講義録』に表明された智学の国土観の特徴を紹介し、「国土成仏」がポイントであることを指摘した。賢治は同書を五回もくりかえし読んだとされるが、その四巻「宗要門第三」「第一段　宗教五綱」「第十三科　開顕妙国」のなかで、智学はこう述べている。

所謂［大谷註：『法華経』の］本門は国土成仏を以てその特色として居る、故に［大谷註：日蓮］大士の誓願もまた閻浮統一である、全世界の成仏である、娑婆即寂光である。（二三二―四頁）

智学の現実認識は、個人―国家（国体）―世界の三者関係から成り立つが、個人成仏を国土成仏に包含し、全世界の国土の本国土化を訴えた。その「国土成仏の票本」として、国民国家・日本の本国土化を最優先した。

なお、国柱会会員の守るべき「本化妙宗信条」第四条には、「本化妙宗信行の目的は即身成仏娑婆即寂光の大安心を決定して人類と共に妙道に入り国家と共に成仏せんことを期するに在り」[43]と規定されている。個人の即身成仏とともに、娑婆即寂光の教説にもとづく国家と国土の成仏による本国土の建設、そのための実践こそが国柱会会員の活動方針だったのである。

大地このまゝ常光土

では、賢治の国土観はどうだったのだろうか。

賢治が所蔵していた日蓮遺文（霊艮閣版『日蓮聖人御遺文』）には、二ヵ所、傍線が付されていることを、斎藤文一は紹介している。[44]それは、『立正安国論』（『安国論広本』）と『生死一大事血脈抄』だが、そのうち、前者は「所詮天下泰平国土安穏は君臣の楽ふ所土民の思ふ所也。夫国は法に依て昌へ、法は人に因て貴し国亡ひ人滅せは仏を誰か崇む可き法を誰か信す可きや先国家を祈りて須く仏法を立つべし。若し災を消し」である。つまり、第七問答の部分である。

しかし、賢治は他の日蓮主義者が関心をもった「国家と宗教」の関係ではなく、個人―国土―世界の問題に注意を払っていたのである。ただし、こうした国土への関心は、智学の国土観を導きの糸としていたものと推測できる。

また、賢治が保阪にあてて大正七年(一九一八)に記したとされる手紙のなかに、次のような一節がある。

どうか一所に参らして下さい。わが一人の友よ。しばらくは境遇の為にはなれる日があつても、人の言の不完全故に互に誤る時があつてもやがてこの大地このまゝ常光土と化するとき何のかなしみがありませうか。(書簡一〇二a)

ここには、賢治の娑婆即寂光観が表明されている。

なお、この手紙は、従来、賢治が家出をして国柱会で奉仕活動をしていた大正十年(一九二一)七月下旬のものと推定されているが、断定が困難とされている(ここでは『【新】校本宮澤賢治全集』一五巻「書簡 本文篇」の配置にしたがい、大正七年説を採る)。

もし、大正十年(一九二一)七月下旬に執筆されたものであれば、ここで表明されている賢治の国土観は、国柱会信行員としての「即身成仏娑婆即寂光の大安心」にもとづいているものと推定できるが、大正七年(一九一八)の執筆であったとしても、現実世界の常寂光土化(本国土化)を信ずる賢治の信念をうかがうことができるであろう(ただし、この表明が天台的なものか、日蓮主義的なものかの判断は確定できない)。

3　仏陀を背負ひて街頭へ

吾が望みは日蓮主義を弘める外にはない

ここで、もうひとりの若き日蓮主義者を紹介しよう。昭和前期に新興仏教青年同盟を結成し、仏教社会主義運動を展開する妹尾義郎（一八八九〜一九六一）である。

石原莞爾と宮沢賢治が大正九年（一九二〇）に国柱会に入会し、智学に師事したのにたいして、妹尾は大正七年（一九一八）五月に本多日生に師事し、翌年一月、統一団の専任事務に着任した（ただし、日生に師事する前に智学にも影響を受けている）。

「吾が望みは日蓮主義を弘める外にはない。此の為に一切を捧げなくてはならぬ」。大正八年十一月十四日の日記に妹尾はこう記した。[45]

まずは妹尾が日蓮主義者になるまでの略歴を確認しておこう。[46]

妹尾は明治二十二年（一八八九）十二月十六日、広島県奴可《ぬか》郡東城村（現・庄原市東城町）の酒造業を営む旧家に生まれた。四男五女の九人兄弟・姉妹の四男だった、生家は、浄土真宗本願寺派の門徒である。子どものころから、祖母や母が朝夕につつましやかに唱えていた念仏の声を聞いて育ち、幼心にも白骨の御文章をありがたく感じていた。

妹尾は小学校時代から優秀な子どもだった。中学は備中の山間部にある名門・高梁《たかはし》中学（現・岡山県立高梁高校）に進学する。終始、特待生として優秀な成績を収め、首席で卒業した。明治四十一年（一九〇八）九月、旧制第一高等学校（現在の東京大学教養学部、以下、一高）英法科に四番の成績で入学。同級生には、河合栄治郎《かわいえいじろう》（のち東大教授、経済学者）、神川彦松《かみかわひこまつ》（のち東大教授、国際政治学者）、賀屋興宣《かやおきのり》（のち大蔵大臣）ら、錚々たる面々が揃っていた。

新渡戸稲造の影響

一高時代の妹尾に決定的な影響を与えた人物が、新渡戸稲造である。当時、新渡戸は一高の校長を務めていた。妹尾にとって、新渡戸とは「理想の大偉人」（明治四十二年三月二十一日）だった。また、「余は新渡戸先生の大人格を大崇拝すると同時に先生の学藻を慕はずんばあらず。思ふに人格修養は読書に依つて大に得らるゝなり」（同日）とも記している。この発言から、妹尾が新渡戸のなにに影響を受けていたのかが明確になる。

ここで、ふたたび、筒井清忠の教養主義に関する研究を参照したい。

第五章1節で筒井の研究を参照したように、エリート文化の中核となる教養主義と大衆文化の中核となる修養主義は、明治後期に「修養主義」として同時に同一物として成立した[47]。筒井は、一高を教養主義（当時は「修養」といわれた）の方向に転換させた人物として新渡戸を評価し、新渡戸が一高生たちにたいして人格の修養を説くと同時に、大衆雑誌でも人格の修養を説いたという。修養によってめざされたものは人格の向上であり、修養主義は人格主義でもあった[48]。

すなわち、妹尾は新渡戸からの直接的な薫陶を受け、「修養主義」を積極的に受容したのである。いわば、明治後期に成立した「修養主義」の申し子のひとりが、妹尾だった。後述するように、病気によって、エリートの道を挫折せざるをえなかった妹尾は、大正期に日蓮主義運動、昭和前期に新興仏教運動を展開するが、その胸中には新渡戸の「修養主義」と人格主義があったのである。

病魔と豆腐屋

一高を卒業したら、妹尾は東京帝国大学法科大学（現在の東京大学法学部）に進学し、将来は国家官僚になるつもりだった。それが約束されているはずだった。しかし、そのビジョンは病気によって暗転する。

明治四十二年（一九〇九）九月、二年生に進級した妹尾は、病気のせいか、なにかわからないまま、気分の悪さを感じた。後日、医師から、脳貧血と言われ、気管支カタルからくる呼吸器系の疾患の兆候があると告げられた。以後、十年に及ぶ闘病生活の始まりだった。

病院に通うもいっこうに体調は回復せず、故郷で静養することになった。十二月七日、妹尾は同級生の賀屋や神川らに見送られて新橋駅を発ち、帰郷した。年が明けても一進一退の体調が続いたが、静養に努めた結果、同年（明治四十三年）九月下旬、なんとか復学できた。しかし、すぐに希望は絶望に転じた。肺結核との診察を受け、十月下旬にはふたたび帰郷する。

翌明治四十四年（一九一一）、妹尾は『法華経』と出会い、法華信者となる。

そのきっかけは、町の豆腐屋との出会いだった。当時、妹尾は煩悶のなかにいた。「気狂ふ。……噫吾は遂に狂死せん」、「感極まって泣かむとするも涙枯渇す矣」と、その苦しみを日記にたたきつけている（一月十日）。二月二十日、妹尾は、たまたま豆腐屋の老人・松崎久太郎と出会う。松崎の店に買い物に行き、よもやま話をしているうちに、松崎は豆腐づくりの臼を挽きはじめた。妹尾も手伝い、運動になっておもしろいと感じる。松崎は近所で有名な『法華経』の「信心家」で、このとき、妹尾に「信あらば徳あり」と説いた。

その日以来、妹尾は豆腐屋に通い、臼挽きを手伝うことになる。同時に正座をして邪念を払いながら、線香一本分、『法華経』を読誦し、一心に題目を唱え、「なかなか利する所がある」と感じるようになる。

その後も妹尾は気が狂うように煩悶する一方、松崎から借りた『日蓮聖人略伝』を読んだり、『法華経』を暗誦している。四月十日には『法華経』見宝塔品第十一の「此経難持」（此の経は持ち難し）と開経偈の「無上甚深」（『法華経』の教えが無上で甚深たること）を暗唱し、「至極妙法不可思議、これある哉、思議せんよりもむしろ大に信ずべし。信の一字こそ肝要」と日記に記している。

しかし、さらなる不幸が追い打ちをかけた。この年（明治四十四年）の六月三日、妹の勝代が肺結核のため、十六歳でこの世を去った。妹尾は、白骨の御文章の一節を日記に書き添えている（最愛の妹を亡くしたことは賢治と共通している）。

その後も法華信仰を深めていくが、けっきょく、体調は戻らず、八月下旬に一高の退学を決意し、九月下旬に退校届を提出した。二十一歳のときである。

同年十一月、母校の東城小学校の代用教員に着任し、子どもたちの教育に邁進し、やりがいや楽しさも感じた。また、この時期、キリスト教への共感も示している。

明治天皇の崩御で「大正」に改元した大正元年（一九一二）の秋、新しく赴任してきたキリスト教徒の教員から聖書をもらう。聖書に親しみ、兄の本棚にあったキリスト教関係の本もあわせ読んだところ、「是迄、法華経を読んでも、深く教理の脈を穿って其処から湧出する清泉に渇を霑《うるお》したのでない」と告白している。ただし、「二者何れも大霊の声として仰がれ、別けて聞くだに温い博愛の教へは、さながら天楽の如く、病者の胸を慰めた」（十月二十四日）、とも吐露している。当時の妹尾にとって、宗教とは病者の慰めだった。

たび重なる挫折

体調に回復の兆しがみえたものの、右肺カタルと肋膜の異常など、病気は妹尾をとらえて離さず、翌年七月、代用教員も辞職した。

在職中の大正二年（一九一三）一月、妹尾はたまたま東亜同文書院の県費留学生の広告を手にする。孫文が指導する辛亥革命によって「革命の風雲急なる隣邦支那の空合ひ」が妹尾の野心を煽った。妹尾は願書を提出し、四月に選抜試験を受けた結果、合格したため、代用教員退職後の八月下旬、同校に入学する。当時、辛亥革命によって上海の東亜同文書院が焼失したため、新入生はしばらくのあいだ、九州の大村で学ぶことになった。妹尾も九州におもむき、仮校舎にあてられていた日蓮宗寺院・本経寺で中国語を学ぶことになった。しかし、授業開始早々に妹尾は頭痛や中耳炎に苦しむことになる。

そうしたなか、本堂から響いてくる太鼓の音に耳を打たれ、忘れかかっていた題目の響きがふたたび胸に轟きだす。妹尾は住職の浜井日成（のち京都本圀寺四十九世貫主）から本格的な日蓮教学の手ほどきを受けた。

十月十五日、みずからの体調不良を自覚した結果、妹尾は退学を決める。またしても進路は絶たれ、絶望の裡に東城に帰郷した。

湯治先で

帰郷した妹尾を待っていたのは実家の不幸だった。大正三年（一九一四）三月、酒造業を営んでいた実家の仕込み酒が不出来で、経営者の兄・勇太郎が心労で寝こんでしまうほどだった。兄は快方に向かったが、病身の母親が寝こみ、嫂《あによめ》も持病で臥せてしまうなど、不運が重なった。借金取りが店頭に押し寄せるなど、妹尾はみずからのふがいなさを嘆くばかりだった。

そうしたなか、妹尾は頭痛の苦しさから、日ごと夜ごとに何度も自殺の思いをめぐらすが、そのたびに思いとどまった。この年の六月、第一次世界大戦が勃発する。日本は八月二十三日にドイツに宣戦を布告し、十月なかばまでに赤道以北のドイツ領の南洋諸島を占領するとともに、十一月七日にはドイツの租借地だった青島《チンタオ》を占領した。新聞号外のけたたましい鈴の音に、沈みがちな妹尾の心も活気づけられた。妹尾は南洋への進出を夢見るようになり、十月にはマレー語の独習書も取り寄せるほどだった。

その年の年末、妹尾は思いたち、台湾の基隆《キールン》に向かう。翌大正四年（一九一五）二月、知人の斡旋で台北の専売局に勤務することになった。しかし、体調が悪く、三月下旬、重い足取りで生家に戻った。

七月十日、妹尾は油木温泉に湯治に行く。ここで、日蓮主義に出会う。

妹尾は玄米食を試しながら、携えてきた霊艮閣版『日蓮聖人御遺文』(通称『縮刷遺文』)に朝夕親しんでいた。七月末日、湯治先の宿の主人から、田中智学の著書『日本国の宗旨』(師子王文庫、一八九九)を借りる。目を通したところ、にわかに信仰上の光明が射し、日蓮主義が深遠なる教理を有し、現代人にもっとも必要で適切な宗教であると確信し、研鑽の心がおおいに高まった。心身の軽さを覚え、東城に帰宅する。

こうして妹尾は、病気の快癒を願う現世利益的な信仰から、ビリーフ(教義・信条)にもとづくプロテスタント的な日蓮主義信仰へと跳躍する。

千ヵ寺廻国修行を志したが……

温泉から戻ると、妹尾は智学の『国教七論』(師子王文庫、一九一〇年)を入手して熟読したのを手はじめに、日蓮主義の書籍を漁り、少しずつ明確な信念を得るようになった。『国教七論』は『日本国の宗旨』をはじめ、智学の『世界統一の天業』『末法の大導師』『勅教玄義』『法華経叢談』『宗綱提要』『皇室敬礼論』の七編を合冊したものである。

八月、「法悦に咽ぶやうな生活」を求めて、出家する意思を長兄に伝えた。しかし、兄は首を縦に振らなかった。そこで妹尾は、千ヵ寺廻国修行を思い立つ。これは、江戸中期ごろから盛んになった法華信者独特の参詣のしかたで、日蓮宗寺院千ヵ寺をまわる修行方法である。[49] 日蓮主義の信仰とは無関係な伝統的な修行である。兄に懇願した結果、許可を得て、十月一日早朝六時、妹尾は出発した。母からは、「仏様を背に負ひ汝の信心を杖に突いて行け」と諭されての旅立ちだった。

妹尾は徒歩で身延をめざした。中学時代を過ごした岡山の高梁町を経て、総社に向かった。同地で釈尊孤児院を営む日蓮宗僧侶の釈日研（一八五九〜一九二七）に教えを乞うためだった。妹尾は日研に会い、尋ねられるままにみずからの悲しい身の上話を語り、その日は床についた。翌朝礼を述べて出発しようとしたところ、妹尾の体調をみかねた日研と事業上のパートナーである妙善尼は妹尾を引き留めた。春を待ってから出発するように諭し、妹尾もその忠告にしたがった。

妹尾は日研と妙善尼の手伝いをしながら日々を送り、日研を「慈悲に活きた仏の使」として尊崇の念を強めていった。十一月二十一日、ついに兄から出家得度の許可が記された手紙を受け取る。この年（大正四年）の十二月六日、二十五歳の妹尾は黒染の衣を身につけ、袈裟をかけ、日蓮宗の僧籍を得た。日研の法号をもらい、「学応」と名乗ることになる。こうして、「多年の宿願」がかなった。ただし、体調不良はあいかわらずだった。

翌年四月、母親がふたたび病床につき、回復の見こみがないとの連絡が来て、妹尾は帰郷することになった。妹尾は真宗門徒の母親の改信を願い、『阿弥陀経』と『法華経』の違いや日蓮の伝記を聞かせるなどした結果、母親は念仏を断ち、法華の数珠をかけ、病床で題目を唱えるようになった。しかし、その母親は妹尾が油木温泉に湯治に行っている最中の七月二十一日、逝去してしまう。

最初は智学に傾倒

釈日研のもとで得度し日蓮宗の僧籍を得た妹尾だが、僧侶として活動することはなく、東城で

表7-2　妹尾義郎の日蓮主義に関する読書

書　名	著　者	版元／刊行年
『国体の権化明治天皇』	田中智学	師子王文庫／1913
『本化摂折論』	田中智学	師子王文庫／1902
『妙宗式目講義録』全五巻	田中智学	師子王文庫／1904〜1913
『護法正議』	田中智学	師子王文庫／1905
『日蓮聖人と耶蘇』	山川智応	新潮社（日蓮主義研究叢書）／1915
『日蓮聖人と親鸞』	山川智応	新潮社（日蓮主義研究叢書）／1916
『日蓮主義と現代将来』	山川智応	新潮社（日蓮主義研究叢書）／1917
『聖訓の研究』	志村智鑑	新潮社（日蓮主義研究叢書）／1915
『国聖としての日蓮聖人』	志村智鑑	新潮社（日蓮主義研究叢書）／1915
『法華経の行者日蓮』	姉崎正治	博文館／1916
『和訳妙法蓮華経』	山川智応	新潮社／1912
『我が日蓮主義』	佐藤鉄太郎	東亜堂書房／1917
『日蓮主義』	本多日生	博文館／1916

日蓮主義の信仰を深めていくことになる。

大正六年（一九一七）の日記を見ると、国柱会の機関誌『国柱新聞』（月三回の発行）を定期購読し、それを学校や警察署、知り合いに施本するなど、日蓮主義者としての活動が目立つ。また、日蓮遺文とともに、『国柱新聞』や智学をはじめとする国柱会幹部の著書を読みこみながら、日蓮主義教学について学ぶ妹尾の姿をみることができる。これは前年まではみられない行動である。

ここで、妹尾が手に取った本を挙げてみよう（表7―2）。

当時の日蓮主義の流行のなかで石原や賢治と同じく、妹尾も日蓮主義関係の書物を通じて、日蓮主義教学を学んだことがわかる。

また、樗牛の著作には（日蓮主義に帰依する以前の）一高時代から親しんでいた。

一高時代の明治四十二年（一九〇九）一月十二日、「高山林二郎《ママ》氏の著作を読む。痛快なり」と日記に記し、『樗牛全集』四巻を手にしている。体調を崩してからは、樗牛の消息文を読み、「彼が病中の感想、今の吾が感慨と比して転《うた》た思ひ半ばに過ぐるものあり」（明治四十二年十二月二十六日）と、自分の心情に引き寄せて樗牛を読んでいた。

日蓮主義関係の書物を読み漁った時期、大正六年（一九一七）十一月十五日に樗牛の『文は人なり』（博文館、一九一八）を読んでいる。その数日前に「高山樗牛は偉人を得る為に凡愚百万人を犠牲とせんといへり」と日記に記しているが、これは同書収載の「天才の出現」に依拠している。

妹尾は姉崎と樗牛の作品を含めた日蓮主義関係の書物を通じて、日蓮主義理解を深めたが、信仰の実践もしていた。この年の三月六日の日記に、「国柱新聞到来、及御曼荼羅配布せらる」とある。「御曼荼羅」とは、国柱会式の佐渡始顕の曼荼羅本尊であろう。

また、六月十日には、「吉川円七氏を訪ひ共に妙行正軌式に改革した宝前に勤行する」とある。『妙行正軌』とは国柱会の儀礼・法要の行軌をまとめた儀典書である。妹尾が国柱会の会員だったのかは特定できないが、少なくともこの時期は、智学の思想に傾倒し、国柱会の信行形式を実践していたことがわかる。

同年十月、体調がかなり回復していた妹尾は智学を訪ねて「法花経についての質疑や、我が将来を妙法に如同せる方針に向はせる為に、信仰的教化を受けねばならぬ」と、上京を決意する。すなわち、妹尾は日生に師事する前に、智学に師事しようとしていたのである。

本多日生に師事

大正七年（一九一八）三月二十四日昼、妹尾は東京駅に到着する。「凡愚の生を意義ある生に転換するのが即ち日蓮主義だと思ふ」（一月二十三日）との決意を秘めての上京だった。

二十六日、鶯谷の国柱会館を訪ね、智学への面会を申し出たが、多忙を理由に実現せず、幹部の別枝智救と星野武男（梅耀）と会談して帰路につく。智学との面会はなかなか実現せず、国柱会館に通い雑務を手伝いながら、その機会を待った（これも賢治と似ている）。

四月十一〜十三日に開催された国柱会館落成式と国柱会臨時大会に妹尾も参列し、智学との面会を求めた。しかし、智学は落成式前から体調を崩しており、またも会うことはできなかった。

同じころ、妹尾は日生の支援者である安川末子という老女と偶然知り合い、四月七日に日生の『法華経の心髄』（大蔵経要義刊行会、一九一七年）を施本されていた。国柱会館落成式後、妹尾はこの本を読み、「寿量品の解釈適切にして滋味湧しが如し」との念を覚える。同書は、『法華経』如来寿量品の意義をわかりやすく説いた講演録である。久遠実成の本仏釈尊の存在を明かした寿量品の「真意を光揚せんと努力したる」ものだった。妹尾は統一閣を訪れ、日生の講演を聞いた。そして、安川に日生への紹介を希望する。

五月十六日、日生に手紙を出した妹尾は、翌日、「十九日に統一閣に来訪すべし」との返事を受け取る。十九日、日生と面会した妹尾はみずからの信仰上の煩悶を打ち明け、日蓮主義的な指南を求めた結果、宗教家になるという数年来の自分の希望は捨てて、在家として外護《げご》の任に当ろうと決意した。

こうして妹尾は智学にではなく、日生に師事し、在家の日蓮主義者として新たな活動を始めることになる。年齢は二十八歳を迎えていた。

翌大正八年（一九一九）三月七日、妹尾は日生から統一団の専任事務を嘱託され、日生のそばで師父にたいするごとく親しみ仕えることになる。

統一団の裏方として多忙をきわめる

この時期、統一団は組織改革をおこなっていたことは第六章2節で説明した。当時の統一団の運営は、日生を総裁とし、井村日咸が総務、高木本順が庶務主任、松尾鼓城が機関誌『統一』主任を務めていた（いずれも顕本法華宗僧侶）。『統一』（月刊）の発行部数は、三千四百〜三千五百部だった。名古屋支部や千葉の山武統一団支部など、地方支部が続々と開設されはじめていた。こうした活発な活動を担う裏方として、妹尾が任命されたのである。

妹尾は、日生の著作『東洋文明の権威』（大鐙閣、一九一九年五月）や『日蓮主義初歩』（大鐙閣、同年七月）の校正を任されるほか、統一閣で開かれる講演会・例会や行事の準備と参加、檀信徒宅での家庭集会への出席、日生の講演活動への随行とその前講など、多忙をきわめた。

この時期、統一閣での日曜講演に日生が登壇する際には――当時の日蓮主義の人気を反映して――コンスタントに五百〜八百名の聴衆が集まるほどだった。妹尾自身も日曜講演に登壇するなど、表舞台にも登場しつつあった（その日曜講演の聴衆のなかには、石原莞爾の姿もあった）。

大日本日蓮主義青年団の結成

水を得た魚のように、妹尾の活躍は続いた。

大正八年（一九一九）十一月五日、統一閣で大日本日蓮主義青年団（以下、青年団）の発会式が挙行された。この年の一月十八日、顕本法華宗の僧侶を中心に日蓮主義青年会（第三次）が結成されるが、この青年会に集まった在家の青年たち四、五名と、妹尾は青年団を立ち上げたのである。

いよいよみずからが活動の表舞台に立つことになる。妹尾の決意は、十一月十四日の日記に以下のように記されている。

> 斯人行世間能滅衆生闇といふべきか。深く省みて愈々熱烈なる求道者とならねばならぬ。日蓮信者の生きたる面目を発揮せねばならぬ。吾が望みは日蓮主義を弘めるより外にはない。此の為に一切を捧げなくてはならぬ、淋しさも忍ばねばならない。

「斯人行世間　能滅衆生闇」（斯の人世間に行じてよく衆生の闇を滅し）とは、『法華経』如来神力品第二十一の一節で、「教無量菩薩　畢竟住一乗」（無量の菩薩をして畢竟して一乗に住せしめん）と続く。この神力品は久遠本仏の釈尊から上行菩薩をはじめとする菩薩たちに『法華経』流布の使命が付属（別付属）される章であり、日蓮も重視した一節である。妹尾は、日蓮主義の普及をみずからの使命としたのである。

以後、妹尾は統一団の事務と並行して、青年団の活動をおこなうことになる。統一団同様、青年団の活動も日蓮主義運動の一環だった。妹尾の青年団は日生流の日蓮主義運動の一派であり、新興仏教青年同盟を結成する昭和六年（一九三一）四月まで、妹尾は熱心な日蓮主義者として、日蓮主義運動を展開するのである。
なお、十二月十三日、妹尾は日生から顕本法華宗流の曼荼羅本尊を下付され、その大晦日には日記にこう記している。

多年の病苦よりのがれ復活せしよろこびを世人に分ち得たるをよろこぶ。法華経の信仰は幾度も忘れ、捨て、抛ちしが漸く真身の力となり、畢生の叫びとなり来り、以て世上に日蓮主義を宣伝せんとする現在を感謝す。

体調は完全に回復し、これ以降、青年団の活動に精力を注ぐことになる。

機関誌『若人』の創刊

翌大正九年（一九二〇）九月、青年団の機関誌『若人』が創刊された（発行部数は二千部）。創刊号に、妹尾は「若人の叫び」を執筆した。

若人は生れた。若人は起つた。若人は叫び出した。そして若人は歩み出した。深い御仏の慈愛に育てられた優しい若人は、不滅の光を仰いでけなげにも温い手を取りあつて、理想の天地へ強い一歩を踏み出した。（二頁）

という書き出しに始まる長文の文章である。日生の日蓮主義思想をベースに、自分たちの覚悟を、情熱をこめて明示した宣言文である。ここから、この時期の妹尾の日蓮主義思想の一端を探ってみたい。

妹尾は、自分たち若人は「地涌の菩薩たる、選ばれたる若い勇士」(六頁)であると意味づける。「地涌の菩薩」については第四章1節で既述した。日蓮の弟子たちは末法の世の衆生救済を担う上行菩薩の眷族として、『法華経』の弘通に励むことを求められた。こうした特権的役割を担ったアクターが地涌の菩薩なのであり、妹尾もまた、自分たちを地涌の菩薩として位置づけたのである。

ついで妹尾は世界の乱れに言及し、共産主義、社会主義、過激主義、マルクスの唯物史観だけでは、「断じて霊ある人生は改造出来るものではない」(七頁)と訴える。当時、「改造」が流行語となっており、そうした「改造」の風潮にたいして、妹尾は日蓮主義の立場から対応すべきだと説いた。

妹尾にとって、「南無妙法蓮華経の祈こそ真に世界平和、国家富強、社会和楽の基本」だったのである(一二頁)。

典型的な日蓮主義青年

ここから妹尾はジョン・スチュアート・ミルの「信仰のある一人の社会に於ける力は、利益に動く九十九人に匹敵す」、日蓮の「日蓮に依つて日本国の有無はあるべし」「日蓮を倒すは日本国の柱をたほすなり」を引用して、「国家と宗教」の関係に言及する。「宗教に国境はないといふ一面の理を以て、国家を徒らに呪ふが如きは禍ひである」として、以下のように断言する。

正しい宗教が国家化し、正しい国家が宗教化するときに、始めて乱れた世に、一実の寂光が射して来るのだ。日蓮聖人が、「天業を恢弘し、天下を光宅す」といふ、我が神武肇国の御理想に鑑み、又仏陀出世の本懐なる法華経の御教を仰いで、そこに一体不二の力を感じ、法国冥合といひ、王仏一如と叫び、「世界とは日本国」なりと断じ給ふは、太陽が一切を照すに似て明かな教である。(一三〜一四頁)

ここには、国体論と結びついた日蓮主義の主張をみてとることができ、その法国冥合や王仏一如の訴えは明らかに(智学や)日生からの影響である。また、「夫れ国は法に依つて昌へ、法は人に因つて貴し。国亡び人滅せば、仏を誰れか崇むべき、法をば誰れか信ずべきや。先づ国家を祈つて須らく仏法を立つべし」と『立正安国論』第七問答も引用しており、この時期の妹尾は、当時の典型的な日蓮主義者のひとりだったことがわかる。

また、妹尾は「日蓮大聖人門下の若人よ! 一斉に立つて祖国を謳へ、そして堅き団結のもとに進むで《ママ》行こう」(一六頁)と読者に呼びかける。そのためには日蓮門下のみならず、十三宗五十六派に分派している仏教各宗派の統一が必要だった。「大日蓮の御名に依つては、現在分裂してゐる各宗各派は当然その名を亡し、体を合して一つに帰すべき秋が来ねばならぬ」と力説した(一九頁)。

仏教各宗派の統一は日生の持論であり、ここでもそれを敷衍しているわけだが、十年後、それが仏陀による仏教各宗派の統一の主張へと発展していくことになる。

日蓮主義青年団の組織体制

ここで、大正十年（一九二一）八月時点での青年団の組織体制を確認しておこう。[50]

総裁を「釈迦牟尼世尊」、団長を「日蓮大聖人」とし、時友仙次郎（化学工場の経営者）が幹事長、妹尾、若林不比等、金島英夫、小高孝作、勝見賢乗、持徳武雄、深沢孝が常任幹事を務めた。[51] 役員はいずれも在家の若者だった。発足当初、日蓮門下の青年僧侶たちもいたが、のちに脱退している。いわば、青年団は在家仏教団体だった。

日常的な活動として、信仰雑誌『若人』を発行して日蓮主義を宣伝し、寄宿寮で学生を対象とした純日蓮主義的信仰生活を営むこと、毎月一回の例会・講演会を開催したり、大挙宣伝旅行を実施していることが記されている。また、創立後わずか一年のあいだに熱心な「同志八百余人誌友二千名」を得て、団員・誌友が日本全国、樺太、台湾、朝鮮、布哇《ハワイ》、北米に広く分布し、支部が青森、山形、岡山、甲府、福島にあるという現状が示されている。創立したばかりの組織が短期間にこれだけ広範囲の賛同者を獲得できたのは、「本多日生が中心になっていた天晴会や地明会の組織に一部おぶさった形で、それを利用した結果であろう」と、稲垣真美は推察している。[52]

前年九月に二千部刊行された『若人』創刊号もこの年（大正十年）一月の時点で五版まで増刷された。これも妹尾が（天晴会や地明会の組織にくわえて）統一団の読者ネットワークを活用したものと考えられる。

妹尾と青年団を支えた支援者として、日生を筆頭に、海軍軍人の佐藤鉄太郎や東郷平八郎（いずれも日生の支援者）、大日本救世団の野沢悌吾（予備役の陸軍軍人）、本田仙太郎（日蓮正宗の在家居士）、幹事長を務めた時友、上田辰卯（兜町の証券会社社長、のち軍需工場経営）らがいた（時友と上田も日生の支援者であり、青年団の運営に直接かかわった）。また、初期の段階には千葉県の野田醬油の醸造元の一家が連名で入ったり、各地の中小都市を代表する商家の人が、日生の日蓮主義の手引きで『若人』誌友になっているケースが多かったと稲垣は指摘する。青年団の財政的基盤は、こうした企業家や商家等の支援によって支えられていたものと思われる。さらには、これ以降の妹尾の活動をみればわかるように、軍人のみならず、地方の役人や教員、有力者も青年団の活動を支持した。

いわば、青年団は日生が全国各地に組織した日蓮主義ネットワークによって支えられ、その一端を担ったのである。稲垣は、（青年団の活動が）「第一次大戦後の社会情勢に応じて先鋭化する学生、労働者、農民層を日蓮主義の名によって〝善導〟するものとして期待されていたのではないか」[53]と指摘しているが、私もそう思う。当時、日生も労働者の「慰安と善導」を目的とした自慶会（大正七年三月設立）を通じて労働者にたいする教化活動を実践しており、青年団の活動にもそうした役割期待があったといえよう。

『光を慕ひて』

時期をさかのぼるが、大正十年（一九二一）一月、妹尾の闘病記『光を慕ひて』（中央出版社）が刊行された。一高生時代の明治四十二年（一九〇九）から約十年間に及ぶ闘病の記録であり、みずからの日記を抜粋して編集したものである。

日蓮主義の光を慕って千ヵ寺廻国修行に旅立った妹尾が確たる信仰を得て、不治の難谷を這い登り、回春の峰に到達した喜びが記されている。東郷平八郎と日生が題字、佐藤鉄太郎が序文を寄せた。同書は版を重ね、妹尾の名前は一躍、全国に広まることになる。

この年の七月十一日、妹尾は約二年三ヵ月をすごした浅草の統一閣を退去し、青年団の本部である雑司ヶ谷の若人社に移った。若人社には寄宿寮が設けられており、以降、妹尾は若人社を拠点として、日蓮主義を広めるために、青年団の活動を中心におこなうことになる。

妹尾は全国各地を伝道と教化でまわった。「仏陀を背負いて街頭へ」「若人起たざれば国危うし」「無常より信愛へ」のスローガンを掲げ、日蓮門下の統一と刷新を求めた妹尾たちの活動は、各地で反響を呼んだ。

第八章
立正大師諡号宣下と関東大震災

倒壊した浅草凌雲閣（十二階）
浅草は本多日生の活動の拠点だった。

1　大正十一年十月十三日

皇室と「南無妙法蓮華経」

石原莞爾、宮沢賢治、妹尾義郎が日蓮主義者として熱心に活動していた時期、日蓮門下で慶事が起こる。大正十一年（一九二二）十月十三日の立正大師諡号宣下《りつしょうだいししごうせんげ》である。[1]

この日、皇室から日蓮にたいして、「立正大師」の大師号が贈られた。この「一大事」は、大正四年（一九一五）の日蓮門下統合会議以来停滞していた日蓮門下統合の気運をふたたび高めるのみならず、日蓮門下が政府との交渉を果たしえた（と日蓮門下に理解される）重要なできごととなった。

その詳細を述べる前に、近代の皇室と「南無妙法蓮華経」のつながりについて、一瞥しておこう。

そもそも、大師号とは高僧の死後、その功績と徳を称えるため、朝廷から授けられる諡号《しごう》のことである。古代から近世まで授与されてきたが、明治維新期の神仏分離によって途絶えた。しかし、皇室の神仏分離の見直しが図られるなかで、御修法《みしほ》（真言宗でおこなう後七日御修法）や門跡号とともに諡号宣下も復興したことを、辻岡健志《つじおかたけし》は紹介している。[2]　諡号宣下は明治九年（一八七六）の親鸞《しんらん》への大師号宣下（見真《けんしん》大師）によって再開され、その後、宗祖や派祖に大師号・国師号・禅師号が授けられた。大正期に大師号を授与されたのが、大正六年（一九一七）の黄檗宗《おうばくしゅう》の隠元隆琦《いんげんりゅうき》（真空大師）と大正十一年（一九二二）の日蓮だった。

明治維新期の神仏分離によって、皇室から仏教的要素は排除され、神道へ一元化されたと思われがちである。[3] そうした「常識」にたいして、近代の皇室と仏教のかかわりを指摘し、なかでも皇室の法華信仰を論じたのが、石川泰志《いしかわやすし》[4]、原武史[5]、山口輝臣《やまぐちてるおみ》[6]である。三人の研究にもとづき、皇室の法華信仰を確認しよう。

二〇六頁で紹介したが、皇族出身の日蓮宗尼僧が村雲日栄（一八五五～一九二〇）である。[7] 伏見宮邦家《ふしみのみやくにいえ》親王の第八王女として生まれた日栄は、京都の瑞龍寺（日蓮宗唯一の門跡寺院、尼寺）住職を務め、全国各地を巡教した。

門跡は摂家《せっけ》の九条家の猶子《ゆうし》になる慣習から、日栄も九条家に入籍したのち、入寺した。九条家出身の皇族や、宮中の女官にも日蓮宗や『法華経』の信奉者が多くいた。[8] たとえば、九条家出身の英照《えいしょう》皇太后（孝明天皇の女御。九条夙子《あさこ》）が明治三十年（一八九七）一月十一日に崩御した際、その遺体の周囲には在世中にみずから書写した「南無妙法蓮華経」や女官らが認《したた》めた題目の紙片が捧げられたという（崩御後、日栄が読経し、回向した）。[9]

また、昭憲《しょうけん》皇太后（明治天皇の皇后。一条美子《はるこ》）は熱心な日蓮宗の信者であり、明治四十五年（一九一二）七月三十日の明治天皇の崩御後には『法華経』観世音菩薩普門品第二十五（いわゆる『観音経』）をみずから浄写し、夫の冥福を祈った。[10] この書写された普門品は、日栄に下付されたという。

九条家出身の貞明《ていめい》皇后（大正天皇の皇后、九条節子《さだこ》）は、筧克彦《かけいかつひこ》の「神ながらの道」への傾倒（大正十三年以降）で知られるが、それ以前は熱心な法華信者だった。[11] 大正天皇の崩御（大正十五年十二月二十五日）の際には、貞明皇后の発案で大正天皇の柩が安置された隣室で「南無妙法蓮華経」が一枚の紙に四十八も認められた紙が多数作られたという。[12]

なお、貞明皇后は「救癩」（ハンセン病患者救済）事業に積極的にかかわったが、昭和五年（一九三〇）から、皇室は綱脇龍妙《つなわきりゅうみょう》の身延深敬《みのぶじんきょう》病院（現・身延深敬園。私立のハンセン病療養所）に援助をしている。[13] 綱脇は若きころ、智学の日蓮主義の薫陶を受けた日蓮宗僧侶である（一五〇頁）。

以上、神仏分離が図られたはずの皇室で熱心な法華信仰に励んだ皇族の姿を確認することができた。こうした皇室と日蓮門下をつないだできごとが、立正大師諡号宣下だった。

日生から智学への手紙

発案者は、本多日生だった。

大正十一年（一九二二）夏、湯河原で執筆していた智学のもとに、東京にいる日生からの手紙が転送されてきた。「是非八月一日に逢ひたい、何時頃どこへ往つたら可いか、直に報らせて呉れ」という差し迫った内容だった。けっきょく、二人は八月四日に対面した。智学が用件を聞くと、「日蓮大上人に大師号の宣下を奏請したいと思うが、その劈頭第一に貴下の意見を聞きたい」とのこと。

智学は、こう答えた。随自意的（仏がみずからの意のままに法を相手に説き聞かせること）に考えると、請願は宗教の本領と日蓮の事業の抱負からは不可である。なぜならば、諡号宣下は法国冥合が実現した際に遂げられるものだからである。ただし、随他意的（相手の能力に応じ、相手の意にかなうように配慮して法を説くこと）に考えると、国家をしてあらためて日蓮主義への公の接触をうながすためとしては可である。さらには、各教団が連合で出願したうえで、日蓮門下全体に諡号が下賜されることで、各派の共同一致を高め、日生が主張してきた教団統合の基礎にもなるだろう、と。[14]

こうして智学の協力を得た日生は、「疾風電撃の如き肝煎で」各派管長に交渉し、日生と親交のあった名士たちの協力も得て、九月十一日付で宮内大臣あての請願書を文部大臣経由で提出した。

出願者として、（日生を含む）日蓮門下九宗派の各管長と、在家の日蓮信奉者（東郷平八郎、加藤高明、床次竹二郎、小笠原長生、犬養毅、井口省吾、田中智学、木内重四郎、佐藤鉄太郎、矢野茂、大迫尚道）の名前が記されていた。日生と智学の日蓮主義ネットワークが存分に活用されていることがわかる。

国民全般警醒ノ上ニ多大ノ効果アルヘキヲ信シ……

請願書（執筆者は日生か?）の内容を確認しておく。[15]

まず、日蓮がわが国歴史上の「高僧」であり、宗教上からは「聖者」、思想上からは学者かつ「国民善導ノ先覚者」、国家のうえからは「勤王愛国ノ国士」と位置づけられている。そのうえで、「我　皇室ノ聖徳ハ古今ニ亘リテ渝《かわ》ルコト無ク歴史上ノ高僧ハ率《おおむ》ネ尊号ヲ賜レリ。然ルニ日蓮聖人ハ未タ追賞ノ典ニ接セス。是レ今回ノ大師号ノ降賜ヲ請願スル次第ニ有之候」と、請願の趣旨を述べている。また、請願の目的は次の一節に明らかである。

今ヤ我国状ハ人心ノ向上ヲ促シ思想ノ健全ヲ期スルヨリ緊急ナルハ無シ。此時ニ方リテ思想界ノ先覚者勤王ノ国士タル日蓮聖人ニ対シ、其徳ヲ表旌《ひょうせい》セラルルアラバ……実ニ国民全般警醒ノ上ニ多大ノ効果アルベキヲ信ジ、茲ニ本請願ヲ提出スル次第ニ有之候。（三頁）

この諡号降賜が国民の思想善導に多大な役割をはたすことが強調されている。日生たちは、当時の危機的な社会状況のなかで、日蓮主義の流行という日蓮仏教の一定の社会的受容を背景として、政府にたいする積極的な働きかけを図ったのである。

そして、大正十一年（一九二二）十月十三日午前十時、不受不施講門派をのぞく各宗派の管長（および管長代理）八名は宮城に参内し、宣下書を受け取った。日生が各宗派代表として牧野伸顕宮内大臣と面会したのち、一同は築地へ向かった。午後一時三十分から奉戴式が奉行された。

奉戴式からほぼ一ヵ月後の十一月六日、上野の自治会館で奉祝大会（立正大師賜号奉戴正式）が実施され、日蓮門下関係者ならびに在家者二千五百名が集結し、盛大に祝賀の宴が催された。以後、北海道から大分までの国内各地、遠く満洲やロサンゼルスでも奉祝行事が挙行され、諡号宣下は日蓮門下関係者を挙げての祝賀的なできごととなった。

また、門下統合の動きも再起動した。翌年、門下統合が計画され、そのための規約も締結された。翌年一月十八日には日蓮宗宗務院で懇話会が催され、各宗派の代表（日生も参加）や有志が参加し、統合の促進や各教団連合講演会の開催が決議された。同じ日、国民精神作興詔書の普及のための国本会も結成され、門下共同の教化活動が実施される。こうして日蓮門下の協調行動が取られたが、けっきょく、このときも門下統合は実現しなかった。

民心善導に最も有効なりとお認めに相成つた

日生と智学は、このできごとをどのように意味づけたのだろうか。

日生の見解は、「立正大師諡号宣下に就いて」（『統一』三三六号、大正十二年一月一日）に示されている。日生は次のように語っている。

> 日蓮聖人の人格の高風と主張の意義とは以つて国民を指導するに足ると信じますから、どうか大師号を……《ママ》と申上げた時に、その通りぢやとお認めになつて大師号を下されたのみならず、聖旨伝達として、聖人の高徳を旌表するのみならず、日蓮聖人の人格と主張とは以て現在の危急なる民心善導に最も有効なりとお認めに相成つたから、汝等日蓮門下の者は益々精励してその人格の高風と主張の意義とを国民の間に広く普及するやうにといふお言葉が下つて居る次第である。（一二三頁）

「日蓮聖人の人格の高風と主張の意義」を国民に広く普及するための運動の展開が宣言されている。これは政府の教化政策とリンクした教化運動の実施を意味していた。地方改良運動や民力涵養運動に参加し、自慶会の活動などを通じて教化活動を実施してきた日生の日蓮主義運動そのものだった。

すなわち、みずからの教化運動の試みが政府に公認されたできごととして、日生はこの諡号宣下を捉えたのである。

いよいよ日蓮主義本舞台の幕があいた

一方、智学の見解は「法国冥合の第一歩」(『天業民報』六四九号「勅賜立正大師諡号奉戴紀念」、大正十一年十一月六日)や「大師号宣下に就て日蓮門下は整々たり――清水梁山君の安心を乞ふ」(『天業民報』六七一～六七三号、同年十二月三日～同五日、全三回)などに表明されている。ここでは、このできごとの意味づけがよりはっきりと表明されている前者を検討しよう。

智学は諡号の宗義的解釈を施している。日蓮仏教の宗義からすれば、諡号は「行政的諡号」と「冥合的諡号」に分節される。

前者は国家の部分的尊敬を朝廷が代理するものであり、俗人にたいする位階勲等または爵位の授与や各宗への祖師先徳への諡号と同じである。それにたいして後者は、他の宗門では夢想すらもできない、日蓮主義独特の主張にもとづくものであり、本門戒壇建立の一国同帰のときに宣下される「絶対的公崇拝の諡号」である。今回の諡号宣下は行政的諡号であるが、冥合的諡号こそを日蓮仏教徒の最大目標とすべきである、と智学はいう。

しかし、日蓮主義者の理想たる冥合的諡号への一過程として、この行政的諡号は方便としては正しい順序となる。というのも、これまでの七百年間、大師号が宣下されなかったのは日本国家が公に日蓮主義を認める用事もなかったからである。

しかし、いま、世界的な問題が旺盛な時期に際して、「国家の対日蓮主義公認の最初として、国家の必要に成り代つて、朝廷が大師号宣下をなされた事は、全く時だ、自然に来つた時」を意味していた。智学にとって、「今日こそ全く日蓮主義の登場すべき時なのである」。

そして今回のできごとを、次のように結論づけている。

扨《さ》て朝廷から勅号は下つた、これで国家と法華経と、はじめて公に接渉した、即ち吾等の最大理想たる法国冥合の第一歩が啓かれたのである、いよく日蓮主義本舞台の幕があいた。

（三一頁）

智学にとって、諡号宣下とは「法国冥合の第一歩」だった。みずからの運動の一過程として、このできごとを解釈したのである。

日生も智学も、それぞれの運動のなかにこのできごとを位置づけた。しかし、客観的にみれば、この諡号宣下は日蓮門下が思想善導を担うことを政府とのあいだで合意したできごとである。たしかに智学のいうように、諡号宣下は「国家の対日蓮主義公認」だったが、それは行政的諡号のレヴェルを出るものではなかった。智学と日生は冥合的諡号をめざして、さらに政府と積極的に交渉していくことになる。

以上、この立正大師諡号宣下は、智学と日生の日蓮主義運動の画期点であり、「日蓮主義の黄金時代」のピークとなったできごとだった。こののち、関東大震災を経て、日蓮主義はしだいに社会的な影響力を減退させていくことになるが、ここで智学の政治参加について一瞥しておこう。

政治への進出をめざす

諡号宣下を経て、国柱会は法国冥合のための本格的な政治参加を企図した。

大正十一年（一九二二）の年末、諡号宣下奉祝式典を終えた国柱会は、三保最勝閣で越年講習会を開催する（十二月三十日〜一月三日）。その最終日の一月三日午前十一時、智学の特別講演「日蓮主義の実行期」が三時間にわたって講じられた。ここで、智学は政治への進出を宣言する。[16]

智学は諡号宣下の意義から説き起こし、過去三千年間の宗教の失敗は国家に無関心だった結果による、と説いた。「本化独特の法門たる国土成仏の意匠」を徹底して、「今や日蓮主義者が　陛下の左右に列して、法華経主義の政治を執り、正法治国の実を挙ぐべき時は来れり」と述べ、その実行方法を次のように論じた。

それは社会指導と政治進展にわかれる。さらに社会指導が衛生・文芸・興産・救済の四項目にわけられ、政治進展として三大政綱・根本政策・民命発揚・現政公批の四項目が示された。選挙に立候補して政党を組織し、ゆくゆくは内閣組織までねらった「日蓮主義政治」の実践を表明したのである。

この日の午後八時から懇親会が催された。国柱会東京局所属の信行員・石原莞爾陸軍大尉は、会衆総代として謝辞を朗読している。参加者が講習会の感想を述べあう場では、石原は智学の講演に感激した旨を告げ、「日蓮主義者は果して天来の声に応じて、直に安国の第一歩に入り得る自信ありや」と参加者に問い、智学によって「立正内閣」が組織されたら、自分が陸軍大臣を拝命すると宣言している。[17]

ともあれ、智学は「在るべき日本」の実現を——諡号宣下を契機として——政治の場面で果たすべきことを決意したのである。

立憲養正会の結成

こうして日蓮主義による政治参加が現実化する。この年（大正十二年）の二月十一日。紀元節の式典とあわせて、政治団体・立憲養正会の結成が公表され、「養正建国・積慶統民・重暉済世」の「国体主義の政綱」が発表された。[18] その「立憲養正会政綱発表の宣言」では、次のように述べられている。

吾等は現世界の機運に対向し、吾建国の根本目的に鑑み、吾天業民族の使命に省み、四十年来の思想運動を政治に移して、究竟文化の実現を遂行せんため、茲に国体主義の政治運動を開始すべきことを宣言す。

「国体主義の政治運動」。これが立憲養正会の基本方針である。

「国体主義」とは、いうまでもなく智学の日蓮主義的国体論によって開示された国体の宣揚である。この政治活動は智学の「四十年来の思想運動」の延長であり、みずからの日蓮主義運動の一環だった。

なお、当日は智学をはじめとして、田中澤二（智学の次男。のちに立憲養正会総裁）や高知尾智耀、山川智応、別枝智救、河野桐谷の各講師が講演している。別枝は「立党の宣言を拝して」を語った。そのなかで、「日蓮主義開顕の日本国体、その国体主義の政治を興立するといふことは、即ち明治維新が制度上の王政復古であつたのに対して、之は神武天皇建国の御精神を復活して且つこれを世界的に恢弘《かいこう》せんとするものである」と述べている。会員たちの「国体主義」は、「日蓮主義開顕の日本国体」が前提だった。

この日、即時入会者が二百余名を数え（その大部分が会員ではなかったと報じられている）、本格的な政治活動の準備が進められた。

2 上行のアドヴェンティズム

関東大震災の発生

それから半年あまりが経った大正十二年（一九二三）九月一日、昼のことだった。

我が天業民報社の所在たる国柱会館は、代理部、編集部、発送部、さては国柱会本部事務所等、出勤者つねの如く、……編集室では山川社長、別枝課長等が、編集員工部員を督励して、一方宣伝号の下版に、一方は三日号の原稿の執筆をして居た。……その午前十一時五十八分、突如として、ドン〳〵と上下動が来て、つゞいて大きな水平動だ。大分大きな地震だなとおもつて居ると、なかくやまない。水平動は大きな波をつゞける。壁がバタくと落ち出した。二階でガラスの毀れる音がする。人びとは追々に会館玄関前の広場へ出た。地はなほ波を打つて居る。処々の屋根瓦は落ちて居る。[19]

マグニチュード七・九の巨大地震、関東大震災の発生である。

山川や別枝、高知尾をはじめとする国柱会の幹部たちは、会館内の本尊や日蓮の肖像や真筆をはじめ、一切経、国性文芸会や国柱会の衣装、会の帳簿や記録・名簿などを避難させ、会館近辺の消火活動に奔走した。幸いにも国柱会館は焼失をまぬがれた。

この地震による死者・行方不明者は十万五千三百八十五人、全壊・半壊、流失・焼失などを含む住家被害は三十七万二千六百五十九棟を数えた。被害は東京府、神奈川県、千葉県、埼玉県、静岡県、山梨県、茨城県の一府六県におよんだが、東京と横浜の大都市での被害が顕著だった。東京の死者・行方不明者は六万八千六百六十人、住家被害十六万八千九百二棟、横浜市の死者・行方不明者は二万六千六百二十三人、住家被害三万五千三十六棟だった。これらの被害は、とりわけ火災によってもたらされた。[20]

そのとき、智学と日生は

そのとき、智学は静岡の三保最勝閣にいた。最勝閣は壁や天井に亀裂を生じたくらいの軽微な被害だった。三保ではすぐに善後策が協議され、罹災者への慰問と応急救助方針を定めた慰問牒が発せられた。

九月十二日には「国難救護正法宣揚同志結束令」を発し、退隠していた智学みずからがふたたび陣頭に立つことを宣言した。『天業民報』の復旧と拡張、罹災した会員の救護、社会救済のための罹災者の救護活動が指示された。十九日、智学たちは船で清水港を発って東京へ向い、実際に救護活動に従事した。

震災後、国柱会の地方支部から見舞金や慰問物資が届けられ、逐一、『天業民報』紙上で報告された。その「国難救護正法宣揚同志結束義金報告」のなかに、「金拾円（救護）　岩手　宮沢賢治殿」の記載がある（九三四号、十一月二十七日）。賢治も国柱会会員として被災者の支援にかかわったのである。

一方、品川妙国寺にいた日生も無事だった。しかし、浅草の統一閣は焼失した（昭和二年一月に改築落成式）。震災による火災は東京市内では浅草、日本橋、京橋、神田など、東京の中心繁華街と軟弱な地盤だった本所、深川で甚だしかった。[21]統一閣以外にも、深川浄心寺、下谷徳大寺、浅草幸龍寺、日限本覚寺、下谷蓮城寺、小伝馬町身延別院や村雲別院などの日蓮門下の有力寺院が罹災している。さらに片瀬の龍口寺や鎌倉の本覚寺も倒壊した。[22]

このように日生の活動拠点は被害甚大だったが、日生の無事が各地の顕本法華宗寺院や統一団支部に伝えられると、京都の妙満寺では善後策が検討され、緊急の救護事業や教化活動、罹災寺院の応急対策が図られた。

震災直後から――智学と同じく――日生も積極的に活動した。九日には名古屋から上京した国友日斌《くにともにちびん》（顕本法華宗僧侶で日生の実弟）や岩野《いわの》直英《なおひで》海軍少将らをともなって、東京の焼け野原を自動車でまわり、その惨状を見てまわった。[23]数多くの遺体を前に、日生たちは『法華経』を読誦し、霊を弔った。翌日には戒厳司令部の福田雅太郎戒厳司令官を訪ね、「帝都の復興は精神の方面から着手されねばならない」と語っている。

日生たちは数十万枚の警告箋を印刷し、百余の宣伝隊がそれらを配った。警告箋には、「我々国民は天災に関する御詔勅の聖旨を奉戴し、人心の安定と、思想の健全とに努めねばならない」「自然の力の偉大なるに鑑み、宗教の信仰に目醒めよ」といった警告が印刷されていた。

この後、九月下旬にかけて、日生は福井をはじめ、京都、大阪、神戸、豊橋、名古屋を巡教し、死者の追悼会と講演会をおこなっている。

九段坂上の光景

震災発生のとき、妹尾義郎は長野の池田町にいた。信仰小会で話をしているとき、大地が震動したが、長野はさしたる被害もなかったので、気に留めなかった。翌日、「東京全滅」の報せを聞いた妹尾は慌てて列車に飛び乗り、東京に戻った。車中では『法華経』を読んだ。

三日未明、大火で真赤になった帝都の空を遠目にみながら、なんとか青年団の本部と自宅のある雑司ヶ谷にたどり着く。妻と子どもたちは無事だった。

本所にいる姉を探しに出かけたところ、非常線がはられて本所方面に向かうことができなかった。そのため、神田を迂回して進み、九段坂上の避難所にいたる。そこで、避難していた朝鮮人四人が日本人に取り囲まれているようすを目にする。

妹尾があいだに入り、とりなした。朝鮮人を慰めて十円を渡したところ、朝鮮人たちは声をかぎりに泣き出した。「人情に国境も民族もない、仏様は一切法空と仰った」と、その日の日記に記している。

周知のとおり、震災後、根拠のない流言蜚語《ひご》によって、多数の朝鮮人が殺された。さらに無政府主義者の大杉栄、伊藤野枝、甥の橘宗一が扼殺され、労働運動家の平沢計七や川合義虎らが警察に連行され、殺害されている。

ベルリンの石原莞爾

ドイツのベルリンで関東大震災発生の報に接して大きな衝撃を受け、信仰上の大きな跳躍を体験したのが、石原莞爾である。

大正十年（一九二一）五月、漢口から帰国した石原は、陸軍大学兵学教官に着任する。翌年八月、それを免ぜられ、ドイツ出張を命じられた。大正十二年（一九二三）一月三日に三保最勝閣の越年講習会で、立正内閣の陸軍大臣を自分が拝命すると宣言した石原は、同月十八日、多くの国柱会会員に見送られ、横浜港を出発した。軍事研究のための留学は大正十四年（一九二五）九月まで続く。

このベルリン時代は、石原の「日蓮主義と軍事史観との結合が進行した時期[24]」として重要な時期である。

軍事史観（戦争史観）に関していえば、石原はベルリンでフリードリッヒ大王の「消耗戦略」（持久戦争）とナポレオンの「殲滅戦略」（決戦戦争）を学び、十八世紀から第一次欧州大戦にいたる近代ヨーロッパの戦争史において戦争の形態に変遷があることを研究した。また、関東大震災の発生から感得したインスピレーションが、みずからの世界最終戦争史観への裏づけを与えることになる。

漢口時代と同じく、ベルリン時代にも石原は妻の銻に数多くの手紙を認めている。以下、その手紙の記述から、石原の信仰の跳躍を検討することにしよう。[25]

石原は、船中では山川智応の『日蓮聖人伝十講』(新潮社、一九二一年)や智学の『日蓮聖人乃教義』を精読している。『日蓮聖人乃教義』読了後は智学の『日本国体の研究』(天業民報社、一九二二年)を読み、「明治大正ノ[大谷註:立正]安国論トモ申スベキ世界的名著」との読後感を手紙に記した(二月十六日)。その後、『開目抄』『観心本尊抄』『撰時抄』などの日蓮遺文にも目を通している。

石原の日蓮主義信仰と思想が、第一次世界大戦終戦後の国際秩序(ヴェルサイユ―ワシントン体制)と中国情勢のなかで形成されたことは既述した。第一次大戦後の東アジア情勢をみると、中国で民族運動が高揚するなか、ドイツの敗戦とロシア革命によって、イギリス、アメリカ、日本が大国の地位を占めた。[26] また、一九一九年六月に調印されたヴェルサイユ条約によって大国間の協調体制(ヴェルサイユ体制)は東アジアにもおよび、一九二一年十一月から翌年二月にかけて開催されたワシントン会議で軍備制限問題、中国問題、太平洋問題などが議論された。日本、アメリカ、イギリス、フランスのあいだで四ヵ国条約が結ばれ、太平洋の現状維持が確認され、海軍軍縮条約の締結となった。

また、日本にとって懸案の中国問題については、参加九ヵ国(アメリカ、イギリス、フランス、イタリア、日本、中国、ベルギー、ポルトガル、オランダ)のあいだで九ヵ国条約が結ばれた。中国の主権、独立、領土の保全、日本の満蒙特殊権益の拡大の否定、中国への門戸開放と機会均等が決められた。日中間で鋭く対立していた山東問題と二十一ヵ条問題については旧ドイツの山東利権の大半を中国に還付し、二十一ヵ条要求の一部を日本が譲歩した。こうして東アジア・太平洋地域の国際協調秩序が成立し、ワシントン体制と呼ばれた。

石原が向かったヨーロッパはけっして秩序が安定したわけではなかった。石原が横浜港を出発する一週間前の一九二三年一月十一日、フランスとベルギーの軍隊がドイツのルール地方（ドイツ経済の中心地）の占領を開始した。ドイツがヴェルサイユ条約で定められた賠償金の支払いを履行していないことを理由とした実力行使だった。ドイツ国内では抵抗運動が起り、それが九月末まで続いた。このルール占領をめぐって、フランスとイギリスが対立をみせるなか、「最後文明タル日蓮主義ニヨリテ開顕セラレタル日本国体ガイヨイヨ舞台ニ立ツベキ時ニ来タレリ」、と石原は吐露している（二月十九日）。

三月三日、石原はマルセイユに上陸した。ルール占領が継続するなか、パリ、アムステルダムを経由して、三月十七日、ベルリンに到着する。

里見岸雄

じつは、石原には待ち人がいた。里見岸雄（一八九七〜一九七四）である。里見は智学の三男で、智学の日本国体学を継承し、後年（昭和十七年）、「国体法」の研究で博士号を取得する国体学者である。石原の晩年まで交流があった[27]。

里見は大正九年（一九二〇）七月に早稲田大学哲学科を首席で卒業する。早熟で前年の十二月に卒業論文『日蓮主義の新研究』を国柱産業株式会社から刊行したほどである。里見には十六歳の秋から抱いている志があり、それは「日蓮聖人の宗教や日本国体の理想を広く欧米に伝へる」ことであり、それがためにできるだけ早く欧米に行くことを希望していた。[28]

里見はそのことを卒業時に智学に打ち明けたところ、智学は里見の志は認めたものの、洋行費は自分で出すようにと伝えた。そのため、京阪神に居を定め、国柱会支局（京都・大阪・神港）で講演や講話をしながら費用を貯めた。大正十年（一九二一）末にはめどが立ち、翌年四月二十八日、横浜港を出発することになった。

出発前の四月二日、里見は東京の国柱会館で講演をおこなったが、この日、石原の来訪を受ける。すでに三保の講習会で面識はあったが、個人的に接触したのは初めてだった。石原は、それまで陸軍から渡欧を勧められていたものの、その必要を感じていなかった。しかし、「今回先生が御渡欧なさることを知り、急に行きたくなりましたので、来年迄には必ず独逸に参るつもりで居ります」と、里見に伝えたという。[29] 実際に翌年、石原は渡欧するわけである。

大正十一年（一九二二）四月二十八日、里見は日蓮の開宗記念日に横浜を発ち、六月十九日にマルセイユに入港した。二十八日にロンドンに到着し、一年あまりを同地で過ごした。その間、英文の著書『日本文明、その意義と実現――日蓮主義と日本国体』を執筆し、イギリスの出版社から刊行している。

翌年三月十七日、ベルリンに到着した石原は、里見がベルリンに来ることを待ち望んでいた。何度か手紙のやりとりを交わしたのち、七月六日、ついに里見がベルリンにやってきた。石原三十三歳、里見二十五歳だった。石原は里見の計画（『法華経』の独訳。ただし、途中で断念し、著述を独訳）を実現するため、通訳を雇ったり、翻訳作業を手伝うなどのサポートをしつつ、日々を過ごした。

ドイツ国内はルール占領の影響により、不安定な状態が続いていた。八月にはマルクが大暴落し、ドイツ人の困難は目も当てられない状態だった。物価の高騰のため、左翼勢力がストライキを起こし、ベルリン市内には電車が運行していなかった。状況は切迫し、人心は動揺していた。「嗚呼戦争ノ惨害ヨ！」と石原は嘆き、ヨーロッパに第二次世界大戦が起こることをおおいに心配した。「「一閻浮提未曾有ノ大闘諍」［大谷註：世界未曾有の大戦争］起ル前ニ毛唐ハモウ一ペンヤルニアラザルカ？」と、石原は独白している（八月十二日）。石原は、『撰時抄』の一節、「一閻浮提未曾有ノ大闘諍」の予言にもとづき、ドイツの状況をまなざしていたのである。


此度ノ地震ハ地湧ノ大菩薩、再ビ世ニ出現シ給フベキ兆ナリ

大正十二年（一九二三）八月末、里見と石原の翻訳作業は終盤にかかっていた。通訳の手を借り、日本国体の概略をまとめたドイツ語の著作『古代日本の理想主義とその発達』の翻訳が終わり、九月中旬には印刷を終える見こみだった。「日蓮主義運動史上特筆大書スベキ仕事」と、石原は記している（八月三十日）。

そして、九月一日。日本で関東大震災が発生した。石原はドイツの新聞でそれを知り、ただちに里見に伝えた。「驚ク外ナシ。御無事ナリヤ」と、妻に書き送った（九月二日）。「世界統一。一閻浮提未曾有ノ大闘諍。本門戒壇ノ建立。時期ハ日ニ日ニ切迫シツツアルコト各方面ヨリ見テ明也」と、書き留めている。被害の詳細がわからないなか、石原はなにを感じたのか。

ドイツの新聞では大地震が「未曾有ノ大惨害」であり、一面がその惨状で埋められているのを

目にし、石原は心配の度合いを深める。その一方、

戒壇国ガイヨイヨ最後ノ大奮闘ヲナスベキ秋《とき》ハ、刻々ニ迫リツツアルナリ。数世紀ドコロカ数十年後ニハ必ズヤ一閻浮提未曾有ノ大闘諍在ルベク、ソレ迄ニ日本ノ物資力モ、大ニ充実セザルベカラズ。

と、「一閻浮提未曾有ノ大闘諍」の到来をくりかえし、吐露している。とはいえ、

南無妙法蓮華経
静カニ御本尊ヲ拝シテ熱祈ヲ捧グレバ、唯々熱涙ノ雨ノ如ク下ルノミ。

と、妻や親族の無事を祈り、その心は乱れてもいた（九月四日）。

五日には死者が三百万人とも報道されていたが、しだいに、被害の実情が伝わるようになってきた。七日には、日本の清水から里見あてに「田中智学先生無事」の電報が届く。また、九日には大使館に石原の家族が無事との電報も届き、安堵する。里見と石原は智学の「日本国体研究宣言」の独訳を終え、翻訳作業がひと段落したこともあり、石原は十四日、二週間ぶりに安眠するが、この日、関東大震災の意味を考え、次のような解釈を妻に示している。

此度ノ地震ハ地湧ノ大菩薩、再ビ世ニ出現シ給フベキ兆ナリ、其御出現ノ地ハ東京。

換言スレバ、本門戒壇建立、世界大戦争（真ノ意味ニ於ル）ハイヨイヨ二三十年後ニ切迫シタルヲ示ス。

南無妙法蓮華経
天皇陛下万万歳
謹デ東宮殿下ノ御慶事ヲ慶讃シ奉ル
可秘可秘（秘ス可シ〳〵）。

石原は、関東大震災を大地が震裂して、無数の菩薩（地涌の菩薩）が地面から涌き出てくる『法華経』従地涌出品に示されたできごととして捉え、上行菩薩がふたたび世界に出現する予兆として感得したのである。すなわち、石原は智学の「日本による世界統一」の終末論的なヴィジョンに見られる地湧の菩薩（上行菩薩）の再臨、本門戒壇の建立、世界の大戦争の到来を実感したのである。

「世界大戦争」はいつ起きるか

ここで注目すべきは、世界統一のための戒壇建立後の世界戦争が二十〜三十年後に迫っているという切迫した認識である。九月二十八日にも「一閻浮提未曾有ノ大闘諍イヨイヨ切迫ス。我徒本門戒壇建立ノ願業モ、マゴマゴシテ居ラレザル時トナレリ。立憲養正会ノ責イヨイヨ以テ重大ナリ」と記している。こうした「終末論的な切迫感」[30]を、石原は体感した。

第四章1節でみたように、『本化妙宗式目講義録』では、天皇＝戒壇願主＝上行菩薩＝賢王という見解が智学によって示されている（しかし、これは山川の見解であるという異論もある）。戒壇の願主、再臨する上行菩薩、「前代未聞の大闘諍」（世界大戦争）で重要な役割を果たす賢王、それらがいったい誰なのか。先の石原の記述からは、「東宮殿下」（当時の裕仁《ひろひと》皇太子、のちの昭和天皇）が想定されていたことがわかるだろう。

本門戒壇の建立とその後の「世界大戦争」（予言された「一閻浮提未曾有ノ大闘諍」）がいったいいつなのか、それがこのときの石原の最大の関心事だった。

関東大震災発生から二ヵ月後の十一月一日、天気のよいなか、石原と里見が散歩をしていると、二人のあいだで本門の戒壇が建立されるまで、何年を要するかという話題になった。石原が三十年くらいではないかと述べたところ、里見はただちにそんな急にはできまいと応じた。であれば、幾年後かと問うたところ、「まだ考えたことはないが、二三百年くらいは?」と里見は答えたという。それは絶対に違う、というのが石原の考えだった。また、蛍沢藍川（一八八七～一九五五。智学の次男・田中澤二のペンネーム）の『一日蓮主義者の生活様式』（非売品、一九二一年）に「二百年位の見込」と書かれていることにも不満を表している。[31] ちなみに、石原が渡欧の船中で読んでいた山川の『日蓮聖人伝十講』では、「百年・二百年・または三百年」（七四五頁）と記述されていた。[32]

石原は本門戒壇建立（と世界大戦争）の到来を、「数十年後」（九月四日）、「二三十年後」（九月十四日）、「三〇年位」（十一月一日）と考えていたのである。「日本中心ノ時代ハイヨ〱切迫シツツアリ。即チ世界同帰ノ日、亦決シテ遠カラズ。本門戒壇建立ハソウ〱呑気ノ問題ニアラザル也」（同）と、強い口調で石原は記している。

「上行のアドヴェンティスト」の誕生

石原のこうした切迫した日蓮主義信仰を、西山茂は「上行菩薩の再臨を待望するアドヴェンティズム」と把握し、石原を「上行のアドヴェンティスト」と規定している。[33] アドヴェンティズムとは、ハルマゲドン(神的勢力と悪魔的勢力のあいだの決戦)とユートピアの近未来的到来を確信する切迫したメシア再臨の信仰のことである。[34]

さらにここで問題となるのが、先にも示したとおり、『観心本尊抄』の摂折現行段「当に知るべし此の四菩薩折伏を現ずる時は賢王と成て愚王を誡責し摂受を行ずる時は僧と成て正法を弘持す」で示された「賢王」が誰かという問題である。

翌大正十三年(一九二四)一月二十六日、日本では裕仁皇太子と久邇宮良子女王《くにのみやながこ》(のちの香淳皇后)が挙式した。その成婚にたいして、石原はひとり本尊の前で法味を捧げ、戒壇建立の宿願が一日も早く達成することを祈願し、摂折現行段の一節「此の菩薩、折伏ヲ現ズル時ハ賢王トナリテ愚王を呵責シ」を日記に引用している(二月一日)。

このように、天皇(皇太子)=戒壇願主=上行菩薩=賢王と石原は把握し、戒壇建立時に上行菩薩が天皇=賢王として二度目の出現(再臨)をするという「賢王信仰(上行再臨信仰)」(西山茂[35])の立場を取った。賢王信仰にもとづく「上行のアドヴェンティスト」がここに誕生したのである。[36] 石原はこうした見解をさらに発展させて、昭和十四年(一九三九)には独自の「末法二重説」(五五百歳二重説)を主張し、国柱会教学とは区別される独自の信仰的立場を確立するようになる。しかし、それはまだ先の話である(第十三章1節)。

大正十四年（一九二五）秋、石原は帰国した。その帰路、ハルビンで国柱会の会員に向けて公開演説をおこない、「世界統一の為めの最終戦が近い」と発言している。[37] 上行のアドヴェンティズム（切迫したメシア再臨の信仰）にもとづく世界最終戦論の原型は、ベルリン時代に形成されたのである。

3　震災後の思想状況

国民精神作興詔書と教化活動

ここで、関東大震災後の日本国内の状況に目を転じよう。

震災からの復興作業が進められる中、大正十二年（一九二三）十一月十日、「国民精神作興に関する詔書」（以下、国民精神作興詔書）が御名御璽《ぎよめいぎよじ》と摂政宮裕仁の名で渙発された。智学はその三日後に立憲養正会の正式な決党式を国柱会館で挙げ、この時期、日生は各都市で巡回教化していた。ふたりはすぐにこの渙発に応答して、詔書の趣旨を普及する教化運動を組織することになる。

詔書は、近年の「浮華放縦《ふかほうしょう》」という生活の奢侈と「軽佻詭激《けいちょうきげき》」の危険思想の発生を戒め、「文化ノ紹復」と「国力ノ振興」のため、国民精神の「振作更張《しんさくこうちょう》」を訴えており、「国本ヲ固クシ以テ大業ヲ恢弘セムコトヲ冀《こいねが》フ爾臣民其レ之ヲ勉メヨ」と結ばれている。この詔書からは「政府や資本家階級と民衆階級が対立・葛藤する構図[38]」という社会状況が浮かびあがり、政府の「国家瓦解の危機感[39]」が表出されていた。震災を通じて、こうした社会危機があらためて表面化することになった。

翌大正十三年（一九二四）一月七日に成立した清浦奎吾《きようらけいご》内閣は、「思想国難」のもとでの「思想善導」を標榜し、国民精神作興詔書の普及を図っていく。一月十五日には内務省の呼びかけで、詔書の普及を目的とした教化団体連合会（以下、連合会）が結成された[40]。中央報徳会の一木喜徳郎を会長とし、社会局第二部長の三矢宮松《みつやみやまつ》が常務理事、留岡幸助《とめおかこうすけ》、今泉定助《いまいずみさだすけ》、後藤武夫、加《か》藤咄堂《とうとつどう》らが理事に就任。理事のなかには日生の名前もあった。

連合会の活動以外にも詔書の教化体制が整備され、教育現場や地方町村の公的機関に詔書謄本が配布された。また、二月二十、二十一日には清浦首相が宗教団体と教化団体を集め、詔書の趣旨普及の教化活動を要請した。詔書渙発一周年には「聖旨普及」のキャンペーン（国力振興運動）も実施され、こうしたさまざまな回路による教化政策によって、詔書の趣旨が人びとに徹底されていくことになる。

ちなみに教化団体設立のピークはこれまでに二度あった。日露戦後と第一次世界大戦後から一九二〇年代にかけての時期である。とりわけ一九二〇年代に簇生している。日露戦後に成立した教化団体が「地方・開発改良」や「自治・興振発展」を掲げていたのにたいして、大戦後に設立された教化団体は「皇室ヲ中心トシタル社会教化」「国民思想善導」「国民精神作興ノ御渙発ニ対シテ御聖旨ヲ奉体シ」のように、思想善導や国体擁護にその目的や活動が向けられていた[41]。智学と日生の教化運動も、こうした数多くの教化団体（大正十三年九月末時点で六十四団体）[42]による教化活動の一環を担っていたのである。

とりわけ、日生は教化団体連合会の理事、財団法人中央教団体連合会（昭和三年）の参与を歴任し、政府（とくに内務省）主導の教化活動を中心的に牽引した。

智学、総選挙に出馬す

大正十三年（一九二四）一月二十一日、智学は大詔聖旨普及同盟を結成する。二十五日には『興国の大詔』という施本用の小冊子を発行し、「大詔に目覚めよ（是からの日本は、よろづ大詔で行かう）」と題された警訓を『天業民報』一面に毎日掲載した。以降、大詔聖旨普及運動が展開されていくことになる。

この活動の最中の二月二十一日、六十二歳の智学から重大発表がなされた。五月十日の衆議院議員選挙に、みずからが立憲養正会を代表して立候補することを表明したのである。

当時、国民精神作興や経済力復興などを重視した清浦内閣にたいして、護憲三派連合（憲政会・革新倶楽部・政友会）による第二次護憲運動が昂揚していた。一月二十六日の裕仁皇太子の成婚をはさんで、一月三十一日に衆議院は解散され、五月十日の総選挙となった。

智学は東京府第五選挙区の日本橋（智学の出生地）から無所属で出馬し、高木益太郎（中立）、近藤達児（革新倶楽部）と定数一の議席を争った。選挙運動では文書と言論によって宣伝し、戸別訪問などの陋態をさらさない「理想選挙」の実施を明言している。

三月三十日の公開演説会から選挙運動が本格的にスタートした。国柱会の幹部と会員、立憲養正会の党員らが選挙活動を担った。その活動を一瞥しておこう。

言論による選挙活動として、四月十五日から五月九日までの連日連夜、公開演説会が実施された。演説会は、まず会員たちが推薦演説をし、ついで智学が登壇するという形式（もしくは智学ひとり）で行われている。どの会場にも立憲養正会の基本方針を大書した標示が掲げられ、智学の演説が終わると「天皇陛下万歳」の奉唱で締め括られた。四月十五日から五月九日までの選挙運動期間中、計四十二回の演説会が開かれた。毎回百～四百名の聴衆を集め、総計は一万一千二百六十四名を数えた。[43]

その政見は？

ここで、四月十五日夜に選挙事務所が置かれた泰文社（楼上の本石町会館）でおこなわれた演説会のようすをみてみよう。

この日、智学は「現代に於て最も新らしく最も必要なる政治」と題する演説をおこなった。最初に、近年の国情が荒廃紊乱の状態でまことに捨ておけず、国体の正義を発揚し、「国体主義の政治運動」を起こさねばならないと思い立って、立憲養正会を結成したと述べた。[44] ついで政府当局による思想善導や大詔普及の教化政策が不十分であると批判したうえで、「国体精神の根本に合致すれば、皆立派な光りが出るのだが、その根本を失つてはどんな教へでも役には立たない、要するに根本に還へらなければならぬ」と力説。政治もまた国体精神へ還るべきとして、「日本建国の理想」に戻るべきであると強調した。

演説の最後で、「現在の政治の利権本位を改めて国体正義の徳政を根本とすべきこと」を提唱しているが、智学はここでも「現実の日本」を「在るべき日本」という観点から批判している。政治の場においても、智学の言説は一貫していたのである。この日の演説会には、三百五十名の聴衆が集まった。

一方、文筆による選挙活動として、智学は『天業民報』紙上に自分の政見（演説の筆記録）を掲載した。また『天業民報』は四月二十一日から選挙日当日までの二十日間、「田中先生推薦号」として、智学の政見と経歴、委員たちによる智学の推薦文が誌面を飾った。会員たちは区内の有権者にたいして、『天業民報』十五万部と警告箋（や政綱・宣言など）百万枚あまりを配布しながら、演説会への参加や智学への投票を呼びかけている。

こうした選挙活動を通じて顕著だったのが、宗教言説を前面に押し出すというよりは、国体言説を前面に押し出したことである。「国体主義の政治運動」という立憲養正会の基本方針にもとづく選挙活動を展開したのである。すなわち、この政治参加も「国体観念の自覚」を訴える国体運動の一環だったわけである。

五月十日の投票日。結果は高木益太郎（二千五百九十二票）、近藤達児（千三百八十三票）にたいして、智学は七百九十四票に終わり、落選した。こうして智学の政治参加は幕を閉じた。智学落選の報に接して、ベルリンの石原莞爾は「誠ニ残念至極也。時未ダ来ラザルナリ。吾等ノ活動足ラザル為メ也」と、妻への手紙に記している（六月八日）。

なお、総選挙の結果、憲政会・政友会・革新倶楽部の護憲三派が大勝し、六月十一日、加藤高明憲政会総裁を首相とする護憲三派内閣が成立している。

総選挙後、立憲養正会は田中澤二にゆずられた。昭和四年（一九二九）二月十一日、智学からの付嘱を受け、三月には澤二が総裁に就任。議会進出による昭和二十一年（一九四六）の政権獲得をめざして、「天皇政治の確立」を掲げた政治運動を展開していくことになる。養正会の政治運動は満洲事変後の国家主義運動の隆盛にリンクし、革新的な国家主義運動として、昭和十六年（一九四一）七月には百三十万人の会員数を自称するにいたる。[45]そして、昭和十七年（一九四二）三月十七日には結社不許可処分を受けている。

普通選挙と治安維持法

大正十三年（一九二四）六月の組閣後、加藤内閣は普通選挙（普選）の実施、治安維持法の成立、行財政の整理（軍縮を含む）、貴族院の改革などの重要な政策を実施した。ここでは、普選と治安維持法に注目しよう。

加藤内閣は、護憲三派による第二次護憲運動によって成立したため、当面の最大の課題は普通選挙法の制定だった。翌大正十四年（一九二五）三月二十九日、第五十議会の衆議院・貴族院の両院で普選法が可決された。納税資格を撤廃し、二十五歳以上の男子に選挙権が与えられたことで、有権者数が前年の総選挙時の三百二十八万人から千二百四十万人に増加した。[46]なお、普選法が通過した同じ議会で、三月十九日、治安維持法も成立した。この法律のなかで、はじめて「国体」が法律用語として登場することになる。

国体（国体神話）の強調は、第一次世界大戦後の民力涵養運動でもみられた。しかし、関東大震災と虎ノ門事件（大正十二年十二月二十七日。テロリスト・難波《なんば》大助《だいすけ》による摂政宮狙撃事件）を経て、「国民思想の善導」による国民統合が徹底されるなかで、国体神話の信憑性も徹底されていった。

たとえば国民精神作興詔書の渙発一周年を記念して、全国で聖旨普及のキャンペーンがくりひろげられたが、このときも――民力涵養運動と同じく――消費節約と国体観念の徹底が教化されている。しかし、この政策は当時の新聞紙上で冷評された。[47]とはいえ、思想善導による教化政策は、以後も反復的に実行されていく。それを担ったのが前述の教化団体連合会だった。

ナショナリズムの再浮上

大正天皇の崩御と昭和改元の後、裕仁の即位の大礼が挙行された昭和三年（一九二八）は、「経済国難・思想国難・政治国難」の「三大国難」が喧伝されはじめた年だった。

このあと第九章でみるように、翌年、文部省社会教育局の指揮と連合会の協力によって教化総動員が実施され、国難に対処するため、国民精神の作興と経済生活の改善を目標とした教化運動が実施された。当時、既成政党が皇室・国体問題を争点化して政権争いの手段としたのにたいして、それに反発する右翼運動も体制打破のシンボルとして皇室・国体を顕揚した結果、「デモクラシーにかわる、国民統合のシンボルとして天皇と国体は価値上昇していった」。[48]

そして、一九二九年に始まる世界恐慌を契機として、第一次大戦後の国際協調は退潮し、日本は世界で孤立していく。ふたたびナショナリズムが台頭し、昭和六年（一九三一）九月の満洲事変の勃発によって、ナショナリズムは完全に復権する。[49]デモクラシーや社会主義などのインターナショナリズムは後退し、ナショナリズムの台頭にともなって国体が強調されるようになる。

以後、昭和十年（一九三五）の天皇機関説事件とそれに続く国体明徴運動など、天皇の神格化と国体の絶対化が進み、国体神話を中心とした社会規範の統合が促進された。すなわち、一九一〇年代を通じて低下していた国体神話の信憑性は、三〇年代のナショナリズムの再浮上によって、再度、その信憑構造を強固にしていくのである。こうした時代状況のもとで、国体神話を取りこんだ日蓮主義を受容した新たな世代の活動が生起するのである。

第九章
観念性への批判、実践の重視

石原莞爾
（「国立国会図書館デジタルコレクション」より）

1　第一世代の栄光と黄昏

昭和大礼に際して

昭和三年（一九二八）十一月十日、裕仁（昭和天皇）の即位の大礼が京都御所でおこなわれた。この大礼は膨大な経費と人員を投入した国家儀礼として挙行された。大礼への参列、栄典の授与、地方饗饌《きょうせん》、恩赦と賑恤《しんじゅつ》などによって、高等官から下層民までの幅広い階層に「大御心」の浸透が図られた。[1]

奉祝行事は各地のラジオ放送局が実況中継し、それ自体が教化事業としての意味をもつ大がかりなものだった。[2]全国各地での奉祝行事によって、「天皇や国家との一体感」[3]が形成され、天皇の権威再編と神格化が進められた。

この大礼に際して、日蓮門下関係者にも恩賞が下賜されている。その受賞者のなかには、田中智学と本多日生の名前もあった。風間《かざま》随学《ずいがく》（日法《にっぽう》）立正大学学長と高島平三郎東洋大学教授に勲五等瑞宝章が授与され、日生と智学に銀杯一組が贈られた。それぞれに表彰状と桐箱紋章付硯箱も与えられた。日生と智学にたいしては社会教化への功績が認められての恩賞となった。なお、佐藤鉄太郎にも勲一等瑞宝章が授与されている。[4]

まさに晴れの日

十二月十六日の日曜日には、鶯谷の国柱会館で午後二時から智学の祝賀会が開かれ、浅草の統一閣でも午後四時から日生の祝賀会が開かれた。

鶯谷には師子王文庫、国柱会、天業青年団、立憲養正会、天業民力会、国性文芸会、明治会、天業民報社の各団体の成員数百名が集まった。[5] この時期、智学には慶事が続いた。消防事業の功労者として消防協会から表彰され、また、読売新聞社主催の読売文献賞で『日本とは如何なる国ぞ』（天業民報社、一九二八年）が一位で当選していた（同書は智学の日本国体学の平易な入門書）。会場には、文部省からの表彰状と桐箱紋章付硯箱のほか、消防協会からの表彰状、読売文献賞の表彰状と記念メダル、読売新聞社から寄贈された金屛風も飾られていた。

この祝賀会で、智学はこうあいさつをした。

> 全く我徒の国体運動が天聴に達したるは、多年逆境にあつての努力がこゝに凝結してかゞやかしき一輪の花と咲いたもの即ち吾等の前途に一道の光明を見出したが為めである。……かくして国体運動に折紙がつけられた次第であるから、この点からは公々然として私も同志と同じ量同じ質を以て、この光栄を喜ぶものである。[6]

『天業民報』では、智学の表彰を「純正国体運動に対する国家が始めての公認」と位置づけていた。[7] つまり、国家が国柱会の国体運動を公認したできごととして捉えていたのである。

一方、統一閣での祝賀会で日生は数多くの参列者の祝辞にたいして答辞を述べた。そのなかで、四恩（父母・衆生・国王・三宝の恩）を語っている。とくに、国王（天皇）の恩として、

超国家をいふ宗教家や学者もありますが夫等《それら》は正当でなく、自分は正しく其洪恩を感謝出来ることを有難く思ひます。又大師号の追謚もあり、更に今度表彰を受けた以外にも多大の関係あることに就て感謝致します。[8]

と皇室の「洪恩」（大恩）を感じ、「大師号の追謚」や今回の「表彰」など、皇室と国家への感謝を実直に語っている。「超国家」を批判している点に日生の立場性が示されている。

以上、両者にとって、この恩賞はたいへん感慨深いものだった。大正十一年（一九二二）の立正大師謚号宣下とこの天杯拝受は、ふたりにとって、皇室・国家と日蓮主義との公的な交渉と公認を意味していたのである。

明治節と御製の解説

長年にわたる社会教化への功績が評価された智学と日生だが、ふたりは昭和初期にも社会教化活動に取り組んでいる。両者のそうした活動への違和感や反発、批判が日蓮主義第二世代の行動のモチベーションとなっているので、智学と日生の活動を一瞥しておこう。

大正十五年（一九二六）十二月二十五日、大正天皇が崩御し、摂政の裕仁皇太子が践祚《せんそ》し、元号が昭和と改元された。翌昭和二年（一九二七）三月三日、明治天皇の誕生日（十一月三日）を明

治節とする詔書が渙発される。三大節（新年、紀元節、天長節）に明治節が加わって四大節となり、明治節は明治天皇の記憶を継承し、顕彰するための記念日となった。また、同年十月には大日本雄弁会講談社の大衆雑誌『キング』十一月号が「明治大帝」の箱入り別冊をつけて百四十万部が発行された。これらは践祚間もない昭和天皇を明治天皇の再来と見なすキャンペーンであり、「天皇自身のカリスマ化」を意味していた。[9]

この明治節の制定に貢献した人物のひとりが智学だった。[10]

智学は明治天皇に敬愛を抱く典型的な明治人であり、明治天皇を「国体の権化」と位置づけた『国体の権化明治天皇』（師子王文庫）を大正二年に発表していたことは既述した。時をさかのぼるが、大正十三年（一九二四）十月、智学は東京の日本橋で明治天皇の御製《ぎょせい》（天皇の和歌）を日蓮主義的国体論の観点から講話する講演を開始する。以降、毎月、講話がおこなわれた。御製は当時の国民にとって身近で親しみのあるものであり、この御製講話がもっとも手早い「国民覚醒運動」の方法だと智学は考えていたのである。[11]

明治会の結成

翌年（大正十四年）五月、聴衆からの提案によって、明治会という新たな団体が結成される（命名は智学）。以降、御製講話のほか、毎月一回、明治神宮（明治天皇・昭憲皇太后を祭神として大正九年に創建）を参拝することになり、将来的には全国発展を図って皇族を総裁に仰ぐことも決議された。この明治会をベースに、智学と国柱会の会員たちは明治節の制定運動をくりひろげることになる。

大正天皇の崩御を経て、昭和二年（一九二七）一月、智学と明治会は明治節制定の請願書を若槻礼次郎内閣の各大臣と貴衆両院議長あてに二万七百九十九名分の署名といっしょに提出するなど、尽力する。その結果、請願が実り、三月三日に明治節が制定となった。

五月十日、智学と国柱会は「新国民運動」という新たなプロジェクトをスタートさせる。智学は『新国民運動を開始するに臨み国柱会々員に告ぐ』という内部文書を送付し、会員を叱咤した。明治会の勢力を伸ばすことで、「国体意識の普及」を早め、国の不安や危険を除くとともに、「国民の正順意識」を喚起するための「新国民運動」を展開すべきだと強調している。明治節の制定をきっかけに、国民に「国体観念の自覚」をうながすための教化運動を提起したのである。

六月以降、「明治天皇に聚《あつ》まれ！」のスローガンのもと、国柱会の総力を結集して明治会の拡大に努めた結果、明治会の支部結成が続々と進む。同年七月十七日の時点で、東京市内に十四ヵ所、地方八ヵ所に支部が設置されている。

明治会には、地域の有力者や名士が賛助者や入会者に名前を連ねているのが特徴的だった。会員数は国柱会の勢力をしのぎ、十一月三十日には一万人を突破し、協賛員も三千人を数えた。さらに二年後（昭和四年）の八月には会員数三万人を数えた。支部は釧路から福岡の内地全般、さらには朝鮮半島（京城）、中国大陸（大連、上海）にまでおよび、七十ヵ所を数えている。[12]

昭和二年（一九二七）十一月三日、初めて迎える明治節の日。六十五歳の智学は東京中央放送局（ＪＯＡＫ。大正十四年開局。現・ＮＨＫ）からラジオ講演をおこない、「明治節の真意義」を国民に説いた。

知法思国会

一方、六十一歳の本多日生は、昭和三年（一九二八）七月二十四日に新たな教化団体として、知法思国会を創設することを決意する。すでに二年前に顕本法華宗管長を辞任していたが、関東大震災で焼失した統一閣を昭和二年（一九二七）一月に改築落成し、精力的に活動を継続していた（ただし、顕本法華宗・統一団の活動は大正期と比べて停滞していた）。「知法思国」とは、日蓮の『一昨日御書』（一二七一）の一節で、「立正安国」とならび、日生が好んで引用した日蓮の政教論を意味するテーゼである。

知法思国会は「思想国難対策運動」として結成された教化団体だった。設立のきっかけは、約四ヵ月前に発生した三・一五事件だった。

昭和三年（一九二八）三月十五日、時の田中義一内閣は日本全国の共産党員やその支持者千数百名を検挙し、四百八十三名を治安維持法で起訴した。この年の一月、田中内閣は議会を解散し、普通選挙法による初の総選挙を二月二十日に実施する。その結果、二大政党（与党の立憲政友会二百十七議席、野党の立憲民政党二百十六議席）、その他の政党以外に、無産政党が八議席を獲得した。非合法団体の日本共産党（一九二二年結成、二四年解党、二六年再建）は合法団体の労農党から候補者を立候補させ、公然と活動をおこなったことに政府は危機感を抱き、弾圧を下した[13]。

多くの学生たちも三・一五事件で検挙されたことを踏まえて、四月十七日には水野錬太郎文部大臣が「国体観念涵養に関する訓令」を発令。「広く青年子弟の思想を善導し国体観念を強固ならしむる」ことを公立学校・高等学校・専門学校長に命じた。[14]

さらに、総選挙後の第五十五特別議会では、治安維持法の改定案が提出された。国体の変革を目的とする結社行為を死刑・無期懲役の重刑とし、「結社の目的遂行の為にする行為」も処罰の対象とされ、その適用範囲が大幅に拡張された。議会では法案は廃案となったが、田中内閣は議会終了後の六月に緊急勅令で改定案を強引に成立させた。七月には全国に特高警察が配置され、思想と社会運動にたいする取り締まりと弾圧体制が整備されていくことになる。

思想国難 —— 擡頭するマルクス主義

三・一五事件をめぐる動向の背景にあったのが、一九二〇年代後半の日本社会におけるマルクス主義の擡頭《たいとう》である（日蓮主義の擡頭は一九一〇〜二〇年代初頭）。昭和初期、ジャーナリズム市場はマルクス主義者によって独占されているとか、左翼化すればするほど雑誌が売れるといわれた。[15]この動向に共産党の活動の公然化と無産政党の設立・伸長が連動していたのである。

また、同時期に学歴エリートの学生たちにもマルクス主義が広く普及する。大正十一年（一九二二）に一高（東京）・三高（京都）・五高（熊本）・七高（鹿児島）・浦和高などに「社会思想研究会」のような名称でマルクス主義の研究団体が続々と設立され、その動向は全国の旧制高校に広がった。[16]しかし、しだいにそうした左傾学生の処分がおこなわれるようになる。大正十四年（一九二五）十二月以降、京都帝国大学や同志社大学などの学生団体（社会科学研究会）に所属する学生たちが検挙、起訴された京都学連事件が発生する。以降、昭和五、六年をピークとし、昭和九年ごろまでおびただしい数の「左翼学生事件」が生起した。[17]日蓮主義者たちはこうした状況を

「思想国難」と捉え、思想善導による教化活動によって対応を図ろうとしたのである。そのために創設されたのが、知法思国会だった。

昭和三年（一九二八）七月二十四日、知法思国会は「国民思想ノ健全ヲ期スル」ことを目的として設立された。創立メンバーは日生をはじめ、矢野茂、佐藤鉄太郎、岩野直英、井村日咸（顕本法華宗管長）、野口日主（顕本法華宗僧侶）、上田辰卯（日蓮主義青年団幹部）らの日蓮主義ネットワークの知識人、軍人、僧侶、在家者だった。

同年九月十五日、東京有楽町の日本橋倶楽部で第一回の懇談会が催され、三十七名が参加。[18]そのなかには妹尾義郎の姿もあった。創立者の日生の挨拶ののち、佐藤鉄太郎が「我国の現状に就て」の演題で講演をおこなった。『立正安国論』を引用しながら、「赤の思想」（共産思想）を痛烈な危機意識のもとに批判している。外来思想（共産思想）にたいして日蓮主義と日本国体をもって対峙するという内容だった。

すでに日蓮主義の社会的な影響力は弱まっていたものの、「共産主義」という敵の存在にたいして、日蓮主義的国体論によって対抗する新たな思想戦が組織された。その活動方針は、思想善導による教化活動という日生の従来の日蓮主義運動を踏襲したものだった。

教化総動員への参加

即位の大礼の翌昭和四年（一九二九）八月初旬、文部省によって教化総動員が提唱される。「経済国難・思想国難・政治国難」の三大国難が喧伝される危機的な社会状況のなか、浜口雄幸内閣が教化団体、宗教団体、青年団、婦人会、在郷軍人会等を動員して実施した教化政策が、この教化総動員である。[19] 九月から十二月にかけて全国各地で展開された。智学は明治会、日生は知法思国会をもって積極的に参加した。

この官製教化運動のねらいは、「国民精神の作興と財政経済の整理緊縮」だった。そのためには国体観念を明徴にし、国民精神を作興することと、経済生活の改善を図り、国力を培養することが掲げられた。具体的な教化の「方法」（手段）としては、教化綱領ならびにパンフレットの編纂、映画の製作、ポスターの製作頒布や通俗的読物の編纂、講演・講話の開催（講談、浪花節、ラジオの併用）などが挙げられている。

この教化運動は官民の協力のもとに実施されたが、とりわけ財団法人中央教化団体連合会（以下、連合会）の協力があった（日生は参与の役員職を務めていた）。連合会は、この年の三月、それまで除外されていた宗教団体や青年団、婦人会、在郷軍人会などの諸団体も教化団体として認めることを決定しており、実際に教化総動員には仏教界、キリスト教界、神道界の参加がなされた。宗教界は大々的に動員され、主体的に参加したのである。

では、知法思国会はどのように活動をおこなったのだろうか（会にはこの年の四月から広く日蓮門下が集結し、組織の規模と活動が拡大していた）。

知法思国会では、

（一）各種印刷物を以て教化に貢献すること
（二）各処に講演会を開催すること
（三）街頭教化を実行すること

が計画された。講演会は九月十三日の東京浅草の報恩閣、十五日の統一閣での公開講演に始まり、名古屋・京都・大阪・川崎・東京など、計三十九回の講演会が予定され、野外教化講演会（街頭教化）として、東京や千葉など、計二十ヵ所での活動が計画されている。実際に日生や知法思国会のメンバーたちは講演会と街頭教化に奔走した。

明治会の全国「国体宣揚大挙宣伝」

一方、智学と明治会も教化総動員に積極的に参加した。この年（昭和四年）、智学は二月に『明治天皇の哲学』（天業民報社）を、三月に『大国聖日蓮上人』（春秋社）を出版。『日本とは如何なる国ぞ』をくわえた三冊の特別上製本を、小笠原長生を通じて、五月に天皇・皇后・皇太后に奉献している。七月には三保最勝閣で夏期講習会が開かれたが、清水港の築港工事のため、国柱会は三保を撤退することになり、翌年、東京の一之江（現・江戸川区一之江）に移転した（現在も本部は同所にある）。

明治会では、十月一日から十二月十日までの七十日間、樺太から朝鮮、満洲、台湾、沖縄までを網羅する各地の大都市および明治会支部の所在地等九十六都市で、百数十回の宣伝活動が計画された。宣伝方法は「講演と芸術」とされ、講演、映画、国性芸術、文書の実費提供や施本を通じて、国性芸術による芸術教化と日本国体学の通俗講演を実施することが企画された。

明治会による「国体宣揚大挙宣伝」の教化運動は、九月下旬から十月上旬に東京周辺二十四ヵ所で実施された「帝都開端運動」をもってスタートした。[20] 二十六ヵ所で宣伝し、総動員数は二万二千余名を数えた。『国民鑑』[21]や警告箋が十八万九千部施本された。明治会への即時入会者も二百四十八名を数えている。どの会場でも当該地域の有力者（区長、町長、区町役員、学校長、区町会議員、名誉職、軍人）を招いて宣伝がおこなわれ、会場の設営と運営には在郷軍人会、青年団、町役場・区役所関係者、学校教職員が協力している。このように当該地域と一体になって、宣伝活動が実施された。

七十日間におよぶ明治会の教化運動は、最終的に宣伝箇所百四十七ヵ所、総聴衆十九万三千二百名、『国民鑑』の施本部数六万部、ポスター二万五千枚、警告箋等百三十八万一千部、即時入会者千四百二十三人を数えた。これは、国柱会創始以来の大規模な活動であり、国柱会の国体運動の大々的な展開を意味していた。

宣伝期間中の十一月八日、大阪の中之島公会堂の宣伝大会。大会は午後六時半からだったが、午後二時、智学が突然、脳溢血で倒れた。そのまま大阪医科大学に入院し、講演は里見岸雄が代わっておこなったが、国柱会内に衝撃が走った。ただ、経過は順調で、二十五日には退院し、十二月十二日には帰京している。その後は――樗牛が療養生活を送った――静岡の興津で翌春まで療養に努めた。

十二月十五日、教化総動員明治会全国大挙宣伝終結感謝報告大会が日比谷公会堂で催された。三千五百名が集まり、昼夜二回にわたって盛大に執りおこなわれ、明治会の教化活動は終了した。

以上のように、昭和初期、日蓮主義第一世代の智学と日生は長年にわたる教化活動が評価され、政府から褒賞された。また、文部省による教化総動員の呼びかけに応じ、大々的に教化活動をくりひろげた。こうした活動は、「在るべき日本」のイメージによって、「現実の日本」を変革するというよりは、政府による思想善導の官製教化活動と自分たちの日蓮主義運動を一体化させ、いわば、「現実の日本」を追認する社会的・政治的機能を果たしたといえよう。

昭和初期以降、「在るべき日本」と「現実の日本」とのあいだに「深い溝、鋭い緊張」を見出し、その溝を埋めるための実践をおこなったのは、日蓮主義第二世代の人びとである。

2　マルクスか、日蓮か

決定的な違和感

時計を少し戻す。昭和三年（一九二八）九月十五日、東京有楽町で知法思国会の第一回懇談会が催されたことは既述した。その場には妹尾もいた。

佐藤鉄太郎の講演の後、会食をはさんで、井上一次陸軍中将や下村壽一宗教局長、妹尾、細野辰雄陸軍少将、浦川秀吉警視庁労働係長の談話と進んだ（佐藤、井上、細野は天晴会会員）。このとき、妹尾は「共産主義の根本に向つての我々の批評は、今迄少し足らぬのではなかつたのか」と述べ、現在、「政治家を指導するのが大切ではないでしょうか」とコメントした、と『統一』では報告されている。[22] ところが、実際は違った。ここで、妹尾の日記に注目したい。

妹尾は「折角の発会だが、このまゝの態度では、何の役にも立つまい」と言いきったと、その日の日記に記している。[23]「この会の主義方針について全く悲観せざるを得ぬものがある。全然、アンチ的運動であって、それらの起る母体についての反省がない」。つまり、反共産党というだけで組織された団体であることを批判している。「むしろ、紊乱せる政治に対して堂々と諫争してこそ、まことに国家を救ふものでなくてはならぬ。これではいかん乍《なが》ら御用宗教のそしりをまぬかれぬではないか」とまで断じている。

ここには、日生や佐藤たちによる上からの教化活動にたいする、決定的な違和感が表明されている。

左傾化する妹尾義郎

じつは、当時、妹尾は社会主義(マルクス主義)にシンパシーを抱きはじめており、日蓮主義に幻滅を感じていた。懇談会から一ヵ月後の十月十一日、妹尾は品川妙国寺の日生を訪れる。日生は、そのころの妹尾の思想に注意を与えた。しかし、妹尾は、

猊下《げいか》の慈父のごとき御訓諭や、憂国の至誠については感謝せざるをえなかった。けれども、思想についいては、折角の御注意なれども全的に首肯しえなかったことを遺憾におもふた。

と、日記に記している。妹尾は「法花経の仏陀の理想を現代にいかさねばいかぬ」との決意を表明している。なぜ、妹尾は幻滅を感じたのか。

大正末以降、妹尾は日蓮主義を相対化し、しだいに「左傾化」と評されるような傾向を示すようになる。そのきっかけは、山梨県の小作争議への関与だった。

大正十年（一九二一）六月以降、妹尾は甲府をはじめとする山梨県下に頻繁に通い、講演活動を通じての布教・教化の結果、山梨支部は大日本日蓮主義青年団（以下、青年団）の有力支部に成長した。大正十四年（一九二五）十月には山梨県支部聯合会が結成され、県下の団員数は七百名を数えた。なお、大正八年（一九一九）に設立された青年団は関東大震災までは順調に拡大したが、震災後に停滞に転じた。そうしたなかで勢いがあったのが、山梨支部である。

妹尾は山梨県下の地主側から依頼を受け、小作争議の調停にあたった。第一次大戦後の資本主義の発展によって、小作料の引き上げ、農産物価格の下落、都市と農村の格差拡大が起り、小作争議が急増する。山梨は地主制と養蚕・製糸業の発展度が全国有数の地域であり、とくに妹尾が調停に入った中巨《なかこ》摩《ま》郡《ぐん》は小作争議が続発していた地域だった。[24]

当初、「小作問題は帝国の一大問題である。此の解決の鍵は奈辺にあろう。社会主義か、共産主義か。恐らく日蓮主義的解決をまってゐるであらう」（大正十二年二月十八日）と、妹尾は日記で吐露している。実際に争議の現場に入り、地主と小作双方の説得にあたった。

日蓮主義による思想善導によって、調停が成功したこともあった。しかし、構造的な小作問題の根本的な解決とはならず、県下での小作争議はその後も続いた。そのうち妹尾は、農村の現状をみるに及んで、「地主は金の為により自分の霊性をくもらしてゐるやうだ、人間味は反って小作人の方に顕現する」（大正十三年三月八日）と、しだいに小作側の立場に共感するようになる。

昭和三年の転回

日生や佐藤鉄太郎と同じように、妹尾も三・一五事件に衝撃を受けた。ただし、そこから思想善導の思想戦に向かうのではなく、「根本問題なる資本主義的生活を改革せざるかぎり、かゝる運動は決して根絶するものではない」（昭和三年四月十一日）と記し、資本主義体制の「改革」に言及するようになる。また、同年五月五日には、「わしの風呂敷の中には仏典とマルキシズムの書物がつゝまれてあった[25]」と書き記している。

大正十三年（一九二四）以降、妹尾は、日蓮主義関係や木村泰賢《きむらたいけん》、高楠順次郎《たかくすじゅんじろう》、友松円諦《ともまつえんたい》、宇《う》井《い》伯壽《はくじゅ》らの仏教学関係の著作のほか、ベルンスタイン、カウツキー、マルクス、ブハーリンらの社会主義関係の書物にも目を通しており、「やっぱり社会主義か、日蓮主義はどうするのだ」（昭和二年六月二十四日）と、心の迷いを日記で表白していた。

そして、昭和三年（一九二八）四月以降、「真日蓮主義の進路」「共産党事件に直面して仁王護国経の一節を読む」「日蓮主義の復古運動」「日蓮主義の現実性について」「日蓮主義の時代的必然性」等の諸論考を『若人』に発表し、日蓮主義の可能性と限界について検討を重ね、ついには日蓮主義を「精算」するにいたる。国家主義的な日蓮主義から、仏教社会主義の新興仏教への思想的転回だった。その転回をうながしたのが、じつは高山樗牛の言説だった。

樗牛の「超国家主義」をテコにして

大日本日蓮主義青年団の機関誌『若人』九巻九号（昭和三年九月一日）には「日蓮主義の復古運動」と題した妹尾の論説が掲載されている。その副題は「高山樗牛先生の「日蓮上人と日本国」をすゝめて」である。第三章2節で紹介したとおり、樗牛の「日蓮上人と日本国（日蓮上人の真面目を見よ）」（『太陽』八巻九号、明治三十五年七月五日）は、日蓮における「真理（宗教）と国家」の問題を主題的に論じた論考である。日蓮の教えを近代の国家主義と結びつけた日蓮門下の動向を批判し、国家超越の真理＝「超国家主義」を対置したものである。

妹尾は、「思想国難、政治国難、経済国難」の三大国難が朝野のいたるところで憂国の志士から叫ばれ、宗教家・経世家が当局の指令の前に教化の実を挙げんと騒ぎまわっているなか、かかる渦中で一段の忠勤ぶりを発揮し愛国の気勢を示しているのが、「わが日蓮主義者」であると指弾する。妹尾からみれば、それは祖師日蓮の主義・主張にかなった態度ではなく、「否」と断言せざるをえないものだった。

妹尾は、一視同仁の皇道が国民の実生活に公平に反映しておらず、生活の実際に反映しない教化運動を「画餅をもつて空腹を満たせといふ馬鹿さ加減」と同じであると断言した。そのうえで、日蓮主義の役割を次のように強調する。

> 日蓮主義は常に国家的権益を超越せる普遍的真理の世界にその根柢を発して、而して、之に背ける地上の横暴なる支配者に対して忌憚なき折伏と師導とを惜しまざる正義の宗教であつた。……真理の栄光と世界の和平とを実現せしめんとする世界的宗教であり、同時にかゝる真正ある意味においての真の国家的宗教でもあつたのだ。（六〜七頁）

妹尾は樗牛の「超国家主義」をテコにして、日蓮主義に国家超越的な世界的宗教性を読みこもうとしたわけである。

日蓮主義の現状も、遺憾ながら阿片の批判をまぬがれえぬではあるまいか

さらに妹尾は、

日蓮主義は断じて国家主義的御用宗教ではない。日蓮主義は不徹底なる他宗派を否認すると同時に、現実のまゝ国家の存在を肯定し擁護せんとする宗教では決してないものである。

（八頁）

と述べ、日生や佐藤鉄太郎らの日蓮主義を批判する。すなわち、樗牛と同じく、妹尾も日蓮主義者の国家主義（世間的国家主義）や出世間的国家主義を拒否し、（樗牛の日蓮理解にもとづく）「日蓮主義の復古運動」を提唱している。そのため、読者にたいして樗牛の論文「日蓮上人と日本国」を読むように薦め、全文を転載している。

「日蓮主義は断じて国家主義的御用宗教ではない」と主張した妹尾だが、知法思国会の結成にたいして、「御用宗教のそしりをまぬかれぬではないか」と日記に記すとともに、『若人』でも「日蓮主義の現状も、遺憾ながら阿片の批難をまぬがれえぬではあるまいか[26]」と述べている。これは、「宗教は民衆の阿片である」とするマルクスの論文「ヘーゲル法哲学批判序説」（一八四四年）での宗教批判を踏まえての発言であり、日蓮主義の現状にたいする妹尾の失望がよくわかる。

けっきょく、妹尾は日蓮主義にではなく、「時代相応の宗教として開顕統一の権能を有する法華経」[27]にもとづき、「釈尊に帰れ」と主張するようになる。仏陀への回帰がもともとの日蓮の主義・主張であったと解釈する。また、「大正より昭和へかけて最も著しき社会現象は、資本主義経済組織に対する社会主義運動である」[28]、「急激にか徐々にか、現資本主義統制は、きつと改造せらるべきものと信じられる」[29]と述べ、資本主義体制の変革も公言するようになる。ここにおいて、妹尾は国家主義と国家主義に根ざした日蓮主義を完全に相対化するのである。

妹尾と妹尾を支持する団員たちは――昭和五年（一九三〇）十一月十五日の日記によれば――「愛なる仏陀の人格を渇仰し、之によって全仏教を統一し、現社会の被圧迫階級の解放運動を期成する」ため、新たな運動を立ち上げる。昭和六年（一九三一）四月一日に新興仏教青年同盟を結成し、いばらの道を歩み出すことになる。

里見岸雄の『天皇とプロレタリア』

教化総動員最中の昭和四年（一九二九）十一月十日、アルスから『天皇とプロレタリア』と題された本が刊行された。

アルスは、北原白秋の弟の北原鉄雄が経営者を務めていた出版社（大正六年創設）で、美術書や文芸書、写真関係の雑誌『カメラ（CAMERA）』や単行本を出していた。アルスが新聞の全国紙に掲載した大広告の効果もあり、初版五千部だった『天皇とプロレタリア』は版を重ね、昭和六年（一九三一）には百版を数えるベストセラーとなった[30]。著者は、三十二歳の里見岸雄だった。

里見はヨーロッパ滞在を経て、大正十三年（一九二四）九月に帰国し、十二月に神戸の西宮に里見日本文化研究所を開設した。翌年四月二十八日の立正会に開所式が挙げられ、日蓮学と日本国体学の学術的研究を主たる事業とした。機関誌『日本文化』を大正十五年（一九二六）二月に創刊し、国体思想の普及、学術の民衆的解放、日本文化の海外宣伝を使命とした。

『日本文化』は昭和四年（一九二九）一月に『国体科学』と改称されるが、この「国体科学」は里見の造語だった。『日本文化』昭和二年十二月号の巻頭言「国体科学を提唱す」で初めて用いられた。

戦後になってから里見は、

多少新奇とも思はれるこのような表現を敢えてしたのは、社会科学の語の盛用に刺激され、国体学も何等かの意味で科学的傾向を助長しなければならぬと考へたからである。

と回顧している。[31] 里見の国体論は智学の日本国体学を継承するものだったが、昭和初期の社会科学の隆盛に対応しようとしたことがわかる。また、里見はマルクス主義の文献も繙《ひもと》き、それへの対応も模索した。

『国体に対する疑惑』

里見の名が一躍有名になるのは、三・一五事件直後の昭和三年（一九二八）四月に刊行した『国体に対する疑惑』（里見研究所出版部）によってである。センセーショナルなタイトルだが、国体を批判するというよりは、

「御真影に敬礼するは要するに偶像崇拝にあらずや」
「天皇は何故神聖なりや」
「忠君愛国といふことは要するに資本階級特権階級が自己保存の為にする宣伝道徳にあらざるや」

など、国体をめぐる五十の疑問に答え、従来の国体論を批判しながら、（里見の考える）国体の意義を明らかにすることを意図した作品である。出版に際しては発売禁止にならないよう、石原莞爾の協力も得ている。

同書は『天皇とプロレタリア』に先駆けてベストセラーになった。ただし、このことが思わぬ波紋を招いた。読売新聞社が主催した読売文献賞を同年十二月に智学の『日本とは如何なる国ぞ』が受賞したことは前述した。その途中経過で、『国体に対する疑惑』が『日本とは如何なる国ぞ』を上回る票数を獲得し、両著が一位を競いあう事態となったのである。

『読売新聞』昭和三年十一月十八日付の中間報告では、『国体に対する疑惑』が九千三百九十七票で首位を獲得し、『日本とは如何なる国ぞ』は四千十七票で十一位だった。十一月九日の『読売新聞』には里見の紹介記事と写真が掲載されており、本書は「マルキシズムと日本思想との正面衝突が必然に促したる科学的国体主義」の所産である、との里見の言葉が紹介されている。

けっきょく、『日本とは如何なる国ぞ』が二十一万四千七百五十八票を得て一位となるわけだが、『国体に対する疑惑』は六万三百九十票を得て、七位だった（その後、昭和四年十二月に本書はアルスから大衆版が刊行され、版を重ねた。表紙には「本書の目次は一般公開を禁ぜらる！」との煽動的なコピーが記されている)。

ベストセラーに

里見の回顧によれば、国体は資本主義擁護のイデオロギーないしドクトリン(教義)であるということが社会科学を信奉する当時の人びとの通念だった。それにたいして、まず、「国体と資本主義の観念連合」を打破することが急務であると考え、一気呵成に書き上げたのが、『天皇とプロレタリア』だった[32]。

国柱会講師の河野桐谷にしかるべき出版社への売りこみを依頼した結果、河野は友人の北原白秋に相談をした。白秋は最勝閣を訪問したことがあり、夫人の菊子は国柱会の会員だった。白秋は言下に弟の鉄雄が経営するアルスにやらせようといい、そこから刊行された結果、ベストセラーとなり、世間に一大反響を巻き起こした。

実際に同書を開くと、その主張はきわめて先鋭的である。「無産階級の唯一の味方としての国体をゑぐり出してみたのが此の一巻の書である」(序一頁)との書き出しから始まり、同書を「国体科学の立場から筆を執つた科学的国体主義の一片鱗」(序二頁)と規定している。里見は従来の国体論を「観念的国体論」とラベリングし、その非社会性、非現代性を批判する。また、思想善導による国体擁護運動や教化総動員による「国体観念の明徴」も資本家のために必要な思想政策だと真っ向から批判した。

里見は社会構造や資本主義体制との関連から国体を把握する必要性を説き、資本主義は国体と相反する制度であるという。資本主義制度の発展とともに社会主義運動が燃えひろがり、鞏固なる地盤を築いたとの現状認識を示した。こうしたまなざしは社会主義の影響を受け、資本主義体制との関連から仏教を捉えなおした妹尾との共通性を感じるが、妹尾と違うのは社会主義を否定し、「社会主義を日本国体化せよ」(一八二頁)と力説することである。

里見はみずからのいう科学的国体主義に立脚し、「観念的国体論」や「ブルジョア的国体観念」という従来の国体論を更新し、現実社会との関連から国体を把捉することを主張した。「万邦無比の国体を完成せんが為には現社会は根本的に、斯くの如き改造を経なければならぬ」(二八五頁)と、社会変革を謳う。

こうした社会変革を志向する新世代の国体論が多くの読者を獲得したのである。本書が版を重ねるなか、里見率いる国体科学連盟(昭和三年十一月結成)とアルスの主催で「天皇とプロレタリア大講演会」が企画され、昭和五年(一九三〇)五月から六月にかけて、東京、横浜、新潟、名古屋で講演会が実施された。各地とも満員の来場者で里見の人気ぶりを物語っている。アルスは講演会の告知も新聞広告に掲載した。『国体に対する疑惑』が三十五版、『天皇とプロレタリア』が八十五版と宣伝し、「痛烈熱火の如き里見岸雄の大獅子吼を聴け!」とのコピーが紙面を飾った(『読売新聞』昭和五年五月十六日、四面)。

『日蓮は甦る』

じつは、『天皇とプロレタリア』刊行の五日前(昭和四年十一月五日)、里見はもう一冊、別の本を出版している。それが、『日蓮は甦る』(国体科学社)だった。『天皇とプロレタリア』ほどには世間の注目は集めなかったが、日蓮主義第二世代の新たな日蓮主義宣言というべき重要な著作である。同書の内容を一瞥しておこう。

里見は『日蓮聖人の宗教と其実践』（平楽寺書店、一九二一年）と『法華経の研究――一名法華経の文化学的研究』（平楽寺書店、一九二四年、一九二二年脱稿）以来、八年間、日蓮主義に関する著述を封印していた。里見のなかで日蓮主義の信仰に関する疑問が生じたためであり、その疑問を解消するために苦闘を重ねたことを『日蓮は甦る』の「例言」でふりかえっている。ドイツ留学中、「親友」石原莞爾の口癖、「マルクスの療治が出来ないうちは日蓮主義は駄目ですな」を聞きながら、苦闘をくりかえしていた。昭和三年（一九二八）、多年の疑問を解決し、国体科学の名でその見解を公表することになった。

『天皇とプロレタリア』で提示した視点と同様に、里見は日蓮主義を現実社会との関連で把握することを強調し、「観念的日蓮主義」から「科学的日蓮主義」に進むことを強調する。そのために、日蓮仏教のエッセンス、三大秘法（本門の本尊・題目・戒壇）をめぐる従来の説を批判している。

同書には、

「黴の生えた宗学を改造せよ」

「四箇格言の死守」

「聖典依憑のはきちがへ」

「新仏教学かぶれを一撃す」

「断じて個人主義的観念信仰を葬れ」

「日蓮感傷主義を置去りにせよ」との激烈な見出しが躍っている。こうした「日蓮主義の誤解」を一掃したうえで、里見は日蓮主義の再吟味と再認識を説く。

人格的共存共栄

まず、本門の本尊については「紙墨の本尊」＝曼荼羅本尊をいつまで崇拝するのか、それは一種の偶像崇拝ではないかと疑問を投げかける。

里見によれば、「本門本尊とは、自然的生命体系を人格的に把握し目的化した社会生活の体系を表象したもの」（一一九頁）だった。曼荼羅本尊に記された文字に執着するのではなく、その表現の実体を現実社会的に把握すべきで、「南無妙法蓮華経」と表現された生命の本質とは「人格的共存共栄」（一二三頁）であるという。この「人格的共存共栄」が里見の国体科学と科学的日蓮主義を理解するためのキーワードである。

では、次に本門の本尊とはなにか。それは寺院や信者宅に奉安してあれば能事畢《おわ》れりというものではなく、社会的生活の関係のなかで具体的に実現すべきものだった。身にもつ題目は自行（自己救済）と化他（他者救済）を両方含むが、日蓮の化他とは「国家社会の妙法的改造」（一六九〜一七〇頁）を意味し、化他の題目とは「社会の妙法的改造の実践」（一七〇頁）であると断言される。では、この社会の妙法的改造がどのようになされるのか、それを事実化する方法が、本門の戒壇である。

里見は「本門戒壇の科学的認識」を強調する。戒壇とは戒を授かる場だが、小乗経や一般大乗経のいう戒壇とは単なる宗教的建築物にすぎない。日蓮の本門戒壇とはそうではなく、「現実の社会国家そのものが人格的共存共栄の妙法組織として成就せられた状態」（二三七頁）なのだと断じる。このように宗教的建築物ではなく、「王仏冥合の社会実体の実現」と定式化した点に、里見の本門戒壇論の特徴がある。

以上を踏まえ、里見はこう力説する。

かくて、日蓮主義が、その理想を社会に実現せんとするの方法は、個人的信者や家庭の理壇を造るより、その重点は社会改造、国力をあげての国際的運動にならざるを得ないのである。（二四〇頁）

つまり、里見によれば、「本門事の戒壇とは、国家社会の妙法化」の「成就」（二四一頁）を意味していた。第一章3節で智学が本門戒壇（事壇）を「国立戒壇」と命名したことを紹介したが、智学の場合は日蓮仏教の国教化が成立したときに建立される宗教的建築物として事壇が想定されていたが、それを里見は、社会改造による「人格的共存共栄の妙法組織」「国家社会の妙法化」の実現と捉えなおしたのである。

天皇の役割

里見のいう人格的共存共栄の中心は天皇である。この天皇の役割について、『観心本尊抄』の摂折現行段の一節、「当に知るべし此の四菩薩折伏を現ずる時は賢王と成て愚王を誡責し摂受を行ずる時は僧と成て正法を弘持す」に即して説明する。

まず、里見は折伏も社会科学的に読みかえる。折伏とは思想的および行動的に表現されるところの除悪方法だが、思想的折伏と社会的折伏の二種の機能がある。「折伏は、社会の悪組織を打破して改善する実際運動が正で、思想的折伏はその目的を達成する補助機関の如きものだ」（一八七頁）と位置づける。そのうえで、「折伏を現ずる時は賢王と成て愚王を誡責す」というのは「本門戒壇建立の現実社会的決定を与へる国家の統制者即ち、時の日本天皇を意味する」（二五〇頁）と、その役割を規定している。

ただし、智学が『本化妙宗式目講義録』で「日本による世界統一」の終末論的なヴィジョンを定式化したほどには里見の議論は徹底しておらず、閻提同帰（世界統一）の実現には「「撰時抄」に暗示するが如き、世界大戦位のものは起るでもあらう」（二五一頁）と示唆しているが、智学ほど具体的には述べていない。[33]

では、日蓮主義と日本国体との関係を里見はどのように認識していたのだろうか。近代の日蓮主義の特色・法門として、日本国体論があるのは日蓮主義者ならば誰でも知っているだろうと指摘し、その唱道者として「予の家厳」智学の名前を挙げる。「今日では、進んで熱烈に、日本国体の宣揚につとめ、戒壇法門の必然的発展が国体論だといふことも理解される様になつた」（二九九頁）。ただし、里見の国体論も智学と同じく、「現実の日本」を「在るべき日本」としての「法華経の本国土妙日本」（三〇五頁）に止揚することを説いている。

同書の結論に注目されたい。

里見は来たるべきわれらの必然的行動として、国体論から国体科学に、観念的日蓮主義から科学的日蓮主義に進み、社会組織の改造、社会組織の妙法的完成の実践に邁進することを強調している。

観念論から現実社会の実践へ、天皇中心の人格的共存共栄の実現へ。

これがこの時期の里見の国体論、日蓮主義の主張の特徴だった。その背景にはマルクス主義の隆盛にもとづく社会科学的認識の伸長、資本主義体制の矛盾の顕在化という歴史的・社会的文脈や、日蓮主義第一世代の観念性への批判というモチーフがあった。こうした点は、日蓮主義第二世代の妹尾や里見に共通する視点であり、メンタリティーだった。

3 満洲事変

謀略の首謀者は……

昭和六年(一九三一)九月十八日のできごとについて、妹尾義郎は日記にこう記した。

号外が出た、とう〳〵満洲で日支両軍火蓋を切った。奉天は完全にわが軍に於て占領したといふ電報を筆頭に、各地に於けるわが軍の勝利が報道された。

そして「争動廃絶に、最善の努力を払うべきだ」と書きつけた。

この日の夜十時二十分、中国東北部の奉天（現・瀋陽）近郊の柳条湖で南満洲鉄道の線路の一部が爆破された。[34] 関東軍（南満洲に駐留する日本軍）は中国軍の犯行と発表し、本庄繁《ほんじょうしげる》関東軍司令官の指示の下、独断で北大営（張作霖の長男の張学良《ちょうがくりょう》が率いる奉天軍閥の軍事拠点）と奉天城を攻撃した。ここに満洲事変が勃発する。

中国軍二十万余の兵力にたいし、関東軍の兵力はわずか一万余だった。事変発生当時、北京にいた張学良が日本軍の挑発に乗らずに無抵抗を指示したため、奉天城は十九日の午前四時半ごろ、北大営は午前六時半ごろには日本軍に占領された。北大営での戦闘では日本側の死者二名、負傷者二十二名、中国側の遺棄遺体約三百名を数えた。関東軍はこの日のうちに奉天をはじめ、満鉄沿線の南満主要都市をほとんど占領した。

東京では、若槻礼次郎《わかつきれいじろう》内閣（第二次。同年四月組閣）が十九日午前十時に緊急閣議を開き、事態の不拡大方針を決定した。閣議に先立つ同日午前三時、朝鮮にいた林銑十郎《はやしせんじゅうろう》朝鮮軍司令官は、みずからの判断で朝鮮軍の出動を準備していた。しかし、海外での派兵には内閣の承認、天皇の裁可と奉勅命令の下達が必要だった。南次郎陸相は緊急閣議で朝鮮軍の派遣を提案しようとしたが、事態の収拾を図ろうとする雰囲気のなかで果たせなかった。

不拡大を決定した政府にたいして、陸軍中枢は強硬な姿勢を堅持した。翌二十日午前十時から開催された首脳会談で「軍部は此際満蒙問題の一併解決を期す。若し万一政治にして此軍部案に同意せざるに於ては之に原因して政府が倒壊するも毫も意図する所にあらず」との方針を確認した。[35]

全満洲の軍事占領を意図していた関東軍は、二十一日午前十時、第二師団主力を吉林に向かわせ、午後五時すぎには吉林を無血裡に占領した。関東軍は吉林派兵を決定し、同時に朝鮮軍に増援を依頼した。それに応えた朝鮮軍は奉勅命令を待たずに独断で奉天に向かった。このできごとが結果的に関東軍の行動を承認することになる。二十二日午前、若槻内閣は閣議で朝鮮軍出兵の事実を認め、経費の支出にも同意した。昭和天皇は事態の拡大を防ぎたいと思っていたものの、積極的な介入を控えた。

満蒙問題解決のための軍事行動と全満洲の占領を計画し、満洲事変を主導したのが、関東軍の作戦主任参謀の石原莞爾と高級参謀の板垣征四郎だった。

日本近代史のターニング・ポイント

満洲事変は、日本近代史のターニング・ポイントになったできごとである。

第一次大戦後の東アジア・太平洋地域における国際協調秩序（ワシントン体制）を終焉させ、日中戦争、アジア・太平洋戦争の起点となった。翌昭和七年（一九三二）一月の上海事変（第一次）の発生と三月の満洲国建国、昭和八年（一九三三）三月の国際連盟の脱退によって、日本は国際的な孤立に陥る。また、国内では、一九二九年の世界恐慌の余波を受けた翌年の昭和恐慌のひろがりによって、日本社会（とくに農村）は著しい経済的打撃を受け、深刻な不況のなかで、労働争議や小作争議が頻発し、都市化と大衆社会化の進展は都市と農村のあいだの格差をひろげていくことになる。

また、満洲事変以降、リベラリズム、デモクラシー、マルクス主義等の思潮が退潮し、ナショナリズムが復権する。日本主義の興隆とともに、戦争遂行のための総動員体制が整えられていく。こうした危機的な状況のなかで、急進化した右派勢力は、昭和七年（一九三二）の血盟団事件や五・一五事件等を通じて、現状の打破や国家の革新を図ろうとした。一方、三・一五事件（昭和三年）と四・一六事件（昭和四年）によってダメージを受けた左翼勢力は、昭和八年（一九三三）六月の共産党幹部の佐野学《さのまなぶ》と鍋山貞親《なべやまさだちか》の転向表明によって、さらにその影響力を後退させていくことになる。

こうした日本近代史上の重要な意義をもつ満洲事変を、なぜ、石原莞爾は計画し、主導したのか。満洲事変にいたるまでの日蓮主義者・石原の戦争史観（最終戦争論）の形成過程と行動を検討しよう。

最終戦争論の三ポイント

日蓮主義と戦争史観が結びついた「最終戦争論」は、「石原の思想の核心」（野村乙二朗[36]）である。その原型はドイツ留学中に形成された（第八章2節参照）。大正十四年（一九二五）九月、帰国途上のハルビンでの国柱会の集会で初めて公にされ、帰国後に彫琢《ちょうたく》されていくことになる。

ここで、あらかじめ、石原の最終戦争論の特徴を示しておこう。

後年、石原は、最終戦争論のエッセンスをみずからの半生をふりかえるなかで、以下の三点にまとめている。[37]

1. 日蓮聖人によつて示されたる世界統一の為めの大戦争。
2. 戦争性質の二傾向が交互作用をなすこと。
3. 戦闘隊形は点より線に、更に面に進んだ。次に体となること。

戦闘隊形の変化については陸軍大学在学時の着想だが、戦争形態の変遷についてはすでに漢口時代に着想され、ベルリン時代に研究が重ねられた。世界統一のための「一閻浮提未曾有ノ大闘諍」（日蓮）の到来を実感したのは既述したとおり、ベルリン時代である。

帰国後、石原はこうしたベルリン時代の成果を整理し、「最終戦［大谷註：最終戦争のこと］を結論とする戦争史観[38]」をまとめるのである。

大正十四年（一九二五）十月に帰国した石原は、ふたたび陸軍大学兵学教官に着任した。翌大正十五年（一九二六）初夏に欧州古戦史の授業を担当することを命じられ、同年暮れから三年学生に十六回にわたり、ドイツ留学中に研究したプロイセンのフリードリヒ大王、フランスのナポレオンを中心とした講義をおこなった[39]。翌昭和二年（一九二七）には五月三十一日から同年十一月にかけて三十五回にわたり、二年学生にたいして講義した。

兵法は妙法より出ず

石原は「兵法は妙法より出ず」と黒板に大書してから授業を始め、なにものも恐れない痛快で大胆な論調は学生を魅了したという[40]。

二年学生にたいする講義ノートは「欧州古戦史講義」として戦後に公刊されており、その講義内容がわかる。[41]「欧州古戦史研究ノ目的及要領」「「フリードリッヒ大王」ノ研究」「「ナポレオン」ノ研究」の三部構成からなり、結論として、「現在及将来ニ於ケル日本ノ国防」が掲載されている。

この結論は、講義終了後の昭和二年（一九二七）十二月三十日に伊豆伊東の日蓮の聖蹟で起案されたものであり、「世界ノ大勢」「日本ノ使命及日本ノ武力」「戦争ノ現在及将来」「現在ニ於ケル日本ノ国防」「日本ノ将来ノ国防」が論じられている。この結論部分の主張が満洲での実践へとつながる。

講義では十八世紀以降の近代ヨーロッパ戦争史の変遷からみて、戦争は消耗戦略（持久戦争）と殲滅戦略（決戦戦争）が交互に進むという法則性をもつこと、結果、消耗戦略だった欧州大戦を経て、将来の戦争は殲滅戦略になること、その戦闘も個人を単位とする立体的活動が中心で、飛行機を用いることになるだろうと講じている。三年学生の講義の際には、「近世戦争進化景況一覧表」を作成した。[42] これは、十八世紀以降から世界戦争（最終戦争）までの戦争史を「戦争の性質」（戦争形態）「作戦」「軍制」の観点から整理した戦争進化表である。

以上のような実証的な戦争史研究にもとづいて、最終戦争の到来が予測されるのである。石原は、その結論において、

東西両文明ノ綜合ニ依リ最後最高ノ文明ヲ創造シ人類文化ノ黄金時代ニ入ルベキ関門タル人類最後ノ争闘日蓮ノ所謂「前代未聞ノ大闘諍一閻浮提」ハカクテ吾人ノ目前ニ迫リツツアリ

と述べ、それが「日本ヲ中心トスル真ノ世界戦争ナリ」としている。[43]また、『観心本尊抄』摂折現行段を引用しながら、「此賢王ニハ即チ将来ノ世界戦ニ於テ大日本天皇ノ位置ヲ示シ奉レル」として、最終戦争の際の指導者が賢王＝天皇である、と述べていることは注目に値する。[44]

吾等ノ最大目標

石原にとって、世界戦争(最終戦争)は「吾等ノ最大目標」であり、刻々と切迫していた。その準備のためには、まず近く来るべき消耗戦争の際、日本国民は日本国体の大精神によって統一され、国家経済が急激に進歩することが必要だった。その次に訪れる殲滅戦争は「前代未聞ノ大闘諍」＝世界戦争(最終戦争)であり、この戦争によって、世界の強敵は屈服し、日本国体の大精神が世界人類に徹底され、天皇を中心とした「平和ノ時代」になることは疑いがないと強調している。[45]

なお、石原は満洲で戦闘状態になったら、殲滅戦で迅速に勝利を得るべきだが、敵が屈服しない場合は消耗戦となり、ある地域を領有して持久を図るべきだという。それが、満蒙(満洲と東部内蒙古)だった。「満蒙ヲ領有セザルベカラザルハ絶対的ナルノミナラズ、同地方ハ我平時ノ勢力ノ関係上戦時速ニ占領ヲ確保シ其行政ヲ適切ナラシメルニ便ナリ」[46]と指摘していた。

この結論を書きあげる直前、昭和二年(一九二七)の晩秋、石原は伊勢神宮に参拝する。その際、「国威西方に燦然として輝く霊威」を受けたと回顧している。[47]西方にあるのは満洲だった。石原は霊感を得たのである。

翌昭和三年(一九二八)八月、石原は中佐に昇進し、関東軍参謀(作戦主任)を命ぜられた。

十月、石原は奉天に着任する。この年の六月には張作霖爆殺事件が発生しており、現地は血なまぐさい状況下にあった。当時、中国は激動しており、石原は高揚していた中国ナショナリズムと向き合わなければならなかった。

満蒙領有論

当時の中国の状況を一瞥しておこう。

一九二六年七月、中国国民党の蔣介石が国民革命軍総司令に就任し、中国全土の統一をめざす北伐を開始。翌年四月、蔣介石は南京に国民政府を樹立し、国民革命軍は翌一九二八年六月には北京に入城して形式的には中国の統一を達成した。しかし、実際には軍閥が各地で群雄割拠し、内戦が続いていた。満洲を実効支配していたのが、中国東北の軍閥・張作霖だった。

満洲は日露戦争以来、日本の特殊権益地帯であり、ソ連対策の重要な戦略拠点、重工業発展のための資源の供給地でもあった。昭和初期には二十万人以上の居留民（在住日本人）がいた。田中義一内閣は満蒙の権益を守るため、張作霖を利用して権益の拡大を求めたが、張がしだいに非協力的になったため、一九二八年六月四日、関東軍参謀の河本大作の謀略によって爆殺された（張作霖爆殺事件）。

張作霖の長男、張学良が父親の後継者となり、国民政府の勢力下に入った。国民政府も張を東北政務委員会主席委員に任命し、東北政権を容認した。一九二八年十二月末、張は満洲全土に青天白日旗（中国国民党の旗）を掲げ（易幟）、満洲での排日運動はますます高揚する。

こうした地政学的状況のなか、満蒙領有論を胸中に秘めた石原が着任し、張学良と対峙したのである。ただし、満蒙領有論は石原や板垣の独自の見解というよりは、当時の陸軍中堅幕僚グループ（木曜会、二葉会、一夕会）に共有されていた方針だった。[48]

昭和四年（一九二九）五月一日、奉天や吉林など、各地の特務機関長が集まり、旅順の関東軍司令部で情報会議が開かれた。張作霖爆殺事件以降、このままでは満洲問題が収まりそうになく、次に事が起こったら、全面的軍事行動となる恐れがあるので、これにたいする徹底した研究が必要であるとの結論に達した。[49]

その結果、同年七月三日から板垣、石原ら関東軍はハルビン、チチハル、ハイラル、満洲里方面に十二日間にわたる北満参謀演習旅行をおこなった。石原が計画立案をおこない、満洲占領・統治が具体的に計画されはじめる。[50]

「戦争史大観」

初日に長春に到着。二日目の七月四日、長春の名古屋ホテルで石原は「戦争史大観」と題する資料を配布し、講話した。[51]「戦争ノ進化ハ人類一般文化ノ発達ト歩調ヲ一ニス」で始まる本論は、

「戦争指導要領ノ変化」
「会戦指揮方針ノ変化」
「戦闘方法ノ進歩」
「戦争参加兵力ノ増加ト国軍ノ編制」
「将来戦争ノ予想」

「現在ニ於ケル我国防」の構成からなり、「近世戦争進化景況一覧表」も掲載されている。「最近ノ欧州戦争」（第一次世界大戦のこと）は「世界大戦」と称するに当たらず、欧州戦争後に西洋文明の中心になったアメリカとの次なる戦争が「真ノ世界大戦、人類最後ノ大戦争ナリ」と、みずからの主張を説いている。

また、「国運転回ノ根本国策タル満蒙問題解決案」（七月五日）、「関東軍満蒙領有計画」（七月十日）を参謀たちに示した。前者で石原は、日本国内の不安を除くためには対外進出が必要であり、満蒙問題が解決すれば、中国の排日運動も終息すると考えていた。「満蒙問題ノ解決ハ日本カ同地方ヲ領有スルコトニヨリテ始メテ完全達成セラル」と強調。[52]こうして殲滅戦争としての日米戦争、その準備段階としての日米持久戦争、この持久戦争の一環としての満蒙の領有と開発という石原の戦争史観[53]が関東軍内で共有されたのである。

その後、石原は「軍事上ヨリ観タル日米戦争」（昭和五年五月二十日）、「現在及将来ニ於ケル日本ノ国防」（昭和二年十二月起案、昭和六年四月加筆）、「満蒙問題解決ノ為ノ戦争計画大綱（対米戦争計画大綱）」（同）、「満蒙問題私見」（昭和六年五月）等を通じて、みずからの主張と計画を磨きあげた。世界恐慌に端を発する昭和恐慌によって危機的状況にあった日本国内では国内改造が喧伝されるなか、石原はそうした国内改造先行論を批判し、満蒙問題の解決を優先すべきことを強調し、[54]満蒙問題を契機とする戦争が行き詰まった国情を打開する唯一の道と考えていた。[55]

ただし、石原にとって満蒙領有は、あくまでも日米最終決戦＝最終戦争のための準備であり、この最終戦争によって「世界統一ノ大業」[56]は完成するはずだった。満洲事変は、日蓮主義に根ざした、石原の進化論的・終末論的な最終戦争論にもとづく軍事的プログラムだったのである。

独立建国案への転換

満蒙領有を目的として軍事行動を起こした関東軍だったが、その方針は陸軍中央の参謀本部の同意を得ることはできなかった。満洲事変勃発から四日後の昭和六年（一九三一）九月二十二日には独立国家案への「後退」を余儀なくされた。[57]

この日、三宅光治《みやけみつはる》関東軍参謀長、土肥原賢二奉天特務機関長、板垣参謀、石原参謀、片倉衷《かたくらただし》参謀が奉天の瀋陽館（関東軍の宿舎）[58]の参謀長の部屋に集まり、鳩首論議し、「満蒙問題解決策案」を作成する。「我国ノ支持ヲ受ケ東北四省及蒙古ヲ領域トセル宣統帝［大谷註：愛新覚羅溥儀《あいしんかくらふぎ》のこと］ヲ頭首トスル支那政権ヲ樹立シ在満蒙各族ノ楽土タラシム」方針が決せられた。[59]

その後も関東軍の進軍は続き、十月には張学良の対満反攻拠点の錦州を攻撃し、十一月にはチチハルを占領した。翌年一月三日には錦州を、二月五日にはハルビンを占領し、東三省（遼寧省［奉天省］・吉林省・黒龍江省）の主な都市と鉄道沿線を支配下に収めた。

満蒙占領論から独立国家案への転換について、石原自身は後年（昭和十七年）、次のように回顧している。当初、自分たちは満蒙問題唯一の解決策として、満蒙占領論を唱えていた。なぜならば、漢民族は政治能力を有さないからであり、日本の満蒙領有は日本存立の必要のみならず、中国人自身の幸福であると考えていたからである。しかし、満洲事変後、実際に満蒙の統治が現実の問題になってから、満蒙独立論に変わったのは、中国人に政治の能力があるという見かたに変わったからである、と。[60]

この点について、山室信一《やまむろしんいち》は（石原が）「現地中国人の政治能力を認知したからではなく、中央政府へ復帰した場合を考えて腰の定まらない各省政府を構成する中国人への不信に発した瀬戸際の決断であった」と指摘し、「退路を断ち切り、一蓮托生の運命共同体にいやおうなく持ち込むために独立国家案へと踏み切ったというのが実情ではなかったのだろうか」と推察している。[61] 山室によれば、石原が独立国家案に完全に転換したのは、奉天省が独立し、臧式毅、熙洽、張景恵によって連省自治による独立国家の建設が具体的日程にのぼってきた同年十二月末だったという。[62]

謀略の追認

昭和七年（一九三二）一月三日の錦州攻略によって関東軍の作戦が一段落すると、東京の荒木貞夫陸相より、板垣か、石原が上京するよう、要請があった。板垣が本庄関東軍司令官の指示を持参し、一月四日、上京した。[63]

板垣に与えられた指示には、各省から奉天に代表者を出し、政務委員会を設置し、政府機構の研究準備をさせること、政務委員会を設置するのは板垣が東京から戻りしだい、速やかにおこなうこと、政府設置の時期は二月中旬とすることとあった。かなり性急なスケジュールだが、それは満洲問題を究明するための国際連盟の調査団（リットン調査団）が二月下旬か三月上旬に満洲を訪れるためだった（国際連盟は前年十二月十日に調査団の派遣を決定した）。

一月六日、板垣にたいして、陸軍中央は陸軍省・海軍省・外務省三省協定による「支那問題処理方針要綱」を示した。「満蒙は支那本部政権より分離独立せる一政権の統治支配地域となれる現状に鑑み逐次一国家たるの実質を具有する様之を誘導す」ることが記されており[64]、関東軍によって進められていた東三省の連省統合政権による独立国家建設工作が追認されることになる（三月十二日に犬養毅内閣で閣議決定）[65]。関東軍と陸軍中央のあいだでは温度差はあったものの、独立国家案はここに国策となった。

一月八日、昭和天皇に異例の拝謁を許され、満洲事変後、「皇軍ノ威武ヲ中外ニ宣揚」したとの勅語[66]を授かった板垣は十三日に奉天に戻った。二十二日、三宅、板垣、石原、松井太久郎、竹下義晴、和知鷹二、片倉らの関東軍幕僚、奉天特務機関の土肥原機関長、花谷正補佐官は、松木《まつき》侠《たもつ》関東軍顧問（のちに満洲国国務院法制局長官）によって作成された新国家建設案（前年の十月、石原の指示によって起草され、十一月に「満蒙自由国設立案大綱」としてまとめられたもの）にもとづき、新国家の大綱が議論された。

上海事変と日本山妙法寺

こうして満洲建国の準備が着々と進められるなか、一月十八日、第一次上海事変が発生する。日本人の僧侶二名（天崎啓昇、水上秀雄）と信徒三名（後藤芳平、藤村国吉、黒岩浅次郎）の五名が共同租界を寒行でまわり、租界外に出たところで「日本人を倒せ」と叫ぶ中国人約百名に襲撃された。

天崎、水上、後藤は題目を唱え、無抵抗の態度を貫いたという。結果として水上が亡くなり、他の四名も重傷と軽傷を負った[67]。この背景には、関東軍の侵攻にたいする中国国内世論の猛反発と日貨ボイコットの盛りあがりという状況があった。

このできごとをきっかけとして、海軍陸戦隊と中国軍との激しい戦闘になる。日本軍は劣勢に陥ったため、犬養内閣は陸軍を増派し、三月三日にようやく停戦となる（停戦協定は五月五日）。上海事変までは国際世論は日本の軍事行動にそれほど敵対的ではなかったが、これ以降、国際世論の反発が強まることになる。

なお、上海事変で死亡した水上と重傷を負った天崎は、日本山妙法寺の僧侶だった。妙法寺は日蓮宗僧侶・藤井日達（一八八五〜一九八五）によって開教された法華・日蓮系教団である。大正七年（一九一八）に満洲の遼陽で最初の「日本山妙法寺」を建立以来、大連、天津、北京などで次々と寺院を建立し、「撃鼓宣令の妙行」[68]に励んでいた。藤井や天崎、水上らは日蓮主義者ではないが、大陸での日蓮仏教の布教・教化に励んでいた僧侶である。

なぜ、彼らが襲撃されたのか。この襲撃事件の真相は、戦後、明らかになった。板垣征四郎からの依頼によって、上海の日本公使館付武官の田中隆吉が満洲国建国から欧米列強の目をそらすために仕組んだ陰謀だった[69]。いわば、日本山妙法寺の僧侶と信徒は殉難者だったのである。

建国会議

上海で戦闘が交わされている間も、奉天では満洲国建国に向けた態勢が早急に整えられていく。関東軍は二月五日から二十五日までのあいだに十回にわたる新国家建設幕僚会議を開催し、建国のための段取りや国家体制の検討をおこなった。もちろん、石原もこの会議に出席している（ただし、このとき、石原の体調は最悪でひどい血尿があった）[70]。この会議には関東軍顧問の駒井徳三（のちに満洲国国務院総務庁長官）と松木俠も加わった（駒井と松木はいずれも民間の満鉄出身）。

本庄の思惑どおり、新国家建設の準備は早急なスケジュールで進められた。関東軍は連省統合政権の樹立をめざしたが、そのプランは宣統帝（溥儀）を頭首とする政権であり、「先づ三省聯合を以て独立宣言を発し次で政務委員会を組織せしめ新国家の建設を準備し次で国家の成立を声明す」というものだった。[71]あくまでも、東三省の「自発的」な連合によって中国本部から分離した独立国家を建設することを求めた。[72]そのために、関東軍は東北各省の実力者たちに「最高政務委員会」を設置することを求め、二月十六、十七日にその政務委員会を開催することに決定した。その実力者たちが、臧式毅（奉天省長）、熙洽（吉林省長、溥儀の縁戚）、張景恵（黒龍江省長）、馬占山（黒龍江省首席代理。二月七日に関東軍に帰順。のちに黒龍江省長に就任）の「四巨頭」だった（いずれも満洲国建国後、国家首脳となる。ただし、馬占山は離脱し、抗日闘争を担う）。

二月十四日、午後十時三十分、吉林省から熙洽が随員十数名をしたがえ、列車で奉天入りした。翌十五日午前十一時、熙洽は浪速通り沿いの東洋拓殖会社ビル内の臨時関東軍司令部を訪れ、本庄司令官と二時間にわたり、懇談した。[73]午後零時四十分には飛行機で張景恵が到着し、本庄を訪問後、夜に臧式毅、熙洽との三者会談をおこなった。

誰が垂れ幕をかけたのか？

そして、二月十六日を迎える。

午後一時十分、馬占山が飛行機で入奉し、ここに四巨頭が集結した。午後四時、臧式毅、熙洽、張景恵、馬占山は趙欣伯奉天市長の案内で臨時関東軍司令部を訪れ、本庄に挨拶をした。片倉はこれを「正に歴史的会見にして東北更生の第一歩」と日誌に記している。[74]このとき、東北の四巨頭と関東軍関係者によって撮影された集合写真が、本書冒頭の写真である（八頁参照）。

この集合写真は、ウェブサイト「朝日新聞歴史写真アーカイブ　アジア・戦前戦中編」からの転載である。「東北各省の巨頭連／建国会議に集合の際挨拶にやってきたところ」と題名が付され、撮影日が一九三二年二月十六日で、同年二月十七日付の『大阪朝日新聞』朝刊一面に関連記事「五巨頭本庄司令官を訪問」が掲載されているとの説明があるものの、「南無妙法蓮華経」の垂れ幕については説明がない（紙上には写真未掲載）。

また、昭和七年（一九三二）四月二十日に刊行された『満洲事変　上海事変　新満洲国写真大観』（大日本雄弁会講談社）や張景恵編『大満洲帝国建国十周年紀念写真帖』（建国十周年祝典事務局、一九四二年）にもこの写真が掲載されているが、やはり「南無妙法蓮華経」についてはなんら説明がない。さらに、戦後に刊行された満洲国史編纂刊行会編『満洲国史』総論（財団法人満蒙同胞援護会、一九七〇年）巻頭にもこの写真が掲載されているが、本文に言及はない。

公的な建国会議（政務委員会）のために集まった中国側の要人と、関東軍関係者の記念撮影の場に、なぜ、誰がこの垂れ幕をかけたのかについては、やはり不明である。これまで検討してきた石原の思想形成に鑑みるに、私は石原がみずからの日蓮主義の信念にもとづき掲げたのではないかと推測する。

記念写真の撮影を終えた一行は、午後六時より臨時関東軍司令部近くのヤマトホテルで開催された盛大な晩餐会（臧式毅、趙欣伯主催）に出席した。閉宴後の午後八時からは、趙欣伯邸で四巨頭を中心とした建国会議がおこなわれた。日本側からは板垣、和知、駒井、通訳の中島比多吉が参加。会議は翌日の午前三時まで続いた。

その結果、

（一）新国家を建設すること
（二）その前提として、東北四省（三省プラス熱河省）を一丸とする新政権（最高政務委員会）を組織すること
（三）最高政務委員会は新国家建設の準備を急いで整えること

という建国三原則を定めた。[75]

十七日の午後、ふたたび四巨頭を中心とする建国会議が開催され、張景惠、臧式毅、熙洽、馬占山、湯玉麟、斉默特色木丕勒《チムトシムベロ》、凌陞《リンション》をメンバーとする「東北行政委員会」が発足した。翌十八日午後三時、東北行政委員会は奉天省政府で独立宣言を発表する。こうして、関東軍のプランどおりに事が進んだ。

上京した石原の向かった先は……

満洲事変以後、新聞、ラジオ、雑誌や本などの出版物、レコード、映画などのマスメディアによる報道が国民の熱狂的な支持を創りだした。[76]

こうした国民的熱狂を方向づけたキーワードが「生命線」だった。満洲事変前の昭和六年（一九三一）一月、衆議院議員の松岡洋右《まつおかようすけ》が衆議院本会議で満蒙問題は「我が国民の生命線であると考えて居る」と発言し、その年の流行語になった。[77] 満洲事変後、「満洲事変への手引／我が生命

線を死守せよ」(『読売新聞』昭和六年九月二十八日夕刊、四面)などのように、新聞各紙で「生命線」という言葉が用いられた。

すでに日露戦争の際、新聞報道が戦争ナショナリズムを煽り、多くの国民の気分・感情までも動員したことを指摘したが、満洲事変においても同様の事態が現出した。

こうして「帝国の生命線」の死守をマスメディアが高らかに強調するなかでナショナリズムが復権して、第一次上海事変が勃発し、満洲国の建国へと向かうのである。

上海事変の戦火が収束しないなか、昭和七年（一九三二）二月二十日、石原莞爾が飛行機で奉天を出発し、上京した。新国家のプランや東北行政委員会の決定事項、今後の関東軍の施策や満蒙開発策などを東京に報告するためだった。石原は二月二十一日午前九時に東京三宅坂の参謀本部に登庁し、上記の事項を報告するとともに、午後三時半から陸軍省でも同様の報告をおこなった。

この日の夜、石原の姿は日本橋にあった。国柱会関係の施設・泰文社を訪れ、田中智学に会うためである。国柱会の機関紙『大日本』昭和七年二月七日号三面には、智学と正対して座り、頭を垂れる石原莞爾の写真が掲載されている。記事によれば、石原は「道の師」たる智学を敬訪し、石原にたいして智学はその軍労をねぎらった。石原は「「これからが難しい」と戒慎の語を漏らしてゐた」という。

満洲国の誕生

数日間の滞在で石原は奉天に戻り、三月一日を迎える。

この日の午前九時、東北行政委員長・張景恵は満洲国政府の名で建国宣言を発表した。[78] 奉天、吉林、黒龍江、熱河を主たる版図とし、約三千四百万人の人口を抱える新国家が誕生した。年号が大同、国旗が国是の五族協和（漢族・満洲族・蒙古族・日本民族・朝鮮民族）を示す新五色旗、首都が長春に定められた（十四日に新京に改称）。国家元首には、清朝の「ラストエンペラー」宣統帝溥儀が推挙され、「執政」として着任することになった。

ここで、建国宣言を一瞥しておこう。[79] 宣言では「新国家建設の旨は一に以て順天安民を主と為す」、天に順い、民を安んずることが謳われた。また、「種族の岐視尊卑の分別なし」と、五族協和（民族協和）が明示され、「王道主義」の実行が誓われた。「王道楽土」「五族協和」「王道主義」を理想に掲げて建国されたのが、満洲国だった。

三月九日、建国式と執政就任式が長春の長春市政公署で挙行された。行政委員会委員、各省区文部官、各省民衆代表、外国来賓が列席。外賓として本庄関東軍司令官、内田康哉満鉄総裁、板垣関東軍高級参謀、駒井関東軍特務部長らの顔もあった。

この日、政府組織法、各部局官制などが公布され――関東軍によって練り上げられた――新国家体制が公表された。また、政府首脳人事も発表された。張景恵は参議府議長（東省特別区長官と兼務）、臧式毅は民政部総長（奉天省長兼務）、熙洽は財務部総長（吉林省兼務長）、馬占山は軍政部総長（黒龍江省長兼務）、湯玉麟は参議府副議長、斉默特色木丕勒は興安局総長に着任した。執政の溥儀を頂点として、形式上は参議院、立法院、国務院、観察院を軸とする中央集権体制を採用したが、その内実は首脳人事からもわかるとおり、「「連省自治」的性格」[80] のものだった。

十二日、外交部総長・謝介石の名前で日本その他十七ヵ国の政府にたいして、新国家成立と対外方針に関する宣言が送付される。しかし、世界各国の反応は芳しくなかった。リットン調査団の到着前（四月二十日に満洲に到着）に建国の既成事実化を図ったことで、日本と中国の対立は深まり、日本は国際社会で「孤立化の隘路[81]」をたどることになる。

なお、三月二十六日、国柱会の大連局が奉天の関東軍司令部を訪れ、石原に曼荼羅本尊を贈呈した。それは第六章1節で紹介した護国曼荼羅の写本だった。満洲事変の武断決行にふさわしい記念として贈られたという。[82]

建国理念の後退と石原の帰国

「王道楽土」「五族協和」「王道主義」という理想を掲げながらも、満洲国は「関東軍の基地国家[83]」であり、「日本人の統治をめざすもの」として出発した、と山室信一は指摘する。[84] 満洲国の統治形態を実質的に規定したのは日本との秘密協定であり、日常的に満洲国の行政をコントロールすることで、満洲国を帝国日本の意のままに動かすことが可能になった。[85]

その一方、民族協和の理念の実現を図ろうとした民間の動きもあった。昭和三年（一九二八）十一月に結成された満洲青年同盟や笠木良明に率いられた大雄峯会（昭和四年設立）といった日本人中心の民間団体が満洲の建国運動に参加した。彼らは悪税の廃止、県吏の待遇改善、旧軍閥との絶縁などを目的とし、地方の民衆への啓発や精神的統合を図ろうとした自治指導部[86]（于冲漢を部長として昭和六年十一月一日に成立）に参画し、下から満洲建国を推進することになる（結果的に満洲国成立の地ならしの役割を担った）。この自治指導部は、満洲建国によって昭和七年（一九三二）三月十五日に解散した。

満洲青年同盟のメンバーは官吏になる者、関東軍特務部に残る者、元の職業に復帰した者、在野の身となった者など、進路がわかれ、同年十月に解散している。大雄峯会のメンバーは満洲国政府内に新たに設けられた資政局にその多くが採用されたが、この部局自体が四ヵ月で解散し、結果的に政府から逐われることになる。[87]

では、石原は満洲国の現実にどう向き合ったのだろうか。

山室によれば、石原が独自の満洲国統治方針を打ち出し、関東軍による満洲国への政策指導の放棄を主張しはじめるのは昭和七年（一九三二）六月以降だという。[88] 石原は、同年六月二十五日に陸軍省補佐課長の磯谷廉介《いそがいれんすけ》にたいして書状を認め、そのなかでこう述べている。

日本人ハ徒ニ国権ノ掩護ニヨリテ満州国ニ優越セル位置ヲ占メントスルコトヲ止メ裸一貫ニテ協和会ノ大業ニ馳セ参シ実力ニヨリ各民族ノ指導者タル位置ヲ獲得シ三千万大衆ヲ把握シテ満洲国ヲ理想ノ楽土タラシメ真ニ日満協和日支親善ノ実ヲ挙クヘクコレニヨリテノミ我日本民族ハ東亜ノ王者トシテ白人種ニ対シ最後ノ決勝戦ヲ試ムルヲ得ヘシ。[89]

石原は満洲国の建国理念を掲げ、関東軍の方針を批判しつつ、持論の最終戦争論を訴えていることがわかる。

ここで石原が挙げている「協和会」とは同年七月二十五日に結成されることになる満洲国協和会という政治組織である。満洲青年同盟の山口重次、小沢開作（指揮者・小沢征爾の父）らが于静遠（于冲漢の子息）、阮振鐸らとともに創設した満洲協和党がその前身である。

山口らは前述の自治指導部解散後、石原らの支持を得て、協和党結成の準備に入った。「民族協和」の建国理念の徹底を図ろうとしたが、関東軍司令部では石原以外は無関心で、満洲国政府の日本人官吏からも反対が強まったため、妥協せざるをえなかった。「中央から地方にいたる政府機構の外側に密着する教化運動組織」[90]として、七月二十五日、溥儀を名誉総裁、本庄を名誉顧問に満洲国協和会として設立されることになる。しかし、けっきょく、協和会は「満洲国ヲ理想ノ楽土タラシメ」る活動を展開することはできなかった。[91]

昭和七年（一九三二）八月、板垣を除き、本庄、石原、片倉、和知、竹下ら、満洲事変と満洲建国を領導した関東軍幕僚は関東軍から転出となる。これは「陸軍中央の統制回復の必要」による施策である、と山室は分析している。[92]かくして、石原は帰国する。

なお、リットン調査団の調査結果は、十月二日に公表されたが、関東軍の行動と満洲国は承認できないとするものだった。日本はこの報告書の内容を不服とし、翌昭和八年（一九三三）三月、国際連盟を脱退し、ますます国際的孤立を深めていくことになる。

第十章
テロルの宗教的回路

井上日召

1　赤色仏教

本多日生、没す

満洲事変勃発の約半年前、昭和六年（一九三一）三月十六日。

この日の夕方、本多日生が病気のため、遷化《せんげ》する。享年六十四。その逝去を報じた新聞では、「日蓮宗切つての傑僧の誉高かつた」（『東京朝日新聞』昭和六年三月十八日夕刊、二面）と記されている（この場合の「日蓮宗」は日蓮教団の意味）。

妹尾義郎は、その二日後の朝、品川妙国寺（日生の自坊）からの来葉でそれを知らされる。急いで妙国寺に向かったが、すでに日生の遺体は本堂に安置され、その容顔をみることはかなわなかった。

妹尾は、日生がつねに自分を気にかけていたことを知り合いから聞く。

病床の日生は、見舞い客が妹尾のことをあしざまに言うのを聞くと、
「妹尾はわかつてをる、いつか、呼んで忠告してやる」
といって、いつでもそうした中傷をあしらったという。

すでに妹尾は「赤化」しており、日生とは立場を異にしていたが、日生は最後まで妹尾のこと

をかばったのである。この話を聞き、妹尾は「感涙竜のごとく流れた、まことに大きな御人格であつたと思ふ」と、日記に記している。[1]

青年仏教徒よ、今こそ我等の起つべき時だ

この時期、すでに妹尾は日蓮主義を「清算」し、新たに新興仏教運動を提唱していた。たとえば、二月二十六日、二十七日の二日にわたって、『読売新聞』の「宗教欄」に「新興仏教を提唱する」と題した記事を寄稿している。妹尾は青年仏教徒に「二大改革運動」を提唱したいとして、既成仏教教団を絶対に否定して直爾に釈迦牟尼仏の御旨(ビリーフ)に還り、その御名によって新仏教運動を起こすこと、不平等極まる現経済組織の改造によって、共存共栄の新社会建設をめざすべきであると強調した(奇しくも「共存共栄」の主張は対極的な立場にある里見岸雄と共通し、石原も「各民族共存共栄」[2]を謳っている)。日本の宗派仏教という現状を釈尊に回帰することで解消し、「現資本主義経済組織」を改造することを唱えたのである。それは仏教社会主義というべき主張だった(ただし、戦前、厳しい監視体制の中で妹尾たちは「仏教社会主義」という言葉を用いることはできなかった)。

四十一歳の妹尾は大日本日蓮主義青年団を解消し、新たに新興仏教青年同盟(以下、新興仏青)を結成する。その結成式と記念公開大講演会が同年四月五日、東京本郷の帝大仏教青年会館で催された。妹尾以外に三十余名の若き青年仏教徒たちが集まり、四人の警官が臨監する緊迫した雰囲気のなかで、新興仏青は出発した。[3]

結成式では、「宣言」「綱領」「会則」が審議され、可決されている。新興仏青の基本的ポリ

シーが明示されているので、一瞥しておきたい。
「現代は苦悩する。同胞は信愛を欲して闘争を余儀なくされ、大衆はパンを求めて弾圧を食らはされる。逃避か逃走か、今や世をあけて混沌と窮迫に彷徨する」[4]。「宣言」はこう始まる。その末尾で「青年仏教徒よ、今こそ我等の起つべき時だ。断然、因習を捨てゝ一斉に仏陀に帰れ」と強く訴えかけた。また、「綱領」は以下のとおりである。

一、我等は人類の有する最高人格、釈迦牟尼仏を鑽仰し、同胞親愛の教綱に則つて仏国土建設の実現を期す

一、我等は、全既成宗団は仏教精神を冒瀆したる残骸的存在なりと認め、之を排撃して仏教の新時代的闡揚《せんよう》を期す

一、我等は、現資本主義経済組織は仏教精神に背反して大衆生活の福利を阻害するものと認め、之を革正して当来社会の実現を期す[5]

つまり、新興仏教運動とは、仏陀（歴史的釈尊）への回帰にもとづき、伝統教団を改革するとともに、資本主義体制の改革もおこないながら、仏国土の実現をめざす運動であると自己規定していることがわかる。

最先端の研究を踏まえつつ……

こうした妹尾による仏陀（歴史的釈尊）の強調は、高楠順次郎、木村泰賢、宇井伯壽ら、当時

の国内の最先端の初期仏教研究を踏まえたものであるが、じつは世界的な近代仏教の趨勢でもあった。とくにそれは十九世紀にヨーロッパで形成される仏教学の特徴だった。

当時、ヨーロッパ仏教学では初期仏教や上座部仏教こそが仏陀（歴史的釈尊）の言葉を伝えるものであり、歴史的釈尊の死後に成立した大乗仏教は価値の低いものと評価されていた。[6] また、ヨーロッパ仏教学で形成された「仏教」（近代仏教）は儀礼や呪術を軽視し、初期仏教や仏陀そのものに回帰することを強調するような合理的・理知的なものだった。[7] こうした合理的・理知的な「仏教」（近代仏教）観が妹尾の「新興仏教」にも透けてみえる。というのも、高楠、木村、宇井らの東京帝大系仏教学者はいずれもヨーロッパに留学し、当時のヨーロッパ仏教学を学んでおり、それを高楠らの書いたものを通じて、妹尾も吸収していたからである。

ただし、仏陀（歴史的釈尊）の強調には、日生の日蓮主義からの影響も垣間みえる。新興仏青の「綱領」の一と二について、「本仏釈尊中心の本多の本尊観と、仏教統一論を反映している」と指摘したのは、中濃教篤《なかのきょうとく》である。[8]

日生によれば、「日蓮主義の心髄は、即ち仏陀の顕本に在る」。[9] 新興仏青以前の妹尾は、本仏（久遠実成の本仏釈尊）重視の「一体三法」論（仏：本仏釈尊、法：南無妙法蓮華経、僧：日蓮とその門下の一体性）に立つ日生の本尊論を評価していた。妹尾の自己認識では、新興仏教の提唱は日蓮主義の「清算」であるという意思がある一方、「日蓮聖人の旧套を捨てるので、反って……日蓮聖人の根本精神を現代に復活させようとする」意識もあった。[10] その「復活」の形式が、仏陀への回帰による新興仏教運動であるという認識だった。いわば、妹尾の仏陀観と教団改革論は、日生の日蓮主義を批判的に継承したものだったのである。

つけくわえれば、そもそも日蓮主義自体が合理的・理知的なもので、ビリーフ（教義・信条）にもとづくプロテスタント的な思想や信仰だった（第二章3節参照）。妹尾の思想や信仰には一貫して合理的・理知的な「仏教」理解が通底しているのである。

また、第九章2節で確認したように、妹尾は高山樗牛の「超国家主義」をテコにして、日蓮主義に国家超越的な世界的宗教性を読みこもうとしたわけだが、それを断念し、仏陀への回帰による新興仏教という仏教社会主義思想にそうした国家超越的な普遍性を求めた。妹尾は「仏教本来の理想こそ反って社会主義的であったのだ」と述べ、「現代のごとく経済生活が窮迫して、而もその原因が明瞭になつてをる場合、その原因除去の運動が仏教精神に反するわけは毛頭ない」[11]と強調する。ここから、「綱領」三の資本主義体制の改革が導かれた。無産運動への「同情声援」も言明された。

二十代の青年仏教徒たちが参加する

しかし、こうした社会主義的な運動方針に、日蓮主義青年団のすべての支部と団員が賛同したわけではない。山梨支部をはじめ、多くの支部や団員が妹尾の下を離れた。その一方、東京帝大や宗教系大学（大正大学、立正大学、東洋大学、日本大学専門部宗教科等）に学んだ二十代の青年仏教徒たちが新たに新興仏青に加わっている。そのなかには、

林霊法（浄土宗）
面屋龍門（日蓮宗）

堀米中（真言宗）
谷本重清（浄土宗西山派）
佐藤秀順（真言宗、のちに山本）
山本照順（天台宗、のちに壬生）

などがいた。ほかに新聞記者、地方議員、歯科医、薬剤師、写真業、農家、工場労働者、主婦等もメンバーだった。

なお、結成時から、治安維持法による弾圧を受ける昭和十二年（一九三七）十一月までの六年半の活動期間における勢力を確認すると、内務省警保局の記録では十四県十八支部、同盟員百四十六名、誌友五百二十四名を数えた[12]。

『社会変革途上の新興仏教』の刊行

新興仏青結成から五ヵ月半後、満洲事変が勃発する。第九章3節で確認したように、妹尾は日記に「争動廃絶に、最善の努力を払うべきだ」と書きつけたわけだが、機関誌『新興仏教』昭和六年十一月号に掲載された「求道日記」をみると、その主張はさらに先鋭化している（この「求道日記」は日記をベースに公開用に加筆・編集したもの）。

妹尾は「九月十八日」の欄に「資本主義このまゝの戦争は民衆の苦痛増加を結果する以外の何者でもないぞ」として、日本も中国も大多数の民衆は戦争によって傷つき、一部支配階級を満足させるだけだと指摘し、次のように断じる。

戦争は人類の最大不幸だ。帝国主義戦争は民衆の敵だ。人類は国家的感情の超越以上に階級対立の事実を認識してこの障害撤廃にこそ全人類の福祉の存することを思ふべきである。（四九～五〇頁）

妹尾は明確に戦争反対を読者に主張した。しかし、本号は政府から発売禁止（発禁）処分を受け、その反戦の主張は読者の目に触れることはなかった。

妹尾の新興仏教思想は、昭和八年（一九三三）二月に刊行されたパンフレット『社会変革途上の新興仏教』（仏旗社）にまとめられている。本書は、妹尾の仏教社会主義思想のマニフェストというべき内容である。そのポイントを確認しておこう。

妹尾は「新興仏教」を「仏陀のみ名による全宗派仏教の解消とその統一、および資本主義の共同社会的改造」（自序一頁）と定義する。また、仏教は無神論であり、無我論であることや仏教は経済生活を無視した精神主義的なものではなく、実際生活を重視することを強調した。

妹尾はみずからの「新興仏教」を（伝統仏教を想定した）「旧仏教」に対置するかたちで特徴づけるが、個人主義的・幻想的安心を説く旧仏教にたいして、新興仏教は社会主義的生活を強調し、非仏教的な資本主義経済を改造して、共同社会を建設すべきであることを説いた。さらに、国家主義の立場に立つ旧仏教にたいして、新興仏教は仏教が本来的にもつ国際主義を重視し、それが「真の人類解放の道」であること、進歩的仏教徒は旧仏教の「時代錯誤性」を批判し、仏陀のみ名によって統一すべきであると強調した。

同書には前年の十一月に公表された妹尾執筆の「新興仏青運動の指導原理と運動方針私案」が付されており、新興仏青の指導原理として、「三帰礼」(自帰依仏・自帰依法・自帰依僧のいわゆる三帰依文)の近代的解釈が提示された。妹尾は、「自帰依僧」とは「搾取なき共同社会実現」の信条であること、「自帰依法」とは「共同社会実現の基礎哲学」であり、法とは「私有否定、相依相関の実践的無我イズム」であること、「自帰依仏」とは「第二第三〔大谷註：帰依文〕の理想的体験者唱導者としての仏陀釈尊への渇仰」であることと解釈し、この三帰依文が有機的に連関して、新興仏青の指導原理を構成すると主張している(この指導原理はのちに治安維持法適用の根拠とされた)。

同書末尾で、妹尾は次のように断言する。「新しき酒は古き皮嚢に盛らぬ譬へ、新興仏青の徒は決然として進出すべきである。仏陀を背負ひて街頭へと!　農漁村へと!」(九四頁)。

こうして妹尾はみずからの旗幟を鮮明にした。

反ファシズム活動

新興仏青は、伝統教団と社会体制の改革を運動方針の両輪に掲げていた。その具体的な活動として、葬式や結婚式の簡素化、「一村一墓地」の計画や農民学校の開催(金沢支部)、仏教共済組合の計画(和歌山支部)、「子ども会(みどり会)」の結成(東京支部)にみられるような仏教社会活動を実践するとともに、「仏教無産政党」の計画、地方議会選挙への出馬、水平運動、無産運動への支援などの政治活動も積極的におこなった。

『社会変革途上の新興仏教』が刊行された昭和八年(一九三三)ごろから、積極的な政治活動

（反戦・平和運動や無産運動への関与）にも取り組みはじめる。満洲事変以降、伝統教団は政府の教化体制に協力を図っていくなか、妹尾たちは、日本政府の大陸政策を追認した仏教界で孤立していくようになる。そこで、合法左翼、社会民主主義者、自由主義者たちと協力して、反戦・平和運動と反ファシズム活動に取り組んだ。

たとえば、昭和八年（一九三三）五月五日、新興仏青は「ファシズム批判　新興仏教大講演会」を東京本郷の帝大仏教青年会館で開催し、二百余名の聴衆を集めた。[13] 既述したとおり、三月二十七日には満洲国の承認問題をめぐって、日本は国際連盟を脱退している（一月三十日にはドイツでヒトラーが首相に就任）。そうした状況のなかで講演会は催されたのである。

同年七月二十四日、妹尾は東京浜松町の合法左翼組合の全労統一全国会議の本部で開かれた反ナチス・ファッショ粉砕同盟の協議会に参加し、新興仏青の加盟を申しこんだ。また、八月二十五日に創立された極東平和友の会の発起人にも妹尾は名前を連ねた。ちなみに、この団体は国際的な平和団体だった。一九三二年八月末にオランダのアムステルダムで国際反戦委員会（本部はパリ）が世界反戦大会を開いた際、翌年九月に上海で極東反戦大会を開催することが提唱され、この呼びかけに応じて結成された団体だった。いわば、妹尾は国際的な平和運動の一翼を担ったのである。

「全仏教界に与ふ」

九月一日、新興仏青は、「全仏教界に与ふ」と題した宣言文を『新興仏教新聞』一五七号の一面に公表する。激烈な仏教界批判の論説だった。

［大谷註：仏教界は］現下所謂「非常時」に直面して、一部の固陋なる支配階級に迎合して、その走狗となり、個人主義、闘争主義を助長し仏教の本質に叛逆し、時代批判を歪曲し、偏狭極まる排外主義に転落し更には残虐なる戦禍を黙認するに至つた事実を我々は余りにも多く見るのである。……
我同盟は、仏教本来の大使命に立脚して、この妄動せる現代の教界に対して、時局救済の為に国際平和主義を提唱し現下の危機を防ぎ人類平和への大道に蹶起《けつき》されんことを促すものである。

新興仏青の立場からすれば、仏教とは本来的に集団主義、平和主義、国際主義に立つものであり、伝統教団を個人主義、闘争主義、排外主義であると批判したのである。同じ頁には、「新興仏教主義から／国際平和運動に起つ／宗教団体としては我同盟のみだ」と見出しの付けられた記事が掲載されており、反ナチス・ファッショ粉砕同盟と極東平和友の会への参加、「ファシズム批判　新興仏教大講演会」の開催などが言及され、「全国の支部同志諸君は国際平和の為に積極的に平和主義戦線に立たれんことを望む」と結ばれている。

こうした妹尾と新興仏青の主張は、当然のことながら、仏教界からは疎んじられ、「赤色仏教」とラベリングされるにいたる。妹尾たちは仏教界で孤塁を守り、反戦・反ファシズムを訴えたのである。

2　井上日召という男

背広の下には「南無妙法蓮華経」

昭和恐慌による社会危機のなかで国内改造が喧伝されるなか、石原莞爾は国外の満蒙問題の解決を通じて、現状の打破を図ろうとした。では、国内ではどのような改造が図られようとしていたのだろうか。以下の節では革新的な国家主義運動（国家革新運動）として血盟団事件と五・一五事件を取り上げ、日蓮主義とテロリズムのかかわりを検討しよう。

奉天の建国会議の場に「南無妙法蓮華経」が掲げられた昭和七年（一九三二）二月十六日の一週間前、二月九日夜、前蔵相で立憲民政党筆頭総務の井上準之助（高山樗牛の仙台第二高等学校時代の同級生）が東京本郷の駒本小学校での選挙演説の応援に駆けつけたところ、二十歳の青年、小沼正《おぬましょう》に拳銃で射殺されるというショッキングなできごとが発生した。その約一ヵ月後の三月五日昼には、東京日本橋の三井本館脇で三井合名会社理事長の團琢磨《だんたくま》が菱沼五郎《ひしぬまごろう》という青年にやはり拳銃で射殺された。井上日召《いのうえにっしょう》（一八八六〜一九六七）を指導者とする、いわゆる血盟団事件の発生である。[14]

事件後、「一人一殺」による政財界要人（政友会の犬養毅と床次竹二郎《とこなみたけじろう》、民政党の若槻礼次郎《わかつきれいじろう》と幣《しで》原《はら》喜重郎《きじゅうろう》、三井財閥の池田《いけだ》成彬《しげあき》、三菱財閥の木村《きむら》久寿弥太《くすやた》、元老の西園寺《さいおんじ》公望《きんもち》や重臣の牧野《まきの》伸顕《のぶあき》など二十余名）の暗殺計画が発覚するとともに、日召、団員たちと五・一五事件を引き起こす海軍将校や民間右翼団体との交流や連携も明らかとなった。『読売新聞』号外（昭和八年二月二日）では、「昭和維新の樹立を計画し、元老西園寺公をはじめ政界財界にわたり知名の人々の暗殺実行に着手して一世を震撼せしめ非常時の発端をなした」事件として報じられた。

　菱沼はテロリズムの決行時に背広とオーバーを着用していた。背広の下には白木綿のワイシャツを身につけており、その背中には大きく「南無妙法蓮華経」と墨書していた。血盟団事件にも「南無妙法蓮華経」、日蓮主義が大きな影響を与えていたのである——。

「下からのファッショ化」

　これまでの研究では、この事件は単なる白色テロ事件にとどまらず、民間右翼による急進ファシズム運動の一端として位置づけられてきた。

　たとえば、日本ファシズム史の時期区分に関する丸山眞男の古典的な研究[15]では、次のように区分される。

第一期（準備期）……第一次大戦終戦後の一九一九、二〇年ごろから三一年の満洲事変にいたる時期

第二期（成熟期）……満洲事変前後から二・二六事件（一九三六）までの時期

第三期（完成期）……二・二六事件後の粛軍の時代から第二次大戦終戦（一九四五）まで

第一期は「民間における右翼運動の時代」とされ、北一輝、大川周明、満川亀太郎《みつかわかめたろう》の猶存社
（一九一九）、大川、満川、安岡正篤《やすおかまさひろ》、西田税《にしだみつぎ》らの行地社（一九二五）、赤尾敏《あかおびん》らの建国会（一九二
六）の結成が挙げられている。
第二期は「急進ファシズムの全盛期」である。民間右翼運動が軍部勢力の一部と結びつき、軍
部がファシズム運動の推進力となって国政の中核を占拠する時期であるとして、三月事件、十月
事件、血盟団事件、五・一五事件、神兵隊事件、士官学校事件、相沢事件、二・二六事件等の
「世間を震撼させたファッショのテロリズム」の勃発を挙げている。丸山は、「急進ファシズム運
動」を、「血盟団より二・二六に到る」ものとして捉え、血盟団事件がこの時期の起点であると
把握しており、[16] そのうえで第三期を「日本ファシズムの完成時代」と位置づけている。
この時期区分について、橋川文三や安部《あべ》博純《ひろずみ》らの研究[17]も参照すると、日本ファシズムの軌跡は
次のようにスケッチすることができるだろう。
第一次大戦後に群生した民間右翼団体が日本ファシズム形成の礎となり、その影響を受けた民
間右翼と軍部の一部（皇道派）が、満洲事変前後からテロリズムやクーデターによる「下からの
ファッショ化」を進める急進的ファシズム運動を展開した。しかし、二・二六事件による統制派
のヘゲモニー掌握によって、以後、「上からのファッショ化」が進展する。そして最終的に、昭
和十五年（一九四〇）十月の大政翼賛会の発足によって、日本国内でファシズム体制が樹立され
た、と。
つまり、血盟団事件は、「下からのファッショ化」を進める急進的ファシズム運動の一運動と

して評価されているわけである。ただし、「ファシズム」概念を日本近代史に適用できるかどうかは、さまざまな議論がある。とはいえ、昭和七年（一九三二）以降に本格的に吹き荒れるテロリズムとクーデターの嵐の起点となり、当時の国家革新運動の一翼を担ったのが、この血盟団事件だったことを押さえておこう。

彼もまた煩悶青年のひとり

では、血盟団事件はどのように日蓮主義とかかわるのか。それを、井上日召と古内栄司《ふるうちえいじ》（一九〇一〜?）の思想形成とテロルの決行過程をたどることで検討したい。日召は日蓮主義第一世代の智学に影響を受けた日蓮主義第二世代、古内は智学と樗牛に影響を受け、日召に師事した日蓮主義第三世代となる。

井上日召は、明治十九年（一八八六）四月十二日、群馬県利根郡川場村に開業医の井上好人とツネの四男として生まれた（石原や妹尾より三歳年上）。本名は昭《あきら》である。熊本出身の父親は西郷隆盛を敬慕し、子どもたちには忠君愛国の精神を説いたという。[18]

「大正一三年の晩春、ある朝突如として霊光に接する迄は悲痛真に惨憺たるものだった」。[19]日召はみずからの若き日々をそう回顧する。青年時代の日召を特徴づけるのは、善悪や人生にたいする懐疑、煩悶だった。

村で評判の腕白だった日召に転機が訪れるのは、六歳のときである。旧暦八月の盂蘭盆《うらぼん》の際、精霊棚に供える草花を取ってくるように母親から言いつけられた日召は、桔梗《ききょう》や女郎花《おみなえし》の花の色に疑問をもち、そのことを両親や小学校の教員に尋ねたが、納得のいく答えを得ることができなかった。以来、ものごとの真実や善悪の基準について悩み、その後も煩悶しつづけることになる。こうした懐疑的な性格がのちの宗教遍歴の下地となる。

前橋中学校（現・群馬県立前橋高等学校）に入学後も悩みつづけるうちキリスト教に接し、洗礼を受ける。また、同級生の高畠素之《たかばたけもとゆき》からマルクス主義理論についても聞かされた。しかし、日召の煩悶は解消されず、中学卒業後、自殺未遂を企てている。短い入営生活の後、早稲田大学と東洋協会専門学校（現・拓殖大学）にそれぞれ入学するもどちらも中退し、明治四十三年（一九一〇）八月、満洲へ渡った。満洲では鉄道会社に勤めるかたわら、陸軍参謀本部の諜報活動に携わった。

数年後、南満洲公主嶺で曹洞宗の布教師・東祖心に師事し、禅の修業をしている。その後、北京と天津で諜報活動や軍事偵察に従事し、大正十年（一九二一）二月に帰国。大陸浪人として過ごした十年間は、「酒と煩悶」の日々だった。

帰国した日召は、「社会主義者の増加、極左翼の横逆、労働大衆の赤傾、指導階級の凶暴、無自覚等」[20]を目にし、日本の現状にたいする憎悪と呪わしい感情を覚えるが、まずは幼少以来の悩みを解決することにし、故郷に戻った。大正十一年（一九二二）春より、村の共同墓地近くの三徳庵と称する三昧堂にこもって座禅修行に取り組んだが、心境になんの変化もなく、心中の苦悩は増すばかりだった。

シャーマニック・イニシエーション

ある日、大陸時代に見た「南無妙法蓮華経」と刻まれた法華塔が出てくる「霊夢」を思い出し、「南無妙法蓮華経」と題目を唱えることにした。発狂するのではないかとの不安を抱きながらも、題目修行を続けたところ、大正十三年（一九二四）の晩春、決定的な体験をする。

毎朝の習慣で朝日に向かって唱題をしていると、不思議な気持ちになり、突然、

「ニッショウ！」

と叫んだ。その意味はわからなかったが、全身に霊光を浴びたような大きな喜悦を体感した。それはまさに、「四方八方見る物悉く大光明を放ち、仏教経典に書かれてある何々荘厳世界其の儘」[21]だった。

冷静になってみると、三十年に及ぶ疑問すべてが氷解しているのに気づいた。その後、「お前は救主だ！」という声を聞く体験もする。日召は中国滞在時に日本から島地大等編『漢和対照妙法蓮華経』（明治書院、一九一四年）を取り寄せ、肌身離さず、ことあるごとに読みかえしていたが、なかなか十分に理解できずにいた。しかし、この体験後に読んでみると、以前は理解できなかったことがすべて了解できるようになっていたという。また、悩みぬいた善悪の標準の問題は「天地一如、万物同根の一如観」から見れば、本来的に「善悪不二」なのであり、「宇宙一元の真理」に自分たちの思惟や行動が順応すれば善となり、背反したら悪になると覚った。[22]こうした宇宙論的な生命主義というべきもの（後述）が日召の神秘主義の特徴であり、その思想の基調をなす。

なお、日召のこうした神秘体験はシャーマニズム研究でいうトランス体験と捉えることができよう。日召自身はこの体験を経て、煩悶が解消し、「救主」と召命された（と本人が述懐する）ことを実感した。これは疑似的な「死と再生」の体験であり、シャーマニック・イニシエーション

（成巫）体験だった。[23]

日召は、呪術的カリスマとしての資質を身につけた法華シャーマンとして生まれ変わったのである。日召は、この体験前から病人の病気を治していたが、体験後には病気治しのほか、地震や日米戦争の予言をしたと述懐しており、その霊的能力が示されている。[24]

日蓮主義との邂逅

大正十三年（一九二四）七月、三十八歳の日召は「九月五日を期して、東南に向って進め」との「天の声」を聞き、上京する。[25] この時点から、日召は合法的な国家改造運動に取り組むことになる。

上京後の日召はなにをするでもなく、毎日、題目を唱えていたところ、妻の敏子（本名は志づ）の友人から、偶然、田中智学の『日蓮聖人乃教義』（師子王文庫、一九一〇年）を与えられる。その妻の友人は大本教の信者だったが、日召が題目を唱えていたことから、日蓮宗の信者だと思い、『日蓮聖人乃教義』をくれたという。[26]

日召はこの書物を読んで驚いた。というのも、自分の境涯そのままが書かれて、あますところがなかったからである。このとき、日召は「初めて日蓮上人の偉大さを知り得て感嘆した」。[27] 何度も言及したとおり、『日蓮聖人乃教義』は智学の日蓮主義思想をコンパクトにまとめた概説書であり、日蓮主義の手引書だった。宮沢賢治や石原莞爾も手にした一冊だった。つまり、日召は当時の日蓮主義の流行のなかでこの本を手にしたのである。

題目修行はしたものの、日蓮については無知だった日召は、『日蓮聖人乃教義』によって日蓮主義と邂逅し、智学の日蓮主義を介して自己の体験の了解を図りはじめる。呪術的な法華シャーマンが日蓮主義による理論武装に努めだし、霊的日蓮主義の立場を形成していくことになる。

田中智学への尊敬と失望

智学の『日蓮聖人乃教義』を読んで感銘を受けた日召は、日蓮宗の教えを直接聞くのがいちばんよい方法であると考え、同年（大正十三年）九月末か十月初めに山梨県の日蓮宗総本山・身延山久遠寺に登ることにした。その直前、知り合いのジャーナリスト・朝比奈知泉に会った際、「君の名前は面白い。君の「昭」と云ふ名を二つに分けて見給へ、「日召」と読めるよ」との忠告があり、日召は「ニッショウ」と叫んだ三徳庵での体験を思い出し、以降、「日召」を名乗ることになる。[28]

身延へ登ったところ、麓の房で日蓮の遺文集などを買い求め、感激しながら読んだ。この時期、智学の本にもほとんど目を通したという。[29] 十二月のある日、房に国柱会の機関紙『天業民報』が届き、元旦（正確には十二月二十七日から十日間）から静岡三保の最勝閣で講習会がおこなわれることを知り、参加することにした。というのも智学の本を非常に感激して読んでおり、すでに身延に愛想を尽かしていたからである。しかし、その「講習は私を非常に失望させた」。[30]

しかし、それからも智学や国柱会の書物は読み（書名は不明）、日本橋の泰文社や鶯谷の国柱会館に智学の講演を聞きに行っている。また、浅草の統一閣で本多日生や日蓮主義系知識人の講演も聴講するなど、この時期の日召は日蓮主義を積極的に受容した。それは、自己の心の安心はすでに獲得しているので、「大聖日蓮上人の教理を研究し、其の理論と現実安心を得て居る自分の肉体とを武器として、日本改造運動の一兵卒となろう」[31]とするためだった。しかし、かつては「この人こそ真に日本を救う人であろう」と思い、その後ろ姿に合掌したほどの智学と国柱会にたいしてしだいに尊敬の念は薄れていった。智学が何十年戦ってもなんの効果もなく、日本は悪くなるばかりだったからである。[32]

その結果、すべての宗教者と宗教団体に見切りをつけて、大川周明《おおかわしゅうめい》など、日本主義の名士を訪ねたり、赤尾敏《あかおびん》の建国会に参加したりしたが、いずれも満たされることはなかった。大正十四年（一九二五）には元・宮内大臣の田中光顕《たなかみつあき》の秘書・高井徳次郎《たかいとくじろう》とともに、護国聖社という国家主義団体を結成し、国体観念高揚の啓蒙運動を展開しようとしたが、資金難で挫折している。

翌年、静岡県駿東郡原町（現・沼津市原）の臨済宗寺院・松蔭寺の山本玄峰《やまもとげんぽう》の下で参禅した。ふたたび禅を選んだのは、「日蓮主義は結構だが、議論が多くて、然も其議論たるや、単なる学究的議論で、実行方面は第二、第三と云はんよりは寧ろ殆んど顧みられない」からだった。「現在国家並びに国民大衆の要求して居るものは理論ではなくして、現実の改造実行なのである」。日召は逮捕後に獄中でそう記している。[33]ただし、日召の思想形成に日蓮主義が果たした役割は大きく、智学の「日蓮主義の国体観」[34]をベースとして、日召はみずからの思想を築き上げ（後述）、智学の「学究的」な日蓮主義を否定的媒介として、直接行動に身を投じるのである。

「宗教的啓蒙運動」の開始

昭和四年（一九二九）暮れ、日召は茨城県東茨城郡磯浜町大洗《おおあらい》（現・大洗町）東光台《とうこうだい》の立正護国堂（正式には日蓮宗立正護国堂社教社）に招聘された。

この年の二月に田中光顕と実業家の竹内勇之助《たけうちゆうのすけ》によって常陽明治記念館が公開されるが、その近隣に竹内らによって建立されたのが、立正護国堂だった。日召は前述の高井との関係で護国堂に招かれたのである。日召はここに住みこみ、青年の指導をおこないながら、国家改造運動に取り組むことになった。

護国堂入りする前年の五月ごろ、日召は、護国堂近くの磯浜町大洗の岩船山（通称ドンドン山）にある郵便局長の別荘にこもり、加持祈禱《かじきとう》をおこなっていた。これも高井の勧めによるものであり、その後、一度、故郷の群馬に戻ってから、大洗を再訪した。護国堂に定住するようになってからも、しばらくは加持祈禱をおこない、付近の人びとの評判を集めていた。法華シャーマンとしてのプラクティス（儀礼）によって霊的能力を発揮していた。

日召がこの護国堂時代に取り組んだのは、「宗教的啓蒙運動」[35]だった。自分と生死をともにしてくれる青年五人を率いて農村に入り、農作業の手伝いをしながら精神の啓発をおこない、その青年が別のひとりを運動に引き入れるという倍加運動を計画した。三年後には何万人という同志が獲得されることで、東京を包囲し、交渉委員によって政党の解散や議会の譲渡をおこなう予定だった。

そうした同志選定の条件は、これまでに社会運動に関係しなかった真面目な人物、宗教的信仰をもつか、宗教的鍛錬を経た者、あるいは改造運動に宗教的熱誠をもった人物、人間として純真な人物、改造運動に身命を惜しまざる確固たる信念をもち、みずからの理論に重きを置かないことなどだった。

このように日召が宗教にこだわるのには理由があった。日召にとって、「宗教」とは「宇宙の真理を覚証体得して生活する事」を意味しており、真理を証悟するまでの修行はもちろんのこと、証悟の後、それを護持して発展させる生活をしなくてはならないからである。その意味で、「私の国家改造運動は私の宗教」だったのである。[36]

この護国堂で、日召は集まった青年たちに断食や座禅、静坐、題目修行等を体験させるとともに、日蓮主義や日本精神を説きながら、宗教的啓蒙運動を進めていくことになる。なお、日召のもとに集まった青年たちは、水戸周辺の出身者から成るいわゆる「水戸グループ」と、のちに合流してくる「学生グループ」のふたつに大別できる。

水戸グループ

古内栄司（小学校教員）
照沼操（小学校教員）
堀川秀雄（小学校教員）
小沼正（大工、店員）
菱沼五郎（岩倉鉄道学校卒業）
黒沢金吉（農業）
黒沢大二（農業）
川崎長光（店員、農業）

学生グループ

四元義隆（東京帝大）
池袋正釟郎（東京帝大）
久木田祐弘（東京帝大）
田中邦雄（東京帝大）
須田太郎（國學院大）
田倉利之（京都帝大）
森憲二（京都帝大）
星子毅（京都帝大）

日召と最初にコンタクトをとり、血盟団[37]の参謀役を務めることになるのが、古内栄司である。

日召と同じく、古内もまた煩悶する青年だった。[38]

「何処に日蓮がいるのか?」「此処です!」

明治三十四年(一九〇一)五月に栃木県に生まれた古内は、茨城師範学校を卒業して、大正十二年(一九二三)四月、県下の結城郡(現・常総市)石下小学校に赴任する。師範学校時代から「何故生まれてきたのか?」「生きる意味」について疑問をもつようになり、その煩悶は続いた。やがて読本で高山樗牛の短い随筆「人生終に奈何」(明治二十四年執筆)を読み、感動を覚える。「煩悶青年の先駆者」である樗牛に惹かれ、『樗牛全集』一巻(増補縮刷版?)を愛読し、石下小学校時代も肌身離さずに読んでいた。

二年半後に別の小学校に転任するが、その半年後に病気で休職し、昭和三年(一九二八)十月まで、闘病生活を送った。病床にあった時期、古内は、『高山樗牛と日蓮上人』(博文館、一九一三年)に接して、日蓮の人格・信念と『法華経』の教義に深く感じ入る。その後の静養生活のなか、一年にわたり図書館で研究を重ね、姉崎正治の『法華経の行者日蓮』(博文館、一九一六年)を手にし、さらに智学の『日蓮聖人乃教義』に出会う。『日蓮聖人乃教義』によって、「始めて年来求めて止まざりし人生の落所」をおぼろげながらも見定めることができたという。[39]

その後、国柱会の機関紙『天業民報』や書籍を買い求め、日蓮主義と国体を学び、本格的に日蓮主義信仰に入っていくことになった。そのなかで、智学の『日本とは如何なる国ぞ』(天業民報社、一九二八年)を「素晴しい本」と感じる。[40] 智学は日蓮主義と日本国体を説いており、智学の説にしたがって、日本国体を深く研究しなければと思うようになる。ただし、その一方、国体が「分ったとは云ひ得ない」気持ちも抱いていた。[41]「分った」という実感を得るには、日召との出会いを待たなければならなかった。

昭和三年（一九二八）十月、古内は那珂湊郡前渡村前浜（現・ひたちなか市）の前浜小学校に復職する。大洗町の近隣だった。

翌年の暮、二十八歳の古内は、たまたま日召と知り合うが、それは「赤子の母を慕ふが如く、貧者の富を欲するが如く。求めて止まざるの唯一人の師匠を得た。歓喜そのものであつた」。[42]以後、毎週土曜日に護国堂を訪ね、唱題や断食をするなど、日召に指導を受けることで、みずからの信仰を深めていった。しかし、国家改造運動にしたがうことを強要されたことはなく、「修行をして居る内に私の境涯が開けて、さうして此の有り様［大谷註：当時の時代状況のこと］を見れば国家改造をやらねばならぬと云ふ所に来てしまつた」[43]という。

古内の「境涯」が開けたのは、昭和五年（一九三〇）のことである。この夏、古内は断食をしながら、題目を唱える修行をおこなった。その際、日召から「日蓮は何処だ、何処に日蓮がいるのか」と詰問されたところ、古内は「此処です」と自分の胸をたたいた。

その後も本尊に向かって題目を唱えるなかで「私自身が本尊である、是が南無妙法蓮華経」と自覚することで、「素晴らしい世界」になった。こうして境涯が飛躍をしたと感じるなかで、「日本の国体と云ふのが分つた」と感得したという。[44]また、智学による教育勅語の解説書『勅教玄義』（師子王文庫、一九〇五年）で説かれている「日本の使命が世界統一にある」（三七頁）ことも理解できた、と述べている。[45]

『日本精神に生きよ』

日召は護国堂時代、古内以外の青年たちにも同じような態度で接し、国家改造運動への参加を口にしたことはなかった。では、日召はなにを説いたのだろうか。日召はその生涯を通じて体系的な思想をまとめたわけではなく、その思想（というべきもの）を抽出するのがむずかしいが、護国堂時代に執筆したパンフレット『日本精神に生きよ』は、日召の思想の断片を示すテキストである。少々長くなるが、次の一節に注目されたい。

完全なる国家には只一人の元首（天皇）があり其の元首も国民と一体不二でなければなりません。何たる幸ぞや我国の天皇は天照大神の直系にして人類最高の智徳武を表象せる三種の神器は天壌無窮（時間空間に拘束せられざる真理でなければ天壌無窮と言ひ得ません）の神勅と共に皇孫に授けられ、しかも此の天皇は国民の大御親なるが故に一身に主師親の三徳を具する現神であり国民は神人一如の天皇の赤子であり大御宝なのであります。……嗚呼万邦無比の国体を護持する日本天皇国は幸なる哉、此の国体を模範とせずして、何処に四海同胞万邦一家の理想社会建設の模範国体がありませうか。此の日本精神を知らざる人類の社会は理想なき動物の社会と一向異なる所がないと言ひ得るでせう。[46]

日召は天皇の権威の正統性を三種の神器と、それに対応する（と日召が考えた）日蓮仏教的な主師親の三徳によって説明する。そして、（公判記録や獄中手記も参照すると）日本国体は宇宙の絶対原理を体現しており、天皇を頂点とする絶対平等の原理（君民一体の天皇親政論）から成り立っている。こうした日召の国家観は長年の煩悶の末に獲得した人生観・宇宙観（それを宇宙論的な生命主義[47]と規定しよう）に根ざしている。

日召によれば、「永遠の本体は不増不滅不垢不浄である」[48]。宇宙生命体系には国家の生命も個人の生命もあり、本体自体は絶対不変だが、この本体が縁によって顕現し、さまざまに変化する。ゆえに宇宙の一切は因果の理法によって生滅をくりかえすが、生命自体は絶対的なものである。こうした宇宙生命の本体を体現するのが日本国体であり、三種の神器＝天照大神の精神によって象徴される。

ここから、

宇宙生命の本体（宇宙一元の真理）＝国体＝天皇＝天皇の赤子＝私

という関係性がもたらされる[49]。こうした宇宙論的な生命主義を日召は「日本精神」と名づけ、社会主義や共産主義の左傾派や国粋主義等の右傾派双方を批判し、「現代資本主義日本を如何なる方法に依つて日本主義国家に改造するか」、という問いを発する[50]。

獄中手記も参照すれば、「国家改造は国を挙げて国体を自覚し、夫れに伴う国家の諸制度の根本的大綱を変革改革せんとするの意趣である」として、「現在の非日本的国家を改造して本来の日本国家とする」ことを求めたのである[51]。

以上から、みずからが体得した「宇宙一元の真理」と、智学の日蓮主義を通じて得た「日蓮仏教と日本国体」の教説をもとに日本国体を解釈し、「現実の日本」にたいする「在るべき日本」の実現のための国家改造を、日召は古内らに説いたのである。古内は、日召の話を通じて、ようやく「日本の国体と云ふものは素晴らしいものだ[52]」ということを実感するとともに、日召のいう

「日本精神」の実現をみずからの行動原理としていくことになる。

水戸グループの結成

前浜小学校着任後、古内は真宗信仰の熱心な前浜の地で日蓮信仰を広めることになる。その際、当初は日召の指導で習得した加持祈禱によって教化をおこなった。そのうち、護国堂の稲荷の御開帳を契機に、百名を超える村の人びとが修養団を結成し、子どもから青年、老壮年まで幅広い年齢層の人びとが信仰に取り組むようになった。

また、昭和五年(一九三〇)二月に青年対象の夜学が前浜で開講されるが、古内が国語の授業を担当したことで、日召、古内と黒沢、菱沼、小沼らとのかかわりが生じ、古内の指導によって黒沢の家(湯屋)や菱沼の家で唱題修行をするようになった。村の人びととの信仰は現世利益的な信仰が中心だったが、しだいに淘汰されていき、黒沢たち青年のみが残り、古内は国家改造に向けた信仰の指導をしていくことになる。

古内(そして日召)にとっては、「国家改造と云ふことと御題目と云ふこととは我々は一緒になつて居り」[53]、日蓮の法難や『立正安国論』の諫言の話題を口にする古内の話を聞いた黒沢大二は、「此は只の御利益信仰ではない、日蓮の様に時の改革とか、国家改造を志して居るのに違いないと思ったのです。自分も生甲斐の無い身を大衆に捧げ、そして国家に報恩しようと決心した」[54]、と公判で述べている。

なお、黒沢たちが護国堂で日召に初めて会うのは、この年(昭和五年)の旧暦三月以降である。それ以前には菱沼家に日召が訪れて講話をした際に会ったり、パンフレット『日本精神に生きよ』を読む機会はあったが、日召とのあいだに深い結びつきがあったわけではなかった。つまり、水戸グループの形成は、当初、古内の力によるところが大きかったのである。しかし、水戸グループの結束が飛躍的に進んだ決定的なできごとが起こる。

「俺達は地涌の菩薩だ」

古内が「信仰が進んだ黒沢たちに居士号を授けてほしい」との願いを伝えたところ、日召はこれを快く許した（古内はすでに「日栄」を得ている）。昭和五年の旧暦五月四日夜、護国堂に古内、照沼操、黒沢大二、菱沼、黒沢金吉、照沼初太郎、大内勝吉、小池力雄、川崎長三郎、小沼の十名が集まった。[55]

日召は九名の居士号をそれぞれ記した半紙を載せた三宝をもってあらわれ、曼荼羅本尊前の須《しゅ》弥《み》壇《だん》に置き、勤行《ごんぎょう》を始めた。勤行を終え、「詮するところは天もすて給え、諸難にもあえ、身命を期とせん」と、日召が日蓮の『開目抄』の一節を読みはじめ、「我れ日本の柱とならむ、我れ日本の眼目とならむ、我れ日本の大船とならむ等とちかいし願、やぶるべからず」の箇所（日蓮が民衆救済を誓った三大誓願）にいたった瞬間、揺れの激しい大きな地震がきた。

黒沢大二は、「ああ地震だ、俺達は地涌の菩薩だ」と、小さくも力のある声で叫んだ。「地涌の菩薩」とは、末法の衆生救済を担う上行菩薩の眷族として、『法華経』の弘通に励むという特権的役割を担ったアクターであることは何度も言及した。

小沼は、「地涌の菩薩だと云ふやうな神秘的な感じが、地震と同時に反射的に叫ばれたことは、宗教的修行をしない人には口で云つても分らぬですけれども、其の時の気分は宗教的に預言でも信じながら修行して居る人でないと分らぬと思ひます」、と公判で述べている。[56]護国堂に集まった一同は、「我々こそ昭和の地涌の菩薩だ、日蓮聖人の三大誓願を再び現実化するのだ」と興奮しながら語りあったという。

唱題行が終わった明け方、居士号が授与された。すなわち井上昭→井上日召と同様に十人は、

古内栄司→古内日栄　　照沼初太郎→照沼日誓
照沼操→照沼日操　　大内勝吉→大内日勝
黒沢大二→黒沢日大　　小池力雄→小池日雄
菱沼五郎→菱沼日勇　　川崎長三郎→川崎日長
黒沢金吉→黒沢日剛　　小沼正→小沼日正

となった。なお、日召は用意した半紙の真中に「南無妙法蓮華経」、左に名前と居士号、右に「結盟」と書いたという。[57]それは、日蓮宗の伝統の在家講を意識したもので、日蓮の遺文『異体同心事』にしたがい、「異体同心の盟を結ぶ」という意味からだったという。日召はこの時点での集まりを「一つの宗教運動」[58]と捉えており、小沼も「私たちのグループは単なる思想的の団結ではなく寧ろ心霊的生活をして来たのだと思ひます」[59]、とその宗教的絆を語っている。小沼によれば、宗教的といっても「現代の腐敗堕落せる既成宗教」とは違い、日召の思想や人格にもとづくものであり、日召のいう日本精神によって組織されたのだという。

つまり、日召の「日本精神」という思想を核にして、霊的な能力と人間的な魅力をもった日召

に惹かれた若者たちが国家改造のために集まった集団が、血盟団（結盟団）だった。「日召とその弟子たち」という関係性の形成をうながし、「昭和の地涌の菩薩」という団員たちの集合的アイデンティティの構築をもたらした決定的なできごとが、この居士号授与だった。

3 血盟団から五・一五事件へ

藤井斉中尉

ここから国家改造のための活動が加速していく。

護国堂での日召と団員たちの修行（唱題、『法華経』の読誦、断食、暁天静坐など）とともに、『明徳論壇』『急進』『宣布』といった右翼雑誌の輪読と古内の解説、霞ヶ浦海軍航空隊の藤井斉《ふじいひとし》海軍中尉ら海軍将校との交流を通じて、団員たちの目的意識は研ぎ澄まされていった。

とりわけ、日召にそれまでの合法的な宗教的啓蒙運動から非合法的な直接行動へと運動方針を転換させるきっかけとなったのが、藤井との会話だった。藤井は、昭和三年（一九二八）に急進的な海軍士官を組織して国家改造をめざした王師会《おうしかい》を組織した若手海軍将校グループの指導者だった。

日召は藤井と昭和五年（一九三〇）初めに面識を得たが、その際、藤井に「自分の運動は宗教的啓蒙運動である」と言ったところ、一笑に付され、この年の一月から四月にかけておこなわれたロンドン軍縮会議の結果を踏まえ、この軍縮条約の期限が切れる昭和十一年（一九三六）までに国内改造を成就すべきであると説得された。そこで、日召は要人の暗殺を手段として国家改造のための捨て石となり、「在るべき日本」実現のための破壊を実行することを決意する。昭和五年（一九三〇）十月には、古内や黒沢たちを残して上京することになる。また、古内たちも日召を追うように次々と上京し、活動の機会をうかがった。

不測の事態

上京した日召は、安岡正篤が主宰する金鶏学院に止宿した。そこで東京帝大生の四元義隆、池袋正釟郎と知り合い、二人を活動に引き入れた。ここから、前述した血盟団の学生グループが形成されていく。

日召は、西田税、北一輝、満川亀太郎、大川周明らに会い、情報収集をしながら、右翼勢力の結集を図ろうとした。そうした日召の力を見こんで、藤井は海軍将校グループ四十名の統率を依頼することになった。

こうして日召は、血盟団のみならず、五・一五事件関係者の指導者的役割も担うようになり、下からの急進ファシズム運動の舵取りをおこなったのである。

当時、時代状況は緊迫していた。とりわけ、農村の深刻な危機的状況のなかに、血盟団の水戸グループの青年たちがいた。菱沼五郎は、古内のもとで信仰に励むようになったとき、「当時農村に居て農村の疲弊困憊せる実状を見るにつけ、又、世を挙げて益々激しくなっていく不景気、生活難の声を聞くにつれ、如何にせば此の塗炭の苦しみから同胞を救ふことが出来るか」[60]を研究するようになった、と公判で述べている。

また、昭和五年(一九三〇)のロンドン軍縮会議とそれにともなう統帥権干犯問題の発生や翌年九月の満洲事変の勃発など、国際的な緊張も高まっていった。こうした状況の中、昭和六年(一九三一)十月に起きた陸海軍と民間右翼によるクーデター未遂事件(十月事件)が、血盟団事件発生の大きな引き金となった。

翌年一月、日召らの血盟団(水戸グループ、学生グループ)と海軍グループが都内で今後の方針を検討しあった結果、二月十一日の紀元節の日に両グループが「特権階級」にたいするテロを決行することになった。しかし、一月十八日に発生した第一次上海事変で、海軍グループの将校たちに出動命令が出て、出動した藤井の飛行機が墜落炎上し、藤井が亡くなるという事態が発生した。海軍グループの指導者である藤井の死は、日召たちに大きな衝撃を与えた。

一人一殺と「南無妙法蓮華経」

紀元節の海軍・民間両グループによる集団蜂起計画は、急遽、血盟団員たちによる一人一殺のテロリズムへと方針が変更される。

昭和七年(一九三二)二月十日の『読売新聞』二面には、**【前蔵相、井上準之助氏/兇漢に狙撃され絶命す】**との記事が掲載され、事件の詳細が報じられている。また、三月六日の『読売新聞』夕刊の一面には、**【けさ、三井銀行入口で/團琢磨男射殺さる/犯人茨城県人菱沼五郎(二二)/その場で逮捕さる】**の見出しのついた記事が掲載され、井上準之助の射殺との関連の有無が報道された。
数日中に、小沼、菱沼が水戸の「血盟五人組」「血盟暗殺団」の一員であると報道され、その黒幕として、日召の存在が浮かび上がったことが報じられた。**【水戸における『日召』／生仏の日蓮行者に／早くも警察の目】**（『読売新聞』三月八日）との記事で、その関係が取り沙汰されている。
三月十一日、古内が東京代々木で逮捕され、同日、日召が自首し、以後、連日のように「一人一殺主義」の「血盟団事件」の報道が紙面を賑わせるようになる。
こうした新聞報道の洪水のなかで報じられなかったことがある。それは、一人一殺と「南無妙法蓮華経」の関係である。
テロの当日、小沼は部屋の床の間で護国堂の曼荼羅本尊の写しを立て、将棋盤の上に拳銃（藤井の遺品）を置き、そのうえに新聞紙をかけ、数珠をもみながら、『法華経』の「序品第一」「方便品第二（欲令衆《よくりょうしゅう》）」「勧持品第十三」「如来寿量品第十六」を心静かに読誦した。題目を唱えて、結跏趺坐《けっかふざ》をし、座禅をしたところ、いままでにない静寂な心境を覚え、気持ちの統一を図ることができた。半眼を開いて線香の煙が真っすぐに天井に届いているのを見て、テロの成功を確信する。そして、亡き父と同志藤井の菩提を弔い、母と家族、日召の健康を祈るとともに、テロの成功を日蓮に祈って心静かに立ち上がり、現場（本郷の駒本小学校の応援演説会場）に向かった。[61]
そして、夜八時四分、小学校の裏門、自動車から降りてきた井上準之助の背後に身をすりつけるように近寄り、懐から拳銃を取り出した。「南無妙法蓮華経」と心のなかで唱えながら、引き金を引き、三発を続けざまに発射した。[62]
また、菱沼は、「革命の捨石」になるには自分の死も覚悟しなくてはならないと考え、自分の死後に自分の主義・主張を示し、「維新革正論者」を鼓舞し、刺激を与えようとした。そのため、すでに述べたように、テロ決行時に着用していた白木綿のワイシャツの背中に大きく「南無妙法蓮華経」と墨書したのである。[63]

折伏こそ慈悲、殺人は如来の方便

日召は上申書のなかで、国家改造の武器として、暗殺という手段を選んだ理由を詳細に列挙しているが、[64] 公判では暗殺行為が支配階級にたいする「啓蒙運動」であること、[65] 支配階級を覚醒させるために彼らの生命を脅かす暗殺以外に方法がなかったと述べている。[66] また、「何か被告自身が信仰して居つた日蓮の教義から暗殺行為と云ふことに付いて考へたことはないか」との検事の質問にたいし、「それはあります、それは折伏と云ふことです」[67] と答えた。さらに、こう述べる。

支配階級の上に拳銃を向けて彼を撃つと云ふことは、それは不動明王が降魔の剣を振ふ如く降伏の姿ですから、それは大慈悲心である、私共は慈悲とか何とかさう言つた相対的な観念はありませぬ、併し此の折伏こそ、徹底した本当の大乗仏教の慈悲だと思ひます。[68]

つまり、「折伏」という日蓮仏教的な立場から、テロを正当化するのである。語られた動機の面から見れば、その行為は宗教的テロリズムというべき意味づけがなされていることがわかる。

また、小沼は、「井上日召と自分は順縁で師弟となつて居るが、井上準之助とは逆縁で殺者受者となつた」と述べ、以下のように上申書に記している。

順逆共に仏道なるは法華の教理である。私は井上準之助を殺しておぼろげながら仏教の何物かを握る事が出来た様な気がする、殺人被告罪になつて拘禁中私は盛に仏教典を読む事が出来た、即ち之れは準之助のお陰だ、さうすると私にとつて殺人は如来の方便であると思ふ。[69]

ここにみられるのは、倒錯した殺人の正当化の論理だが、政治的テロリズムがこうして宗教的に正当化されていること、それは小沼個人のパーソナリティであるとともに、血盟団という集団のなかで育まれた宗教的論理であるといえよう。

「結局私は此の国家社会の改造に身を投出すのだ」

また、団員のなかでもひときわ熱心な日蓮主義者の古内も明確にみずからの行為を宗教的行為と意味づけている。

私は日蓮の教義を少しばかり読んで、併しそれは御題目が第一です、御題目をやつて居つた、私の飛躍した境涯から見ると、此の現在の社会状態に満足せぬ、是はどうかせぬければいかぬ、さうして結局、現代に於ては思想的折伏もそれは良いけれども、是はさうしたものを胸に於て実際に此の社会の現実を改造しやう、制度組織を改造しやうと云ふことに到達致しました。[70]

ここでいう「思想的折伏」とは、智学たちのことを念頭に置いている。古内によれば、思想的に日蓮を標榜して国家に呼びかけている国柱会の田中智学のような人物もいるが、「是等の人達が本当に大日蓮主義を翳して、此の国家社会を本当に改造に出て行くのかなと［大谷註：疑問に］思ふて」いた。また、国民大衆に呼びかけるのも生ぬるい。そこで自分たちは直接行動に向かった。

それを動機づける根拠として、古内は『法華経』「薬王菩薩本事品第二十五品」の焼身供養と、「常不軽菩薩品《じょうふきょうぼさつほん》第二十品」の常不軽菩薩の不軽礼拝行を挙げる。みずからの行為を菩薩行と意味づけたうえで、「結局私は此の国家社会の改造に［大谷註：身を］投出すのだと云ふことになりました[71]」。より明確に日蓮仏教的な立場から、テロリズムを正当化していることがわかるであろう。

さらには、個々人の生命は仏の生命であり、宇宙の大生命である。正法は宇宙の大生命であり、日本国家そのものであると、日召の宇宙論的な生命主義を表明している。それを自覚できない者は正法に背いており、宇宙の大生命を知らずに自分の小さな生命、自分に執着していることになる。それを宇宙の大生命、国家の大生命にまで還元させるために、「彼等を叩き斬る、それは慈悲なんです、そこに私は仏典の素晴らしい所があると思ひました[72]」と断言している。

橋川文三はいう

ここまで、血盟団事件における日蓮主義とテロリズムのかかわりを検討した。智学の日蓮主義と日蓮主義的国体論を受容した日召や古内たちは、「在るべき日本」の実現のための国家改造運動を担うことになる。

しかし、日蓮主義第一世代の「学究的議論」や合法的な「思想的折伏」は物足りないものだった。「暗殺」という直接行動による折伏の実践を、日蓮主義第二世代の日召は、日蓮主義第三世代の青年たちに説いた。決行された暗殺は、「大乗仏教の慈悲」「如来の方便」「焼身供養」「不軽礼拝行」というように宗教的な意味づけがなされた。

また、日召の日蓮主義はみずからの神秘体験に根ざした「霊的日蓮主義」という特徴もあり、個人と宇宙の生命の一体感を強調する宇宙論的な生命主義も団員たちに共有された。それは日蓮主義第一世代にはみられない特徴である。[73] こうした神秘主義的で生命主義的な特徴が「自分の暗殺は神秘的な暗殺である」（菱沼五郎[74]）との認識をもたらしたことについて、橋川文三は「彼らの宇宙意識を吐露している」と指摘している。[75] また、「彼らの発想の根底は自我対絶対の一元的基軸の上におかれており、ある意味ではラジカルな個人主義の様相をさえおびている」と剔抉《てっけつ》する。[76]

智学の日蓮主義の基本構成は個人―国家―世界からなるのにたいして、日召は個人と宇宙との神秘的な一体化を強調し、そうした一元論に国家や国体も包含する。[77] そうした「ラジカルな個人主義」が超国家主義へと接続されるに際して、それを媒介したのが、智学の日蓮主義であり、樗牛の「超国家主義」だったのである。[78]

五・一五事件の発生

血盟団事件の余燼さめやらぬなか、昭和七年（一九三二）五月十五日の日曜日、さらに大規模な政府要人のテロリズムにもとづくクーデター未遂事件が発生する。五・一五事件である。[79]

この日の午後五時半ごろ、首相官邸（首相は立憲政友会総裁の犬養毅）、内大臣官邸（牧野伸顕）、政友会本部、日本銀行、三菱銀行、警視庁が襲撃された。七十六歳の犬養首相は首相官邸に乱入してきた二十代の海軍青年将校にたいして「騒がぬでも話をすればわかる」と語りかけたが、青年将校たちは「問答無用」「射て、射て」と、拳銃を発射した。

犬養首相は同日夜半に絶命し、首相官邸を警備しており、同じく撃たれた警視庁巡査の田中五郎も後日、死亡した。ほかにも巡査や警視庁書記、読売新聞記者が傷を負った。日没後には東京市内の変電所六ヵ所の襲撃による帝都東京の停電も計画されていたが、軽微な被害にとどまり、停電にはいたらなかった。

この事件を実行したのは、海軍青年将校と陸軍士官候補生、橘《たちばな》孝三郎《こうざぶろう》を指導者とする農本主義団体・愛郷《あいきょう》塾《じゅく》の塾生たち、大学生や陸軍士官学校中退者などの民間人だった。日召らによる血盟団事件に呼応しての決行だった。

実際に直接行動をおこなったのは、海軍士官六名、士官候補生十一名、元士官候補生一名、民間人九名の計二十七名だったが、被告として裁かれたのは四十一名にのぼった。また、武器や資金の供与、謀議への参加などのかかわりによって、海軍士官四名、橘孝三郎、大川周明を含む民間人十一名も起訴された。

クーデター自体は成功したわけではないが、この直接行動が支配層と社会に与えたインパクトは大きかった。たとえば、昭和十一年（一九三六）に警保局図書課から刊行された『出版警察資料第七輯　出版物を通じて見たる五・一五事件』では、「五・一五事件の轟然と響き渡つた一発のピストルを契機として、非常時日本打開、国難日本突破の努力が全国民の双肩に負はされるに至った」と記述されている。[80]

事件後、陸軍は政党内閣の継続に強く反対し、けっきょく、海軍大将の斎藤実《さいとうまこと》が首相に就任し、軍部・貴族院・官僚勢力・政党から閣僚を選び、挙国一致内閣が成立した。八年間続いた政党内閣はこうして終焉し、アジア・太平洋戦争後まで復活することはなかった。

思想的背景としての国体と日蓮

右の『出版物を通じて見たる五・一五事件』では、「五・一五事件の思想的根拠」として、「国体擁護の強固なる信念」があったことが指摘されている。[81] 事件の関係者は軍隊教育や軍隊生活を通じて、軍人の使命は「国体を擁護し、天壌無窮の皇運を扶翼するに在り」との信念をもっていたという。

当時の裁判記録をみると、そのことがわかる。たとえば、犬養を狙撃した海軍予備少尉の黒岩《くろいわ》勇《いさむ》は、現在の日本は明治維新の本義を離れて邪道を歩んでおり、その原因は政党、財閥、特権階級が国家観念よりも自分たちの利益に目がくらんでいるからであり、「之の現状を打破し、日本建国の精神に立ち帰り祖国日本を新しく建て直さなければならない」、と「自白調書」で述べている。[82]

また、黒岩といっしょに首相官邸に乱入した陸軍士官候補生の後藤映範《ごとうえいはん》は、

日本の国体は君民一体観、換言すれば君臣有機体説の精神に基づくものであります。

日本国民としては飽く迄これが全精神を天皇に傾注する事により、又天皇は聖意を国民に依りて実現する如く御努力遊され理想的国家を成形する事、易姓革命の如きは絶対にあるべからざる事。

などと「予審訊問調書」で語っている。[83]

ここから、軍隊での教育を通じて国体神話を純粋に受容し、「現実の日本」にたいして「在るべき日本」＝日本国体を対置している姿勢をうかがうことができるであろう。ただし、教育を通じてのみ、革新的な国体観を彼らが抱いたわけではない。そこにはなんらかの跳躍が必要となる。その跳躍板となったのが、大西郷遺訓、北一輝の日本改造思想、権藤成卿《ごんどうせいきょう》の自治制度学思想、橘孝三郎の愛郷思想、大川周明の日本思想だった。[84]海軍中尉の中村義雄は「自首調書」で、北一輝の『国体論及び純正社会主義』（一九〇六年）や『日本改造法案大綱』（一九二三年）などを読み、「現在日本を救ふものは一に日本建国の精神に帰り速かに改造を断行するに如かずと感じました[85]」、と述べている。

さらに他の被告の裁判記録を読むと、その読書リストのなかに、田中智学『日本国体の研究』、里見岸雄『日本国体学概論』『国体認識学』『国体宗教批判学』があることに気づく（とくに里見の本を挙げた被告が多かった）。智学と里見の国体論が関係者の思想形成に一定の役割を果たしていることがうかがえる。

また、日蓮に言及する被告もいた。

海軍少尉の村山格之は中学時代から日蓮に関する書籍を読み、その破邪顕正論に感激し、将来軍人になって国家のために尽くそうと考え、海軍兵学校に入学した。しかし、学校は功利主義、点数主義のため、失望したが、大川周明、安岡正篤、田中智学の「国粋的書物」を読み、友人たちと日本の道徳的・政治的頽廃を嘆じていたという。[86] 先に紹介した後藤映範も「上申書」のなかで、

彼の日蓮上人が「総ての中に国の亡びる事が第一の大事にて候」といふ警告を発して居ります通り、国法にしろ私共現在の本分にしろ、日本帝国といふものが厳として存在すればこそ意義をもつものであります。[87]

と記している（言及されている日蓮遺文は『蒙古使御書』の一節）。

しかし、ふたりとも日蓮主義者ではない。じつは、五・一五事件に連座した日蓮主義者がいた。海軍大尉の塚野道雄である。塚野は国柱会の熱心な会員だった。

軍法会議での塚野道雄

塚野は鹿児島の出身で大正五年（一九一六）八月に海軍兵学校に入学し、大正八年（一九一九）十月に同校を卒業。翌年八月に海軍少尉、大正十一年（一九二二）十二月に海軍中尉、大正十四年（一九二五）十二月に海軍大尉に任ぜられた。[88]

塚野を除く海軍青年将校たちは藤井斉、井上日召との交流を通じて国家革新運動に従事することになるが、塚野は慎重な立場を取り、後方から運動を支援することにした（塚野は他の被告より年上で事件時、三十三歳だった）。事件時も佐世保におり、事件に直接かかわっていない。ただ

し、立憲政友会本部を襲撃する組に名前を配置されたことと、手榴弾を自宅に預かったことで、反乱予備幇助罪で起訴された。

昭和八年(一九三三)八月二十三日に海軍軍法会議第十七回公判が横須賀で開かれ、塚野が出廷している。その傍聴席には、田中智学の姿もあった。智学は国柱会の機関誌『大日本』に「五・一五事件海軍公判傍聴の所感」を寄せている。この所感を通じて、公判での塚野の発言と、テロリズムにたいする智学の見解を検討してみたい。

高頼治法務官から塚野にたいして、身分や学歴、対人関係に関する訊問がなされ、宗旨に話題が及んだ。塚野は「日蓮主義を奉じて居ります」と答え、それにたいして、高法務官から日蓮主義と国家革新運動の関係にたいして問いかけられた。

塚野はこう答える。


日蓮上人の教は、由来世界人類の絶対平和を築くに在る。而して之を成し遂げる力の元は日本国家に在る。国家を正しく明るく整へることが絶対平和建設の基礎であるが故に、日蓮主義は国家本位の行動を重しとする。


また、「一切の大事の中に、国の亡びん事は第一の大事なり」との『蒙古使御書』の一節のほか、『種々御振舞御書』や『開目抄』の一節も引用しつつ、日蓮の教えは世間国家に明確な大理想を与えるものであると答えた。

さらに、塚野は智学に師事し、国柱会にくわえ、明治会、国性文芸会、立憲養正会にも参加

し、日蓮主義を「国家革新の唯一指針」としていると述べたうえで、

日蓮上人の主張の最大帰着は、上人みづから曰われた如く、「世を安んじ国を安ずるを忠と為し孝と為す」といふ大目的に全精神を投じつゝあるものであります。

と力説したという。[89] ここでも日蓮の『一昨日御書』を挙げつつ、国家革新運動へのみずからの参加が日蓮主義にもとづくと表明したのである。ここには、日蓮主義者の軍人に典型的な世間的国家主義（世俗的ナショナリズム）の言説を認めることができる。

世代の溝は深かった

こうした塚野の陳述を智学は高く評価し、塚野が井上日召や権藤成卿らから影響を受けておらず、彼らの主張とはまったく違うと記した。ここから智学の筆は、テロリズム批判におよぶ。日召が日蓮主義者だと宣伝されているため、このころ、日蓮主義がテロの背景にあるかの疑いをもつ人びとがいることにたいして、智学は「それは違う」と強調した。

日召一派の行動は純潔な憂国の意思からおこなわれたとしても、その所為は「日蓮上人の聖訓」に違背しているものである。日蓮は直接行動を否定しており、謗法者（敵対者）にたいして武力の代わりに布施をするなという合理的かつ合法的な方法を取った。であるがゆえに、国家革新運動や教育の改善、政治と経済の粛正にも「日蓮主義の精神を以て之を活かすことは、純然たる合法的運動である」と智学は力説した。

智学にとって、日蓮主義とは（血盟団のような破壊即建設ではなく）「テロ以上の力ある大建設方案」だった。[90] 直接行動を肯定する否か、合法的か非合法的か、智学と日召らの溝は深かった。

なお、海軍関係者には昭和八年（一九三三）十一月九日に判決が下された。塚野にたいしては三年の求刑にたいし、禁固一年、二年間の執行猶予の判決が下された。

死なう団と江川桜堂

【遺言状所持の／黒装束の一団／日蓮血盟会の団員？】

こう見出しのついた記事が『東京朝日新聞』全国版（昭和八年七月三日）に掲載された。血盟団事件の公判が連日開催されるなかでの報道だった。

記事によれば、七月二日夜、神奈川県逗子《ずし》町（現・逗子市）山ノ根の人里離れた山中で焚火をしている「黒装束の怪奇の一団」がいることを葉山署が探知し、男性十二名、女性八名を取り押さえ、本署に留置。取り調べをおこなった。取り調べにたいして同人らは住所などを名乗らず、「死なう、死なう」とくりかえすだけだった。一人残らず懐中に遺言状を所持していたという。

けっきょく、県特高課での徹夜での取り調べの結果、「一味」は江川桜堂《えがわおうどう》（二十八歳）を盟主とする日蓮宗徒団の者たちで、盟主の指令によって七月三日、鎌倉八幡宮裏山に集合することになり、その前日、逗子の山中で野宿をしていたところを拘束されたことが明らかになった。翌日の同紙には【時節柄人騒がせな『死なう団』】との見出しで、その顚末が語られている。血盟団事件、五・一五事件の翌年のできごとだった。

この「日蓮宗徒団」は、昭和二年（一九二七）三月に東京蒲田で結成された在家仏教教団・日蓮会の青年部、日蓮会殉教衆青年党（通称死なう団）のメンバーたちだった。日蓮会の創始者が、江川桜堂（一九〇五～一九三八）である。桜堂は「すべての会や教団や既成宗派[91]」の改革を主張した日蓮主義者である（私のいう日蓮主義第三世代[92]）。

桜堂（本名・忠治）は、明治三十八年（一九〇五）三月十五日、東京市荏原郡羽田村麴谷《こうじや》（現・東京都大田区糀谷）に江川七五郎の次男として生まれた。江川家は地元の旧家で、父親は村会議員を務めた地元の実力者で熱心な法華信者だった。

大正七年（一九一八）、実業学校の東京工科学校（現・日本工業大学）に入学した桜堂は好んで三宅雪嶺や高山樗牛の論文を読み、しだいに樗牛を通じて日蓮の偉大さを知り、父親の書棚から日蓮宗関係の本を読むようになったという。また、熱心な法華信者だった級友の影響で浅草にあった統一閣に通うようになった。桜堂もまた、日蓮主義の流行のなかで樗牛を読み、日蓮主義の「帝都布教道場」に通い、日蓮主義者になったのである。

日蓮会の設立

大正十年（一九二一）、学校を卒業後、東京市電気局に勤務したが、翌年十二月、辞職。日蓮研究に没頭する。大正十四年（一九二五）暮れ、桜堂は蒲田駅で辻説法を始め、既成の日蓮門下の姿勢を批判し、日蓮遺文に直々に触れ、依拠する「直参」を説いた。そして、昭和二年（一九二七）三月、桜堂の主張に共鳴した青年や労働者たちと日蓮会を結成し、桜堂は盟主に就任する。翌年九月、父親からの資金援助によって、蒲田糀谷町に会館（日蓮会館）を建立する。十月、二十三歳の桜堂は二十名弱の会員とともに正式な発会式を挙げた。このころから、「桜堂」

と名乗るようになる。
蒲田、川崎、大森、横浜の工場地帯を中心に布教がおこなわれた。「日蓮主義は実行経験の宗教なり」との立場から、既成教団を激しく弾劾し、日蓮に直参する「真日蓮主義」の興隆を訴える桜堂の主張は、経済不況や社会不安に苦しむ人びとにアピールし、昭和四年（一九二九）暮れには二百名、翌々年には五百名の信者を擁するようになり、支部や支持者を増やした（なかには国柱会会員だった者もいた）。

日蓮会殉教衆青年党

昭和八年（一九三三）一月、会のなかでもとくに熱狂的な二十八名の男女によって青年部が結成され、「日蓮会殉教衆青年党」と命名された。前年、女性会員をめぐるトラブルによって脱会者が相次ぎ、布教以外の行動を求める会員たちの熱望のなかでの桜堂の決断だった。
日蓮会青年部機関紙『死なう！』一号（昭和八年五月発行？ 総頁数一二〇頁、手書き）の巻頭には、昭和八年四月二十八日付の檄文（桜堂の執筆）が掲げられている。[93]「死なう！ 満天下の青年に告ぐ、人生朝露の如し、無常は迅速である。同じくは仮にも、正義の為に命を捨てろ！」と始まり、以下のような激烈な主張が紙面を飾る。

偏見人種、白人の魔手より、亜細亜を救へ。東洋の守護神、祖国日本を守れ！ 赤き狂犬、共産党を撲滅せよ。天皇の赤子を、餓死線上より救へ！ 汲血鬼、金権政治党を、踏み潰せ。皇道政治、神聖なる議会を、樹立せよ！

やってくれ、青年よ、進撃だ、死を賭して、戦へ！　迷信邪教、偽宗教を、粉砕しろ。日本憲法、第二十八条を、擁護せよ！　偽仏教と、偽法華を速やかに亡ぼせ。真宗教、真日蓮主義を、認識実行せよ！　わが祖国の為めに、わが主義の為めに、わが宗教の為めに！　血を流せ、戦つて、死ぬ事だ！　やらう、同志よ、是非、死なう！

また、同年五月十二日付で『真日蓮主義の興隆』と題された桜堂の著作が日蓮会出版部から刊行された（総頁数四十二頁、印刷製本）。桜堂はみずからの日蓮主義を「真日蓮主義」と規定する。[94]そうしたみずからの思想と立場を表明したのが同書である。前半で「御書」（日蓮遺文）にもとづく日蓮の一代記が語られ、後半では日蓮没後の日蓮門下への激しい弾劾の刃が振るわれた。「日蓮会は直参一聖の大旗を掲げて起つた」（二八〜二九頁）と力説する桜堂は、大義をおろそかにする日蓮門下にたいして、「日蓮主義運動の大義に委《まか》せて、且つ説き弘め且つ運動するのが、日蓮聖人の日蓮会である。時なる哉」（三十六頁）と獅子吼した（ただし、その「大義」がなんたるかは同書では明確ではない）。

社会から孤立する

青年部にたいして、桜堂は、「機関本製本」「青年部発表」「八幡宮奏上」「殉教護陣地」「殉教千里行」を同時に決行するよう、指示した。[95]この指示が、七月二日の逗子での拘束につながることになる。

「黒装束の一団」を拘束した神奈川県特高課は、時節柄、血盟団事件との関連を疑い、日蓮会館など二十ヵ所の家宅捜査を実施。数日後に出頭した桜堂にも長時間の取調べをし、党員たちに激しい拷問をおこなった。もちろん、特高が期待するようなテロなどの「容疑」はあるべくもなく、八月から九月にかけて、全員が釈放された。しかし、辱めを受けた拷問によって、若い女性党員が精神のバランスを崩し、また、テロ集団や淫祠邪教と断定し、教祖と女性信者の淫らな関係を強調する偏向した新聞報道によって、日蓮会にたいする世間の批判が強まるなど、会は大きなダメージを受け、桜堂たちは社会から孤立していくことになる。

その後、具体的な運動目標をもたず、盟主の絶対化と殉教（死のう）の熱狂に支えられた活動は、しだいに会の壊滅に向かうことになる。

日蓮会がふたたび世間の耳目を集めるのは、昭和十二年（一九三七）のことである。

二月十七日午後、五人の男性党員が宮城前広場、警視庁、国会議事堂前などで切腹のデモンストレーションを実行し（全員生存）、その夜、女性党員数名が「死のう」と絶叫して歌舞伎座と銀座でビラを撒いた。社会にたいする抗議と意思表明の行動だったが、反応はなかった。

第十一章
攻撃される日蓮主義者たち

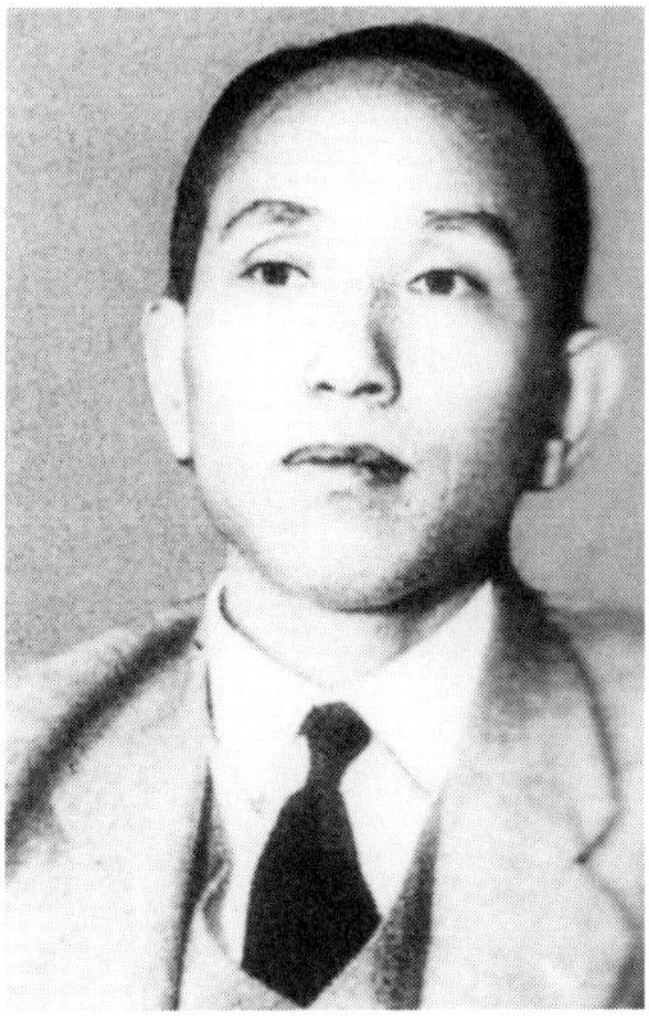

蓑田胸喜

1　天皇機関説をめぐって

「日本イデオロギー」

昭和十年（一九三五）七月五日、戸坂潤《とさかじゅん》の評論集『日本イデオロギー論』（白揚社）が刊行された。戸坂は次のように言う。

日本主義・東洋主義乃至アジア主義・其他々々の「ニッポン」イデオロギーが（ニホンと読むのは危険思想だそうだ）大量的に生産され、夫が言論界や文学や科学の世界にまで浸み渡り始めたのは、確かにこの二三年来である。（一一七頁）

戸坂は、ドイツにおけるヒトラー独裁の確立、オーストリアの国粋運動、ムッソリーニのオーストリアへの働きかけ、アメリカのルーズベルトによる産業国家統制、満洲国建国と皇帝溥儀の登極という国際的情勢のなかに、帝国日本の陸続とした「国粋協力諸運動」を位置づけ、この数年来、「日本イデオロギー」が急速に普及したことを指摘する。

第九章3節で既述したように、満洲事変以降、日本社会でナショナリズムが復権し、日本社会が右傾化する。とりわけ、昭和八年（一九三三）以降、日本精神や日本主義を説く図書と論説が激増した。[1] 当時の『出版年鑑』（東京堂版）を調べた早川タダノリによれば、日本主義・日本精神論関係の書籍の刊行は昭和六年に十八冊、昭和七年に四十一冊、昭和八年に五十四冊、昭和九年に五十六冊を数えた。別の『出版年鑑』（東京書籍商組合版）では昭和七年に百二十二冊、昭和八年に九十六冊をカウントできたという。[2]

こうした日本主義や日本精神論の浮上は、当然のことながら、当時の社会状況とリンクしていた。政党政治を否定する新しい政治勢力（軍部や新官僚、右翼勢力）が従来の支配体制と政策を批判するための合言葉が、国体論や日本精神論だった。[3] 国体論や日本精神論に根ざした「在るべき日本」の実現が主張され、クーデターやテロリズムによる直接行動によってその実現がめざされたのである。

「陰の仕掛人」蓑田胸喜

天皇の神格化と国体の絶対化が進み、国体神話を中心とした社会規範の統合が促進されるきっかけとなった決定的なできごとが、昭和十年（一九三五）二月以降に発生した天皇機関説事件とこれを契機とする国体明徴《こくたいめいちょう》運動だった。[4]

天皇機関説とはドイツの国家法人説にもとづき、統治権の主体は天皇ではなく、法人である国家にあり、天皇は国家の最高機関であるという大日本帝国憲法をめぐる学説である。天皇の権限（権力）は憲法に制約されるという自由主義的・立憲主義的な特徴があった。それに対立するのが、天皇主権説である。統治権の主体は天皇にあり、天皇の権限は憲法に制限されないとするものだった。

天皇機関説は明治末から昭和前期まで学界のみならず、政界や官界でも広く認められていたものだった。この天皇機関説を近代法学の立場から基礎づけ、政党内閣制を理論的に擁護したのが、東京帝大教授の美濃部《みのべ》達吉《たつきち》（一八七三〜一九四八）である。

ところが、日本主義の興隆のなか、美濃部と天皇機関説を排撃しようとした動きが生起する。昭和十年（一九三五）二月十八日、第六十七回帝国議会の貴族院本会議で軍人出身の議員・菊池《きくち》武夫《たけお》が演壇に立った。天皇主権説の立場に立つ菊池は、美濃部の天皇機関説が国体にたいする緩慢なる謀叛、明らかな反逆であり、ドイツ直輸入の学問を売る「学匪《がくひ》」であると痛罵し、政府の所信を質した。続いて登壇した井上《いのうえ》清純《きよずみ》（一八八〇〜一九六二）、三室戸《みむろど》敬光《ゆきみつ》（一八七三〜一九五六）両議員も同様の質問をおこなった。これにたいし、岡田《おかだ》啓介《けいすけ》首相は美濃部博士の著書は全体を通読すると国体の観念において誤りないと信じており、ただ用語に適当ならざるところがあるようである、と答えた。また、松田《まつだ》源治《げんじ》文部大臣も用語が穏当ではなく、自分は天皇機関説を支持していないが、学説については学者にゆだねるよりほかしかたない、と菊池たちの質問をかわした。なお、質問に立った井上は、本多日生に師事した日蓮主義者だった。

こうした美濃部攻撃の「陰の仕掛人」が、原理日本社の右翼思想家・蓑田《みのだ》胸喜《むねき》（一八九四〜一九四六）である。[5]

蓑田と原理日本社はリベラルな大学教授を次々に糾弾し、その著書を発売禁止（発禁）処分にして、大学から放逐する「大学教授思想検察官」の役割を担った。[6] 昭和八年（一九三三）の瀧川事件（京都帝国大学法学部の瀧川《たきがわ》幸辰《ゆきとき》教授が文部省によって休職処分を強行された事件）に続き、蓑田は東京帝大の末弘厳太郎《すえひろいずたろう》を告発するとともに、美濃部にたいしても攻撃をしかけたのである。菊池らの質問は、国体擁護連合会（昭和七年十二月結成）が印刷・配布した『美濃部達吉博士、末弘厳太郎博士の国憲紊乱思想に就て』などでの蓑田の主張を下敷きとしたものだった。[7]

排撃の叫びには……

「学匪」という菊池らの侮蔑にたいして、美濃部は二月二十五日に貴族院で「一身上の弁明」として反論をおこない、理性的・論理的に機関説批判に反駁した。これにたいして、貴族院やマスコミは好意的な反応だった。当初、天皇機関説は問題視されなかったのである。

ところが、その後、しだいに政治問題化することになる。その背景には政友会による岡田内閣の倒閣という政争、陸軍内部における皇道派と統制派の派閥対立、美濃部にたいする帝国在郷軍人会や右翼団体の強い反発など、さまざまな立場の思惑や関係が複雑に入り組んでおり、天皇機関説排撃の動きは急速に勢いを増した（ただし、昭和天皇は天皇機関説を基本的には是認し、機関説の排撃に不快感を抱いていた）。[8]

とりわけ、日本主義や国家主義の立場に立つ全国各地の右翼団体は機関説排撃の叫びをあげ、演説会の開催、排撃文書の配布、当局や美濃部への決議文、要路者の訪問などの方法で排撃運動を展開した。国体擁護連合会をはじめとする諸団体が昭和十年（一九三五）三～四月に活動を立ち上げているが、そのなかには立憲養正会（東京）、里見日本文化研究所（京都）、明治会盛岡支部、国柱会鯖江局などの名前も散見された。[9]

天皇機関説排撃の活動が高揚した結果、三月二十日には貴族院で政府が「国体ノ本義」を明徴にすることを求める「政教刷新建議案」が可決され、三月二十三日には衆議院で「我カ国体ト相容レザル言説ニ対シ直ニ断乎タル措置ヲ取ル」ことを決した「国体ニ関スル決議」が採択された。四月九日には、美濃部の『憲法撮要』『逐条憲法精義』『日本憲法の基本主義』の三冊が発禁処分となる。

国体明徴声明と教学刷新評議会

同年七月以降、機関説排撃の動きはますます拡大し、政府にたいして問題の徹底解決を求める活動は熾烈をきわめた。こうして軍部・右翼を中心とした国体明徴運動が展開し、とりわけ軍部は強硬姿勢をもって臨んだ。七月三十一日の非公式の軍事参議会では林《はやし》銑十郎《せんじゅうろう》陸軍大臣による方針（政府に機関説排撃を明示すべき正式声明を出させること）が支持され、全軍一致の要望として岡田首相に声明を求めた。

戸坂の『日本イデオロギー論』刊行から約一ヵ月後の八月三日、「政府の国体明徴に関する声明」（第一次国体明徴声明）が発表される。「大日本帝国統治の大権は儼として天皇に存すること明かなり。若《も》し夫れ統治権が　天皇に存せずして　天皇は之を行使する為の機関なりと為すが如きは是れ全く万邦無比なる我が国体の本義を愆《あやま》るものなり」[10]と、天皇主権説が正統であることを認めた。

声明を評価する団体や言論機関もあったが、声明の内容と政府の態度に全面的に反駁する勢力もあり、在郷将校十七名（菊池や井上を含む）の連名によって八月二十日付で「檄文」が軍部内で配布されたり、帝国在郷軍人会全国大会（八月二十七日）では機関説の「絶滅」を期す強硬決議が採択された。

九月十八日、不敬罪で告発されていた美濃部に起訴猶予処分が下され、美濃部は貴族院に辞表を提出。しかし、辞表を提出したものの、自分の学説をひるがえしたり、自分の著書がまちがっていると認めたわけではないという声明（第二の弁明）を美濃部が発表したことで、事態は紛糾した。二十六日、文部省と司法省、内務省は「天皇機関説を排撃する具体的な対応策」についての実績を取りまとめ、内閣に報告。また、文部省管轄の全国の大学では天皇機関説の講義は閉講となり、憲法講座は天皇主権説に統一され、内務省では「国体の本義に疑義を抱かせる内容」の書物への処分が強化されるなど、天皇機関説はいたるところで排除の憂き目にあった。

けっきょく、十月十五日、政府は第二次声明を発し、「天皇機関説は神聖なる我国体に悖《もと》り其本義を愆るの甚しきものにして、厳に之を芟除《せんじょ》せざるべからず」として、「国体観念を愈々《いよいよ》明徴ならしめ、其実績を収むる為全幅の力を効《つく》さんことを期す」と、宣示した。[11] 第一次声明よりさらに踏みこみ、天皇機関説を「芟除」する（刈り除く）と表明したのである。

その具体的な方策のひとつとして、文部省内に教学刷新評議会が新設され、国体観念や日本精神を根本として学問、教育刷新の方途が講じられることになった。また、文部省思想局では翌年に「国体ノ本義ニ関スル書冊編纂委員」が設置され、『国体の本義』の編纂が開始され、昭和十二年（一九三七）三月に刊行されることになる。[12]

この天皇機関説事件は、「明治憲法体制それ自体の危機の深刻化を白日の下に示した衝撃的な事件」だった、と三谷太一郎《みたにたいちろう》は評する。[13] この事件は「国体」によって「政体」の変革がもたらされた「合法無血のクーデター」であり、この後に「二・二六事件という非合法流血のクーデター」が続くことになる。[14]

天皇機関説事件と国体明徴運動を契機とする天皇の神格化と国体の絶対化は、「顕教による密教征伐」（久野収・鶴見俊輔）[15]を意味していた。以降、国体神話の信憑性の受容が国民の間に徹底されていく。顕教化された国体神話に根ざした国体論的ナショナリズムの信憑構造が国内や植民地でより強固なものになり、国民統合と植民地支配が暴力的に強化されていくことになる。そのなかで、天皇は「変革のシンボル」[16]としての価値をさらに高めていくのである。

2 二・二六事件と「南無妙法蓮華経」

天皇と国体を奉じた国家改造運動

「非合法流血のクーデター」二・二六事件が発生したのは、天皇機関説事件の翌年、昭和十一年（一九三六）二月二十六日払暁である。[17] 東京市内には二十四日から降り始めた雪が積もっていた。村中孝次《むらなかたかじ》元大尉、磯部浅一《いそべあさいち》元一等主計、安藤輝三《あんどうてるぞう》大尉、栗原安秀《くりはらやすひで》中尉、香田清貞《こうだきよさだ》大尉をはじめとする陸軍（元陸軍）の二十数名の皇道派青年将校らが武装した約一千五百名の一般兵士と下士官を率いて蹶起し、政府首脳（岡田啓介首相、斎藤実《さいとうまこと》内大臣、高橋是清《たかはしこれきよ》大蔵大臣、渡辺錠太郎《わたなべじょうたろう》陸軍教育総監、鈴木《すずき》貫太郎《かんたろう》侍従長）、警視庁、朝日新聞社などを襲撃した。斎藤内大臣、高橋大蔵大臣、渡辺教育総監は殺され、鈴木侍従長は重傷ながら一命をとりとめ、岡田首相も難を逃れた。
蹶起部隊は警視庁、首相官邸、陸軍省、参謀本部など東京市内の永田町一帯、「帝都の主要官衙街」[18]を四日間にわたって制圧し、占拠した。二十七日早朝には東京全市に戒厳令が敷かれた。青年将校らは「尊皇討奸《そんのうとうかん》」を掲げ、天皇親政による皇道派の内閣樹立による昭和維新の断行をめざしたものの、翌二十八日に奉勅命令が下達され、「反乱軍」として二十九日に鎮圧された。青年将校ら幹部十七名は処刑され、彼らに思想的影響を与えた北一輝と、北を支えた西田税も処刑された。こうして、「非合法流血のクーデター」は失敗に終わる。

皇道派青年将校たちが立ち上がった動機は、「蹶起趣意書」に表明されている。趣意書は「謹んで惟《おもんみ》るに我が神洲たる所以《ゆえん》は万世一系たる　天皇陛下御統帥の下に挙国一体生成化育を遂げ遂に八紘一宇を完《まつと》うするの国体に存す」[19]に始まり、現在、万民が塗炭の痛苦に呻吟し、外蔑外患が激化している現状を指摘したうえで、「元老、重臣、軍閥、財閥、官僚、政党」が「国体破壊の元兇なり」と指弾する。

そうした重大な危機的状況にあるなか、「同憂同志機を一にして蹶起し奸賊を誅滅して大義を正し国体の擁護開顕に肝脳《かんのう》を竭《つく》し以って神洲赤子の微衷《びちゅう》を献ぜんとす」ることを訴えた。「現実の日本」を（北一輝の『日本改造法案大綱』などの）革新的な国体観によって相対化し、「尊皇討奸」による一君万民の「在るべき日本」の実現を訴求していることがわかる（「八紘一宇」の理念も掲げていることにも注目しておこう）。それは、大正中期の革新的な国家主義運動を源流とし、血盟団、五・一五事件、国体明徴運動と地続きのものであり、天皇と国体を奉じた国家改造運動だったのである。

そのとき、石原莞爾は……

事件発生当時、参謀本部作戦課長（陸軍軍令機関の中心ポスト）の地位にあった石原莞爾は、戒厳司令部参謀部第二課長の兼任を命じられ、蹶起部隊を鎮圧する立場に立った。日記には、手短かにこう記されている。

二月二十六日
午前七時頃［鈴木］貞一氏ヨリ電話直チニ出勤

二月二十九日
夕刻大体片付ク
善後処理当局ニハ見込ナシ[20]

わずか五行の記述だが、この「二月二十六日」から「二月二十九日」の間になにがあったのだろうか。石原の行動に注目してみたい[21]。

二十六日朝七時ごろ、石原は、内閣調査局で調査官を務めていた鈴木《すずき》貞一《ていいち》から電話を受け、事件の発生を知った。

新宿の戸山ヶ原の自宅を慌ただしく出発した石原は、午前八時前に参謀本部に出勤した。その途中、安藤輝三大尉に遭遇する。安藤が兵士に銃を構えさせ、「大佐殿今日はこのままお帰り頂きたい」と言ったところ、石原は「貴様何をいうか、陛下の軍隊を私するとは何事か」と叱責し、そのまま参謀本部に向かった。[22]

石原も出席した参謀本部の部課長会議では「断乎鎮圧の方針」が決定され、九時二十分ごろ、杉山元《すぎやまはじめ》参謀次長が参内《さんだい》し、天皇に鎮圧の意思を確認した。天皇は二十六日の時点で蹶起部隊を「反乱軍」と呼び、鎮圧の意思を示していた。なお、石原がはっきりと討伐の線を打ち出すのは二十八日のことである。[23]

山本又

磯部浅一は陸相官邸で通過を許さない人物、惨殺すべき人物のリストを作成していた。そのリストのなかには、林銑十郎《はやしせんじゅうろう》、渡辺錠太郎、武藤章《むとうあきら》、根本博《ねもとひろし》、片倉衷《かたくらただし》、そして石原の名前があった（石原は皇道派と敵対する統制派ではないが、非皇道派系一夕会会員[24]）。

参謀本部を出た石原は、そのまま午前中に陸相官邸に駆けつけた。それを迎えたのが、予備少尉の山本又《やまもとまた》だった。当時、山本は四十歳で二十～三十代の青年将校たちとは年齢が離れていたが、磯部との交流から参加することになった。山本は国柱会の会員で、日蓮主義者だった（ただし、石原とは面識はなかった[25]）。

山本が陸相官邸表門で監視していたところ、マントを着て悠々と闊歩してくるひとりの将校がいた。山本が手を挙げて歩哨線で止め、「どなたか?」と尋ねると、「石原大佐」と答えた。山本は、「これが石原大佐」かと思った。石原は「このままではみっともない、君らの言うことを聞く」と、山本に告げた。山本は惨殺リストに石原の名前が挙がっていることはもちろん覚えていたが、石原が陸軍内の第一の知能、大戦略家であり、『法華経』の信仰がきわめて深いことも知っていた。そこで手を下さずに陸相官邸に案内した。官邸内で村中、磯部、香田と会った石原は「負けた」と述べたという。

なお、玄関先に積もった雪が鮮血に染まっているのに気づき、驚いた石原は、「誰をやったんだ。誰をやったんだ」と尋ねた。「片倉少佐」と山本が答えると、石原は驚き、黙然とした。これは、磯部が陸相官邸に入ろうとした片倉をめがけて拳銃を発射したできごとの痕跡だった（ただし、片倉は一命を取り留める）。

帝国ホテルでのプラン

その後、石原は青年将校たちのために相当に尽力をした。[26] 二十七日午前一時、帝国ホテルで石原は清軍派（皇道派を排斥し、軍の清浄化を図ろうとするグループ）の橋本欣五郎《はしもときんごろう》大佐、皇道派の満井佐吉《みついさきち》中佐と会談し、事態の収拾について話しあった。その結果、

・石原を通して天皇に反乱軍将兵の大赦を奏上し、これを条件として反乱軍は撤退、軍の力で革新政権を作る。
・その際、①国体の明徴、②国防の強化、③国民生活の安定を方針とする。

とのプランを策定した。また、山本英輔《やまもとえいすけ》海軍大将を首相に推薦することにした。ところが、青年将校側は全面的な撤退を拒み、「石原プラン」（大赦、撤退、革新内閣[27]）は水泡に帰した。

翌二十八日午前九時ごろ、石原は戒厳司令部司令官室にいた。すでに情勢は蹶起部隊に不利になっていた。すでにこの日の午前五時過ぎに蹶起部隊にたいして、原隊復帰の奉勅命令（臨変参命第三号）が下達されていた。

戒厳司令部司令官室には石原以外に、香椎浩平《かしいこうへい》戒厳司令官、今井清《いまいきよし》陸軍省軍務局長、安井藤治《やすいとうじ》戒厳参謀長、杉山参謀次長ら軍首脳部が集まっていた。軍事参議官の荒木貞夫《あらきさだお》（皇道派）と林銑十郎も同席するなかで、蹶起部隊の意を汲んだ満井中佐が昭和維新の詔勅の渙発と強力内閣の奏請を進言。その内容は帝国ホテルでのプランとほぼ同じものだった。満井と軍事参議官が退席し、川島義之《かわしまよしゆき》陸軍大臣が来席したところで、皇道派シンパの香椎は石原が起案した上奏案を提示。それは血を流すことなく事態を収拾するために、昭和維新断行の聖断を仰ぐというもので、帝国ホテルでのプランを骨子とし、「昭和維新を可能にする強力内閣樹立の具申」[28]でもあった。

なお、この上奏案について、北博昭《きたひろあき》は「「聖勅」によるかれ［大谷註：石原のこと］の昭和維新は、持論である世界最終戦争に備えた、強力内閣による高度国防国家の建設をめざすものだったといえまいか」、と推測している。[29]

しかし、この上奏案は杉山が反対を表明し、川島も反対したので、香椎も断念せざるをえなかった。けっきょく、香椎は討伐を断行することを主張した。以後、石原も武力討伐へのイニシアチブを積極的に取っていくことになる。午後十一時、戒厳令司令部は正式に討伐命令を下した。

最終的な変わり身

翌二十九日早朝、重装備した鎮圧軍が蹶起部隊を包囲するなか、戒厳司令部は蹶起部隊の掃討を命じた。

午前八時過ぎ、「下士官兵ニ告グ」と記された三万枚のビラが三宅坂上空から撒かれ、午前八時五十五分には戒厳司令部内の特設放送室から下士官兵に向けた帰順勧告「兵に告ぐ」がくりかえしラジオで放送された。午前九時三十分ごろ、警視庁方面の蹶起部隊の一部が帰順し、以降、続々と帰順が続き、事態が収束。「夕刻大体片付ク」状態となる。

こうしてみると、石原は二十六日の事件発生後、二十七日の帝国ホテルでのプランの現実化を図るべく、二十八日の時点まで「非常に青年将校寄り」[30]だったことがわかる。しかし、二十八日の上奏案が潰えた時点で、最終的に石原は「決起側武力鎮圧の急先鋒」[31]として行動したのである。

二・二六事件後、陸軍から皇道派は急速に勢力を失うことになる。かわって擡頭するのが、石原を中心とした石原派（満洲派）である、と筒井清忠は指摘する。[32]

石原たちは翌年の宇《う》垣《がき》一成《かずしげ》内閣の流産と林銑十郎内閣の組閣に影響力を発揮した。が、それも林内閣組閣までが頂点で、昭和十二年（一九三七）七月の日中戦争の勃発にともない、石原自身が左遷されることになる。入れ替わりに擡頭したのが、東条英機《とうじょうひでき》、武藤章、富永恭次《とみながきょうじ》ら、統制派の永田鉄山の下に集まっていた旧統制派グループである。左遷後、石原は決定的な信仰の転換を体験する（第十三章1節参照）。

信仰のグラデーション

二・二六事件に登場する人物のなかで、明らかな日蓮主義者は石原莞爾と山本又のふたりであるが、『法華経』の信仰者（法華信者）も含めると、その範囲はぐっと広がる。たとえば、皇道派青年将校の村中孝次、磯部浅一、安藤輝三、香田清貞が『法華経』の読誦や題目の実践を公判調書のなかで語っている（ただし、香田や磯部は「既成宗教」の日蓮宗の信者ではないと述べている）。

村中は「被告の宗教は何か」との裁判長の問いに「私の家は浄土真宗であります。特に信仰したことはありませんが最近多少宗教のことに付て考へる様になりました。又渋川善助氏の影響を受け法華経を読んで居ります」[33]と答えており、その獄中手記「続丹心録」での「吾人の挙は一に破邪顕正を以て表現すべし、破邪は即顕正なり」[34]や「我不愛身命但惜無上道」[35]の記述に、信仰の痕跡をうかがうことができる。

また、香田は「被告の信仰はどうか」の質問にたいし、「既成宗教には信仰して居りませんが松沢少佐から云はれて日蓮宗の太鼓を叩くことと御題目を唱へること丈はやつて居ります」[36]と答え、その遺書の冒頭には「南無妙法蓮華経」と掲げられている。[37]

磯部の場合、「被告の宗教は何か」の問いにたいして、次のように答えている。

士官学校予科時代日蓮宗の或る和尚の許に行き法話を聞き、日蓮聖人の偉大なる宗教的人格に傾倒し、日蓮の遺文をよく読みましたが別に日蓮宗と云ふ訳ではありません。最近に至つて法華経を読んで居ります。併し既成宗教を信仰しては居りません。[38]

村中や香田にくらべ、より深く日蓮遺文に親しんできたことがわかる。

その激烈な獄中手記に注意深く目を通すと、たとえば、「獄中日記」では、

余は日蓮にあらざれども方案〔大谷註：『日本改造法案大綱』〕を毀る輩を法毀〔大谷註：謗法?〕のオン賊と云ひてハバカラヌ。（昭和十一年八月一日[39]）

国体を知らぬ自恣僭上《じしせんじょう》の輩どもが天皇の御徳をけがすこと、今日より甚だしきはない、……余は法華経の勧持品《かんじぼん》を色読体読した。（八月九日[40]）

日本改造方案大綱中、緒言、国家の権利、緒言、純正社会主義ト国体論ノ緒言、法ケ経ト共に朝夕読誦す、之レニヨリテ一切の敵類ヲ折伏するのだ。（八月二十三日[41]）

と、吐露している。ただし、磯部らに日蓮主義の影響は見当たらない。また、公判調書や獄中手記を読むかぎりでは法華信仰がみずからの行動を動機づけるものとなっているわけではない。その意味で、井上日召ら血盟団のメンバーや五・一五事件の塚野道雄に比べると、「南無妙法蓮華経」とのかかわりは薄い。もっとも、彼らに影響を与えた北一輝と西田税は、熱心な法華信者であった。

北一輝の霊的な法華シャーマニズム

二・二六事件で検挙された際、北一輝（一八八三～一九三七）は警視庁の聴取書（昭和十一年三

月十七日）でみずからの信仰について、こう語っている。

信仰は何宗と限りませんけれ共、大正五年一月（三十四歳の時）以来法華経読誦に専念し爾来此事のみを自分の生命とし一年一年と修行を致しまして二十年間を一貫致して居ります。[42]

幼少時から霊感体質をもっていた北の信仰は、霊的な法華シャーマニズムというべきものである。『法華経』の読誦によって霊的存在を自由に操作し、他者に憑依させる精霊統御型のシャーマニズムだった。

北は、妻のすず子と自宅で『法華経』を読誦し、その最中に神がかった妻が口走ったり、書き記した「神仏言」を書き留めていた。[43] つまり、妻を霊媒とし、みずからは霊的存在を妻に憑依させ、霊言を得る役割を果たしていたのである。北がこうした呪術的な能力を身につけるようになったのは、行者の永福寅造（玉照）からの影響である。この永福から、『法華経』を読誦する技術を習ったと、北の弟・北昤吉《きたれいきち》は述懐している。[44]

ここから、石原莞爾、井上日召に共通する、いわば「霊的日蓮主義」（西山茂[45]）という特徴を看取できる。三人のなかで霊的信仰の傾向がいちばん強かったのは、北である。

北は『支那革命外史』（大鐙閣、一九二一年）のなかでみずからを「妙法蓮華経の一使徒[46]」と規定した。また、その冒頭で、

経文に大地震裂して地涌の菩薩の出現することを云ふ。大地震裂とは過ぐる世界大戦の如

き、来りつつある世界革命の如き是れである。地涌菩薩とは地下層に埋るゝ救主の群といふこと、即ち草沢の英雄下層階級の義傑偉人の義である。[47]

と述べ、中国大陸における地涌の菩薩の現出を予見している。さらに、その末尾で、

教兄日蓮慈悲折伏のコーランを説きて未だ刃を出さず。世界一教を説きて猶支那印度に至らず。……一巻『大正安国論』を諸侯に献じて去る。[48]

と述べ、『支那革命外史』を――『立正安国論』を意識して――『大正安国論』と位置づけている。みずからを日蓮以上の存在と認識する北の自意識を垣間みることができよう。

昭和初期以降、北は表舞台に出ることはなく、信仰中心の生活を送っていた。北は起床すると、朝十時ごろまで誦経した。[49]その誦経は「神仏壇」に向かってなされた。「神仏壇」は左右に「南無妙法蓮華経」と墨書された白木牌が置かれ、その中央には明治天皇像が据えられていた。また、「神仏壇」の左側には東郷平八郎の揮毫《きごう》した「八幡大菩薩」の掛軸がかかっており、これは日蓮主義者の小笠原長生《おがさわらながなり》から譲られたものであろうと、松本健一は推測している。[50]北は上海から帰国した三ヵ月後の大正九年（一九二〇）三月、小笠原を通じて、『法華経』を皇太子（昭和天皇）に献じている。また、二・二六事件の際も小笠原を介して、政治工作を図った。

青年将校たちが影響を受けた『日本改造法案大綱』（原題は『国家改造案原理大綱』）は、天皇を

奉じての国家改造（ただし、その天皇観は「国家ノ天皇」という機関説的なもの）を訴え、「国家改造ヲ終ルト共ニ亜細亜聯盟ノ義旗ヲ翻シテ真個到来スベキ世界聯盟ノ牛耳ヲ把リ、以テ四海同胞皆是仏子ノ天道ヲ公布」することを主張した。[51] しかし、その主張は実現することがなかった。北は、息子（養子）の大輝あての遺書に「父ハ只此ノ法華経ヲノミ汝ニ残ス」と書き残した。[52]

西田税の法華信仰

一方、北の右腕というべき存在の西田税も、警察の聴取書のなかで「実家は曹洞宗でありますが私は法華経を信仰して居ります」と述べている。[53]

明治三十四年（一九〇一）、鳥取県に生まれた西田は広島陸軍幼年学校、陸軍中央幼年学校を卒業後、朝鮮羅南で士官候補生として過ごした。帰国後の大正九年（一九二〇）十月、陸軍士官学校に入学。陸士在学中に青年亜細亜同盟を結成するなど、国家改造運動に着手している（この結成に際して、ポール・リシャールの『告日本国』に影響を受けている）。

また、北一輝とは大正十一年（一九二二）四月に猶存社で出会い、『支那革命外史』に強い影響を受けた。同年七月、陸士を卒業し、朝鮮羅南の騎兵第五連隊に着任し、騎兵少尉に昇進した。しかし、すでに国家改造運動に取り組んでいたことや、陸士時代に病んだ胸膜炎が再発したことなどから、大正十四年（一九二五）五月、依願予備役に編入となり、以降、民間人の立場から国家改造運動に挺身することになる。[54]

中央幼年学校時代の西田の同期生には、三好達治《みよしたつじ》（のちに詩人）がいた。当時、三好は「日蓮主義者」だった。[55] また、西田は高山樗牛の著書を通じて、日蓮の存在を知り、『法華経』を思念し討究することもあった。[56] そうした影響から、『法華経』に親しみ、最初の羅南への赴任中も徳富蘇峰の『吉田松陰』『近世日本国民史　織田氏時代前篇』といっしょに日蓮の『立正安国論』を持参し、愛唱していたという。[57]

こうしたことから、西田は『法華経』を信仰するようになったものの、その信仰は従来の因習的なものではなく、「余の法華経は余の法華経である。……余が魂の上に築かれたる法華経である」と、大正十三年（一九二四）執筆の自伝で述懐している。西田の法華信仰は日蓮主義そのものではなく、また、北一輝のように法華シャーマニズムでもないが、「日蓮主義者」三好達治や高山樗牛の影響によって、間接的に日蓮主義の影響を受けていたものと推測できる。

『法華経』化城喩品

大正十五年（一九二六）に西田が編纂し、発行した北一輝『日本改造法案大綱』には、『法華経』化城喩品《けじょうゆほん》第七の一節が挿入されている。

無数千万衆　　無数千万の衆
欲過此険道　　此の険道を過ぎんと欲す
（中略）
時有一導師　　時に一《ひと》りの導師あり
強識有智慧　　強識にして智慧あり
明了心決定　　明了にして心決定せり

在険済衆難　　険きにあって衆難を済ふ

（中略）

慰衆言勿懼　　衆を慰めて言わく懼《おそ》るゝこと勿れ

汝等入此城　　汝等此の城に入りなば

各可随所楽　　各所楽に随ふべし

ここで説かれているのが、化城宝処のたとえである。

遥かかなたの険しい道のりの果てに宝物がある場所（宝処）がある。隊商は宝処をめざして旅立つが、あまりにも道のりが厳しいため、多くの者たちは途中で引き返そうとする。そのとき、ひとりの指導者が行路の途中に幻の城（化城）を作って、そこで人びとを十分休ませた後、その化城を消し去り、人びとを励まして、ふたたび宝処をめざして旅立たせるという内容である。これは、真理への険しい道を歩むにあたり、仏が人びとの能力に応じて仮の真理（化城＝三乗）を設け、人びとを元気づけたところで、究極の真理（宝処＝一乗）への歩みを叱咤激励するという三乗方便・一乗真実のたとえである。

この「化城」を手がかりに、日蓮主義者たちの試みを「永遠の化城」を見つめての歩みと捉え、満洲事変から二・二六事件までの昭和史を「化城」であったと考えたのが、本書冒頭で紹介した寺内大吉の『化城の昭和史』（一九八八年）だった。

じつは、北一輝の「霊告日記」に「海ノ上ニ城現ハル。一城ヅツ現レテハ消エル。後虹現ハル」という一節がある[58]（これを寺内は『化城の昭和史』の冒頭にエピグラフとして掲げた）。この霊告が書かれたのは、昭和六年（一九三一）九月十八日の朝、満洲事変のきっかけとなった柳条湖事件の当日だった。寺内は、この「城」に『法華経』化城喩品の「化城」を重ねあわせ、「その化城は、昭和史という砂丘の彼方に現れては消え、消えてはまた現れて、さまざまなリーダーによって国民なる旅人を引きずりまわし、奔命に疲れさせるのであった」と、厳しい言葉を投げる。[59]

結論を述べるのはまだ早い。二・二六事件以降、日蓮主義はどのような命運をたどったのか。もう少し具体的に検討したい。

3　曼荼羅国神勧請不敬事件

皇道仏教

昭和に入り、日蓮仏教が「不敬」として告発されるできごとが続発する。その前提には、当時の仏教界における仏教の日本主義化という動向がある。昭和八年（一九三三）以降、日本精神や日本主義を説く図書と論説が激増したことは既述したが、仏教界でもそうした傾向が顕著にみられた。戸坂潤の『日本イデオロギー論』（一九三五年）では、「仏教は日本精神の現はれだと解釈され始める」（七頁）と指摘されている。

こうした傾向は、前述の天皇機関説事件と国体明徴運動以降、より明確になった。国体明徴運

表11-1 「国体明徴」「皇道仏教」に関する著作

書名	著者	版元／刊行年月／宗旨
『皇道と日蓮主義』	河合陟明	統一団／1934年12月／顕本法華宗
『国体明徴と日本仏教』	菅舜英	親鸞教会／1935年12月／浄土真宗本願寺派
『国体明徴と仏教』	利井興隆	一味出版部／1936年2月／浄土真宗本願寺派
『皇道と仏道』	寺本婉雅	黙働社／1936年4月／真宗大谷派
『仏教より見たる国体明徴』	椎尾弁匡	名古屋仏教青年聯盟出版部／1936年4月／浄土宗
『神道・仏道・皇道・臣道を聖徳太子十七条憲法によりて語る』	暁烏敏	香草舎／1937年6月／真宗大谷派
『皇道仏教読本』	皇道仏教会	皇道仏教会／1938年4月／日蓮宗
『日本仏教の新使命』	椎尾弁匡	大東出版社／1938年11月／浄土宗
『聖衆読本』	高佐貫長	行道会仮本部／1939年6月／日蓮宗
『皇道と日蓮』	堀内良平	文昭社／1941年4月／日蓮宗
『恩一元論 ―― 皇道仏教の心髄』	佐々木憲徳	興教書院／1942年6月／浄土真宗本願寺派
『皇道と密教』	山岡瑞圓	銀行信託社／1943年4月／真言宗

動を経て、天皇の神格化と国体の絶対化が加速するが、仏教界では「仏教と国体明徴」に関する著作が刊行されるようになった。さらに仏教の日本主義は、皇道仏教の形成へといたる（表11―1）。

日本の仏教は日本主義化、皇道化を通じて、戦時教学（戦争を正当化する仏教教学）へと展開することになり、「「日本仏教」という大きな物語grand narrative」[60]をつくりあげていくことになる。

日蓮主義は「社会主義と相去る一歩」

以上のような仏教の日本主義化や皇道化は、一見、日蓮門下や日蓮主義陣営について追い風のように映る。しかし、実際はそうはならず、かえって苦境を強いられることになった。

そもそも日本主義者による日蓮主義への攻撃は、大正時代にさかのぼる。まずは蓑田胸喜によって批判が投じられた。[61]蓑田が主宰する雑誌『原理日本』大正十五年四月号で、蓑田は「諸家の日本主義を評す」のなかで、「日蓮主義者の日本主義論」を取り上げている。

蓑田は田中智学と里見岸雄の言説を取り上げ、「田中氏らは日本主義を標榜しつゝ不随意に儒教仏教基督教乃至独逸哲学風の非現実主義的の、即ち非日本主義的の「理想主義」に屈従追従している」、と批判する。[62]

問題視されるのは、「田中氏里見氏にとつては法華経が「能開」であつて日本は「所開」である」という点である。つまり、『法華経』と日本の関係について、『法華経』を主体（能開）、日本を客体（所開）と捉えることに疑義を示し、その思考法が「社会主義と相去る一歩」（社会主義との距離が近い）[63]となじるのである。

こうした蓑田の批判にたいして、里見の主宰する里見日本文化研究所の機関誌『日本文化』大正十五年六月号で所員の船口萬壽が「日本は存在か当為か――我等の主張に対する日本主義者の批評」をもって反論した。それにたいして、蓑田は『原理日本』大正十五年十月号に「粉飾擬態の日本思想――日蓮主義者の無体験非科学思想を剖検す」を執筆し、再批判した。蓑田によれば、現代の日蓮主義者が七百年前の日蓮を盲信して『法華経』の所説を絶対真理化するのは「全く時代後れの非科学的思想」[64]だった。

蓑田の思想的位置

ちなみに、蓑田は大正六年（一九一七）に東京帝大文科大学哲学科宗教学宗教史学科に入学するが、指導教授は姉崎正治だった。しかし、そりがあわなかった。[65]そこで蓑田が師事したのが、歌人で右翼思想家の三井甲之（一八八三〜一九五三）だった。

三井が主宰していた雑誌『人生と表現』の衣鉢を継いで、大正十四年（一九二五）十一月、三井、松田福松、蓑田らによって原理日本社が結成され、『原理日本』が創刊される。「原理日本社の思想は、即、三井甲之の思想だと考えても、大過ないだろう」と片山杜秀《かたやまもりひで》は指摘する。[66]親鸞《しんらん》の熱烈な信奉、聖徳太子と明治天皇への敬意、ドイツの心理学者ヴィルヘルム・ヴントの思想の重視[67]などは、三井の思想からの影響だった。

三井と親鸞との出会いは、三井の第一高等学校時代にさかのぼる。近角常観《ちかずみじょうかん》から親しく教えを受け、明治四十年（一九〇七）前後から大正末期まで、もっぱら親鸞の思想と文章を研究した。[68]三井は「宗教的原理としての阿弥陀仏は、道徳原理としての日本と随伴せしめられねばならぬ」[69]と主張し、「われらの宗教は祖国礼拝である」[70]と訴えた。

親鸞の信奉は『原理日本』の「綱領」の一節に表明されている。「日本文化史上の思想的偉人戦士」「祖国守護のうつくしき神霊」として、聖徳太子、柿本人麻呂《かきのもとのひとまろ》、源実朝《みなもとのさねとも》、慈円《じえん》、山鹿《やまが》素行《そこう》、吉田松陰といっしょに、親鸞の名前が挙げられている。[71]

つまり、姉崎、智学、里見の日蓮主義の系列にたいし、蓑田は近角、三井の親鸞の系列にその立ち位置があったのである。

日蓮遺文削除問題

日蓮主義陣営を含む日蓮門下への攻撃とその「不敬」化は昭和に入り、大規模なものになる。その最初は、昭和九年（一九三四）の日蓮遺文削除問題だった。日蓮遺文に記載された天皇・国家・神祇に関する字句が「不敬」に該当するとされ、それらの字句の削除ならびに伏字改定が政府によって強要されたのである。[72]

天皇機関説事件が発生する約三ヵ月前の昭和九年（一九三四）十一月十日、『東京日日新聞』二面に「日蓮宗の聖典を／断固、発禁処分か／不穏な字句を発見し／内務省まづ削除を厳命」との見出しが躍った。

記事の内容は、日蓮宗の教学者・浅井《あさい》要麟《ようりん》が京都の平楽寺書店から同年四月に出版した『昭和新修日蓮聖人遺文全集』全三巻の下・別巻に「皇室の尊厳を傷つけるが如き不穏な字句」が発見され、内務省がその削除を厳命したが、日蓮宗当局は『遺文全集』が「日蓮宗の精髄」であるとし、削除に難色を示している。このような内容は「国民思想を悪化すること甚大である」ことから、本山当局が削除を実施しないのであれば、内務省は強制的に発禁処分をすることになった、というものである。

より正確には、事の発端はこの二年前の昭和七年（一九三二）十月一日にさかのぼる。内務省警保局は『日蓮聖人御遺文講義』全十八巻および別冊（龍吟社）のうち第十三巻、また浅井要麟編著『四条金吾殿御消息』の本文と解説に不敬字句があると指摘し、遺文五ヵ所、計二百四十五字、解説四頁、計百二十三字の削除を命じた。たとえば、『崇峻天皇御書《すしゆんてんのうごしよ》』の「日本始まりて国王二人、人に殺され給ふ。其の御一人は崇峻天皇なり」の文言である。

その後、『昭和新修日蓮聖人遺文全集』の刊行に際して、ふたたび、「不穏な字句」が問題化し、新聞でセンセーショナルに取り上げられたのである。

問題の発生後、日蓮宗管長の神保《じんぼ》日慈《にちじ》は国柱会の山川智応に相談をした。山川は「日本の平安朝時代の文献にも同様に削除せねばならないものがたくさんあることになり、日蓮聖人のものだけを削除するということはできないはずだから、そのままにしておいたらよろしい」（意訳）、と伝えた[73]。

ところが、内務省は日蓮宗の教学部長を呼びつけ、だいぶやかましく言ってきたので、僧俗や宗派を超えた僧俗懇談会を結成し、この問題に対応することになった。山川と姉崎が上申文を作成し、佐藤鉄太郎と山田三良《やまださぶろう》に託し、内務大臣の後藤文夫に会って提出した。また、文部大臣の松田源治とも佐藤と山田が面談した結果、事は穏便にすむことになった。

しかし、山川たちのほうからある譲歩案を提示することにした。すなわち、日蓮遺文を削除することはとんでもないことだ、しかし、一般読者に国体と日蓮を誤解されると困るので、一般に流布する宣伝的性質を帯びた書籍には誤解を招く文句は引用しないことにする、と。また、同年十二月十日、日蓮宗教学部長の新浦寛実と警保局の久山秀雄事務官とのあいだでも削除を見あわせること、ただし、当該部分の説話・解説・宣伝をなるべく避けることとの付帯条件を付すことが確認された。その後、不敬字句の一般的流布は制限ないし否定され、伏字出版を通じて遺文の改訂削除が進行することになった[74]。

第二次大本教事件の影響

こうして日蓮主義系知識人の力を借り、事態はひとまず収まったようにみえたが、現実にはむしろ悪化してゆく。宗教団体にたいする政府の監視や取り締まり、弾圧が強化されたのである。

きっかけは、第二次国体明徴声明から約二ヵ月後、昭和十年（一九三五）十二月八日に発生した第二次大本教事件だった（第一次は大正十年に発生）。出口王仁三郎《でぐちおにさぶろう》率いる皇道大本にたいして苛烈な弾圧が加えられ、王仁三郎と妻の二代教主・すみをはじめとする教団関係者六十一名が治安維持法違反・不敬罪で起訴された。内務省は大本関係八団体を結社禁止として解散させ、京都の綾部と亀岡にあった教団の神殿や施設をすべて破却するほどだった。[75]

当時、皇道大本は「皇道維新」「昭和維新」を掲げて、宗教運動のみならず、昭和神聖会（昭和九年七月発足）による政治運動も展開していた。川村邦光《かわむらくにみつ》によれば、皇道大本は、天皇制神話と類似した神話、あるいは天皇制神話を換骨奪胎した異端的な神話を〝秘教〟的に教義に組みこんだうえで、日本主義的な宗教的・政治的運動を実践していた。[76] その異端性ゆえに弾圧をこうむったのである。

この第二次大本教事件をきっかけとして、内務省による宗教団体の統制政策が強化されることになる。統制の強化は皇道大本のような「類似宗教」（新宗教）にとどまらず、「公認宗教」にも及んだ。それまで各官省に分散されていた宗教警察業務を特高警察内に集中し、日常的な取り締まりを一段と強化した。各宗教団体の出版物の内容や宗教施設での指導者（牧師や布教師等）や信者の言動をはじめ、その任務は公刊された教義書の内容のチェック、宗教施設へのスパイの潜入、指導者や信者の言動の監視や尾行にまでおよんだ。[77]

また、治安維持法を宗教団体に拡大適用する途が開かれたのも、第二次大本教事件が契機となった。[78] 以後、新興仏教青年同盟（昭和十二年十月、後述）や天理本道《ほんみち》（昭和十三年十一月）、灯台社（エホバの証人の前身、昭和十四年六月）、創価教育学会（昭和十八年七月）などが治安維持法によって起訴された。

そうしたなかで昭和十二年（一九三七）に曼荼《まんだ》羅国神勧請《らこくしんかんじょう》不敬事件が発生するのである。[79]

ある神職の告発

それは、ひとりの神職の告発から始まった。

昭和十二年（一九三七）三月二十六日、兵庫県神職会会長の徳重三郎《とくしげさぶろう》が神戸地裁に上申書を提出した。日蓮宗の大曼荼羅の図顕（本尊の曼荼羅中、中央の「南無妙法蓮華経」の題目の左右最下位に国神の天照太神と八幡大菩薩を勧請し、配置すること）、禅宗における受戒和讃の内容（受戒時の和讃で法燈国師は天照太神に戒法袈裟を授けたとされていること）、真言宗の本地垂迹説《ほんじすいじゃく》（大日如来は真言宗の教主にして神宮の本地とする説）がいずれも「皇祖の御稜威《みいつ》冒瀆、国体の尊厳汚辱なり」として、その「不敬」性を告発した。[80] 徳重はその後、総理大臣や文部大臣などにも同じ趣旨の陳情書を送っている。[81]

徳重の告発にたいし、日蓮宗当局は厳しい対応を迫られた。

歴史をさかのぼると、明治初期の政府による神仏分離政策のなかで、日蓮門下は曼荼羅本尊への天照太神と八幡太神等の神号や、遺体に着用させる経帷子への神号など、いっさいの神号混用を廃止するよう命じられた（第一章1節参照）。しかし、神道国教化政策の紆余曲折を経て、明治十七年（一八八四）の教導職制の廃止と各宗派の管長制度の確立によって、教団自治が保障され、曼荼羅国神勧請も問題視されることはなかった。それが昭和十年代にふたたび問題化したのである。

日蓮宗は徳重の告発後、宗務当局、教学局、布教師会、立正大学で検討を重ね、とりあえず、袈裟や帷子等の衣類に曼荼羅は書かないこと、曼荼羅を書写して与えるときは天照太神の文字は書かないこと、曼荼羅中の天照太神の説明は当分のあいだしないことを各寺院に指令して、問題が紛糾するのを避けようとした。[82]

「鬼畜」の文言

さらに、昭和十二年（一九三七）八月以降、日蓮門下の伝統教団・本門法華宗でも国神勧請をめぐる問題が生起する。[83]

本門法華宗は勝劣派の一派で、光長寺（静岡）、鷲山寺（千葉）、妙蓮寺（京都）、本能寺（京都）、本興寺（兵庫）を大本山とし、寺院三百三十五ヵ寺、教会二百三十一ヵ寺、僧侶一千四百二十六名、檀信徒四十五万九千七百五十六名を数えていた。[84]

昭和十二年（一九三七）八月初旬、在阪の大日本仏教会主導の岡田《おかだ》孝治郎《こうじろう》（本門法華宗からの還俗者）が京都の下鴨警察署に告発をおこなった。[85] 苅谷《かりや》日任《にちにん》（本門法華宗学林教授）の『本門法華宗教義綱要』（本門法華宗務庁、一九三六年七月二十五日発行）、泉智亘《いずみちせん》（本門法華宗学林教授）の『隆門綱要』（一九三三年）、『尼ケ崎学叢』（一九三五年。専攻科卒業生・成瀬英俊の卒業論文「別雑信境より惣名信境へ」を収録）の三冊の記述中に「不敬」がみられるというのである。

じつは、同年六月、文部省宗教局に大阪中央局の消印のある匿名の投書があった。「本門法華宗教義綱要の二一一頁に記載された文章は不敬にわたらざるや」というものだった。[86] それがふたたび狙い撃ちされたのである。

苅谷は「宗内における教学の権威者」[87]であり、『本門法華宗教義綱要』（以下、『教義綱要』と略）は、「宗祖［大谷註：日蓮のこと］の妙判を仰ぎ門祖［大谷註：日隆のこと］の指南に任せて略《ほ》ぼ大途を記し」たものであり、「学徒の教授用に供する目的を以て編纂」された教義書である。[88]大正十三年（一九二四）五月に宗務当局から「門祖日隆教学の綱要を概説編纂すべき」と委嘱され、昭和十一年（一九三六）春にようやく脱稿したものだった。[89]

その二一一頁、「第四　宗要門」「第二章　宗旨三秘」「第四節　本門本尊」の部分。みずからの門流（日隆門流）の本尊観を記述した箇所に日隆の「私新抄」の一節が引用されていた。

天照太神等の諸神は内証に随へば仏菩薩の二界に摂すべく、現相を以て之を言はば鬼畜に摂すべし。それ即ち十界本有の曼荼羅なり。

この文言が「天照大神の御神徳を冒瀆し、大神を御祭神とする皇大神宮に対し奉る不敬[90]」と指弾されたのである。曼荼羅本尊に天照太神が図顕されていることと、現相鬼畜説（天照太神の諸神は内証［大谷註：仏が証得した内心の悟りの世界］にしたがえば仏菩薩にあたるが、『法華経』以外の現世的解釈によれば十界[91]中の鬼畜に包摂される）が「不敬」の根拠とされた。

岡田の告発にたいして、宗務当局は昭和十二年七月に宗派内に『教義綱要』中の該当箇所の抹消（墨塗り）を指示した。[92]

他方、宗門の僧侶のなかからも火の手があがった。（岡田と手を組んでいたとされる）北田秀達が同年九月三十日、宗務当局にたいして、『教義綱要』すべての焼却、責任者の処罰、宗務当局の総辞職等を要求する。しかし、埒が明かず、北田は次なる策動に着手した。旧知の同派僧侶の日種観明を通じて、原理日本社の蓑田胸喜を引き入れたのである。

昭和十二年十一月、蓑田は『本門法華宗の神祇観』と題するリーフレットを発行し、本門法華宗への批判を開始する。

五百年の法城、存亡の危機

こうした波状的な攻撃にたいし、宗務当局は当惑した。

文部省の指示によって『教義綱要』を回収して焚書し、十一月三十日、苅谷をはじめとする学林関係者、貫名日靖宗務総監、松井正純宗務部長、片山宗光教務部長が辞職。十二月十六日には尼崎の本興寺で五本山貫主が参加した長老会議が催され、国体明徴の徹底と新たな教義綱要の出版を決議した。

翌昭和十三年（一九三八）一月二十四日、赤沢日雄《あかざわにちゆう》管長は木戸幸一《きどこういち》文部大臣にたいしてこの一件にたいする始末書を添えた上申書を提出した。上申書提出の四日前の一月二十日、『読売新聞』夕刊に【五百年の法城に危機／本門法華宗、教義綱要抹消騒ぎ】と見出しが付された記事が掲載された。この事件の概要が解説され、一通の投書が五百年の伝統をもつ本門法華宗存亡の危機を巻き起こし、本門法華宗が「時代の〝法難〟を深刻に味はつてゐる」と記されている。

なお、文部省へ提出された上申書のなかで、苅谷はこの問題にたいするみずからの解釈を示している。

そのポイントは——大平宏龍のまとめによれば——「鬼畜」の二字は十界中の餓鬼・畜生ではなく、「鬼神・龍神」等の意味で、そのことは平安時代から室町時代までの文献に通例として用いられており、「鬼畜」とは軽賤の語ではない、日隆が内証・現相の両者を挙げたのは内証が真実であり、日隆以外の先師はすべて現相説ばかりであることは『本尊論資料』など多くの証拠があるということだった[93]。

なお、その後も本門法華宗への攻撃は継続し、ついには昭和十六年（一九四一）四月、苅谷や株橋諦秀《かぶはしたいしゅう》（学林教授）ら宗門幹部六名が検挙され、苅谷と株橋が不敬罪で起訴されるという事態を迎えることになるのだが、それについては第十三章3節で論じたい。

第十二章 理想はどこに

妹尾義郎

1　新興仏教青年同盟への弾圧

『労働雑誌』と妹尾義郎

昭和十二年（一九三七）三月二十六日の徳重三郎による告発にたいして、逆に徳重を不敬罪で反訴した人物がいた。横浜市在住の横浜仏教同仁会賛助会員の久岡幸昌《ひさおかゆきまさ》である。[1]

久岡は、曼荼羅本尊について非難を受けるのは全日蓮宗門のため、黙視することができないと考えた。徳重の行為は「我国固有の宗教神聖を汚瀆し、延《ひい》て天皇が神仏を祀り給ふ所謂祭祀大権を私議したるもの」なので、徳重こそ不敬罪に該当するとして、同年五月二十六日、神戸地裁に告訴状を提出した。しかし、九月九日、「時節柄抗争の時に非ず」と、その告訴を取り下げた。[2]七月七日の盧溝橋事件をきっかけとして、日中戦争が勃発し、日本は中国との戦争に突入していたのである。

それにしても、この久岡という人物はいったい何者なのだろうか。久岡の反訴とその取り上げの経緯を記した『特高外事月報』には詳細が記されていない。じつは、久岡幸昌は新興仏教青年同盟の横浜支部長であり、中央委員のひとりだった。[3]

満洲事変後、新興仏青は仏教界から孤立しながら反戦・反ファシズムを主張していた（第十章

1節参照)。しかし、機関誌・紙の発禁処分が続いた。『新興仏教』昭和六年十一月号、十二月号、昭和八年一月号、四月号、『新興仏教新聞』昭和八年十二月号、昭和九年六月号、七月号、九月号、十月号、昭和十年四月号、八月号、昭和十一年十月号が発禁となり、購読者のもとにその声は届かなかった。[4] ちなみに、発禁処分を受けた『新興仏教新聞』一七七号(昭和十年四月号)の発行部数は二千部だった。[5]

仏教界との反目が続くなかで、妹尾義郎は無産政党や労働運動関係者との連携を図っていくことになる。[6] とくに昭和八年(一九三三)の反ナチス・ファッショ粉砕同盟(七月)と極東平和友の会(八月)への参加以降、妹尾は日本労働組合全国評議会(全評)の加藤勘十《かとうかんじゅう》や高野実《たかのみのる》ら、合法的な社会民主主義者との交流を深めていった。昭和九年(一九三四)の大晦日には「仏教は従来無産運動ナンカ罪悪視してゐたのだ。それを打破して、無産運動こそ真に現代的運動であることを、広く仏教界にしらしめる役目が大事であるのだ[7]」、と日記に記している。

『労働雑誌』編集発行責任者

昭和十年(一九三五)二月、妹尾は労働者向けの大衆誌『労働雑誌』の編集発行責任者に就任する。この雑誌は「下からのファッショ化」が進み、天皇機関説が問題化するなか、「反ファシズム運動の戦線統一」(渡辺悦治)[8]をめざして同年四月に創刊された(翌年十二月に廃刊)。

同誌は、昭和九年(一九三四)の秋に全評の加藤と高野によって計画され、小岩井浄《こいわいきよし》、加藤、杉山元治郎《すぎやまもとじろう》を発起人、妹尾を編集発行人、内野壮児《うちのそうじ》、鈴木幸雄を編集者として刊行された。いわば、合法左翼(加藤、高野、杉山)と共産党系活動家(小岩井、内野)の協力によって成立した雑誌である。[9] 妹尾が編集発行人を引き受けたのは、小岩井や杉山が着任するとどちらもセクト色が出るので、無産運動に理解があり、セクト色のない人に編集発行人になってほしいという高野からの要請によるものだった。

創刊号の表紙絵はプロレタリア画家の柳瀬《やなせ》正夢《まさむ》が担当し、雑誌の内容は時事解説、座談会、労働者や農家向けの解説記事、国際情勢、漫画・漫文、小説などからなり、妹尾は「ほんとに見て来た飢饉の東北」（創刊号）や「農村の宗教をさぐる」（昭和十年十月号）などを寄稿している。

なお、『労働雑誌』は全評の機関誌『日本労働新聞』の広告で「労働者の『キング』」と評された。『キング』は、周知のとおり、講談社の野間《のま》清治《せいじ》によって大正十三年（一九二四）十二月に創刊された大衆雑誌で、創刊号は七十四万部に達した（昭和二年一月号は百二十万部）。『労働雑誌』の発行部数はそれに及ぶべくもないが、創刊時は三千部、最高部数は七千部を数えた。[10] 当時のプロレタリア陣営における「左翼キング」（佐藤卓己[11]）の可能性を追求した雑誌だった。

人民戦線運動の世界的展開

『労働雑誌』は「反ファシズム運動の戦線統一運動」（日本の人民戦線運動）をめざしたわけだが、その背景には国内の状況のみならず、海外におけるファシズムの進展と人民戦線運動の生起という状況があった。それを一瞥しておこう。

一九三三年一月、ドイツでヒトラー内閣が成立し、三月にナチスの一党独裁体制が樹立されると、ヒトラーは一九三五年三月にベルサイユ条約の軍備制限条項を破棄して再軍備を宣言。翌年三月、非武装地帯だったラインラント（ドイツ西部のライン川沿岸一帯）に進駐した。また、ムッソリーニ率いるイタリアは一九三五年十月にエチオピアを侵略し、翌年五月に併合。同年十月、ドイツとイタリアのあいだでベルリン＝ローマ枢軸が形成された。

こうしたファシズムの伸長にたいして、モスクワではコミンテルンが一九三五年七月二十五日〜八月二十日に第七回大会を開催し、新たな運動方針を採択した。それは、社会民主主義をファシズムの双子と捉え、社会民主主義勢力への敵対とその打倒を優先することを訴えた「社会ファシズム論」の方針をあらため、共産主義者と社会民主主義的な労働者、労働組合による「反ファシズム統一戦線」「反ファシズム人民戦線」の結成を世界に向けて呼びかけるものだった。[12]

すでにフランスでは一九三五年六月に反ファシズム・反恐慌を掲げて社会党、共産党、急進社会党の三党を中心にフランス人民戦線が成立し、翌年六月には社会党の指導者レオン・ブルムを首班とする人民戦線政府が成立した。

また、スペインでも一九三六年一月に共和派や左翼諸勢力によって人民戦線が結成され、二月の総選挙の勝利によって、人民戦線政府が樹立された。自由主義、民主主義から社会民主主義、共産主義勢力までを幅広く結集して、ファシズムに対抗する人民戦線運動が世界中で展開したのである（東アジアでは日中戦争開戦後の一九三七年九月、第二次国共合作が成立し、抗日民族統一戦線が日本軍と対峙）。

こうした国際状況のなか、コミンテルンの人民戦線戦術の採択以前に、「反ファシズム人民戦線」の意図をもった雑誌メディアとして『労働雑誌』が創刊され、それに妹尾はかかわったのである。

ところが、日本では……

ところが、日本での人民戦線運動は十分に発展しなかった。

コミンテルン第七回大会の方針を日本にもちこんだのは、同大会に日本代表として参加した野《の》坂参三《さかさんぞう》と山本懸蔵《やまもとけんぞう》だった。ふたりは変名（岡野進、田中）で「日本の共産主義者への手紙」を作成し、反ファシズム統一戦線の方針にもとづく人民戦線の樹立を国内の同志たちに呼びかけることにした。[13]しかし、この方針を受けとめる日本共産党の組織はすでになかった（昭和十年三月に中央委員会壊滅）。それにたいして、「反ファッショの「人民戦線」結成の為めの推進力」[14]たることを担ったのが、加藤勘十ら合法的な社会民主主義者を中心とするグループだった。[15]

昭和十一年（一九三六）五月四日、加藤を常任委員長、山花秀雄《やまはなひでお》らを常任委員として、無産運動団体の連合体である労農無産協議会（労協）が結成された。労協は「労働者農民の共同闘争に依り労働組合法、小作法其の他の社会立法の確立及無産大衆の経済的、政治的利益の擁護伸長を期す」[16]ことを目的とした。

七月三日には「反ファシズム人民戦線」の樹立をめざす恒久的無産政党の必要性のため旧組織を解散し——名称はそのままで——労農無産協議会を政党として再結成させた。その綱領では「無産階級の反ファッショ政治戦線統一」が掲げられ、社会民主主義を掲げる無産政党・社会大衆党（社大党。昭和七年七月結党、反資本主義・反共・反ファシズムの三反主義を標榜）への合流や合同を提起した。[17]九月四日には社大党に無条件合同を申し入れたが、拒否される。翌年三月、労協は日本無産党と改称し（加藤が委員長）、「無産階級の反ファッショ政治戦線統一」のための活動を継続した。

妹尾は、五月に労協が結成されると、個人で加盟し、常任委員にも着任した。また、六月十日の東京府会議員選挙に労協の候補者として立候補している。しかし、結果は落選だった。七月三日の新党・労農無産協議会設立の際には、引きつづき参加するものと思われたが、「新興仏青の充実のために努力するために」[18]加盟を断った（社会運動や労働運動への妹尾の積極的な政治参加にたいして、新興仏青内では宗教運動を中心にすべきであるとの批判の声が上がっていた）。妹尾と労協（加藤）との蜜月はこのときまでだった。

ただし、妹尾の日記には「人民戦線について研究した」（六月二十六日）との記述があり、『新興仏教新聞』一九一号（昭和十一年六月十二日）には「進歩的仏教徒よ、展開する反ファッショの人民戦争へ勇敢に参加せよ」という見出しの記事が掲載されている。[19]新党加盟には迷いつつも、人民戦線運動にたいしては関心を抱きつつ、宗教者としてその一翼を担おうとする妹尾の意思を読み取ることができる。

当局の監視の目

こうして政治活動に積極的に参加を図った妹尾と新興仏青にたいして、政府当局の監視が常態化する。

「新興仏教青年同盟の人民戦線運動」と題した報告記事が、内務省警保局による『特高外事月報』昭和十一年六月分の「共産主義運動の状況」の欄に掲載されている。先の『新興仏教新聞』の記事が紹介され、妹尾と同盟員、誌友九名が出席し、「人民戦線と仏教」というテーマで研究会がおこなわれたことが報じられている。また、司法省刑事局の『思想月報』二一八号（昭和十一年十月)には「新興仏教青年同盟に関する調査」が一二三頁にわたって詳細に報告されている。このなかで新興仏青は「啓蒙思想団体」であるものの、実質的には「合法左翼に拠る無産政治運動団体」と解するのがむしろ当たっていると記されている(四頁)。

じつは、新興仏青は「宗教運動」ではなく「共産主義運動」であるという政府当局の認識はそれ以前からあった。

たとえば、『特高月報』昭和九年一月分の「運動日誌」のなかの「プロレタリア文化運動」欄に「九、一、一四 新興仏教青年同盟年次大会開催す」とある。つづけて「五、一二 新興仏教青年同盟講演会開催す、出席者約百五十名にして特に不穏の行動なし」(同年五月分)など、新興仏青が共産党系の「プロレタリア文化運動」として見られていたことがわかる。

その後、国内での人民戦線運動の高まりのなかで、新興仏青は労農無産協議会などと並ぶ人民戦線運動の一翼として位置づけられ、政府当局の厳重な監視を受けたのである。弾圧はもう目の前に迫っていた。

妹尾、検挙さる!

昭和十一年(一九三六)十一月二十五日、日独防共協定が締結された。妹尾はソビエトの脅威を痛感しつつある日本にはやむをえない協約であると理解を示しつつも、「これこそ日本みづから世界戦争の渦中に飛びこむものだ。……かくて世界はファッショのブロックをますく高めて、第二次世界戦争を不可避ならしめつゝある次第だ」と批判。「世界平和をねがふ吾人は、こんどの協定についてむしろ多大の遺憾を感ぜざるをえない」[20]、と日記に記した。

同年十二月七日の早朝。目白署の特高刑事が雑司ヶ谷の妹尾宅を訪れ、妹尾は検挙された。容疑は、新興仏青の活動が理由ではなかった。『労働雑誌』と関西における共産党再建運動とのかかわりからだった。[21]

『労働雑誌』は号を重ねるごとに、内野や（後から編集に加わった）佐和慶太郎、労働雑誌社関西支局（昭和十一年一月末設置）の川上貫一ら共産主義者の影響力が増していた。この年の七月に和田四三四《わだしさし》らによって大阪で共産党中央再建準備委員会が組織された。その影響は労働雑誌社関西支局にもおよび、反ファッショ人民戦線運動が推進され、関西における統一戦線運動を支える力になっていた。[22]

こうした共産党再建運動にたいして、政府当局は治安維持法違反容疑によって、十二月五日、関係者の一斉検挙に踏みきった。十二月末までに一千百十八名が検挙された。[23] そのうちのひとりが、『労働雑誌』編集発行責任者の妹尾だったのである。なお、妹尾が検挙されてから一ヵ月後には、新興仏青中央委員の早瀬喜久雄も逮捕されている。

フレームアップ

当然のことながら、妹尾は共産党再建運動とは関係がなく、取り調べは埒が明かなかった。じつは妹尾は二・二六事件発生から三日後の二月二十九日に同盟員の松浦武雄といっしょに「保護検束」され、約七十日間、目白署に留置されていた。このとき、（共産党員や共産主義運動関係者が強要された）「手記」を執筆している。この手記では新興仏教の思想や新興仏青の立場が詳述され、新興仏青は共産主義運動とは異なり、仏教の改革を意図している団体であることも記されていた。妹尾は取り調べの担当者にその手記以上のことを申し上げることはない、と伝えた。
しかし、昭和十二年（一九三七）三月ごろから、取り調べは妹尾が思ってもみなかった方向に進んだ。妹尾は、早瀬が記したという手記を見せられた。そこには、こう書かれていた。[24]

［大谷註：新興仏青は］私有財産制度を否定し、人格平等を唱へ（天皇制を否定し）現代の資本主義社会を改革し、搾取なき、仏国土を建設する事を目的とする団体

共産主義、国際主義的、平和主義的な仏教の宣伝に努め、全国勤労大衆の啓蒙運動を為し……同時に大衆運動の合同化、暴力革命を以て其の目的達成の手段として居ります。

政府当局は『労働雑誌』の関係からではなく、新興仏青自体を共産主義団体として摘発するシナリオを描き、そうした供述や手記を早瀬や妹尾に強要したのである。
その結果、新興仏青は政府当局によって次のように定義され、治安維持法第一条の適用対象となった。フレームアップであることは明らかだった。

新興仏教青年同盟ハ仏教真理ノ現代的実践ヲ標榜シ一殺多生ノ革命的手段ニ依リテ、我国体ヲ変革シ私有財産制度ヲ否認シ以テ無搾取無支配ノ共同社会タル所謂仏国土建設ノ実現ヲ目的トスル結社ナリ。[25]

妹尾を失った新興仏青は、同年五月九日、東京神田の中央仏教会館で第七回全国大会を開催し、林霊法を委員長とする新体制を発足させた。[26]「国際平和主義の強調！」「仏教的社会運動の強化！」「貧窮同胞の積極的救援！」「類似諸宗教の排撃！」などをスローガンとしたが、政治活動よりも宗教運動の側面を重視し、「各地方の封建的旧習の打破の啓蒙」に重点を置いた新たな方針を採択した。[27]

しかし、そうした活動を十分に展開することはできず、治安維持法違反の容疑で、同年十月二十日、本部に集まった役員十二名の検挙を皮切りに、翌年五月上旬にかけて、役員から同盟員、誌友まで約二百名が検挙された。そのうち、起訴されたのは妹尾をはじめ、二十九名の同盟員である。[28]

新聞報道では……

なお、新興仏青関係者の一斉検挙の新聞報道は差し止められ、情報が解禁となったのが、昭和十三年（一九三八）五月三十一日だった。

前年の十二月十五日（新興仏青幹部の検挙から約二ヵ月後）、政府は人民戦線運動の弾圧をおこなう。衆議院議員の加藤勘十と黒田寿男《くろだひさお》、山川均《やまかわひとし》、荒畑寒村《あらはたかんそん》、鈴木茂三郎《すずきもさぶろう》、向坂逸郎《さきさかいつろう》ら労農派の関係者、合法左翼の活動家ら四百四十六名が検挙され、日本無産党が結社禁止となった。第一次人民戦線事件である。昭和十三年（一九三八）二月一日には大内兵衛《おおうちひょうえ》、有沢広巳《ありさわひろみ》、脇村義太郎《わきむらよしたろう》、宇野弘蔵《うのこうぞう》ら大学教授や左翼運動家三十八名が検挙される第二次人民戦線事件も発生していた。

「この人民［大谷註：戦線］運動の源泉母体ともいふべき日本共産党並びにこれに関連する左翼

分子の全国的一斉検挙」（昭和十一年十二月上旬の共産党再建運動に関する検挙）の情報の一環として、新興仏青関係者の検挙が報じられている。

『読売新聞』夕刊には【〝赤魔〟仏教界へ潜入／僧侶多数が赤き暗躍】の見出しが大きく掲げられた（二面）。二面では【日蓮信者から赤へ】【美声と熱情に聴衆を魅了】【一高時代首席の秀才】との見出しで、「異色雄弁家」妹尾のことが取り上げられている。「赤化思想」を宣伝した共産主義団体が新興仏教青年同盟であり、それを率いたのが、「赤」の宗教家・妹尾義郎という曲解されたラベリングにもとづく報道だった。

同年八月の一審では妹尾が懲役五年、他の役員は二年から三年の実刑が言い渡された。昭和十五年（一九四〇）十一月二日の控訴審で妹尾は懲役三年の判決を受け、十二月九日、巣鴨拘置所に下獄する。その後、小菅刑務所に移され、昭和十七年（一九四二）七月に重病で仮出所するまで、獄中で過ごすことになり、その間、いっさいの発言を封じられた。

2　日中戦争

満洲事変後の中国大陸

世界中で人民戦線運動が興起する中、ソ連とコミンテルンに対抗するため、日本政府（広田弘毅内閣）は昭和十一年（一九三六）十一月、ドイツとのあいだに日独防共協定を結んだ。翌年十一月には近衛文麿内閣（第一次）の下でイタリアを加えた日独伊防共協定が締結され、日本・ドイツ・イタリアのあいだで第一次大戦後のヴェルサイユ―ワシントン体制を打破し、「世界新秩序」をめざす枢軸陣営が形成された（その後、三国の関係は一九四〇年の日独伊三国同盟に結実）。

こうして世界秩序は日独伊の枢軸国、アメリカやイギリスなどの自由主義・民主主義陣営、共産主義国のソ連という三極構造にわかれ、日本は中国との泥沼の戦争（日中戦争。いわゆる支那事変）に突入し、ついには太平洋戦争を引き起こすことになる。

では、日本はどのように中国とのあいだで戦争をおこなうことになったのだろうか。石原莞爾の動向に注目しながら、開戦前後の状況を概観することにしよう。

関東軍は満洲事変によって東北三省を占領し、満洲国を建国したのち、昭和八年（一九三三）五月、中国の国民政府軍と日中軍事停戦協定（塘沽《タンクー》停戦協定）を結ぶ。[29] この協定で日本と中国とのあいだの緊張関係は一時期低減したが、昭和十年（一九三五）後半以降、関東軍と支那駐屯軍が中国本土への南下を開始したことでふたたび緊張が高まる。関東軍は、華北五省を国民政府の統治下から分離する華北分離政策を進め、同年十一月に冀東《きとう》防共自治政府（当初は冀東防共自治委員会）という傀儡《かいらい》政権を樹立させた。

翌年十一月の綏遠《すいえん》事件（関東軍の支援を受けた、内蒙古の徳王率いる内蒙軍が中国軍と衝突し、敗退した事件）の発生によって、中国ナショナリズムが高揚する。また、十二月の西安事件（国民政府の蔣介石が満洲を追われた張学良らによって監禁され、共産党との内戦停止と抗日救国を求められた事件）を経て、国民党と共産党の内戦がやみ、抗日へ向けての戦線統一が形成されていくことになる（日中戦争開戦後の一九三七年九月、第二次国共合作による抗日民族統一戦線が成立）。

日中戦争の勃発

こうして、日本と中国との対立が深まり、昭和十二年（一九三七）七月七日を迎える。

この日の夜、北京（当時は北平《ペイピン》）郊外にある盧溝橋《ろこうきょう》で日本軍（支那駐屯軍）と中国軍との交戦が勃発した。日本の参謀本部は事態の拡大防止を命じた。現地では十一日に停戦協定が成立する。しかし、事態は収束しなかった。

第一次近衛内閣（同年六月四日成立）は、当初、「不拡大、現地解決」の方針を採った。当時、参謀本部で力をもっていたのが、第一（作戦）部長の地位にいた石原莞爾である。石原は派兵には反対する不拡大派だった。それにたいして、第三（作戦）課長の武藤章は派兵を主張する拡大派だった。二・二六事件後に陸軍内で擡頭したのが、石原を中心とした石原派（満洲派）であることは前述した。その主要メンバーは軍部では板垣征四郎、磯谷廉介、片倉衷、今田新太郎であり、軍部以外には満洲人脈の宮崎正義（満鉄経済調査会主査）、十河信二《そごうしんじ》（同委員長）、八幡製鉄所のストライキを指導した有名な労働運動家・政治家の浅原健三らだった。[30]

（現地での停戦成立前日の）七月十日、参謀本部は朝鮮軍と関東軍から各一個師団、内地から三個師団を派遣することにした。というのも、現地の日本軍五千名にたいして、華北一帯の中国軍は四十万近くを数え、さらに国民党政府が増兵をしていることも伝えられたからである。日本軍の劣勢や在留日本人一万二千名の安全も考え、不拡大派の石原も派兵を決断せざるをえなかったのである。

二十八日、支那駐屯軍、満洲と朝鮮からの増援部隊、関東軍からなる日本軍が総攻撃を開始し、戦闘が始まる。翌二十九日には日本軍が北京、天津を占領し、その後、内地からも三個師団と関連部隊が合流し、日本軍の兵力は約二十万人を数えた。石原ら参謀本部はなおも不拡大方針を維持しようとしたが、八月九日の第二次上海事変（日本海軍の軍人二名が中国保安隊に射殺された事件）によって、戦火は華中にも広がり、近衛内閣は上海方面にも派兵を決定。十五日には「支那軍ノ暴戻《ぼうれい》ヲ膺懲《ようちょう》シ以テ南京政府ノ反省ヲ促ス為、今ヤ断固タル措置ヲトルノ已ムナキに至レリ」[31]とする政府声明（暴支膺懲論）を発表し、全面戦争に踏みきる。日本側は中国に一撃を加え、戦意を喪失させる方針（一撃論）に出た。

しかし、現実はそのようには進展しなかった。

日本軍の苦戦が続く。同年十一月十一日に上海を制圧したものの、日本側の死者は九千名あまり、負傷者は三万一千人あまりを数えた（中国側の死傷者は八万三千人あまり）[32]。上海制圧後、松《まつ》井《い》石根《いわね》を司令官とする日本軍は三〇〇キロ離れた南京（国民政府の首都）に入り、十二月十日に攻撃を開始し、十三日に占領する。十七日に松井らの入城式がおこなわれた。この過程で多数の一般市民と捕虜を虐殺した南京事件が発生した。

なお、石原は、戦闘最中の九月二十七日、作戦部長を辞職し、関東軍参謀副長として満洲に転出した。石原は参謀本部を去る際、「ついに追い出されたよ」と語ったとされたが、その転任は「自らの不拡大方針を貫徹できなかった本人の希望でもあった」という。[33]石原は拡大派との抗争に敗れ、陸軍中央から身を引いたのである。

「対手とせず」声明から「東亜新秩序」声明へ

昭和十三年（一九三八）一月十六日、近衛文麿首相は「爾後、国民政府ヲ対手《あいて》トセズ」との声明（第一次近衛声明）を発表した。[34] これは前年十月から進めていた和平工作を打ち切るという通告だった。

十八日に日本政府が発表した「補足的声明」によれば、「対手トセズ」とは「否認」であり、「抹殺」を意味するものであると強弁された。これによって和平工作のみならず、国民政府との外交も断絶するにいたる。

同年十月、日本軍は漢口と広東を占領したが、国民政府は十一月二十日以降、重慶に首都を移し、中国共産党の協力によって、粘り強く抗日戦をくりひろげた。予想は裏切られ、戦争は長期戦になっていった。

十一月三日、近衛は新たな声明（第二次近衛声明）を発表する。それはこの「征戦ノ究極ノ目的」が「東亜永遠ノ安定ヲ確保スベキ新秩序ノ建設」であり、この「新秩序」とは「日満支三国相携へ、政治、経済、文化等各般ニ亘リ互助連環ノ関係ヲ樹立」することだった。つまり、戦争の目的が日本・満洲・中国による「東亜新秩序」の建設にあるという表明だった。くわえて、国民政府といえども従来の指導政策を一擲し、その陣容を改替すれば、新秩序の建設に参加するのを「拒否スルモノニアラズ」というものだった。[35]

この「東亜新秩序」声明は「対手トセズ」声明を軌道修正し、遅きに失したものの、日中提携を呼びかけたものだった。ただし、その意図は――米谷匡史《よねたにまさふみ》がいうように――「日本を盟主として東アジアの再編成をおしすすめ、その「新秩序」のなかに中国を包摂しようとするものであり、帝国主義の一変種にほかならない」ものだった。[36]

しかし、この「和平を探るシグナル」から、大アジア主義、経済ブロック論、「東亜連盟」論、「東亜共同体」論がもたらされる。このうち、「東亜連盟」論や「東亜共同体」論は中国の統一化を承認しながら日中提携を模索したものであり、「日本帝国主義の大陸侵略への一定の自己批判」を包含していた。[37] その東亜連盟論を主導することになるのが、石原莞爾だった（後述）。

国民精神総動員運動

日中戦争が全面化するに際して、近衛内閣は挙国一致の戦時体制の整備を図り、戦争遂行のための総力戦体制を敷いていくことになる。

「暴支膺懲」の政府声明が出された九日後、昭和十二年（一九三七）八月二十四日、「国民精神総動員実施要綱」が閣議決定される。[38] その「三、指導方針」は次のようなものであった。

「挙国一致」「尽忠報国」ノ精神ヲ鞏《かた》ウシ事態ガ如何ニ展開シ如何ニ長期ニ亘ルモ「堅忍持久」総ユル困難ヲ打開シテ所期ノ目的ヲ貫徹スベキ国民ノ決意ヲ固メ之ガ為必要ナル国民ノ実践ノ徹底ヲ期スルモノトス

実践事項ハ右ノ目標ニ基キ日本精神ノ発揚ニヨル挙国一致ノ体現並ニ非常時財政経済ニ対スル挙国的協力ノ実行ヲ主トシテ定メ事態ノ推移並ニ地方ノ実情等ヲ考慮シテ適当ニ按排スルモノナリ

この国民精神総動員運動（以下、精動運動）は、「日本精神ノ発揚ニヨル挙国一致」と「非常時財政経済ニ対スル挙国的協力」の実行を求めた国民教化運動だった。

なお、九月九日に出された「内閣告諭号外」では、精動運動のねらいがこう語られている。難局を打開し、国運の隆昌を図る道は「我ガ尊厳ナル国体」にもとづいて、「尽忠報国ノ精神」を振起し、国民が日常の生活のなかでそれを実践することにある、と。[39]

こうした国体神話にもとづく教化活動の実施は——本書で取り上げてきた——日露戦後の地方改良運動、明治末の戊申詔書の普及、大正期の民力涵養運動、国民精神作興詔書の教化運動、昭和初期の教化総動員など、一連の官製の国民教化運動にみられる特徴である。[40] この精動運動もこうした教化運動の流れのなかにあり、総力戦体制を構築する「国民動員のための官製の国民運動」（長谷川亮一《はせがわりょういち》[41]）だった。

運動は国体神話にもとづく教化活動として大々的に展開され、昭和十五年（一九四〇）十月十二日に発足する大政翼賛会に発展的に解消するまで、全国各地津々浦々でくりひろげられることになる。

仏教も神道もこぞって

精動運動は中央に有力団体を設け、地方には道府県市町村単位の組織網を張りめぐらすという「文字通りの国民包囲網」[42] だった。その中央の有力団体が昭和十二年（一九三七）十月十二日に東京の日比谷公会堂で結成された国民精神総動員中央連盟（以下、中央連盟）である。有馬良橘《ありまりょうきつ》海軍大将を会長とし、設立時の加盟団体は七十四を数えた。そのなかには全国神職会、神道教派連合会、仏教連合会、日本キリスト教連盟という各宗教連合組織の名前もあった。[43]

中央連盟への加盟に先立ち、宗教界は盧溝橋事件後、すぐに戦争協力と大陸布教の展開を表明している。[44]

たとえば、仏教連合会（大正五年設立の仏教界の連合組織）は「我等仏教徒は帝国政府の中外に声明せる趣旨に基き外、皇軍の慰問、内国民精神の作興業協心戮力以て奉公の赤誠を効さんとす」[45]という声明を発表した。この「国民精神の作興業」の一環として、仏教連合会は中央連盟に参加したのである。

なお、仏教連合会は昭和十五年（一九四〇）二月に『国民精神総動員要覧』という冊子を刊行する。中央連盟への加盟後、全国仏教徒の精動運動の強化徹底に努めてきたなかで、「国民精神総動員運動の拡大強化」を図るため、とくに寺院、教会の布教資料、教化資料および時局認識教化の参考資料として編んだものだった。[46] 仏教界は戦時体制への積極的な協力を図り、精動運動の一翼を担ったのである。[47]

また、盧溝橋事件後、「国家と神社の結合の新段階」がもたらされる。[48] 仏教界と同じく、神社や神職も戦勝祈願祭の執行、出征軍人への祈禱や守礼の授与などの戦争協力をおこなった。精動運動を通じて、国民組織化のための神道儀礼の導入も一挙に全面化する。県庁の職員が知事以下全員で神社への集団参拝をおこない、工場の従業員も数千名で集団参拝をおこなうことが励行された。祝祭日（新年・紀元節・天長節・明治節）の奉祝も定型化・画一化され、官庁や学校で祝賀式をおこなうにとどまらず、「国民奉祝ノ時間」として、すべての国民が午前九時に宮城遥拝をおこなうことになったという。

さらには、学校現場でも精動運動が実践され、「教育の戦争体制への協力」[49]がなされていく。文部省から教育現場への精動運動の実施が通達され、埼玉県では精動運動を生徒児童の教育として徹底を図ることがめざされ、敬神崇祖の実践、規律厳守、学校行事を堅忍持久、困苦欠乏に耐える精神の錬成のためにおこなうこと、勤労奉仕、献金・節約などが指示された。

『国体の本義』

すでに述べたように、天皇の神格化と国体の絶対化は、満洲事変以降の日本主義や日本精神論を謳う書物の激増、天皇機関説事件の発生と国体明徴運動の展開を経て進行した。

ここで、日中戦争開戦後の天皇の神格化について、原武史の研究にもとづき補足しておく。原は、昭和大礼を契機に宮城前広場が「君民一体」の「国体」を可視化する最大の政治空間になったと指摘する。[50]日中戦争時の武漢三鎮占領（昭和十三年十月）と戦勝第一次祝賀会（昭和十七年二月）の際には、昭和天皇が白馬にまたがって「二重橋」（正門鉄橋）にあらわれた。このように、戦中期には「正門鉄橋と白馬とが、天皇を「現人神」として演出する舞台や道具として重要な役割を果た」した、と原は述べている。[51]

ついで、国体の絶対化について、教学刷新評議会の答申に注目したい。

時代を少しさかのぼるが、国体明徴声明後の昭和十年（一九三五）十一月に文部省内に新設された教学刷新評議会（以下、教刷評）では、国体観念と日本精神を根本として学問と教育を刷新するための方途が検討された。[52]この教刷評が翌年十月に公表したのが、「教学刷新評議会教学刷新ニ関スル答申（案）」である。

冒頭、次のように「国体」の定義が述べられている。

大日本帝国ハ万世一系ノ天皇天祖ノ神勅ヲ奉ジテ永遠ニコレヲ統治シ給フ。コレ我ガ万古不易ノ国体ナリ。而シテコノ大義ニ基キ一大家族国家トシテ億兆一心聖旨ヲ奉体シ克ク忠孝ノ美徳ヲ発揮ス。コレ我ガ国体ノ精華トスルトコロニシテ又ソノ尊厳ナル所以ナリ。[53]

この定義をそのまま踏襲したのが、かの有名な『国体の本義』である。[54] 本書は文部省思想局によって編纂され、盧溝橋事件の約三ヵ月前、三月三十日付で三十万部が発行された。全国の官公立の小学校、青年学校、中等学校、高等専門学校、大学及図書館へ配布され、各官庁にも送付された。また、同年五月三十一日付で一般読者向けの普及版二十万部も発行されている。[55]

当時、さまざまな国体論や国体言説が氾濫するなか、本書によって「文部省による公的な国体解釈」(昆野伸幸[56])が示された。同書は——米谷匡史によれば——「天皇主権説、国民道徳論、祭政一致論、天皇親政論などの教説を集約・総合し、近代天皇制の正統性の源泉を「記紀神話」における天孫降臨の神勅に一元化しようとした公的なテキスト[57]」である。

「八紘一宇」の国策理念化

『国体の本義』は「第一　大日本国体」「第二　国史に於ける国体の顕現」の二部構成からなる。その「結語」では、同書で示された「国体の本義」にもとづいて諸問題の原因となっている外来文化(儒教、老荘思想、仏教などの東洋思想、個人主義、自由主義、民主主義などの西洋思想)を醇化して国体を明徴し、新日本文化を創造する事業の実践を説いている。

ここで注目したいのは、「第二　国史に於ける国体の顕現」「一、国史を一貫する精神」のなかで引用されている文章、『日本書紀』巻之三（神武天皇紀）のいわゆる「橿原遷都の詔」の一節である。[58]

上は則ち乾霊の国を授けたまふ徳に答へ、下は則ち皇孫の正を養ひたまひし心を弘めむ。然して後に六合を兼ねて以て都を開き、八紘を掩ひて宇と為むこと、亦可からずや。（六七頁）

この部分は「乾霊授国・皇孫養正の御精神」を明らかにしており、その大御心は肇国の事実にも神勅のなかにもあらわれている、という。すなわち、近代天皇制の正統性の源泉となる「記紀神話」の神勅の一節であるわけだが、この「八紘を掩ひて宇と為む」の部分は、田中智学が「八紘一宇」の造語の典拠とした文言である（ただし、『国体の本義』では「八紘一宇」自体は用いられていない）。

第四章2節で述べたように、智学は「八紘一宇」を日本による道義的な世界統一の意味で成語化した。ただし、「天皇による世界統一」の発想自体は智学の独創ではなく、近世の平田国学の流れにおいてすでに見られる」と指摘するのは、長谷川亮一である。[59] こうした思想を『日本書記』の神武天皇紀（の橿原遷都の詔）と結びつけ、「八紘一宇」と成語化した点に、長谷川は智学の独創性をみている。

この「八紘一宇」は日本の国策理念となるが、それはどのようになされたのか。長谷川と河西《かわにし》晃祐《こうすけ》の研究にしたがって、それをたどってみたい。

この言葉が国策理念として宣伝されるようになるのは、日中戦争の勃発にともない、国民精神総動員運動が開始されてからである。『国民精神総動員資料』と題された一連の国民教育用パンフレットの第二輯『何故の支那事変』（昭和十二年十月十二日発行）や第四輯『八紘一宇の精神日本精神の発揚』（同年十一月十日発行）で用いられており、「ここに至って、「八紘一宇」は明確に国策理念としての位置付けを与えられた」[60]。

その後、「八紘一宇」は昭和十五年（一九四〇）七月二十六日に閣議決定を受けた「基本国策要綱」で「皇国ノ国是ハ八紘ヲ一宇トスル肇国ノ大精神ニ基キ世界平和ノ確立ヲ招来スルコトヲ以テ根本トシ」のように用いられるほか、同年九月二十七日に渙発された三国同盟の詔勅でも「大義ヲ八紘ニ宣揚シ坤輿《こんよ》ヲ一宇タラシムルハ、実ニ皇祖皇宗ノ大訓ニシテ、朕ガ夙夜眷々《しゅくやけんけん》措《お》カザル所ナリ」のように用いられた[61]。これ以降、「八紘一宇」は大東亜共栄圏のスローガンとして普及していくことになる。

ただし、満洲事変や日中戦争を経て日本の対外侵略が進み、「八紘一宇」が国策理念化する過程で、「この語が智学の造語であることや、その仏教的・日蓮主義的な含意は無視ないし忘却され、……「肇国」以来の日本の国是として語られていく」[62]という長谷川の指摘を確認しておこう。

しかし、それでも「八紘一宇」を日蓮主義的な意味で用いようとした人物がいた。――石原莞爾である。

3　東亜連盟論

舞鶴にて

昭和十四年（一九三九）一月、石原莞爾は日本海に面した京都北部の舞鶴にいた。満洲国の現状への不満と体調不良から、関東軍参謀副長の立場にあった石原は前年八月に予備役編入願を出し、帰国。予備役編入は認められず、十二月に関東軍参謀副長を罷免され、閑職の舞鶴要塞司令官に任ぜられた。

冬の舞鶴は毎日雪か雨で来訪者もあまりなかったため、時間に余裕のあった石原はのどかに読書や空想に時間を費やし、久しくなかった「幸福の日」を過ごすことになる。[63] 長谷川如是閑の『日本的性格』や白柳《しらやなぎ》 秀湖《しゅうこ》『維新革命前夜物語』、北一輝『支那革命外史』などに目を通し、北の著作にたいして「流石傾聴スベキモノ多シ」、と日記に記している。[64]

そして、一月二十九日。石原はこの静かな時間を利用して東洋史の大筋を一度復習してみたい気持ちを覚え、中学校程度の教科書を読んでいると、「突如一大電撃を喰つた」[65]。この体験は「五五百歳二重説」（あるいは「末法二重説」）と呼ばれる石原独自の日蓮主義信仰を切り拓くことになる。が、ここで日中戦争前から日中開戦後にいたる石原の思想の変遷について概観しておこう。その変遷を知ることで、この体験が石原の思想形成にもたらした決定的な意味についての理解が深まるであろう。

「国防国策大綱」の立案

時計の針は日中戦争前にさかのぼる。

昭和十年（一九三五）八月、参謀本部作戦課長に着任し、陸軍中央に入った石原は大きな驚きを覚えた。それは、満洲の兵力が極東ソ連軍の三割あまりで、戦車や航空兵力は五分の一程度であることを知ったからである。[66]

石原は満洲を優先した国防の充実のため、予算承認を取りつけるために海軍側の説得に努めるとともに、生産力の拡充のため、旧知の民間人で満鉄勤務の宮崎正義に依頼して同年秋に日満財政経済研究会（いわゆる宮崎機関）を創設させ、生産力拡充計画の策定に取り組ませた[67]（その成果は「満洲産業開発五ヵ年計画」「重要産業五ヵ年計画」に結実する）。石原にとって、対ソ連のための国防の充実と生産力の拡充が最優先課題だった。

翌年六月、参謀本部内に戦争指導課が新設されると、石原はその初代課長に着任する（この創設も石原が主張）。石原ら戦争指導課は「国防国策大綱」（以下、「大綱」）を立案し、参謀総長の決裁を得て同年六月三十日付で手続き上の公式案となった（ただし、海軍の反対で最終的には国策にはならなかった）。この「大綱」は「皇国ノ国策ハ先ヅ東亜ノ保護指導者タル地位ヲ確保スルニアリ。之ガ為東亜ニ加ハルベキ白人ノ圧迫ヲ排除スル実力ヲ要ス[68]」との方針に始まり、以下の方針が掲げられた。

・ソ連とイギリス、アメリカに対抗するために兵力（とくに航空兵力）を充実するとともに、日本と満洲および北支（中国北部）を範囲とした戦争を持久するための準備をすること

・英米との親善関係を保持したうえで、ソ連の「屈服」に全力を傾けること

・ソ連の極東侵攻を断念させるための「積極的工作」、ソ連を屈服させたのちは、東アジアにおけるイギリスの勢力を駆逐すること

・さらにはイギリスに支配されている諸民族を独立させ、ニューギニア、オーストラリア、ニュージーランドを日本の領土とすること

・その際にアメリカが参戦しないように中立を維持すること

こうして東アジアに加えられた「白人ノ圧迫」を排除し、日本が「東亜ノ保護指導者タル地位」を確保し、東アジア諸国を指導し協同して、来たるべきアメリカとの「大決勝戦」に備えるべきである、とした。なお、ソ連との戦争のため、「対支工作」は南洋方面の諸工作とともに、英米との親善関係を保持しうる範囲でおこなうべきだとしている。

「北支分治工作ハ行ハザルコト」

この「大綱」には、石原の戦争史観が反映した戦争計画をみることができるが、変更点もあった。それまでは、日米持久戦争→殲滅戦争としての日米戦争＝最終戦争というプロセスが想定されていたが、「大綱」では日米持久戦争に代わり、アジアからのイギリス勢力駆逐のための対英

戦争論が前面化している点である。[69]

昭和十年（一九三五）後半以降、関東軍は華北分離政策を進め、同年十一月に傀儡政権である冀東防共自治政府を樹立させたことは前述した。しかし、石原らは華北分離政策には反対だった。対ソ連戦のために昭和十六年（一九四一）まで準備に努めるべきだという立場だった（「戦争準備計画方針」昭和十一年七月）。[70]「我対支政策ハ日本的独我心ヲ排除シ、日本的利益ノミニ終始スル小乗的諸工作ヲ一掃スベキ」（「対支政策ノ検討（案）」昭和十一年九月一日）であり、「日支親善ハ東亜経営ノ核心」（「帝国外交方針改正意見」昭和十二年一月六日）だった。[71]

そのため、石原ら参謀本部は「対支那政策ヲ変更」し、「北支分治工作ハ行ハザルコト」（「陸軍省ニ対シ対支政策ニ関スル意志表示」昭和十二年一月二十五日）[72]という方針を打ち出した。これは国政レベルでの閣議決定「第一次北支処理要項」（昭和十一年一月）以来の華北分離政策の中止を意味する重要なものだった。[73]

その背景には、ソ連の極東攻勢政策の断念のためには英米との親善関係が必要であり、そうした英米への配慮や、中国における民族運動とナショナリズムの高まり、それにもとづく国民政府による国家統一の進行と抗日運動の激化への思惑があった。[74]

不拡大派の敗北

とりわけ、昭和十一年（一九三六）十二月の西安事件を契機とする抗日民族統一戦線形成の動きは、石原に帝国日本の従来の「帝国主義的侵寇政策」の放棄と「日支提携特ニ日支経済提携」の提起（「帝国外交方針及対支実行策改正ニ関スル理由並支那観察ノ一端」昭和十二年一月）をもたらす。「中国の広汎な基盤をもつ民族主義といかにして折合いをつけるかという問題が、石原にとっての緊急の課題となった」のである。[75]

しかし、昭和十二年（一九三七）三月に石原が作戦部長に昇格する直前から、石原の影響力は低下し、ついには同年七月七日の盧溝橋事件を迎え、石原ら事態不拡大派と武藤章参謀本部作戦課長、田中新一陸軍省軍事課長らの拡大派が激しく対立した。後年の石原の述懐によれば、「盧溝橋事件は……北支に於ては理論的に日支提携を整へて戦争なしに行けそうだと云ふ気分の時に起つた」のだった。「日支間といふものは争ふ可きものではなく、又若し争つたならば直ぐには済まんとの考へがあつた為に、……石原個人としては不拡大を以て進」んだ。[76]

しかし、既述したとおり、石原ら不拡大派は敗れ、九月二十七日に石原は関東軍参謀副長として転出、つまり左遷となる。結果、戦線が拡大するにつれて、石原の国防政策は国策レベルでは水泡に帰すことになる。

東亜連盟論

ここで、石原の東亜連盟論に注目したい。

日中戦争前の「対支政策ノ検討（案）」（昭和十一年九月一日）や「帝国外交方針改正意見」（昭和十二年一月六日）で、石原は日本・満洲・中国のあるべき関係を「東亜連盟」という言葉であらわしている。この東亜連盟論がみずからの最終戦争論を肉づけし、帝国日本（あるいは皇国日本）の帝国主義的な政策を批判するまなざしをさらに強化することになる。さらには、そのアジア主義的な思想や政策が国内外で反響を呼び、トランスナショナルな東亜連盟運動の推進力となる。[77]

なお、多くの論者が指摘するように、「東亜連盟」という用語は石原の独創ではない。[78]

一九三三年三月九日に満洲国協和会（一九三二年七月結成。以下、協和会）が刊行した『満洲国協和会会務要綱』（以下、『会務要綱』）の「第一章　会ノ構成」「一、会ノ根本精神」でこう述べられている。

満洲国協和会ハ王道主義ニ基ク建国精神ヲ汎ク国民ニ普及徹底セシメ、且ツ確乎タル信念ヲ持スル国民ヲ糾合シ民族協和ノ理想郷ノ完成ヲ期スルト同時ニ、最後ノ目標ハ混沌タル状態ニアル全支那本土ニ民族協和ノ運動ヲ及ボシ、進ンデ之ヲ全東亜ニ拡メ東亜連盟ヲ結成スルコトニ依ツテ、東洋文化ノ再建ト東亜永遠ノ平和ヲ確保スルニアリ。[79]

第九章3節で既述したとおり、協和会は「王道楽土」「五族協和」「王道主義」という満洲国の建国理念の徹底を図ろうとした政治組織であり、石原が期待を寄せていた団体だった。

桂川光正《かつらがわみつまさ》によれば、当時、満洲国協和会は「東亜連盟」という言葉でなんらかの理念を積極的に表現しようとしたのではなく、協和会の解散を意図していた関東軍にたいする自分たちの独自性や満洲国での存在意義を主張するなかでこの言葉を用いたのだという。[80] 建国の理念にもとづく各民族の対等な協力関係をアジアの民族関係のモデルにする。この発想が、石原の東亜連盟論の「重要な基調」を形成することになる。

石原自身が初めて「東亜連盟」との表現を用いるのは、（『会務要綱』刊行から三ヵ月後の）「軍事上ヨリ見タル皇国ノ国策並国防計画要綱」（昭和八年六月）においてである。「皇国トアングロサクソントノ決勝戦ハ世界文明統一ノ為人類最後最大ノ戦争ニシテ其時期ハ必ズシモ遠キ将来ニアラズ」との持論のもとに、「右戦争ノ準備トシテ目下ノ国策ハ先《まず》東亜連盟ヲ完成スルニアリ」[81]と述べている。東亜連盟は軍事と経済の両方から研究すべきものであり、「現今ノ急務ハ先東亜連盟ノ核心タル日満支三国協同ノ実ヲ挙グル」ことだった。

その後、昭和十年（一九三五）八月の段階で「皇国現下ノ国策ハ外東亜連盟ヲ完成シ、内所要ノ革新ヲ決行シ、以テ八紘一宇ノ皇謨ヲ実現スル準備ヲ完了スルニアリ」として、東亜連盟は日本、朝鮮、中国の三民族の共有共存地域である（と石原が考えた）満洲国を範囲として、天皇による統制の下に「共同防衛」「共同経済」を地域ごとにおこなうべきであると説いた。[82]

道義的な世界統一（八紘一宇）のための最終戦争の到来に向けて、「短期的にはソ連との戦争に備えるために、満洲を日本の兵站基地にすること」が、この時期の石原の問題意識だった。[83] そのために協和会の東亜連盟論をモデルとし、日本、満洲、中国からなる東亜連盟の結成を主張したのである。こうした意味からも石原にとって、中国と日本との戦争は避けるべきだったのである。以降、東亜連盟論が最終戦争論の「重要な基調」を形成し、下支えすることになる。

もはや満洲にも居場所なし

既述したとおり、昭和十年（一九三五）後半以降の関東軍の華北分離政策にたいして、石原らは「北支分治工作ハ行ハザルコト」という方針を対置。その政策を中止に追いこんだものの、日中は全面戦争に突入する。不拡大派の石原は拡大派に敗れ、昭和十二年（一九三七）九月二十七日に関東軍参謀副長として、満洲に左遷された。

満洲国で石原が目にしたのは、「「内面的指導権」という名のもとに君臨する関東軍の絶対権力と、日系官吏の官僚行政によって「建国の理想」にはほど遠い国家に変貌した満洲国の姿であった[84]」。

石原が期待していた協和会は古参の軍人と官僚の天下り派と石原直系の建国派（和田勁《わだつよし》、山口重次ら）との内紛がたえず、その改革も失敗し、あいまいな地位にあった。石原自身も関東軍幹部や日系官吏とのあいだに激しい感情的対立を生み出し、とりわけ東条英機参謀長との対立は抜き差しならぬところまでおよんだ。また、満洲派の同志だった磯谷廉介《いそがいれんすけ》（参謀長。東条の後任）や片倉衷（第四課長）からも疎まれ、背かれてしまう。

昭和十三年（一九三八）八月、石原は意見書「関東軍司令官ノ満洲国内面指導撤回ニ就テ」を磯谷参謀長に提出する。内面指導を担当する第四課の廃止、新学制の整備、協和会への自治の委任、行政機構の簡略化、満鉄の法人化、関東州の満洲国への譲与などを要望した[85]。しかし、こうした意見は受け入れられるはずもなかった。当時、石原は体調を崩していたこともあり、予備役編入願を出し、その返事を待たずに八月十八日、協和服姿で無断のまま帰国してしまう。

「戦争史大観」

無断帰国に先立つ昭和十三年五月、石原は「戦争史大観」を執筆している。これは昭和四年（一九二九）七月に長春（新京）での講話を訂正したものである[86]。戦争の性質（「持久戦争」と「決戦戦争」）、作戦、軍制の観点から、近代ヨーロッパの「戦争進化」のプロセスを整理したうえで、アメリカとの戦争が「真ノ世界大戦、人類最後ノ大戦争」であるという最終戦争論を主張したもので、石原独自の終末論的な戦争史観（第九章3節参照）である。昭和四年版にくらべて、この昭和十三年版では一定の修正が施されており、その修正点に注目したい。

「六　将来戦争ノ予想」「（三）然ラバ此ノ戦争ノ起ル時機如何」の1をみると、昭和四年版では「日本ガ完全ニ東洋文明ノ中心タル位置ヲ占ムルコト」となっていたが、昭和十三年版では「東洋諸民族ノ団結成ルコト」に修正され、日本の立場が相対化されている。

さらに、「七　現在ニ於ケル我国防」も大きく手が加えられている。とくに、「天皇ヲ中心ト仰グ東洋諸民族協同団結ノ基礎トシテ先ヅ日満支協同ノ完成ヲ現時ノ国策トス」という（東亜連盟論をベースとした）主張が昭和十三年版には加えられている。「東洋諸民族協同団結」は「天皇」を指導者と位置づけているように、日本の立場を相対化しても、天皇の立場は一貫して変わらず、その後、ますます重要な位置づけが図られることになる。

こうした修正点から、石原の戦争史観に東亜連盟論が不可欠のものとして組みこまれたことがわかる。この昭和十三年（一九三八）なかば以降、石原の東亜連盟論が急速に整備されていくことになる。[87]というのも、石原の戦略構想からは対ソ連戦のためにも日本の国力の消耗を防ぎ、中国の民族主義とも折り合いをつける必要があったからである。日中戦争の最中、日中の民族的対立を提携に転化し、その相互協力によって戦争を終結に導く原則として、東亜連盟論が形成されていくのである。そのことで、最終戦争論もより研磨されていく。

この後、「戦争史大観」は昭和十五年（一九四〇）に京都でさらに加筆・修正がなされ、翌年に刊行が予定されるも、東条陸軍大臣の横やりによって、発禁処分（形式は「自発的絶版」）を受けることになる。この点についてはあらためて述べることにしたい。

石原莞爾の「昭和維新」

昭和十三年（一九三八）八月十八日に新京を発った石原は数日を東京で過ごしたのち、母の鉦井と妻の銻をともなって、茨城県の大洗海岸に静養に出かけた。ここで九月一日に書き上げたのが、「昭和維新方略」（以下、「方略」）である。このメモはのちに『昭和維新論』に発展し、何度も改定を重ねていく。[88]

「昭和維新」という言葉は、本書でも取り上げた昭和初期の国家改造運動のスローガンとして広く普及した言葉であり、特別の新しさはない。たとえば、石原は昭和十年（一九三五）九月の時点で「昭和維新ノ必然性確認」のように用いている。[89]石原の「昭和維新論」は「石原の政治革新のプログラムを、日本政治の場に即して語ったもの」であり、それを当時の日本人に広くアピールするため、あえて流通度の高いタームを選んだのではないか、と五百旗頭《いおきべ》真《まこと》は推測する。[90]

では、その内容を確認しておこう。

この「方略」は、

甲　指導方針
乙　東亜連盟ノ結成
丙　国内ノ革新
若干ノ説明

からなる。まず、指導方針の一番目として、「帝国ノ実力ヲ以テ白人ノ圧迫ヲ防止シ得ル範囲内ニ於ケル東亜ノ諸国家ヲシテ公正ナル活動ト発展トヲナサシムル方針ノ下ニ東亜連盟ヲ結成ス」ると明示されている。[91]

つづいて、連盟内で経済的・社会的な諸矛盾を克服して「国力」を増進すること、日本の「建国ノ大義」にもとづいて欧米思想（とくにマルクス主義）を「開顕」して新しい時代の指導原理を確立することが示されている。具体的には、「日満支」の三国が「王道」を結成原理として、「国防ノ共同」「経済ノ共通」「政治ノ独立」を基礎条件とした「東亜連盟」の結成をめざすというものである。

「王道主義」

ここで注目したいのは、「王道」が「結成ノ原理」として掲げられていることである。「王道」を東アジア世界の結成原理として提示し、三国の連合を図ろうとしているわけである。「王道」とは、東アジア諸民族に共通する（とされる）理想の普遍的な政治倫理を意味するが、石原のオリジナルな提唱ではなく、『礼記』（古礼に関する諸儒家の諸説を整理編集した古代中国の経書）にある「大同」にその原型を求めた橘 樸《たちばなしらき》の提唱に由来する。[92]また、石原の「王道」概念の起源を西郷隆盛の思想と行動にみる研究者もいる。[93]この見かたからすれば、石原にとっての「王道主義」[94]とは「強者の弱者に対する寛容と配慮に基く協力関係の主張」であり、「帝国主義に対するアンチテーゼであり、かつ、自由放任という意味での自由主義への対立概念」だった。[95]

つまり、石原は西洋や日本の侵略主義や帝国主義にたいして、「王道主義」を対置することで、東アジア諸民族の連合を図り、「東亜ノ大同団結」[96]をめざしたのである。また、この「方略」では「天皇親政」が強調されており、「天皇」の存在が石原の思想では重要な位置を占めることをここでも再度、確認しておきたい。

これ以降、石原の思想は最終戦争論、東亜連盟論、昭和維新論を中心として展開していくことになるが、この三者の関係性について、五百旗頭はこう指摘する。

石原の認識に即していえば、最終戦争→東亜連盟→昭和維新の流れとなるが、実際に展開すべき運動プログラムとしては、昭和維新→東亜連盟→最終戦争の手順が必要と考えられたのである。[97]

五百旗頭の指摘を補足すると、運動のプログラムとしては、昭和維新→東亜連盟→最終戦争→八紘一宇（道義的な世界統一）となるであろう。なお、石原にとって、この三者（昭和維新・東亜連盟・最終戦争）は「不可分一体の関係」であり、「連動する三局面」だった。[98]

では、それを担うのは誰か。昭和十年（一九三五）から十二年（一九三七）まで陸軍の中枢にいた石原にとって、それは陸軍だったが、帰国後の石原にそれは期待できず、国内外の幅広い勢力にみずからの主張を訴求すべく、石原は東亜連盟運動にいよいよ本格的に取り組むようになるのである。

第十三章
アジアへ、そして世界へ

晩年の田中智学

1　五五百歳二重説

大疑問

石原莞爾の舞鶴での「一大電撃」[1]体験について前章で少し触れた。それについてさらに考察することにしよう。

満洲からの帰国後、舞鶴要塞司令官に着任し、読書や空想に時間を費やし、「幸福の日」を過ごしていた石原は東洋史復習のために中学校程度の教科書を読みはじめた。すると、「突如一大電撃を喰らつた」。昭和十四年（一九三九）一月二十九日のことである。

翌日の日記には「仏滅年代ニ関スル大疑問！／人類ノ大事ナリ」と記されている。[2]石原は自分の疑問点を解消すべく、二月二十三日に山川智応『開目抄講話』（一九三五年）などを注文した。三月二日、本が届き、この日の日記にこう書き留めた。

「開目抄」御記述御年五十一才
本年ハ仏滅二四二六年?
七十年以内ニ世界統一?·?·?[3]

日蓮の年齢、仏滅年代、世界統一の実現年限の予測が記されている。

じつは、石原は教科書から、仏滅年代に日本仏教の伝統的な説（紀元前九四九年説）と当時の印度哲学・仏教学の成果にもとづく説（紀元前四八六年説）のふたつがあることを知り、後者のほうが「正確らしい」[4]ことに気づくのである。[5]

仏滅の正確な年代はいつか

鎌倉時代の通念では『周書異記《しゅうしょいき》』という書物（偽書）にもとづき、紀元前九四九年が仏滅とされた。同書は偽書であるものの、中国と日本の仏教界ではこの書の仏滅年代（中国の周の穆王《ぼくおう》五十三年壬申＝紀元前九四九年）が採用されてきた。[6] 法然、親鸞、栄西、日蓮がこの説に拠っている。[7]

しかし、当時の著名な仏教学者・インド学者の高楠順次郎は、『衆聖点記《しゅしょうてんき》』（パーリ語の律蔵の注釈書『善見律毘婆沙《ぜんけんりつびばしゃ》』に付属して中国に伝えられ訳出された記伝）にもとづき、紀元前四八六年を仏滅年代として採用すべきとする説を提唱していた。[8] この紀元前四八六年説が説得力をもっていたのは、西洋の仏教研究における仏滅年代と近く、さらに南アジアの南伝仏教諸地域に伝わる仏滅年代とも近かったからである。[9] 石原は、この紀元前四八六年説にもとづき、昭和十四年（一九三九）を「本年ハ仏滅二四二六年?・」と捉えたのである（実際の計算では二四二三年になるが）。

なお、仏教では釈尊の入滅後、時代が経つごとに仏教が衰退していくとする衰退史観に立脚し、中国仏教では仏滅後の歴史が「三時」に区分された。

それによると、仏滅後、仏の教えと教えを実践する人が存在し、それにしたがって悟りを開く人がいる「正法《しょうぼう》」の時期（一千年間。五百年という説もある）、仏の教えとそれを学ぶ修行者はいるが、悟りを開く人はいないとされる「像法《ぞうほう》」の時期（一千年間。五百年という説もある）、最後に仏の教えだけが残り、もはや悟りを得ようとしても不可能であるとされる「末法《まっぽう》」の時期（像法終了から一万年）と、各時期が説明される。日本では永承《えいしょう》七年（一〇五二）に末法に入ったとされてきた。

すなわち、日本仏教の伝統的な紀元前九四九年説にもとづけば、日蓮（一二二二〜一二八二）は末法の最初の五百年に生きたのであり、みずからもその自覚をもっていた。

「第五の五百歳」

たとえば、日蓮は建治《けんじ》二年（一二七六）を「一閻浮提の内に仏滅後二千二百二十五年が間、一人も唱えず。日蓮一人南無妙法蓮華経・南無妙法蓮華経等と声もをしまず唱るなり」[10]と記している。紀元前九四九年説に依拠していることは明らかである。また、『撰時抄』で「彼の大集経の白法隠没の時は第五の五百歳当世なる事は疑ひなし」[11]、と述べている。

「第五の五百歳」とはどういうことか。

これは三時思想をさらに細かく区分した捉えかたである。『大集経《だいじっきょう》』（正確には『大方等大集経《だいほうどうだいじっきょう》』。中国の隋代に編纂された経典）では、仏滅後を解脱堅固《げだつけんご》・禅定《ぜんじょう》堅固・多聞《たもん》堅固・多像塔寺《たぞうとうじ》堅固・闘諍言訟白法隠没《とうじょうごんしょうびゃくほうおんもつ》という五段階の五百年にわける五堅固説を採る。最後の「闘諍言訟白法隠没」期が正法千年、像法千年の次にくる末法万年の始めの五百年（第五の五百年、五五百歳）にあたる。日蓮のいう「白法隠没」とは、このことを指す。

日蓮の主著のひとつ、『観心本尊抄』の正式名は『如来滅後五五百歳始観心本尊抄』だが、「如来滅後五五百歳始」とは、仏滅から数えて第五の五百年の初め、すなわち末法の初めに「始めて」説かれる教説という意味である。その前提には、この著述が執筆された文永《ぶんえい》十年（一二七三）が紀元前九四九年説にもとづく仏滅後二二二二年に相当するという認識があったのである。

切実な問題

ここで石原にとって問題となるのは、紀元前九四九年説では日蓮は末法の時代（五五百歳）の生まれになるのだが、紀元前四八六年説にもとづくと、日蓮は像法の時代（多像塔寺期の一七〇七年）の生まれになってしまうことである。これがなぜ重要なのかというと、「仏の予言の的中の妙不可思議が私の日蓮聖人信仰の根柢である」[12]と考える石原にとって、『観心本尊抄』摂折《しょうじゃく》現行段《げんぎょうだん》の予言に密接にかかわるからである。

摂折現行段とは――これまで本書で何回も紹介してきたが――「当《まさ》に知るべし此の四菩薩折伏を現ずる時は賢王と成て愚王を誡責し摂受を行ずる時は僧と成て正法を弘持す」の文言であり、末法の時代に上行菩薩が「賢王」として、「僧」として、二度出現するというものである。第三章2節で述べたように、日蓮はみずからを末法の世に現出した上行菩薩になぞらえていた。また、「末法の導師」としての自覚もあった。[13]

摂折現行段にいう上行菩薩の二度の出現は末法の時代のことであり、像法の時代でないという認識が石原にはあった。第八章2節で石原の信仰を――西山茂のいう――「上行のアドヴェンティズム」（切迫したメシア再臨の信仰）であると確認した。上行菩薩の二度の出現の時期がいつなのかは、石原にとって切実な問題だった。であるがゆえに、「人類ノ大事」なのである。

教法と王法の「使い分け」

石原は仏滅年代が二説あることの意味を徹底的に考え抜き、「両説を切迫した上行再臨信仰の立場から矛盾なく会通《えつう》し、むしろ仏滅年代に両説の存在する積極的な意味を探ろうとした」[14]。

石原の解釈は、こうである。

このこと〔大谷註：仏滅年代ニ関スル大疑問〕に悩んで居る間に私は、本化上行〔大谷註：『観心本尊抄』摂折現行段で予言されている本化上行菩薩〕が二度出現せらるべき中の僧としての出現が、教法上の事であり観念の事であり、賢王としての出現は現実の問題である。仏は末法の五百年を神通力を以て二種に使ひ分けられたとの見解に到達した。[15]

つまり、僧（日蓮）は紀元前九四九年説による仏滅年代によって、賢王は紀元前四八六年説による仏滅年代によって、それぞれ末法の最初の五百年（第五の五百年）中に出現すると考えたのである。

ここにおいて、石原の日蓮主義信仰は転回し、いわゆる「五五百歳二重説」（あるいは「末法二重説」）が確立する。「五五百歳」を教法上・観念上のことと、現実上のこととして、二重に解釈したのである。その結果、「世界の統一は〔大谷註：紀元前四八六年説の〕仏滅後二千五百年迄に完成する」との推論に達し、この推論が五十年以内に最終戦争が起こるという軍事上の判断とかなり近い結論になったことで確信を得る。[16]

こうして、世界統一の具体的な時期が信仰面からも裏づけられ確定した。

なお、「世界の統一は仏滅後二千五百年迄に完成する」という見解の前提には、日蓮が『法華経』薬王菩薩本事品第二十三の一節、「後の五百歳に閻浮提に於て［大谷註：『法華経』を］広宣流布せん」（「後五百歳於閻浮提広宣流布」[17]）を踏まえて、五五百歳を『法華経』の教え（とくに妙法五字）が広く世界に広まるという「仏の予言、未来記」として受けとめたという理解がある。石原にとって、日蓮の存在自体が「仏の予言」であり、その教説は「未来記」だった。であるがゆえに、世界統一は（五五百歳が終わる）仏滅後二千五百年までに実現されるべきものだったのである。

「賢王」の位置づけ

さらに注目すべきは、「賢王」の位置づけである。

第四章1節で検討したように、田中智学は、

天皇＝戒壇願主＝上行菩薩＝賢王＝転輪聖王（金輪大王）

と考えており、石原もその影響を受け、

天皇（当時の**皇太子**。昭和天皇）＝**戒壇願主**＝**上行菩薩**＝**賢王**

と把握していた。ただし、石原の場合は、戒壇建立時に上行菩薩が天皇＝賢王として二度目の出現（再臨）をするという「賢王信仰（上行再臨信仰）」（西山茂）の立場を取った。[18] 石原の「上行のアドヴェンティズム」は賢王信仰にもとづいていた。しかし、石原にとって、その天皇像の宗教

的意義については十分には明確ではなかった。

しかし、この「五五百歳二重説」によって、上行菩薩の再臨である賢王＝天皇が――「現実の問題」として――世界統一のための最終戦争の際に出現するメシア（救世主）である、との解釈に到達する。「天皇」は「現実の仏国土を招来する天皇（ゾルレンとしての天皇）」として、人類の救世主たるべき地位にまで普遍化されたのである（いわば、「変革のシンボル」の極限化）[19]。

西山が指摘するように、切迫した上行再臨を信じるアドヴェンティストになること（大正十二年）と、五五百歳二重説（昭和十四年）によって、石原は「二重の意味で従来の国柱会信仰からの離脱を遂げたのであった」[20]。こうした信仰上の転回を経て、石原はより切迫した世界統一のヴィジョンを体系化していくことになる。ただし、その世界統一の主体は智学のように天皇を指導者とする「日本」ではなく、賢王としての天皇を指導者とする「東亜連盟」だった。石原によって、日蓮主義のアジア主義化が図られた。

2　軍服を脱いだ石原莞爾

『東亜聯盟論』と『東亜聯盟建設綱領』

舞鶴での「一大電撃」体験から半年後の昭和十四年（一九三九）八月一日、石原は陸軍中将に任ぜられ、留守第十六師団司令部付となる。同月末、京都南部の伏見（現・京都市伏見区）の京都第十六師団長に補せられた（ただし、九月上旬に東京の病院に入院し、中旬に着任）。

同年八月十日、杉浦晴男（石原の個人秘書）名で石原による『東亜聯盟建設綱領』（立命館出版部）が出版された。これは、東亜連盟論を世に問うたたき台には「無名の青年がよい」という石原の意向にもとづくものだった[21]。同書に先立ち、石原は経済政策面でのブレーン、日満財政経済研究会の宮崎正義に『東亜聯盟論』（改造社、一九三八年十二月）を刊行させていた。本書の表紙を開くと、板垣征四郎による「八紘一宇」の題字が掲載されており、石原が「序」を寄せている。「宮崎君は満洲建国初頭、既に王道を基調とする東亜聯盟の結成が日本発展の新方式にして、同時に東亜諸民族を救ふ唯一の道なることを唱導し、爾来数年、君の努力は之に関する研究に集中せられてゐる」（序一〜二頁）と、石原は述べているが、本書は石原の協力を得て一ヵ月半の短期間で書き上げられたものである。

『東亜聯盟論』「第二編　東亜聯盟の建設綱要」の「第一章　東亜聯盟の範囲」および「第二章　聯盟結成の基礎条件」「第三章　結成の指導原理」「第四章　聯盟の政治組織」の主要部分は、『東亜聯盟建設綱領』の「第二章　東亜聯盟の概念」に引用されている。『東亜聯盟建設綱領』が『東亜聯盟論』に依拠しながら作成されたことがわかる（ただし、『綱要』では「八紘一宇」の文言が付加されている）。

指導原理は「王道」

『東亜聯盟論』『東亜聯盟建設綱領』に示された「東亜聯盟結成の基礎条件」は「国防の共同」

「経済の一体化」「政治の独立」からなり、その指導原理は「王道」だった。つまり、石原の「昭和維新方略」を敷衍したものである（ただし、「経済ノ共通」が「経済の一体化」に変更）。

なお、『東亜聯盟建設綱領』にも板垣が「共和万邦」の題字を寄せており、石原による「例言」には「本書は東亜大同の見地より、日満支三国の相互関係を率直に論述したものである」と記されている。この本の第二章では、現在の参加国は「日満両国であるが、近く中華民国が参加するであらう」と予期され、「爾後、聯盟実力の向上と聯盟精神の普及とにより逐次参加国を増加して大亜細亜の協同となり、遂には八紘一宇の大理想達成を期待する」（一二頁）、と述べられている。ただし、「日本人が日本国を盟主なりと自称するは慎むべきである」（二六頁）と、その「相互関係」が語られていることに注意しておこう。

『東亜聯盟建設綱領』刊行のわずか二ヵ月後、昭和十四年（一九三九）十月には朝鮮語版が満洲国協和会の朝鮮人幹部だった金昌南《キムチャンナム》によって翻訳され刊行された。[22] 東亜連盟の反響は国境を超えるものがあった。

また、同年九月十五日には訂正十版が刊行されており、同書が版を重ねていたことがわかる。当時、国内では、東亜連盟論に追い風が吹いていた。それは昭和十三年（一九三八）の近衛首相による「東亜新秩序」建設の声明（十一月）と善隣友好・共同防共・経済提携の近衛三原則の声明（十二月）が影響していた（『東亜聯盟建設綱領』では、実際に「東亜新秩序」が言及されている）。近衛三原則の最初の起草者は、石原の影響下にあった堀場一雄（参謀本部二課員）だったこともあり、近衛三原則と東亜連盟の三条件が類似していた。[23] 「東亜新秩序」声明をきっかけとする昭和研究会（昭和十一年設立の国策研究団体）のメンバーたちによる「東亜共同体」論が昭和十四年

（一九三九）の論壇をにぎわすなか、東亜連盟論もまた、注目されたのである。[24]

「一大国民運動」をめざして

昭和十四年（一九三九）十月、東方会（昭和十一年設立の政治団体）所属の衆議院議員だった木村武雄《きむらたけお》を理事長として、東亜連盟協会（以下、協会）が東京で設立された。創立時の主要メンバーとして、木村、中山優、稲村隆一らの東方会、日本農民連盟（東方会系の農民団体）のグループ（木村派）、伊東六十次郎《いとうむそじろう》（建国大学）、宮崎正義（日満財政経済研究会）、和田勁《わだけい》（元満洲青年連盟）、里見岸雄、杉浦晴男、橘樸（満洲評論社）らのおもに満洲グループ（石原派）、大河内一男（東京帝国大学）、新明正道《しんめいまさみち》（東北帝国大学）ら昭和研究会のメンバーでもある学者グループが名前を連ねていた。[25]

協会の機関誌『東亜聯盟』が同年十月に刊行されるが、「新秩序建設の指導雑誌」とのコピーが毎号の表紙を飾った。石原は創刊号に「ナポレオンの対英戦争」を寄稿している。『東亜聯盟』一巻二号（昭和十四年十二月号）には、「趣意書」「綱領」「規約」が掲載されており、東亜連盟協会の基本的な特徴がわかる。「趣意書」では「東亜聯盟協会ハ一個ノ文化団体トシテ東亜聯盟主義ニ基ク文化運動ノ展開ヲ任務トスル」と自己規定がなされ、「東亜諸民族ノ提携強化」を促進するための基礎の確立が強調されている。また、近衛三原則の声明を受けて、東亜連盟運動が官民一体の「一大国民運動」として遂行されるべきであると明記された。「綱領」では協会の目的が「万邦協和ニヨル世界絶対平和ノ確立ヲ究極ノ理想トス」ること、協会の方針が「王道ニ基キ国防ノ共同、経済ノ一体化、政治ノ独立ヲ条件トスル東亜聯盟ノ結成ヲ唱道ス」ること、さらに「国防国家ノ完成ノ為メ内外一途ノ革新政策ノ実現ヲ期ス」とされた（一五七〜一五八頁）。石原の東亜連盟論にもとづく主張であることが明らかであろう。[26]

翌昭和十五年（一九四〇）以降、青森、宮城、新潟、熊本、長崎をはじめ、国内各地で続々と地方支部が結成されていき、この年だけで二十一支部を数えた。

これらの支部では地元の政治家や経済的実力者などが中心的役割を果たし、土地の名士や名望家が幹部に、支部長の多くを県会議長が務めたという。[27] というのも、昭和十六年（一九四一）末までに総選挙がおこなわれるはずだったからであり、そうした中心人物たちの意図は、「世論に便乗して代議士やその予備軍の後援会組織＝選挙基盤を設立することであった」のである。[28]

また、大学生のあいだでも連盟結成の気運が高まり、昭和十五年（一九四〇）一月に在京の大学から代表二十名が集まり、六月、東京帝国大学、早稲田大学、慶応大学、明治大学などの学生を中心とする東亜学生連盟が結成され、のちに参加大学は全国に及んだ。[29]

なお、同年十月、東亜連盟協会の第一回全国支部代表者会議が立命館大学で開催され、十七支部の四十四名が参加した。[30] 従来の「趣意書」と「綱領」が廃止され、新たに「宣言」が採択されている。その出だしはこうである。

人類史ノ最大関節タル世界最終戦争ハ数十年後ニ近迫シ来レリ　昭和維新トハ東亜諸民族ノ全能力ヲ綜合運用シテコノ決勝戦ニ必勝ヲ期スルコトニ外ナラズ。[31]

「最終戦争」「昭和維新」「東亜連盟」からなる石原の主張と思想がこの一文にこめられており、

協会員と読者にたいして、最終戦争の切迫性が訴えられた。

汪精衛が会長に

東亜連盟運動の反響は、中国大陸や朝鮮半島にもおよんだ。中国に東亜連盟論をもちこんだのは、朝日新聞記者の田村真作である。[32] 石原の思想に共鳴していた田村が一九三九年三月に北京支局に転勤となり、新民会（中華民国臨時政府と表裏一体の翼賛団体として一九三七年十二月結成）の中央指導部長の繆斌《みょうひん》に働きかけをおこなった。「一貫した反共主義者にして王道論者」[33]だった繆斌は、東亜連盟の思想に接近し、一九四〇年五月十四日、北京で中国東亜連盟協会を創立した。

つづいて九月には広東で林汝珩《りんじょこう》（広東省教育庁長）らによって中華東亜連盟協会が設立され、会員数は結成時点で八千人あまり、その後の二ヵ月間で三万人に達したという。[34] 十一月二十五日には南京で周学昌ら「政府・国民党」の中堅幹部によって東亜連盟中国同志会が創設され、その綱領には「大アジア主義の精神に基づき、政治の独立、経済協力、軍事同盟、文化交流を以て主要原則とし、東亜民族の結合を求める」と記された。[35] 日本の東亜連盟はこの「文化交流」を事後承認し、「綱領」に加えることになる。[36]

さらに、翌一九四一年二月一日、南京で東亜連盟中国総会が設立され、中国の東亜連盟運動の全国的組織化が図られた。会長には汪精衛（汪兆銘）が就任した（中華東亜連盟協会も東亜連盟中国同志会も汪精衛の指示によって設立）。

東亜連盟中国総会の設立大会で、汪精衛は「東亜新秩序」政策を公的に評価したうえで、「政治の独立」を強調した。[37] 汪精衛一派が東亜連盟論を採用した最大の要因は、この「政治の独立」の条件の存在だった。[38]

一方、満洲では一九四〇年七月、伊東六十次郎らが新京で東亜連盟研究会を結成し、十一月に奉天で満洲東亜連盟誌友会が設立されている。しかし、関東軍の圧力によって、満洲での東亜連盟の活動はほとんど影響力がなかったという。[39]

植民地朝鮮では

先に『東亜聯盟建設綱領』の朝鮮語版が昭和十四年（一九三九）十月、金昌南によって翻訳されたことを紹介した。松田利彦によれば、東亜連盟系の運動組織が朝鮮で最初に確認されるのが（日本の東亜連盟協会結成に先立つ）一九三九年一月である。[40] それは「政治の独立」を掲げる東亜連盟論が朝鮮人の独立願望に訴えかける部分をもっていたことによる。[41]

東亜協和理念研究所設立委員会という団体がこのときに光州で設立された。その設立者が姜永《カンヨン》錫《ソク》と藤田玄太郎である。また、京都で東亜連盟運動の中心人物となり、日蓮主義にも帰依する曺《チョ》寧柱《ヨンジュ》（一九一三〜九六）が東亜連盟論に触れたのが同年二月だった。[42]

姜永錫（一九〇六〜九一）は一九二〇年代にマルクス主義の影響を受け、朝鮮共産党にもかかわったものの、日中戦争前に転向した人物である。[43] この姜を東亜連盟に導いたのが、里見岸雄だった。里見は一九三五年以降、頻繁に朝鮮を訪れており、里見と姜は一九三八年六月に初めて接触し、姜は同年八月に東京で開催された国体科学夏季講習会に参加するなど、里見の日本国体学会との関係を強める。一九三八年末には里見の紹介で石原とも会っている。そして、一九三九年一月、里見門下の藤田とともに東亜協和理念研究所設立委員会を結成するにいたるのである。

一九三九年、姜を含む正式メンバー八名によって、朴熙道を代表として朝鮮東亜連盟本部が非合法の地下組織として結成される。[44]しかし、総督府によって、一九四〇年には東亜連盟運動が事実上の禁止となったため、十分な活動は展開できなかった。

以上から、中国、満洲、朝鮮でも東亜連盟運動が一定の広がりをもったことがわかる。とりわけ中国で東亜連盟運動の広がりが顕著だった。石原は昭和十六年（一九四一）四月の時点で「東亜聯盟中国総会ノ成立ハ日支国交上未曾有ノ大事ナリ　コレヲ誘致セル　協会過去一年半ノ運動ハ東亜諸民族ヨリ甚大ナル感謝ヲ捧ラルベキモノト信ズ」と述べている。[45]なお、嵯峨隆は「従来のアジア主義が主観的かつ日本至上主義的傾向にあったがゆえに、一方通行的なものであったのに対し、東亜連盟運動は中国国内にも同調者を獲得することができた」、と指摘している。[46]

いよいよ本腰を入れて……

昭和十六年（一九四一）三月一日、石原は予備役に編入され、軍服を脱いだ。四月には立命館大学から招聘される。これ以降、在野の立場から東亜連盟運動の先頭に立ち、精力的に全国を回り講演活動をおこないながら、最終戦争論や東亜連盟論の主張を世間に訴えていくことになる。[47]

伏見の師団長官舎から京都市上京区等持院の相訪会館に転居した石原は、立命館大学国防学研究所の初代所長に就任し、国防学講座の講師となった。立命館大学ではこの年、国防論・戦争史・国防経済論などの新科目を設置し、同研究所を新設したのである。[48]里見岸雄も所員に名前を連ね、法学部の憲法講座の講師を担当している。

在野の立場から東亜連盟運動を進めるにあたり、石原は東亜連盟協会の改革の必要性を感じ、実際にその改革に着手することになる。

石原がそう感じたのには、いくつかの理由があった。[49]

まずは、政府からのプレッシャーである。この年の一月十四日、政府（第二次近衛内閣）は国内外での東亜連盟運動の活発化を脅威に感じ、協会をはじめとする国内の興亜諸団体の統合を進める閣議決定がなされた。新体制運動（昭和十五年に実施された政界再編の運動）の結果として、昭和十五年十月に大政翼賛会（以下、翼賛会）が成立するが、政府は、翼賛会成立後も興亜団体として残存している民間諸団体を組織的・イデオロギー的に統合し、統制を図ろうとしたのである。これにたいする対応を迫られた（けっきょく、協会は昭和十六年七月に大日本興亜同盟に加入したが、吸収合併は免れた）。

また、石原が退役によって東亜連盟運動に本腰を入れることが可能になったことや、東亜連盟の本質が周辺の同志たちにも十分に理解されていないと石原が考えたこと、くわえて、運動の進めかたについて、側近の高木清寿、協会理事長の木村とのあいだに対立が生じたこともその要因である。

全体が石原の指導下に

では、協会をどのように改革するのか。昭和十六年三月十二日、京都市の等持院の居宅で協会の主要幹部に改革の概略を示したメモが残されている。[50] それによれば、議会における「政治的行動ノ失敗」を自覚する当事者は責任を取り、協会員一同が徹底的に反省し、「会ノ根本方針」に立ち返るよう、伝えた。「政治的行動ノ失敗」とは、木村が前年に設立した東亜連盟促進議員連盟による派手な議会活動や訪中視察を指している。こうした動きが東条陸軍大臣の反発を生み、興亜諸団体統合の閣議決定の一因となる。

石原のいう「会ノ根本方針」とは、協会のもともとの自己規定、すなわち文化団体としての文化運動の展開だった。石原はメモのなかで「会運動ノ方針」として、「政治運動ニアラズ　真ノ文化運動　道義運動　準宗教運動ナリ」と記し、協会の方向転換を幹部たちに伝えた。[51] 木村は代表の立場から降り、上海に活動の拠点を移した。その結果、協会組織全体が石原の指導を受けることになった。[52]

こうした運動方針の転換は、同年四月十日に東京麻布で開催された第一回中央参与会員会議や十月五日に同じく麻布でおこなわれた第二回中央参与会員会議で協会員たちに伝えられた。後者では「「東亜聯盟協会運動要領」に就て」と題した講演がなされ、事細かに「東亜聯盟協会運動要領」が説明された。[53]

第二回会議終了直後、石原をはじめ、幹部は東北、関東地方を回り、石原は十一月中旬から一ヵ月間にわたり、近畿、中国、四国地方を巡回。各地で講習会、講演会、座談会を開催するなど、精力的に活動を展開し、組織の拡充に努めた。その結果、昭和十六年（一九四一）末の時点で、東亜連盟協会は国内四十六支部、国外五支部（満州東亜連盟誌友会総会、華北東亜連盟月刊社、中華東亜連盟協会、東亜連盟中国同志会、東亜連盟中国総会）、会員一万五千名を数えるまでに勢力を拡大する。[54]

『世界最終戦論』の刊行

昭和十五年（一九四〇）九月十日、石原莞爾の『世界最終戦論』（立命館出版部）が刊行された。B判八八頁からなる『世界最終戦論』は一ヵ月間で三万一千部が世に出た。一年で八十版を重ね、当時のベストセラーになった。[55]

日蓮主義と戦争史観が結びついた「最終戦争論」は「石原の思想の核心」[56]だった。石原みずからは、「私の三十年許りの軍人生活の中に考へ続けて来た事の結論」[57]と言いきっている。最終戦論は昭和維新論、東亜連盟論と「不可分一体の関係」にあり、「石原の大命題というべき歴史認識は最終戦争の切迫」にあった。[58] この点は「五五百歳二重説」によって、自身のなかでさらにその切迫性を強めていた。日中戦争の最中、太平洋戦争を目前に控える時代状況のなか、このような終末論的な最終戦争論が書物として公になったのである。

この時期、石原の著作の刊行が続いた。『世界最終戦論』に先立ち、

昭和十五年（一九四〇）

三月……『昭和維新論』（東亜聯盟協会編、立命館出版部）

五月……『満洲建国と支那事変』（立命館出版部）

昭和十六年（一九四一）

六月……『国防論大綱』（立命館出版部）

七月……『世界最終戦と東亜聯盟』（東亜聯盟協会編、立命館出版部[59]）

が世に出ている。

『戦争史大観』の発禁と石原の帰郷

『世界最終戦と東亜聯盟』と同じ日（七月二十五日）に『戦争史大観』（中央公論社）も刊行された。この本は、昭和四年（一九二九）、昭和十三年（一九三八）と書き継ぎ、満を持して出版した石原戦争史観の体系化というべき著作だった。

ところが、八月中旬、中央公論社から石原に発禁・絶版を知らせる手紙が届いた[60]。それによると、同書が七月中旬に内務省検閲課に納本されたが、配本をしばらく待つようにとの指示があり、八月には憲兵隊本部から本の差し出しを求められたのち、警視庁に出頭を求められ、ついに絶版を通告されたという。その理由は「一般安寧」と「軍秩紊乱」とのことだった。また、あわせて刊行予定だった『国防論』（立命館出版部）も同様の措置となり、形式上は当局の指示による出版社の「自発的絶版」だったが、実質的には発売禁止だった。

石原は、東条陸相にたいしてこの措置にたいするクレームを伝える書簡を送った。（『戦争史大観』にたいする当局の）「御不満点小兵には納得不可能殊に陸軍の国体観につき甚しき疑問を懐かざるを得さるもの有之」と伝え、その不満の点を具体的に教示してほしいと伝えたが、返事はなかった[61]。木村兵太郎陸軍次官と武藤章陸軍省軍務局長にも書簡を送った。武藤によれば、それを知ったときはすでに処置済みで、関係各方面にあたったが、いかんともしがたい。しかし、長年の研究成果がそのまま埋もれるのは残念なので、「現下の世情に照し刺激多き部分を緩和せられんことを勧奨いたす次第」であるとの返事が届いた[62]。

石原は、この発禁措置を政治的処置と考えた。『国防論』にたいして通知された「多くの箇所が国体明徴のため小兵の特に力を注ぎし点なる事に御座候国体明徴のため陸軍と戦ふことが小兵として臣子の分を尽す途」と考え、立命館出版が『国防論』の出版を不穏当と考えたことに抗議し、郷里の鶴岡に戻ることにした。[63]

昭和十六年（一九四一）九月十四日、石原は京都を発ち、鶴岡に向かった。

「双子」のテキスト

では、石原の『世界最終戦論』と『戦争史大観』を取り上げ、前者を中心に体系化された最終戦争論のポイントを検討しよう。なお、両書は石原の戦争史観をまとめたものであり、相補的な関係にある。『『世界最終戦論』は『戦争史大観』の双子の兄」である、と評されている。[64]

石原の世界最終戦論は大正九年（一九二〇）に国柱会に入会したのち、智学の日蓮主義的国体論を下地として発芽した。日蓮の『撰時抄』の一節、「前代未聞の大闘諍一閻浮提に起るべし」がみずからの軍事研究の不動の目標となる。

最終戦論の原型は、ベルリン時代（大正十二年四月〜大正十四年九月）にさかのぼる。関東大震災の惨害をベルリンの地で聞いた石原は「世界大戦争（真ノ意味ニ於ル）ハイヨイヨ二三十年後ニ切迫シタルヲ示ス」との感慨を覚え、「上行のアドヴエンテイスト」となる。また、ドイツからの帰国途上、ハルビンの国柱会会員への公開演説で「世界統一の為の最終戦が近い」と発言している。このようにして、世界最終戦争にたいする石原の考えは「日蓮聖人によつて示されたる世界統一の為の大戦争」「戦争性質の二傾向が交互作用をなすこと」「戦争隊形が点より線に、更に面に進んだ。次に体となる」という三点に集約された。

その後、昭和十三年（一九三八）以降の昭和維新論、東亜連盟論の形成のなかで最終戦論も彫琢され、昭和十四年（一九三九）一月の「五五百歳二重説」の感得によって、軍事研究の上でも信仰の上でも終末論的な戦争史観を確立することになる。

そして、昭和十五年（一九四〇）五月二十九日、石原は京都義方会で「人類の前史終わらんとす」と題した講演をおこない、これが筆記・整理された講演録が翌年九月に『世界最終戦論』として刊行されることになる。

一方、『戦争史大観』は、昭和四年（一九二九）七月の満洲の長春（新京）での講話、昭和十三年（一九三八）五月の新京での訂正を経て、昭和十五年（一九四〇）一月に京都でまとめられ、昭和十六年（一九四一）七月二十五日に刊行された。同書は「第一篇　戦争史大観」「第二篇　戦争史大観の序説（別名・戦争史大観の由来記）」「第三篇　戦争史大観の説明」からなるが、第一篇は先に述べたプロセスを経て完成した。第二篇はこれまでもたびたび紹介しているように、石原の精神的自伝というべきテキストで、昭和十五年（一九四〇）十二月三十一日に脱稿し、『東亜聯盟』昭和十六年六月号に「戦争史大観の序説」として掲載された。第三篇は昭和十六年（一九四一）正月から執筆され、二月十二日に脱稿したものである。

つまり、両著の作成プロセスをまとめると、以下のようになる。

昭和十五年（一九四〇）

一月……………「戦争史大観」の執筆（→『戦争史大観』第一篇）

五月二十九日…………講演「人類の前史終わらんとす」(→『世界最終戦論』)
九月十日…………『世界最終戦論』の出版
十二月三十一日……「戦争史大観の序説」の脱稿(→『戦争史大観』第二篇)
昭和十六年(一九四一)
二月十二日………「戦争史大観の説明」の脱稿(→『戦争史大観』第三篇)
七月二十五日………『戦争史大観』の出版

このように、両書は同時期に作成が進められた「双子」のテキストなのである。

「世界の天皇」

『世界最終戦論』は講演録のため、初版は章・節の見出しがついていない。また、検閲により、七七〜八〇頁までが削除されている(「五五百歳二重説」を説明する箇所)。刊行から約一ヵ月半後の十月二十五日に第一改訂版が出され、章・節の見出しが付された。また、削除部分も復元されているため、以下、同版から引用をおこなう。

『世界最終戦論』は以下の各章からなる。

一、戦争史の大観
二、世界最終戦争
三、世界の統一

四、昭和維新
五、仏教の予言
六、結言

まず、一で古代から近代の第二次欧州大戦（一九三九年のドイツのポーランド侵攻に始まる第二次世界大戦のこと）までの戦争史を、「決戦戦争」と「持久戦争」の交互現出という観点から整理。それを踏まえて、二で第一次欧州大戦（第一次世界大戦のこと）以後は持久戦争の時代であり、次の決戦戦争で「世界が……一つになる」（三六頁）と述べる。それは太平洋を挟んで空軍同士でおこなわれる「人類最後の一大決勝戦」（四一頁）だった。

続く三で、現代世界がソビエト連邦、米州（アメリカ）、ヨーロッパ、東亜（東アジア）の四ブロック（大英帝国も加わり、五ブロック）にわかれるとして、こうした国家連合の時代は次の最終戦争のための準決勝時代であるとして、決勝に残るのは東亜と米州であると指摘する。そして、「極端な大戦争」の結果、短期間で決着がつくとして、次のように断言する。

天皇が世界の天皇で在らせらるべきものか、アメリカの大統領が世界を統制すべきものかと云ふ人類の最も重大なる運命が決定せられるであらうと思ふのであります。即ち東洋の王道と西洋の覇道の何れが世界統一の指導原理たるべきかゞ決定せらるゝのであります。
（五三頁）

ここにおいて、世界統一のための最終戦争は東洋の王道と西洋の覇道という枠組みで語られ、さらに「悠久の古より東方道義の道統を伝持遊ばされた天皇」がまもなく「東亜聯盟の盟主」、次に「世界の天皇」と仰がれることは「吾等の堅い信仰」であると表明されている。ただし、ここでも「天皇が東亜聯盟の盟主と仰がれても、日本が自ら盟主ではあると主張することはいけません」（五三頁）と、日本の立場を相対化している。

五十年以内に世界が一つになるだろう

そのうえで、最終戦争による世界統一の実現時期を次のように述べる。

今から三十年内外で人類の最後の決勝戦の時期に入り、五十年以内に世界が一つになるだらう。斯う云ふ風に私は算盤を弾いた次第であります。（五六頁）

この実現時期の問題を、「仏教の予言」の観点から説明しなおしたのが五である。「私は宗教の尤も大事なことは予言であると思ひます」（七一頁）と語る石原にとって、「仏教、特に日蓮聖人の宗教が、予言の見地から見て最も雄大にして精密を究めたもの」だった。ここから、石原は『大集経』の五堅固説を紹介し、将来にたいする日蓮の重大な予言を説明する。それは「日本を中心として世界に未曾有の大戦争が必ず起る。其の時に本化上行が再び世の中へ出て来られ、本門の戒壇を日本国に建て、茲に日本の国体を中心とする世界の統一が実現せられるのだ」（七七頁）、というものだった。

この見解は、基本的に智学が提示した「日本による世界統一」のヴィジョンを敷衍したものだが、ここで石原は、智学に言及する。じつは智学は前年（昭和十四年）十一月に逝去していた（後述）。智学が「日蓮聖人の宗教の組織〔大谷註：教学体系〕を完成し、特に本門戒壇論、即ち日本国体論を明らかにした」（七八頁）、とその事績を評価する。

ここから、石原は「五五百歳二重説」に言及する。このように日蓮の教義が全面的・組織的に明確にされた結果、不思議なことに「仏滅の年代に対する疑問」が出てきた。この重大問題を日蓮門下はあいまいにしている、と石原は非難する。そして、『観心本尊抄』摂折現行段を引用し、上行菩薩の二度の出現を説明。「末法の最初の五百年」が「巧みに二つに使ひ分け」をされたことで、「今度世界の統一は本当の歴史上の仏滅後二千五百年に終焉すべきものであらうと私は信ずるのであります」（八一頁）、と断じている。そして、その期限が先の予測と一致すると述べている。ただし、時局を配慮し、摂折現行段でいう「賢王」が「天皇」であることには触れていない。

石原はさらにみずからの見解を補強すべく、「日蓮聖人以後の第一人者である田中智学先生」の言説を紹介する。智学が大正七年（一九一八）におこなった講演「本化宗学から見た日本国体と現代思想」での「一天四海皆帰妙法は四十八年間に成就し得ると云ふ算盤を弾いて居る」[65]という発言である。さらには、日本山妙法寺の藤井行勝（日達）から聞いた話として、「セイロン島の仏教徒は、やはり仏滅後二千五百年に仏教国の国王に依つて世界が統一せられると云ふ予言を堅く信じて居る」伝説を紹介し、みずからの見解の妥当性を強調している。

語られぬ賢王

その結論で石原は聴衆（読者）にこう呼びかけている。

私は昭和維新の大目的を達成する為に、吾々として此の大きな時代の精神を一日も速かに、全日本国民と全東亜民族に了解せしめることが私共の最も大事な仕事であると確信するものであります。（八九頁）

石原にとって、世界統一は――日蓮主義的な観点からも――あくまでも道義にもとづかねばならないものだった。『戦争史大観』の言葉を借りれば、「八紘一宇に依る御理想は道義による世界統一」（二二八頁）だった。しかし、日本では八紘一宇と言いながらも、弱者から権利を強奪しようとし、みずから強権的に指導者と言い張る者が多かった。日本主義が横行しながらも、「彼等の大部の心は依然西洋覇道主義」だった（二二〇頁）。この「覇道主義が如何に東亜の安定を妨げて居るかを静かに観察せねばならない」として、日本の覇道主義を厳しく批判している。

『戦争史大観』でも、「我等は　大御心を奉じ、大御心を信仰して東亜の大同を完成し、西洋覇道主義に対抗して之を屈服、八紘一宇を実現せねばならない」（二二九頁）と、石原は強調するのだが、その指導者は「天皇」だった。なぜならば、石原にとって、「天皇」は人類を救済する救世主であり、上行菩薩として再臨する「賢王」だったからである。しかし、当時の時局に鑑み、この『戦争史大観』第三篇でも賢王＝天皇という賢王信仰は紹介されておらず、「大御心」への信仰を強調するだけだった。

3　国体を説く者が国体に反してゆく逆説

巨星墜つ

昭和十四年（一九三九）十一月十七日午前一時八分、田中智学が東京江戸川区一之江町の国柱会本部・申孝園で逝去する。享年七十七。前年四月に脳溢血で倒れて以来、闘病を続けてのことだった。

この日の『読売新聞』朝刊七面には訃報が掲載された。記事には略歴が掲載されており、「明治十七年二十四歳にして〝［大谷註：立正］安国会〟を起し同三十六年日本国体学を創建、四十四年駿河国三保に〝最勝閣〟を建て国体擁護の道場として教化につとめのち国柱会の総裁になつた、文豪高山樗牛を日蓮宗信者たらしめたことは有名な話」とある。日中戦争下という時勢を反映して、「国体」が強調されていること、また、樗牛との関係が「有名」だったことがうかがえる。

智学亡き後、智学の長男・田中芳谷が師子王文庫庫主に就任する（国柱会第二代総裁は前年の三月に着任）。その根拠は、国柱会顧問の長滝智大が『在家仏教』（師子王文庫、一九四〇年七月三十日）で示した法脈の血脈相承論（というべきもの）だった。

長滝は「在家仏教は血脈によッて法脈は伝はる」と説く（六二頁）。法脈は師子王文庫にあり、「その紹継者たる庫主即ち恩師〔大谷註：智学のこと〕の血脈直系の嫡子孫をもッて根流と」する（六九頁）。ゆえに「恩師絶対」の立場から、法脈の血脈相承によって、芳谷が師子王文庫（法脈を継承する超俗組織）と国柱会（教会同盟という世俗組織）の長に就くことを推したのである。

それにたいして、国柱会顧問で師子王文庫学統の山川智応は反対意見を表明し、『格妄弁正・在家仏教論』（一九四〇年九月二十八日）、『正観結束虔釈――国柱会信行衆諸君に贈呈す』（一九四〇年九月）などで反論したが、大勢に受け入れられず、国柱会から会の公職と信行衆の待遇停止の処分を受ける。[66]

戦う山川智応

この時期、山川智応は日蓮門下全体の危機に対処すべく、獅子奮迅の活動をしていた。昭和十四年（一九三九）一月三日には『御本尊御遺文問題明弁――日蓮聖人に対する両般の誤解を正す』（信人社）を刊行。この書物は、昭和九年（一九三四）の日蓮遺文削除問題の発生に際して、山川が昭和十年一月二十五日、日蓮門下各派緇素協議会のために執筆したものである。姉崎正治によって補訂され、山田三良、佐藤鉄太郎を通じて当時の後藤文夫内相、松田源治文相に手渡されたものが出版されたものである。

また、翌年八月三十日、東京本所の清雄寺でおこなわれた本門法華宗佛立講東部臨時講習会で「日蓮聖人の国神観」と題する講義をおこなう（十月二十日に京都の龍谷大学で開催された第六回日本宗教学会大会で同じ題名で発表）。これは、昭和十二年（一九三七）に発生した曼荼羅国神勧請不敬事件への反駁である。

この講義は同名タイトルで同年十二月二十五日付で信人社から刊行された。このなかで「未来戒壇建立時の本化再誕の神通示現」を論じており、『観心本尊抄』摂折現行段を紹介しつつ、「賢王と成て愚王を誡責し」の部分について、こう述べている。


その時にご出現になる××××××それが即ち本化の大菩薩で、この二度以外に本化の大菩薩は決して御出現にならぬ。（六二頁）

この伏字の部分は天皇を意味しているものと思われる。石原と同じく、山川も賢王＝天皇との捉えかたをしていたことがうかがえる。

なお、本書は安寧秩序を乱すものとして発売禁止となり、その後、『御本尊御遺文問題明弁』と『日蓮聖人の国神観』がセットで司法省刑事局の「思想資料パンフレット特輯」として、昭和十六年（一九四二）五月に製本されている。その表紙には「取扱注意」「極秘」の文字があった。

治安を紊乱するものは共産党と日蓮兇徒也

こうした山川の言論活動にたいして、日蓮門下内外で批判が寄せられた。

『御本尊御遺文問題明弁』にたいして、まず日蓮門下内で大塚圭八（日現。本門法華宗獅子吼会会長）が批判の矢を投じた。[67] 山川と大塚との往復書簡を収録した『山川智応氏の反国体的学説を破す』（立正産業株式会社出版部、一九三九年九月）は、「聖天子に対する不敬語と、天照大神、八幡大菩薩を十界の本尊中に入れられてないと云ふ氏の暴論破折」（五〇頁）への異議だった。[68]

また、門下外からは『皇道日報』の日本主義者・福田狂二から激烈な批判が寄せられた。[69]『皇道日報』は「日蓮遺文の不敬不逞箇所を照合して日蓮を不倶戴天の逆賊なりと断じ、随つて逆賊日蓮を讃めて信仰する日蓮宗徒・日蓮主義者も当然逆賊ならざるべからざる」という論理で、日蓮門下への攻撃をおこなった。[70]その攻撃は昭和十六年（一九四一）三月十七日から始まり、「国体に反逆する日蓮宗を粉砕せよ」に始まる建白書等を掲載した同紙を政府関係者、各府県知事、警察や特高等に広く配布した。

その攻撃が山川にもおよび、『御本尊御遺文問題明弁』が「此の書は日蓮の大逆思想を擁護するものなれば又大逆也」と断じ、同年五月二十六日には本書が刑法七十四条（不敬罪）に相当すると告発した。

『皇道日報』の日蓮宗批判は、里見岸雄、石原莞爾、東亜連盟も標的となった。同紙では、

「日蓮主義者石原莞爾を葬れ」（四月一日）
「偽装国体学者は里見岸雄也」（六月六日）
「日蓮マルクスの結合せる東亜連盟協会」（六月十一日）

などの記事が掲載された。[71]

六月二十一日の記事「日蓮主義の叛逆性斯くの如し」には、「方今祖国の秩序を破壊し、治安を紊乱するものは共産党と日蓮兇徒也」と述べられたうえで、以下の記載がみられる。[72]

満洲国に於ても石原莞爾等に依りて日蓮主義が鼓吹せられ法華経国に変革せんとする策動あり、これには例の浅原健三や里見岸雄も加はれり、日蓮主義がマルクス主義も共同戦線に出づる証左に非ずや。

石原の日蓮主義が共産主義であるというラベリングにもとづく批判だった。なお、『皇道日報』には日蓮仏教攻撃にたいする同紙の関係者の意見が掲載されているが、三井甲之と蓑田胸喜が賛意を表明している。[73]

事件は収束していなかった！

昭和十六年（一九四一）四月十一日、兵庫県特高課は第十一章3節で取り上げた曼荼羅国神勧請不敬事件に関係した六名の僧侶を逮捕した。[74] 法華宗（旧本門法華宗。宗教団体法によって同年三月二日、法華宗・本門法華宗・本妙法華宗が合同）の三吉日照、松井正純、小笠原日堂、苅谷日任、株橋諦秀、泉智亘である。問題となった『本門法華宗教義綱要』の焚書、宗派の当局者の引責辞任、文部大臣への上申書の提出によって、事件は収束したようにみえたが、そうではなかった。

昭和十四年（一九三九）七月、学林教授の株橋諦秀が『本門法華宗教義綱要』を修正した『本門法華宗教義綱要草案』を編纂し、約五十部を印刷して宗内で意見を聞くために配布した。しかし、同書に「〇〇神等」と伏字をした個所は「天照太神」であることは明らかであり、不敬に当たるとして不敬罪に問われたのである。

『本門法華宗教義綱要』を執筆した苅谷と『本門法華宗教義綱要草案』を編纂した株橋以外は釈放されたものの、ふたりは起訴処分となった（苅谷は七月二十一日、株橋は同二十日）。苅谷は神戸拘置所で一年間の独房生活を送り、株橋も翌年四月十日まで同じく独房生活を送る。この後、昭和二十年（一九四五）十月二十四日に免訴されるまで、法廷闘争が続いた。

当局への忖度と自主規制

内務省警保局の『昭和十六年中に於ける社会運動の状況』の「宗教運動」欄に、「日蓮宗各派の教学刷新問題」という報告記事が掲載されている。

「教学刷新」の語は既述したとおり、昭和十年（一九三五）十一月に文部省内に新設された教学刷新評議会で用いられた。その言葉が日蓮門下にたいする統制に向けられたのである。まさに、みずからの「教学」や「宗学」の「刷新」という名の改悪であった。

日蓮宗や法華宗の動静が紹介されているが、ここでは日蓮宗の動向を確認しておこう。[75]

日蓮宗では昭和十六年（一九四一）四月三日、日蓮宗・顕本法華宗・本門宗の三派合同によって、新制「日蓮宗」が誕生する。これを契機に五月十二日から宗綱審議会を開き、日蓮遺文についてそれまでの伏字出版や誤解を招く字句の削除から一歩進め、遺文削除箇所の自主的摘出と宗定遺文編纂問題を再検討することになった。

この四日後の五月十六日、『皇道日報』は文部省宗教局にたいして、日蓮遺文の不敬九十四ヵ所を指摘し、当局に措置をうながした。[76] つまり、日蓮宗では『皇道日報』からの指摘前に自主的な対応を検討していたのである。

遺文削除については六月に重要遺文七十余篇を選び出し、このなかから二百八ヵ所を削除するとの原案をまとめ、七月二十日に文部省に上申したが、文部省はこれを不十分として再検討を命じた。こうした事態に面して、けっきょく、日蓮宗は戦前の代表的な日蓮遺文録の霊艮閣版『日蓮聖人御遺文』（通称『縮刷遺文』）を絶版にして、販売も禁止してしまった。

なお、文部省宗教局が受け取った『皇道日報』からの指摘箇所と日蓮宗からの自主削除箇所を一覧にしてまとめた表が「現代日蓮宗の諸運動と皇道日報の日蓮宗打倒運動」（『思想月報』八六号、一九四一年、司法省刑事局）に掲載されている。それを注意深くみると、『弥三郎殿御返事』（建治三年［一二七七］）の一節、「今此の日本国は釈迦仏の御領也。天照太神、八幡大菩薩、神武天皇等、一切の神、国主並に万民までも、釈迦仏の御所領の内なる上」が挙がっている。

この箇所は、現実の国土の本源的所有権は釈尊に帰し、神・天皇・万民・生物すべてがこの釈尊御領に包括されるべきであるという釈尊御領観（一二二頁）の根拠となる遺文であり、樗牛の「超国家主義」の典拠である。この箇所は『皇道日報』からの指摘ではなく、日蓮宗からの自主削除の申し出であり、とくに原案で重要とみなされた遺文だった。[77]

高佐貫長

仏教の日本主義化が皇道仏教の形成へといたったことは既述した。日蓮門下では、昭和十三年（一九三八）六月、高佐貫長《たかさかんちょう》（日煌）、増田宣輪（日遠）らが皇道仏教行道会（以下、行道会）を結成する。

『特高月報』昭和十四年十一、十二月号によれば、日蓮宗の「外郭団体にして、其の宗義は、……日蓮教学中王仏冥合の三大秘法の実践即ち日蓮教学の皇道化と標榜し、全国各地に約一千八百の会員を擁すと自称しつつあるが、其の信仰主張は同宗旧来の教学と趣きを異にする所」らしいと指摘されている（一九七頁）。

この日蓮門下の皇道仏教に、智学と清水梁山の影響をみることができる。高佐貫長の思想の特徴は、王仏一乗論とそれにもとづく天皇本尊論にある[78]。澁澤光紀《しぶさわこうき》によれば、高佐の思想傾向として、「天皇も本仏も凡夫も大生命＝大霊界のあらわれと解釈してしまうことができる、融通無碍な「大生命の思想」であり「生命主義的救済観」である」[79]。さらに大正生命主義の影響のなかでみずからの思想の枠組みを形成した高佐によって、「真如や本覚などの本学思想の用語が「生命」という近代的な言葉に置き換えられて、理解しやすい概念になった」と、澁澤は指摘している[80]。第十章2節で井上日召の思想を宇宙論的な生命主義と規定したが、皇道仏教もまた、生命主義とのかかわりで捉えられるべきであろう。

高佐の皇道仏教の特徴は、次の一文に表明されている。

> 皇道仏教とは法華経の妙理を以て日本国体の尊厳なる所以を顕かにし、大乗仏教の新精神を発揚して天業を翼賛し奉る宗教であります。……皇道仏教とは王仏冥合の三大秘法を、現代の詞に要約して銘じた名称であります。従来日蓮宗の宗学は仏教の一方から教義信条を立てて参りましたが、皇道仏教は王仏冥合の立場から信条を立てますので、自然三大秘法の解釈が違つて参ります。……皇道仏教の御本尊は、印度応現の釈迦牟尼仏ではなくて、万世一系の　天皇陛下で在らせられます[81]。

ここには梁山と智学の直接的な影響をみることができる。実際に、高佐は「清水師の「王仏一乗論」田中居士の「法国冥合の本尊」は、明治、大正の両時代に現はれた、王仏冥合の教義の発達」だが「両師とも時代の雰囲気に恵まれませんでしたので、……猶ほ靴上掻痒の感あり」と述べている。しかし、行道会による皇道仏教の発表により、「聖徳太子の法華経講経以来実に壹千三百三十年目、悠久なる伝統の研鑽は茲に結実して、王仏冥合の教義は遂に完成の域に達したのであります」と断言している。[82]

むしろ当局のほうが的確に評価していた……

ただし、智学の日蓮主義的国体論は、清水梁山〜高佐貫長の王仏一乗論とは異なっていた。この点を明確に述べているのが、たびたび紹介している「現代日蓮宗の諸運動と皇道日報の日蓮宗打倒運動」(『思想月報』八六号、司法省刑事局、一九四一年)である。

この報告書では日蓮主義の勃興とその歴史が概観されたうえで、「日蓮教学の反国体的性格」が指摘され、さらに『皇道日報』の日蓮門下攻撃、日蓮宗教学審議会の遺文削除問題審議が説明されている。興味深いのは明治時代以降の日蓮主義の歴史のなかで「日蓮主義の樗牛時代と樗牛の反国体思想」が論じられていることである。

「樗牛は我国体に対して正しき認識を有せしものにあらず」。「日蓮上人と日本国(日蓮上人の真面目を見よ)」(一九〇二年)において、日蓮の『種々御振舞御書』での天照太神への冒瀆を承認するのみならず、日蓮=上行菩薩を信仰する立場から、「冒瀆的解釈」を加えていると弾劾する。そして、「日蓮上人と日本国」が引用されているのだが、ここには「日本亦其の国土と神明と万民を併せて、教主釈尊の一領域たるに過ぎず。苟《いやしく》も仏陀の悲願に適わず、真理の栄光に応へざるものは、其の国土と民衆と共に膺懲し、改造せられざるべからず。日蓮釈尊の勅使として、「必ず国亡ぶべし」と宣言せる」（二一一頁）と、釈尊御領観にもとづく真理の超越性が示された箇所も含まれている。政府からみれば、明らかな「反国体思想」である。

智学については、その国体論や国体運動を評価しつつも最終的にはそれを批判する。なぜか。それは、「田中智学の国体学は法華経を基本として解釈したところの日本国体論であつて、結局法華経の一念三千の範疇内に於ける日本国体の尊厳である」からである（二六頁）。さらに、

田中智学の国体学の構造から云へば、「国体それ自らの国体闡明」と云ふやうな事はあり得ないのであつて、寧ろ同国体学の全構造が法華経に対する理解に基く認識形態に外ならぬのである。（二七頁）

と智学の日蓮主義的国体論にたいして的確な評価を述べていることに、むしろ、私は驚く。

田中智学の日本国体論は「法華経至上主義下の日本国体論」（二七頁）なり。これが司法省刑事局の見解だった。であるがゆえに、政府当局からすれば、智学の日蓮主義は異端なのである。

また、こうした構造をもつがゆえに、国家を超越する「超国家主義」（樗牛）をもたらし、日本近代史のさまざまな場面で現実変革のための実践を動機づけることができたのである。

終　章　焼け跡に仏国土を！

敗戦と最終戦争論のゆくえ

昭和二十年（一九四五）八月十五日。石原莞爾は鶴岡にいた。[1]

この日、朝から鶴岡市近郊の西郷《にしごう》村面野《おもの》山にある寺院で講話をし、ここで玉音放送を耳にした。午後には東亜連盟同志会会員の青年ふたりが自転車で引くリヤカーに乗って酒田市郊外の袖浦村黒森へ向かう。その農業会会場で講演をおこない、夜は東亜連盟会員で小学校時代の友人でもある佐藤主殿之介宅に泊まった。ここで、東亜連盟会員向けのメッセージを認《したた》めた。石原の戦後第一声である。その冒頭、

> 敗戦の原因は国民道徳の驚くべき低下にあり敗戦は国民をして反省懺悔して国体に対する信仰に徹し（ほとんど全部の自称国体主義者は、敗戦による国体の変革を恐怖せり）、全力を以て最終戦争を準備せしめんとする神意なり。[2]

と記し、国内では昭和維新の根本を確立し、国外には「東亜聯盟精神に基づく日鮮支の道義的協

同」をすみやかに実現することを訴えた（協同の対象に朝鮮が位置づけられた）。

以後、石原は精力的に国内を駆けめぐる（ただし、すでに体調は思わしくなかった）。二十二日、山形の湯野浜で東亜連盟東北地区代表者会議が開催され、石原は「敗戦は神意なり」を講演し、「国民総懺悔」を説いた。その日の夜、石原たちは上京し、翌日、首相官邸におもむく。十七日に成立したばかりの東久邇宮《ひがしくにのみや》内閣の内閣顧問への就任を要請されたのである。しかし、石原は民間の立場で活動をするため、その依頼を断った。

九月三日、郡山で東亜連盟磐陽支部の講演会が催され、石原の講演を聞くため、一万五千人の聴衆が集まった。また、十二日に新庄町最上公園広場で開かれた東亜連盟山形支部地区大会には県下の支部から約二万人、県外からの参加者を含めると、約三万人の聴衆が集まったという。

以後も盛岡、一関、秋田で会員大会が開かれ、翌月には半月にわたり九州を講演でまわった。各地の人びとが石原の発言を欲したのである。

では、終戦を経て、石原の思想はどのように変わったのだろうか（あるいは変わらなかったのだろうか）。

戦前から書き継いできた『昭和維新論』第五手牒判（第六改訂版）が同年八月二十九日に、さらに十月二十日に第六手牒判（第七改訂版）が刊行された。第六手牒判の構成は「第一　人類の前史終らんとす」「第二　昭和維新の本質」「第三　昭和維新の方針大綱」からなる。「昭和維新の目標は最終戦争時代に対応する万全の態勢を整えるにあり、その根本は道義日本の建設である」[3]と述べる石原は、焦土と化した日本の「国土の新建設」[4]を訴える。その具体的なプランが、「都市の解体」「農村の改新」「工業の再建」、そして「生活の刷新」だった（ただし、これらの「都市解体、農工一体、簡素生活（国民皆農）」の「石原イデオロギーの新建設三原則」[5]は戦前からの主張）。

こうした「国土の新建設」のプランをより具体的に示したのが、昭和二十二年（一九四七）二月に印刷された『新日本建設大綱』である。このテキストは「『昭和維新論』の戦後版」[6]である。石原は、その冒頭、こう述べる。

> 原子爆弾の出現を契機として戦争は発達の極致に達し、ついに自らを否定すべき時代に入ろうとしている。戦争の終焉は恒久平和実現の第一歩に外ならぬ。[7]

石原は（植民地を失い）狭小な国土に圧縮された日本が民族の総力を傾注して「内容一変する新国土」を建設して土地や資源の侵略を欲せざる国家を実現すれば、戦争を必要としない文化を創造できるとして、「都市解体、農工一体、簡素生活」という「国土の新建設」の目標を掲げ、その構想を具体的に語っている。

では、戦後の石原は最終戦争の到来をどのように捉えていたのだろうか。先にみた『新日本建設大綱』では最終戦争に「入ろうとしている」と示唆されていたが、敗戦直後からの石原の言説をたどってみよう。

『昭和維新論』第六手牒判（昭和二十年十月二十日）では、「次の決戦戦争まで即ち最終戦争時代は二十年以内のものとせねばならぬ」[8]と述べている。しかし、同年十月一日に脱稿された「新日本の建設」では、「原子爆弾の出現を契機として、人類は我等の唱道して来た最終戦争に突入せんとしている」[9]、と『新日本建設大綱』の見解をすでにここで示している。

また、同年十二月に鶴岡市でおこなわれた「昭和維新論講習会」では、

大きな犠牲を伴う最終戦争は極力避けたいのであるが、日蓮聖人の予言では必ず最終戦争は起きることになっている。しかし、たとえ日蓮聖人が落第生にならうともわれわれは惨たる最終戦争を回避すべく努力しなければなりません。[10]

と、その決意を披露している。これは――西山茂が指摘するように――それまでの最終戦争不可避論の立場から最終戦争回避論への自説の変更を意味していた。[11]

「日蓮教」と変化する天皇像

昭和二十一年（一九四六）一月、石原の体調（膀胱の持病）が悪化し、上京して東京逓信病院に入院し、治療をした。その際、病院で連合国検事による臨床尋問があった。戦犯リストの作成がおこなわれ、四月、その最終リストから石原の名前は除外された。

八月に退院し帰郷した石原は、十月中旬、山形県飽海《あくみ》郡高瀬村（現・遊佐町）の砂丘地西山に入植し、「西山村つくり」を開始する。[12]「日蓮大聖人の信仰」にもとづく「理想農村部落」（いわば、日蓮主義コミューン）の建設がめざされた。精華会（昭和九年に結成された国柱会の青年団体[13]）の若者たちもいっしょに入植し、石原の指導を受けた。

昭和二十四年（一九四九）の春、石原は肺炎になり、肺水腫や膀胱がんも併発した。体調は悪化の一途をたどり、五月には里見岸雄が見舞いに訪れた。終戦から四年後の八月十五日、石原は

逝去する。享年六十。現地に墓地が設けられ、その遺骨は国柱会の妙宗大霊廟に納鎮された。

石原が亡くなる直前まで取り組んでいたのが、みずからの信仰のエッセンスを集約した初学者向けの教義書の作成だった。亡くなる年の六月上旬、厳しい闘病生活のなかで石原はレターペーパー八枚に「日蓮教入門起草に関する愚見」を執筆した。このメモをもとに、精華会の曺寧柱、武田邦太郎、小泉（白土）菊枝がまとめたのが、石原の遺作というべき精華会編『日蓮教入門』（精華会、一九四九年）である。[14]

小泉たちは六月から石原の病室に通って話を聞くとともに、七月中旬から日に二回、下旬からは一日一回、三人で書き上げた草稿を石原の枕頭で読み上げ、確認を求めた。その作業が逝去の前々日まで続いた。そのやりとりが書き留められ残っている。そこには、石原の信仰や最終戦争論、天皇に関する重要な見解が示されている。先に石原の最終戦争論が最終戦争不可避論から最終戦争回避論へ移行したことを紹介したが、それにともなって、「将来、賢王となるべき天皇のイメージ」も変容せざるをえなかった。[15]

七月十七日、石原はこう語っている。

八月十五日のあの人間ばなれのした絶対平和的な、むしろ女性的な天皇が、世界平和の実際的な力になると思われる。……世界平和の時賢王は完全なる世界人であって日本の天皇ではない。最終戦ありかなしか。最終戦がなければキリスト教、戦争がおこれば日蓮教によってすくわれる。……戦争なしに救えれば天皇と心中しようと思わない。[16]

完成した『日蓮教入門』をみると、「最終戦争を成敗される賢王は、平和日本に本門戒壇建立を指導される、やさしき平和の女神の如きおすがた」（九二頁）とも語られている。

このように最終戦争を指導する男性的な天皇像から、絶対平和的・女性的な天皇像へとその像が転換していることがわかるであろう。なお、最終戦争については「法華信仰からいえば、数十年以内に世界に大戦争がある」（七月二十四日）とも述べており、最終戦争回避論と最終戦争不可避論が併存していた。この点について、西山は両説が石原の心のうちに矛盾したまま併存し、（最後は）「最終戦争到来の当否問題を本仏本化の霊力の発動にいっさい任せる絶対他力的な信仰に生き」たと指摘している。[17]

敗戦を迎えた石原は自らの「五五百才二重ノ信仰[18]」を亡くなるまで保持したのはたしかだったが、最終戦争のヴィジョンを再構築するには残された時間が少なかった。

日蓮聖人の予言があたらなかったら、われわれは大聖人を、偉大な思想家と尊敬しても、霊格者として信仰することはやめましょう。[19]

こう言い残して、石原はこの世を去った。

八月十五日の妹尾義郎と仏教社会主義同盟の結成

妹尾は、長野県南安曇《あづみ》郡高家《たきべ》村（現・安曇野市豊科高家）にいた。

昭和十一年（一九三六）十二月に検挙され、懲役三年の判決を受けた妹尾は、昭和十五年（一九四〇）十二月に小菅刑務所に下獄。昭和十七年（一九四二）五月に獄中で重体に陥るも、七月に仮出所し、そのまま東大病院小石川分院に入院し、なんとか一命をとりとめた。[20]

戦時中は、日蓮主義青年団時代に決裂した上田辰卯の経営する乾電池工場に顧問として在籍し、工員や勤労学生に講話をおこなって生活の糧を得ていた。しだいに空襲が激しくなったため、妹尾一家は安曇郡に疎開をすることになり、妹尾は昭和二十年（一九四五）八月九日、現地に到着した。その六日後に終戦を迎えるのである。

終戦の日、妹尾は日記にこう記した。

この敗戦こそ、敗北すべくして敗北したものと思はざるをえない。曠古の大戦争に対しての名分は、始めから歴然たるものがあつたのではない。……わるく言へば思い上がつた軍部の戦争意慾の失敗だつたのだ。[21]

また、「道義日本の再建だ、世界大平和の実現への先駆者たるべき真日本の出発だ」と書き、それは奇しくも「道義日本の建設」を説いた石原の言説と重なるものだった。しかし、その活動の方向性はまったく違った。

妹尾は戦時下の獄中でふたたび『法華経』や日蓮遺文に親しむようになり、戦後の日記には日蓮に関する聖日を祝う言葉が散見される。九月十二日の龍口法難会には、「今未曾有の困難に直面して、日蓮の徒またしか［大谷註：と］思ふべきだ」と記し、日蓮の殉難と日本の苦境を重ねる思いを吐露している。ただし、ともかく従来の仏教、殊に日蓮主義は聖祖［大谷註：日蓮のこと］の宗教とはちがつたまげられた教義となつておつた事は事実だ、この際充分反省せねば駄目だと思ふ。

と、戦前の日蓮主義についてははっきりと批判している（昭和二十一年一月十七日）。

戦後の妹尾は南安曇郡小倉村（現・安曇野市三郷小倉）の自宅を拠点に、戦前と同じように、全国各地を講演で駆けめぐる日々を過ごすようになる。数多くの革新的な仏教改革運動や「仏教社会運動」、平和運動に積極的にコミットしていく。

昭和二十一年（一九四六）七月七日、東京の神田区役所公会堂で、「社会主義革命の後衛運動、仏教革新の前衛運動」[22]を掲げて、仏教社会主義同盟（以下、仏社同盟）が結成された。いわゆる革新的な仏教者たちが集まり、声を上げた。妹尾は欠席したが、顧問に就任した（のちに委員長）。その「宣言（案）」では、「宗教的精神に基づく民主主義運動、社会主義運動」が謳われ、「現代資本主義社会の変革途上に於て仏教の進歩性の強調は当然その本来の立場たる仏教的社会主義の実現とならねばならぬ」と断言されている。[23]

また、採択された基本綱領（三誓願）は以下のとおりである。

一、我等は仏陀の人格と思想に基き仏教社会主義の実践を誓ふ
一、我等は僧伽《サンガ》の真義に反する仏教々団の民主的革新を誓ふ
一、我等は諸宗教と協力し世界平和の実現を誓ふ

ジョン・W・ダワーは、「平和と民主主義」の理念が戦後日本の政策や論争の多くを規定したと指摘するが[24]、当時の革新的な仏教者たちにとっても「平和と民主主義」が問題となり、それにくわえて「社会主義」の理念にも共鳴を表明していたのである。

翌昭和二十二年（一九四七）十一月十六日、仏社同盟の第二回全国大会が東京千代田区の神田寺講堂で開催された（妹尾は欠席）。同年四月の総選挙で社会党が第一党に躍進し、五月には日本国憲法が施行され、片山哲内閣が成立する。そうした追い風のなかで開催された大会で採択された宣言には、「本同盟は……仏教界の革新を主軸として文化啓蒙の運動を展開し、四月の総選挙には日本社会党を支持し、同党をして第一党の勝利を獲得せしめ、我が国民主々義無血革命の基盤をつくることに成功した」との現状認識が示されている[25]。

なお、仏社同盟の役員（顧問、常任中央執行委員、中央執行委員、中央委員、計九十名）の顔ぶれをみると、妹尾をはじめ、江口信順、斎藤精鉅、壬生照順、林霊法、面屋龍門、山本清嗣、木村崇山、岩本信雄、大隅実山、梶川龍文、高田重義が旧新興仏教青年同盟（以下、新興仏青）のメンバーだった。その「基本綱領」も昭和六年（一九三一）の新興仏青の綱領との共通性が明らかである（第十章1節参照）。仏社同盟の主張は戦前の新興仏青の主張（仏教界の改革と社会体制の変革、国際平和の実現）が踏襲されており、つまり、戦前の新興仏青と戦後の仏社同盟は連続しているのである。

妹尾は新興仏青の運動を踏まえて、次のように述べる。

次の戦争は、世界破滅の原爆の戦争であろうことを思うとき社会変革の手段はあくまで平和的方法によつてでなければならぬ。こゝに世界は宗教的社会運動の正しき展開と強化を熱望してやまぬものがあるはずであつて、私共は往年の新興仏教運動にもまして、仏教の社会民主主義的新しき社会運動の重要性を痛感するもので、更にこれを内容とする世界連邦建設運動の具現化に全努力をさゝげねばならぬと思う。

（「新興仏青の教訓」『理想社会』三号、昭和二十五年三月一日、一頁）

妹尾は「尊い法華」（昭和二十二年一月二十六日）の信仰を保ちながら現場に復帰し、仏教社会主義運動の発展に身を投じたのである。

仏教政党の構想

終戦直後の妹尾の政治的立場は、戦前と同じく、社会民主主義だった（ただし、戦時中は「転向」）。昭和二十四年（一九四九）十月二十八日、岐阜市の勝林寺で開催された市内仏教連合会の総会で「世界の危機と仏教運動の使命」について講演した。米ソ対立による世界的危機は思想的には自由主義対共産主義の対立であり、その綜合止揚を果たす思想こそ、社会民主主義である。それは修正マルキシズムのそれではなく、宗教的世界観によるものでなければならない、と語っている。

同年十二月二十七日、妹尾は森戸辰男（仏社同盟の顧問を務めていた）の紹介で社会党に入党する（立場は社会党右派）。ただし、翌年一月の社会党第五回大会での左右の「醜い抗争」を目にし、しだいに社会党には幻滅していくことになる（のちに離党）。

なお、終戦直後から、妹尾は「仏教政党」について何度か言及している。昭和二十年（一九四五）十二月十七日の日記には当時、仏教政党の結成が叫ばれ、妹尾が発起人、結成準備委員の一人になっていたとある。しかし、この時は「断然たる決心」がつかないでいた。

しかし、昭和二十三年（一九四八）十月二十四日の夜、東京浅草で壬生照順、斎藤精鉅と「仏教政党」結成の準備を進めることを話し合い、社会党に入党した翌年（昭和二十五年）一月三十日には斎藤、江口信順と連れ立って参議院議員の山下義信（浄土真宗本願寺派の僧籍をもつ社会党議員）を訪ね、「仏教社会党」について相談している。社会党との関係のなかで、妹尾たちは仏教政党を立ち上げようとしたのである。

じつは戦前の新興仏青時代も、妹尾は仏教政党を構想していた。機関誌『新興仏教』昭和六年十月号に、「仏教無産政党を提唱す」を発表し、その結成を呼びかけた。仏教界や同盟内で賛否両論が沸き上がるも、実現には至らなかった。仏教政党の設立は、いわば、妹尾の宿願だったが、けっきょく、戦後も実現することはなかった。

日蓮党と第三文明党

興味深いことに、妹尾らが仏教政党の創設に奔走していた同じ時期（昭和二十三年）、宗教政党が相次いで結成されていたことを、中野毅《なかのつよし》が紹介している。[26] 中野がアメリカ国立公文書館で占領軍文書の調査をおこなった結果、同年五月三日付けで「日蓮党」が結成宣言をし、十一月には「第三文明党」が設立大会をおこなっていたことが明らかになった。

中野論文では、日蓮党の結党宣伝文（とこれを執筆したと思われる政治運動家の新妻清一郎）が紹介されている。この結党宣伝文には、「政治結社　日蓮党」の宣言、綱領、信条が示され、「人間完成、日本民主化、世界平和」の「方途確立」のための道程が図示されている。これらをみると、日蓮主義が日蓮党の根本理念であることがわかる。

日蓮主義トハ日本文化ノ真髄ニシテ真理ノ最高峰タリ。人間革命祖国民主化世界平和ノ根本理念ナリ[27]

との位置づけが図られ、「法国冥合」「一天四海皆帰妙法」「仏国土」の文言もみられる。新妻の立場や日蓮党の活動の実態などはわからないが、日蓮主義を掲げた政治結社（仏教政党）が結成されたことを確認しておこう。

また、中野によれば、単独または小規模な日蓮党にたいして、大規模な宗教政党だったのが、第三文明党である。京都の伝統仏教主要十一宗派の寺院、神社本庁、金光教泉尾教会、一燈園、一体生活社等が発起人となり、十一月十九日、京都東山の浄土宗総本山知恩院山内華頂会館で設立大会が行われたという。

妹尾らの取り組みは、こうした動向と軌を一にしていたのである。こののちに設立される宗教政党（仏教政党）が、昭和三十九年（一九六四年）結党の公明党（前身は公明政治連盟）である。これについては後述する。

つまづきながらも

その後、妹尾は全国仏教革新連盟委員長（昭和二十四年四月就任）、日本平和推進国民会議事務局長（総評系の平和運動団体。昭和二十六年七月）、日朝友好協会理事長（昭和二十七年五月）、中国人花岡殉難慰霊実行委員会副委員長（昭和二十八年三月）、日中友好協会東京都連会長（同年九月）などの要職を務めた。

しかし、昭和二十八年（一九五三）十二月に結核が再発し、昭和三十一年（一九五六）三月から療養生活に入る。その前年に書き上げた「四十三年の仏教体験」（『現代知名人信仰生活記』東成社、一九五六年）は、みずからの信仰生活の回顧録である。妹尾は、

四十三年間にわたる私の信仰生活は、つまづきながらも、街頭や農村を、仏陀を背負うてかけずりまわつた生活でした。（一九頁）

とふりかえっている。

その晩年の思想の到達点をみると、すでに昭和二十七年（一九五二）八月ころから共産党や共産主義へのシンパシーを表明していたが、晩年にはみずからを「マルキスト」（昭和三十二年八月十五日）と規定している。そして、昭和三十四年（一九五九）末、共産党に入党する。その二年後の昭和三十六年（一九六一）八月四日、七十二歳で逝去した。「ねがわくば臨終正念にして感謝にみち、革命を祈りつつ絶えてゆかまし」が辞世だった。

妹尾の後半生をみてきたが、ここで時代を、仏教社会主義同盟第三回全国大会が開催された昭

和二十四年（一九四九）四月にさかのぼってみよう。この際、団体名が「仏教社会主義同盟」から「仏教社会同盟」に変更になった。この点について、仏社同盟に参加した中濃教篤《なかのきょうとく》が、後年、述懐している。

当時、中濃は仏教社会主義同盟が「仏教」と「社会主義」の混合であり、修正社会主義となり、社会主義にとっても仏教にとってもマイナスでしかない。また、仏教の教理からいっても仏教社会主義は成立しないという提案をした。中濃の提起をもとに「激しい討論」が組織内で巻きおこった結果、最終的には妹尾が賛成し、団体名が変更になったという。[28]

「仏教」と「社会主義」の関係については、戦前の豊田剣陵『仏教と社会主義』（重川書店、一九二四年）、『仏教改革論　附宗教的社会主義の研究』（良書刊行会、一九二五年）以来、さまざまに議論されてきた。戦後の社会主義、共産主義の興隆のなかで（妹尾のような）仏教者が積極的に仏教社会主義を唱道してきたが、けっきょく、日本社会に根づくことはなかった。

ただし、壬生照順や中濃、細井友晋（壬生と細井は旧新興仏青メンバー）らによって、昭和三十七年（一九六二）四月に結成された日本宗教者平和協議会（宗平協）のように現在まで続く宗教者平和団体もある。妹尾の思想と運動は、こうした宗教者平和運動に現在まで継承されている。

「国家と宗教」という通奏低音

以上、明治中期から戦後直後までの日蓮主義の歴史をたどってきた。

では、日蓮主義が近代史のなかで果たした役割とはいったい何だったのか、戦後日本社会にどのように継承されているのか（あるいは継承されていないのか）。序章で提起したこの問いにたいいする私の見解を述べることにしよう。

近代仏教思想としての日蓮主義に通底するのが、「国家と宗教」の問題（法国相関論）である。この問題とそのヴァリエーションとしての「国家と個人と宗教」「国土と宗教」「国体と宗教」「国家主義（ナショナリズム）と宗教」「東アジアと宗教」などの問題がある。

田中智学と本多日生の日蓮主義の法国相関論については、国主法従説（国家が宗教に優先する説）であると評価されてきた。[29] しかし、本書で明らかにしたように、智学も日生も基本的には法主国従説に立っていた。とりわけ、智学の日蓮主義的国体論に顕著なように、日本国体は日蓮仏教に解釈される客体（所釈）であり、日蓮仏教の主体性（能釈）が確保されていた。智学の国体論は「法華開顕の日本国体[30]」だった（ただし、状況や相手によって臨機応変に法を説く四悉檀の方法を用いるなど、智学や日生には国主法従説的な言動もみられた）。

「日蓮主義＝国家主義」というイメージは現在でも流布している日蓮主義評価だが、明治末年からそのように否定的に語られるようになった。たしかに、日蓮主義は国家主義的な性格をもち、軍人の日蓮主義者たちはそのように日蓮主義を語った。しかし、「日蓮主義と国家主義」の関係は一枚岩ではなく、重層的である。一二一頁で日蓮門下、高山樗牛、智学の立場を以下のように整理した。

日蓮門下……世間的国家主義（世俗的ナショナリズム）
樗牛…………超国家主義
智学…………出世間的国家主義（宗教的ナショナリズム）

これは三者の「国家と宗教」「国家主義と宗教」の捉えかたといえるが、「日蓮主義と国家主義」の関係の三類型として捉えることもできる。日蓮主義の国家主義的性格のグラデーションとして、超国家主義、出世間的国家主義（宗教的ナショナリズム）、世間的国家主義（世俗的ナショナリズム）があるのだ。智学と日生の日蓮主義にはこうした重層的な側面があった（ただし、日生の場合、超国家主義的な側面は弱い）。

日蓮主義には「現実の国家を超越した価値」（橋川文三）を提供する普遍主義的な側面（日蓮主義の超越性・普遍性）もあれば、現実の国家を正当化する特殊主義的な側面もある（日蓮主義の特殊性）。このいずれの側面が発芽するかは、それを受容した後続世代（日蓮主義第二世代、第三世代）の解釈に依拠する。ナショナリズムの核心を「普遍主義が特殊主義へと大きく屈折し、ついには反転していく」点にみる大澤真幸の議論（三〇頁参照）を援用すれば、普遍主義が特殊主義に反転するとともに、特殊主義が普遍主義にも反転する点、つまり、普遍主義と特殊主義の循環性に、日蓮主義の重要な特徴がある。

国体神話と国体論的ナショナリズム、「修養主義」

天皇の権威の正統性を基礎づけ、近代日本の国家体制を正当化する機能を果たしたのが、国体神話である。本書では、そうした国体神話にもとづくナショナリズムを「国体論的ナショナリズム」（安丸良夫）と規定した。智学と日生の日蓮主義が広く日本社会に普及し、後続世代に受容された背景には、じつは、この国体神話と国体論的ナショナリズムの問題があった。

日蓮主義は「天皇制による絶対主義統一の思想と癒着し、ミリタントな全体主義に吻合した」[31]との指摘にみられるように、これまで日蓮主義は国家主義や全体主義と結合した悪しき思想と評価されてきた。しかし、本書の考察から明らかになったことは、国体神話を取り込んだ智学や日生、清水梁山の日蓮主義は、近代日本の国体論的ナショナリズムの生成や形成とともに構築されたということである。国体神話は国体論的ナショナリズムの信憑性を支える信憑構造を形づくったが、とくに智学の日本国体学（日蓮主義的国体論）はそうしたナショナリズムを正当化すると同時に、それを支える信憑構造の役割も果たした。そして、ナショナリズムの広がりとともに、日蓮主義も流布したのである。

つまり、日蓮主義は近代日本の国体論的ナショナリズムを基盤として、その生成や形成とともに構築されながら、国体神話がリアルなものとして信じられたナショナリズムの信憑構造を通じて普及していった。軍人に日蓮主義の支持者や信奉者が多かったのは、国体神話を基本的な世界観とする軍人のあいだでは、より強固なナショナリズムの信憑構造が形づくられていたからである。[32]

こうした「日蓮主義と国体論的ナショナリズム」の関係こそが、日蓮主義が広く日本社会に普及した構造なのである。

くわえて、明治後期に成立した「修養主義」（筒井清忠）と大正期における修養主義と教養主義の広まりのなかで、日蓮主義が修養や教養として当時の青年たちに受容されたことも指摘できる。その受容をうながしたのが樗牛と姉崎正治のテキストである。また、その受容を支えた社会基盤が日生の組織した日蓮主義ネットワークであり、明治後期以降の出版文化の発展である。

選民意識と賢王

なぜ、智学や日生、梁山の第一世代が石原莞爾、宮沢賢治、妹尾義郎、井上日召らの第二世代、さらにその下の第三世代に多大な影響を及ぼしえたのか（ただし、梁山の影響は限定的）。本書ではその影響関係を世代間関係に即して説明をした。また、第一世代の思想や運動が国家的、国際的、国家超越的、民衆的な近代法華・日蓮仏教グループに直接的・間接的に影響を与えたとも論じた（民衆的グループへの影響は取り上げることができなかった）。

とくに智学の日蓮主義がもっていた現実変革のダイナミズムの種子（現実変革をうながすしくみ）については、西山茂の次の指摘をあらためて確認されたい。

［大谷註：智学の日蓮主義的国体論は］能顕の日蓮仏教と所顕の日本国体との間に、さらには、所顕の日本国体（在るべき日本）と現実の日本の姿との間に、深い溝、鋭い緊張を設け、その溝を埋めるための実践を常に促すような仕組みになっていた。[33]

こうした日蓮仏教と日本国体、「在るべき日本」と「現実の日本」を媒介する日蓮主義の国家観が、「本国土（妙）としての日本」である。日本の実相が国家超越的な国土（本国土妙）であるとの認識によって、「現実の日本」が相対化され、実現すべき「在るべき日本」の姿が提示された。

とくに、日蓮主義のもつ普遍性・超越性が「現実の国家を超越した価値」を提供し、現実変革の実践をうながしたのである（その一方、日蓮主義のもつ特殊性が世俗的ナショナリズムを増幅した）。その際、そうした社会的実践を担う第二世代、第三世代の日蓮主義者たちの行動を動機づけたのが、「ああ地震だ、俺達は地涌の菩薩だ」（黒沢大二）の発言にみられる「地涌の菩薩」認識である。『法華経』従地涌出品第十五に示された衆生救済を担う特権的役割のアクターは、いわば、日蓮仏教的な選民意識というべきものである。日蓮主義にはこうした衆生救済の選民意識が明確にみられた。

さらに、智学による「日本による世界統一」という終末論的なヴィジョンは、ナショナルな「在るべき日本」の実現にとどまらず、トランスナショナルな「在るべき世界」（としての仏国土）の実現をめざすものでもあった。それを東アジアの地政学のなかで実践したのが、石原莞爾だった。智学のヴィジョンは「上行のアドヴェンティズム（切迫したメシア再臨の信仰）」（西山茂）として受容され、世界最終戦論として編成される。

「日本による世界統一」の主体（中心的アクター）を考えるうえで、日蓮の『観心本尊抄』の摂折現行段にある「賢王」が誰なのかは、きわめて重要な問題だった。石原の「賢王信仰（上行再臨信仰）」（西山）では明らかに天皇を意味し、人類の救世主（メシア）という意味づけがなされた。石原によって日蓮主義のアジア主義化が図られたわけだが、その世界統一の主体は智学のように天皇を指導者とする「日本」ではなく、賢王としての天皇を指導者とする「東亜連盟」だった。

「日本による世界統一」というヴィジョン、そして賢王の問題もまた、第二世代、第三世代の日蓮主義者たちの行動を動機づけたのである。

以上、日蓮主義には「現実の国家」の支配体制や国体論的ナショナリズムを正当化する特殊主義的な側面もあったが、その一方、「現実の国家を超越した価値」を付与し、「在るべき日本」や「在るべき世界」（＝仏国土）実現のための実践を動機づける普遍主義的な側面もあった。つまり、日蓮主義には現実世界の維持機能とともに、現実世界の変革機能があったのであり、そうした社会的・政治的機能を提供し、近代日本（そして近代東アジア）の現実に一定の影響力を及ぼした点に、日蓮主義が近代史のなかで果たした役割があった。

しかし、昭和二十年（一九四五）の敗戦を経て、国体神話の信憑性が弱まり、国体論的ナショナリズムの信憑構造もまた消失したことで、日蓮主義はその影響力を急速に失速させていくのである。

牧口常三郎と創価教育学会

日蓮主義は、戦後日本社会にどのように継承されているのか（あるいは継承されていないのか）。これが、本書のもうひとつの問いである。

日蓮主義は戦後にも継承された、と私は考える。田中智学の国立戒壇論が創価学会に継承されたのである。戦後の一時期まで、智学の国立戒壇論は創価学会の運動の中核部分に保持されていた。創価学会の国立戒壇論は「国柱会譲り」[34]のものだった。

創価学会の創立は戦前にさかのぼる。昭和五年（一九三〇）十一月十八日、小学校校長だった牧口常三郎と学習塾を経営していた戸田城聖（一九〇〇～五八）によって、「創価教育学会」として東京で設立された（この日は、牧口の主著『創価教育学体系』一巻の発行日）。

牧口は昭和三年（一九二八）、五十七歳の時に日蓮正宗に入信し、戸田も続けて入信している。牧口は大正五年（一九一六）ごろ、鶯谷の国柱会館を訪れ、智学の講演を何度か耳にしている。牧口もまた、「日蓮主義の流行」のなかで智学の謦咳に接したのである（ただし、入会はせず）[35]。

創設当初は牧口の教育理論（利善美の価値体系からなる「価値論」）にもとづく教育改革運動の色彩が強かったが、しだいに折伏と座談会を中心とした宗教活動が中心になっていく。しかし、政府による宗教統制が進むなか、神宮大麻（伊勢神宮の神札）を祀ることを拒否したため、昭和十八年（一九四三）六月から七月にかけて、牧口と戸田をはじめとする多数の幹部が検挙され、組織は壊滅状態になる。

日蓮正宗と「王仏冥合の時」

牧口は警視庁特高第二課によって作成された「尋問調書」のなかで、

宗門では富士山麓の大石寺に戒壇堂を建て、一大仏教都を建設しようと云ふのが宗祖［大谷註：日蓮のこと］の願望でもあり、又私達の願望でもあるのであります。[36]

と語っている。これは日蓮正宗（日興門流）に伝わる、いわゆる富士戒壇論（後述）を述べたものであり、牧口の戒壇論に智学の影響はみられない。

また、

上は　陛下より下国民に至る迄総てが久遠の本仏たる曼荼羅に帰依し、所謂一天四海皆帰妙法の国家社会が実現すれば、……安穏な幸福が到来する。

と述べ、それが『三代秘法抄』にいう「王仏冥合の時[37]」であると断じている。

さらに注目すべきは、「天皇陛下も凡夫であ」るとの位置づけである。[38]天皇にたいする重要な宗教的意味づけをした智学や石原の日蓮主義との違いを示す天皇観である。

しかし、牧口はみずからの信仰をふたたび会員に説くことはできず、昭和十九年（一九四四）十一月十八日、獄中で七十三歳の生涯を閉じた。

戸田の国立戒壇論

牧口の遺志を継承し、戦後の創価学会を再建したのは、戸田城聖だった。

獄中で「仏とは生命である」との宗教体験を得た戸田は、昭和二十年（一九四五）七月に釈放される。翌年、西神田に本部を置き、「創価学会」と改称して再スタートする。戦後の創価学会の運動は「本門の戒壇の建立をめざした宗教運動であった[39]」。そこに、智学の国立戒壇論の影響が透けてみえる。

日蓮正宗には、日蓮を本仏と捉える日蓮本仏論、弘安二年（一二七九）十月十二日図顕の板曼荼羅本尊（日蓮正宗総本山大石寺所在）の奉持、本門の戒壇は富士山に建立されるべきだと考える富士戒壇論という独自の特徴がある。その戒壇論は「義の戒壇」と「事の戒壇」にわかれ、前者は広宣流布達成時までに本門の本尊（板本尊）を安置する場所、後者は『三大秘法抄』と、日蓮から日興に付託された『一期弘法抄《いちごぐほう》（身延相承書）』（いずれも偽書説あり）の条件を満たして建立される本門の本尊を安置する場所を意味する。[40]

では、戸田は本門の戒壇をどのように語り、政治進出を図ったのだろうか。

「三大秘法は、日蓮大聖人様出世の御本懐であらせられる。……しかし、国立の戒壇は、まだ建立せられず、現在にいたっております」。昭和二十五年（一九五〇）十一月十二日、第五回総会における講演「広宣流布は仏勅」での発言である。[41]

翌年五月三日、戸田は第二代会長に就任。自分の存命中に七十五万世帯を入信させるとの目標を掲げ、「折伏大行進」の開始を宣言した（この時点での会員数は約三千人）。会長就任の挨拶でこう述べる。

天皇に御本尊様を持たせ一日も早く御教書を出せば広宣流布が出来ると思つて居る人があるが全く馬鹿げた考へで、今日の広宣流布は、一人一人が邪教と取組んで、国中の一人一人を折伏し、皆に御本尊様を持たせることだ、こうすることに依つて始めて国立の戒壇が出来るのである。（『聖教新聞』三号、昭和二十六年五月十日、一面）

智学の国立戒壇論では、（日本人の多くが日蓮仏教にすでに帰依していることを前提として）天皇が戒壇建立の大詔（「勅宣」）を渙発し、帝国議会が憲法改正によって国教制度を議決すること（「御教書」）によって、「国立戒壇」が建立されると考えられていた（第四章1節）。戸田は、天皇の帰依と大詔渙発というプロセスに修正を加えたのである。

この点についてより明確に論じているのが、昭和二十九年一月一日の機関紙『聖教新聞』に掲載された戸田の「民衆帰依の広布へ」である。

広宣流布がわが宗門の待望であり、それに関するわが宗門の思想が「天皇帰依」である。天皇一人が帰依すれば、広宣流布とされてきたが、それを戸田は否定する。

主権在民の今日の日本に於いては天皇の帰依は決して広宣流布を意味しない。民衆全体の帰依でなくては広宣流布と云う訳にはゆかない、せめて民衆の過半数の帰依を絶対に必要とする。

（『聖教新聞』一〇三号、昭和二十九年一月一日、二面）

と力説した。

また、「民衆帰依の広布へ」の隣に掲載されている「社説　国立戒壇建立の日まで」では次のように明言されている。

その完成は何時であろうか。それはある理由に依り後二十五年以内と確信してよい、この期間に……大御本尊様に対し奉つり日本一同に帰依して国立戒壇建立の御教書が発せられるであろう、……御教書は衆議院に於て過半数の賛成を以て発せられるものである。

ここに戒壇建立の年限が示され、政治進出が示唆されたのである。[42]

戸田と創価学会の国立戒壇論は日蓮正宗の戒壇論がベースにあるが、智学の国立戒壇論と比較すると、「戦後の国民主権の政体にふさわしい戒壇建立の方法[43]」、「戦後の民主主義化した社会への適用[44]」を構想した点に大きな特徴がある。

国立戒壇建立のための政治進出

昭和二十九年（一九五四）、創価学会は国立戒壇の建立のため、政治進出を図ることになる（この時点で会員数は十六万四千世帯[45]）。同年十一月二十二日に文化部を設置し、翌年四月の統一地方選の準備に着手した。選挙の結果、東京都議一名を含む五十三名が当選。さらに翌昭和三十一年（一九五六）六月の参議院選挙で国政に挑み、全国区二名、地方区一名が当選し、全国区の得票数は約百万票を得た。

この時期に戸田が機関紙『大白蓮華』に発表したのが、「広宣流布と文化活動」（昭和三十一年三〜五月）、「王仏冥合論」（昭和三十一年八月〜三十二年四月）である。国立戒壇論にもとづく創価学会の政治進出を基礎づけた論考である。

前者では、本尊流布（創価学会への入信）を日本の民衆に理解させるためには文化活動が必要となり、それは「まず政界に国立戒壇建立の必要性を充分に理解させることである[46]」と述べられている。

また、後者の「王仏冥合論（一）」では、

我等が政治に関心を持つ所以は、三大秘法の南無妙法蓮華経の広宣流布にある。即ち国立戒壇の建立だけが目的なのである。故に政治に対しては三大秘法稟承事における戒壇論が、日蓮大聖人の至上命令であると我々は確信するものである。
(『大白蓮華』六十三号、昭和三十一年八月一日、一頁)

と宣言された。

しかし、その王仏冥合論と積極的な政治進出は厳格な政教分離が制度化された日本国憲法の下では、世間から政教一致や国教化を疑われるようになる。

昭和三十三年(一九五八)四月二日、戸田は五十八歳で逝去するが、会員数は八十万世帯に達していた。このとき、「われわれ青年部は、今こそ[大谷註:戸田]先生の御遺命となった、国立戒壇建立に向って、怒濤のごとく大進軍せねばならないのである[47]」、と宣言したのが、池田大作《いけだだいさく》だった(当時は青年部参謀室長)。

公明党の結成と国立戒壇論の放棄

昭和三十五年(一九六〇)五月三日、池田大作が第三代会長に就任。さらに会員は急増する。昭和三十七年(一九六二)末には三百十万世帯を超え、「宗教政党」公明党が結成される昭和三十九年(一九六四)には五百二十四万世帯にまで達した。[48] また、参議院に十五議席を確保し、地方議会議員は千人を数えた(昭和三十六年十一月には公明党の前身・公明政治連盟を結成)。

ところが、昭和三十九年(一九六四)から、創価学会は「国立戒壇」の用語を「本門の戒壇」や「民衆立の戒壇」と言い換えるようになる。[49] この年の十一月十七日に公明党の結党大会が開催される。その結党宣言にはこうある。

日本出世の大聖哲、日蓮大聖人、立正安国論にいわく「所詮天下泰平国土安穏は君臣の楽《ねが》う所土民の思う所なり、夫れ国は法に依って栄え、法は人に因って貴し」と。
この仏法の絶対平和思想、すなわち王仏冥合の大理念のみが、世界を戦争の恐怖から救いうる唯一の道なりと、われわれは強く確信する。[50]

『立正安国論』の第七問答の一節を引用することで、在るべき法国相関論を示し、「王仏冥合・仏法民主主義」という基本理念を掲げた。しかし、ここに「国立戒壇」の言葉はなかった。

創価学会は政教一致や国教化という世論の批判をかわすため、大石寺に正本堂《しょうほんどう》という建物を寄進することに決め、昭和四十年（一九六五）、「正本堂＝（事実上の）本門戒壇」の新説を展開するようになる。[51]以後、すべての出版物が改定され、「国立戒壇」の用語が書き換えられた。

また、創価学会＝公明党の政治進出にマスコミや他党の攻撃が強まるなか、昭和四十四年（一九六九）末から翌年の春にかけて「言論出版妨害事件」（創価学会と公明党が藤原弘達《ふじわらひろたつ》『創価学会を斬る』の出版差し止めを画策したできごと）が起こる。事件への対応のため、昭和四十五年（一九七〇）五月、国立戒壇論の放棄と公明党との「政教分離」が宣言された。[52]

昭和四十七年（一九七二）十月、正本堂が完成する。このことによって、「本門戒壇建立運動としての創価学会の活動は、この七二年で終結を迎えた」[53]。その後、この正本堂は、平成三年（一九九一）の日蓮正宗による創価学会の「破門」によって、平成十年（一九九八）に解体された。

「法国冥合」（仏教的政教一致）をめざした智学の国立戒壇論とその政治進出（選挙への出馬と政

党結成）は創価学会に継承されたものの、戦後の政教関係や政教分離の原則のもとでは制約があり、挫折せざるをえなかったのである。

思想的伏流水

なお、国立戒壇論の修正について、昭和四十五年（一九七〇）以降、宗門僧侶の一部と妙信講（日蓮正宗の講中、のちに日蓮正宗顕正会、現・冨士大石寺顕正会）が強く反対し、「戒壇論をめぐって法主・創価学会・妙信講は三巴となった深刻な内紛を経験する」[54]。国立戒壇建立の「御遺命守護」を掲げ、妙信講は文書「『正本堂』に就き宗務御当局に糺し訴う」を提出したり、創価学会と対論をかわすなどしたが、昭和四十九年（一九七四）八月に日蓮正宗から解散処分を受けた[55]。ただし、「広宣流布・国立戒壇建立は、御本仏日蓮大聖人の究極の大願であられる」として、顕正会は現在も「国立戒壇」の語を堅持している[56]。

田中智学の国立戒壇論は、現代にも伏流水のように存在しているのである。日蓮主義が戦前のような幅広い影響力をもつ日はふたたびくるのだろうか。

註

■序章

1．齋藤毅『明治のことば――文明開化と日本語』（講談社学術文庫、二〇〇五年、原著一九七七年）、三八九～三九一頁。

2．『坪内逍遥研究資料』四集（新樹社、一九七三年）。

3．学術的な観点から日蓮主義を網羅的に扱った代表的な成果として、田村芳朗・宮崎英修編『講座日蓮4　日本近代と日蓮主義』（春秋社、一九七二年）と戸頃重基『近代社会と日蓮主義』（評論社、一九七二年）がある。「日本の近・現代における国体論的日蓮主義の展開」（『東洋大学社会学部紀要』二二巻二号、一九八五年）を著した西山茂は、ほかにも「日蓮主義の展開と日本国体論――日本の近・現代における法華的国体信仰の軌跡」（孝本貢編『論集日本仏教史9　大正・昭和時代』雄山閣出版、一九八八年）、「日本の近代と仏教――田中智学の「日本国体論」を中心に」（『アーガマ』一〇七号、一九九〇年）、「近代の日蓮主義――「賢王」信仰の軌跡」（『日本の仏教』四号、法藏館、一九九五年）等を発表し、その成果の一端は単著『近現代日本の法華運動』（春秋社、二〇一六年）にまとめられた（本書は、西山の研究に多くを負っている）。二〇〇〇年代に入り、拙著『近代日本の日蓮主義運動』（法藏館、二〇〇一年）、松岡幹夫『日蓮仏教の社会思想的展開――近代日本の宗教的イデオロギー』（東京大学出版会、二〇〇五年）、ユリア・ブレニナ「近代日本における日蓮仏教の宗教思想的再解釈――田中智学と本多日生の「日蓮主義」を中心として」（大阪大学大学院言語文化研究科言語社会専攻博士論文、二〇一三年）によって、日蓮主義研究はおおいに飛躍した。また、近年刊行された「シリーズ日蓮」全五巻（春秋社）の四巻『近現代の法華運動と在家教団』（西山茂責任編集、二〇一四年）、五巻『現代世界と日蓮』（上杉清文・末木文美士責任編集、二〇一五年）でも日蓮主義が取り上げられている。島田裕巳『八紘一宇――日本全体を突き動かした宗教思想の正体』（幻冬舎、二〇一五年）は一般書だが、智学の日蓮主義の影響について論じている。なお、日蓮主義研究の最新のレビューは、ブレニナの「田中智学と本多日生の日蓮主義再考――宗教思想的アプローチを手がかりに」(『法華仏教研究』二十七号、二〇一八年)が参考になる。

4. 筆者は一八八〇～一九二〇年代の智学と日生の思想と運動をまとめた『近代日本の日蓮主義運動』を刊行後、「近代日本の思想的水脈としての日蓮主義」(『RATIO』六号、講談社、二〇〇九年)を発表し、日蓮主義の影響関係について論じている。この論考は、本書のラフスケッチというべきものである。

5. 『日蓮——その行動と思想』(評論社、一九七〇年)、六六頁。

6. 小松邦彰「日輝」(『日蓮宗事典』日蓮宗宗務院、一九八一年)参照。

7. 拙稿「古典を読む　日蓮『立正安国論』」(苅部直・黒住真・佐藤弘夫・末木文美士編『岩波講座日本の思想　八巻　聖なるものへ』岩波書店、二〇一四年)参照。

8. 「日蓮の国家観——とくに法国相関の両義性について」(田村・宮崎編前掲『講座日蓮　4　日本近代と日蓮主義』)、二二二頁。また、『近代日本の宗教とナショナリズム』(冨山房、一九六六年)、『近代社会と日蓮主義』(評論社、一九七二年)や『日蓮教学の思想史的研究』(冨山房、一九七六年)も参照のこと。

9. 前掲『日蓮教学の思想史的研究』、五三三頁。

10. 戸頃は日蓮の国家観の本筋が「法主国従」説にあるのは間違いないが、「国主法従」説的な側面もあり、その「両義性」を指摘する(前掲「日蓮の国家観」二七頁、前掲『日蓮教学の思想史的研究』五三一頁)。ただし、智学と日生の「国主法従」説は日蓮遺文の「国」をすべて「国家」概念にすりかえたことが誤りであり、日蓮のそれはおもに生活環境としての国土を意味すると述べる(『日蓮教学の思想史的研究』五三三～五三四頁)。

11. なお、戸頃の日蓮主義評価をいち早く批判的に検討したのが、西山茂である。西山の「日本の近・現代における国体論的日蓮主義の展開」(『東洋大学社会学部紀要』二二巻二号、一九八五年)や「日本の近代と仏教——田中智学の「日本国体論」を中心に」(『アーガマ』一〇七号、一九九〇年)を参照されたい。

12. 日蓮の国家観に関する最新の研究成果として、佐藤弘夫「日蓮の国家観」(小松邦彰・花野充道責任編集『シリーズ日蓮2　日蓮の思想とその展開』春秋社、二〇一四年)がある。『立正安国論』における「国」概念については、佐藤妙晃『立正安国論』の書誌学的研究』(山喜房佛書林、二〇一五年)に詳しい。

13. 『近代天皇像の形成』(岩波書店、一九九二年)、二七六～二七七頁。後年の安丸は、この編成原理をイデオロギーの面からみて「国体論的ナショナリズム」と呼んだ(『文明化の経験――近代転換期の日本』岩波書店、二〇〇七年、一四頁、三六七頁)。

14. エリック・ホブズボウム&テレンス・レンジャー編(前川啓治他訳)『創られた伝統』(紀伊國屋書店、一九九二年、原著一九八三年)。

15. 鹿野政直『近代日本思想案内』(岩波文庫、一九九九年)、一一八頁。

16. 『近代日本の国体論――〈皇国史観〉再考』(ぺりかん社、二〇〇八年)、五頁。

17. ピーター・バーガー(薗田稔訳)『聖なる天蓋――神聖世界の社会学』(ちくま学芸文庫、二〇一八年、原著一九六七年)、八四頁。この信憑構造が堅固であればあるほど、それを基盤とする世界もまた強固となり、信憑構造が堅固さを失えば、世界を維持するための正当化が必要になる。

18. アーネスト・ゲルナー(加藤節監訳)『民族とナショナリズム』(岩波書店、二〇〇〇年、原著一九八三年)、一頁。

19. 前掲『文明化の経験』、三六七頁。なお、国体論的ナショナリズムについては、赤江達也『矢内原忠雄――戦争と知識人の使命』(岩波新書、二〇一七年)「おわりに 「神の国」の日本近代」も参照した。

20. 拙著『近代仏教という視座――戦争・アジア・社会主義』(ぺりかん社、二〇一二年)、一二四～一二五頁。

21. あわせて、西山の「近代天皇制と日蓮主義の構造連関――国体をめぐる「顕密」変動」(『近現代日本の法華運動』春秋社、二〇一六年、初出二〇一四年)も参照のこと。

22. 「終末預言宗教の系譜――日本の新宗教を中心として」(『真理と創造』二四号、一九八五年)、「新宗教における天皇観と世直し観――神政龍神会の場合」(孝本貢編『論集日本仏教史9 大正・昭和時代』雄山閣、一九八八年)、「大正・昭和前期の新宗教と国家――立て替え立て直しをめぐる宗教的緊張」(國學院大學日本文化研究所編『近代天皇制と宗教的権威』同朋舎出版、一九九二年)、「敗戦と世直し――璽宇の千年王国思想と運動(1)」(『関西学院大学社会学部紀要』六三号、一九九一年)、「同(2)」(『同』八七号、二〇〇〇年)。

23.「日本主義的教養と一九三〇年代の仏教者——暁烏敏と記紀神話の世界」(『季刊日本思想史』六九号、二〇〇六年)。

24.『国家神道と日本人』(岩波新書、二〇一〇年)、一六七〜一七二頁。なお、島薗は国家神道を「生きられた宗教」として理解するため、戦前の民衆の天皇崇敬に注目し、「神聖天皇の社会史」を標榜した『神聖天皇のゆくえ——近代日本社会の基軸』(筑摩書房、二〇一九年)、『明治大帝の誕生——帝都の国家神道化』(春秋社、二〇一九年)を刊行している。両著は国体神話の普及を考えるうえでも有益である。ただし、本書では十分に参照できなかった。

25.「戦争史大観の序説」(『東亜聯盟』昭和十六年六月号、一九四一年)、五六頁。ちなみに、石原が国柱会に入会するのは翌年である。なお、本書では一九九六年に柏書房から復刻された復刻版の『東亜聯盟』を参照した。

26.「解説 昭和超国家主義の諸相」(橋川編『現代日本思想大系31 超国家主義』筑摩書房、一九六四年)、二五頁。

27. さらに、緑旗連盟や東亜連盟の活動も視野に入れると、「帝国主義、植民地主義と宗教」「アジア主義と宗教」の問題にまで広がる。

28. ベネディクト・アンダーソン(白石隆・白石さや訳)『増補 想像の共同体——ナショナリズムの起源と流行』(NTT出版、一九九七年、原著一九九一年)、二二一〜二二三頁。

29.『単一民族神話の起源——〈日本人〉の自画像の系譜』(新曜社、一九九五年)。

30. 同前、一四一頁。

■第一章

1.「予が見たる明治の日蓮教団」(『現代仏教』一〇五号、一九三三年)、五四四頁。本書では史料の引用に際して、読みやすさを優先し、旧漢字を通行の字体に改め、ルビや圏点は省略した。また、句読点を追加するなど、表記を改めた箇所がある。なお、本章ならびに第二章、第四章、第五章、第六章、第八章の記述は拙著『近代日本の日蓮主義運動』(法藏館、二〇〇一年)にもとづく。

2. 圭室文雄『神仏分離』(教育社、一九七七年)三章。

3. 森岡清美「明治初期における僧尼身分の解体について」(『日本近代仏教史研究』二号、一九九五年)、中村生雄『肉食妻帯考——日本仏教の発生』(青土社、二〇一一年)、Richard M. Jaffe, *Neither Monk*

nor Layman: Clerical Marriage in Modern Japanese Buddhism, Princeton: Princeton University Press, 2001参照。

4. 明治初期の日蓮宗については、石川教張「明治維新期における日蓮宗の動向」（池田英俊編『論集日本仏教史8　明治時代』雄山閣、一九八七年）を参照した。

5. 村上専精・辻善之助・鷲尾順敬編『明治維新神仏分離史料』一巻（名著出版、一九七〇年、原著一九二六年）、八五頁。

6. 三十の神々が一ヵ月間、順番に国家と人びとを守るという伝統的な神仏習合信仰のこと。

7. 石川前掲「明治維新期における日蓮宗の動向」、一一二頁。

8. 村上・辻・鷲尾編前掲『明治維新神仏分離史料』五巻、一一一一頁。

9. 身延山久遠寺編『身延山史』（身延教報出版部、一九二三年）、二六八頁。

10. 石川前掲「明治維新期における日蓮宗の動向」、一一七頁。

11. 阪本是丸『国家神道形成過程の研究』（岩波書店、一九九四年）、二一九頁。

12. 阪本是丸『明治維新と国学者』（大明堂、一九九三年）、一三二頁。なお、明治四年（一八七一）五月の「神社ノ儀ハ国家ノ宗祀」（太政官布告二三四号）の規定によって、神社は宗教ではなく、祭祀であるとの神社非宗教論の位置づけがなされた。

13. 福田行誡「三条愚弁」（『行誡上人全集』大東出版社、一九四二年）、二八九頁。

14. 新田均『近代政教関係の基礎的研究』（大明堂、一九九七年）、八七頁。なお、近代の本願寺派の動向に関する最新の成果として、本願寺史料研究所編『増補改訂　本願寺史』三巻（浄土真宗本願寺派、二〇一九年）がある。

15. 島地黙雷「三条教則批判建白書」明治五年十二月（二葉憲香・福嶋寛隆篇『島地黙雷全集』一巻、本願寺出版協会、一九七三年）、一五頁。

16. 島地黙雷「欧州政教見聞」明治五年七月（前掲『島地黙雷全集』一巻）、一九八頁。

17. 福嶋寛隆「島地黙雷に於ける伝統の継承」（『龍谷史壇』五三号、一九六四年、五〇頁）、ならびに新田前掲『近代政教関係の基礎的研究』（五九頁）参照。

18. 小川原正道『大教院の研究——明治初期宗教行政の展開と挫折』（慶應義塾大学出版会、二〇〇四年）、七頁。

19．「信教自由の口達」（文部省宗教局編『宗教制度調査資料』二巻、原書房、一九七七年）、一九九頁。
20．安丸良夫『神々の明治維新――神仏分離と廃仏毀釈』（岩波新書、一九七九年）、二〇九頁。
21．同前、二〇八頁。なお、仏教の公認教制度運動を通じて、明治時代の祭政教関係を論じた拙稿「明治国家と宗教」（苅部直・黒住真・佐藤弘夫・末木文美士・田尻祐一郎編『日本思想史講座4　近代』ぺりかん社、二〇一三年）も参照されたい。
22．同前、二〇四頁。
23．安中尚史「明治初期における日蓮門下教団の動向」（日蓮宗現代宗教研究所編『日蓮宗の近現代――他教団対応のあゆみ』日蓮宗宗務院、一九九六年）、一三〇頁。
24．智学の生涯については、田中芳谷『田中智学先生略伝（改訂）』（師子王文庫、一九七四年、原著一九五三年）、田中香浦監修『国柱会百年史』（国柱会、一九八四年）に詳しい。なお、『略伝』では「鳥の啼かぬ日はあつても田中智学が日蓮と日本を言はぬ日はなし」と評されている（三九〇頁）。また、西山茂は智学とその門下がつねに「二つの日」（日蓮と日本）を意識していたと指摘している（「「賢王」信仰の系譜――国柱会信仰から東亜連盟運動へ」『近現代日本の法華運動』春秋社、二〇一六年、初出一九九五年、四一～四二ページ）。
25．柏原祐泉「近世篇　二章　仏教思想の展開」（圭室諦成監修『日本仏教史　近世近代篇』法藏館、一九六七年）、一六七頁。また、小野文珖「日蓮教学の展開と論争――近世から近代へ」（『シリーズ日蓮5　現代世界と日蓮』春秋社、二〇一五年）も参照した。
26．執行海秀『日蓮宗教学史』（平楽寺書店、一九五二年）第一一章ならびに鐘宇散人（田中智学）「駿河屋七兵衛――缺所と追放の法難」（『毒鼓』一巻六号、一九二〇年）参照。
27．『田中智学自伝――わが経しあと』一巻（師子王文庫、一九七七年、原著一九三六年）、一一頁。
28．松岡幹夫「田中智学における超国家主義思想の思想形成史」（『日蓮仏教の社会思想的展開――近代日本の宗教的イデオロギー』東京大学出版会、二〇〇五年、初出二〇〇二年）、一九頁。
29．浜田本悠「明治日蓮宗を語る」（『現代仏教』一〇五号、一九三三年）、四二一頁。浜田は立正大学教授を務めた宗教学者。
30．同前。
31．田中智学前掲「予が見たる明治の日蓮教団」、五五八頁。
32．智学の摂折論は、後述する『本化摂折論』（師子王文庫、一九〇二年）に詳しい。
33．前掲『田中智学自伝』一巻、四六一頁。
34．同前。
35．羽賀祥二『明治維新と宗教』（筑摩書房、一九九四年）、二二二〜二二三頁。
36．『日本の近代社会と仏教』（評論社、一九七〇年）、一一七頁。
37．『明治の仏教――その行動と思想』（評論社、一九七六年）、一四五頁。
38．『仏教夫婦論』（同盟舎、一八八七年）、一二頁。これについては本文で後述する。なお、本化正婚式に関する最新の研究として、武井謙悟「明治の仏教者と仏前結婚式」（『駒澤大学大学院仏教学研究会年報』五〇号、二〇一七年）がある。
39．田中香浦監修『国柱会百年史』（国柱会、一九八四年）、八四〜八五頁。
40．前掲『仏教夫婦論』（同盟舎、一八八七年）、「仏教僧侶肉妻論」（『日蓮主義研究』一号、一九六八年、原著一八八九年）参照。
41．『明治の仏教――その行動と思想』（評論社、一九七六年）、九〇頁。
42．宮地正人「幕末・明治前期における歴史認識の構造」（『日本近代思想大系13　歴史認識』岩波書店、一九九一年）、松沢裕作『重野安繹と久米邦武――「正史」を夢みた歴史家』（山川出版社、二〇一二年）参照。
43．『日本仏教史　中世篇之二』（岩波書店、一九四九年）、三一頁。
44．講演の内容は、『史学雑誌』二〇号（明治二十四年七月十五日）参照。
45．「宗門革命祖道復古義会仮規約」（『師子王』六号、明治二十四年七月十八日）、三一頁。
46．「宗門革命祖道復古義会運動彙報」（『師子王』八号、同年十月八日）、二八頁。
47．創価学会の国立戒壇論（本門戒壇論）については、西山茂「日蓮正宗創価学会における「本門戒壇」論の変遷――政治的宗教運動と社会統制」（中尾堯編『日蓮宗の諸問題』雄山閣、一九七五年、のちに『近現代日本の法華運動』に所収）に詳しい。また、戦後の創価学会が戦前の国柱会の国立戒壇論を継承していることは、すでに西山によって指摘されている（「宗教運動におけるユートピアとエクスタシーの相関――仏立講・国柱会・創価学会の事例研究」中牧弘允編『現代日本の〝神話〟』ドメス出版、一九八九年）。

■第二章

1．日生の生涯については、磯辺満事『本多日生上人』（統一発行所、一九三一年）がもっとも詳しい。

2．「弁論の修養に就て」（『統一』二六八号、大正六年六月号）。また、「僧侶たるの道」（『雄弁』八巻四号、大正六年四月一日）も参照。

3．安中尚史「近代日蓮宗における本末制度再編に関する一考察」（『印度學佛教學研究』五八巻一号、二〇〇九年）、一三九頁。

4．日蓮宗務院編『祖道復古』（竹田智道、一九三八年）では、「祖廟中心運動の沿革」がまとめられている。

5．その全文は、前掲『祖道復古』、三七～三九頁を参照。また、「日蓮宗革命党檄文」「日蓮宗革命綱領」が『日蓮宗教報』二〇二号（明治二十一年九月五日）に掲載されている。

6．保守派の動向については、新倉善之『池上本門寺百年史』（大本山池上本門寺、一九八一年）にその一端が紹介されている。

7．この請願書のコピーを、顕本法華宗僧侶の河野時中氏よりご提供いただいた。同氏の「明治期における宗門改革の一考察」（『統一』七三一号、一九九八年）も参照されたい。

8．公会の傍聴記が『日宗新報』二五四号（明治二十二年六月三日）に掲載されている。また、その議事録は『日宗新報』二五五号（同年六月八日）から同二六二号（同年七月十三日発行）まで八回にわたって掲載された。

9．会則は『宗義講究会誌』創刊号（明治二十三年二月七日）に掲載されている。

10．『宗義講究会誌』三号（明治二十三年三月七日）、三〇頁。

11．『宗義講究会誌』一二号（明治二十三年八月十五日）、一六頁。

12．ユリア・ブレニナ前掲「近代日本における日蓮仏教の宗教思想的再解釈――田中智学と本多日生の「日蓮主義」を中心として」七九～九九頁。

13．磯辺前掲『本多日生上人』、四四頁。

14．『日宗新報』四一六号（明治二十五年一月十五日）～四一七号（一月二十五日）掲載。

15．仏教各宗協会編『各宗管長会議々決録』（仏教各宗協会、一八九〇年）、二〇頁。

16．この原稿は翌明治二十九年（一八九六）二月二十八日に日蓮宗妙満寺派宗務庁から『本宗綱要』として刊行された。

17. この事件に関する資料としては、客観的な立場から事件の顚末をまとめた加藤熊一郎（咄堂）『仏教界大問題四個格言』（東華堂、一八九六年）のほか、妙満寺派側の資料として、本多日生編『日蓮大聖人献身的之大問題　仏教界目下之大訴訟』（格言問題事務所、一八九六年）と統一団『格言事件時報』（統一団、一八九八年）がある。本節の記述はこれらを参照した。

18. 「妙満寺派の第二期運動／附たり田中智学氏の事」（『読売新聞』明治二十九年十一月二十日）、五面。

19. 『統一』第一百号の祝筵に臨みて本団の旨趣及前途の施設を述ぶ」（『統一』一〇〇号、明治三十六年八月十五日）、三頁。

20. リチャード・ゴンブリッジ&ガナナート・オベーセーカラ（島岩訳）『スリランカの仏教』（法藏館、二〇〇二年、原著一九八八年）、八頁。末木文美士『近代日本と仏教——近代日本の思想・再考Ⅱ』（トランスビュー、二〇〇四年）、一七五頁。拙稿「「プロテスタント仏教」概念を再考する」（『近代仏教』二〇号、二〇一三年）。

■第三章

1. 明治十九年（一八八六）に東京日本橋に設置された立正安国会の本部「立正閣」は、明治二十八年（一八九五）に大阪四ツ橋に移転された。本部はそのままで、明治二十九年（一八九六）五月に鎌倉扇ヶ谷に教学研究所の師子王文庫が創設され、鎌倉の土地は「要山」と命名された。当時、智学は大阪と鎌倉を行き来していた。

2. 以下、山川智応「高山樗牛の日蓮上人崇拝に就いて」（姉崎正治・山川智応編『高山樗牛と日蓮上人』博文館、一九一三年）、『田中智学自伝——わが経しあと』四巻、一〇巻（真世界社、一九七七年、原著一九三六年）等を参照。

3. 拙稿「近代日本の思想的水脈としての日蓮主義」（『RATIO』六号、講談社、二〇〇九年）。

4. 「明治」（中村・臼井吉見・平野謙『現代日本文学全集　別巻1　現代日本文学史』筑摩書房、一九六七年）、九九頁。

5. 姉崎は、帝国大学文科大学（のちに東京帝国大学、現・東京大学）の宗教学講座の初代教授であり、日本の宗教学の創始者である。同時に、「姉崎嘲風」のペンネームで評論家としても活躍した人物である。その生涯と活動は、姉崎正治／姉崎正治先生生誕百年記念会編『新版 わが生涯 姉崎正治先生の業績』（大空社、一九九三年、原著一九五一年）、磯前順一・深澤英隆編『近代日本における知識人と宗教――姉崎正治の軌跡』（東京堂出版、二〇〇二年）に詳しい。

6. 樗牛の著述や書簡を網羅した『樗牛全集』はこれまでに三回、刊行されている。斎藤信策・姉崎正治編『樗牛全集』全五巻（博文館、一九〇四～〇六年）、姉崎正治・畦柳都太郎・笹川種郎・藤井健治郎編『増補縮刷 樗牛全集』全六巻（博文館、一九一四～一六年）、姉崎・笹川編『改訂注釈 樗牛全集』全七巻（博文館、一九二五～三三年）である（以下、『全集』『増補縮刷全集』『改訂全集』と表記）。『改訂全集』が一九八〇年と一九九四年に日本図書センターから復刻されており、本書では前者の復刻版を参照した。

7. 山川前掲「高山樗牛の日蓮上人崇拝に就いて」、三五四頁。

8. その生涯については、工藤恆治『文豪高山樗牛』（文豪高山樗牛刊行会、一九四一年）と河合靖峯編「年譜」（『明治文学全集40 高山樗牛 齋藤野の人 姉崎嘲風 登張竹風』筑摩書房、一九七〇年）を参照した。

9. 樗牛は創刊時に文学欄主筆を担当したのち、明治三十年（一八九七）六月から、逝去する三十五年（一九〇二）十二月まで雑誌全体の編集主幹を務めた（鈴木貞美「明治期『太陽』の沿革、および位置」鈴木編『雑誌『太陽』と国民文化の形成』思文閣出版、二〇〇一年、二一、三七頁）。

10. 永嶺重敏『雑誌と読者の近代』（日本エディタースクール出版部、一九九七年）、一〇八頁。

11. 『荘子 内篇』「逍遥遊」に由来し、無用の大木（樗）と大牛であっても、いずれとも無用の用があるという意味。

12. 先崎彰容『高山樗牛――美とナショナリズム』（論創社、二〇一〇年）、六八頁。

13. これらの論争については、谷沢永一『文豪たちの大喧嘩――鷗外・逍遥・樗牛』（新潮社、二〇〇三年）、花澤哲文『高山樗牛――歴史をめぐる芸術と論争』（翰林書房、二〇一三年）に詳しい。

14. 谷沢前掲『文豪たちの大喧嘩』、一三八頁。

15. 明治三十三年（一九〇〇）八月二十二日付の姉崎正治への手紙（『改訂全集』七巻、日本図書センター、一九八〇年、六一六頁）。

16. 同前、六八八～六八九頁。

17. 同前、七五七頁。

18. 明治三十四年（一九〇一）十一月三日付の井上哲次郎への手紙（同前、七三六頁）。
19. 明治三十五年（一九〇二）一月二十六日付の田中智学への手紙（同前、七六五頁）。
20. 姉崎「性格の人　高山樗牛」（姉崎・山川編前掲『高山樗牛と日蓮上人』）、三八七頁。
21. 「目次」（『増補縮刷全集』二巻、博文館、一九一四年）。なお、樗牛が文部省から海外留学を命じられるのは、厳密には明治三十三年（一九〇〇）六月。
22. 山川前掲「高山樗牛の日蓮上人崇拝に就いて」、三七一頁。この事実は姉崎の記憶にもとづくという。ただし、樗牛は、自らの日蓮研究の経緯を回顧した「無題録（三）」（『太陽』八巻五号、明治三十五年五月五日）で、「六七年前のことなりき、予は或処に於て、偶々日蓮の文章と称する者を見たる事あり。当時の予は日蓮に就いて何等特殊の感興を有せざりしが、其の文章の一節がいたく予の好奇心を動かしたるは忘れもせざる事実なりき」（四二頁）と述べている。この「日蓮の文章」は『教行証御書』の一節であったという。なお、「無題録（三）」は『全集』四巻収録時は「無題録」のままだったが、『増補縮刷全集』五巻収録時に「日蓮研究の動機」とタイトルが改められた。それを踏襲した『改訂全集』六巻では新たに注が付され、「汽車の待合で雑誌「妙宗」を見た事がある」と記されている（四六九頁。注の執筆者は姉崎であろう）。しかし、『妙宗』の創刊は明治三十年（一八九七）七月であることから、この注は正しくない。「六七年前」という樗牛の記憶が不正確なのか、あるいは「六七年前」に『妙宗』以外の媒体で『教行証御書』を目にしたのかは特定できない。しかし、本文で後述するように、樗牛が機関誌『妙宗』（二編六号）を手にした事実は明確なので、樗牛と日蓮、日蓮主義との本格的な出会いを明治三十二年（一八九九）六月とする。
23. 従来の樗牛研究では、全集に収録された樗牛のテキストを参照している場合が多く、編集者か編者（姉崎か?）が付けたと思われるタイトル（たとえば、「日蓮研究の動機」や「日蓮と基督（其一）」）をそのまま用いている。しかし、そこにテキスト読解の予断が生じると判断し、煩雑になるが、本書では原著を参照し、原著のタイトルを用いる。なお、『太陽』の閲覧に際しては、「日本近代文学館（ジャパンナレッジLib）」のデータベースを用いた。
24. 『日清戦争――「国民」の誕生』（講談社現代新

書、二〇〇九年)、二三二頁。
25.「国家至上主義に対する吾人の見解」(『太陽』四巻一号、明治三十一年一月一日)、二一八頁。
26.「高山樗牛の「日本主義」思想——日清戦後期における「国家」と「美学」」(『日本歴史』六六七号、二〇〇三年)、六三頁。こうした樗牛の認識が「たんなる「国家主義」イデオローグと一線を画し、現実の明治国家を批判的に捉える視座を確保し得たのである」(六五頁)。本論が収録された『〈憧憬〉の明治精神史——高山樗牛・姉崎嘲風の時代』(ぺりかん社、二〇一六年)も参照のこと。
27.「〈個〉の自立は可能か」(『明治思想家論——近代日本の思想・再考I』トランスビュー、二〇〇四年、初出二〇〇一年)、一四九頁。
28. 同前、一四九頁。
29. 同前、一五七頁。
30.「美的生活を論ず」(『太陽』七巻九号、明治三十四年八月五日)、三九頁。
31.「静思録」(雑誌『太平洋』に三回連載。明治三十五年三月執筆、『改訂全集』四巻)、八〇四頁。
32.「無題録十二則」(『太陽』七巻一三号、明治三十四年十一月五日)、五一頁。
33. 明治三十四年(一九〇一)十一月十五日付の姉崎正治への手紙(『改訂全集』七巻、七三八頁)。
34. 同前、七四〇頁。
35.『改訂全集』七巻、七五九頁。
36.「日蓮上人と日本国(日蓮上人の真面目を見よ)」(『太陽』八巻九号、明治三十五年七月五日)、一七四~一七五頁。
37. そもそも『立正安国論』は、『開目抄』『観心本尊抄』とともに三大部(あるいは『撰時抄』『報恩抄』を加えた五大部)と称される日蓮の代表的な遺文のひとつである。自らを擬した「主人」と北条時頼(当時の鎌倉幕府の最高実力者、前執権)を擬した「客」との間で交わされる十段の問答(九段の問答と十段の客の領解)から構成されている。第七問答の先の一節は客の発言であり、これが日蓮の国家観の表明なのかどうか、戦前から戦後の日蓮研究で議論されてきた。詳しくは、拙論「古典を読む 日蓮『立正安国論』」(『岩波講座 日本の思想 八巻 聖なるものへ——躍動するカミとホトケ』岩波書店、二〇一四年)を参照されたい。
38. ただし、こうした言説に対して、日蓮宗内でも批判があった。『日宗新報』六六三号(明治三十一年三月十八日)に神保香骨の「吾人は世界主義の折伏主義論者なり」が掲載されている。神保は「世界主義」の立場から、宗内の「無暗に国家的国家的と吹聴して経文祖釈の意を誤るもの一にして足らず」（一二三頁）と批判している。
39.『改訂全集』七巻、七八〇頁。
40.この点については、戸頃重基が「高山樗牛のナショナリズムと日蓮への接近」（『近代日本の宗教とナショナリズム』冨山房、一九六六年、一七一頁）ですでに指摘している。
41.『改訂全集』六巻、五四二頁。なお、樗牛の「超国家主義」については、中島岳志「超国家主義と日蓮思想――最後の高山樗牛」（上杉清文・末木文美士責任編集『シリーズ日蓮5　現代世界と日蓮』春秋社、二〇一五年）で指摘されており、参照した。
42.「超国家主義の論理と心理」（丸山眞男著、古矢旬編『超国家主義の論理と心理　他八篇』岩波文庫、二〇一五年、初出一九四六年）。
43.「解説　昭和超国家主義の諸相」（橋川編『現代日本思想大系31　超国家主義』筑摩書房、一九六四年）、五八頁。橋川のいう「超国家主義」と樗牛の「超国家的大理想」の関係については、中島前掲「超国家主義と日蓮思想」も参照のこと。
44.長尾前掲『〈憧憬〉の明治精神史』、二八一頁。なお、日蓮の超越的な権威に触れることによって晩年の樗牛の思想に重大な変化が現れたとして、「それは、一言で言えば、「霊性」の覚醒である」と述べるのは、徳田幸雄である（『宗教学的回心研究――新島襄・清沢満之・内村鑑三・高山樗牛』未來社、二〇〇五年、四一七頁）。樗牛における霊性と超越の問題は今後、さらに検討すべき課題であろう。
45.「日蓮と神祇」（『法華文化の展開』法藏館、二〇〇二年、初出一九五九年）ならびに「中世における国家観の一形態――日蓮の道理と釈尊御領を中心に」（同前、初出一九五九年）を見よ。
46.藤井前掲「中世における国家観の一形態」、四九頁。
47.この『高祖遺文録』三十巻は、もともと樗牛が智学から借覧したものだが、樗牛亡き後、転々として、明治四十二年（一九〇九）に姉崎の保管に帰した（姉崎・山川編前掲『高山樗牛と日蓮上人』、九七頁。付箋の箇所は同書、一一三～一一四頁を見よ）。
48.『改訂全集』六巻、四一六頁。執筆日が「三十四年八月十九日」となっているが、明治三十五年の間違い。
49.以下、「故高山樗牛埋骨式」（『妙宗』六編二号、明治三十六年二月六日）、田中智学「故高山樗牛の遺骨を葬る辞」（『妙宗』六編三号、同年三月六日）、

『田中智学自伝』四巻等を参照。

50. 明治三十五年（一九〇二）十月一日付の実父・斎藤親信への手紙（『改訂全集』七巻、八二一頁）。この手紙は樗牛の遺言が認められているものである。

51. 橋川文三『昭和維新試論』（朝日新聞社、一九八四年）、七一頁。

52. 『廿世紀之怪物 帝国主義』（警醒社書店、一九〇一年）。

53. 『皇室制度――明治から戦後まで』（岩波新書、一九九三年）、一〇〇頁。

54. 同前、九八〜九九頁。

55. 同前、一〇一〜一〇二頁。

56. 籠谷次郎「国民教育の展開」（井口和起編『近代日本の軌跡3 日清・日露戦争』吉川弘文館、一九九四年）、一七二頁。

57. ここで、作家、生方敏郎の体験を紹介しておこう（『明治大正見聞史』中公文庫、一九七八年、原著一九二六年）。生方は、明治十五年（一八八二）に群馬県沼田に生まれた。三大節（四方拝・紀元節・天長節）の祝日におこなわれる式典の際、広い式場の正面には御真影が飾られ、校長が恭しく教育勅語を朗読するのが通例だったという。小さいころの「私たちはいつしか教育勅語を暗記し、どこでも暗唱出来るようになった」（六一頁）。

58. 山本信良・今野敏彦『近代教育の天皇制イデオロギー――明治期学校行事の考察（新装版）』（新泉社、一九八七年）、一〇七頁。

59. 前掲『明治大正見聞史』、九九頁。なお、生方は明治三十五年（一九〇二）に早稲田大学に転じる。

60. 同前、九七〜九九頁。

61. 同前、一〇一頁。

62. 平石典子『煩悶青年と女学生の文学誌――「西洋」を読み替えて』（新曜社、二〇一二年）、一五頁。ちなみに「青年」は明治になってから成立した概念である。その詳細は、木村直恵『〈青年〉の誕生――明治日本における政治的実践の転換』（新曜社、一九九八年）や多仁照廣『青年の世紀』（同成社、二〇〇三年）が参考になる。また、最新の成果として、和崎光太郎『明治の〈青年〉』（ミネルヴァ書房、二〇一七年）がある。

63. 橋川前掲『昭和維新試論』、九六頁。

64. 同前、七一頁。

65. 同前、九六頁。

66. 平石前掲『煩悶青年と女学生の文学誌』、二一頁。

67. 同前、一七〜一八頁。

68. 前掲「超国家主義と日蓮思想――最後の高山樗

牛」、一五五頁。

69．「姉崎嘲風に与ふる書」（『太陽』七巻七号、明治三十四年六月五日）、四七頁。

70．明治三十四年（一九〇一）十一月十五日付の姉崎正治への手紙（『改訂全集』七巻、七四五頁）。

71．中島前掲「超国家主義と日蓮思想」、一七〇頁。

72．隅谷三喜男『日本の社会思想』（東京大学出版会、一九六八年）、三八頁。

73．竹中正夫「『新人』における宗教思想」（同志社大学人文科学研究所編『『新人』『新女界』の研究——二〇世紀初頭キリスト教ジャーナリズム』人文書院、一九九九年）、四三頁。

74．安倍能成『岩波茂雄伝』（岩波書店、一九五七年）、四四頁。なお、真宗大谷派の学僧・近角常観は近年まで忘れられた存在だった。その思想や活動を掘り起こし、近代仏教研究の最前線に位置づけなおした成果が、碧海寿広『近代仏教のなかの真宗——近角常観と求道者たち』（法藏館、二〇一四年）と、岩田文昭『近代仏教と青年——近角常観とその時代』（岩波書店、二〇一四年）である。

75．「内面への沈潜——清沢満之」（『明治思想家論——近代日本の思想・再考I』トランスビュー、二〇〇四年、初出二〇〇一年）、一一三頁。

76．「精神主義」（『精神界』一巻一号、明治三十五年一月十日）、三頁。

77．高島米峰「『病間録』を読む」（『新仏教』六巻一一号、明治三十八年十一月一日）、八三〇頁。

78．新仏教徒たちは堺利彦や幸徳秋水らの社会主義者とも交流があったが、社会主義の立場はとらず、その立場は社会改良主義だった。ちなみに、内村は個人主義型、海老名は帝国主義・国家主義型に分類することができるであろう。

79．『田中智学自伝』四巻、一〇巻参照。見舞の日付は、山川「噫わが高山博士逝けり」（『妙宗』六編二号、明治三十六年二月六日、四九頁）による。

80．「護学論——先づ資材家に謀る」（『妙宗』六編二号、明治三十六年二月六日）、六頁。なお、「本化妙宗」とは「本化上行菩薩日蓮聖人の建てられた妙法蓮華経の宗旨」を意味する（国柱会本部編『国柱会会員必携』真世界社、一九八七年、四八頁、傍点ママ）。

■第四章

1．『本化妙宗式目講義録』一巻（師子王文庫、一九一七年）、八七頁。本書では大正六年（一九一七）発行の同講義録第三版を参照する。

2．同前、一〇二頁。
3．『法華取要抄』（立正大学日蓮教学研究所編『昭和定本日蓮聖人遺文』二巻、総本山身延久遠寺、一九九二年、原著一九五三年）、八一三頁。原文は漢文。引用に際しては、読み下し文にあらためた。以下の日蓮遺文の引用も同じ。
4．『日蓮――その行動と思想』（評論社、一九七〇年）、一六一頁。
5．日蓮と門下の戒壇論に関する近年の成果として、菅原関道「日蓮の戒壇論とその展開」（小松邦彰・花野充道責任編集『シリーズ日蓮　2　日蓮の思想とその展開』春秋社、二〇一四年）がある。菅原は「三大秘法抄」について、「現状では偽撰説をぬぐい去るのは困難ではあるまいか」と指摘する（二五八頁）。
6．『三大秘法稟承事』（前掲『昭和定本日蓮聖人遺文』二巻）、一八六四頁。
7．『立正安国会報告』三回（明治十九年六月十六日）、二頁。
8．『師子王全集』一輯一二巻「儀文篇」（師子王全集刊行会、一九三二年）所収。『師子王全集』とは智学の全集で、全三十六巻からなる。
9．『昭和定本日蓮聖人遺文』一巻、七一九頁。「誡責」とは悪をいましめて非を責めること。
10．同前二巻、一〇〇八頁。
11．詳しくは、両者のやりとりをまとめた山川智応『高問答釈竝再釈――附大曼荼羅本尊御図式要義』（浄妙全集刊行会、一九八九年）を参照のこと。
12．「日蓮の終末論」（中尾堯編『日蓮宗の諸問題』雄山閣、一九七五年）。
13．同前、一九頁。なお、アメリカの日本仏教学者ジャクリーヌ・ストーン（Jacqueline Stone）は、中世の日蓮から近代の日蓮主義、現代の法華・日蓮系新宗教にいたる法華仏教の千年王国主義思想について論じている（"Japanese Lotus Millennialism: From Militant Nationalism to Contemporary Peace Movements," in Catherine Wessinger ed.,*Millennialism, Persecution, and Violence: Historical Cases*, Syracuse: Syracuse University Press, 2000）。智学の日蓮主義が終末論的特徴を帯びていることについては、ストーン氏より直接、ご教示いただいた。
14．「日本の近・現代における国体論的日蓮主義の展開」（『東洋大学社会学部紀要』二二巻二号、一九八五年）、一八七頁。
15．同前、一七二頁。

16. 『妙宗』六編一号（明治三十六年一月六日）、三〜一一頁。
17. その概要は、山川智応「本化宗学研究大会通記」（『妙宗』七編五号、明治三十七年七月二十六日）、長滝智大「本化宗学研究大会概勢紀要」（同）、保坂智宙「本化宗学研究大会日誌」（同）に詳しい。
18. 「清見潟の一夏（上）」（『太陽』九巻一一号、明治三十六年十月一日）、一三五頁。
19. 山川智応筆記「本化宗学研究大会に於ける姉崎博士の談話」（『妙宗』六編九号、明治三十六年九月六日）。
20. ただし、こうした発想はすでに「日本国の宗旨」（『妙宗』二篇一号、明治三十二年一月三日）にみられる。「天祖（皇太神）は国体の主であって、教祖（釈迦世尊）は日本国の宗旨を定め、聖祖（日蓮大聖）は日本の国体と日本の宗旨との結合を司る役目」（一七頁）、「天祖と　釈尊と法華経と日本国との一体なる事」（二一頁）など、智学の国体論が日清戦後に漸次形成されたことがわかる。
21. 『近代天皇制と古都』（岩波書店、二〇〇六年）、三頁。
22. 同前、xi頁。
23. さらに「積慶」が加わり、「積慶」「重暉」「養正」の三語をもって、「日本建国の三大綱」（三綱）とのちに定めている（第六章で後述）。
24. 「神武天皇の建国」（『国柱新聞』三一号、大正二年三月十一日）、二頁。その経緯については、里見岸雄『田中智学の国体開顕』（錦正社、一九四〇年）に詳しい。
25. 拙著『近代日本の日蓮主義運動』（法藏館、二〇〇一年）、一二四頁。
26. 『田中智学自伝』四巻（真世界社、一九七七年、原著一九三六年）、二五一〜二六〇頁。ダルマパーラについては、佐藤哲朗『大アジア思想活劇――仏教が結んだ、もうひとつの近代史』（サンガ、二〇〇八年）に詳しい。
27. 拙稿「アジアの仏教ナショナリズムの比較分析」（『近代と仏教』国際日本文化研究センター、二〇一二年）で両者の思想と行動を分析した。
28. ダルマパーラと智学の会談については、佐藤の『大アジア思想活劇』、中島岳志「田中智学から石原莞爾へ――「八紘一宇」の奈落」（『アジア主義――その先の近代へ』潮出版社、二〇一四年、初出二〇一一年）、拙稿「アジアの仏教ナショナリズムの比較分析」が参考になる。
29. 智学に対するダルマパーラの影響については、駒澤大学の石井公成氏よりご教示いただいた。

30・山川智応「本多日生師を哀惜す」（『毒鼓』昭和六年五月号）、一四五頁。

31・貴重な先行研究として、執行海秀「近代日蓮教学の形成」（望月歓厚編『近代日本の法華仏教』平楽寺書店、一九六八年）、西山茂「日本の近・現代における国体論的日蓮主義の展開」（『東洋大学社会学部紀要』二二巻二号、一九八五年）、同「近代天皇制と日蓮主義の構造連関――国体をめぐる「顕密」変動」（『近現代日本の法華運動』春秋社、二〇一六年、初出二〇一四年）、藤巻一保「護国の曼荼羅と天皇本尊論」（『天皇の秘教――近代日本秘教全書』学習研究社、二〇〇九年）がある。最新の研究として、拙稿「国家・国体と日蓮思想２――清水梁山の生涯と思想」（『シリーズ日蓮５　現代世界と日蓮』春秋社、二〇一五年）がある。以下の記述は拙稿にもとづく。

32・『皇居前広場』（光文社新書、二〇〇三年）、三〇頁。

33・有山輝雄『近代日本のメディアと地域社会』（吉川弘文館、二〇〇九年）参照。

34・片山慶隆『日露戦争と新聞――「世界の中の日本」をどう論じたか』（講談社選書メチエ、二〇〇九年）、一〇七〜一〇八頁。

35・小森陽一「日露戦争の記憶、記憶の中の日露戦争」（小森・成田龍一編『日露戦争スタディーズ』紀伊國屋書店、二〇〇四年）、二〇二頁。

36・木下直之「日露戦争を語るもの」（小森・成田編前掲『日露戦争スタディーズ』）、二九頁。

37・成田龍一「「国民」の跛行的形成――日露戦争と民衆運動」（小森・成田編前掲『日露戦争スタディーズ』）、一一四頁。

38・大日本宗教家大会事務所編『宗教家大会彙報――時局に対する宗教家の態度』（金港堂書籍株式会社、一九〇四年）、一二六〜一二七頁。

39・同前、五頁。

40・小川原正道『近代日本の戦争と宗教』（講談社選書メチエ、二〇一〇年）、一四七頁。

41・同前、一五四頁。

42・土肥昭夫『日本プロテスタント・キリスト教史』（新教出版社、一九八〇年）、二一二頁。

43・大濱徹也『庶民のみた日清・日露戦争――帝国への歩み』（刀水書房、二〇〇三年、原著一九七〇年）、二〇五頁。

44・『吉田久一著作集５　改訂増補版日本近代仏教社会史研究（上）』（川島書店、一九九一年、原著一九六四年)、三六一頁。
45.『吉田久一著作集6 改訂増補版日本近代仏教社会史研究(下)』(川島書店、一九九一年、原著一九六四年)、一二四頁。
46. 小川原前掲『近代日本の戦争と宗教』、一六九頁。
47.「戦争の影(試験されたる宗教家の陋劣)」(『平民新聞』明治三十七年二月二十八日)、一頁。一九六二年に明治文献資料刊行会より公刊された復刻版を参照した。
48.「日露戦争より余が受けし利益」(『新希望』六九号、明治三十八年十一月十日)、四七頁。
49. 玉光順正・辻内義浩・訓覇浩編『高木顕明――大逆事件に連座した念仏者』(真宗大谷派宗務所出版部、二〇〇〇年)、八〇頁。
50. 同前、八一頁。なお、高木の非戦論については拙稿「戦争は罪悪か?――二〇世紀初頭の仏教者の非戦論」(『近代仏教という視座――戦争・アジア・社会主義』ぺりかん社、二〇一二年、初出二〇一一年)参照。
51.『統一』一〇七号附録(明治三十七年二月二十五日)。以下、顕本法華宗の動向は『統一』にもとづく。
52. 大会の議事録は『日宗新報』八八七号(明治三十七年五月二十一日)~同八九七号(同年九月一日)参照。
53. 原田敬一『日清・日露戦争』(岩波新書、二〇〇七年)、二二一頁。
54.『「戦没者慰霊」と近代日本』(勉誠出版、二〇一五年)、一七〇~一七一頁。
55.『近代社会と日蓮主義』(評論社、一九七二年)、一一三頁。

■第五章

1.「勝利の悲哀」(『謀叛論 他六篇・日記』岩波文庫、一九七六年)、三四頁。
2. 橋川文三『昭和維新試論』(朝日新聞社、一九八四年)、三四頁。
3. 原田敬一『日清・日露戦争』(岩波新書、二〇〇七年)、二三九頁。
4. 地方改良運動については、宮地正人『日露戦後政治史の研究――帝国主義形成期の都市と農村』(東京大学出版会、一九七三年)第一章を参照した。
5. 藤本頼生『神道と社会事業の近代史』(弘文堂、二〇〇九年)、七八頁。
6. 見城悌治「近代詔勅の中の戊申詔書」(馬原鉄男・岩井忠熊編『天皇制国家の統合と支配』文理

閣、一九九二年）、二八七頁。
7. 同前、二九四頁。
8. 明治四十四年（一九一一）二月、小学校日本史の国定教科書における南北朝並立の記述が議会で問題化した出来事。文部省は教科書を執筆した編修官の喜田貞吉を処分し、南朝正統論に統一することで事態を乗りきった。
9. 『唐沢富太郎著作集第6巻　教科書の歴史——教科書と日本人の形成（上）』（ぎょうせい、一九八九年、原著一九五六年）、一九頁。
10. 同前、三三六頁。
11. 森岡清美『家の変貌と先祖の祭』（日本基督教団出版局、一九八四年）、一一三頁より重引。
12. 同前、一一六頁。
13. 「明治国家と民衆統合」（『岩波講座日本歴史17 近代4』岩波書店、一九七六年）、二三八頁。
14. 教育史編纂会『明治以降教育制度発達史』五巻（教育資料調査会、一九六四年、原著一九三九年）、七頁。
15. E・H・キンモンス（広田照幸他訳）『立身出世の社会史——サムライからサラリーマンへ』（玉川大学出版部、一九九五年、原著一九八一年）、一九一頁。
16. 『日本型「教養」の運命——歴史社会学的考察』（岩波書店、一九九五年）、四頁。
17. 同前、五～六頁。
18. 髙橋原「ポスト嘲風・梁川世代のスピリチュアリティ——福島政雄と霜田静志を例として」（鶴岡賀雄・深澤英隆編『スピリチュアリティの宗教史』下巻、リトン、二〇一二年）。
19. 木村洋『文学熱の時代——慷慨から煩悶へ』（名古屋大学出版会、二〇一五年）「第9章　明治後期文壇における告白——梁川熱から自然主義へ」参照。
20. 綱島梁川『病間録』（金尾文淵堂、一九〇五年）、三七五頁。
21. 同前、三七八頁。
22. 『明治大正見聞史』（中公文庫、一九七八年、原著一九二六年）、九九頁。
23. 前掲『日本型「教養」の運命』、三二一～三二三頁。
24. 清水重敦「建築物——モダンな仏教のモダンな建物」（大谷栄一・吉永進一・近藤俊太郎編『近代仏教スタディーズ——仏教からみたもうひとつの近代』法藏館、二〇一六年）、二四九頁。
25. 樗牛会編『樗牛全集補遺　第壹』（博文館、一九〇六年）、九九～一〇〇頁。

26. 磯前順一・深澤英隆編『近代日本における知識人と宗教――姉崎正治の軌跡』（東京堂出版、二〇〇二年）、四八頁。
27. 同前、五二頁。
28. 同前、五五頁。なお、樗牛と姉崎に関する近年の研究成果として、寺田喜朗「高山樗牛と姉崎嘲風の日蓮論――明治期アカデミシャンの日蓮理解」（西山茂責任編集『シリーズ日蓮4 近現代の法華運動と在家教団』春秋社、二〇一四年）と長尾宗典『〈憧憬〉の明治精神史――高山樗牛・姉崎嘲風の時代』（ぺりかん社、二〇一六年）がある。
29. 「この国」（『日蓮主義』一三号、明治四十三年五月一日）、一頁。
30. 『日蓮主義』一二号（明治四十三年四月一日）、二頁。
31. 『日蓮主義』一五号（明治四十三年七月一日）、二頁。
32. 『日蓮主義』二〇号（明治四十三年十二月一日）、一頁。
33. 「履霜」（『日蓮主義』一四号、明治四十三年六月一日）、一頁。
34. 「吾徒の大覚悟を忘るな」（『日蓮主義』二一号、明治四十四年一月一日）、二頁。
35. 天晴会の講演録や活動記録は、日蓮鑽仰天晴会編『天晴会講演録』壱輯（天晴会事務所、一九一〇年）、同弐輯（一九一一年）、同参輯（一九一五年）に収録されている。これらは二〇〇九年にUSS出版から復刻されており、この復刻版を参照した。
36. 「天晴会の発会式概況」（『統一』一六七号、明治四十二年一月十五日）、三七～四〇頁。
37. 『天晴会講演録』壱輯、六六三頁。
38. 「日蓮研究会を起すの議」（『中学世界』五巻九号、明治三十五年八月十日）、一三頁。
39. 「日蓮主義研究の現況一斑（一）今日の人は幾何程度に日蓮上人を解しつゝありや」（『日蓮主義』一号、明治四十二年五月十二日）、九頁。
40. 田中智学『大逆事件に於ける国民的反省』（師子王文庫、一九一一年）、一頁。
41. 柏木隆法『大逆事件と内山愚童』（JCA出版、一九七九年）、一〇一頁。
42. 同前、二〇一頁。
43. 以下の記述は、「国体擁護大演説　其一」（『日蓮主義』二七号、明治四十四年七月一日）と「国体擁護大演説　其二」（同二八号、同年八月一日）、「国体擁護大演説　其三」（同前）を参照した。
44. 「国体の名」（『日蓮主義』三〇号、明治四十四年十月一日)、一一頁。
45.「管長の逆徒教誨」(『中外日報』明治四十四年一月二十三日)、二面。
46.『吉田久一著作集4 日本近代仏教史研究』(川島書店、一九九二年、原著一九五九年)、五〇〇頁。
47.「社会主義運動史話」(『堺利彦全集』六巻、法律文化社、一九七〇年、初出一九三一年)、二七三頁。
48.前掲『吉田久一著作集4 日本近代仏教史研究』、四八六頁。
49.以下、前田蓮山編『床次竹二郎伝』(床次竹二郎伝記刊行会、一九三九年)を参照。
50.床次竹二郎「日生上人と統一の大教(三教会同の真相)」(『統一』四五八号、昭和八年五月一日)、一九頁。
51.同前、二五二~二五三頁。
52.前掲『吉田久一著作集4 日本近代仏教史研究』三五三~三五五頁。
53.「三教懇談会」(『都新聞』八六二八号、明治四十五年二月二十六日発行)、二面。
54.「宗教家の決議」(『都新聞』八六二九号、明治四十五年二月二十七日発行)、二面。
55.本多日生「現代思潮と日蓮主義」(『統一』二〇三号、明治四十五年一月十五日)、一一頁。
56.『田中智学自伝』七巻(師子王文庫、一九七七年、原著一九三六年)、一頁。
57.飛鳥井雅道『明治大帝』(筑摩書房、一九八九年)、二八三頁。
58.鈴木正幸『皇室制度——明治から戦後まで』(岩波新書、一九九三年)、一三五頁。
59.『闘魂風雪七十年——明治・大正・昭和三代体験史』(錦正社、一九六五年)、八〇頁。
60.同前。
61.「教報」(『統一』二一〇号、大正元年八月十五日)、四七頁。
62.「活動史」(『統一』二一二号、大正元年十月十五日)、三三頁。
63.なお、末木文美士は『国体論史』における明治以後の国体論の変遷を踏まえ、智学が「日本国体学」を創唱し、梁山が『日本の国体と日蓮聖人』を刊行する明治四十四年(一九一一)は「明治時代第五期(明治四十三年頃より明治の終に至る)」に当たり、国体論の議論が一気に燃え上がった時期だったことを指摘している(「国家・国体と日蓮思想——田中智学を中心に」『思想としての近代仏教』中公選書、二〇一七年、初出二〇一五年、一四八~一五一頁)。

64．両者の本尊論については、茂田井教亨「本尊論の展開——田中智学と本多日生との比較」（望月歓厚編『近代日本の法華仏教』平楽寺書店、一九六八年）と、ユリア・ブレニナ「近代日本における日蓮仏教の宗教思想的再解釈——田中智学と本多日生の「日蓮主義」を中心として」（大阪大学大学院言語文化研究科言語社会専攻博士論文、二〇一三年）を参考にした。

65．ただし、『日本の国体と日蓮聖人』刊行以前の梁山は、日蓮本仏の人本尊論（日蓮本仏論）の立場だった。拙稿前掲「国家・国体と日蓮思想2——清水梁山の生涯と思想」（『シリーズ日蓮5　現代世界と日蓮』春秋社、二〇一五年）を参照のこと。

66．西山茂「日本の近・現代における国体論的日蓮主義の展開」（『東洋大学社会学部紀要』二二巻二号、一九八五年）、一七四頁。

67．高鍋日統の思想と活動については、拙稿「仏教アジア主義のゆくえ——日蓮宗僧侶・高鍋日統の内蒙古布教」（『近代仏教という視座——戦争・アジア・社会主義』ぺりかん社、二〇一二年）を参照されたい。

68．里見岸雄『田中智学の国体開顕』（錦正社、一九四〇年）、六九頁。以下も同書を参照。

■第六章

1．『近代社会と日蓮主義』（評論社、一九七二年）、一一三頁。

2．「発刊の辞」（『法華』一巻一号、大正三年五月十二日）、一〇頁。

3．「朝鮮釜山顕本会堂建立浄財勧募之辞」（『統一』三五八号、大正十四年一月一日）、五二頁。

4．「朝鮮木浦天晴地明会通信」（『統一』二七八号、大正七年四月十五日）、一八頁。釜山、木浦とも創設者は、顕本法華宗僧侶の横山恵正。

5．『立願五十五年の春を迎へて——回顧と経過』（浄妙全集刊行会、一九七八年）、七五頁。この叢書は、新潮社社長の佐藤義亮と山川が図ったものだった（同）。

6．千葉幸一郎「空前の親鸞ブーム粗描」（五十嵐伸治・佐野正人・千葉幸一郎・千葉正昭編『大正宗教小説の流行——その背景と〝いま〟』論創社、二〇一一年）参照。また、大澤絢子「大正期親鸞流行と親鸞像」（『仏教文化学会紀要』二七号、二〇一九年）も参考になる。

7．『日宗新報』一二三七号（大正二年五月二十五日）、二頁。

8．『日蓮主義研究叢書』を発行する辞」（『日蓮聖人と耶蘇』新潮社、一九一五年）、三頁。

9．その経緯は、聖祖門下七教団統合交渉事務所『聖祖門下七教団統合事業経過第一回報告』（聖祖門下七教団統合交渉事務所、一九一四年）と聖祖門下七教団統合事務所『聖祖門下七教団統合事業経過第二回報告』（聖祖門下七教団統合事務所、一九一五年）に詳しい。また、拙稿「明治初期～大正期における日蓮門下統合運動の展開と挫折」（『興風』三〇号、二〇一八年）も参照されたい。

10．前掲『聖祖門下七教団統合事業経過第一回報告』、一四頁。

11．この問題については、髙橋謙祐「大正四年奉献本尊をめぐって――近代日蓮宗の動向」（『日蓮教学研究所紀要』二〇号、一九九三年）や西山茂「日本の近・現代における国体論的日蓮主義の展開」（『東洋大学社会学部紀要』二二巻二号、一九八五年）に詳しい。また、奉献本尊については、西條義昌「幻の橋――奉献・護国本尊と伝・宣化出土日持上人遺物」（『福神』一一号、二〇〇六年）と藤巻一保「護国の曼荼羅と天皇本尊論」（『天皇の秘教――近代日本秘教全書』学習研究社、二〇〇九年）を参照されたい。

12．川合は明治三十五年（一九〇二）、廃滅に瀕していた同寺を本圀寺の旭日苗住職と日蓮宗管長の浜日運から委託された。なお、三重宝塔は大正三年（一九一四）三月三日に横浜の三渓園に移築された（西條前掲「幻の橋」、一二二頁）。

13．「奉献本尊玄釈」「開光文」「説明書」の全文は、清水龍山『偽日蓮義真日蓮義』（東福寺、一九一六年）に掲載されている。私は『日宗新報』御大典奉祝号を未見のため、ここから重引する。「玄釈」は漢文で起草されているが、引用の際には読み下し文にして、適宜句読点をつける。

14．髙橋前掲「大正四年奉献本尊をめぐって」、六〇八頁。

15．前掲『偽日蓮義真日蓮義』、八一頁。

16．同前、二〇六頁。

17．同前、一二七頁。

18．西山前掲「日本の近・現代における国体論的日蓮主義の展開」、一七七～一七八頁。

19．前掲『偽日蓮義真日蓮義』、一一九～一二〇頁。

20．髙橋前掲「大正四年奉献本尊をめぐって」、六一三～六一四頁。

21．『東京朝日新聞』（明治四十五年四月十一日）、四面。

22 『仏陀を背負いて街頭へ——妹尾義郎と新興仏教青年同盟』（岩波新書、一九七四年）、五九頁。ちなみに、稲垣の父親は京都の佛教専門学校（現・佛教大学）で教鞭を取っていた稲垣真我である（のちに佛教大学学長をつとめる）。
23 田中香浦『田中智学』（真世界社、一九七七年）、二七〇頁。なお、香浦（一九二二〜一九九六）は智学の孫で、国柱会第三代会長である。
24 本資料中に「大正十三年十一月現在」と記されている。私は、この資料を宗教法人国柱会で閲覧させていただいた。
25 この資料は、国柱会近畿地方連合局で閲覧させていただいた。
26 『田中智学自伝』八巻（師子王文庫、一九七七年、原著一九三六年）、一四六頁。
27 浅野豊美「帝国日本の形成と展開——第一次大戦から満洲事変まで」（『岩波講座　日本歴史17　近現代3』岩波書店、二〇一四年）、三七頁。
28 鈴木正幸『皇室制度——明治から戦後まで』（岩波新書、一九九三年）、一四五頁。
29 小林啓治『戦争の日本史21　総力戦とデモクラシー——第一次世界大戦・シベリア干渉戦争』（吉川弘文館、二〇〇八年）、四頁。
30 伊藤之雄『日本の歴史22　政党政治と天皇』（講談社、二〇〇二年）、一〇五頁。
31 大正七年（一九一八）十月、左翼から右翼までの幅広い人脈を網羅した老壮会が設立され、翌年八月には「日本主義にもとづく国家改造」を掲げた革新的な猶存社が設立されている。
32 「解説」（鹿野編『近代日本思想大系34　大正思想集Ⅱ』筑摩書房、一九七七年）、四六〇〜四六三頁。また、『大正デモクラシーの底流——〝土俗〟的精神への回帰』（NHKブックス、一九七三年）も参照。
33 『シリーズ日本近現代史④　大正デモクラシー』（岩波新書、二〇〇七年）、一〇四〜一一八頁。
34 同前、一六二頁。
35 海後宗臣編『臨時教育会議の研究』（東京大学出版会、一九六〇年）、六頁。
36 同前、一四五頁より重引。
37 山本信良・今野敏彦『大正・昭和教育の天皇制イデオロギー——［Ｉ］学校行事の宗教的性格』（新泉社、一九八六年）、五六頁。
38 孝本貢「『思想国難』と神社——大正期を中心として」（下出積與博士還暦記念会編『日本における国家と宗教』大蔵出版、一九七八年）、三三二〜三三三二頁。
39 『内務省史』一巻（大霞会、一九七一年）、三四二頁。
40 同前、三四一頁。
41 同前、三四二頁。
42 同前。
43 『支那革命外史』（『北一輝著作集』二巻、みすず書房、一九五九年、原著一九二一年）、二〇三頁。
44 『日本改造法案大綱』（『北一輝著作集』二巻、みすず書房、一九五九年、原著一九二三年）、二二〇頁。
45 鈴木前掲『皇室制度』、一三八頁より重引。
46 同前、一三八頁。
47 同前、一五六頁。
48 同前。
49 「旭日瞳々の国運」（『国柱新聞』二三二号、大正八年一月一日）。
50 長滝智大「国柱会主催／思想問題解決特別大講演陪従の記」（『国柱新聞』二五〇号、大正八年七月一日）参照。
51 日蓮仏教は『法華経』の迹門と本門を相対し、本門に依拠する。天台教学の「理」的立場（迹門に依拠した法華経の理念的・哲学的解釈）に対して、日蓮教学では「事」的立場（本門に依拠した法華経の事実的・実践的解釈）を重視する。こうして日蓮仏教は「本門事観」の教義体系として定立される。
52 立正大学日蓮教学研究所編『昭和定本日蓮聖人遺文』三巻（総本山身延久遠寺、一九九二年、原著一九五四年）、二二五五〇頁。
53 『本化妙宗式目講義録』四巻（師子王文庫、一九〇四年）、二二六八二頁。
54 「本国土（妙）としての日本」の発見という指摘は、西山茂「日本の近・現代における国体論的日蓮主義の展開」（『東洋大学社会学部紀要』二二巻二号、一九八五年）、一七二頁に依拠する。また、「現実の日本」と「在るべき日本」の指摘も西山の研究にもとづく。
55 第五篇では先天的な「法国冥合」が「法国冥合」、後天的な「法国冥合」が「王仏冥合」と区別されている。ちなみに私がここまで述べてきた「法国冥合」とは、後者である。
56 『本化妙宗式目講義録』四巻、二二六五〇頁。
57 西山前掲「日本の近・現代における国体論的日蓮主義の展開」、一七一頁。
58 同前、一八七頁。
59 同前、一七二頁。

60. 同前、一七四頁。
61. 同前。
62. 日生の教学・思想については、長谷川義一「近代の教傑本多日生上人」（『統一』六〇〇号、昭和二十年三月一日）と『什門教学伝統誌』（妙顕寺、一九五八年）が詳しい。また、近年の研究として、ユリア・ブレニナの「近代日本における日蓮仏教の宗教思想的再解釈――田中智学と本多日生の「日蓮主義」を中心として」（大阪大学大学院言語文化研究科言語社会専攻博士論文、二〇一三年）がある。
63. 『修養と日蓮主義』（博文館、一九一七年）、四二五頁。
64. 「現代思潮に就て」（国友日斌編『国民思想講演集』天晴会豊橋支部、一九一三年）、三二頁。
65. 前掲『修養と日蓮主義』、七二頁。
66. 同前、七九頁。
67. 『日蓮主義研究講話』（中央出版社、一九一七年）、六七頁。
68. 同前。
69. 『思想問題の帰結と法華経』（弘道館、一九二〇年）、二五五頁。
70. 同前、二五七頁。
71. 以下、「自慶会の創立」（『統一』二七五号、大正七年一月十五日）、「自慶会記事」（同二七六号、同年二月十五日）参照。
72. 「自慶会京都設立」（『統一』二七九号、大正七年五月十五日）、一七頁。
73. 山本悠三『近代日本の思想善導と国民統合』（校倉書房、二〇一一年）、一八頁。
74. 「統一団報」（『統一』二九七号、大正八年十二月一日）、一七頁。
75. 『シリーズ日本近現代史④　大正デモクラシー』（岩波新書、二〇〇七年）、一〇四頁。

■第七章

1. 「戦争史大観の序説」（『東亜聯盟』昭和十六年六月号）、五六頁。本論は、石原の精神的自伝というべきテキストである。昭和十五年（一九四〇）十二月三十一日に京都で脱稿され、東亜連盟協会の機関誌『東亜聯盟』昭和十六年六月号に掲載された。のちに『戦争史大観』（中央公論社、一九四一年）に「第二篇　戦争史大観の序説」として収録（ただし、同書は発禁処分を受ける）。
2. 「解説　昭和超国家主義の諸相」（橋川編『現代日本思想大系31　超国家主義』筑摩書房、一九六四年）、五四～五五頁。

3. 西山茂「近代天皇制と日蓮主義の構造連関——国体をめぐる「顕密」変動」（『近現代日本の法華運動』春秋社、二〇一六年、初出二〇一四年）、二八頁。
4. 以下、阿部博行『石原莞爾——生涯とその時代』全二巻（法政大学出版局、二〇〇五年）参照。
5. 石原の親友で同期生の飯沼守（のちに陸軍省人事局長）の述懐によれば、「石原は中央幼年学校の時から、田中智学師の法華経の研究に凝り、その教書を読み、私（飯沼）や樋口季一郎（後の北部軍司令官）にもこれをすすめた」という（横山臣平『秘録石原莞爾』芙蓉書房、一九七一年、七三頁）。ただし、これが事実かどうかは確定できない。
6. 前掲「戦争史大観の序説」、四五頁。
7. 同前、四六頁。
8. 同前。
9. 『陸軍将校の教育社会史——立身出世と天皇制』（世織書房、一九九七年）、二八五頁。
10. 「大正時代の日記（大正九年、十二年）」（『石原莞爾選集2　ベルリンから妻へ』たまいらぼ、一九八五年）、二八六頁。以下、煩雑になるので、日記からの引用は日付のみを記す。
11. 妹尾鐵太郎・稲垣真美編『妹尾義郎日記』二巻（国書刊行会、一九七四年）、一〇三頁。
12. 「日蓮主義と社会改造」（『統一』三〇一号、大正九年四月一日）、二五頁。
13. 姉崎嘲風・山川智応編『高山樗牛と日蓮上人』（博文館、一九一三年）、三一八頁。
14. 石原にたいする樗牛の影響については、拙稿「近代日本の思想的水脈としての日蓮主義」（『RATIO』六号、講談社、二〇〇九年）で指摘した。また、中島岳志「田中智学から石原莞爾へ——「八紘一宇」の奈落」（『アジア主義——その先の近代へ』潮出版社、二〇一四年、初出二〇一一年）も参照のこと。
15. 田中香浦監修『国柱会百年史』（国柱会、一九八四年）、二七〇頁ならびに田中芳谷『田中智学先生略伝（改訂）』（師子王文庫、一九七四年、原著一九五三年）、二四二頁。
16. 前掲「戦争史大観の序説」、四六頁。
17. 佐藤の略歴については、石川泰志『佐藤鐵太郎海軍中将伝』（原書房、二〇〇〇年）を参照した。また、佐藤と石原の関係（共通性や石原への佐藤の影響）については、仁科悟朗「成立史から観た石原莞爾の戦争史観」（『石原莞爾選集3　最終戦争論／戦争史大観』たまいらぼ、一九八六年）に詳しく、参考にした。
18. 前掲「戦争史大観の序説」、四四頁。
19. これは昭和二年度陸軍大学校の二年学生に対する講義ノートを底本としたテキストであり、角田順編『石原莞爾資料——戦争史論』(原書房、一九六八年)に収録されている。
20. 佐藤鉄太郎『信仰の体験』(民友社、一九三〇年)、六五頁。
21. 同前、六五~六六頁。
22. 同前、九九頁。
23. 仁科前掲「成立史から観た石原莞爾の戦争史観」、二九八頁。
24. 『日本国体と日蓮主義』(博文館、一九一八年)、三六~三七頁。
25. 同前、四〇頁。
26. 興味深いことに、昭和十六年(一九四一)九月に京都から鶴岡市番田に移住した石原は、翌年秋に鶴岡市高畑町の高山樗牛旧居に転居し、暮らしている。
27. 阿部前掲『石原莞爾』上、八二頁。
28. 『石原莞爾選集1　漢口から妻へ』(たまいらぼ、一九八五年)、二五頁。煩雑になるため、以下、日付のみを記す。
29. 前掲「戦争史大観の序説」、四八頁。
30. 「石原莞爾の宗教観と世界最終戦争論」(『日蓮仏教の社会思想的展開——近代日本の宗教的イデオロギー』東京大学出版会、二〇〇五年、初出二〇〇三年)、一一〇頁。
31. 前掲「近代天皇制と日蓮主義の構造連関」、二九頁。西山は、北一輝、井上日召、石原莞爾の信仰を「霊的日蓮主義」と捉えている。
32. 賢治の書簡については、『【新】校本宮澤賢治全集』一五巻「書簡 本文編」(筑摩書房、一九九五年)より引用し、以下、本全集の書簡番号を記載する。
33. すでに私は、宮沢賢治と日蓮主義の関わりについて「〈国土成仏〉という祈り——宮沢賢治と日蓮主義」(『ユリイカ』二〇一一年七月号、青土社)、「近代法華信仰にみる浄土観の一断面——宮沢賢治の場合」(池見澄隆編『冥顕論——日本人の精神史』法藏館、二〇一二年)、「宮沢賢治の法華信仰——とくに国柱会との関連に注目して」(福原隆善先生古稀記念会事務局編『福原隆善先生古稀記念論集　佛法僧論集』山喜房佛書林、二〇一三年)を発表している。以下の記述はこれらの拙稿にもとづく。
34. 『兄のトランク』(筑摩書房、一九八七年)、二三八頁。
35．なお、宮沢一族は近角常観とも密接な交流があった。常観と政次郎、トシとの関係については、岩田文昭『近代仏教と青年――近角常観とその時代』（岩波書店、二〇一四年）の「第一一章　宗教と文学（二）――宮澤賢治一族と常観」に詳しい。
36．「無声慟哭」（『【新】校本宮澤賢治全集』二巻　詩［Ｉ］本文篇、筑摩書房、一九九五年）、一四三頁。
37．「賢治と国柱会」（『宮沢賢治――その理想世界への道程　改訂版』明治書院、一九八八年）、一九～二〇頁。論文の初出は一九七七年で原題「賢治研究ノート抜書」。
38．『天業民報』六三二号「文芸号」（大正十一年十月十五日）、一頁。
39．島地大等編『漢和対照妙法蓮華経』（明治書院、一九一四年）、四二七頁。
40．『【新】校本宮澤賢治全集』四巻　詩［Ⅲ］本文篇（筑摩書房、一九九五年）、一〇九頁。
41．大平宏龍「『法華経と宮沢賢治』私論」（『文藝月光』二号、二〇一〇年）、六六頁。
42．同前。
43．『妙行正軌』（明治三十六年八月十六日初版発行、昭和十二年七月二十日三十三版発行、昭和四十三年四月八日復刻発行、師子王文庫）参照。
44．『宮沢賢治――四次元論の展開』（国文社、一九九一年）、七五一～七五二頁。
45．妹尾鐵太郎・稲垣真美編『妹尾義郎日記』二巻（国書刊行会、一九七四年）、八五頁。妹尾は学生時代から晩年まで膨大な日記を残しており、それらは『妹尾義郎日記』全七巻にまとめられている。以下、日記からの引用は年月日のみを記す。
46．以下、拙稿「昭和初期の「新しい仏教」をめぐる動態――伝統仏教・新興仏教・反宗教の交渉と葛藤」（拙著『近代仏教という視座――戦争・アジア・社会主義』ぺりかん社、二〇一二年、初出二〇一〇年）、「反戦・反ファシズムの仏教社会運動――妹尾義郎と新興仏教青年同盟」（同、初出二〇〇八年）、「日蓮主義から仏教社会主義へ――妹尾義郎の思想と運動」（西山茂責任編集『シリーズ日蓮４　近現代の法華運動と在家教団』春秋社、二〇一四年）、「妹尾義郎と新興仏教青年同盟の反戦・平和運動」（櫻井義秀・外川昌彦・矢野秀武編『アジアの社会参加仏教――政教関係の視座から』北海道大学出版会、二〇一五年）にもとづく。
47．『日本型「教養」の運命――歴史社会学的考察』（岩波書店、一九九五年）、三三一～三三三頁。

48. 同前、一八頁。
49. 「千箇寺参り」（日蓮宗宗務院『日蓮宗事典 復刻版』日蓮宗新聞社、一九九九年）、五三六頁。
50. 以下、「大日本日蓮主義青年団綱領」（『若人』大正十年八月号）、七四～七七頁参照。
51. 「編輯室より」（『若人』大正十年一月号）、九〇頁参照。
52. 『仏陀を背負いて街頭へ——妹尾義郎と新興仏教青年同盟』（岩波新書、一九七四年）、六四～六五頁。
53. 同前、六七頁。

■第八章

1. その詳細は、日蓮聖人大師号追賜奉祝事務所編『立正大師諡号奉戴記事』（日蓮聖人大師号追賜奉祝事務所、一九二二年）に詳しい。
2. 「皇室の神仏分離とその後の仏教——宮内省の対応を中心に」（『書陵部紀要』六九号、二〇一八年）。また、御修法、門跡号、師号宣下、直額、勅封については、佐野恵作『皇室と寺院』（明治書院、一九三九年）に詳しい。
3. 山口輝臣「天皇と日蓮——大正一一年の立正大師号宣下をめぐって」（『日本歴史』七七〇号、二〇一二年）、一～二二頁。
4. 『近代皇室と仏教——国家と宗教と歴史』（原書房、二〇〇八年）。
5. 『皇后考』（講談社、二〇一五年）、『天皇は宗教とどう向き合ってきたか』（潮新書、二〇一九年）。
6. 前掲「天皇と日蓮」、「天皇家の宗教」（小倉慈司・山口輝臣『天皇の歴史9　天皇と宗教』講談社学術文庫、二〇一八年、原著二〇一一年）。
7. 石川前掲『近代皇室と仏教』「第二部　村雲日栄尼——皇族出身尼僧の活躍」ならびに馬島浄圭「『近代教団史にみられる尼僧たち』——村雲尼公と尼僧法団を中心に」（『現代宗教研究』四〇号、二〇〇六年）参照。
8. 石川前掲『近代皇室と仏教』、二六三頁。
9. 同前、二五三頁。
10. 原前掲『皇后考』、一三六～一三七頁。原前掲『天皇は宗教とどう向き合ってきたか』、一三三～一三四頁、石川前掲『近代皇室と仏教』、二九五～二九六頁も参照。
11. 原前掲『天皇は宗教とどう向き合ってきたか』、一三三～一三四頁。また、原前掲『皇后考』、三九〇～三九一頁、山口前掲「天皇家の宗教」、二五七～二五八頁も参照。

12. 山口前掲「天皇家の宗教」、二六〇頁。また、原前掲『天皇は宗教とどう向き合ってきたか』、一三四頁も参照。原は、これらの紙が大正天皇の柩に納められたという証言を紹介している。
13. 石川前掲『近代皇室と仏教』、三五一頁。
14. 田中智学「法国冥合の第一歩」(『天業民報』六四九号、大正十一年十一月六日)参照。
15. 日蓮聖人大師号追賜奉祝事務所編前掲『立正大師諡号奉戴記事』参照。
16. 「三保の越年講習会」(『天業民報』七〇〇号、大正十二年一月十二日)、四頁。
17. 「三保の越年講習会」(『天業民報』七〇一号、大正十二年一月十三日)、三頁。
18. 「立憲養正会政道大綱」「政綱発表の宣言」「創立準規」「奏白文」が『天業民報』七四一号(政治号、大正十二年三月一日)に掲載されている。これらは、のちに立憲養正会『国体政治ノ政治団結 立憲養正会』(立憲養正会、一九二三年)として刊行された。
19. 『天業民報』八九六号(大正十二年九月二十一日)、三頁。
20. 北原糸子『関東大震災の社会史』(朝日選書、二〇一一年)、五頁、一〇~一二頁。
21. 同前、一二頁。
22. 「宗門寺院の罹災」(『法華』一〇巻一〇号、大正十二年十月十日)、八九頁。
23. 「関東地方大震災大火災」(『統一』三四四号、大正十二年十一月一日)、五七~六四頁。
24. 五百旗頭真「石原莞爾における日蓮宗教(二)」(『政経論叢』二〇巻一号、一九七〇年)、八三頁。
25. それらの手紙は『石原莞爾選集2 ベルリンから妻へ』(たまいらぼ、一九八五年)に収録されている。ここでも煩雑さを避けるため、以下、日付のみを記す。
26. 成田龍一『大正デモクラシー』(岩波新書、二〇〇七年)、一一頁。
27. 里見については、自伝『闘魂風雪七十年 ―― 明治・大正・昭和三代体験史』(錦正社、一九六五年)を参照のこと。また、山口昌男『「挫折」の昭和史』(岩波書店、一九九五年)も参考になる。
28. 前掲『闘魂風雪七十年』、一四二頁。
29. 同前、一五九頁。
30. 西山茂「石原莞爾の日蓮主義」(『近現代日本の法華運動』春秋社、二〇一六年、初出一九八六年)、六四頁。
31. なお、正確には「本門戒壇は、百年か百五十年できつと出来る」（一七頁）と澤二は記している。

32．ただし、智学は大正八年（一九一九）の講演「本化宗学より見たる日本国体と現代思想」で「一天四海皆帰妙法は四十八年間に成就し得るといふ算盤を弾いて居る」と、述べている（『師子王全集』一輯「師子王教義篇」、師子王文庫、一九三一年、三六七頁）。このことを、後年、石原は『世界最終戦論』（立命館出版部、一九四〇年、八一頁）で紹介している。

33．前掲「石原莞爾の日蓮主義」、五七、六二頁。

34．同前。

35．「「賢王」信仰の系譜――国柱会信仰から東亜連盟運動へ」（『近現代日本の法華運動』春秋社、二〇一六年、初出一九九五年）、四二頁。

36．なお、こうした賢王信仰が智学～田中芳谷（智学の長男で国柱会二代総裁）～田中香浦（芳谷の長男で智学の孫、国柱会三代会長）の国柱会の主流派とは別に、山川智応や里見岸雄、石原莞爾らの人脈に引き継がれてきたと西山は指摘する（同前、五一頁）。

37．前掲「戦争史大観の序説」、四七頁。

38．副田義也『教育勅語の社会史――ナショナリズムの創出と挫折』（有信堂、一九九七年）、二六八頁。

39．橋川文三『昭和維新試論』（朝日新聞社、一九八四年）、二二六頁。

40．赤澤史朗『近代日本の思想動員と宗教統制』（校倉書房、一九八五年）、山本悠二『教化団体連合会史Ⅰ』（学文社、一九八六年）、山本悠三『近代日本の思想善導と国民統合』（校倉書房、二〇一一年）参照。

41．山本悠二前掲『教化団体連合会史Ⅰ』、五頁。

42．同前、九頁。

43．別枝長夫編『理想選挙の結果』（立憲養正会、一九二四年）、二二頁。

44．以下、『天業民報』一〇五四号（大正十三年四月二十一日）～同一〇五六号（同年四月二十三日）を参照。

45．「立憲養正会に対する不許可処分の状況」（内務省警保局保安課編『特高月報』昭和十七年三月号）、一五七頁。立憲養正会については、田村益喜・加藤喜孝『立憲養正会十年史』（養正時評社書籍部、一九三九年）、久保春三・嶋崎専蔵編『結社不許可――立憲養正会にみる隠された昭和史』（暁書房、一九七七年）が参考になる。

46．成田龍一『シリーズ日本近現代史④　大正デモクラシー』（岩波新書、二〇〇七年）、一九三頁。

47. 赤澤前掲『近代日本の思想動員と宗教統制』、二二頁。
48. 鈴木正幸『皇室制度――明治から戦後まで』（岩波新書、一九九三年）、一七一頁。
49. 同前、一七六頁。

■第九章

1. 赤澤史朗『近代日本の思想動員と宗教統制』（校倉書房、一九八五年）、三五頁。
2. 同前。
3. 同前、三六頁。
4. 「御大典と本会関係者」（『法華』一五巻一二号、昭和三年十二月一日）、八一～八二頁。
5. 祝賀会の模様は、『天業民報』二四二四号（昭和三年十二月十八日）～同二四二六号（十二月二十日）参照。
6. 「天聴に達す苦節五十年／護国の誓ひ更に新なり／天盃下賜祝賀会の盛況」（前掲『天業民報』二四二四号）、三頁。
7. 「田中先生の表彰」（『天業民報』二四一四号、昭和三年十二月一日）、一頁。
8. 「本多日生猊下／御恩賞祝賀会記事」（『統一』四〇六号、昭和四年一月一日）、二三頁。
9. 原武史『昭和天皇』（岩波新書、二〇〇八年）、八四頁。
10. 以下、拙稿「ナショナリズムと仏教の共‐構成――一九二〇年代の国柱会の社会教化活動」（『近代仏教という視座――戦争・アジア・社会主義』ぺりかん社、二〇一二年、初出二〇〇四年）にもとづく。
11. 『田中智学自伝』九巻（師子王文庫、一九七七年、原著一九三六年）、一頁。
12. 中央教化団体聯合会『全国教化団体名鑑』（財団法人中央教化団体聯合会、一九二九年）、三〇八～三〇九頁。
13. 日本共産党は大正十一年（一九二二）七月に結成された。同年十一月に共産主義インターナショナル（コミンテルン）日本支部として承認されるも、翌年六月の一斉検挙で壊滅し、大正十三年（一九二四）二月には解党。大正十五年（一九二六）十二月に再建された。また、無産政党は大正十四年（一九二五）十二月に結成された農民労働党を嚆矢とする。しかし、わずか三十分で解散を命じられた。翌年三月に労働農民党（労農党）が設立され、左派が党内を掌握し、同党を脱会した右派が十二月に社会民衆党（社民党）を結成。さらに同月、中間派の日本労農党（日労党）も創設されている。
14. 『大阪毎日新聞』昭和三年四月十七日、一面。
15. 竹内洋『教養主義の没落――変わりゆくエリート学生文化』（中公新書、二〇〇三年）、四四頁。
16. 筒井清忠『日本型「教養」の運命――歴史社会学的考察』（岩波書店、一九九五年）、九六～九七頁。
17. 同前、九七頁。
18. 「知法思国会懇談会」（『統一』四〇三号、昭和三年十月一日）、四一頁。
19. その概要は、『教化動員実施概況』（文部省、一九三〇年）にまとめられており、以下も同書を参照。
20. 明治会本部『文部省教化総動員明治会全国大宣伝成績概報』（明治会本部、一九二九年）参照。
21. 「天照大神神勅」「神武天皇聖勅」「明治天皇勅教」「大正天皇聖諭」「今上天皇聖勅」「明治天皇御製」「日本国体学」の三綱五要八義が掲載されている小冊子。
22. 「知法思国会懇談会」（『統一』四〇三号、昭和三年十月一日）、四六頁。
23. 『妹尾義郎日記』三巻（国書刊行会、一九七四年）、三一六頁。
24. 永原慶二・中村政則・西田美昭・松元宏『日本地主制の構成と段階』（東京大学出版会、一九七二年）参照。
25. 「求道日記」（『若人』九巻八号、昭和三年八月一日）、六八頁。
26. 「日蓮主義の現実性について」（『若人』九巻一〇号、昭和三年十月一日）、八頁。
27. 「日蓮主義の時代的必然性」（『若人』一〇巻一号、昭和四年一月一日）、六頁。
28. 「日蓮主義の時代的必然性（承前）」（『若人』一〇巻三号、昭和四年三月一日）、一九頁。
29. 同前、二〇頁。
30. 里見岸雄『闘魂風雪七十年――明治・大正・昭和三代体験史』（錦正社、一九六五年）、二四九～二五〇頁。以下の記述も同書にもとづく。
31. 同前、二二九頁。
32. 同前、二四八頁。
33. なお、里見は同書の改訂版『吼えろ日蓮』（春秋社）を昭和六年（一九三一）四月八日に刊行するが、この中で「本門戒壇の建立こゝ五拾年以内にあり」（三一六頁）と補足している。「本門戒壇建立の基礎的方法は、断じて社会組織の改造運動であるべきだ」（三〇七頁）と考える里見は、資本主義の矛盾や帝国主義の破綻が顕在化しつつある中、早ければ二十～三十年、遅くとも五十～六十年内に戒壇建立＝社会改造がなしとげられるとみていた。

34．以下、臼井勝美『満州事変――戦争と外交と』（中公新書、一九七四年）、ＮＨＫ〝ドキュメント昭和〟取材班編『ドキュメント昭和7　皇帝の密約』（角川書店、一九八七年）、小林英夫『〈満洲〉の歴史』（講談社現代新書、二〇〇八年）を参照。

35．臼井前掲『満州事変』、四九頁。

36．『石原莞爾――一軍事イデオロギストの功罪』（同成社、一九九二年）、二八頁。

37．「戦争史大観の序説」（『東亜聯盟』昭和十六年六月号、一九四一年）、四七頁。

38．同前、四八頁。

39．稲葉正夫「解題　石原戦史と石原構想」（角田順編『石原莞爾資料――戦争史論』原書房、一九六八年）参照。

40．阿部博行『石原莞爾――生涯とその時代』上（法政大学出版局、二〇〇五年）、一三六頁。

41．角田順編『石原莞爾資料――戦争史論』（原書房、一九六八年）所収。

42．「戦争史大観の由来記」（石原莞爾『世界最終戦論』新正堂、一九四二年）、一八五頁。

43．「欧州古戦史講義」（角田編前掲『石原莞爾資料』）、四二六頁。

44．同前、四二四頁。

45．同前、四三一頁。

46．同前、四二九頁。

47．前掲「戦争史大観の序説」、四八頁。

48．筒井清忠『昭和期日本の構造』（講談社学術文庫、一九九六年、原著一九八四年）ならびに川田稔『満洲事変と政党政治――軍部と政党の激闘』（講談社選書メチエ、二〇一〇年）参照。

49．前掲「戦争史大観の序説」、四九頁。

50．阿部前掲『石原莞爾』上、一五四頁。

51．以下、「戦争史大観」（角田順編『石原莞爾資料――国防論策篇［増補版］』原書房、一九七八年）参照。これは、その後、昭和十三年（一九三八）に新京で訂正され、昭和十五年（一九四〇）に京都で修正後、翌年に刊行されるはずだった。しかし、政府（東条英機陸相）の圧力で自主絶版という名目の発禁を受けた。

52．「国運転回ノ根本国策タル満蒙問題解決案」（角田編前掲『石原莞爾資料――国防論策篇』）、四〇頁。

53．角田順「解題　石原の軍事的構想とその運命」（角田編前掲『石原莞爾資料――戦争史論』）、五三一頁。

54．「満蒙問題私見」（角田編前掲『石原莞爾資料――

国防論策篇』)、七六頁。

55. 「現在及将来ニ於ケル我国ノ国防」(角田編前掲『石原莞爾資料――国防論策篇』)、三九頁。これは「戦争史大観」を昭和六年(一九三一)四月に再印刷した際に加筆したもの。なお、石原の信仰と満洲事変の関係に関する近年の研究として、伊勢弘志『石原莞爾の変節と満州事変の錯誤――最終戦争論と日蓮主義信仰』芙蓉書房出版、二〇一五年)がある。

56. 「軍事上ヨリ観タル日米戦争」(角田編前掲『石原莞爾資料――国防論策篇』)、四九頁。

57. 山室信一『キメラ――満洲国の肖像』(中公新書、一九九三年)、五九頁。

58. 満洲事変後の九月十九日、関東軍司令部が旅順から奉天に移転され、東洋拓殖会社ビル内に臨時に設置された。

59. 「満蒙問題解決策案」(角田編前掲『石原莞爾資料――国防論策篇』)、八五頁。

60. 「満洲建国前夜の心境」(角田編前掲『石原莞爾資料――国防論策篇』)、九〇~九一頁。

61. 山室前掲『キメラ』、八〇頁。

62. 同前、七九頁。また、川田稔も満蒙領有論の断念が「年末から翌年頭にかけてであったようである」と推測している(前掲『満洲事変と政党政治』、九六頁)。

63. 片倉衷「満洲事変機密政略日誌」(『現代史資料7 満洲事変』みすず書房、一九六四年)、三三三頁。ならびに中山隆志『関東軍』(講談社選書メチエ、二〇〇〇年)、一四三頁。

64. 「支那問題処理方針要綱」(前掲『現代史資料7 満洲事変』)、四九四頁。

65. 山室前掲『キメラ』、六九頁。ならびに川田稔『昭和陸軍全史1』(講談社現代新書、二〇一四年)、二三一~二三二頁も参照。

66. 片倉前掲「満洲事変機密政略日誌」、三三七頁。

67. JACAR(アジア歴史資料センター)Ref. C14120181700「第5章 上海事変の近因、事変直前の情況/3. 日蓮宗僧侶襲撃せらる」(防衛省防衛研究所)。

68. 藤井日達「立正安国論論讃」(『藤井日達聖人全集』一巻、隆文館、一九九四年、原著一九二九年)、三五頁。

69. 田中隆吉「上海事変はこうして起こされた」(『別冊知性5 秘められた昭和史』河出書房、一九五六年)。

70. 阿部前掲『石原莞爾』上、二四九頁。

71．片倉前掲「満洲事変機密政略日誌」三七八頁。
72．山室前掲『キメラ』、六六頁。
73．以下、満洲国史編纂刊行会編『満洲国史』総論（財団法人満蒙同胞援護会、一九七〇年）ならびに片倉前掲「満洲事変機密政略日誌」参照。
74．片倉前掲「満洲事変機密政略日誌」、三八三頁。
75．満洲国史編纂刊行会編前掲『満洲国史』、二〇四頁。
76．有馬学『日本の歴史23　帝国の昭和』（講談社、二〇〇二年）、一三〇頁。
77．同前。
78．以下、満洲国史編纂刊行会編前掲『満洲国史』、山室前掲『キメラ』、中山前掲『関東軍』、小林前掲『〈満洲〉の歴史』を参照。
79．「満洲国建国宣言」（『現代史資料11　続・満州事変』みすず書房、一九六五年）、五二四〜五二五頁。
80．小林前掲『〈満洲〉の歴史』、九六頁。
81．山室前掲『キメラ』、一二二頁。
82．「蒙古退治の曼陀羅――武勲赫々の石原参謀へ」（『大日本』昭和七年四月十一日号）、三面。
83．山室前掲『キメラ』、一六六頁。
84．同前、一六七頁。
85．同前、一六六頁。
86．満洲国史編纂刊行会編前掲『満洲国史』、一五二〜一五三頁。
87．山室前掲『キメラ』、一九〇〜一九一頁。
88．同前、一九八頁。
89．「為磯谷大佐」（角田編前掲『石原莞爾資料――国防論策篇』）、一〇一頁。
90．古屋哲夫「「満洲国」の創出」（山本有造編『「満洲国」の研究』緑蔭書房、一九九五年、初出一九九三年）、七四頁。
91．とくに昭和九年（一九三四）八月、中央事務局長が山口から政府総務庁次長の阪谷希一に代わると、「上意下達機関」、「政府と表裏一体の組織」となった（小林前掲『〈満洲〉の歴史』、一〇二頁）。
92．山室前掲『キメラ』、二〇四頁。

■第十章

1．妹尾鐵太郎・稲垣真美編『妹尾義郎日記』四巻（国書刊行会、一九七四年）、一五頁。
2．昭和六年（一九三一）十二月執筆の「満蒙問題ノ行方」（角田編前掲『石原莞爾資料――国防論策篇』）、八八頁。
3．以下、第七章の註46の拙稿にもとづく。
4．『新興仏教の旗の下に』昭和六年五月号、二頁。

日蓮主義青年団の『若人』は同年三月に通算一二七号で廃刊となり、『新興仏教の旗の下に』(のちに『新興仏教』『新興仏教新聞』に改称)が四月に創刊される。

5. 同前、三頁。

6. 林淳「近代仏教と学知」(末木文美士・林淳・吉永進一・大谷栄一編『ブッダの変貌――交錯する近代仏教』法藏館、二〇一四年)。

7. Donald S. Lopez, Jr., "introduction," in Lopez (ed.), *A Modern Buddhist Bible: Essential Readings from East and West*, MA: Beacon Press, 2002, p. iv.

8. 「妹尾義郎」(中濃教篤編『近代日蓮教団の思想家』国書刊行会、一九七七年)、三一四頁。

9. 『日蓮主義綱要』(博文館、一九一八年)、七一頁。

10. 「新興仏教への転身」(『新興仏教の旗の下に』昭和六年四月号)、一九頁。

11. 「新興仏教への転身(其の二)」(『新興仏教の旗の下に』昭和六年五月号)、二二頁。

12. 『思想研究資料特輯第五二号 仏教と社会運動――主として新興仏教青年同盟に就て』(司法省刑事局、一九三九年。東洋文化社、一九七二年復刻)参照。

13. 書記局「ファシズム批判 新興仏教大講演会」(『新興仏教』昭和八年六月号)、一六〜一七頁。

14. 以下、拙稿「交錯する超国家主義と仏教――宗教的セクトとしての血盟団」(『近代仏教という視座』ぺりかん社、二〇一二年、初出二〇一〇年)にもとづく。なお、血盟団事件については、岡村青『血盟団事件――井上日召の生涯』(三一書房、一九八九年)と中島岳志『血盟団事件』(文春文庫、二〇一六年、原著二〇一三年)が参考になる。

15. 「日本ファシズムの思想と運動」(『増補版 現代政治の思想と行動』未来社、一九六四年、初出一九五七年)参照。

16. 同前、五八頁。なお、昭和十四年(一九三九)二月に司法省刑事局から「思想研究資料特輯第五十三号」として、『右翼思想犯罪事件の綜合的研究』と題された研究報告書が刊行されているが、その副題も「血盟団事件より二・二六事件まで」だった。

17. 橋川文三『昭和ナショナリズムの諸相』(名古屋大学出版会、一九九四年)、ならびに安部博純『日本ファシズム論』(影書房、一九九六年)。

18. 岡村前掲書『血盟団事件』、六三頁。

19. 「梅乃実」(『血盟団事件上申書・獄中手記』血盟団事件公判速記録刊行会、一九七一年)、四二頁。

これは獄中で昭和八年（一九三三）十一〜十二月に執筆された手記。
20．同前、六一頁。
21．同前、五八頁。
22．この点は戦後に執筆された『日召自伝』（日本週報社、一九四七年）、一九二〜一九三頁で述懐されている。
23．佐々木宏幹『シャーマニズムの世界』（講談社学術文庫、一九九二年、原著一九八三年）参照。
24．前掲『日召自伝』、一八九頁、二〇七〜二〇八頁。
25．同前、二一三頁。
26．「公判記録」（『血盟団事件公判速記録』上、血盟団事件公判速記録刊行会、一九六七年）、五五頁。
27．前掲『日召自伝』、二一四頁。
28．同前、二一四〜二一五頁。日号は日蓮宗僧侶の法号だが、日召は僧籍を持っていない。その後、「和尚」と呼ばれるが、在家のままだった。
29．前掲「公判記録」（『血盟団事件公判速記録』上）、五六頁。
30．同前。
31．前掲「梅乃実」（『血盟団事件上申書・獄中手記』）、六一頁。
32．前掲「公判記録」（『血盟団事件公判速記録』上）、三三一頁。
33．前掲「梅乃実」（『血盟団事件上申書・獄中手記』）、六二頁。
34．同前、八一頁。
35．前掲「公判記録」（『血盟団事件公判速記録』上）、七九頁、前掲「梅乃実」（『血盟団事件上申書・獄中手記』）、一一七頁。
36．前掲「梅乃実」（『血盟団事件上申書・獄中手記』）、一一七頁。
37．「血盟団」は自称ではなく、他称である。日召のもとで活動した同郷の黒沢、川崎、照沼、黒沢、小沼の五人が新聞報道で当初、「血盟五人組」（本当は、菱沼をくわえた六人）と呼ばれ、後に「血盟団暗殺団」「血盟団」と報道された。また、日召は「吾々は団体として何の名目も付けて居なかつたが、官憲の方で事件発生後勝手に命名した」と述べている（前掲「梅乃実」『血盟団事件上申書・獄中手記』、一一五頁）。
38．以下、「上申書」「大日本は顕在なり」（前掲『血盟団事件上申書・獄中手記』）、「公判記録」（前掲『血盟団事件公判速記録』上）を参照。
39．前掲「上申書」（『血盟団事件上申書・獄中手記』）、一四九頁。

40. 前掲「公判記録」(『血盟団事件公判速記録』上)、四九二頁。
41. 同前、四九二頁。
42. 前掲「上申書」(『血盟団事件上申書・獄中手記』)、一五七頁。
43. 前掲「公判記録」(『血盟団事件公判速記録』上、五四二頁。
44. 同前、四九七~四九八頁。なお、こうした立場は国柱会の日蓮主義教学とは別のものである。
45. 同前、五〇五~五〇六頁。
46. 『日本精神に生きよ』(改造社、一九三四年)、二六五頁。
47. ここでの「生命主義」とは、「大正生命主義」(鈴木貞美『「生命」で読む日本近代――大正生命主義の誕生と展開』NHKブックス、日本放送出版協会、一九九六年)や「生命主義的救済観」(対馬路人・西山茂・島薗進・白水寛子「新宗教における生命主義的救済観」『思想』六六五号、岩波書店、一九七九年)を念頭に置いている。なお、日蓮主義にみる「生命」言説については、前川健一「近代日蓮主義と生命論」(『東洋学術研究』四九巻一号、二〇一〇年)が参考になる。
48. 前掲『日本精神に生きよ』、二六二頁。
49. 前掲「梅乃実」(『血盟団事件上申書・獄中手記』)、八六頁も参照。
50. 前掲『日本精神に生きよ』、二六九頁。
51. 前掲「梅乃実」(『血盟団事件上申書・獄中手記』)、八八頁。
52. 前掲「公判記録」(『血盟団事件公判速記録』上)、四九八頁。
53. 同前、五三六頁。
54. 「公判記録」(『血盟団事件公判速記録』中、血盟団事件公判速記録刊行会、一九六八年)、四八頁。
55. 以下、小沼の「公判記録」(『血盟団事件公判速記録』下、血盟団事件公判速記録刊行会、一九六八年)と獄中手記「磯の藻」(『血盟団事件上申書・獄中手記』)、前掲『日召自伝』を参照。
56. 前掲「公判記録」(『血盟団事件公判速記録』下)、一二九頁。
57. 前掲「公判記録」(『血盟団事件公判速記録』上)、四一四頁。
58. 同前、四一四頁。
59. 前掲「公判記録」(『血盟団事件公判速記録』下)、九六頁。
60. 前掲「公判記録」(『血盟団事件公判速記録』中)、七頁。

61. 前掲「公判記録」（『血盟団事件公判速記録』下）、四〇三頁、前掲「上申書」（『血盟団事件上申書・獄中手記』）、五四九頁、『一殺多生――血盟団事件・暗殺者の手記』（読売新聞社、一九七四年）、三八八～三八九頁参照。
62. 前掲『一殺多生』、三九二頁。
63. 前掲「上申書」（『血盟団事件上申書・獄中手記』）、二二五頁。
64. 同前、一四〇～一四一頁。
65. 前掲「公判記録」（『血盟団事件公判速記録』上）、三五一頁。
66. 同前、三五五頁。
67. 同前、三五八頁。
68. 同前、三五九頁。また、獄中手記では、「是非ない方便」「私の仏行」とも記している（前掲「梅乃実」『血盟団事件上申書・獄中手記』、七〇頁）。
69. 前掲「上申書」（『血盟団事件上申書・獄中手記』）、五五二頁。
70. 前掲「公判記録」（『血盟団事件公判速記録』上）、六四八頁。
71. 同前、六四九頁。
72. 同前、六五〇頁。
73. ただし、智学にも神秘主義的傾向と霊性主義（スピリチュアリズム）がみられることを指摘したのが、ユリア・ブレニナである。ブレニナは智学が「日蓮を「一種の霊」、「精霊」、「心法」、そして「九識心王の体現」と位置づける。日蓮主義は、宇宙生命を貫く「霊」、人間を含めて一切のものの根底にある原理としての日蓮という考え方を中心にして、日蓮自体がすべての「プリンシプル」「主義」になる。まさしく「日蓮主義」という言葉でしか表せないものである」、との注目すべき見解を提示している（「田中智学と本多日生の日蓮主義再考――宗教思想的アプローチを手がかりに」『法華仏教研究』二七号、二〇一八年、一〇八頁）。また、ブレニナは智学が『本化妙宗式目講義録』のなかで「姉崎正治の神秘主義に注目し、大いに賛同」していることも指摘している（「近代日本における日蓮仏教の宗教思想的再解釈――田中智学と本多日生の「日蓮主義」を中心として」大阪大学大学院言語文化研究科言語社会専攻博士論文、二〇一三年、一一〇～一一一頁）。ブレニナの見解を踏まえると、石原莞爾や井上日召の「霊的日蓮主義」の萌芽は智学の日蓮主義自体にあったということになる。この点は、樗牛における「霊性」の問題と響きあう重要な課題である。

74. 前掲「上申書」(『血盟団事件上申書・獄中手記』)、二二八頁。
75. 「解説　昭和超国家主義の諸相」(橋川編『現代日本思想大系31　超国家主義』筑摩書房、一九六四年)、三一頁。
76. 同前、三二頁。
77. 中島岳志『血盟団事件』(文春文庫、二〇一六年、原著二〇一三年)も参照のこと。
78. 楞牛が果たした役割については、中島岳志「超国家主義と日蓮思想――最後の高山楞牛」(上杉清文・末木文美士責任編集『シリーズ日蓮5　現代世界と日蓮』春秋社、二〇一五年)を参照した。
79. 以下、原秀男・澤地久枝・匂坂哲郎編『検察秘録五・一五事件――匂坂資料』全四巻(角川書店、一九八九～一九九一年)、『現代史資料4　国家主義運動1』(みすず書房、一九六三年)、『出版警察関係資料集成』七巻(不二出版、一九八六年)、保阪正康『五・一五事件――橘孝三郎と愛郷塾の軌跡』(中公文庫、二〇〇九年、原著一九七四年)を参照。
80. 前掲『出版警察関係資料集成』七巻、一八七頁。
81. 同前、三七五頁。
82. 原他編前掲『検察秘録五・一五事件』一巻、二四二頁。
83. 同前、三五七～三五八頁。
84. 前掲『出版警察関係資料集成』七巻、四〇四頁。
85. 原他編前掲『検察秘録五・一五事件』一巻、二一八頁。
86. 原他編前掲『検察秘録五・一五事件』三巻、二六〇頁。
87. 同前、四七五頁。
88. 前掲『出版警察関係資料集成』七巻、二三一～二四二頁。
89. 『大日本』三五五八号(昭和八年八月三十一日)、二面。
90. 『大日本』三五六〇号(昭和八年九月二日)、二面。なお、山川智応も『大日本』に「日蓮聖人とテロリズム」を掲載し、日召らのテロを批判し、日蓮主義の立場を明示している。
91. 『真日蓮主義の興隆』(日蓮会出版部、一九三三年)、三七頁。同書は「国会図書館デジタルコレクション」(http://dl.ndl.go.jp/)で閲覧できる。
92. 死なう団の存在を発掘し、世に紹介したのは、保阪正康『死なう団事件――軍国主義下の狂信と弾圧』(れんが書房、一九七二年)である(一九七五年に現代史出版会、一九八五年にれんが書房新社から再刊。一九九〇年に講談社文庫で文庫化され、二〇〇〇年に角川文庫で再文庫化)。また、三友量順(江川家の墓所がある東京都大田区西糀谷の法性庵に生まれた関係から、日蓮会関係の資料を譲り受けた)が「昭和初期における日蓮主義団体〈日蓮会—死なう団—〉」(『渡邊寶陽先生古稀記念論文集 日蓮教学教団史論叢』平楽寺書店、二〇〇三年)と、「日蓮会・江川櫻堂の宗教的芸術観」(『坂輪宣敬博士古稀記念論文集 仏教文化の諸相』山喜房佛書林、二〇〇八年)を公表している。以下の桜堂の略歴は、保阪の著作(一九八五年版)にもとづく。

93. これは法性庵に収められた日蓮会関係資料の一部(大谷未見)。檄文は三友前掲「昭和初期における日蓮主義団体〈日蓮会—死なう団—〉」、六二八〜六二九頁に掲載されており、以下、同論より重引。

94. ちなみに「真日蓮主義」という言葉自体は、すでに日蓮主義青年団時代の妹尾義郎が用いており(『若人』昭和三年四月号に「真日蓮主義の進路」という論考を発表)、新しいものではない。

95. 保阪前掲『死なう団事件』(れんが書房新社、一九八五年)、九二頁。

■第十一章

1. 赤澤史朗『近代日本の思想動員と宗教統制』(校倉書房、一九八五年)、二一四頁。

2. 「「日本スゴイ」という国民の物語」(塚田穂高編『徹底検証 日本の右傾化』筑摩選書、二〇一七年)、二五三頁。また、『「日本スゴイ」のディストピア——戦時下自画自賛の系譜』(朝日文庫、二〇一九年、原著二〇一六年)も参照。

3. 赤澤前掲『近代日本の思想動員と宗教統制』、二一四頁。

4. 以下、「所謂「天皇機関説」を契機とする国体明徴運動」(『現代史資料4 国家主義運動1』みすず書房、一九六三年、原著一九四〇年)、三谷太一郎「天皇機関説事件の政治史的意味」(『近代日本の戦争と政治』岩波書店、一九九七年)。ならびに山崎雅弘『「天皇機関説」事件』(集英社新書、二〇一七年)参照。

5. 山崎前掲『「天皇機関説」事件』、二八頁。

6. 竹内洋「帝大粛正運動の誕生・猛攻・蹉跌」(竹内・佐藤卓己編『日本主義的教養の時代——大学批判の古層』柏書房、二〇〇六年)、一一頁。

7. 山崎前掲『「天皇機関説」事件』、三四頁。

8. 同前、九四、九九頁。また、古川隆久『昭和天皇——「理性の君主」の孤独』(中公新書、二〇一一年)、一九四頁も参照。

9．前掲「所謂「天皇機関説」を契機とする国体明徴運動」、三七三頁。なお、天皇機関説と国柱会、立憲養正会の関係については、福家崇洋「「国体明徴」と宗教運動」（高木博志編『近代天皇制と社会』思文閣出版、二〇一八年）に詳しい。
10．前掲「所謂「天皇機関説」を契機とする国体明徴運動」、三九八頁。
11．同前、四二〇〜四二一頁。
12．長谷川亮一『「皇国史観」という問題――十五年戦争期における文部省の修史事業と思想統制政策』（白澤社、二〇〇八年）、七七頁。
13．三谷前掲「天皇機関説事件の政治史的意味」、二二七頁。
14．同前、二五六頁。
15．『現代日本の思想――その五つの渦』（岩波新書、一九五六年）、一三三頁。「顕教」とは「天皇を無限の権威と権力を持つ絶対君主とみる解釈のシステム」であり、「密教」とは「天皇の権威と権力を憲法その他によって限界づけられた制限君主とみる解釈のシステム」のこと（同、一三二頁）。明治以来、天皇は国民にたいする「たてまえ」としては絶対君主（顕教）だったのにたいして、支配者間の「申しあわせ」としては立憲君主、国政の最高機関（密教）だった。そうした「国家公認の申しあわせ事項」がこの時期に崩壊した。
16．同前、一二三頁。
17．以下、『現代史資料4　国家主義運動1』（みすず書房、一九六三年）、筒井清忠『昭和期日本の構造――二・二六事件とその時代』（講談社学術文庫、一九九六年、原著一九八四年）、北博昭『二・二六事件全検証』（朝日選書、二〇〇三年）、筒井清忠『二・二六事件と青年将校』（吉川弘文館、二〇一四年）、太平洋戦争研究会編『図説2・26事件』（河出書房新社、二〇〇三年）参照。
18．前掲『現代史資料4　国家主義運動1』、一七五頁。
19．以下、同前、一七四〜一七五頁。
20．角田順編『石原莞爾資料――国防論策篇［増補版］』（原書房、一九七八年）、一二八頁。
21．以下、北前掲『二・二六事件全検証』、筒井前掲『二・二六事件と青年将校』、阿部博行『石原莞爾――生涯とその時代』上（法政大学出版局、二〇〇五年）参照。
22．高木清寿『東亜の父 石原莞爾』（たまいらぼ、一九八五年、原著一九五四年）、一〇七頁。
23．北前掲『二・二六事件全検証』、一〇〇頁。

24. 川田稔『昭和陸軍全史2　日中戦争』（講談社現代新書、二〇一四年）、一二二頁。
25. 山本については、山本又『二・二六事件蹶起将校最後の手記』（文藝春秋、二〇一三年）に詳しい。
26. 筒井前掲『二・二六事件と青年将校』、一六二頁。
27. 筒井前掲『昭和期の構造』、三一五〜三一六頁。
28. 北前掲『二・二六事件全検証』、一三七頁。
29. 同前。
30. 筒井前掲『二・二六事件と青年将校』、一七五頁。
31. 北前掲『二・二六事件全検証』、七八頁。
32. 筒井前掲『二・二六事件と青年将校』、二二六頁。
33. 池田俊彦編『二・二六事件裁判記録——蹶起将校公判廷』（原書房、一九九八年）、二頁。
34. 河野司編『二・二六事件——獄中手記・遺書』（河出書房新社、一九七二年）、一九三頁。
35. 同前、二一三頁。『法華経』勧持品第十三の一節。
36. 池田編前掲『二・二六事件裁判記録』、一一一頁。
37. 河野編前掲『二・二六事件』、三五頁。
38. 池田編前掲『二・二六事件裁判記録』、六三頁。
39. 河野編前掲『二・二六事件』、二八〇頁。
40. 同前、二八五頁。
41. 同前、二九七頁。
42. 『北一輝著作集』三巻（みすず書房、一九七二年）、四五〇頁。
43. その「神仏言」を整叙したものは、松本健一編『北一輝霊告日記』（第三文明社、一九八七年）として公刊されている。「霊告日記」は松本健一の命名による。
44. 「兄北一輝を語る」（宮本盛太郎編『北一輝の人間像』有斐閣、一九七六年、初出一九三七年）、二四九頁。北の法華シャーマニズムについては、藤巻一保『魔王と呼ばれた男 北一輝』（柏書房、二〇〇五年）が参考になる。
45. 「近代天皇制と日蓮主義の構造連関——国体をめぐる「顕密」変動」（『近現代日本の法華運動』春秋社、二〇一六年、初出二〇一四年）。ただし、私は、北の信仰や思想は智学や日生の日蓮主義の直接的な影響はないと考え、北を日蓮主義者とは捉えない。
46. 『北一輝著作集』二巻（みすず書房、一九五九年）、二〇三頁。
47. 同前、八頁。
48. 同前、二〇三頁。
49. 松本健一「解説Ⅰ　日本的カリスマの言葉」（松本編前掲『北一輝霊告日記』）、三二二頁。
50. 同前、三二三頁。

51 『日本改造法案大綱』（『北一輝著作集』二巻、みすず書房、一九五九年）、二二〇頁。
52 『北一輝著作集』三巻、五三〇頁。
53 『現代史資料5　国家主義運動2』（みすず書房、一九六四年）、七五七頁。
54 堀真清『西田税と日本ファシズム運動』（岩波書店、二〇〇七年）参照。
55 西田税「戦雲を麾く――西田税自伝」（大正十三年十二月十五日稿了、『ドキュメント日本人3　反逆者』學藝書林、一九六八年）、二三〇頁。
56 同前、二四五頁。
57 堀前掲『西田税と日本ファシズム運動』、一四四頁、西田前掲「戦雲を麾く」、二四五頁。
58 松本編前掲『北一輝霊告日記』、一〇六頁。
59 『化城の昭和史』下（毎日新聞社、一九八八年）、二九四頁。
60 オリオン・クラウタウ「十五年戦争期における日本仏教論とその構造――花山信勝と家永三郎を題材として」（『近代日本思想としての仏教史学』法藏館、二〇一二年）、一六六頁。
61 「現代日蓮宗の諸運動と皇道日報の日蓮宗打倒運動」（『思想月報』八六号、司法省刑事局、一九四一年）、二一頁。
62 竹内洋他編『蓑田胸喜全集』一巻（柏書房、二〇〇四年）、三一四頁。
63 同前、三一五頁。
64 同前、三三二頁。
65 竹内洋「蓑田胸喜伝序説」（前掲『蓑田胸喜全集』一巻）、八二五頁。
66 「原理日本社論のために――三井甲之を中心とする覚え書き」（『近代日本研究』九巻、一九九二年）、一七九～一八〇頁。また、『近代日本の右翼思想』（講談社選書メチエ、二〇〇七年）も参照した。
67 石井公成「親鸞を讃仰した超国家主義者たち（1）原理日本社の三井甲之の思想」（『駒沢短期大学仏教論集』八号、二〇〇二年）、四七頁。
68 三井甲之「はしがき」（『親鸞研究』東京堂、一九四三年）、一～二頁。
69 「阿弥陀仏より祖国日本へ」（一九一六年執筆、三井前掲『親鸞研究』）、二九六頁。
70 「親鸞の宗教より開展すべき今日の宗教」（一九二三年執筆、三井前掲『親鸞研究』）、五七頁。
71 竹内他編『蓑田胸喜全集』七巻（柏書房、二〇〇四年）、六八七頁。
72 石川康明「日蓮遺文削除と国神勧請問題」（中濃教篤編『講座日本近代と仏教6　戦時下の仏教』国

書刊行会、一九七七年）、一五五頁。以下、本論と小野文珖「「日蓮不敬事件」の概要」（日蓮宗現代宗教研究所編『日蓮宗の近現代──他教団対応のあゆみ』日蓮宗宗務院、一九九六年）参照。

73．山川智応『御本尊御遺文問題明弁──日蓮聖人に対する両般の誤解を正す』（信人社、一九四〇年）、二〜三頁。

74．石川前掲「日蓮遺文削除と国神勧請問題」、一六三頁。

75．川村邦光「救世主幻想のゆくえ──皇道大本とファシズム運動」（竹沢尚一郎編『宗教とファシズム』水声社、二〇一〇年）、二八〜二九頁。また、川村邦光『出口なお・王仁三郎』（ミネルヴァ書房、二〇一七年）も参照のこと。

76．川村前掲「救世主幻想のゆくえ」、四八頁。

77．明石博隆・松浦総三「宗教人にたいする弾圧──解説」（明石・松浦編『昭和特高弾圧史3　宗教人にたいする弾圧 上 一九三五〜四一年』太平出版社、一九七五年）、二三頁。

78．中澤俊輔『治安維持法──なぜ政党政治は「悪法」を生んだか』（中公新書、二〇一二年）、一五四〜一五七頁。

79．石川前掲「日蓮遺文削除と国神勧請問題」、小野前掲「「日蓮不敬事件」の概要」。

80．「仏教三派に対する不敬告発問題」（内務省警保局『特高外事月報』昭和十二年四月分）、一九一〜一九四頁。

81．「仏教三派に対する不敬告発問題（其の二）」（『特高外事月報』昭和十二年五月分）、一九一頁。

82．前掲「仏教三派に対する不敬告発問題」、一九四〜一九五頁。しかし、結局、昭和十四年に日蓮宗は曼荼羅本尊から国神を削除する決議をせざるをえなくなる。

83．以下、小笠原日堂『曼陀羅国神不敬事件の真相──昭和法難・血涙の秘史』（無上道出版部、一九四九年）、法華宗昭和法難五〇周年顕彰会編『護り貫いた信心の燈──法華宗昭和法難』（法華宗宗務院、一九九一年）、大平宏龍「戦時体制下の日蓮門下──曼荼羅国神不敬事件と天皇本尊論」（西山茂責任編集『シリーズ日蓮4　近現代の法華運動と在家教団』春秋社、二〇一四年）。ならびに『中外日報』『特高外事月報』『昭和十二年中ニ於ケル社会運動ノ状況』等を参照。

84．「仏教宗派一覧表」（内務省警保局『昭和十二年中ニ於ケル社会運動ノ状況』）、一一〇一頁。ちなみに同時期の日蓮宗は寺院三千七百二十八ヵ寺、教会一千二ヵ寺、僧侶一万二千四百三十一名、檀信徒二百四十万九千三百六十三名を擁していた。

85. 小笠原前掲『曼陀羅国神不敬事件の真相』、三〇～三一頁。なお、同書では告発をした人物の名前が「中村勇遠」とあり、『日本国体義と日蓮上人』（一九三七年）を出版したとある。しかし、『特高外事月報』昭和十三年一月分の「本門法華宗の不敬問題」と『特高月報』昭和十六年七月分の「旧本門法華宗僧侶の不敬事件検挙並処理状況」では当該人物の名前が「岡田孝治郎」とあり、「国立国会図書館デジタルコレクション」に収録されている『日本国体義と日蓮上人』の執筆者も「岡田孝治郎」であることから、ここでは当該人物を「岡田孝治郎」と記述する。ただし、『中外日報』昭和十三年一月二十五日号では、岡田の告発が「架空の事実」であったことが報じられている。さらなる事実の検証が求められる。

86. 『読売新聞』昭和十三年一月二十日夕刊、二面。

87. 前掲『特高月報』昭和十六年七月分、四三頁。

88. 「序」（『本門法華宗教義綱要』本門法華宗務庁、一九三六年）、頁数なし。

89. 前掲「旧本門法華宗僧侶の不敬事件並処理状況」、四三頁。

90. 同前。

91. 十界とは、迷いと悟りの境地を地獄界・餓鬼界・畜生界・修羅界・人界・天界・声聞界・縁覚界・菩薩界・仏界の十段階に区分した天台教学上の説。日蓮の曼荼羅本尊には十界常在のあり方が示されている。

92. 法政大学多摩図書館の豊田武文庫には同書が所蔵されており、二一一頁の該当箇所が実際に黒塗りされていることを、私は確認した。

93. 大平宏龍「昭和法難の意味するもの」（法華宗昭和法難五〇周年顕彰会編前掲『護り貫いた信心の燈』）、四五頁。なお、松井正純宗務部長は事件の発生に対して、山川智応や鷲尾順敬を訪問し、アドバイスを得ている。立正大学に所蔵されている『本尊論資料』の借覧を教示したのは、山川だった（「座談会　法華宗の昭和法難を語る」『護り貫いた信心の燈』での松井の発言、六五頁）。

■第十二章

1. 「仏教三派に対する不敬告発問題（其の二）」（『特高外事月報』昭和十二年五月分）、一九一～一九二頁。

2. 「運動日誌」（『特高外事月報』昭和十二年九月分）、一六六頁。

3.『思想研究資料特輯第五二号　仏教と社会運動——主として新興仏教青年同盟事件に就て』（司法省刑事局、一九三九年、東洋文化社、一九七二年復刻）、三八九、四一一～四一二頁。

4. 稲垣真美『仏陀を背負いて街頭へ——妹尾義郎と新興仏教青年同盟』（岩波新書、一九七四年）、一五七頁。ならびに小林昌樹編『雑誌新聞発行部数事典——昭和戦前期　附・発禁本部数総覧』（金沢文圃閣、二〇一一年）、一三〇頁参照。なお、新興仏青の機関誌（紙）は『新興仏教の旗の下に』として昭和六年（一九三一）四月に創刊され、同年九月に『新興仏教』に改題。昭和八年（一九三三）九月に雑誌から新聞に変わり、『新興仏教新聞』として刊行された。

5. 小林編前掲『雑誌新聞発行部数事典』、一三〇頁。

6. 稲垣前掲『仏陀を背負いて街頭へ』、一五八頁。

7. 妹尾鐵太郎・稲垣真美編『妹尾義郎日記』四巻（国書刊行会、一九七四年）、二三六頁。

8.「解題にかえて」（『復刻　労働雑誌（上）』柏書房、一九八〇年）、一三頁。また、安田常雄「〈人民戦線〉の思想的射程——『労働雑誌』に関するノート」（『暮らしの社会思想——その光と影』勁草書房、一九八七年、初出一九八三年）も参照した。

9. 渡辺前掲「解題にかえて」、一七頁。

10. 同前、一九頁。

11.『『キング』の時代——国民大衆雑誌の公共性』（岩波書店、二〇〇二年）、八四頁。

12.「ファシズムの攻勢と、ファシズムに反対し労働者階級の統一をめざす闘争における共産主義インタナショナルの任務（決議）」一九三五年八月一日（村田陽一編訳『コミンテルン資料集』六巻、大月書店、一九八三年）、一六四～一七六頁。

13. 松尾章一『日本ファシズム史論』（法政大学出版局、一九七七年）、五〇～五一頁。また、犬丸義一『日本人民戦線運動史』（青木書店、一九七八年）も参照。

14.「労農無産協議会の情勢及運動」（『復刻版　社会運動の状況8　昭和十一年』三一書房、一九七二年）、七一四頁。

15. 加藤は、昭和十年（一九三五）六月四日から八月二十三日までアメリカ労働総同盟（ＡＦＬ）の失業者救済委員会の招待により渡米し、野坂に会った。野坂からコミンテルンの方針を聞き、帰国後に労農無産協議会を設立することになる（絲屋寿雄『日本社会主義運動思想史Ⅲ　１９３１－１９４５』法政大学出版局、一九八二年、一七四頁）。なお、その渡航費用を用立てたのが、妹尾と新興仏青だった。

16. 前掲「労農無産協議会の情勢及運動」、七一〇頁。
17. 同前、七一四～七一五頁。
18. 前掲『妹尾義郎日記』四巻、三六四頁。
19. 稲垣前掲『仏陀を背負いて街頭へ』、一七一頁。
20. 前掲『妹尾義郎日記』四巻、四〇五頁。
21. 渡辺前掲「解題にかえて」、二二一頁。
22. 犬丸前掲『日本人民戦線運動史』、二〇四～二〇五頁。
23. 「検挙取締状況」（前掲『復刻版　社会運動の状況8　昭和十一年』）、八六頁。
24. 前掲『思想研究資料特輯第五二号　仏教と社会運動――主として新興仏教青年同盟事件に就て』、三八四頁。
25. 「新興仏教青年同盟の運動」（『復刻版　社会運動の状況9　昭和十二年』三一書房、一九七二年）、二二八頁。
26. 『新興仏教新聞』二〇三号（昭和十二年六月一日）、一頁。
27. 松根鷹編著『妹尾義郎と「新興仏教青年同盟」』（三一書房、一九七五年）、九六頁。
28. 稲垣前掲『仏陀を背負いて街頭へ』、二〇二～二〇三頁。
29. 以下、北岡伸一『日本の近代5　政党から軍部へ　1924～1941』（中央公論新社、一九九九年）、臼井勝美『新版 日中戦争――和平か戦線拡大か』（中公新書、二〇〇〇年、原著一九六七年）、川田稔『昭和陸軍全史2　日中戦争』（講談社現代新書、二〇一四年）、岩谷將「盧溝橋事件――塘沽停戦協定からトラウトマン工作失敗まで」（筒井清忠編『昭和史講義――最新研究で見る戦争への道』ちくま新書、二〇一五年）、戸部良一「日中戦争の泥沼化と東亜新秩序声明」（同前所収）参照。
30. 秦郁彦『復刻新版 軍ファシズム運動史』（河出書房新社、一九七二年、原著一九六二年）、二四三頁。
31. 『日本外交年表並主要文書』下（原書房、一九六六年）、三七〇頁。以下も声明については同書から引用。
32. 北岡前掲『日本の近代5　政党から軍部へ』、二九〇頁。
33. 川田稔『昭和陸軍の軌跡――永田鉄山の構想とその分岐』（中公新書、二〇一一年）、一七〇頁。
34. 前掲『日本外交年表並主要文書』下、三八六頁。
35. 前掲『日本外交年表並主要文書』下、四〇一頁。なお、十二月二十二日に発表された声明（第三次近衛声明）では、その東亜新秩序の具体的な方針が善隣友好、共同防共、経済提携と示された（同四〇七頁）。

36．「尾崎秀実の「東亜共同体」批判――日中戦争期の「社会」問題」（石井知章・小林英夫・米谷匡史編『一九三〇年代のアジア社会論――「東亜共同体」論を中心とする言説空間の諸相』社会評論社、二〇一〇年）、三七頁。

37．同前。

38．「国民精神総動員運動実施要項」（長浜功編『国民精神総動員運動　民衆教化動員史料集成一巻　内閣情報部『国民精神総動員実施概要』』明石書店、一九八八年）、一二三頁。

39．「国民精神総動員運動総説」（長浜功編『国民精神総動員運動　民衆教化動員史料集成二巻　国民精神総動員中央連盟『国民精神総動員運動』』明石書店、一九八八年）、二頁。

40．山本信良・今野敏彦『大正・昭和教育の天皇制イデオロギーⅡ　学校行事の軍事的・擬似自治会的性格（新装版）』（新泉社、一九八六年）、四二一頁に同様の指摘がある。

41．『「皇国史観」という問題――十五年戦争期における文部省の修史事業と思想統制政策』（白澤社、二〇〇八年）、一〇〇頁。

42．長浜功『国民精神総動員の思想と構造――戦時下民衆教化の研究』（明石書店、一九八七年）、三五頁。

43．前掲「国民精神総動員運動総説」、一五～一六頁。

44．その詳細は、中濃教篤編『講座日本近代と仏教6　戦時下の仏教』（国書刊行会、一九七七年）、小川原正道『日本の戦争と宗教 1899-1945』（講談社選書メチエ、二〇一四年）、新野和暢『皇道仏教と大陸布教――十五年戦争期の宗教と国家』（社会評論社、二〇一四年）に詳しい。

45．藤田昌二編『支那事変と仏教徒の動き』（仏教振興会、一九三七年）、一五九頁。

46．長浜功編『国民精神総動員運動　民衆教化動員史料集成三巻　『国民精神総動員運動要覧・他』』（明石書店、一九八八年）所収。

47．ただし、昭和十四年（一九三九）九月の特高警察の資料「特高ブロック会議書類」によれば、「宗教界ノ現況ヲ瞥見スルニ、全国三十万ニ上ル諸宗教教師等ハ時局ニ関シ若干ノ活動ナキニアラザルモ其ノ実情ハ概ネ微温的ニシテ見ルベキ成果ナリ［大谷註：ナシ?］」と、宗教界の活動は酷評されている（吉田裕・吉見義明編『資料日本現代史10　日中戦

争期の国民動員①』大月書店、一九八四年、二九四頁）。
48．赤澤史朗『近代日本の思想動員と宗教統制』（校倉書房、一九八五年）、二二三頁。以下の記述も同書による。
49．山本信良・今野敏彦前掲『大正・昭和教育の天皇制イデオロギーⅡ』、四一四頁。
50．『皇居前広場』（光文社新書、二〇〇三年）、九三頁。
51．『昭和天皇』（岩波新書、二〇〇八年）、一一五頁。
52．教刷評については、長谷川亮一前掲『「皇国史観」という問題』と高野邦夫『新版　天皇制国家の教育論――教学刷新評議会の研究』（芙蓉書房出版、二〇〇六年、原著一九八九年）参照。
53．「教学刷新評議会ノ主旨及要綱」（『現代史資料42　思想統制』みすず書房、一九七六年）、一二五頁。
54．この点については、長谷川前掲『「皇国史観」という問題』、七四頁を参照した。
55．「「国体の本義」の編纂配布に就て」（前掲『現代史資料42　思想統制』）、一三三頁。また、米谷匡史「解題　文部省編『国体の本義』」（神野志隆光編『別冊國文學　NO．49　古事記日本書紀必携』學燈社、一九九五年）、一八〇頁。
56．『近代日本の国体論――〈皇国史観〉再考』（ぺりかん社、二〇〇八年）、一八二頁。
57．前掲「解題　文部省編『国体の本義』」、一八〇頁。
58．『国体の本義』での「橿原遷都の詔」の引用は、長谷川前掲『「皇国史観」という問題』、一〇〇頁を参照した。『国体の本義』の六七頁にくわえ、二三頁でもこの詔が引用されている。
59．前掲『「皇国史観」という問題』、九七頁。
60．同前、一〇三頁。ただし、「世界統一」という思想は示されておらず、華夷思想に類似しているという。
61．河西晃祐『大東亜共栄圏――帝国日本の南方体験』（講談社選書メチエ、二〇一六年）、二七頁、一〇九頁。
62．前掲『「皇国史観」という問題』、九八頁。
63．「戦争史大観の序説」（『東亜聯盟』昭和十六年六月号）、五六頁。これはすでに紹介した通り、石原の精神的自伝というべきテキストである（第七章註1参照）。
64．「日記」（角田順編『石原莞爾資料――国防論策篇［増補版］』原書房、一九七八年）、二六〇頁。
65．前掲「戦争史大観の序説」、五六頁。
66．「回想応答録」（角田編前掲『石原莞爾資料――国

防論策篇〔増補版〕』)、四三四頁。これは昭和十四年(一九三九)秋、参謀本部支那事変編纂部のためにおこなわれたインタビュー記録である。

67. 角田順「解題 石原の軍事的構想とその運命」(角田編前掲『石原莞爾資料――国防論策篇〔増補版〕』)、五三八頁。

68. 角田編前掲『石原莞爾資料――国防論策篇〔増補版〕』、一八三頁。

69. 川田稔『昭和陸軍全史2 日中戦争』(講談社現代新書、二〇一四年)、一三〇頁。

70. 角田編前掲『石原莞爾資料――国防論策篇〔増補版〕』、一八五頁。

71. 同前、一九二頁、ならびに一九四頁。

72. 同前、二〇六頁。

73. 川田前掲『昭和陸軍全史2 日中戦争』、一四六頁。

74. 川田前掲『昭和陸軍の軌跡』、一四二頁。

75. 桂川光正「東亜連盟運動小史」(『石原莞爾選集6 東亜連盟運動』たまいらぼ、一九八六年)、三〇三頁。

76. 前掲「回想応答録」、四三七頁。

77. 石原の東亜連盟論と東亜連盟運動については、五百旗頭真「東亜聯盟論の基本的性格」(『アジア研究』二二巻一号、一九七五年)、桂川光正「東亜連盟論の成立と展開」(『史林』六三巻五号、一九八〇年)、同前掲「東亜連盟運動小史」、松沢哲成『日本ファシズムの対外侵略』(三一書房、一九八三年)、小林英夫「東亜聯盟運動――その展開と東アジアのナショナリズム」(ピーター・ドウス/小林英夫編『帝国という幻想――「大東亜共栄圏」の思想と現実』青木書店、一九九八年)、拙稿「日蓮主義・天皇・アジア――石原莞爾における世界統一のヴィジョン」(『思想』九四三号、二〇〇二年)、河路絹代「「東亜新秩序」をめぐる思想の交錯――東亜連盟論と東亜協同体論の比較から」(梅森直之・平川幸子・三牧聖子編『歴史の中のアジア地域統合』勁草書房、二〇一二年)、松田利彦『東亜聯盟運動と朝鮮・朝鮮人――日中戦争期における植民地帝国日本の断面』(有志舎、二〇一五年)、Godart, Clinton, "Nichirenism, Utopianism, and Modernity: Rethinking Ishiwara Kanji's East-Asia League Movement," *Japanese Journal for Religious Studies*, 42/2, 2015, 嵯峨隆「東亜連盟運動と中国」(『アジア主義と近代日中の思想的交錯』慶應義塾大学出版会、二〇一六年)、内村琢也『東亜連盟運動と石原莞爾』(春風社、二〇一六年)を参照した。

78. たとえば、桂川前掲「東亜連盟論の成立と展開」、一二九頁。
79. JACAR(アジア歴史資料センター)Ref. C12120176100「満洲帝国協和会史料　協和会史資料集　第4集　中央事務局新京移転前後」(防衛省防衛研究所)。
80. 桂川前掲「東亜連盟論の成立と展開」、一三〇頁。以下の記述も同様。
81. 角田編前掲『石原莞爾資料――国防論策篇[増補版]』、一一三頁。
82. 「為花谷君」(角田編前掲『石原莞爾資料――国防論策篇[増補版]』)、一一六頁。
83. 桂川前掲「東亜連盟運動小史」、三〇一頁。
84. 秦郁彦『復刻新版　軍ファシズム運動史』(河出書房新社、一九七二年、原著一九六二年)、二五三頁。以下の記述も同書にもとづく。
85. 角田編前掲『石原莞爾資料――国防論策篇[増補版]』、二三九〜二四三頁。
86. 以下、同前三五〜三九頁、二三〇〜二三三頁。
87. 桂川前掲「東亜連盟運動小史」、三〇四頁。以下の記述も同様。
88. 「昭和維新方略」は『石原莞爾全集』七巻(石原莞爾全集刊行会、一九七七年、以下、『全集』)、五八〜六四頁に収められている。『昭和維新論』は(謄写版の印刷や雑誌『東亜連盟』への掲載を経て)昭和十五年(一九四〇)三月五日の初版刊行後、昭和二十年(一九四五)十月二十日の第七改訂版まで公刊された。その変遷は『全集』二巻、七巻でみることができる。
89. 「為参謀次長」角田編前掲『石原莞爾資料――国防論策篇[増補版]』、一三四頁。
90. 「石原莞爾と昭和維新論」(『石原莞爾選集』4、たまいらぼ、一九八六年)、二九四頁。
91. 『全集』七巻、五八頁。
92. 浜口裕子「橘樸と石原莞爾――『東洋民族解放論』と『東亜連盟論』」(山本秀夫編『橘樸と中国』勁草書房、一九九〇年)、一九九頁。
93. 五百旗頭前掲「東亜聯盟論の基本的性格」、四六頁。五百旗頭は「軍事的優位の確立(満州事変)と、勝者の敗者に対する「慈愛」(東亜聯盟)とを一セットとして運用すること」が石原の王道主義の本質であると指摘している(同)。
94. 『全集』七巻、六三頁。
95. 五百旗頭前掲「東亜聯盟論の基本的性格」、四五頁。
96. 『全集』七巻、六一頁。

97. 前掲「石原莞爾と昭和維新論」、二九四頁。
98. 同前。

■第十三章

1. 「戦争史大観の序説」(『東亜聯盟』昭和十六年六月号)、五六頁。
2. 「日記」(角田編前掲『石原莞爾資料——国防論策篇［増補版］』)、二六一頁。
3. 同前、二六四頁。
4. 前掲「戦争史大観の序説」、五六頁。
5. 以下、西山茂「石原莞爾の日蓮主義」(『近現代日本の法華運動』春秋社、二〇一六年、初出一九八六年)と渡辺宝陽「釈尊」(『復刻版　日蓮宗事典』日蓮宗新聞社、一九九九年、原著一九八一年)参照。また、石原の「五五百歳二重説」(「末法二重説」)にたいする国柱会側からの反論として、田中芳谷「石原莞爾氏の「末法二重説」に対する我が所見」(一九四九年)、田中香浦「仏滅年代をめぐる問題への所見」(一九六一年)、同「末法二重説をめぐる問題——新しい教学のための方法試論」(一九八〇年)がある。いずれも『石原莞爾選集8』に収録されており、これらの論考も参照した。
6. 大野達之助「仏教伝来説をめぐる周書異記考」(『日本歴史』二二〇号、一九六六年)、六三頁。
7. 増谷文雄「釈尊降誕二千五百年記念学会編『仏教学の諸問題』岩波書店、一九三五年)、二九〇頁。
8. 「仏誕二千五百年」(仏誕二千五百年記念学会編『仏教学の諸問題』岩波書店、一九三五年)。また、同書所収の増谷前掲「釈尊降誕二千五百年年代調査報告」も参考になる。なお、釈尊の入滅は八十歳とされているので、高楠の説によれば、昭和九年(一九三四)が仏誕二千五百年になり、実際に同年十二月八日に高楠の呼びかけで仏誕二千五百年記念祝典が東京で挙行された。
9. 高楠前掲「仏誕二千五百年」、二七五頁。また、当時の日本の仏教学界における仏滅年代論については、林屋友次郎「仏滅年代私考」(『駒沢大学仏教学会年報』一号、一九三一年)が参考になる。
10. 『報恩抄』(立正大学日蓮教学研究所編『昭和定本日蓮聖人遺文』二巻、総本山身延久遠寺、一九九二年、原著一九五二年)、一二四八頁。
11. 前掲『昭和定本日蓮聖人遺文』二巻、一〇〇七頁。
12. 前掲「戦争史大観の序説」、五六頁。
13. たとえば、「日蓮日本国の人の為には賢父なり。

聖親なり。導師なり」(『真言諸宗同異目』立正大学日蓮教学研究所編『昭和定本日蓮聖人遺文』一巻、総本山身延久遠寺、一九九二年、原著一九五二年、六三八〜六三九頁)。この点については、立正大学大学院の戸田教敞氏にご教示いただいた。
14. 西山茂「石原莞爾の日蓮主義」(『近現代日本の法華運動』春秋社、二〇一六年、初出一九八六年)、六七頁。
15. 前掲「戦争史大観の序説」、五六頁。
16. この世界統一の時期に関する問題は、昭和十四年(一九三九)三月十日に東京の協和会事務所でおこなわれた講演「世界戦争観」で公表され、仏滅二千五百年まであと「七十年」と言明されている(角田編前掲『石原莞爾資料 —— 国防論策篇[増補版]』、三〇七頁)。
17. 安中尚史「後五百歳於閻浮提広宣流布」(立正大学日蓮教学研究所編『日蓮聖人遺文辞典 教学篇』身延山久遠寺、二〇〇三年)、三〇一頁。
18. 「賢王」信仰の系譜 —— 国柱会信仰から東亜連盟運動へ」(『近現代日本の法華運動』春秋社、二〇一六年、初出一九九五年)、四一頁。
19. 西山茂「日本の近・現代における国体論的日蓮主義の展開」(『東洋大学社会学部紀要』二二巻二号、一九八五年)、一八四頁。
20. 西山前掲「石原莞爾の日蓮主義」、六九頁。
21. 高木清寿「昭和維新宣言 農村改新要綱 国民組織要綱について」(『全集』三巻、石原莞爾全集刊行会、一九七六年)、七頁。
22. 松田前掲『東亜聯盟運動と朝鮮・朝鮮人』、一九頁。
23. 桂川前掲「東亜連盟論の成立と展開」、一四一頁。
24. 同前。なお、河路絹代によれば、第二次、第三次近衛声明は「後に東亜協同体論となる昭和研究会の思想と石原系の東亜連盟論が世に出る契機となると同時に、両者の合作でもあった」という(前掲「「東亜新秩序」をめぐる思想の交錯」、一七六頁)。
25. 桂川前掲「東亜連盟運動小史」、三〇六頁。なお、「木村派」「石原派」は桂川による便宜的なカテゴライズで派閥の意味ではない。学者グループは機関誌『東亜聯盟』への寄稿以外の活動はなかった。また、中山優は建国大学の教授でもあった。
26. 協会設立の直接のきっかけは、昭和十三年(一九三八)秋に石原が木村に日中戦争解決のための方策として東亜連盟の骨格部分を示したことである(同前)、三〇八頁。
27. 同前、三一〇頁。

28. 同前。
29. 阿部博行『石原莞爾 ―― 生涯とその時代』下（法政大学出版局、二〇〇五年）、四五九頁。
30. 同前、四六七頁。
31. 『東亜聯盟』昭和十五年十一月号、頁数なし。
32. 以下、桂川前掲「東亜連盟運動小史」、嵯峨前掲「東亜連盟運動と中国」にもとづく。
33. 嵯峨同前、三一〇頁。
34. 同前、三一七頁。
35. 同前、三一九頁より重引。
36. 同前、三一九頁。
37. 同前、三二一頁。
38. 桂川前掲「東亜連盟運動小史」、三一二～三一三頁。
39. 同前、三一三～三一四頁。
40. 前掲『東亜聯盟運動と朝鮮・朝鮮人』、二一頁。以下の記述も松田の研究にもとづく。また、内村前掲『東亜連盟運動と石原莞爾』、一四五～一五二頁でも朝鮮東亜連盟本部のことが取り上げられている。
41. 松田前掲『東亜聯盟運動と朝鮮・朝鮮人』、二二頁。なお、松田によれば、日中戦争期の内鮮一体をめぐる朝鮮人の論壇は、「徹底的内鮮一体論」（朝鮮語と朝鮮文化の抹殺と日本人への徹底的な同化）と、「協和的内鮮一体論」（朝鮮民族の自立性を保持しながら朝鮮人と日本人の協同をめざす）に分かれていた（二八頁）。東亜連盟論は後者の重要な理論的根拠となったという。それにたいして前者の立場を採ったのが、一九三三年二月に結成された社会教化団体・緑旗連盟である。この団体の創設者は、日蓮主義者の津田栄（一八九五～一九六一）である。一九二四年五月に京城帝大予備科教授に着任した津田によって日蓮主義サークルが結成されたのち、「緑旗同人会」「全鮮国体主義学生連盟」「全鮮緑旗連盟」などの日蓮主義諸団体が統合され、緑旗連盟が設立される経緯については、永島広紀「昭和戦前期の朝鮮における「右派」学生運動論」（『戦時期朝鮮における「新体制」と京城帝国大学』ゆまに書房、二〇一一年、初出二〇〇三年）に詳しい。
42. 松田前掲『東亜聯盟運動と朝鮮・朝鮮人』、二一頁。曺寧柱については、同「第三章　曺寧柱と京都における東亜聯盟運動」に詳しい。
43. 同前「第二章　姜永錫と朝鮮における東亜聯盟運動」参照。以下の記述も同書にもとづく。
44. 同前、三二、七四頁。松田によれば、その設立時期は一九三九年中であり、内村によれば、同年九月以降だという（前掲『東亜連盟運動と石原莞爾』、一四六頁）。
45．資料27「四月十日付石原莞爾自筆メモ「東亜聯盟協会全国中央参与会員会議ニ於テ」」（野村乙二朗編『東亜聯盟期の石原莞爾資料』同成社、二〇〇七年）、四八頁。
46．嵯峨前掲「東亜連盟運動と中国」。
47．阿部前掲『石原莞爾』下、四七七頁。
48．同前。
49．以下、野村乙二朗「解題「毅然たる孤独」（東亜聯盟期の石原莞爾日記及び書簡・文書）」（野村編前掲『東亜聯盟期の石原莞爾資料』）、六六九～六七〇頁参照。
50．資料23「三月十二日付石原莞爾自筆メモ「東亜連盟協会について」」（野村編前掲『東亜聯盟期の石原莞爾資料』）、四一～四三頁。
51．この点については、内村前掲『東亜連盟運動と石原莞爾』、一七二頁を参照。
52．野村前掲「解題「毅然たる孤独」」、六七二頁。
53．その講演録は『東亜聯盟』昭和十六年十一月号、十二月号に掲載されている。
54．『復刻版　社会運動の状況13　昭和十六年』（三一書房、一九七二年）、四三二頁。
55．仁科悟朗「成立史から観た石原莞爾の戦争史観」（『石原莞爾選集3　最終戦争論／戦争史大観』たまいらぼ、一九八六年）、二九二頁。
56．野村乙二朗『石原莞爾――一軍事イデオロギストの功罪』（同成社、一九九二年）、二八頁。
57．石原前掲「戦争史大観の序説」、五七頁。
58．五百旗頭前掲「石原莞爾と昭和維新論」、二九四頁。
59．これは、『世界最終戦論』『昭和維新論』『東亜聯盟建設要綱』の合本。
60．阿部前掲『石原莞爾』下、四八五頁。以下の記述も同書にもとづく。
61．「東條陸軍大臣宛書翰」（角田編前掲『石原莞爾資料――国防論策篇［増補版］』）、四八二頁。
62．「武藤軍務局長よりの来翰」（同前）、四八三頁。
63．「木村次官、武藤軍務局長宛書翰」（角田編前掲『石原莞爾資料――国防論策篇［増補版］』）、四八四頁。
64．仁科前掲「成立史から観た石原莞爾の戦争史観」、二九二頁。
65．本書第八章2節の註32参照。
66．「現代日蓮宗の諸運動と皇道日報の日蓮宗打倒運動」（『思想月報』八六号、一九四一年、司法省刑事局）、三八〜四四頁。

67・山川の『御本尊御遺文問題明弁』に対する大塚の批判については、石川康明「日蓮遺文削除と国神勧請問題」（中濃教篤編『講座日本近代と仏教6　戦時下の仏教』国書刊行会、一九七七年）、西山前掲「近代天皇制と日蓮主義の構造連関——国体をめぐる「顕密」変動」（『近現代日本の法華運動』春秋社、二〇一六年、初出二〇一四年）で指摘されている。

68・大塚圭八（日現）の生涯については、大塚正信監修、会祖十七回忌記念事業伝記編纂委員会編『会祖日現聖人　伝記』（大日本獅子吼教会出版部、一九七七年）に詳しい。

69・以下、前掲「現代日蓮宗の諸運動と皇道日報の日蓮宗打倒運動」にもとづく。

70・同前、五八頁。

71・同前、六七〜六八頁。

72・同前、六九頁。

73・同前、七三頁。

74・以下、小笠原日堂『曼陀羅国神不敬事件の真相——昭和法難・血涙の秘史』（無上道出版部、一九四九年）、法華宗昭和法難五〇周年顕彰会編『護り貫いた信心の燈——法華宗昭和法難』（法華宗宗務院、一九九一年）、大平宏龍「戦時体制下の日蓮門下——曼荼羅国神不敬事件と天皇本尊論」（西山茂責任編集『シリーズ日蓮4　近現代の法華運動と在家教団』春秋社、二〇一四年）、石川前掲「日蓮遺文削除と国神勧請問題」参照。

75・以下、『昭和十六年中に於ける社会運動の状況』にくわえ、石川前掲「日蓮遺文削除と国神勧請問題」も参照した。

76・前掲「現代日蓮宗の諸運動と皇道日報の日蓮宗打倒運動」、八四頁。

77・同前、一一〇頁。

78・皇道仏教行道会の先行研究として、中濃教篤「皇道仏教行道会と日蓮宗団」（中濃編『講座日本近代と仏教6　戦時下の仏教』国書刊行会、一九七七年）、澁澤光紀「高佐日煌の教学（一）」（『法華仏教研究』一四号、二〇一二年）、同「高佐日煌の教学（二）」（『法華仏教研究』一六号、二〇一三年）、西山前掲「近代天皇制と日蓮主義の構造連関——国体をめぐる「顕密」変動」があるが、研究は少ない。

79・澁澤前掲「高佐日煌の教学（二）」、一〇一頁。

80・同前。

81・高佐貫長『聖衆読本』（行道会仮本部、一九三九年）、一〜二頁。

82．同前、一二一～一二三頁。

■終章

1．以下、戦後の石原の動向については、阿部博行『石原莞爾――生涯とその時代』下（法政大学出版局、二〇〇五年）、石原莞爾平和思想研究会編『人類後史への出発――石原莞爾戦後著作集』（展転社、一九九六年）を参照した。

2．「敗戦の日に東亜連盟会員に訴う」（前掲『人類後史への出発』）、七頁。これは終戦直後、鶴岡に駆けつけた曺寧柱が筆写して東京の東亜連盟本部に持ち帰り、石原六郎によって『東亜聯盟』誌上（昭和二十年十月号）で公表された。もともと題名はなかったが、『人類後史への出発』収録に際してつけられた。

3．『石原莞爾選集4　昭和維新論／マインカンプ批判』（たまいらぼ、一九八七年）、二〇二～二〇三頁。

4．同前、二〇七頁。

5．武田邦太郎「石原莞爾の前後の諸文章にみる信仰と思想」（『石原莞爾選集7　新日本の建設』たまいらぼ、一九八六年）、三三三頁。

6．同前、三二八頁。

7．前掲『石原莞爾選集7　新日本の建設』（たまいらぼ、一九八六年）、二一九頁。

8．前掲『石原莞爾選集4』、二〇一頁。

9．前掲『石原莞爾選集7』、二一二頁。

10．『石原莞爾全集』七巻（石原莞爾全集刊行会、一九七七年）、三二五頁。さらに、逝去直前の昭和二十四年（一九四九）八月十日に執筆された「新日本の進路」では、「最終戦争が東亜と欧米との両国家群の間に行われるであろうと予想した見解は甚だしい自惚れであり、事実上明かに誤りであったことを認める。また人類の一員として、既に世界が最終戦争時代に入っていることを信じつつも、できればこれが回避されることを、心から祈っている」とも述べており（前掲『石原莞爾選集7』、三二二頁）、すでに最終戦争に突入しているとの見解もみられる。

11．「石原莞爾の日蓮主義」（『近現代日本の法華運動』春秋社、二〇一六年、初出一九八六年）、六九頁。

12．内村琢也『東亜連盟運動と石原莞爾』（春風社、二〇一六年）「第七章　戦後における東亜連盟運動」「第四節「西山村つくり」」参照。

13．精華会については、保坂富士夫「精華会」（田中香浦監修『国柱会百年史』国柱会、一九八四年）、内村前掲『東亜連盟運動と石原莞爾』、同「精華会の成立と展開」(『法華仏教研究』二三号、二〇一六年)に詳しい。

14. 石原の教説をまとめたものとして、ほかに昭和二十一年(一九四六)秋から翌年夏に筆録された『日蓮聖人伝覚え書(日蓮聖人御伝記)』がある(『石原莞爾選集8 日蓮聖人伝覚え書』たまいらぼ、一九八六年所収)。

15. 西山前掲「石原莞爾の日蓮主義」、七〇頁。

16. 前掲『石原莞爾全集』七巻、四六九頁。

17. 西山前掲「石原莞爾の日蓮主義」、七〇頁。

18. 精華会編『日蓮教入門』(精華会、一九四九年)、一五四頁。

19. 前掲『石原莞爾全集』七巻、四七四頁。逝去する約四ヵ月前の昭和二十四年(一九四九)四月二十某日の発言。

20. 稲垣真美『仏陀を背負いて街頭へ――妹尾義郎と新興仏教青年同盟』(岩波新書、一九七四年)ならびに松根鷹編著『妹尾義郎と「新興仏教青年同盟」』(三一書房、一九七五年)参照。

21. 妹尾鐵太郎・稲垣真美編『妹尾義郎日記』五巻(国書刊行会、一九七四年)、七〇五頁。以下、日付のみを記す。

22. 『前衛仏教』一号(昭和二十三年一月十五日)、一面。

23. 『中外日報』昭和二十二年七月六日号、一面。執筆者は不明。以下の引用も同じ。

24. 「二つのシステムにおける平和と民主主義――対外政策と国内対立」(外岡秀俊訳『忘却のしかた、記憶のしかた――日本・アメリカ・戦争』岩波書店、二〇一三年、初出二〇〇一年)、二二五頁。

25. 前掲『前衛仏教』一号、一面。執筆者は不明。

26. 「戦後宗教史と平和主義の変遷」(堀江宗正編『宗教と社会の戦後史』東京大学出版会、二〇一九年)。以下の記述は、中野の成果にもとづく。

27. 同前、九一頁。なお、戦後の創価学会の中心的理念として語られる「人間革命」の語を「日蓮信仰と結びつけていち早く主張したのが、この新妻清一郎だった」(九二頁)。ただし、この用語自体は東京大学総長の南原繁によって昭和二十一年(一九四六)一月のラジオ放送「学生に与ふる言葉」や翌年九月の卒業式訓示「人間革命と第二次産業革命」などで語られ、当時の知識人やメディアでこぞって主張されたという(同)。

28. 「日本仏教界の戦後二〇年――教団の実態とその封建性を中心として」(柳田謙十郎・佐木秋夫編

『現代日本宗教批判』創文社、一九六七年)。中濃は昭和三十年(一九五五)に妹尾義郎後援会を結成するなど、戦後の妹尾の活動をサポートした。

29. 戸頃重基『日蓮教学の思想史的研究』(冨山房、一九七六年)、五三三頁。

30. 「本化宗学より見たる日本国体」(『師子王全集』一輯二巻「師子王教義編」師子王全集刊行会、一九三一年)、八頁。

31. 戸頃重基『近代社会と日蓮主義』(評論社、一九七二年)、一一七頁。

32. 拙稿「ナショナリズムと仏教の共-構成――一九二〇年代の国柱会の社会教化活動」(『近代仏教という視座――戦争・アジア・社会主義』ぺりかん社、二〇一二年、初出二〇〇四年)、一四一頁。日蓮主義とナショナリズムの信憑構造の関係については、張江洋直氏よりご教示いただいた。

33. 「日本の近・現代における国体論的日蓮主義の展開」(『東洋大学社会学部紀要』二二巻二号、一九八五年)、一八七頁。西山はこうしたしくみが石原の思想にも当てはまる、と指摘している。

34. 西山茂「宗教運動におけるユートピアとエクスタシーの相関――仏立講・国柱会・創価学会の事例研究」(中牧弘允編『現代日本の〝神話〟』ドメス出版、一九八九年)、一六六頁。

35. 美作房洋編『牧口常三郎』(聖教新聞社、一九七二年)、九五頁。なお、牧口は後年、『創価教育法の科学的超宗教的実験証明』(創価教育学会、一九三七年九月)で「所謂日蓮主義者の多くの中には、右翼的団体として、国体と背反するが如き詭激の行動をなすものがあつた」と、日蓮主義を批判している(『牧口常三郎全集』八巻、第三文明社、一九八四年)、八八頁。

36. 『牧口常三郎全集』一〇巻(第三文明社、一九八七年)、一九八頁。

37. 同前、二〇二頁。

38. 同前、二〇三頁。

39. 西山茂「戦後創価学会運動における「本門戒壇」論の変遷――政治的宗教運動と社会統制」(『近現代日本の法華運動』春秋社、二〇一六年、初出一九七五年)、二三三頁。以下、本論にくわえ、中野毅『戦後日本の宗教と政治』(大明堂、二〇〇三年)、同「戦後民主主義と創価学会の戒壇建立運動」(本化ネットワークセンター編『本化ネットワーク叢書3 本門戒壇論の展開』本化ネットワークセンター、二〇一五年)、大西克明『本門佛立講と創価学会の社会学的研究――宗教的排他性と現世主義』

（論創社、二〇〇九年）、塚田穂高『宗教と政治の転轍点――保守合同と政教一致の宗教社会学』（花伝社、二〇一五年）、浅山太一『内側から見る創価学会と公明党』（ディスカヴァー・トゥエンティワン、二〇一七年）を参照した。

40. 西山前掲「戦後創価学会運動における「本門戒壇」論の変遷」、二三四頁。

41. 『戸田城聖先生　講演集上』（宗教法人創価学会、一九六一年）、四六頁。塚田前掲『宗教と政治の転轍点』（一二三頁）で指摘されているように、これは戸田による「国立戒壇」の初めての言及である。

42. 浅山前掲『内側から見る創価学会と公明党』、一〇八～一〇九頁。

43. 西山前掲「戦後創価学会運動における「本門戒壇」論の変遷」、二三八頁。

44. 中野前掲「戦後民主主義と創価学会の戒壇建立運動」、一七五頁。

45. 薬師寺克行『公明党――創価学会と50年の軌跡』（中公新書、二〇一六年）、二六頁。

46. 「広宣流布と文化活動 (三)」（『大白蓮華』六〇号、昭和三十一年五月一日）、一頁。なお、戸田は「もし広大無辺なる御仏智が本門戒壇の建立を今に許し給うならば、明治の高山樗牛のごとき人材が現代に必らず出現するであろう」（同）と述べる。戸田もまた樗牛の愛読者だった。

47. 「会長先生と青年部」（『大白蓮華』八四号、昭和三十三年五月一日）、九頁。

48. 薬師寺前掲『公明党』、二七頁。

49. 西山前掲「戦後創価学会運動における「本門戒壇」論の変遷」、二四四頁。

50. 国政問題調査会編『日本の政治――近代政党史』（政策問題調査会、一九九八年）、四六六頁。

51. 西山前掲「戦後創価学会運動における「本門戒壇」論の変遷」、二四七頁。

52. 薬師寺前掲『公明党』、六八～六九頁。

53. 中野前掲「戦後民主主義と創価学会の戒壇建立運動」、一五七頁。

54. 西山前掲「戦後創価学会運動における「本門戒壇」論の変遷」、二五一頁。また、西山茂「冨士大石寺顕正会の誕生――一少数派講中の分派過程」（『近現代の法華運動』春秋社、二〇一六年、初出一九七八年）も参照のこと。

55. この問題に関する冨士大石寺顕正会側の資料として、日蓮正宗顕正会編『なぜ学会員は功徳を失ったか』（日蓮正宗顕正会、一九九〇年）、淺井昭衞『基礎教学書　日蓮大聖人の仏法』（冨士大石寺顕正会、二〇一五年、二〇一七年第二版)、淺井昭衞『正本堂の誑惑を破し懺悔清算を求む』(冨士大石寺顕正会、二〇〇二年、二〇一六年第三版)などがある。

56. 淺井前掲『基礎教学書　日蓮大聖人の仏法』、四六九頁。ただし、その国立戒壇論は智学のそれにもとづくものではなく、「三大秘法抄」「一期弘法付嘱書」ならびに「富士大石寺歴代上人の文証」に依拠する(同「第九章　日蓮大聖人の御遺命」参照)。

あとがき

今をさかのぼること、十四年前。二〇〇五年九月のことである。ある研究会の場で「戦前期日本の日蓮仏教にみる戦争観」と題した報告をした。田中智学《たなかちがく》の日蓮主義、石原莞爾《いしわらかんじ》の日蓮信仰、妹尾義郎《せのおぎろう》の新興仏教について概説し、三人の戦争観や平和思想について説明した。発表終了後の質疑応答の際、「なぜ、宮沢賢治《みやざわけんじ》が日蓮主義に魅了されたのか?」という質問を受けた。石原も賢治も同じ大正九年(一九二〇)に入会した国柱会信行員だった(妹尾は智学の影響を受けつつも、本多日生《ほんだにっしょう》に師事した)。

この質問には、好戦的で右翼的な傾向があるとみられている日蓮主義に、そうしたイメージとはほど遠い賢治がなぜ影響を受けたのか、という意図があったと思う。けっきょく、このときはきちんとした答えを返すことができずに研究会が終わったことを今でも覚えている。

日蓮主義とはなんだったのか。なぜ、多くの人びとに影響を与えたのか。

この問いに答えるために執筆したのが、本書である。

一九九二年に大学院に入学してから現在まで、四半世紀以上にわたり、日蓮主義の研究に取り組んでいる。現世での仏国土の実現をめざす日蓮主義のもつ現実変革のダイナミズムに関心を抱きつづけてきた。

最初のまとまった成果は、博士論文をもとに、大幅な加筆・修正をほどこして単行本化した『近代日本の日蓮主義運動』（法藏館、二〇〇一年）である。明治中期（一八八〇年代）〜昭和初期（一九二〇年代）までの田中智学と本多日生の思想と運動の全体像を描いた。

この本を書き上げた後、私は「日本の近代史を見直す」というエッセイを書いている。そのなかで、こう述べた。少々長いが、その一部を引用する（一部修正）。

> 戦前のナショナリズムの問題を考える時、日蓮仏教のはたした役割を考えることは重要な示唆を与えてくれる。
>
> 近代の日蓮仏教は、田中智学や本多日生によるナショナリスティックな日蓮主義を起点として、高山樗牛《たかやまちょぎゅう》や宮沢賢治などのトランスナショナリズム、井上日召《いのうえにっしょう》や石原莞爾のウルトラナショナリズム、妹尾義郎のインターナショナリズムというようなヴァリエーションをもたらした。
>
> もともと日蓮の教えのなかにはさまざまな側面があり、そうした諸要素をどのように読み、実践するかは、信仰する側の解釈による。
>
> 『法華経』や日蓮遺文というテクストが近代日本というコンテクストのなかで、どのように解釈されて、多様な国家観を形成することになったのか。そして実践されたのか。日蓮仏教のポリティクス（政治性）が問われる必要があるのだ。（『トランスビュー』一号、二〇〇一年）

本書での分析と若干異なる点があるが、問題意識は一貫している。こうした近代の日蓮仏教をめぐる解釈や実践のヴァリエーションを検討することが「ナショナリズムと宗教」の関係を読み解くヒントとなり、日蓮仏教（日蓮主義）が近代史のなかではたしてきた役割を考えることが、日本の近代史を見なおす大事な作業となるはずである、と結んでいる。

その後、私は、石原莞爾、妹尾義郎、高山樗牛、井上日召、宮沢賢治について研究し、近代における日蓮主義のヴァリエーションに関する成果を積み重ねてきた。

本書は、前著とその後の研究をベースに書き下ろした作品であり、私の四半世紀を超える日蓮主義研究の中間決算というべき成果である。また、「日蓮主義」という観点から、日本の近代史を見なおした一冊でもある。

「日蓮主義」というと、研究を始めた当初もそうであったし、今でもそうした傾向がみられるが、どうしても国家迎合的な宗教、狂信的な超国家主義に影響を与えたイデオロギー、戦争を正当化した宗教思想（「八紘一宇《はっこういちう》」を造語したのが、智学だった）というような、負のラベリングがなされてきた。また、「超国家主義と日蓮主義」の結びつきは周知のこととして学界でも読書界でも受けとめられている。

だが、はたしてほんとうにそうだろうか。そうした日蓮主義をめぐるイメージを相対化あるいは対象化し、その実態と影響関係を実証的に捉えなおすこと。その必要性を感じ、研究に徹してきた。その結果、みえてきたのは、日蓮主義が「宮沢賢治」や「石原莞爾」「妹尾義郎」のような（当時は）無名の青年たちを魅了した事実であり、日本の近代史の随所に日蓮主義の痕跡がみられることだった。いわば、智学と日生によって唱道された日蓮主義は近代日本の思想水脈として、日本社会（や東アジア諸地域）に幅広い影響を与えたのである。

なお、本書では、日中戦争以降の（国柱会を含む）日蓮教団の戦争協力については描くことができなかった。開戦以降、日本仏教界は戦争協力と大陸布教に積極的に取り組み、日蓮宗は「立正報国」運動を展開した。『立正報国』（一九三七年）というパンフレットをみると、この事変が「聖戦」であり、「建国の大精神」を発揚し、日蓮立教の大理想たる「立正安国」「法国冥合」を実現して「全世界一仏国」とすることを説いている。ここには智学の主張が反映しており、日蓮宗の戦時教学に日蓮主義が与えた影響を垣間みることができる。「日蓮主義と戦争」（さらには広く「日本仏教と戦争」）の問題については、今後も研究を重ねていきたい。

日蓮主義の影響は、戦後にもおよぶ。終章でふれたように、戦後の創価学会の国立戒壇論は、「国柱会譲り」（西山茂）のものだった。また、在家仏教教団であること、折伏《しゃくぶく》を重視したこと、政党を作ったこと、文化・芸術活動を展開したことなど、戦後の創価学会の活動は戦前の国柱会の活動と重なることが多い（ただし、違いも多い）。つまり、現代日本の政教関係を考えるうえでも、日蓮主義の研究は重要な示唆をもたらしてくれる。

さらに、グローバルに視野を広げれば、現代世界でも「ナショナリズムと宗教」や「政治と宗教」をめぐる動向が目につく。たとえば、（仏教に限定するが）A・ダルマパーラを提唱者とするスリランカのシンハラ・ナショナリズムや、不可触民解放運動に取り組んだB・R・アンベードカルの遺志を継いだ現代インドの仏教改革運動などである（後者の運動に取り組む日本人僧侶の佐々井秀嶺《ささいしゅうれい》［現在はインド国籍］は、高尾山薬王院の貫首で、旧新興仏教青年同盟メンバーの山本秀順《やまもとしゅうじゅん》に師事し、妹尾義郎の孫弟子にあたる）。グローバルな観点から、日蓮主義を捉えなおす作業も、今後の課題である。

さらに本書は、日本の「近代（modernity）」を問いなおすことも意図した。（日蓮主義を含む）近代仏教研究が二〇〇〇年代以降の日本の学界で活況を呈している。さまざまな事例が精力的に研究されるとともに、「近代」と「仏教」をめぐる歴史認識やその研究史が再検討されている。本書では、日蓮主義のもつ近代性について論じ、その特徴について指摘した。日蓮主義を称揚したり、あるいは一切を切り捨てるのではなく、その可能性と限界を明らかにするとともに、日蓮主義の生成と展開を規定した「近代」のありかたを現在地から批判的に問いなおしつづけることが重要だ。そうした営為は、後期近代に生きる私たちにとって、未来を照らす燈火になるのではなかろうか。

本書が日蓮主義（日蓮仏教）や日本近代史はもちろんのこと、「近代」や「仏教」を考えなおすためのヒントを、少しでも提供できれば、と思う。読者諸賢のご意見・ご批判を仰ぎたい。

なお、現在、私は、クリントン・ゴダール氏（東北大学）、佐藤弘夫先生（東北大学）、ユリア・ブレニナ氏（大阪大学）と共同研究「越境する日蓮主義の基礎研究――トランスナショナル・ジェンダー・スピリチュアリティ」（科学研究費補助金基盤研究B、課題番号19H01197、二〇一九～二〇二二年、代表：ゴダール）に取り組んでおり、本書では十分に扱いきれなかったテーマについて、この共同研究を通じて追究できればと考えている。本書は、この共同研究の成果の一部である。

ここで、謝辞を献じたい。

まず、大学院時代の指導教員であり、現在にいたるまでご教導いただいている恩師の西山茂先生（東洋大学名誉教授）に感謝申しあげる。日蓮主義（日蓮仏教）に関する私の理解は西山先生の研究に拠っており、研究者としての生きかたを教えてくださったのも、西山先生である。

宗教法人国柱会の田中壮谷霊廟賽主、森山真治先生には資料閲覧等に際していつもご配慮をいただいている。一般財団法人本多日生記念財団（旧称：財団法人統一団）の西條義昌師にも長年、お世話になっている。深謝申しあげる。

また、前著をご担当いただき、私を世に出してくださった林美江さん（元法藏館東京事務所、元トランスビュー編集者）と、中嶋廣さん（元法藏館東京事務所編集者、トランスビュー前代表）にもこの場をお借りして御礼申しあげたい。

今回、編集の労をとってくださったのは、講談社の横山建城氏である。

横山さんには頭が上がらない。はじめて執筆のご依頼があったのは、今から十五年前（！）の二〇〇四年七月のことである。そのときは、たしか新書執筆のお話だったが、当時、三十代の私は「新書はベテラン研究者が書くべきもの」と考えており、もったいなくもお断りした。しかし、その後も折にふれ連絡をくださり、私の長いポスドク時代、つねに気にかけてくださった。

本書の企画を正式に頂戴したのは、二〇一四年三月である。完成した原稿は、規定枚数をはるかに超過していた（が、お許しいただいた）。また、けっして読みやすいものではなかった。この本は専門書ではなく、多くの方々に読んでいただく一般書として作りましょうというのが、当初からの方針だった。そこで横山さんに章や節など目次の再構成、小見出しの大幅な追加、文章の読みやすさや表記の工夫など、ていねいな編集を施していただき、なんとか本書が完成したしだいである。

じつは、横山さんは本多日生の曾孫である。そのこともあり、『近代日本の日蓮主義運動』の刊行直後から私に注目し、書くものにお目通しいただいてきたとうかがっている。本書はまさに横山さんと二人三脚で作成した作品であり、そのお力がなければ、完成しなかったであろう。心から感謝をささげたい。

最後に、妻の小尾真理子へ。あいもかわらず、オーバーワークで働きつづける私の研究生活を支え、励ましてくれるあなたには、どれだけの言葉を費やしても感謝しきれない。ほんとうにどうもありがとう。

二〇一九年　七月

京都紫野の研究室にて

大谷栄一

大谷栄一（おおたに・えいいち）
1968年、東京都生まれ。東洋大学大学院社会学研究科社会学専攻博士後期課程修了。博士（社会学）。国際宗教研究所研究員、南山宗教文化研究所研究員を経て、現在、佛教大学社会学部教授。専攻は宗教社会学・近現代日本宗教史。明治期以降の「近代仏教」の展開や、近現代の宗教者や宗教団体がおこなう社会活動・政治活動、「地域社会と宗教文化」の関係を研究している。著書に『近代日本の日蓮主義運動』（法藏館）、『近代仏教という視座――戦争・アジア・社会主義』（ぺりかん社）、『地域社会をつくる宗教』（共編著、明石書店）、『人口減少社会と寺院――ソーシャル・キャピタルの視座から』（共著、法藏館）、『近代仏教スタディーズ――仏教からみたもうひとつの近代』（共編著、法藏館）、『日本宗教史のキーワード――近代主義を超えて』（共編著、慶應義塾大学出版会）、『ともに生きる仏教――お寺の社会活動最前線』（編著、ちくま新書）などがある。

日蓮主義《にちれんしゅぎ》とはなんだったのか　近代日本《きんだいにっぽん》の思想水脈《しそうすいみゃく》

2019年8月20日　第1刷発行
2021年10月4日　第2刷発行

著　者　大谷栄一《おおたにえいいち》
発行者　鈴木章一
発行所　株式会社講談社
〒112-8001 東京都文京区音羽2-12-21
電話　出版 03-5395-3504
販売 03-5395-5817
業務 03-5395-3615

装丁者　鈴木正道
印刷所　株式会社新藤慶昌堂
製本所　株式会社若林製本工場

KODANSHA

ISBN978-4-06-516768-7

N.D.C.188.97　668p　20cm

伏見宮　もうひとつの天皇家

浅見雅男　著

「旧皇族」とは、
いったいいかなる存在か？

中世に世襲親王家として分岐し、独自の位置を占めた伏見宮系皇族。幕末の動乱、近代天皇制国家の成立後、その存在は徐々に数と重みを増し、変質してゆく……。万世一系の舞台裏、明治天皇と元勲・重臣の葛藤、大正・昭和期の宮さまたちの意外な姿と皇籍離脱までを描く。

講談社　定価：本体二二〇〇円（税別）
※定価は変更することがあります

皇后考

原　武史　著

時代と社会の変容とともに、
「ありうべき皇后」像はあった――。

血脈による正統性が保証された天皇とは異なり、人生の途中で皇室に嫁ぎ、さまざまな葛藤を克服するなかでその存在となる「皇后」。神功皇后や光明皇后ら、過去の偉大な皇后と感応しつつ、近代日本に時空を超えた皇后像を現出させ、さらにはアマテラスに自らを重ね合わせようとする貞明皇后。斬新な視点で天皇制の本質を明らかにし、秘められた扉を開いた記念碑的著作！

講談社　定価：本体三〇〇〇円（税別）
※定価は変更することがあります

宮中取材余話

皇室の風

岩井克己 著

「平成」の終わりに、考えるべきことはあまりに多く、
知っていることはあまりに少ない。

この三十年はわが国の歴史においていかなる時代であったのか？　日本社会の変動と皇室がどうかかわってきたのか？　そして新元号のもと、天皇制のいったいなにが変わり、なにが残されようとしているのか……？

雑誌『選択』で十年続く、皇室ウォッチャーの名物連載を完全書籍化！

講談社　定価：本体三〇〇〇円（税別）
※定価は変更することがあります